S

Dieter Meichsner
Die Studenten von Berlin

Roman

Schöffling & Co.

Die Erstausgabe des Romans erschien 1954 im Rowohlt Verlag in Hamburg, diese Neuausgabe folgt der »vom Autor neu durchgesehenen Fassung«, die 1963 als Rowohlt Taschenbuch erschien.

Erste Auflage 2003

Satz: Reinhard Amann, Aichstetten
Druck & Bindung: Pustet, Regensburg
ISBN 3-89561-146-8

www.schoeffling.de

Der
Philosophischen Fakultät
»Freie Universität«
Berlin

Das Ende

Jutta Gebert

Dresden, Februar 1945

Zuerst war es wie bei jedem anderen Fliegeralarm.

Sie hatten gerade ihre Koffer in den Keller geschleppt, und Jutta war noch, wie immer, dabei, Frau Hoffmeister, die keuchend nach Luft rang und dazu flüsterte: »Mein Gott im Himmel, ich kann nicht, ich kann nicht mehr«, das Bett zu richten, damit sie sich endlich niederlegen konnte, als Vater, der mit Herrn Weinrich, dem Luftschutzwart, zusammen bei der Treppe Posten stand, schon zu ihnen in den Keller kam: »Diesmal sind wir dran, sie werfen schon Christbäume.«

Die meisten hatten ihn nicht verstanden und fragten noch auf ihn ein, als es, auch im Keller vernehmlich, über ihnen rauschte und draußen auf der Straße die ersten Bomben einschlugen. Es klang, als schlügen Hagelkörner auf ein Fensterbrett, Brandbomben. Dann wurden, wie durch einen tiefen Seufzer, die schweren Eisentüren aufgerissen und wieder zugeschlagen, und mit einem schmetternden Einschlag ging das Licht aus, und alle Frauen fingen an zu kreischen.

Jutta zitterte am ganzen Leibe und hielt sich die Ohren zu. Sie fuhr zusammen, als jemand ihr mit einer Taschenlampe ins Gesicht leuchtete. Vaters Stimme schrie: »Kommt doch, kommt, wir müssen raus!«

Er zerrte sie von der Bank hoch, und Jutta packte Mutters Hand, die ganz schlaff war. Sie erreichten wirklich den Kellergang, und Jutta war von der flackernden, weißlichen Helle geblendet. Überall brannte es schon. Vater fing an zu rennen, und

Jutta riß Mutter mit sich fort. Hinter ihnen stürzte ein feuriger Klumpen herab und klatschte auf das Pflaster, das schon an einigen Stellen in Flammen stand.

An der Kelzigstraße kamen ihnen Leute entgegen, die brennende Kleider am Leibe hatten. Vater wich ihnen aus, rannte in die Jakobigasse hinein, zwischen brennenden Autos durch und an herabhängenden, glühenden Straßenbahnleitungen vorüber, aber Jutta glaubte, sie kämen aus dem beißenden Rauch nie mehr heraus, sie konnte nicht mehr atmen und mußte husten, während Vater sie weiter und weiter und weiter riß, bis Jutta endlich die Bürgerwiesen-Anlagen vor sich sah. Auf der Lenné-Straße schienen alle zusammenzulaufen. Auch hier lagen, wie Lumpenbündel, brennende Menschen am Boden.

Im Großen Garten hörte Jutta das Gebrüll der Menschen viel lauter, und dann merkte sie, daß es auch aus ihr schrie.

Als Vater stehenblieb, brach sie fast in die Knie, aber sie hielten sich aneinander aufrecht, und Vater brüllte ihnen zu: »Wir müssen nach Strehlen raus!« Er packte wieder Juttas Hand und stürmte weiter, da stolperte Jutta über einen im Wege liegenden Koffer, Vaters Hand war fort, und sie stürzte der Länge nach hin, ihre Mutter fiel ihr auf den Rücken, und jemand trat auf ihren Fuß. Sie raffte sich hoch und zerrte auch ihre Mutter auf die Beine, aber im flackernden, rötlichen Licht zwischen den Bäumen konnte sie die Gesichter nicht unterscheiden: »Vater, *Vater*, VATER!« Der Anprall der Flüchtenden schwemmte sie fort, und während sie die fernen Detonationen hörte, wehte, wie ein heißer Schlag, die Luftdruckwelle neuer Einschläge über die Köpfe. »Vater, Vater, Vater!«

Jutta stieß und trat um sich und kämpfte sich, über gestürzte Menschen hinweg, den Hang zur Straße hinauf.

Dort oben standen auf einem Sandkasten zwei politische Leiter und schrien durch vorgehaltene Hände etwas zu den Menschen hinunter. Erst als Jutta nahe bei ihnen war, konnte sie verstehen, was sie schrien: »Über die Bahn weg, über die Baaahn, die Baaaaaahn!«

Sie stolperte den Bahndamm hinunter und mußte ihre Mutter über jedes einzelne Geleise hinwegheben.

Jenseits des Bahngeländes standen zwischen brennenden Lagerschuppen Hitler-Jungen. Zwei Jungen halfen Jutta, ihre Mutter auf einen der Lastwagen zu heben, und stemmten auch Jutta hoch. Sie hockte sich auf den Boden, und Mutter wühlte ihren Kopf an Juttas Hals.

Am Teich in Coschütz hielt der Wagen. Auch dort warteten Hitler-Jungen, Rote-Kreuz-Schwestern und Arbeitsmaiden. Zwei Jungen halfen Jutta absteigen, nahmen Mutter in die Mitte und wollten sie zur Schule schleppen, da fiel Jutta ein, daß sie zu Tante Berta gehen konnten. Die Jungen nickten, als sie ihnen den Weg erklärte.

Jutta sah Tante Berta von weitem. Sie stand im Garten und sah auf die brennende Stadt hinunter und fuhr erst herum, als Jutta an der Pforte klingelte. Sie legte vor Schreck beide Hände auf den Mund, flog auf sie zu und rief: »Hilde, Hilde, daß ihr da seid!«

Sie half den beiden Jungen, Mutter ins Haus zu bringen, und Jutta ging mit, bis Mutter im Bett lag. Sie hatte die Augen geschlossen, nur ihre Brust hob und senkte sich ruckweise zu ihrem keuchenden Atem.

Jutta konnte nichts erzählen. Sie schluchzte, konnte aber nicht weinen. Sie sah teilnahmslos zu, als Tante Berta ihr im Wohnzimmer das Sofa zum Schlafen herrichtete. So wie sie war, in ihrem angesengten Sommermantel, legte sie sich hin und hörte noch, daß Tante Berta sagte: »Jutta, Mädchen, zieh dich doch aus, du erkältest dich sonst.«

Als sie erwachte, war es Tag, aber der Himmel vor dem Fenster schien trübe und grau. Im Haus war es so still, daß Jutta hochfuhr und sich aufsetzte. Ohne nach den Skistiefeln zu suchen, die jemand ihr ausgezogen hatte, ging sie endlich, noch benommen, durch das Wohnzimmer und über die Diele zur Küche.

Im Herd bullerte ein Feuer, und als Jutta am Tisch vor dem Fenster jemand sitzen sah, der nicht Tante Berta sein konnte, schrak sie zusammen. Es war aber nur ihr Vetter Klaus, der die Ellbogen auf den Tisch gestützt hatte und vor sich hinstierte, während er kaute. Sein Mantel war voller Kalkstaub, und die Hitler-Jugend-Armbinde war halb abgerissen. Sie ging auf ihn zu, und als er endlich aufsprang, fiel sie in seine Arme und fing an zu weinen, während er ihr stumm den Rücken klopfte. Er setzte sie auf einen Stuhl, schob ihr den Teller mit Marmeladenbroten hin, holte eine Tasse und goß ihr Kaffee ein. Sie schüttelte den Kopf. Nein, jetzt nichts.

Und als Jutta ihn ansah, sagte er, ohne ihrem Blick zu begegnen: »Nein, Jutta, bis jetzt noch nicht, aber vielleicht ...«

»Wir waren doch schon im Großen Garten, es war doch ... ich fiel hin ... und dann war seine Hand ... und als ich wieder ... hoch war, konnte ich ihn nicht mehr sehen und ... er hatte doch den ... Stahlhelm auf, und ich hätte ihn doch, wir waren doch schon raus ... und er kann doch nicht ...«

»Paß mal auf«, sagte Klaus, »ich muß sowieso gleich wieder runter, vielleicht kann ich was rauskriegen.«

»Ich gehe mit.«

»Das geht auf keinen Fall«, sagte Klaus hastig.

Dann sah er sie mit seinen rotgeränderten Augen an und sagte: »Wir waren heute nacht beim Hauptbahnhof. Jutta, es hat wirklich keinen Zweck, daß du mitkommst. Bleib doch hier, ich werde schon sehen.«

Er zögerte, dann stand er auf und griff nach dem Stahlhelm und der Gasmaskenbüchse, die auf einem Stuhl lagen.

»Klaus, bitte, nimm mich mit.«

»Sie lassen dich ja doch nicht rein.«

Aber sie legte für Tante Berta einen Zettel auf den Küchentisch: ›Bin bald wieder zurück, Jutta‹, und ging noch einmal ins Wohnzimmer, zog sich die Stiefel an und band sich das Kopftuch wieder um.

Es war kalt draußen. In den meisten Gärten lag noch Schnee, auch am Rinnstein waren die schmutzigen Häufchen noch nicht getaut. Sie fröstelten und marschierten rasch die Straße nach Plauen hinunter. In Gruppen standen Menschen vor den Häusern und in ihren Gärten und sahen unverwandt auf Dresden hinunter.

Den Weg stadteinwärts kam ihnen der nicht abreißende Strom Flüchtender entgegen. Manchmal auf Lastwagen, meist zu Fuß, Handwagen mit den kümmerlichen Resten ihrer Habseligkeiten ziehend.

Ein Polizeioffizier hielt sie an, aber Klaus sagte, er müsse zum Gauleiterbunker im Großen Garten.

»Und Sie?« fragte der Polizist und sah Jutta an.

»Ich bin hergeschickt, ich habe eine Feldscherausbildung.«

Der Mann sah sie an und murmelte: »Doch nicht hier, die sind wohl verrückt geworden.« Aber dann winkte er mit dem Kopf zur Stadt hin: »Das Wettinum, wissen Sie, wo das ist?«

»Ja.«

»Die können Sie vielleicht gebrauchen.«

Einzelne Villen an der Straße brannten noch, und in anderen Gärten standen Menschen um ein paar gerettete Möbelstücke oder stocherten in den schwelenden Trümmern herum.

Am Bahngelände trafen sie auf neue Posten: Soldaten, Polizisten, politische Leiter. Sie konnten von weitem den brennenden Trümmerhaufen des Hauptbahnhofs sehen. Ein beißender Geruch kalter Asche hing in der Luft. Als sie sagten, sie müßten zum Wettinum, durften sie passieren.

Jenseits des Bahngeländes sahen sie weit und breit keinen Menschen mehr. Die Staubschicht auf den Straßen erstickte das Geräusch ihrer Schritte. Aus der Wolke von Rauch regnete ein Aschenschauer auf sie herab. Sie hörten das Geknister schwelenden Gebälks.

An den Splittern des Ladenschildes einer Drogerie, die Jutta wiedererkannte, merkten sie, daß sie sich schon in der Wettiner Straße befinden mußten, als ihnen ein Trupp Männer in schweren, weiten Mänteln entgegenkam. Sie gingen rings um einen zweirädrigen Karren, der von zwei mageren, struppigen Pferden gezogen wurde.

Das Gefährt war fast auf gleicher Höhe, ehe Jutta die Leichen auf dem Wagen sah. Nackte und andere, denen noch Kleiderfetzen auf verkohlten Körpern klebten. Zerrissene, verbrannte, unkenntliche Leichen lagen, fast sorgfältig gestapelt, auf dem flachen Karren.

Die Männer trugen unförmige weiße Stulpenhandschuhe an den Händen, die kraftlos herunterhingen, und schwankten an ihnen vorüber, ohne sie zu beachten. Nur die hölzernen Räder des Karrens knarrten, und einmal schnaubte eines der beiden

Pferde und schüttelte seine Mähne, daß die Spangen des Zaumzeuges aneinanderschlugen.

Sie hatte Klaus am Arm gepackt, aber obgleich ihre Knie nachzugeben drohten, mußte sie dem Zug nachstarren, bis er hinter einem der Berge von Trümmern verschwunden war.

Das Wettiner Gymnasium lag am Rande des vernichteten Bezirks. Das massive Gebäude war nur zum Teil zerstört, ein Flügel schien ausgebrannt, die Türen und Fenster waren alle heraus. Vor dem Gebäude und im Hof standen Lastwagen. Arbeitsmänner und Soldaten schleppten Verwundete ins Haus. In einer Ecke des Hofes standen Pferdekarren von der Art, die sie auf der Straße gesehen hatten, und bei ihnen standen Männer in den formlosen, weiten Mänteln, die sich in einer kehligen, fremden Sprache unterhielten. Einer setzte eine Flasche an den Mund, nahm einen tiefen Schluck und reichte die Flasche weiter.

Im Kommen und Gehen auf der Treppe verlor sie Klaus aus den Augen, aber im ersten Stock hielt Jutta eine verschwitzte, ältliche Schwester an, deren Haube verrutscht war, daß ihr eine Strähne grauen Haars ins Gesicht hing, die sie mit dem Unterarm zurückzustreifen versuchte. Sie sei ausgebildet, sagte Jutta, ob sie gebraucht würde.

In allen Klassenzimmern, auf Pritschen und auf dem Fußboden, lagen Verwundete und Verbrannte. Niemand schien sich um sie zu kümmern. Männer trugen neue Verwundete herein und schafften andere, die gestorben waren, wieder hinaus.

Sie solle mit ins Operationszimmer kommen, wenn sie etwas verstünde, sagte die Schwester. Hier verstünde niemand etwas. Die Idioten schickten nur immer Leute, die nichts verstünden, und darum sei sie ganz allein.

Das Operationszimmer war ein Klassenzimmer wie alle anderen, nur lagen keine Verwundeten auf dem Fußboden. In der Mitte des Raumes stand ein Tisch, über den man ein Laken gebreitet, das sich schon voll Blut gesogen hatte.

Jutta hatte in ihrem Leben noch keinen Schwerverwundeten gesehen und kannte auch verletzte und verstümmelte Gliedmaßen nur von den bunten Papptafeln im Feldscherkurs.

Sie gab sich Mühe, nicht hinzusehen, und führte die Befehle

aus, die Schwester Ida ihr erteilte: einen Spirituskocher in Gang halten, Binden wickeln, Eimer voll Blut, Fleischklumpen und Verbandfetzen fortschaffen und auf dem Hof in eine Grube schütten. Später mußte sie während der Operationen auch die Köpfe der Verwundeten halten, weil am Nachmittag die Betäubungsmittel ausgegangen waren und es mehrere Stunden dauerte, bis neue gebracht wurden. Dann stellte sie sich so neben den Tisch, daß sie nicht beobachten konnte, wie der Arzt schnitt. Nur einmal starrte sie einen Beinstumpf an, aus dem ein Stück angeschwärzten Knochens ragte, und mußte sich erbrechen.

Gegen Abend war kein Verbandmaterial mehr da und noch immer kein ordentliches Operationsbesteck, und es fehlte an den notwendigsten Medikamenten und an Decken. Die meisten der Verwundeten lagen auf dem blanken Parkettfußboden, und man konnte sie nicht einmal zudecken. Wenigstens wurden keine neuen mehr hereingeschafft. Soldaten trugen die Toten hinaus.

Jutta hatte noch immer gehofft, ihren Vater unter den Verwundeten zu finden, aber als sie nachts um zwölf wußte, daß er in diesem Lazarett bestimmt nicht lag, fuhr sie mit einem Lastwagen, der zwei Ärzte und zwei Schwestern mitgebracht hatte, bis Plauen zurück. Nach Coschütz hinauf mußte sie laufen.

Tante Berta redete auf sie ein, als sie in der Küche zu essen versuchte, aber keinen Bissen halten konnte. Tante Berta war schon in der allergrößten Sorge gewesen. Klaus hatte ihr zwar erzählt, daß er bis zum Wettinum bei Jutta geblieben war, aber beim Einkaufen, sagte sie, hätten die Leute von Giftschwaden gesprochen, die über Dresden lägen und an denen alle Überlebenden zugrunde gehen würden.

Mutter saß teilnahmslos dabei und starrte auf das Feuer im Herd. Jutta hatte nicht gewagt, ihr zu erzählen, wie es in der Stadt aussah, und daß sie fast alle Hoffnung aufgegeben hatte.

Am Abend darauf fuhr sie mit einem Lastwagen, den sie im Plauener Grund angehalten hatte, wieder zum Wettinum.

Schwester Ida schien sich zu freuen, daß sie wiedergekommen war, obgleich sie meinte, sie seien aus dem Schlimmsten heraus. Es waren zwei Decken für jeden Verwundeten da, für die schweren Fälle sogar Feldbetten, und alle hatten frische Verbände. Die

Verpflegung wurde regelmäßig herangeschafft, und es gab sogar eine Gummischürze und einen weißen Kittel für Jutta.

Am nächsten Morgen wurden alle Verwundeten auf Lastwagen geladen. Jutta saß zusammen mit Schwester Ida auf einem Wagen voller schwerverletzter Frauen, die wimmerten und stöhnten, als der Wagen über die zerlöcherten Straßen holperte.

Das Lazarett war schon zu Beginn des Krieges in einer Plauener Oberschule eingerichtet worden, und es herrschte, obgleich seit dem Luftangriff auch viele Zivilpersonen dort lagen, militärische Ordnung. Aber weil Schwester Ida ein Wort für Jutta einlegte und weil ohnehin Pflegepersonal gebraucht wurde, durfte sie bleiben und war eine Hilfsschwester unter vielen.

Da sie Tante Berta, wenn irgend möglich, mied, um nicht immer neue Weltuntergangsgeschichten anhören zu müssen, und weil Mutter, die meist bis tief in die Nacht hinein aufsaß und noch nicht glaubte, daß Vater tot war, kaum ein Wort sprach, und sie Klaus, der immer wieder zu neuen ›Einsätzen‹ kommandiert war, nie zu Hause antraf, fühlte sich Jutta sehr einsam, obgleich die Schwestern, die sie zuerst von oben herab behandelt hatten, jetzt sehr freundlich zu ihr waren. Denn fast niemand, der dort arbeitete, stammte aus Dresden, und es hatte sich herumgesprochen, daß Juttas Vater umgekommen war.

Sie mußte oft daran denken, daß er bestimmt noch lebte, wenn sie seine Hand festgehalten hätte oder wenn sie wenigstens nicht gleich weitergerannt wäre, als sie Vater verloren hatte.

Eines Tages kam Klaus ins Lazarett, um sich von ihr zu verabschieden, ehe er an die Front fuhr. Er war zuversichtlich und sagte, eines Tages würden auch die Toten von Dresden gerächt sein. Jutta dachte allerdings, daß davon Vater auch nicht wieder lebendig würde.

Inzwischen waren von der Front, die immer noch bei Görlitz stand, die ersten Verwundetentransporte gekommen, und obgleich der Hauptschub hinauf ins Erzgebirge geleitet wurde, trafen sie bald in so dichter Folge ein, daß Jutta tagelang nicht mehr nach Hause kam.

Viele der Männer weinten, wenn sie nicht dalagen und stumm an die Decke starrten. Es sei nichts mehr zu machen, erzählte ihr ein Feldwebel, dessen linker Unterschenkel amputiert worden war. Die russischen Panzer seien nicht mehr aufzuhalten, niemand werde sie aufhalten. Aber obgleich auch einige dort lagen, die bei der Wiedereroberung Laubans dabeigewesen waren und erzählten, wie die Russen gehaust hatten, hatte Jutta viel zuviel zu tun, um häufig darüber nachdenken zu können, was aus ihnen werden sollte, wenn die Russen wirklich kamen. Nur in den Sekunden zwischen dem Zu-Bett-Gehen und dem Einschlafen mußte sie daran denken, daß sie jetzt allein war und daß sie für Mutter würde sorgen müssen. Sie war aber froh darüber, daß sie nicht mehr oft mit ihr zusammentraf, denn sie fühlte sich außerstande, sie zu trösten.

Dann ging alles sehr schnell. Als in den Wehrmachtsberichten schon von Kämpfen in Berlin die Rede war, schob sich drei Tage lang ein Strom deutscher Kolonnen zu Fuß und motorisiert – zwischen ihnen Flüchtlingstrecks – durch den verstopften Plauener Grund in Richtung Freital.

Und als Jutta am Morgen des dritten Tages nach Plauen zum Lazarett gehen wollte, wurde sie auf der Straße von Leuten angehalten. Es hätte gar keinen Zweck, der Russe sei schon im Grund und würde sowieso bald hier sein.

Zusammen mit Mutter und Tante Berta beobachtete Jutta vom Schlafzimmerfenster aus, wie die ersten russischen Infanteristen auf der Hauptstraße herankamen, vorsichtig nach allen Seiten spähend. Viele Leute hatten weiße Tücher aus den Fenstern gehängt, auch von Tante Bertas Balkon hing ein weißes Laken herab. Sie blieben den ganzen Tag über im Hause. Durch die verlassene Straße rollten Panzer, Geschütze und Lastwagen, auf denen singende Mannschaften saßen. Einmal, gegen Mittag, hörten sie für kurze Zeit Kanonendonner in der Ferne.

Vor Einbruch der Dunkelheit gab es Geschrei auf der Straße, und in Trupps zogen russische Soldaten von Haus zu Haus. Sie standen hinter der vorgezogenen Gardine am Schlafzimmerfenster, als fünf Russen durch den Vorgarten auf die Haustür zukamen und an der Klinke rüttelten. Sie standen stumm, hielten sich an den Händen gepackt, aber rührten sich nicht, bis die Russen mit ihren Kolben auf die Tür einschlugen. Tante Berta lief die

Treppe hinunter und rief: »Schlagt mir doch nicht die Tür kaputt, ihr Tiere!«

Vom Treppenabsatz konnten sie beobachten, wie Tante Berta öffnete, die Russen hereinstürmten und einer ihr den Kolben seiner Maschinenpistole in die Seite schlug, daß Tante Berta niederstürzte. Mutter, die bis zu diesem Augenblick fast gleichgültig gewesen war, flüsterte Jutta zu, sie sollte sich auf dem Boden verstecken, aber es war schon viel zu spät.

Sie ließ alles über sich ergehen und hörte nur, daß Mutter schrie und daß die Russen später im Hause herumtrampelten, die Schränke aufsprengten und die Schubladen herausrissen. Einer kletterte auf das Klavier und nahm die Wanduhr ab. Dann waren sie fort, und nach einer Weile erwachte Jutta wie aus einer Ohnmacht, nur, daß sie die ganze Zeit über ihrer Sinne mächtig gewesen war.

Sie ging zu ihrer Mutter, die noch wimmernd am Boden lag, und streichelte ihr den Kopf. Das Geschrei auf der Straße ging noch stundenlang weiter, und weil sie wußten, daß die Haustür offenstand, wagten sie nicht, aufzustehen.

Immer, wenn Stiefelgetrappel auf der Straße zu hören war, hielten sie den Atem an, aber es kamen keine Russen mehr herein.

Erst tief in der Nacht wagten sie, hinunterzugehen und nach Tante Berta zu sehen. Sie lag noch immer neben der Tür. Als sie sie aufgehoben und im Wohnzimmer aufs Sofa gelegt hatten, sah Jutta gleich, daß Tante Berta tot war.

Herbert Strittich

Pommern, März 1945

Jemand hatte ihn an der Schulter gerüttelt, und wie aus weiter Entfernung hatte er Reicherts Stimme gehört: »Herr Leutnant! Aufstehn, Herr Leutnant, Viertel nach vier!« Er war hochgefahren, und, noch blind vor Müdigkeit, hatte er sich die Stiefel angezogen, die Reichert ihm hinhielt, das Koppel umgeschnallt und, seine schmerzenden Augen offenhaltend, den Stahlhelm ergriffen. Dann war er durch die niedrigen Türen des Bauernhauses hinausgeschwankt in die kalte Finsternis des frühen Morgens.

Draußen hatte der Lastwagen schon gestanden. Feldwebel Weller war mürrisch aus dem Führerhaus gestiegen, sein schläfriges *Guten Morgen, Herr Leutnant!* hatte Strittich für einen Augenblick mit blindem Haß erfüllt. »Los, haun Sie schon ab!« hatte er dem Fahrer zugerufen, und der war losgefahren, Strittich war auf der Stelle wieder eingeschlafen, ein paarmal hochgeschreckt, bis der Wagen von dem löcherigen Weg auf die Chaussee gekommen, und erst, als sie mit einem Ruck hielten, der Fahrer den Motor gedrosselt, endlich abgestellt und gesagt hatte *Wir sind da, Herr Leutnant* war er endgültig aufgewacht.

Er raffte sich auf und kletterte hinaus, aber als er nun auf dem kahlen Dorfplatz stand, dem kalten Wind ausgesetzt, der den körnigen Staub aufwehte, und seine Männer hörte, die auf dem Wagenkasten polterten, endlich absprangen und sich die Arme um den Leib schlugen, kostete es Strittich Mühe, sich darüber klarzuwerden, was ihn hierhergeführt hatte und was er nun würde zu tun haben.

Er ging quer über den Platz auf das Spritzenhaus zu und überlegte, ob der Mann, den zu holen er gekommen war, den Lastwagen gehört hatte, und versuchte sich vorzustellen, wie es ihm, Strittich, zumute sein würde, wenn er den Wagen gehört hätte und wüßte, daß er abgeholt würde, um erschossen zu werden. Die Tür war nicht verschlossen, sie schwang knarrend nach innen, als er sie aufstieß. Strittich sah in den finsteren Flur hinein. Im gleichen Augenblick wurde eine Tür, rechts vom Hauseingang, geöffnet, und der Mann, der in der hellen Öffnung stand, fragte: »Sind Sie schon da?«

Er trat zurück und ließ Strittich eintreten. Ein kahler, weißgetünchter Raum. An den Längswänden Betten, insgesamt drei Paar, jeweils zwei Betten übereinander. Auf zweien konnte Strittich schlafende Gestalten sehen, auf einem dritten saß ein Mann in Zivilkleidung, vornübergebeugt, so daß Strittich sein Gesicht nicht erkennen konnte.

Der Mann, der ihn eingelassen hatte, ein jüngerer Kerl mit

einem schmalen, blassen Gesicht und kurzgeschnittenen, blonden Haaren, ein Feldwebel der Feldgendarmerie, dessen Uniformrock weit offen stand, daß das Unterhemd zu sehen war, nickte gähnend zu einem der Hocker, setzte sich selbst, nahm eine Meldetasche vom Boden auf und begann darin zu suchen.

»Wenn's nach mir ginge, Herr Leutnant«, sagte er ohne aufzusehen, »hätten Sie nicht so früh aufzustehen brauchen. Das hätten wir alleine erledigen können.«

»Sind Sie bald fertig?«

Der Mann sah auf. Strittich wußte nicht, ob er wirklich lächelte, aber im Licht der Petroleumlampe sah es aus, als bleckte er seine Zähne.

»Ganz wie Sie wünschen, Herr Leutnant«, sagte er langsam, jedes einzelne Wort betonend, »holen Sie ihn ruhig schon. Unterschreiben können Sie nachher«, und nach einer Pause, »unten im Keller.«

Strittich ging hinaus. Er rief zwei seiner Leute, ließ sie an der Haustür warten, leuchtete sich selbst mit seiner Taschenlampe den Weg zur Treppe und stieg allein in den Keller hinab. Eine Petroleumlampe beleuchtete nur trübe den Gang, an dessen Ende, vor einer verriegelten Tür, ein Posten saß, den Karabiner zwischen den Knien. Er fuhr hoch, als er Strittichs Schritte hörte.

»Hier drin?« Der Posten nickte.

Strittich schob den Riegel zurück und trat ein. Der Mann saß auf einer Gartenbank, der Tür gegenüber, und hatte den Kopf in die Hände gestützt, so daß Strittich nur sein dunkles, sauber gekämmtes Haar sehen konnte, und die geplatzten Nähte auf den Schultern seines Uniformrockes, dort, wo man ihm die Schulterklappen abgerissen hatte. Dann blickte der Mann auf und sah Strittich aufmerksam an, als wolle er sich sein Gesicht einprägen. Er sah so anders aus als das Bild, das sich Strittich von einem Deserteur gemacht hatte, anders als die Männer, denen er eine Fahnenflucht zutraute, anders als alle Leute, die ihm während der letzten Wochen davongelaufen waren, daß er nach einem kurzen Augenblick tiefer Verwunderung wütend und erbittert dachte: Warum bist du desertiert? Warum mußtest ausgerechnet du desertieren?

Strittich stand in dem engen, dumpfen, nach faulen Kartoffeln riechenden Keller, dessen niedrige Decke ihn bedrückte, und sagte: »Wir müssen gehen.« Er hob den Arm und deutete mit einer ungewollten Gebärde auf seine Uhr, als müsse er erklären, warum es nun soweit war und daß er darauf keinen Einfluß mehr habe.

Der Mann stand auf, leicht, ohne zu zögern, als habe er lange darauf gewartet, endlich aufstehen zu dürfen, und sah Strittich immer noch in die Augen.

»Übrigens«, sagte Strittich, »oben wartet ein Pfarrer.«

»Nein«, sagte der Mann, »vielen Dank.«

Strittich zögerte ein letztes Mal, ehe er zur Tür trat und seine Männer rief. Aber während ihre Stiefel schon auf den steinernen Treppenstufen klappten, fragte er: »Ich kann nichts für Sie tun?«

»Vielen Dank, Herr Leutnant.«

»Nehmen Sie ihn in die Mitte«, befahl Strittich, »und bringen Sie ihn zum Wagen. Feldwebel Weller setzt sich nach vorn zum Fahrer. Ich komme hinten mit rauf.«

Der Pfarrer wartete im Flur. Strittich sah ihn nicht an und zuckte die Achseln. »Ich weiß schon«, sagte der Pfarrer, »sie brauchen uns nicht.« Er deutete auf die Gruppe der Männer, die mit kurzen Schritten über den Platz marschierte. »Sie meinen, sie könnten den Heiland bis zur letzten Sekunde betrügen. Sie sind am bedauernswertesten.« Und als Strittich sich zum Gehen wandte: »Muß das denn sein, Leutnant?«

»Ja«, sagte Strittich schroff, »... es muß sein.«

Die Tür zur Wachstube wurde aufgerissen. »Herr Leutnant«, rief der Feldwebel, »Sie müssen mir noch die Übergabe bestätigen.« Er folgte dem Feldgendarmen in die Stube. Der Mann am Ofen hatte das Feuer in Gang gebracht, es fauchte und knisterte unter der Platte. Der Feldwebel schob die Kochgeschirre, die Brote, die Wurst von einer Ecke des Tisches zurück und legte Strittich das Formular hin.

»Hier«, sagte er und tippte mit dem Finger auf das Papier, »sonst glaubt's mir keiner. Und ich habe schon Pferde kotzen sehen.«

»Direkt vor der Apotheke«, ergänzte der Mann am Ofen.

»Geben Sie schon her.« Und während er seine Unterschrift unter das Schriftstück setzte, las Strittich den Namen des Mannes: Werner Plaht.

Der Fahrer hatte den Motor schon angelassen, im Leerlauf surrte er ruhig und gleichmäßig. Strittich trat zum Führerstand und nickte, als Feldwebel Weller das Fenster herunterkurbelte. »Ich bleibe hinten.« Er ging am Wagen entlang und grüßte den Pfarrer, indem er den rechten Arm ausstreckte. Er schwang sich mit einem Satz über die Klappe des Wagenkastens und setzte sich neben den Mann auf den Boden. Ihm gegenüber, verdrossene Gesichter unter den Stahlhelmen, saßen seine vier Leute. Strittich war froh, daß er den Pfarrer nun nicht mehr sehen konnte, die Klappe war zu hoch.

»Los«, rief Strittich nach vorn.

Er zog sein Zigarettenetui aus der Brusttasche und hielt es dem Mann hin. Der nahm sich eine der beiden Zigaretten, ohne aufzusehen, und Strittich steckte sich die zweite zwischen die Lippen. Dann reichte er dem andern auch das Feuerzeug mit der zuckenden Flamme. Der Mann nahm ein paar hastige Züge und rief: »Vielen Dank, Herr Leutnant!«

Sie waren aus dem Dorf heraus und auf die Landstraße gekommen. Nach dem Gerüttel auf dem Kopfsteinpflaster glitt der Wagen nun weich und scheinbar mühelos dahin. In weiten Kurven wand sich die Chaussee durch die wellige Landschaft, die Kuppen aller Erhebungen meidend. Es wurde merklich lichter, allerdings war der Himmel vollständig bewölkt. Im Osten, hart am Horizont, erschien ein schmaler Streifen rosigen Lichts. Der Mann fröstelte. Die Zigarette zwischen seinen Fingern zitterte stark.

Bald schob sich der Wald an die Straße heran. Zuerst nur drei oder vier einzelne Kiefern, dann ein Grüppchen windgebeugter Stämme, endlich säumte dichtes Gehölz die Straße, und Strittich wußte, daß es nicht mehr lange dauern konnte. Die Zigarette schmeckte ihm nicht mehr, er schnickte sie fort.

Strittich sah auf seine Uhr, es war fünf Minuten vor fünf. Er reckte sich hoch und sah über den Rand des Wagenkastens, als sie den Regimentsgefechtsstand passierten.

Es war noch immer finster zwischen den Bäumen, aber hell genug, daß Strittich die angetretene Kompanie erkennen konnte, daneben das Peloton von zwölf Mann – der Regimentskommandeur hatte befohlen, daß die Hinrichtung von Männern der Kompanie besorgt werden sollte, welcher der Deserteur angehört hatte – und vor dem Peloton, zwanzig Schritte entfernt, auch den Haufen frischer Erde neben der ausgehobenen Grube, vor die man einen starken Pfahl in den Boden gerammt hatte.

Dort, wo der Wagen hielt, standen ein Leutnant, der Strittich mit tiefernstem Gesicht grüßte, und zwei Unteroffiziere, die den Mann, der auf einen Wink Strittichs ebenfalls abgesprungen war, in die Mitte nahmen und in den Wald hineinführten.

Der Fahrer ließ den Motor noch eine Weile im Leerlauf und stellte ihn ab. Es war still auf der Lichtung. Nur die Schritte der drei marschierenden Männer klangen dumpf auf dem Waldboden.

Die Zeremonie lief reibungslos ab.

Der Regimentskommandeur, ein kleiner Mann, der den Kopf im Nacken trug, daß er stupsnäsig aussah, schritt mit gestrafften Schritten die Front der Kompanie ab, ließ sich auch das Hinrichtungspeloton melden und suchte sich einen Baumstumpf, auf den er stieg, um eine Ansprache über die Bedeutung des Ereignisses zu halten. Diese Schweinerei, so sagte er, mit seiner hellen, zu jung klingenden Stimme, mache ihm besonders wenig Spaß, weil es sich um einen Angehörigen seines Regimentes handele. Es dürfe aber nie und nimmer Lahmarschigkeit einreißen. Jeder hätte mal gehörig die Hosen voll, das sei noch kein Grund, die Kameraden im Stich zu lassen.

Die Männer nahmen die Ansprache regungslos hin. Strittich stand am Rande, viel zu weit von dem Pfahl entfernt, um das Gesicht des Verurteilten erkennen zu können.

Ein Kriegsgerichtsrat, der mit dem Regimentskommandeur gekommen war, verlas das Urteil. Nur, weil sich der Mann an der Front mehrfach bewährt und sogar das E. K. I erworben habe, sei seinem Wunsche, erschossen zu werden, entsprochen worden.

Auf die Frage, ob er noch einen letzten Wunsch habe, bat der

Verurteilte, man möge ihm keine Binde vor die Augen legen. Der Oberstleutnant, den der Leutnant des Hinrichtungskommandos fragend ansah, nickte. Darauf entfernten sich der Leutnant und die beiden Unteroffiziere aus der Schußlinie.

Auf das Kommando: LEGT AN! fing der Mann an, durchdringend zu schreien.

Fünf Tage später lag Strittich mit einer Unterschenkelverwundung im Feldlazarett, das er jedoch, sobald er wieder am Stock gehen konnte, verließ, um zu seiner Kompanie zurückzukehren, die inzwischen auf fünfunddreißig Mann zusammengeschrumpft war. Mit Hilfe zweier Panzerabwehrgeschütze gelang es ihm, den Feind vor einem Dorfe so lange aufzuhalten, bis alle Häuser in Trümmerhaufen verwandelt waren.

Am Morgen nach dem eiligen nächtlichen Rückmarsch fand sich Strittich von seinen letzten acht Männern verlassen. Er erwachte in der leeren Scheune, in der er sich zum Schlafen niedergelegt hatte, nachdem er Posten eingeteilt, mit dem Befehl, ihn spätestens nach zwei Stunden zu wecken. Er machte sich unverzüglich nach dem Westen hin auf den Weg, bis er eine Stunde später gezwungen wurde, im Straßengraben Deckung zu suchen, um eine sowjetrussische Panzerabteilung passieren zu lassen. Nach diesem Erlebnis entschloß er sich, die Hauptstraße zu verlassen.

In einem abgelegenen, von seinen Bewohnern verlassenen Bauernhaus vertauschte er, nachdem er eine Nacht frierend im Walde verbracht hatte, seine Uniform gegen eine blaue Arbeitshose und eine abgetragene graue Joppe. Zu dieser Ausrüstung fügte er eine formlose Schiebermütze und einen geflickten Rucksack, den er in einem Holzschuppen fand.

Er sagte sich, daß es ratsamer sei, in der russischen Etappe unterzutauchen, als den sowjetischen Truppen nachzulaufen, und wanderte, sich auf Waldwegen haltend, in östlicher Richtung.

Nachts konnte er, wenn er sich dem Waldrande näherte, über den Horizont gesprenkelt den Widerschein vieler Brände sehen. Er hielt es fünf Tage und fünf Nächte in den Wäldern aus, bis ihn der Hunger und die Schmerzen in seinem kaum geheilten Bein aufscheuchten und er sich an ein Dorf heranpirschte.

Die Leute, an deren Tür er klopfte, gaben ihm zwar ein Stück Brot, baten ihn aber, schleunigst weiterzugehen, und die Redewendungen, »jaja, hier hastu was, aber nu mach, daß du weiterkommst«, hörte Strittich im Verlauf der nächsten Tage noch häufig. Dabei war er inzwischen so heruntergekommen, daß er es wagen konnte, in den Dörfern an russischen Posten vorüberzugehen, ohne als ehemaliger Soldat erkannt und festgenommen zu werden.

Am Vormittag des zehnten Tages traf er am Waldrand, weit außerhalb einer Ortschaft, auf eine Kate. Sie stand inmitten eines aufgeräumten Gartens. Ohne zu zögern, humpelte Strittich durch die Pforte auf das Haus zu. Eine junge, blonde Frau, an deren Rock sich zwei Kinder klammerten, öffnete ihm und sah ihn freundlich an. Ja, sagte sie, als er seine Bitte vorgetragen hatte, natürlich könne er bleiben.

Das Innere des Häuschens schien unberührt. Die Möbel, moderne gediegene Stücke, paßten nicht in die ländliche Umgebung. Es war ein Regal mit Büchern da, und daß die Frau, ehe sie ihm zu essen brachte, eine weiße Decke über den Tisch breitete, erschien ihm vollends unwirklich. Als sie die Suppenterrine vor ihn hingestellt hatte, nahm sie ihre Kinder bei der Hand und ging mit ihnen in ein Nebengelaß.

Später führte sie ihn zu dem kleinen Schuppen, wo sie ihm zwischen Gerümpel schon ein Lager zurechtgemacht hatte. Sie sagte, er solle nur tüchtig schlafen, sie würden ihn schon nicht stören.

Nach zwei Tagen war er wieder so weit zu Kräften gekommen, daß er der Frau beim Holzhacken helfen konnte. Während der Arbeit band sie sich ein Kopftuch um das volle Haar. Strittich überlegte oft, was sie hierherverschlagen haben mochte. Aber es tat gut, ihr erzählen zu können. Sie hatte eine Art, bescheiden und still zuzuhören.

Er fragte sie, ob sie keine Angst habe, jetzt, so allein? Nur der Kinder wegen, falls ihr etwas zustoßen sollte. Sonst wäre es ihr wirklich gleich. Ihr Mann sei als ss-Führer in Rußland gefallen. Damals sei sie bei der Evakuierung Hamburgs hierhergekommen. Manchmal dachte Strittich, die Frau halte ihn, weil er groß und blond sei, auch für einen ss-Führer.

Sie war einmal im Dorf gewesen, um Brot zu holen, und erzählte ihm am Abend die Nachrichten, welche die Russen verbreitet hatten. Von der bedingungslosen Kapitulation, und daß der Führer Selbstmord begangen habe. »Es kann natürlich alles erlogen sein«, sagte sie ruhig, »aber wenn es wahr ist, hat mein Mann recht gehabt. Er sagte immer, wir sind als Volk nicht gut genug für unseren Führer.«

Als weitere zehn Tage vergangen waren, meinte Strittich, er wolle versuchen, sich nach Berlin durchzuschlagen. Sie bat ihn, noch einen Tag zu warten, sie würde noch einmal im Dorf fragen. Am Abend berichtete sie, es müsse wohl zu schaffen sein. Der Sohn eines Bauern sei bei Berlin in Gefangenschaft geraten, habe aber fliehen und sich bis hierher durchschlagen können. Sie würde sich zwar sehr freuen, wenn er noch bliebe, wolle ihn aber nicht halten, denn sie verstehe natürlich, daß er zu Hause nach dem Rechten sehen müsse. Sie habe sich überlegt, daß es gut sei, wenn er die alte Schrotsäge mitnehme, er könne sich dann als Waldarbeiter ausgeben.

Sie stand mit den Kindern an der Gartenpforte und sah ihm nach, als er den Weg zum Wald hinunterging. Sein Sägeblatt blinkte in der Sonne. Er winkte so lange, bis er die Frau und die Kinder nicht mehr sehen konnte.

Ohne die Säge wäre er bestimmt festgenommen worden, denn er sah nicht mehr so heruntergekommen aus. So aber passierte er innerhalb weniger Tage mehr als ein Dutzend Kontrollen. Es war dennoch unangenehm für einen Mann, in seinem Alter und von seiner Körpergröße, durch das von Russen, Polen, entlassenen Fremdarbeitern und Marodeuren durchstreifte Gebiet hindurchzukommen. In einem verwahrlosten, noch immer verlassenen Bauernhof fand er ein Fahrrad. Er brauchte nur die Luft aufzupumpen und konnte losradeln.

Zwar nahm ihm kurz darauf eine russische Streife das Fahrrad weg, aber da er einmal auf den Geschmack gekommen war, besorgte er sich bald ein neues.

Bis Oranienburg verbrauchte er ingesamt sieben Fahrräder. Dort nahmen ihm polnische Posten das siebente weg, obgleich es auf nackten Felgen lief.

Ein alter, klapperiger, mit Holzgas betriebener Lastwagen nahm ihn in die Stadt mit.

Ob in Charlottenburg viel zerstört sei, fragte er den Fahrer.

»Überall das gleiche. Massenhaft zerstört durch diesen Irrsinnigen. Bloß Weißensee nicht.« Er grinste vor sich hin.

»Wieso Weißensee nicht?«

»Ja, Mann, haste noch nischt vom Schandfleck Berlins gehört? Und wie Goebbels getobt hat, daß Weißensee sich kampflos ergeben hat?«

So war das also jetzt, dachte Strittich, mehr verwundert als erbittert. Der Mann setzte ihn an der Siegessäule ab, und durch den verwüsteten Tiergarten marschierte Strittich nach Hause. Es war ein sonniger Tag, und der Staub in der Luft machte ihm Durst. Überall in den Straßen, auf den Trümmerhaufen, sah er Frauen mit Kopftüchern und Schürzen, die Gesichter grau von Staub, die sich Eimer zureichten. An der Ecke Wilmersdorfer Straße – Bismarckstraße regelte ein russischer Militärpolizist, in jeder Hand ein rotes Fähnchen, den Verkehr. Auf den Bürgersteigen waren Holztafeln errichtet worden, auf denen, in Deutsch und Russisch, Zitate von Lenin und Stalin zu lesen waren. Einem begegnete Strittich häufig: ›Die Hitler kommen und gehen, aber das deutsche Volk, der deutsche Staat, bleibt. Stalin.‹

So war das also jetzt.

Karl-Heinz Schick

Aue/Sachsen, April 1945

Das hatte ihm gerade noch gefehlt. Daß der Gefolgschaftsführer eines Tages erklärte, die Gefolgschaft müsse eine Kampfgruppe aufstellen, und sie sollten alle Ausfallstraßen von Aue zur Verteidigung herrichten. Er hätte Befehl, sagte er weiter, jeden, der sich zu drücken versuche, dem Kreisleiter zur Bestrafung durch ein Kriegsgericht zu melden.

Am Abend danach kam Achim zu Karl-Heinz, er hätte etwas,

sagte er geheimnisvoll. Er könne ihm hier im Hause noch nichts erzählen. So setzten sie sich beim Bahnhof unter dem Bogen der Adolf-Hitler-Brücke auf eine Bank, und nachdem Achim sich eine Zeitlang umgesehen hatte, ob auch niemand sie beobachtete, fing er mit unterdrückter Stimme seine Geschichte an.

Es wäre doch klar, daß der Krieg für uns verloren sei, und es käme jetzt nur noch darauf an, das Ende möglichst rasch herbeizuführen. Man müsse aktiv zum Kampf gegen das ›System‹ antreten, denn wenn nichts geschehe, würden solche Dummköpfe wie Gerd und die Parteibonzen zusehen, daß ganz Deutschland in einen Trümmerhaufen verwandelt werde.

Karl-Heinz verstand nur wenig von dem, was Achim vorbrachte. Außerdem wunderte er sich, woher Achim das alles hatte, aber als er ihn danach fragte, deutete Achim nur an, er stehe mit Leuten in Verbindung. Natürlich dürfe er Näheres noch nicht preisgeben. Hinter diesen Leuten aber stünden die Alliierten. Und wenn Kerle wie Gerd wirklich Ernst machen wollten mit ihrem wahnwitzigen Widerstand bis zum Letzten, müßten sie eben ›umgelegt‹ werden.

Abends beim Essen kaute Karl-Heinz versonnen und abwesend seine Brote und reagierte so selten auf Fragen, daß seine Mutter aufmerksam wurde.

Am nächsten Morgen, in der Schule, blinkte er Achim zu. Es sollte so viel heißen, daß er mit von der Partie war. Aber in der großen Pause nahm ihn Achim beiseite, ob er wahnsinnig geworden sei, ob er sie etwa verraten wolle. Sie dürften sich nicht mehr so oft treffen, damit nichts auffiele und damit, falls sie einen schnappten, der andere nicht auch gleich verhaftet würde. Niemand dürfe voneinander wissen, das sei die Hauptsache bei solchen Organisationen. Karl-Heinz wollte nicht mehr fragen, um nicht zu zeigen, daß er immer noch nicht begriffen hatte, um was es eigentlich ging. Achim sagte aber, Karl-Heinz sei nun Mitwisser, und sie würden keinerlei Rücksicht nehmen, wenn er etwas ausquatschte. Dann ließ er Karl-Heinz stehen. Als er nachmittags im Wehrmachtsbericht hörte, daß deutsche Truppen südlich Kassel zu einem Gegenschlag ausgeholt hätten, wurde Karl-Heinz wieder unsicher. Was sollte werden, wenn der Endsieg doch Wirklichkeit wurde und wenn der Gefolgschaftsführer recht behielte?

Er war schon halb entschlossen, sich aus der Sache mit Achim herauszuhalten.

Aber ein paar Tage später raunte ihm Achim in der Schule zu, er solle sich am Abend bereit halten, er werde gegen neun Uhr vorbeikommen. Beim Abendbrot sagte Karl-Heinz zu seiner Mutter, er müsse noch zu Klaus Grübner, Mathe-Aufgaben machen. Er hielt es im Hause nicht mehr aus, sondern wartete draußen auf Achim, indem er unzählige Male vor dem Geschäft auf und ab lief.

Achim stutzte, als er Karl-Heinz vor der Tür stehen sah, fragte aber nicht, als sich Karl-Heinz ihm wortlos anschloß.

Sie gingen zum Markt und die Straße nach Bockau hinaus, zweigten aber später ab und stiegen durch verlassene Villenstraßen zum Wald hinauf. Auf der Höhe warteten drei Männer auf sie. Karl-Heinz beruhigte sich aber, als er näher kam und sah, daß es junge Burschen waren, kaum älter als er. Sie trugen blaue Schlosser-Kombinationen und Skimützen und sahen wie Jungarbeiter aus. Jedenfalls waren sie nicht aus der Schule. Nur das Gesicht des einen glaubte Karl-Heinz schon gesehen zu haben.

Einer von ihnen trug etwas unter dem Arm, und Karl-Heinz dachte an Sprengstoff und fragte Achim flüsternd. Aber Achim gab die Antwort so laut, daß alle sie hören mußten: »Zuviel fragen ist gefährlich, mein Junge.« Karl-Heinz kriegte langsam Wut auf Achim. Immer diese Wichtigtuerei.

Sie stiegen weiter den Waldweg hinauf bis zur ersten Kreuzung. »Hier sind wir«, sagte einer der Burschen. Er tippte Karl-Heinz auf die Brust, »du bleibst hier. Und wenn du Schritte hörst, pfeifst du, so laut du kannst, ›Lili Marleen‹, tust, als kämst du gerade aus der entgegengesetzten Richtung, und verschwindest sofort. Um uns brauchst du dich nicht mehr zu kümmern.« Ohne weitere Erklärung verschwanden sie mit Achim nach rechts hin im Wald, wo der Hang sanft bis zu den Wänden der Steinbrüche abfiel. Für ein paar Augenblicke hörte er noch ihre Schritte, dann war er allein mit dem Rauschen des Waldes. Tief unten, auf der Bockauer Chaussee, hörte er von Zeit zu Zeit Motorengeräusch. Karl-Heinz stand zitternd in der Finsternis. Es schien sehr kalt geworden zu sein, die Sterne zwischen den Wipfeln funkelten eisig. Seine Zähne schlugen so hart aufeinander, daß er sich fragte, ob er im Notfall imstande sein würde, zu pfeifen. Plötzlich hörte er, schon ganz in der Nähe, Schritte und fing mit dem Mute der Verzweiflung laut zu pfeifen an, aber hörte gleich Achims unterdrückten Anruf, ob er etwa total verrückt geworden sei?

Sie gingen gleich dort auseinander. Karl-Heinz machte mit Achim zusammen noch einen Umweg, und vor der Stadt trennten sie sich auch, damit sie nicht zusammen gesehen würden – wie Achim meinte.

Karl-Heinz war froh, daß die Familie schon zu Bett gegangen war und nicht fragte. Er konnte nicht einschlafen und dachte an Zeitzünder und Nitroglyzerin, wartete darauf, daß er aus der Ferne eine Explosion hörte, aber er hörte nur die Kirchturmuhr halb eins, eins, halb zwei schlagen, bis er endlich einschlief.

In der Schule erzählte Klaus Lutze, der morgens mit dem Autobus von Bockau kam, in einem der Steinbrüche hätten Kommunisten einen roten Stern und Hammer und Sichel angemalt. Gerd traf sich in der Pause mit seinen Freunden und erklärte, diesen Verbrechern werde man schon das Handwerk legen. Am Nachmittag gingen die Hitler-Jugend-Führer hinaus, übermalten das rote Zeichen und pinselten mehrere schwarze Hakenkreuze daneben.

Auf dem Heimweg stellte Karl-Heinz Achim zur Rede. Das fände er nicht richtig. Wenn er schon Widerstand mache, so sei er noch lange kein Kommunist. Achim lächelte, von oben herab, da sähe man wieder, daß er nicht zu gebrauchen sei. Alle antifaschistischen Kräfte müßten zusammenstehen. Das habe nichts mit Kommunismus zu tun. Hammer und Sichel sei das deutlichste Zeichen gegen das verhaßte Hakenkreuz. Karl-Heinz war trotzdem verärgert.

Er fürchtete, daß sie zu Hause seine Abwesenheit in der vergangenen Nacht mit der Hammer-und-Sichel-Geschichte in Verbindung gebracht haben könnten. Aber sie sprachen nicht darüber. Überhaupt schien schon am nächsten Tag niemand mehr darüber zu sprechen. Also war die Wirkung verpufft, fand Karl-Heinz.

Aber als ihn Achim einmal zu dem Treffen der ›Gruppe‹ mitnahm – es waren die drei Jungarbeiter dort, die er schon kannte, und noch zwei andere und außerdem ein ungepflegt aussehendes Mädchen, das rauchte und sich immer ins Gespräch mischte –, sagten alle dort, diese Aktion sei den Nazis gehörig in die Glieder gefahren.

Endlich kamen sie zu praktischen Fragen: es wurde ausgemacht, daß Karl-Heinz weiter zum Hitler-Jugend-Dienst gehen müsse, wenn irgend möglich auch in die Kampfgruppe, damit sie immer auf dem laufenden gehalten wurden und Gegenmaßnahmen treffen konnten.

Aber zur Bildung dieser komischen Kampfgruppe kam es gar nicht mehr. Zwar hieß es, die Amerikaner seien schon in Schneeberg, es war Artilleriefeuer zu hören, und an den Ausfallstraßen wurden tatsächlich aus Baumstämmen Panzersperren errichtet, aber der Volkssturm, der sich an den Panzersperren zum Widerstand rüstete, lief bald auseinander. Nur der Ortsgruppenleiter und ein paar Parteigenossen blieben auf ihren Posten.

Am Tag darauf, gegen Mittag, kamen ein paar Wagen voller Amerikaner in die Stadt und fuhren auf dem Marktplatz auf. Die Soldaten blieben in den Wagen sitzen und hielten ihre Gewehre schußbereit links und rechts heraus. Später gingen der Bürgermeister und ein paar andere Leute mit einer weißen Fahne auf die Amerikaner zu, doch die Soldaten scheuchten sie wieder fort. Am Nachmittag kamen noch mehr Amerikaner nach Aue, fuhren aber gegen Abend wieder ab.

Am nächsten Tag kamen die Amerikaner wieder, diesmal mit Panzern, Geschützen und vielen Lastwagen, und Achim sagte zu Karl-Heinz, es sei eben der reine Irrsinn gewesen, gegen eine derartige Materialüberlegenheit Krieg zu führen, und Karl-Heinz konnte dem nur beipflichten.

Mutter hatte den Laden zugemacht, und Karl-Heinz war mit Achim zusammen den ganzen Tag auf den Beinen. Sie versuchten ein paarmal, an die Amerikaner heranzukommen. Einmal standen sie bei einem der viersitzigen Wagen, in welchem zwei amerikanische Soldaten saßen, aber feindselig geradeaus blickten. So mußten sie es endlich aufgeben und waren enttäuscht, obgleich Achim sagte, man müsse das Mißtrauen verstehen, man müßte ihnen nur klarmachen, daß nicht alle Deutschen Nazis gewesen seien.

Es hieß, alle Radioapparate, Kameras und Ferngläser müßten abgeliefert werden, und Mutter hatte solche Angst, daß sie drängte, Karl-Heinz solle den schönen Philipps-Apparat, den Vater aus Belgien mitgebracht hatte, abliefern gehen. Sie hatten sechs Wochen lang nichts mehr von Vater gehört. Er war zuletzt in Norddeutschland stationiert gewesen, und sie hofften, er sei in englische oder amerikanische Gefangenschaft geraten, denn obgleich ihm ein Junge aus der ›Gruppe‹ gesagt hatte, nur Greuelpropaganda könne behaupten, daß die Rote Armee ihre Gefangenen schlechter behandele als die Amerikaner, schien es ihm doch sicherer für Vater. Vor allem, da in diesen Tagen immer mehr Leute aus dem Osten kamen und sagten: *bloß weg vom Russen und zum Amerikaner*. Und dann hieß es, die Amerikaner würden wieder abziehen und an ihrer Stelle kämen die Russen. Inzwischen war ein neuer Bürgermeister eingesetzt worden, von dem die Leute zwar sagten, er sei ein alter Kommunist, gegen den aber niemand etwas zu unternehmen wagte. Er hatte ein paar Leute, die als alte Parteigenossen bekannt waren, einsperren lassen. Gerd, den Gefolgschaftsführer, selbstverständlich auch.

Weil die Verkäuferin nicht mehr kam, Mutter aber das Geschäft wieder eröffnen wollte, half Karl-Heinz ein bißchen aus, aber sie hatten nicht viel zu tun, denn es gab ja nur noch Zahnpulver und Haarwasser, und die Reservevorräte im Keller wollten sie auf gar keinen Fall angreifen.

Eines Tages kam auf einem Fahrrad Ralph angeradelt, von dem die anderen schon oft gesprochen hatten. Ralph war zwanzig, hatte in Sachsenhausen im Konzentrationslager gesessen und war von dem Abend an, da er zum erstenmal zur ›Gruppe‹ kam, ihr Führer.

Er erzählte von seinen Erlebnissen im KZ und wie die Rote Armee Sachsenhausen befreite, und da gingen Karl-Heinz erst einmal die Augen auf. Sie erzählten von ihrer Aktion im Steinbruch und daß sie die Hitler-Jugend umgelegt hätten, wenn die wirklich Widerstand hätten leisten wollen. Karl-Heinz war stolz darauf, daß er dazugehörte.

Ralph sprach mit ihnen auch über den Marxismus und sagte immer wieder, die alte Feindschaft innerhalb der deutschen Arbeiterklasse müsse aufhören. Durch ihn erfuhr Karl-Heinz zum erstenmal die Wahrheit über die Kommunisten und die Sozialdemokraten und die Weimarer Republik, von der er immer nur als der ›Systemzeit‹ gewußt hatte.

Eines Tages kamen die Russen. Die Leute wagten sich zwar zuerst nicht auf die Straße, aber es passierte natürlich nichts. Die russischen Soldaten benahmen sich völlig korrekt. Nur nachts kam es hier und da zu Ausschreitungen, und Ralph sagte, als in der ›Gruppe‹ darüber gesprochen wurde, es gäbe in jeder Armee Strolche. Daß sie in der Roten Armee besonders selten seien, läge an der Struktur dieser Armee, die die erste wirkliche Volksarmee sei. Karl-Heinz gehörte zu der Gruppe von Jungen, die zum russischen Stadtkommandanten ging, um ihm eine rote Fahne zu bringen, für die sich der Major freundlich bedankte. Er ließ durch seinen Dolmetscher sagen, daß die Rote Armee allen fortschrittlichen, antifaschistischen demokratischen Kräften beim Wiederaufbau eines friedliebenden Deutschland zur Seite stehen werde.

Das Geschäft ging auf einmal glänzend, weil die Russen, die auf der Suche nach Schnaps in die Drogerie gekommen waren, erfuhren, daß sie sich dort fotografieren lassen konnten. Nur mußte Karl-Heinz die Aufnahmen selbst besorgen, denn seine Schwestern wagten sich, seit die Russen kamen, kaum noch in den Laden, und Karl-Heinz machte sich über sie lustig, denn die Russen waren die besten Kunden. Manche zahlten mit Hundertmarkscheinen und schüttelten den Kopf, wenn er herausgeben wollte. In der Schule genoß Karl-Heinz ziemliches Ansehen, weil er hatte durchsickern lassen, daß er bei der Hammer-und-Sichel-Geschichte dabeigewesen war.

Nur seine Mutter fand, es sei gut, daß die Schule wieder anfange, er etwas Ordentliches lerne und nicht nur immerzu mit den anderen Nichtsnutzern herumlungere.

Helmut Hirth

Mecklenburg, April 1945

Bis zum Abend des neunzehnten April neunzehnhundertfünfundvierzig glaubte Helmut Hirth an den Endsieg.

Am Morgen hatte es zur Ration zusätzlich eine Flasche Schnaps pro Mann gegeben, aber sie waren den Vormittag über marschiert, hatten mittags im Stehen gegessen, waren weitermarschiert und rasteten erst spät am Nachmittag. Sie lagerten auf freiem Felde, rings um eine Scheune, aus der die Männer Strohballen herausgeschleppt hatten. Das Ganze glich einem Manöverbild.

Die Funker hatten das Radio eingestellt und auf höchste Lautstärke gedreht, so daß Goebbels' Ansprache auf den Führer am Vorabend des Geburtstages weit über die Felder hallte.

Als Goebbels zum Ende kam, war es Helmut mit einem Mal sonnenklar, daß er log. Wir könnten den Krieg nicht verlieren, schrie die geile Stimme, weil wir in gläubiger Verehrung auf den Führer blickten; wir würden siegen, weil es der Führer versprochen; die Feinde würden zerschmettert, weil es der Führer befohlen hatte. Nach den Wochen der Rückzüge durch Polen und Pommern und Mecklenburg, nach den Beweisen der Angst, der Auflösung, die Helmut erlebt hatte, bereitete es ihm ein Gefühl der Übelkeit, von der ungebrochenen Moral des deutschen Frontsoldaten zu hören. Er mußte sich später erbrechen und wälzte sich auf den Bauch. Er hatte mit jemand darüber sprechen wollen, aber er konnte sich nicht entschließen, aufzustehen.

Die meisten Männer waren eingeschlafen, andere lagen benommen, regungslos auf ihren Strohschütten. Sie waren so müde, daß sie sogar die Angst vergessen hatten.

Als im Osten eben der Morgen zu grauen begann, fuhren mit viel Lärm die beiden Panzer ab, die hinter der Scheune gestanden hatten. Helmut schreckte hoch und sah, wie sich Köpfe reckten und den davonrasselnden Ungetümen nachsahen. Ein Gemurmel ging von Mann zu Mann. »Die wollen uns verheizen, haun ab und lassen uns hier liegen.« Ihr Kompanieführer, ein sehr junger Leutnant, der die Maschinenpistole in der Armbeuge trug und seinen Feldstecher umgehängt hatte, versuchte es zuerst mit Schreien, verlegte sich dann aber aufs Bitten: »Also, kommt schon, kommt schon hoch, oder wollt ihr euch vom Iwan wecken lassen«, und einer nach dem anderen standen die Männer auf und gingen, ohne jede Ordnung, dem Leutnant nach, ins Dorf. Sie trafen einzelne Zivilisten, nur alte Männer und Frauen, die ihnen ängstlich nachstarrten, ohne ein Wort zu sagen.

Es ging in Schützenreihe zum Dorf hinaus, und Helmut schämte sich, weil er hoffte, sie würden sich weiter nach Westen absetzen.

Die Straße führte an saftigen Wiesen vorüber und querte über eine steinerne Bogenbrücke einen Bach, der in schnurgerader Linie die Weideflächen zerschnitt und an dessen Ufern Erlengestrüpp und Farne wuchsen.

Auf der Brücke blieb der Leutnant stehen und erklärte, sie würden sich längs des Baches, links und rechts von der Brücke, eingraben und den Russen hindern, aus dem Dorf heraus und wieder in offenes Gelände zu kommen. Zwar murrten ein paar, »der hat wohl den A... offen, wie auf'm Präsentierteller, kommt geradewegs aus Potsdam«, aber sie gingen doch mißmutig von der Straße zum Bach hinunter. Der Leutnant selbst blieb bei der Brücke, wo er seine beiden Panzerfäuste niederlegte und mit seinem Feldspaten ein Einmannloch zu graben anfing.

Helmut versuchte nicht, sich einzugraben. Der Boden war zähe, außerdem würde er nach wenigen Zentimetern auf Grundwasser stoßen.

Dieser Leutnant hatte offensichtlich noch nicht viel vom Krieg gesehen. Die Stellung war besonders ungünstig ausgewählt. In ihrem Rücken zogen sich die Wiesen eben hin, war der Russe einmal da, würden sie aus dieser Stellung nicht lebend herauskommen, zumal das Dorf ein wenig höher lag, so daß die Russen jeden abschießen konnten, der sich aus dieser unglückseligen Lage würde zurückziehen wollen.

So lagen sie mehrere Stunden, bis Helmut das Geräusch von Panzermotoren hörte. Aus dem Dorf wehte Geschrei zu ihnen herüber. Die Panzer schütterten klirrend und quietschend näher. Dann fing im Dorf die Glocke an zu läuten, als riefe sie kläglich um Hilfe, und das Geheul und das Schreien setzte von neuem ein.

Helmut wußte selbstverständlich und ohne jede Erregung, daß er auf dieser Stelle also liegenbleiben und sterben würde. Sie waren oft genug davongelaufen, nun wurde nicht mehr zurückgegangen. Hier war es zu Ende.

Ehe der Leutnant in seinem Loch verschwand, schrie er: »Jetzt werden sie gleich kommen, immer ruhig Blut!«

Ja, immer ruhig Blut, du Rotznase, dachte Helmut gutmütig.

Und während sein Herzschlag ihm plötzlich in den Ohren dröhnte, setzte das Granatwerferfeuer ein.

Die zweite Salve lag schon so nahe, daß Helmut in den Boden kriechen wollte, im Krachen der Einschläge und im Surren der Splitter aber aufhörte, nachzudenken. Als er neue Abschüsse hörte, warf er sich nach vorn und stürzte der Länge nach ins Wasser. Als er den Kopf über die Wasseroberfläche hob, um Luft zu schnappen, erhielt er einen schweren Schlag gegen die rechte Schulter und stürzte wieder hin. Er raffte sich noch einmal auf und hörte die Panzer kommen und das Angriffsgeschrei der Russen. Er hatte seinen Karabiner verloren und duckte sich, als eine neue Ladung in ihre Stellung einschlug. Die Panzer kamen sehr rasch näher, an den schrägen Wänden klebten Infanteristen.

Er sackte in den schlammigen Grund des Baches, zog sich aber am Gestrüpp wieder hoch. Er sah, daß links und rechts und auch bei der Brücke einzelne Männer aufgesprungen waren, ihre Waffen wegwarfen und den Russen mit erhobenen Händen entgegenliefen. Helmut kroch die Böschung hinauf. Sein rechter Arm hing herunter. Blut floß aus der Schulter, und die vollgesogene Uniform war schwer. Er hob seinen linken Arm, aber als die Russen sahen, daß er verwundet war, kam einer auf Helmut zu und bedeutete ihm, daß er auch den anderen Arm herunternehmen solle.

Helmut blickte sich um, aber von dem Leutnant war nichts zu sehen. Er sah nur wenige Gefangene zwischen gestikulierenden, schreienden Russen.

Sie mußten ins Dorf zurück.

Auf dem Platz vor der Schule durften sie sich hinsetzen. Helmut und ein anderer, der von zwei Kameraden getragen werden mußte, weil er einen Oberschenkelschuß abgekriegt hatte, wurden von einem russischen Sanitäter verbunden. Zum Glück schien der Splitter keinen Knochen zerschlagen zu haben. Ein anderer Russe brachte Helmut, dessen Sachen durchnäßt waren, eine Pferdedecke, die er sich umnehmen sollte.

Später kam ein Russe und verteilte an alle Gefangenen Zigarren. Helmut nahm ein paar Züge, aber ihm wurde davon so schlecht, daß er sie fortwarf.

Sie saßen die Nacht über auf dem Dorfplatz, auf welchem die Russen ein Feuer angezündet hatten.

Den nächsten Tag über trafen immer neue Gruppen deutscher Gefangener ein, bis der weite Dorfplatz voll von ihnen war. Die Einwohner schienen bis auf ein paar ältere Leute, die bisweilen ängstlich über die Straße huschten oder von den Russen herumgestoßen wurden, geflohen oder hielten sich versteckt.

Am späten Abend mußten sie antreten und wurden in Blocks zu je hundert Mann eingeteilt. Sie standen vier Glieder tief.

Sie marschierten bis zum Morgengrauen und durften sich dann eine Stunde ausruhen. Im Laufe des Vormittags, als die Sonne hochgekommen war, wurde es sehr warm, und Helmuts Kräfte ließen nach. Die Wunde näßte so stark, daß der Verband schon durchgeblutet war. Mittags gab es drei Kommißbrote für jeden Marschblock. Als geteilt werden sollte, gab es eine Keilerei unter den Gefangenen, bis die russischen Posten den Männern, die das Teilen hatten besorgen sollen, die Brote aus den Händen rissen und in den Straßengraben warfen.

Helmut konnte kaum noch die Beine heben, aber er zwang sich, weiterzugehen, nachdem er beobachtet hatte, wie russische Posten zwei Gefangene, die am Straßenrand umgefallen waren, erschossen hatten.

Aber er wäre doch liegengeblieben, hätte ihn nicht sein Nebenmann, ein stämmiger Bursche, gestützt. Von Zeit zu Zeit bat Helmut, er solle ihn doch liegenlassen, lange gehe es ja doch nicht mehr. Da sagte der Mann, bei den Eisenbahnpionieren hätten sie ganz andere Dinge heben müssen, ohne sich einen Bruch zu holen.

Es ging wieder auf den Abend zu, als russische Lastwagen die Gefangenenkolonnen überholen wollten. Die Wagen mußten scharf bremsen, weil die Posten erst die widerstrebende Masse der Gefangenen an den Straßenrand zu drängen hatten. Der Eisenbahnpionier schrie auf einmal: »Hier, hier!«, und als einer der russischen Posten zu ihm hersah, winkte der Eisenbahnpionier zu den Lastwagen hin und deutete auf Helmut. Als der Posten die blutbesudelte Uniform und den verkrusteten Verband sah, schrie er dem Fahrer des nächsten Lastwagens etwas zu, und der Fahrer nickte mit dem Kopf.

Der Eisenbahnpionier hob Helmut, der sich kaum an der Klappe festhalten konnte, auf den Wagen, auch der russische Posten griff mit zu, und Helmut fiel auf eine Strohschütte, es dauerte eine Weile, bis er wieder genug Kraft hatte, um sich auf den Rücken zu wälzen. Er lag zwischen zwei Männern in russischer Uniform. Der eine trug einen Kopfverband, aus dem nur ein Stück der Kinnpartie heraussah, und stöhnte. Der andere hatte ihm den Rücken zugekehrt, er lag sehr gekrümmt da, rührte sich überhaupt nicht und war vielleicht schon tot.

Harald Momber

Berlin-Tempelhof, Mai 1945

Sie hatten sich siebenunddreißig Tage lang in der Laube versteckt gehalten, und ausgerechnet an jenem letzten Morgen, als sie hofften, die Russen würden heute bestimmt kommen, schien alles umsonst gewesen zu sein.

Nachdem sie stundenlang auf das Artilleriefeuer gelauscht hatten, das nördlich und südlich von ihnen immer weiter vorrückte, und nachdem Karlchen schon den weißen Kreis aus der Hakenkreuzfahne getrennt, die sein Onkel mitgebracht hatte, damit sie die Russen mit einer roten Fahne würden begrüßen können, wurden draußen deutsche Kommandos gerufen. Harald war mit einem Satz von der Pritsche beim Fenster und sah durch einen schmalen Spalt im Fensterladen hinaus. Auf dem Hauptweg, der die einzelnen Parzellen miteinander verband, standen ss-Männer, junge Burschen, alle schwer bewaffnet. Unter ihnen ein baumlanger Kerl, der mit lauter Stimme seine Weisungen erteilte.

Harald spürte Karlchen hinter sich, aber Karlchen brauchte nichts zu sehen, um ebensogut zu wissen, daß, falls die da draußen an Verteidigung dachten, sie nur auf der Linie des Weges möglich war, der an der Rückseite des Laubengeländes entlanglief und der diese grüne Insel trennte von einem etwa achtzig Meter breiten Streifen öden, unbebauten Landes.

»Kommen sie rein?« flüsterte Karlchen. Aber Harald winkte ungeduldig, denn drei Männer, von denen einer ein Maschinengewehr schleppte, hatten schon die Gartenpforte aufgetreten und kamen auf die Laube zu, folgten aber dem Pfad, der um das Haus herum zur rückwärtigen Pforte führte, zu den Johannisbeersträuchern, von denen aus man auf den Sandplatz hinaussehen konnte.

Sie hörten Geräusche, als ob dort die Männer den Garten umgrüben. Einer lachte keuchend.

Dann kamen wieder Schritte auf das Haus zu, diesmal zur Rückwand hin, jemand rüttelte am Werkzeugschuppen. »Hier müßte doch'n Spaten zu finden sein.«

»Ach wo«, rief eine andere, entferntere Stimme, »ich würde mein Werkzeug auch nicht hier draußen lassen, wird doch alles geklaut.«

Der Mann trat gegen die Tür des Schuppens und fluchte vor sich hin. Seine Schritte entfernten sich, aber er rief: »Warum hängt'n dann ein Schloß dran?«

»Jetzt rausgehen wäre Irrsinn«, flüsterte Karlchen, »wir haben keine Papiere ... für die sind wir Deserteure.«

»Die Russen ... können doch nicht mehr weit sein.«

»Wahnsinn!«

Harald sah zum Hängeboden hinauf, denn unter den Pritschen würden sie sich auf gar keinen Fall verstecken können. Aber als er hinaufzeigte, schüttelte Karlchen zweifelnd den Kopf.

Plötzlich hörten sie wieder Schritte von der Pforte her, und Harald spürte, daß Karlchen zusammenzuckte. Er schlich wieder zu seinem Guckloch und sah, wie der baumlange Führer, der seine Tarnjacke aufgeknöpft, die Hände in die Hosentaschen geschoben hatte, gelassenen Schrittes auf die Laube zukam und vorüberging. Er war so nahe, daß er mit der Hand mehrmals im Rhythmus seiner Schritte an die dünne Holzwand schlug.

»Liegt ihr gut hier, Jungs?« rief er.

»Jawoll, Hauptsturm«, dreistimmig.

Sie hörten, daß er sich mit den Männern unterhielt, konnten aber kein Wort verstehen.

Und dann fuhr Harald zurück, denn die Stimme des ss-Führers schien ihn, durch das Holz hindurch, gerade anzusprechen. Er mußte über den Rasen unhörbar zurückgekommen sein. »Also, abwarten, auf keinen Fall nervös werden. Die Bolschewisten werden nicht mehr lange auf sich warten lassen.«

Jetzt konnte ihn Harald wieder sehen. Er wandte sich zum Gehen, kam aber noch einmal zurück, drückte die Klinke herunter und rüttelte an der Tür. Harald verfluchte Karlchen, der sich, hinter seinem angespannt gebeugten Rücken, viel zu unvorsichtig zur Leiter schlich.

»Warum habt ihr'n die Tür noch nicht eingedrückt?« rief der Hauptsturmführer, kaum einen Meter von Haralds Gesicht entfernt, und durch Haralds Kopf fuhren die verwegensten Pläne.

»Da sind doch meist Fressalien drin«, rief der Hauptsturmführer, »und ein Herd auch«, er rüttelte wieder an der Tür. Dann war er fort, und Harald hörte seine Schritte, die sich rasch entfernten.

»Bloß weg«, flüsterte er, aber Karlchen kletterte schon die Leiter zum Hängeboden hinauf, und als Harald ihm nachstieg und die Leiter einzog, hörten sie die Schritte der Männer, die von den Johannisbeersträuchern herüberkamen. Harald kroch dicht an Karlchen heran, damit nicht einer, der an der offenen Schmalseite des Bodens stand, sie sofort sehen mußte. Der Staub, den sie aufgewirbelt hatten, saß Harald in der Kehle, und auch Karlchen röchelte, als ob er husten müßte, aber Harald hielt seinen Arm gepackt.

Es waren zwei Männer, die vor der Tür standen. Dann erzitterte die hölzerne Laube, und Harald fürchtete, die Bohlen, auf denen sie hockten, würden durchbrechen. Einer der Männer warf sich von neuem gegen die Tür, die wieder nicht nachgab.

Die da draußen schienen unschlüssig, und Harald hoffte, sie würden ihr Vorhaben aufgeben, als kurze, schnelle Schritte auf die Tür zutrappelten. Es folgte ein splitterndes Krachen, die Tür flog auf, und es wurde hell unter ihnen.

»Siehste, mit'm Kolben geht's gleich«, sagte eine Stimme.

Die beiden Männer kamen herein, standen unter dem Boden, und Harald glaubte, ihren Atem zu hören.

»Aha, siehste wohl«, sagte der Mann triumphierend.

Wieder Schritte, und Harald, der seinen Kopf auf die Knie gelegt hatte, stellte sich vor, wie sie nun nebeneinander in der Tür standen und neugierig in die kleine Küche sahen. »Wo nehmen wir Holz her?« fragte die andere Stimme.

»Sind doch genug Bäume hier«, sagte der Zielstrebige gereizt.

»Na, viel Spaß, wenn du mit frischem Holz anheizen willst«, sagte der andere. »Ich kann ja mal hinten nachsehen, damit du zu deiner Suppe kommst.« Er trat wieder ins Freie und fing an zu pfeifen. Er spazierte gemächlich um die Laube herum.

Aber er hatte kaum noch drei oder vier Takte pfeifen können, als draußen, hart und überdeutlich, Maschinengewehrfeuer einsetzte. Der Mann in der Küche stand einen Augenblick regungslos, dann stürmte er hinaus und stieß dabei einen Hocker um. Kurz darauf sauste es über ihren Köpfen, und in der Umgebung schlugen die ersten Granaten ein.

Der Feuerüberfall dauerte etwa zehn Minuten, und sie lachten sich an und reckten ihre steifgewordenen Glieder.

»Wenn das Schwein raufgekommen wäre, wäre ich ihm an die Gurgel gefahren«, sagte Harald laut, und Karlchen nickte, er hätte auch an so was gedacht, aber nicht gewagt, Harald anzustoßen.

Als der Beschuß aufhörte, warteten sie auf das Geschrei der Angreifer, statt dessen setzte in den umliegenden Gärten wieder eine wilde Schießerei ein, auch das Maschinengewehr in ihrem Garten feuerte, bis eine gewaltige Stimme von einem der Nachbargrundstücke her brüllte: »Hört endlich auf, ihr verdammten Idioten. Ihr wollt wohl unbedingt zeigen, wo ihr seid, ihr Scheißkerle, oder habt ihr euch in die Hosen geschissen!«

Im Garten fing jemand an zu wimmern. »Einer kann schon nicht mehr kommen«, sagte Karlchen zitternd vor Erregung. Aber als das Gewimmer nicht aufhörte, verging Harald die Schadenfreude.

Es wurde ihm zum erstenmal bewußt, daß ihr Versteck wesentlich unsicherer war als die Stellung der Männer draußen. Denn er saß mit Karlchen, von den Holzplanken kaum geschützt, gleichsam in der Luft. Aber so plötzlich, wie es begonnen hatte, hörte das Feuer wieder auf. Es stank nach Pulver, frischer Erde und Staub.

Das Geschrei im Garten war verstummt.

Es war endlich so still, daß sie, nachdem sie lange Zeit fast ungezwungen miteinander gesprochen hatten, nicht einmal mehr zu flüstern wagten. Erst viel später hörten sie von der Stelle, wo die drei Männer liegen mußten, ein Geräusch, als schlüge Metall auf Metall.

Endlich näherten sich wieder Schritte, und gleich darauf rief die Stimme des Hauptsturmführers: »Koopmann … Ferber!«

»Die sind beide tot.« Es war die Stimme des Zielstrebigen vom Nachmittag. Der Hauptsturmführer tastete sich durch den Garten und redete auf den Mann ein. Nach einer Weile kam er zurück, und Karlchen drückte Haralds Arm, als er vor der aufgesprengten Tür stehenblieb. Aber er sagte nur. »Schlaf dich ruhig aus, Wullke. Wir passen schon auf. Wenn was ist, hörst du's ja, oder ich schick dir einen rum.«

Später schlief Harald ein, aber als er hochfuhr und sich erschreckt aufrichtete, hielt ihm Karlchen den Mund zu, und dann hörte er auch die vorsichtigen, schleichenden Schritte draußen und sah, daß ein Streifen Lichts, der von einer abgeblendeten Taschenlampe herzurühren schien, sich über die Wand bewegte, die der Tür gegenüberlag.

Kurz darauf hörten sie, wie ein Mann, der entweder barfuß oder auf Strümpfen ging, sich am Schrank zu schaffen machte. Harald sah durch einen winzigen Spalt in der Scheidewand, wie der Mann mit einem Seitengewehr in den Türspalt fuhr und die Tür nach mehreren Versuchen aufsprengte. Es war nicht mehr zu hören als ein leises Ächzen. Der Mann verhielt einen Augenblick lauschend, dann fing er an, unter der Arbeitskleidung, die im Schrank hing, zu suchen. Er zog endlich einen blauen Arbeitskittel heraus und eine ebensolche Hose. Beides legte er auf den Tisch und suchte weiter auf dem Boden des Schrankes.

Der Mann hat seine Maschinenpistole auf den Tisch gelegt, dachte Harald fieberhaft, sie liegt nun unter den Kleidern, auch sein Seitengewehr ist nicht zu sehen. Harald brachte seinen Mund an Karlchens Ohr und hauchte: »Runterspringen ... Waffen.«

Er begann sich mit äußerster Vorsicht zu bewegen, zum Rand des Hängebodens hin, und hatte ihn endlich erreicht, versuchte, seine Beine nach vorn zu bringen, damit er gefahrlos springen könnte, als eines der Bodenbretter knarrte, der Mann herumfuhr und mit seiner Taschenlampe hinaufleuchtete. Der Lichtschein traf Harald nicht voll, aber nun trat der Mann langsam auf den Hängeboden zu. Als er in seinen Gesichtskreis kam, sprang Harald schon, den Kopf voran. Aber er konnte nur einen Arm des anderen packen, ohne ihn zu Boden zu reißen, wo er selbst mit hartem Aufprall landete. Ehe er sich aufraffen konnte, war der Mann über ihm und packte ihn am Hals. Harald hörte, daß Karlchen sprang, und der Mann ließ von Harald ab, aber Harald umklammerte seine Beine und riß sie vom Boden. Als der Mann stürzte, kippte auch der Tisch um, an dem er sich festgehalten hatte. Karlchen lag auf seinem Gesicht und erstickte jeden Schrei. Harald hielt die Beine fest, die einmal wild um sich schlagen wollten, aber nach kurzer Zeit kraftlos wurden. Harald hörte Karlchens kurzen, heftigen Atem. »Kannst loslassen«, sagte er, »ich habe ihn erwürgt.«

Sie saßen einen Augenblick, ohne sich zu rühren, weil sie fürchteten, daß die anderen den Lärm gehört haben könnten. Endlich fing Harald an, unter den Kleidungsstücken zu suchen, und er stieß endlich auf die Maschinenpistole. »Kannst du damit umgehen?« fragte er flüsternd.

Sie fanden auch die Taschenlampe, und während Harald in der

Tür stand und hinauslauschte, untersuchte Karlchen, der sich die Jacke über den Kopf genommen hatte, die Waffe. »Ich glaube, es geht«, flüsterte er endlich, »aber viel wichtiger ist, daß wir draußen das Maschinengewehr nicht mehr im Rücken haben, wenn wir rennen müssen.«

Harald kletterte auf den Boden und holte die rote Fahne herunter. Jetzt konnten sie sich ohnehin nicht mehr verstecken, und sie beschlossen, in den Garten zu gehen und einfach loszurennen, sobald jemand nach Wullke, dem Toten, suchen sollte.

»Lieber laß ich mich von den Russen erschießen«, sagte Karlchen. Sie verließen die Laube durch die Hintertür und schlichen sich zu den Johannisbeersträuchern. Da der Himmel bewölkt war, dauerte es eine Weile, bis sie sich an die Finsternis gewöhnt hatten. Einer der Toten lag über dem Rand eines Schützenloches, der andere hing in den Sträuchern. Den Maschendrahtzaun hatten die SS-Männer auf der Breite von einigen Metern niedergelegt.

Sie hockten sich auf den Boden und fragten sich in immer kürzeren Abständen, ob sich der Himmel im Osten schon aufhellte, ob es noch zu dunkel sei, um zu den russischen Stellungen hinüberzulaufen.

Und als es so hell geworden war, daß sie die Umrisse der Baracken und Häuser jenseits des Platzes deutlich erkennen konnten, hörten sie vom Mittelweg her Schritte. Jemand rief: »Wullke!« und nach einer Pause drängender »*Wullke!*«

Harald setzte als erster über den Rest des Zauns hinweg und rannte, ohne einen Blick nach rechts oder links zu werfen. Er reckte den Arm hoch, in dem er die Stange mit der roten Fahne hielt. Sie waren schon halb über den Platz weg, und Karlchen hatte aufgeholt und war neben ihm, als es hinter ihnen zu knarren anfing und etwas dicht an seinem Kopf vorüberflog. Vor und neben seinen Füßen spritzte Sand auf. Als die Fahnenstange immer schwerer wurde, fetzte eine Maschinengewehrgarbe über seinen Kopf hinweg. Er sah Karlchen stürzen und sah, wie die Maschinenpistole, die noch ein Stück weiterflog, im Sand liegenblieb, und vor sich, in einem flachen Graben, sah er runde, braune Stahlhelme, auch an der Wand der Baracke lehnte ein braungekleideter Soldat. Harald taumelte, aber er hielt den russischen Soldaten, die in dem kleinen Hof standen, die rote Fahne hin.

Er stand, vornübergebeugt, nach Luft ringend, auf dem Hof. Bloß Karlchen! Hier waren Russen, hier war alles gut. »Karlchen«, sagte Harald.

Einer der Russen, die um ihn herumstanden, ein dürrer Mann, dem die Uniform um den Körper schlotterte, klopfte Harald den Rücken. Er machte ein ernstes Gesicht und lächelte etwas, als Harald auf die rote Fahne zeigte und »Freunde ... Freunde ... Freunde« stammelte. Sein bißchen Russisch hatte er vergessen. Er ergriff die Hand des Russen und schüttelte sie.

Der rief einem anderen Soldaten ein paar Worte zu, die Harald nicht verstand. Der Mann winkte ihm mitzukommen. Aber Harald sagte, indem er in Richtung auf den Platz wies, über den er hinweggerannt war: »Da ... Freund.«

Aber sie schüttelten den Kopf, und einer sagte: »jewo ubili – der ist hin.«

Sie trugen Karlchen über den Hof und legten ihn in die Reihe steifer, toter, russischer Soldaten.

Harald mußte im Sprung über eine Straße hinweg, und der Mann führte ihn in Nebenstraßen hinein, in denen, auf Mauervorsprüngen oder im Rinnstein und in den Vorgärten, russische Soldaten saßen oder lagen oder schlafend hockten.

Fast alle starrten Harald, der noch immer die rote Fahne trug, neugierig an, und Harald dachte daran, wie sich Karlchen darauf gefreut hatte, endlich mit Russen sprechen zu können. Er wurde in eine Erdgeschoßwohnung geführt.

Er mußte in einem Zimmer warten, das bis auf die zerschlagenen Fenster, deren Splitter über den Teppich verstreut lagen, aufgeräumt aussah. Sogar eine gestickte Decke lag noch auf dem Tisch, und an der Wand tickte eine Uhr. Endlich durfte er in ein anderes Zimmer eintreten. Die Schreibtischplatte lag voller Karten und Lineale, auf einem Sessel lagen ein Stahlhelm und eine Maschinenpistole. Ein Sofa in der Ecke, auf das ein würdiges, buntes Ehepaar von einem breiten, goldgerahmten Bild herabblickte, hatte dem Offizier, dem Harald gegenüberstand, als Nachtlager gedient. Decken lagen noch darauf.

Der Offizier war nicht groß, aber breit gebaut und hatte ein offenes, sonnverbranntes Gesicht und graues, kurzgeschnittenes Haar. Neben ihm stand eine Frau, klein und drall, auch sie trug eine ordensgeschmückte Uniform. Sie fragte Harald in gebrochenem Deutsch, warum er übergelaufen sei? »Antifaschisten«, sagte Harald, und der Major, der ihn aufmerksam ansah, nickte, ohne eine Übersetzung abzuwarten.

»Warum?« fragte die Frau.

»Ich Antifaschist«, sagte Harald, »Vater… Halbjude… Faschisten Vater ermordet…« Er sprach sehr langsam, weil sie ihn nur schlecht zu verstehen schien. Endlich fielen ihm ein paar russische Brocken ein: »Ich«, er tippte sich auf die Brust, »Ftjurme, Gefängnis.«

Das Gesicht des Offiziers schien um eine Spur freundlicher geworden zu sein. »F tjurme… Dresden… amerikanischer Luftangriff… amerikanski bomba.« Er warf einen Blick an die Zimmerdecke und sagte: »Bomba… tjurma kaputt… ja bjejal is tjurmi… aus dem Gefängnis.«

Harald, der nie daran gedacht hatte, daß es schwierig sein könnte, sich mit den Russen zu verständigen, brach in Schweiß aus, »ja skrülzja… versteckt… drüben… vor ss«, er duckte sich, als müsse er sich auch hier verstecken, und tat, als blicke er sich ängstlich um.

»Wir Antifaschisten freuen uns sehr auf Russki, auf Krasnaja-Armee.«

Der Offizier lächelte ihn jetzt freundlich an und schüttelte ihm die Hand. »K sojaleniu schto twojewo druga ubili«, sagte er – »es tut mir leid, daß ein Freund tot ist« – die Frau übersetzte, aber Harald hatte es verstanden. Der Offizier machte eine Gebärde des Essens, und Harald sagte: »Danke, danke sehr.« Der Russe nickte mehrmals lächelnd und winkte mit beiden Händen, als Harald hinausging. Die Frau brachte ihn auf den Hof, auf dem eine Feldküche stand. Sie erklärte einem Offizier, der dort wartete, wo Harald herkäme, und der Offizier klopfte Harald lachend auf die Schulter: »Deut-se Kamerratt.« Der Mann an der Feldküche, der nur ein Turnhemd über seiner Stiefelhose trug und seine Muskeln spielen ließ, schöpfte Harald ein Kochgeschirr voll Grütze aus und schob ihm einen Kanten klitschigen Brotes hin.

Nach einer Weile kam ein anderer Mann in einer Lederjoppe, und Harald mußte ihm seine Geschichte noch einmal erzählen. Daß sein Vater als Halbjude und sozialdemokratischer Funktionär verhaftet und umgebracht und auch Harald in einer illegalen Gruppe festgenommen und ins Zuchthaus gebracht worden war, daß er aber in der Nacht vor dem großen Luftangriff entkommen konnte und mit einem Freund nach Berlin gegangen war, wo ein Onkel dieses Freundes sie in einer Laube versteckt habe.

Dieser Russe, ein Major, fragte Harald, ob er bereit sei, ein paar Tage bei ihm zu bleiben. Er sei dabei, sich ein Bild der Verhältnisse zu machen, und Harald würde ihm eine Hilfe sein können.

In der Nacht fuhren sie in die Innenstadt. Selbst beim Schein von Leuchtkugeln waren Rotarmisten dabei, deutsche Widerstandsnester auszuheben, die den Kampf noch immer fortsetzten.

Major Bagrjanzeff hatte einen der Kommandeure in diesem Abschnitt besuchen wollen, und Harald saß mit dem Fahrer allein im Wagen, als ein Jeep voller Offiziere langsam die Straße herunterkam.

Sie riefen immer wieder dasselbe, und aus den Hausfluren und den Vorgärten liefen Soldaten auf die Straße und fingen an zu schreien. Sie feuerten ihre Maschinenpistolen in die Luft ab, und Trauben von Leuchtkugeln stiegen auf. Harald lehnte sich nach vorn zum Fahrer, der immerzu auf die Hupe drückte. »Was ist los?« Der Mann drehte sich um, er lachte über sein breites Gesicht.

»Woina kaputt«, schrie er, »woina, woina kaputt! 'itler kaputt!« Er machte die Gebärde des Halsabschneidens, »kaputt, kaputt!«

Aus einem Panzer in ihrer Nähe sprang, ein Mann nach dem anderen, die Besatzung und fing an zu tanzen.

Harald lehnte sich ins Polster zurück und saß erstaunt und regungslos und dachte an Karlchen und wenn Vater das noch erlebt hätte. Zu Ende, alles zu Ende, wirklich Ende. Der Krieg war aus, und er war frei, frei. DER KRIEG IST AUS. HITLER IST TOT!

Der Fahrer hatte das Fenster heruntergekurbelt und schrie etwas zu seinen Kameraden hinaus, er hupte noch immer wie wild.

Monika Pape

Berlin-Westend, Mai 1945

Schon seit Anfang März hatten ihre Eltern nicht mehr erlaubt, daß sie nach Potsdam zur Schule ging. In Berlin gab es zwar schon seit langem keinen Unterricht mehr, Mutti fand aber, daß sie es nicht mehr verantworten könne, Monika jeden Tag allein so weit fahren zu lassen, obgleich Vati sie morgens immer bis zum S-Bahnhof Heerstraße begleitet hatte.

Dafür hatte sie jetzt öfter Jungmädel-Dienst. Sie sangen in Lazaretten vor Verwundeten und mußten in Flüchtlingsbetreuungsstellen Kartoffeln schälen. Wenn es spät wurde, kam Vati sie abholen, und Monika schämte sich vor den anderen.

Und dann verboten ihr ihre Eltern überhaupt, noch allein wegzugehen. Vati aber fuhr noch an jedem Morgen in sein Büro am Alexanderplatz. Manchmal mußte er fast den ganzen Weg laufen. Bis er eines Abends erzählte, der *Alex* läge schon unter Beschuß, und sie hätten ihn in der Stadt beim Volkssturm behalten wollen, obgleich er seines Herzens wegen doch zurückgestellt sei.

Mit Mutti und Maria zusammen ging Monika einholen, um alles abzukaufen, was sie noch auf den Lebensmittelkarten hatten. Wenn sie dann nach Hause kamen, sagte Mutti oft: »Nur gut, daß das auch bald aufhört.« Vati wurde immer ärgerlicher, wenn er die Zeitung las. Oft las er auch beim Essen Artikel vor, in denen die Einwohner Berlins zu fanatischem Widerstand aufgefordert wurden, aber Mutti meinte, sie glaube nicht, daß jemand so verrückt sein könnte, ernsthaft in der Stadt zu kämpfen.

Es hieß aber schon, die Russen seien in Weißensee und Zehlendorf, und alle Leute zogen mit Kisten und Koffern und Taschen in den Luftschutzkeller. Es war auch ein kleines Bett da, in das sich Monika mit ihrem Bruder legen konnte, der gerade neun geworden war. Es herrschte eine ganz gemütliche Stimmung im Keller, und der Hauswart hatte ein kleines Öfchen aufgestellt, auf dem morgens für alle Kaffee und mittags Suppe gekocht wurde. Schwierig war nur das Wasserholen, man mußte bis zu einer Pumpe in der Reichsstraße laufen, und weil sich außer Vati keiner der Herren bereit fand, mußte Maria mitgehen, wenn draußen Beschuß war.

Oft saß Mutti an ihrem Bett und sagte: »Ihr braucht gar keine Angst zu haben, euch werden sie schon nichts tun.« Mutti war immer lieb zu ihnen, obgleich sie furchtbare Migräne hatte. Aber Monika war nicht ängstlich. Sie erzählte ihrem Bruder Märchen. Am schönsten war es, wenn er eingeschlafen war und sie ihren Arm um seinen Kopf legen konnte, was er sich sonst nicht gefallen ließ. Dann war ihr, als könne sie ihn beschützen.

Endlich sagte Vati, der noch oft durchs ganze Haus gegangen war und nach Brandbomben oder Granattreffern gesucht hatte, jetzt würden die Russen bald kommen. Monika bekam doch Angst, weil alle Leute im Keller so ernst wurden. Sie mußte zu Frau Beierlein, die krank war, ins Bett kriechen und lag nahe bei der Wand. Und unter der Decke roch Frau Beierlein so. Aber immer, wenn Vati von der Kellertreppe her rief, zog Mutti ihr die Decke über den Kopf, und dann lag Monika ganz steif. Von unter der Bettdecke hörte sie, wie die anderen auf die Russen einsprachen, und hörte die rauhen Stimmen der fremden Soldaten. Aber sie kamen nur ein paarmal in den Keller und gingen immer bald wieder. Mutti hatte sich einen Schal umgebunden und sah ganz anders aus. Jedesmal, wenn die Russen wieder gegangen waren, lachten alle ein bißchen und sagten: »Gott sei Dank, wieder nichts, jetzt können sie uns bald nicht einmal mehr etwas stehlen und werden uns zufrieden lassen.«

Die Koffer waren durchwühlt, und viele Sachen lagen im Keller verstreut, aber Vati sagte zu Mutti: »Gut, daß wir die Schmucksachen woanders versteckt haben.« Dann gab er Monika einen

Kuß auf die Wange, und es fühlte sich komisch an, weil er sich so lange nicht rasiert hatte.

Maria war ganz schwarz im Gesicht und sagte, im Kohlenkeller sei es ganz gemütlich. Monika fragte, warum sie nicht bei ihnen im Keller blieb, aber Mutti lächelte, strich ihr über den Kopf und sagte: »Das verstehst du noch nicht, mein Dummerchen.«

Vati sagte, er wolle einmal hinausgehen und sich umsehen. Alle meinten, er solle um Gottes willen vorsichtig sein, vor allem Herr von Sodern, der während der schrecklichen Zeit zu Monika und ihrem Bruder sehr freundlich gewesen war, meinte, Vati solle dem Frieden ja nicht trauen. Er hätte da seine Erfahrungen aus dem Weltkrieg. Russen seien ganz und gar unzuverlässig.

Bald kam Vati zurück und erzählte, alles sei zu Ende, Hitler habe sich erschossen und der Krieg sei aus.

Alle Leute schleppten ihre Sachen wieder in die Wohnungen, und Monika half ein bißchen, als Vater Pappe vor die Fenster nagelte, weil keine einzige Scheibe heil geblieben war.

Und als sie abends alle um den Wohnzimmertisch saßen, auf dem eine Kerze brannte, und Mutti Margarinebrote strich, sagte sie: »Das Schlimmste haben wir erst einmal hinter uns, heute nacht kann bestimmt keine Sirene mehr heulen.«

Am nächsten Tag wäre Monika gern einmal auf die Straße gegangen, nur verbot ihr das Mutti ein für allemal. Als Monika dann aber einen Korb Kohlen aus dem Keller holen sollte, lief sie mit ihrem Bruder doch rasch hinaus. Eine Menge Leute schien unterwegs. Auf der Herrstraße sausten Lastwagen vorüber, und russische Soldaten fuhren mit ihren Fahrrädern ungeschickt und mit viel Geschrei auf den Bürgersteigen.

An der Ecke stand ein Lastwagen voller Russen, die ganz lustig waren. Einer spielte Ziehharmonika, und zwei andere schunkelten im Stehen. Ein anderer verteilte an die Kinder, die um den Lastwagen standen, Brote. Als Monika mit ihrem Bruder abseits stehenblieb, winkte der Russe, und Monika hatte Herzklopfen, als sie näher traten. Der Russe reichte ihnen zwei Kommißbrote herunter, und Monika sagte: »Vielen Dank.«

In diesen Tagen ging Vati in die Stadt, um nachzusehen, was

aus dem Geschäft geworden war, und abends – sie hatten schon Sorge um ihn ausgestanden – kam er ganz zufrieden nach Hause. Die Büroräume seien natürlich zerstört, aber er habe eines der Düngemittellager unversehrt gefunden. Außerdem hätte er Herrn Hansemann und eine Sekretärin getroffen, die auch nach dem Büro hätten sehen wollen, und sie wären bereit, beim Neuaufbau mitzuhelfen. Er mußte zwar in den nächsten Tagen auf verschiedene Ämter, auch auf russische Dienststellen, und Formulare ausfüllen, in sechs bis achtfacher Ausfertigung, aber er sagte immer wieder, das Lager sei von unschätzbarem Wert, solange die Fabriken noch nicht wieder arbeiteten, denn Kunstdünger würde auf dem Lande natürlich dringend gebraucht.

Mutti hatte unterdessen Monika und ihren Bruder schon beim Schulamt angemeldet, und Monika freute sich darauf, bald wieder mit anderen Mädchen zusammenzusein, obgleich sie in dieser Schule sicher niemanden kennen würde.

Anfangs war es schwierig, sich wieder daran zu gewöhnen, Schularbeiten zu machen, und außerdem kriegten sie außer Latein und Englisch auch Russisch als Fremdsprache, und ihr Direktor sagte dazu, das Faulenzen in der Hitlerjugend habe jetzt aufgehört. Zuerst war es aber ganz lustig, weil sie nur die Schule wieder instand zu setzen hatten. Sie fegten die Klassenzimmer aus, während die Älteren notdürftig das Dach deckten.

In ihrer Klasse waren Mädchen und Jungen, und die Jungen nahmen sich den Lehrern gegenüber allerhand heraus. Allerdings waren auch ein paar darunter, die es doch zu arg trieben.

Vatis Geschäft ging recht gut, nur hatte er immer noch viel Lauferei, und manches Mal sagte er: »Ja, wenn wir unseren Wagen noch hätten.« Allerdings war es dadurch, daß er das Büro zuerst einmal in die Wohnung genommen hatte, recht eng bei ihnen, Herr Hansemann und zwei Sekretärinnen aßen mittags auch mit. Und Mutti sagte schon, mit der Zeit müsse das anders werden.

Aber gerade als es richtig Sommer wurde, ihr die Schule Freude machte, sie die Fenster alle verglast hatten und Vati davon sprach, einen neuen Radio-Apparat anzuschaffen, hatte Monika zum ersten Mal ihre Tage.

Mutti war sehr lieb zu ihr und sagte, alle Frauen hätten das, und sie müsse glücklich sein, denn es hänge mit dem Mutter-Werden zusammen, sie erklärte ihr noch mehr, was Monika aber nicht verstand und auch nicht verstehen wollte, weil sie sich so schrecklich fühlte, daß ihr mit einem Male der ganze Sommer verdorben war.

Der Anfang

Zu der Zeit, da zwei Jungen aus ihrer Klasse beobachtet haben wollten, daß Churchill am Brandenburger Tor persönlich aus einem Auto gestiegen sei und sich mit den Leuten dort unterhalten habe, sagte Monika oft zu Mutti, wenn sie mittags aus der Schule kam, sie fühle sich in ihrer Klasse nicht mehr wohl, sie käme sich herausgewachsen vor.

Und sie schloß sich nun Renate Ullrich an, einem wunderbar schlanken Mädchen mit blassem Teint und langem, aschblondem Haar, das ihr bis auf die Schultern fiel.

Vor allem kam Renate Ullrich durch ihren Bruder mit den Großen zusammen. Und ohne Renate wäre Monika gewiß niemals zur Theatergruppe gekommen.

Denn dort waren die Älteren unter sich. Sie trafen sich mehrmals in der Woche zu Diskussionen über Theaterstücke und neue Filme, planten eine Aufführung von Shakespeares *Was ihr wollt* und veranstalteten dann auch wirkliche Proben. Jonas Zweigert, der Leiter der Gruppe und ihr Regisseur, schlug Monika gleich in seinen Bann. Sie flüsterte Renate zu, man spüre doch sofort, daß Jonas Soldat gewesen war und etwas durchgemacht habe.

Wenn sie im Halbdunkel des nur auf der Bühnenseite beleuchteten Raumes saß und den Spielern zuschauen konnte, die auf Jonas Zweigerts Zurufe ihre Rezitation abbrachen, neu begannen und sich nach seinen Anordnungen bewegten, wenn sie Jonas Zweigert beobachtete, der die Hände in die Hosentaschen geschoben und seinen Rockkragen aufgeschlagen hatte und, wenn etwas nicht nach seinem Wunsch ging, mit einem Ruck seinen Kopf zwischen die Schultern zog und vor sich hin schimpfte, wuchs in ihr das Verlangen, einmal als eine bedeutende Schauspielerin auf der Bühne zu stehen, von der selbst der berühmte

Regisseur Jonas Zweigert nur in Ehrfurcht sprechen konnte. Und es war an einem solchen Tag, als sie, noch verzaubert, nach Hause kam, daß Maria schon an der Tür sagte, es sei Besuch da.

»Wer denn?«

Mutti rief aus dem Wohnzimmer: »Monika, denk dir nur, wer da ist, Harald Momber!«

»Harald?« Monika erinnerte sich gut an die Mombers, denn erst vor kurzem hatte ihr Mutti erzählt, warum die Mombers damals, zu Anfang des Krieges, vier Wochen lang bei ihnen gewohnt hatten: daß Onkel Gustav Momber Halbjude war und Mutti, eine alte Freundin seiner Frau, die Familie bei sich aufgenommen hatte, obgleich es damals schon sehr gefährlich gewesen war. Harald war damals ein paarmal mit Monika zusammen im Zoo gewesen.

Harald kam ihr ein paar Schritte entgegen. Er trug sein krauses, dunkles Haar jetzt kurz geschnitten und hatte stärkere Augenbrauen, aber an seinem Lächeln erkannte sie ihn gleich wieder. Er trug ein Khaki-Hemd, dessen Kragen offenstand, daß sein magerer Hals zu sehen war.

»Denk dir nur, Monika«, sagte Mutti, als sie sich gesetzt hatten, »ich habe Harald ganz zufällig getroffen, er wußte doch gar nicht, wo wir jetzt wohnen und ... Haralds Vater ist tot.«

»Onkel Gustav?« fragte Monika ungläubig. Sie hatte zwar in der Schule von Konzentrationslagern gehört, aber sie hatte doch Onkel Momber nie mit diesen Dingen in Zusammenhang bringen können.

»Dabei ist es noch gar nicht so lange her«, sagte Harald, »seit wir damals bei euch waren.«

»Es liegt aber eine furchtbare Zeit dazwischen«, sagte Mutti kopfschüttelnd. Sie wiederholte, was sie inzwischen von Harald erfahren hatte. Und daß er nun allein in Berlin lebe und nicht einmal wisse, wo sich seine Mutter befinde.

Harald saß mit gesenktem Kopf dabei, nahm von Zeit zu Zeit einen Zug aus seiner Zigarette, und wenn er aufsah, lächelte er.

Und er hoffe, erzählte Mutti, über einen Bekannten bei der amerikanischen Militärregierung Nachforschungen anzustellen, wahrscheinlich sei sie in München bei einem Verwandten.

»Wenn der noch lebt«, warf Harald ein.

Harald gehe auch wieder zur Schule, sagte Mutti, er werde schon zu Weihnachten das Abitur machen.

»Wenn ich es schaffe, wir haben alle so viel nachzuholen.«

»Du hast jetzt wahrhaftig genug durchgemacht«, sagte Mutti.

Sie ging in die Küche, um nach dem Abendbrot zu sehen, und Monika erzählte ihm von der Schule, aber als Vati aus dem Büro kam, Harald gleich einen Schnaps vorsetzte und ihn noch einmal von vorn ausfragte, kamen die beiden sofort wieder auf Politik zu sprechen.

Monika ging verärgert in die Küche, und als Mutti sagte: »Wir müssen uns ein bißchen um den Jungen kümmern, er verwildert sonst«, sagte Monika: »So, ich finde ihn eigentlich ganz obenauf.«

Später, als sie wieder ins Wohnzimmer kam, schien Harald erregt: »Jetzt, wo die Amerikaner da sind, möchten alle vergessen, daß es Russen gewesen sind, die uns befreit haben«, sagte er, »ich werde es jedenfalls nicht vergessen.«

Vati war aber auch schon in Eifer, man wisse nie, was die Russen eigentlich wollten, wenn man mit ihnen verhandele.

»Jetzt wollen wir lieber essen«, sagte Mutti, »immer nur die Politik.« Bei Tisch erzählte sie von früher, als sie mit Haralds Mutter in Breslau zusammen die Tanzstunde besucht hatte.

Aber auch nach dem Essen konnte Monika mit Harald kein Wort mehr sprechen, weil Vati ihn dauernd mit Beschlag belegte. Darum war sie nicht sonderlich erfreut, daß Mutti, als Harald sich dann verabschiedete, zu ihm sagte, er müsse wiederkommen, so oft er könne, bestimmt aber zu Monikas Geburtstag in vierzehn Tagen.

Natürlich mußte sie sagen: »Ja, das wäre sehr schön.«

Aber im ganzen, fand sie, wirkte Harald eigentlich recht arrogant.

Als Harald, unzufrieden mit sich, daß er Herrn Papes Genörgel nicht entschiedener zurückgewiesen hatte, nach Hause kam, hörte er von nebenan wieder Erichs heftige Stimme und Karins Gezänk.

Er legte sich auf die Couch, aber er fand keine Ruhe, und es erbitterte ihn, daß Erich mit diesem Mädchen, das ihm das Leben gerettet hatte, daß er nun mit ihren öden Bettgeschichten die Zeit vergeudete, die Harald als die bedeutsamste seines Lebens erschien und die begonnen hatte mit der Stunde, als der Krieg erstarb, in einer Stille, in der über Leichen und Pferdekadavern und zersplitterten Bäumen, die blühten, und den ausgeweideten Wracks von Lastwagen und Panzern nur noch die Vogelstimmen lärmten. Eine Zeit, so kostbar und atemberaubend bedeutungsvoll für Harald, daß es ihn niemals untätig gehalten hatte in dem beschlagnahmten Einfamilienhaus in Grünau, wo ihn russische Offiziere gutmütig und behutsam päppelten wie ein zerbrechliches Maskottchen. Und begierig fuhr Harald Tag für Tag mit Bagrjanzeff in seinem *Wanderer* kreuz und quer durch die verwüstete Stadt, um endlich die zerrissenen Verbindungen zu knüpfen, die Freunde wiederzufinden, damit er endlich anfangen könne, das Leben zu leben, in das er bis zu dem Tag nur vorausgeträumt hatte.

In der Wohnung der Schlegels am Prager Platz sagte eine ältere Frau, nein, die wohnten schon seit langem nicht mehr dort. Und es war, als versuchte sie sich hinter ihrer splitterzernarbten Tür zu verstecken, und sie starrte ergeben an Bagrjanzeff vorbei.

Und so traf er es, wohin er auch kam: die Freunde tot, verschwunden, verschollen, weg, kann ich Ihnen nicht sagen; und die Leute, die er fragte, antworteten wortkarg, ängstlich, erschrocken über die russische Uniform an seiner Seite. Und trotz seines Ingrimms redete Harald freundlich auf sie ein, weil er hoffte, er könne Bagrjanzeff über ihre Verstocktheit hinwegtäuschen, bis Bagrjanzeff eines Tages unfreundlich auflachte: »Gehst lieber allein, machst dich nicht so unbeliebt.«

Und obgleich Harald aufbrauste: »Sie sollen sich gefälligst daran gewöhnen; es wird höchste Zeit, daß sie von der Nazi-Propaganda entwöhnt werden«, blieb Bagrjanzeff auf der Heimfahrt einsilbig und ließ ihn von nun an allein in die Stadt gehen. Und auch ihre nächtelangen Gespräche, wenn Bagrjanzeff in Stiefelhosen und auf Strümpfen zwischen den Nippes und Häkeldeckchen des Kleinbürgerwohnzimmers hin und her stapfte, hörten bald auf, seit Bagrjanzeff ihm einmal schroff ins Wort gefallen war: »Geh schon, such dir deinen politischen Weg – geh, übernimm die politische Führung. Such dir was anderes. Kannst auch nicht ewig als Waisenkind bei mir leben. Du Russenfreund.«

Er blieb auch schroff und verschlossen, als Harald ihn betroffen beschwor, er solle den Menschen ein wenig Zeit lassen, sie seien nur verstört und verängstigt.

Als Harald ein paar Tage danach gegen Mittag wieder einmal erschöpft zurückkam, von seiner vergeblichen Suche in der Stadt, über der noch immer eine Staubdecke hing, hinter der die Sonne an einem wolkenlosen Himmel gilbte, und als er durch den vertrauten Garten ging, rief ihn vom Küchenfenster her ein Feldwebel an, den er nicht kannte: Wohin? Zu Major Bagrjanzeff. – Aber der Mann zuckte die Achseln: Kenn nicht – weg.

Wo Major Bagrjanzeff jetzt sei?

Weiß nicht – mach, daß du weg bist!

Da kam er notdürftig unter in einem Büro »Opfer das Faschismus«, und weiter wanderte er, Tag für Tag, zu den übrigen Büros in der Stadt und hoffte, einen Bekannten zu treffen oder wenigstens eine Nachricht über seinen Vater. Und eines Vormittags, mitten auf dem Kurfürstendamm, auf dem noch die verkohlten Karosserien lagen und verbeulte Straßenbahnen, und auf dem Frauen, zu Eimerketten aufgestellt, die Reste einer Panzersperre abtrugen, auf dem aber auch Geschäfte schon wieder eröffnet hatten, mit engen Guckkästen in den vernagelten Schaufenstern, auf dem Kurfürstendamm traf er tatsächlich auf Erich Misch.

Sie blieben erschrocken voreinander stehen und starrten sich an, bis Erich rief: »Harald, mich laust der Affe, du lebst noch?«

Sie schlugen sich lachend auf die Schultern, und Harald sagte, außer Atem: »Erich, was machst du in Berlin, ich dachte doch, du wärst längst ...«

»Komm mit«, sagte Erich, »ich wohne gleich hier um die Ecke.«

Unterwegs fragten sie so ungeduldig aufeinander ein, daß Harald, als sie vor der Wohnungstür standen, immer noch nicht erfahren hatte, wie Erich Misch, den er zum letzten Mal in einem verlassenen Güterschuppen in der Nähe von Gelsenkirchen gesehen hatte, lebend über den Krieg und nach Berlin gekommen war.

»Paß mal auf, ich wohne sehr mondän hier«, sagte Erich und schloß die Tür auf. »Der Mann, dem die Wohnung gehört hat, war ein hohes Tier im Propagandaministerium und ist getürmt, aber seine Tochter hat mir das Leben gerettet.«

Er führte Harald durch alle siebenundeinhalb Zimmer der vom Krieg unberührten Wohnung und setzte ihn im Wohnzimmer auf eine breite Couch. »Hier fühle ich mich am wohlsten«, sagte Erich und öffnete ein Kirschbaumschränkchen, in dem eine Reihe von Flaschen stand. »Es ist noch mehr da«, er stellte eine Flasche Kognak auf den Tisch.

Als sie das erste Glas hoben, sahen sie sich kopfschüttelnd, lächelnd an: »Mensch, Erich, altes Haus, da könnte man anfangen zu heulen.«

Bei jedem Namen, den Harald nannte, schüttelte Erich den Kopf: »Ich«, sagte er, »und dieser Emil und du, wir sind wohl die einzigen, die durchgekommen sind. Mich hat Karin damals in Berlin von der Straße aufgelesen.«

Und was er jetzt anfangen wolle?

»Studieren«, sagte Erich, »irgendwann wird es ja wieder gehen, Medizin.«

»Und politisch?«

»Ich weiß noch nicht«, sagte Erich, »bei dir ist es klar. Du gehst zur Partei und hast durch deinen Vater eine große Nummer.«

»Das will ich eben nicht«, sagte Harald, »außerdem ... hast du alle die schönen Gründungsaufrufe gelesen? Sozialdemokratische Partei, Kommunistische Partei. Sie können doch nicht wieder von vorn anfangen, als sei nichts geschehen?«

Aber als sie die Flasche Kognak ausgetrunken hatten, waren sie sich einig, daß Harald zu ihnen ziehen müsse – »das Mädchen hat schon nichts einzuwenden« – und daß sie auch für Harald schon etwas zum Studieren finden würden.

Karin sah anders aus, als sich Harald ein Mädchen vorgestellt hatte, das Erich Misch das Leben gerettet haben sollte. Sie saß mit angezogenen Knien auf der Couch, brünett, mit vollen, weichen Lippen, deren Bogen sie mit einem Stift noch überzeichnet hatte. Sie trug das Haar aufgesteckt, einen straff sitzenden schwarzen Pullover und hellgraue Flanellhosen. Sie reichte Harald kaum wahrnehmbar lächelnd die Hand.

Sie schien Vergnügen darin zu finden, Erich zu reizen. »Als Sieger seid ihr mir zum Kotzen«, sagte sie feindselig, und sie wollte auch nichts mehr hören, von Erich, von dem Erich wenige Monate vorher, von dem heruntergekommenen Mann, der ihr, seit Tagen unrasiert, ungewaschen, in einem verbeulten Anzug eines Abends im Herbst vierundvierzig auf der verdunkelten Kantstraße in den Weg getreten war und sie mürrisch und fast ohne Hoffnung auf Erfolg angesprochen hatte. – »Ich stand an der Ecke Schlüterstraße und habe zu mir gesagt, du mußt es jetzt versuchen, obgleich die Frauen nicht danach aussahen, als ob sie mir helfen würden; aber schließlich war mir da schon alles egal, und geschnappt hätten sie mich, wie ich aussah, doch bald« – warum sie ihn mit zu sich in die Wohnung nahm, an einem Sonnabend, zu einer Zeit, da ihre Eltern bei Goebbels eingeladen waren. »Sie brauchen keine Angst zu haben«, hatte sie zu ihm gesagt, erzählte Erich, »meine Eltern sind feiern, und unser Mädchen hat frei.«

Später, als er sich abgeseift und rasiert hatte, hatte sie ihn in dem königsblauen Bademantel ihres Vaters auf der Couch sitzen, ihn essen, Kaffee trinken und drei Zigaretten rauchen lassen, ehe sie fand, daß sie denn wohl ein Recht darauf habe, seine Geschichte zu hören.

Danach hatte sie keine Frage mehr gestellt, sondern gesagt, sie hoffe, daß er wenigstens imstande sei, Schreibtischschubladen zu öffnen, ohne daß jemand etwas merke. Sie hatte ihn ihres Vaters Schreibtisch mit einem Dietrich, den er sich aus einem Büchsenöffner zurechtgebogen, öffnen lassen, hatte ihm Geld gegeben und ihm einen Mantel ihres Vaters angepaßt, »der läuft doch nur in seiner Uniform herum, der merkt gar nichts« –, den er über seinem alten Anzug würde tragen können, und hatte ihn, weil sie dann einfach müde war, und sie ihn woanders nicht ohne die Gefahr der Entdeckung unterbringen konnte, mit in ihr Zimmer genommen und sich schlafen gelegt, nachdem sie ihm seinen Platz auf der Couch angewiesen. Am nächsten Morgen hatte sie ihm die Schlüssel zum Wochenendhaus ihrer Eltern in Birkenwerder gegeben, den Weg flüsternd erklärt und ihm endlich die Tür zur Hintertreppe geöffnet. Selbst Erich konnte es sich nur so erklären, daß sie, wie sie sich ausgedrückt hatte, auf ihre Eltern »böse war«, daß sie sich, wie Erich es ausdrückte, an ihren Eltern hatte rächen wollen. Erich glaubte, sie habe einen Kausalzusammenhang vermutet zwischen Bemerkungen, die ein junger Leutnant, den sie liebte, ihrem Vater gegenüber in bezug auf die Partei, die Hitler-Jugend und die Kriegführung Adolf Hitlers hatte fallen lassen, seiner plötzlichen Abkommandierung vom Panzerlehrregiment in Stahnsdorf, wo er eine schwere Verwundung auskurierte, zurück nach Rußland, und seinem raschen Heldentode, der ihr nur drei Wochen nach seinem letzten Besuch in ihres Vaters Wohnung mitgeteilt worden war.

Nur so konnte es sich Erich erklären, daß sie ihn dann endlich in Birkenwerder aufgesucht hatte, frohlockend: »Meine Eltern sind nach dem Westen getürmt, sie wollten mich mitnehmen, aber ich habe ihnen was gehustet, und ihre Angst war schließlich größer als die Liebe zu ihrer einzigen Tochter«, und zu Erich gesagt hatte, er solle seine Sachen packen, sie würden nach Berlin ziehen, wo sie, in Fortsetzung ihrer Rache, im Schlafzimmer der Eltern, unter dem großen, mit einer eigenhändigen Widmung versehenen Hitler-Bild, mit dem hergelaufenen Erich Misch in wilder Ehe lebte.

Harald hatte inzwischen eine Eckkneipe ausfindig gemacht, in der sich gelegentlich eine sozialdemokratische Zelle traf, und entschloß sich eines Abends, allein hinzugehen, als es Erich mit traurigem Kopfschütteln abgelehnt hatte, ihn zu begleiten. »Kannst du dir etwa vorstellen, aus uns wird noch mal ein braver Parteifunktionär?«

Es fanden sich nur ältere Leute ein. Als Harald seinen Namen nannte, wurde er gefragt, ob er mit dem alten Genossen Momber, dem Reichstagsabgeordneten, verwandt sei. Und Harald war beschämt, weil er danach, weitaus der Jüngste unter ihnen, dennoch Mittelpunkt ihrer Aufmerksamkeit war. Ein Genosse Pätzolt, ein breitschultriger Mann mit schlaffen Wangen und herabhängender Unterlippe, der, wie er sagte, Haralds Vater noch gekannt hatte und der an diesem Abend das Referat hielt, sagte, wie sehr er sich freue, einen jungen Genossen bei ihnen zu sehen, der durch seine tapfere Haltung unter dem Nazi-Terror bewiesen habe, daß er seines Vaters würdig sei, während er Harald unverwandt ansah und Harald nicht wußte, wohin er blicken sollte.

»Genossen«, sagte Pätzolt, »wenn unsere besten Genossen nicht mehr unter uns sind, wenn wir uns von neuem formieren müssen, dann dürfen wir doch nicht etwa sagen: wir waschen unsere Hände in Unschuld für das, was gewesen ist. Wir dürfen die Schmach und Schande von dreiunddreißig nie vergessen. Jetzt müssen wir noch mal von vorne anfangen, Genossen. Wir haben einen schweren Weg vor uns. Hitler und der verfluchte Krieg liegen hinter uns. Und alles nur, weil die deutsche Arbeiterklasse nicht zusammengehalten hat. Aber in Festigkeit und Einigkeit werden wir es schon schaffen.«

Und die Männer sahen ernst vor sich hin, nickten mit den Köpfen, und einzelne standen auf und wiederholten in gewundenen, unbeholfenen Sätzen, was der Genosse Pätzolt schon richtig gesagt hatte.

»Wenn dein Vater das noch erlebt hätte«, sagte er später zu Harald, »jetzt sind endlich die künstlichen Dämme gebrochen, die zwischen den Brüderparteien aufgerichtet waren. Jetzt kommen die Kommunisten und bieten uns das Bündnis an.«

Da aus der Universität, von der Erich Misch noch immer träumte, nichts zu werden schien, Karin aber eine Stellung als Assistentin in einem Fotoatelier und Karte zwei bekommen hatte und stichelte: Erich und Harald lebten nur von ihrer Schlemmerkarte für politisch Verfolgte, wollten aber nicht arbeiten, – war Harald schon entschlossen, als Schlosser unterzukommen, als eines Tages Erich heimkam und erklärte, er hätte jetzt die Gelegenheit für sie entdeckt.

In Wilmersdorf werde eine Schule für politisch und rassisch Verfolgte eingerichtet, dort könnten sie rasch das Abitur machen.

»Und wozu soll das Abitur gut sein?«

»Für die Universität«, rief Erich aufgebracht über soviel Verständnislosigkeit, »wir wären wahnsinnig, wenn wir die Gelegenheit nicht nützten, Steine kloppen können wir immer noch, wenn aus dem Studium nichts wird.«

Eine Woche später eröffnete der Leiter dieses ›Sonderkurses‹, ein ehemaliger Oberstudiendirektor, der seit neunzehnhundertfünfunddreißig in Zuchthäusern und Lagern gesessen hatte, mit einer kurzen Ansprache den Unterricht.

»Wir wollen uns nichts schenken«, sagte er, »Sie und wir Lehrer, wir müssen hart arbeiten, denn wir wollen beweisen, daß die deutsche Kultur, die jene Barbaren so oft im Munde geführt haben, in den Händen derer, die das unmenschliche System verfolgte, weit besser aufgehoben ist als in den Krallen der Vergewaltiger deutschen Geistes. So lassen Sie uns denn an die Arbeit gehen.«

Zwar war die Vorbildung der sechzig, die sich zum ersten Kurs eingefunden hatten, sehr unterschiedlich. Es waren Männer unter ihnen, die wegen der Rassengesetze schon als Tertianer die Schule hatten verlassen müssen, und andere, ›Politische‹, die noch bis neunzehnhundertdreiundvierzig zur Schule gegangen waren, aber sie waren einig in der Überzeugung, daß sie weit mehr zu leisten imstande waren als Hitler-Jungen, – wenn man ihnen nur Gelegenheit böte, es zu beweisen.

»Und zwar mit Leichtigkeit«, fand Gerhard Elfert, ein kleiner, behäbiger Bursche, der eine moderne Hornbrille und seriöse zweireihige Anzüge seines toten Vaters trug und der meinte, es sei Unfug, daß er sich am Kurs beteilige, denn er wolle zum Funk oder zur Zeitung und brauche das Abitur nicht, wenn er nur schreiben könne.

Gerhard Elfert gehörte mit Harald und Erich zu einem Kreis von Freunden, der sich schon nach wenigen Tagen zusammengefunden hatte. Und Martin Kliemann: ein schmaler Junge, der trotz seiner Schwäche in einem Arbeitslager monatelang hatte unter Tage arbeiten müssen und dessen dringender Wunsch es war, so bald wie möglich in Amerika bei Wright Architektur zu studieren. Er sagte bei jeder Gelegenheit: »Kinder, wir können uns ja gar nicht vorstellen, wie weit wir zurück sind. Wenn einer von uns heute nach Amerika kommt, käme er sich wahrscheinlich vor wie ein nackter Wilder.« Er sammelte jedes Fetzchen amerikanischer Zeitungen, dessen er nur habhaft werden konnte.

Und Marianne Latour. Unsere Suffragette, nannte sie Elfert, weil sie immer in sackartigen Kleidern kam und die Meinung vertrat, die Männer hätten zwei Weltkriege auf dem Gewissen und würden auch noch einen dritten anstiften, wenn ihnen die Frauen nicht auf die Finger sähen.

Da war Adam Nick, von dem sie nur wußten, daß er in der evangelischen Kirche tätig war, und den sie anfangs mit Mißtrauen betrachteten, weil er als einziger zum Maßhalten riet, wenn darüber gesprochen wurde, was mit ehemaligen Nationalsozialisten zu geschehen habe, bis sie erfuhren, daß seine Eltern in Plötzensee hingerichtet worden waren.

Und Günther Patze, den sie als ihren Wortführer anerkannten. Sie wußten, daß er in einer kommunistischen Widerstandsgruppe gearbeitet hatte und der einzige war, der seine politische Überzeugung nicht nur von den Eltern her über den Krieg gerettet hatte. Sie nahmen es ihm niemals übel, wenn er sie, während er an seiner Zigarette sog, ›politische Kinder‹ schimpfte.

Denn obgleich sie hemmungslos und mit bitterem Ernst diskutierten, als hinge von ihren Entscheidungen allein das zukünftige Geschick beileibe nicht nur Deutschlands ab, hatte Günther Patze als einziger schon die ›Konzeption‹, die sie beständig nur im Munde führten.

Durch Marianne Latour kamen sie zu John Mulbower. Als Hans Mühlbauer war er dreiunddreißig, einer der führenden Köpfe der sozialistischen Jugend, in die Vereinigten Staaten ausgewandert und mit der amerikanischen Militärregierung zurückgekehrt. Es gehe ihm um ›geistige Bestandsaufnahme‹. Er sammelte eine Gruppe junger Leute, die zweimal in der Woche bei ihm umfangreiche Platten Sandwiches verzehrte und grundsätzlich die Fehler der Weimarer Republik, Sowjet-Rußland, das Schwedische Experiment und die Chancen des Sozialismus in Europa an sich debattierte. Patze allerdings kam nur vier Wochen lang, dann sagte er, es öde ihn an.

Sie feierten es als ihren Triumph, als Attlee nach der Wahl Churchill in Potsdam ablöste, und waren einverstanden, als Erich ausrief: »Das ist die entscheidende Etappe auf dem Weg zu einem sozialistischen Europa.«

Als Harald allerdings die Frage aufwarf, die von den Genossen in seiner Zelle immer wieder besprochen wurde, wollte Gerhard Elfert wissen, ob er, Harald, ernsthaft glaube, daß die Versicherung der Kommunisten, sie wollten eine parlamentarische Demokratie in Deutschland, ehrlich gemeint sei. Er faßte mit seiner fleischigen Hand an die Brille: »Denn schließlich haben wir nur dafür unseren Kopf hingehalten, und nicht für eine Räterepublik von Moskaus Gnaden.«

Jetzt waren die Russen an allem schuld, dachte Harald erbittert, als er an jenem Abend in seinem Zimmer lag, auf der Couch, auf der damals der heruntergekommene Erich Misch gelegen hatte, einem verwöhnten neunzehnjährigen Mädchen ausgeliefert: Die Russen mußten für alles herhalten. Den Papes für das klitschige Brot, die Sommerzeit und die mäßigen Geschäfte und Elfert als Sündenböcke, weil die Welt noch nicht so aussah, wie er sie sich mit erhobenem Zeigefinger vorstellte.

Harald sprang auf und ging im Zimmer hin und her.

Es müßte doch möglich sein, endlich mit den Vorurteilen aufzuräumen. Der Krieg war doch erst ein paar Wochen aus. Sie hatten doch die Katastrophe erlebt! Sie hatten sich doch versprochen, zusammenzustehen, damit sich das Unheil niemals, niemals wiederholte. Sie waren doch entschlossen gewesen, Lehren zu ziehen. Ein für allemal, auch in Deutschland! Und wenn er Geschichte studierte, den Ursachen nachspürte? ›Geschichte, der Gang Gottes über die Nationen‹. Das Wort war ihm haften geblieben, aber er schnickte ärgerlich den Kopf. Es bedeutete doch: Dinge geschehen lassen, sich bescheiden, sich abfinden, die Hände in den Schoß legen, sich einem Schicksal ergeben.

Wie immer, wenn er nachdachte, ging er mit kurzen Schritten auf und ab, auf und ab, die Hände in den Hosentaschen, die Schultern hochgezogen, mit steifen Schritten, daß der Oberkörper hin und her schwankte.

Da sein Vater in der Partei gewesen war und als ehemaliger Angestellter der Deutschen Bank keinerlei Aussicht hatte, wieder in seine Stellung zu kommen, Mutter immer wieder die Vorräte überprüfte, ausrechnete, wann sie anfangen müßten zu hungern, und gehört haben wollte, daß Familien ehemaliger Parteigenossen in Massenquartiere gelegt würden, fiel Herbert Strittich die Stimmung zu Hause auf die Nerven. Nur seine Schwester blieb zuversichtlich. Sie hatte sich schon umgesehen, fand es ausgezeichnet, daß sie in der Schule den Steno-Kurs mitgemacht hatte, und hoffte, denmächst eine Stellung als Stenotypistin beim Wohnungsamt zu bekommen. »Freut euch doch«, sagte sie, »daß wir wenigstens einen Unbelasteten in der Familie haben.«

Und es war in solchen Augenblicken, oder wenn er sich für seine Mutter vor den Geschäften anstellte und die Gespräche der Leute anhörte, wie irrsinnig dieser Hitler-Krieg gewesen sei, oder wenn er hilflos dabeistand, wenn der ›Hausobmann‹, ein Jude natürlich, seine verängstigten Eltern irgendeiner Lappalie wegen anschnauzte, daß er wünschte, er wäre aus dem Krieg nicht lebend zurückgekommen.

Er war überall im Hause als ehemaliger Offizier bekannt, und da er nun so frühzeitig wieder zu Hause aufgetaucht war, mußte der Eindruck entstanden sein, als habe er sich aus dem Staube gemacht. Und es wollte nicht in seinen Kopf, daß er selbst bei denen als ›Deserteur‹ ein gewisses Ansehen genoß, die noch einen Sohn oder den Vater oder den Mann vermißten. Er war beinahe dankbar, als Frau Seifert, deren Sohn schon vierzig in Frankreich gefallen war, einmal auf der Treppe zu ihm sagte, er solle sich was schämen, andere Männer hätten wenigstens bis zuletzt ihre Pflicht getan.

Eine unbestimmte Hoffnung trieb ihn eines Tages in die brütend heißen, staubigen Straßen hinaus, durch den verdörrten Rest des Tiergartens zur Innenstadt.

Vor dem Brandenburger Tor drängte er sich vorbei an Frauen, Mädchen, Kindern, alten Männern, die, nach allen Seiten spähend, als wünschten sie bei ihrer Tätigkeit nicht beobachtet zu werden, Uhren, Schmucksachen, Porzellan, Fotoapparate, Wäsche und Schuhe feilboten. Er schob sich an den Russen vorbei, deren mit Pelzmänteln behängte Frauen Brot, Butter, Speck, Grütze mitgebracht hatten und barsch die Preise festsetzten.

Das also war aus den Deutschen geworden, dachte Herbert voll Scham, Bitterkeit, voller Empörung über diese erbärmlichen Kreaturen, die sich nicht schämten, mit Russenlümmeln zu feilschen und sich noch nicht einmal für ein Erinnerungsfoto dieser Strolche zu schade waren.

Das Hauptgebäude der Universität ›Unter den Linden‹ war ausgebrannt, ein Flügel lag in Trümmern, aber nachdem er über Berge von Schutt hinweggeklettert und einem schmalen Trampelpfade gefolgt war, fand Herbert in diesem Irrgarten von Pfeilern, geschwärzten Mauern, Eisenträgern und Ziegelhaufen eine Tür, an die ein Zettel mit verlaufener, unleserlicher Tintenschrift gezweckt war. Als er Stimmen hörte, klopfte Strittich, und da niemand antwortete, trat er ein.

In dem kahlen, ungeputzten Raum saßen auf Bänken und Tischen ein paar junge Burschen und unterhielten sich so angeregt, daß niemand Herbert beachtete. Endlich stand einer auf und kam zu ihm. Was er wünsche?

»Ich wollte nur fragen, ob überhaupt daran zu denken ist, daß die Universität wieder eröffnet wird?«

»Aber gewiß doch«, sagte der Mann eifrig, »Sie sehen doch schon«, er machte eine unbestimmte Handbewegung. Ob er... schon studiert habe?

»Eigentlich nicht.«

Der Mann gab ihm einen unsauber hektographierten Fragebogen. Wenn er es wünsche, könne er ihn gleich im Nebenzimmer ausfüllen. Er solle auch sein Fach angeben, wahrscheinlich werde allerdings vorerst nur der medizinische Lehrbetrieb wiederaufgenommen.

Aber als Herbert im Nebenzimmer, dessen Einrichtung nur aus einem Tisch und einem Gartenstuhl bestand, alle Fragen auf dem Zettel gelesen hatte, wußte er, daß er sich den Weg hätte ersparen können.

Nach einer Weile kam der Mann zu ihm herein und fragte, ob er ihm noch behilflich sein könne.

»Vielen Dank«, sagte Strittich, er wolle dann schon lieber

gleich sagen, daß er Offizier gewesen sei, und wieder nach Hause gehen.

Am Brandenburger Tor kam er gerade zur rechten Zeit, um zu beobachten, daß der Menschenhaufen vor einer Handvoll russischer Militärpolizisten auseinanderstob, die ein paar halbwüchsige Jungen und zeternde russische Frauen festnahmen, in einer Ecke des Platzes zusammendrängten und auf Lastwagen verluden. Herbert ging geradenwegs über den weiten Platz, vorbei an einem schlitzäugigen Kerl von Russen, der ihn mißtrauisch ansah. Du Rotzkerl, dachte Strittich und hielt, spöttisch lächelnd, dem Blick stand.

Vier Tage später ging er wieder zum Brandenburger Tor. Diesmal hatte er in einer alten Einkaufstasche seiner Mutter zwei bunte Schäferinnen aus Porzellan mitgebracht, die er nach langem Hin und Her mit zwei drallen Russinnen gegen fünf Laib klitschigen Brotes tauschte.

Von nun an ging er jede Woche zweimal hin und hatte sich schon daran gewöhnt, wie die anderen davonzulaufen, wenn vom Brandenburger Tor her der Schrei »Militärpolizei« ertönte, als Werner Kleinschmidt, ein alter Klassenkamerad von ihm, aus russischer Kriegsgefangenschaft kam und trotz seines kahlgeschorenen, spitzen Schädels und des eingefallenen Gesichtes nach einer Woche anfing zu arbeiten. Er brachte auch Herbert bei seinem Dachdeckermeister unter, denn Herbert hatte das Drängen seiner Mutter nicht mehr anhören wollen.

»Studieren«, hatte Werner gesagt, »ist sowieso Essig, und als Dachdecker wirst du in den nächsten zehn Jahren wenigstens nicht arbeitslos.« Da sie niemals neue Dachziegel hatten, blieb ihnen meist nichts anderes übrig, als die auf dem Dach verbliebenen Ziegel so zu ordnen, daß die Löcher nicht mehr zu sehen waren, wenn sie nicht auf Ruinen klettern wollten, um von den Dächern ein paar erhalten gebliebene Ziegel herunterzuholen. Werner kletterte halsbrecherisch in den Fassaden herum und setzte für einen Hungerlohn, der gerade für zwei Zigaretten pro Tag langte, sein Leben aufs Spiel.

Es war allen ein Vergnügen, als sie endlich einmal ein Dach mit frischen hellroten Ziegeln decken konnten. Emil Lehmsick hatte sie besorgt, Hausbesitzer und Inhaber des Kinos ›Blaue Grotte‹.

Und am nächsten Morgen erschien Emil Lehmsick, der bis zum Abend, da er in einem dunkelblauen Zweireiher jovial seine Stammgäste begrüßte, in fleckigen grauen Hosen herumlief, einem braunen Rollkragenpullover und einer Lammfellweste, die er auch bei größter Hitze nicht ablegte, auf dem Boden. Er musterte kritisch die Arbeit, die inzwischen geleistet worden war, und sagte zum Meister, er brauche einen von seinen Männern. Er sah sie der Reihe nach an und winkte Strittich, mitzukommen.

Lehmsick führte ihn in sein Büro, das unaufgeräumt und wie ein Warenlager aussah: Radioapparate, Margarinekisten, Konservenbüchsen in verschiedenen Formen und Größen, Zigarettenkartons und Blecheimer waren an den Wänden aufgestapelt.

Emil bot Herbert eine amerikanische Zigarette an. Er wies auf den Stapel von Eimern und gab Herbert eine Adresse: »Ein'n von die da, das Meechen weeß schon Bescheid. Aba sach ihr, du sollst nich ohne was wiedakomm.« Er begleitete Strittich bis zur Tür und rief ihm nach: »Brauchst dir nich dotzumachen«, er winkte mit seinem Daumen nach oben, »das regel ich schon.«

Der Eimer hatte zwar Gewicht, aber Herbert wechselte ihn von einer Hand in die andere, und so war die Last nicht erheblich. Da der Lietzensee auf seinem Weg lag und er im Park den Rest einer Bank fand, setzte er sich, rauchte und sah den Arbeitern zu, die dabei waren, die Tarnnetze über dem See zu entfernen.

Die Wohnungstür, neben der er den Namen fand, den Emil ihm gegeben hatte, öffnete auf sein Klopfen lange niemand. Endlich erschien ein Frauenkopf mit unordentlichem, blondem Haar. Als sie den Eimer sah, öffnete sie die Tür so weit, daß Herbert eintreten konnte.

Im Flur und auch im Zimmer, in das sie ihn wies, stank es nach kaltem Tabakrauch. Sie riß die Vorhänge zurück, wischte ein Kleid von einem Sessel und sagte mit heiserer, tiefer Stimme, während sie, von der plötzlichen Helle geblendet, Strittich blinzelnd ansah: »Setz dich doch.« Sie rieb sich die Augen und sagte hustend: »Daß Emil auch immer so früh aufstehen muß.«

Auf einem Schreibtisch, unter allerlei Papieren, brachte sie ein Päckchen Zigaretten zum Vorschein und schob Strittich einen bis zum Rand mit Zigarettenenden gefüllten Aschbecher hin.

»Du bist wohl neu bei Emil, was?«

»Nur aushilfsweise.«

»Was machen Sie denn sonst?« Sie hatte inzwischen einen Schrank aufgeschlossen und suchte darin, Herbert konnte sie nicht mehr sehen, sie stand hinter der hohen Tür.

»Dachdecken.«

Sie brummte etwas und mußte wieder husten, und neben der Schranktür erschien ihr Gesicht: »Mein Gott, Dachdecken. Haben Sie nichts Besseres gefunden, Mann?«

Er verzog sein Gesicht und zuckte mit den Schultern, kopfschüttelnd verschwand sie wieder hinter der Schranktür.

»Ehe ich's vergesse«, sagte Strittich, »ich soll Ihnen einen schönen Gruß bestellen und soll nicht ohne was wiederkommen.«

»Hier ist es schon.« Sie klappte die Schranktür zu und hielt ihm eine flache, sorgfältig verschnürte Schachtel hin.

»Sagen Sie ihm, er kann von Glück reden, Sie Dachdecker.« Sie lachte schrill, und der Husten überfiel sie wieder. Als er schon in der Tür stand, hielt sie ihm noch einmal die Zigaretten hin. Als Strittich seine angerauchte in die Höhe hob, sagte sie böse: »Tun Sie nicht so bescheiden, oder rauchen Sie beim Dachdecken nicht?«

Emil war hoch erfreut, als Herbert die Schachtel ablieferte. »Ick hab mia doch gleich jedacht, daß du uff det Meechen Eindruck machst. Die rückt sons nich so schnell mit was raus.« Von einem Bündel Geldscheinen, das er lose aus der Tasche zog, gab er Strittich einen Zwanziger.

»Ihr arbeitet doch noch'n paar Tage hia, wah? Ick werd' dia schon noch mah brauchen«, sagte Emil gönnerhaft, »du bist richtich.«

Aber am nächsten Morgen und auch am darauf folgenden wartete Herbert vergebens auf Emil, erst am dritten Tag kam seine Sekretärin, ein dürres Mädchen mit lackierten Fingernägeln, auf den Boden und näselte: »Strittich, zum Chef.«

Diesmal öffnete ihm Helga Jabusch sofort. Sie trug einen hellgrauen Rock, darüber einen dunkelblauen Pullover, hatte ihr Haar gekämmt und war auch schon geschminkt. Im Zimmer allerdings, und im Sonnenlicht, das durch die großen Fenster einfiel, sah ihr Gesicht trotz des Puders aufgedunsen aus.

»Sie haben Glück«, sagte sie, »daß Sie mich um diese Zeit mal menschlich antreffen«, und dann, unvermittelt, »Sie waren bei der SS?«

»Nein.«

»Schade, ich dachte schon.«

»Tut mir leid, ich war bei der Infanterie.«

»Aber Offizier?«

»Ja«, sagte Strittich, »Oberleutnant.«

»Und Sie, mit Ihrer Figur, Sie decken Dach?« Sie lachte wieder ihr brüchiges Lachen, aber blieb von dem Husten verschont.

Als sie ihn zur Tür brachte, gab sie ihm die Hand: »Besuchen Sie mich doch mal bei Gelegenheit, vielleicht habe ich was für Sie.«

Aber ehe er sich Helga Jabuschs und der amerikanischen Zigaretten entsann, war es Mitte November geworden und schon unfreundlich kalt.

Denn Hunger, in Verbindung mit Kälte, fördert in solchen Zeiten Einsicht ungemein.

Ilse Wernermann, eine Kollegin aus dem Labor, hatte ihr diesmal geraten, in die Gegend um Döbeln hinauszufahren, die sei überhaupt noch nicht abgegrast, und immerhin hatte Jutta, nachdem sie den ganzen Tag von einem Bauern zum andern gelaufen war, vierzig Pfund Kartoffeln und zwanzig Pfund Mohrrüben zusammen.

Aber der Zug nach Dresden war natürlich längst gestürmt, als sie auf dem Bahnhof Döbeln anlangte.

Sie lief an den Wagen entlang, kletterte über die Geleise und versuchte es auf der anderen Seite, aber auch dort waren alle Trittbretter und Dächer und sogar die Puffer schon besetzt.

Ein paarmal war Jutta, wenn sie die Leute auf den Trittbrettern angefleht hatte, doch nur ein wenig zusammenzurücken, ein Junge aufgefallen, der sich in ihrer Nähe gehalten und wütend auf die Leute eingeschimpft hatte.

Als der Zug endlich ächzend abfuhr, während die Lokomotive Wolken schwarzen Qualms ausstieß, hatte er, den davonrollenden Wagen drohend nachblickend, gesagt: »Warten Sie nur, wir werden schon einen Güterzug kriegen.«

Jutta war dem Weinen nahe. Sie mußte an die Nacht im Wartesaal denken, die ihr bevorstand, zusammengepfercht mit den schnarchenden, stinkenden Leuten. Sie würde nicht einschlafen dürfen, weil sie sonst gewärtig sein mußte, daß ihr jemand die Kartoffeln stahl.

»Kann ich Ihnen nicht den Rucksack abnehmen?« fragte der Junge und deutete auf den leichten, kleinen Rucksack, den sie trug.

Er kenne eine Kneipe in der Nähe, sagte er, da könnten sie bis zehn Uhr sitzen, und vorher käme bestimmt kein Güterzug. Sich in den Wartesaal zu setzen hätte keinen Zweck. Dort käme man nie schnell genug hinaus, jedesmal gäbe es Schlägerei bei den Türen, wenn die Leute nur ein Geräusch hörten, das wie ein entfernter Eisenbahnzug klang.

Jutta war mißtrauisch, weil sie fürchtete, er könne es auf ihren Rucksack abgesehen haben, aber im Grunde war sie froh darüber, daß sie ihn nicht mehr zu tragen brauchte. Und er sah nicht so aus, daß sie ihm eine derartige Gemeinheit zutraute. So trottete sie ihm nach.

In der Kneipe, von der er gesprochen hatte, einer verwahrlosten Gartenwirtschaft, waren sie fast allein. Nur zwei Eisenbahner saßen an einem Tisch beim Fenster und unterhielten sich halblaut.

»Ich bin Fachmann auf der Strecke«, erklärte er, aber so was wie heute sei ihm noch nicht passiert. Allerdings sei er gewöhnlich mit zwei oder drei Freunden unterwegs und habe sich schon immer einen Platz erobert. Übrigens sei sein Name Karl-Heinz Schick, er komme aus dem Erzgebirge, aus Aue. Später erzählte er geringschätzig von der Schule. Die politische Arbeit in ihrem antifaschistischen Jugendausschuß sei viel wichtiger.

Dann sprach er von den Tricks, die man beherrschen müsse,

wenn man heutzutage unterwegs sei. Oft genug reiste er einfach ohne Fahrkarte.

So erzählte und erzählte er, während Jutta müde nickte und manchmal angestrengt lachte, während es draußen finster wurde und die alte Frau, die sie bedient hatte, eine Petroleumlampe anzündete, an der Decke aufhängte, sich wieder hinter die Theke auf ihren Stuhl setzte und sie schläfrig beobachtete.

Und es dauerte nicht mehr lange, bis sie, ohne sich von ihrem Platz zu rühren, mißmutig sagte, sie müsse jetzt zuschließen. Jutta hatte steife Glieder, und ihre Schultern schmerzten, aber sie weigerte sich, ihn noch einmal den Rucksack tragen zu lassen. Sie habe sich erholt. Unterwegs begegnete ihnen in der finsteren Straße eine Gruppe russischer Soldaten. Sie blieb sofort stehen, aber er lachte, sie brauche doch keine Angst zu haben, seine Schwestern seien auch immer so, aber sie würden ihr nichts tun, außerdem gingen sie ja auf der anderen Straßenseite. Jutta zwang sich, weiterzugehen, aber sie hoffte, er werde nicht spüren, daß sie am ganzen Leibe zitterte.

Durch die zerbrochenen Scheiben der Schalterhalle sahen sie, daß drinnen schon die Menschen gedrängt am Boden saßen, inmitten ihrer Säcke und Koffer und Kisten. Auch der Wartesaal war überfüllt. Karl-Heinz Schick meinte, das sei gar nicht schlimm, er kenne einen verlassenen Güterschuppen. Es sei sogar noch ein bißchen Stroh dort und gemütlicher als im Wartesaal. Jutta hatte zwar sofort wieder den Verdacht, er könne es doch auf ihr Gepäck abgesehen haben, und nahm sich vor, sehr aufmerksam zu sein, aber irgendwo mußte sie sich jetzt niederlegen.

Der Schuppen lag nicht weit vom Bahnhof entfernt, jenseits der Geleise. Und in einem kleinen Gelaß, in dem es muffig roch, fand sich wirklich eine Strohschütte. Obgleich sie wieder protestierte, wickelte er eine Decke, die er aus seinem Rucksack zog, um sie und schüttete, als sie an die Wand gelehnt saß, noch Stroh um ihre Beine.

Er solle sich dann aber wenigstens dicht neben sie setzen, sagte Jutta, damit sie sich beide etwas wärmten. Kurze Zeit hielt sie sich noch wach und dachte daran, daß sie es spüren müsse, wenn er sich bewegte, solange ihr Kopf an seiner Schulter lag, aber dann schlief sie doch ein.

Später, als er sicher war, daß sie fest schlief, bewegte Karl-Heinz vorsichtig ihren Kopf, bis er an der Bretterwand lehnte, stand auf und trat behutsam ins Freie, um auf und ab zu gehen.

Es war totenstill.

Es mochte etwa halb eins sein, und Aussicht auf einen Güterzug hatten sie nun nicht mehr vor vier, fünf Uhr.

Er dachte an das Mädchen, das unter seiner Decke saß und schlief. Er empfand Hochachtung für sie und war stolz, daß sie sich von ihm hatte helfen lassen. Es war klar, daß er lieber fror, als daß er sie allein sitzengelassen hätte.

Dann hatte er sich warm gelaufen, kehrte zum Schuppen zurück und drängte sich an sie, um warm zu bleiben. Aber er lauschte noch eine Weile auf ihren Atem und glaubte einmal, nebenan Ratten herumhuschen zu hören. Als Jutta erwachte, war sie so steif, daß sie ihn mit der ersten, unbeholfenen Bewegung weckte.

Ob sie gut geschlafen habe, fragte Karl-Heinz.

»Ja, aber Sie haben natürlich ohne Ihre Decke mächtig gefroren?«

»Ach was«, sagte er, »es war gar nichts.«

Als dann wirklich ein Güterzug kam, waren sie die ersten bei den Wagen. Später, als sie endlich anruckten und sich schütternd in Bewegung setzten und als die Sonne herausgekommen war und es etwas wärmer wurde, schlief Jutta wieder ein. Der Zug kam nur sehr langsam vorwärts. Er hielt alle paar Kilometer. Sie waren den ganzen Tag über müde und einsilbig.

Als sie sich Dresden näherten, hatte Karl-Heinz Bedenken, ob er noch Anschluß in Richtung Chemnitz haben würde. Vielleicht sei es besser, wenn er sich gleich auf die Straße stellte und versuchte, ein Auto anzuhalten, aber Jutta sagte, das käme auf gar keinen Fall in Frage, noch eine Nacht im Freien, er könne doch bei ihnen bleiben und wenigstens etwas Warmes essen.

So war es eigentlich ganz selbstverständlich, daß Karl-Heinz mit zu ihr nach Hause ging. Mutter machte ihr, als sich Karl-Heinz im Badezimmer wusch, zwar Vorhaltungen, aber andererseits war sie doch froh, daß Jutta soviel mitgebracht hatte. Außerdem führte, solange Mutter noch nicht wieder recht beieinander war, Jutta ohnehin im Hause Regie.

Zu Anfang hatte sie den Weg vom Kreuzberg bis zum Schlesischen Bahnhof Tag für Tag zu Fuß gemacht, später war sie schon froh, als sie vom Bahnhof Jannowitzbrücke wenigstens eine Station mit der S-Bahn fahren konnte, aber Frau Hirth versäumte es an keinem Tage, nachmittags um drei Uhr aus dem Haus zu gehen, sofern es durch das Anstehen nicht etwas später wurde.

Ihr Mann war vierzehn Tage vor dem Ende mit dem Volkssturm abgerückt. Wahrscheinlich nach Erkner, hatte er gesagt, aber der Wehrmachtbericht hatte schon von Kämpfen in Hirschgarten gesprochen. Von Helmut hatte sie im März die letzte Nachricht erhalten, aus Pommern.

Anfangs war es noch völlig unsicher gewesen, ob überhaupt Züge ankamen und wann sie eintrafen, aber mit der Zeit hatte es sich ergeben, daß gegen Abend meist mehrere Güterzüge voller Menschen, auch mit den ersten einzelnen entlassenen Kriegsgefangenen, kamen, obgleich die Eisenbahner, die sie fragte, immer wieder beteuerten, es hätte gar keinen Zweck, zu warten, alle Züge kämen doch nur bis Köpenick oder höchstens Rummelsburg durch.

Mit den anderen Frauen wartete Frau Hirth geduldig in dem dumpfen Tunnel unter den Bahnsteigen und starrte in die Gesichter der Menschen, die die Treppe herunterkamen, wenn nach stundenlangem Warten endlich ein Zug eingefahren war.

Sie war zu scheu, um wie die anderen nach vorn zu drängen. Sie stand still an ihrem Platz und lauschte auf die Gespräche ringsum: »Nein, kenn ich nicht, nein, welche Einheit sagen Sie?« – »Vielleicht, ja vielleicht in Pommern.« – »Jajaja, sagen Sie doch, in Pommern war er doch!« – »Ich sag Ihnen doch, woher soll ich's wissen, bin ich vlei' der liebe Gott?«

Aber Frau Hirth wurde nicht ungeduldig. Denn sie hatte es schon erlebt, mit eigenen Augen gesehen, daß sich da Leute rücksichtslos einen Weg durch die Menge bahnten und sich wortlos, schluchzend in die Arme fielen. Sie war immer unter den letzten, die abends fortgingen. Sie blieb selbst dann noch, wenn Eisenbahner sagten, dieses sei ganz bestimmt der letzte Zug gewesen. Manchmal war dann doch noch einer gekommen.

Aber als weder ihr Mann noch Helmut mit einem der Züge kam, wurde der Weg für Frau Hirth immer beschwerlicher, obgleich auf weiten Strecken schon die Straßenbahn fuhr.

Und da ging sie zu einer der Abrißfirmen, die zum Steineputzen und Schutträumen Frauen einstellten. Der Vorarbeiter, mit dem sie sprach, musterte sie mit abweisendem Gesicht und schüttelte den Kopf, aber als sie sagte, sie wisse wirklich nicht mehr, wovon sie sonst leben sollte, hatte er ein Einsehen.

Sie arbeitete von acht Uhr morgens bis nachmittags um fünf. Die kurze Pause zum Frühstück und die längere Pause mittags wurden von der Arbeitszeit abgezogen. Die meisten Frauen waren jünger als sie, und darum durfte sie meist die Loren schieben, aber wenn die anderen mal müde oder schlecht gelaunt waren, mußte sie auch schippen und Steine aufladen. Und dann tat ihr abends der Rücken so weh, daß sie sich gleich niederlegen mußte und nicht einmal mehr die Kraft hatte, Feuer im Herd zu machen und sich eine Suppe zu kochen.

Ende September kam ein Freund ihres Mannes, Erich Klinger, zu ihr und erzählte, Hermann liege in der Nähe von Erkner begraben. Er wäre schon eher gekommen, aber er sei selbst erst eben aus der Gefangenschaft zurück. Sie fuhr an einem Sonntag mit ihm zusammen hinaus. Am Bahndamm pflückte sie ein paar Blumen und legte sie auf eines der Gräber am Waldrand, denn Erich Klinger sagte, er wisse auch nicht mehr ganz genau, welches das richtige sei, und sie saß lange Zeit allein neben den achtzehn Gräbern und betete, daß doch wenigstens Helmut wiederkommen möge.

Als es Oktober geworden war, holte sie sich eine schwere Erkältung, und der Arzt, der im Hause wohnte und sie untersuchte, meinte, sie solle froh sein, wenn sich keine Lungenentzündung entwickele.

Ihre Untermieter, ein Ehepaar Schweigert, die beide Arbeit hatten, pflegten sie, so gut sie konnten, kochten für sie und holten für sie ein. Sie heizten Frau Hirth sogar von ihrem Holz den Ofen.

Das tat man für Nachbarn damals noch, ehe der erste Winter scharf und ohne Erbarmen einfiel.

Wieder die Schulbank drücken, gut und schön, aber daß sie noch einmal wie Pennäler behandelt würden, hatten sie nicht erwartet.

Da war Schorcht, ihr Deutschlehrer. Sie hatten erfahren, daß Schorcht Parteigenosse gewesen war, und hatten eine Abordnung zum Direktor geschickt, und mit drei anderen hatte Harald Momber in Erregung erklärt, das brauchten sie sich denn doch nicht bieten zu lassen. Der Direktor hatte den Fall aufgeklärt. Herrn Schorchts antifaschistische Einstellung sei über jeden Zweifel erhaben, er sei, wie er sich ausdrückte, im Auftrage eines Widerstandskreises, sozusagen aus Gründen der Tarnung, in die Nazi-Partei eingetreten. Der Fall sei geprüft und sie könnten sich darin voll und ganz auf ihn verlassen.

Schorcht hatte über den Vorfall nie ein Wort verloren, nur schien es, als behandelte er sie danach noch hochmütiger, kürzer, als zuvor.

»Meine Herrschaften, gewöhnt euch gefälligst ab, euch etwas darauf zugute zu halten, daß ihr Widerstandskämpfer, Partisanen« – bei jedem Wort zuckte er die Schultern und verzog seinen Mund zu einem abschätzigen Lächeln – »oder weiß der Himmel was gewesen sein wollt, oder daß eure Eltern in Auschwitz oder Plötzensee liegen. Laßt euch sagen: Dafür könnt ihr euch schon in zwei Jahren«, und in ein affektiertes Berlinisch verfallend, »nischt mehr koofen. Begreift endlich, daß wir kein politischer Debattierklub sind, sondern eine Schule. Und ich werde jeden, der meint, darüber erhaben zu sein, noch mal ordentlich die Schulbank zu drücken, ohne jede Rücksicht durchfallen lassen.« Er lächelte sarkastisch, »dann kann eine Abordnung hingehen und behaupten, ich sei Antisemit.«

Und, Dr. Paulsen, ihr Mathematiklehrer: »Schluß mit dem Unfug. Es gibt weder eine faschistische noch eine antifaschistische Mathematik, es gibt nur eine Mathematik: die Mathematik.«

»Aber Einstein«, hatte Harald zu Erich Misch, seinem Nebenmann gesagt, »hatte in Deutschland trotzdem unrecht.« Und Dr. Paulsen hatte sich mit dem Ellbogen auf das Katheder gestützt und ihn eine Weile aus hellen Augen angestarrt. »Sie haben recht, Momber, bei den Dummköpfen, die in den Mathematikstunden nicht ordentlich aufgepaßt hatten.«

Mit der Zeit wurden die Verhältnisse in Karins Wohnung immer undurchsichtiger. Jeden Abend kamen neue Freunde, um die Vorräte an Schnaps und Wein aufzubrauchen und bis zum Morgengrauen schreiend miteinander zu streiten. Erich gewöhnte sich daran, seine Nächte anderswo zu verbringen. Und manchmal, wenn Harald morgens zur Schule aufbrach, begegnete er einem ihm unbekannten Mann im königsblauen Bademantel des verschollenen Herrn Ministerialdirigenten, der nicht etwa geniert, sondern nur verschlafen *Guten Morgen* brummte.

So kam Harald auf das Angebot eines sozialdemokratischen Genossen zurück, so lange, bis sein Sohn aus der amerikanischen Gefangenschaft käme, könne Harald gern bei ihm wohnen.

Und er richtete sich in einem alten Mietshaus in der Pestalozzistraße ein. Wieder in einem Hinterzimmer, in welches, eigens für ihn, Frau Radeloff einen mit vielen Ornamenten, Aufsätzen und Messingbeschlägen verzierten Eckschreibtisch gestellt hatte.

Auf einem hochbeinigen, runden Tisch lag eine gehäkelte Decke, und über dem weinroten Sofa an der Wand und einem Gestell mit bunten, gläsernen Vasen hingen die vergilbten, aber sorgfältig gerahmten Fotografien dreier ihrer Brüder, schnauzbärtige Männer, die über steife Uniformkragen hinweg ernst in die Kamera blickten, die rechte Faust in die Seite stemmten und alle drei schon im ersten Krieg gefallen waren.

Und außer der Miete von hundert Mark, die Harald Frau Radeloff aufdrängen mußte, obgleich er sagte, es sei immer noch Halsabschneiderei, weil er meistens auch mit aß, hatte er nur noch eine Verpflichtung. Nämlich die, Alfred Radeloff, wenn er abends aus der Fabrik gekommen war, gegessen, die Zeitung gelesen und sich die Pfeife mit dem Tabak gefüllt hatte, den er selbst auf dem Balkon zog, auf dem Boden trocknete und soßte, zu berichten, was die jungen Bengels heutzutage von der Politik hielten.

Und jedesmal, wenn Harald erzählte, daß keineswegs alle von ihnen der Meinung seien, Sozialdemokraten und Kommunisten müßten sich zu einer Arbeiterpartei zusammenschließen, wiederholte Alfred Radeloff immer von neuem ›das Märchen‹. Er verlegte es bald nach Japan, China, in die Türkei oder nach Indien. Die Geschichte von dem Vater, seinen sieben Söhnen und den sieben Stäben, die einzeln sehr leicht, zu einem Bündel vereint aber nicht zerbrochen werden könnten.

»Siehste, Harald«, sagte er, »des hab ich mal in eine Versammlung von Bebel erzähl'n gehört, und des vergeß ich nich. Sag dic Bengels die Meinung von uns olle Genossen: Hitler hat die Stäbe alle einzeln zerbrochen. Jetz müssen wir se zusammenbinden, des is de Poletick, die wir heute machen müssen.« Ende Oktober erhielt Harald durch Mulbower einen Brief von seiner Mutter. Sie schrieb, es gehe ihr zwar in München ganz gut, aber sie freue sich so sehr darauf, ihn bald wiederzusehen. Die Hoffnung, noch zu erfahren, was aus Vater geworden war, habe sie aufgegeben. Sicher sei nur, daß er in einem Transport von Buchenwald mit unbekanntem Ziel zum letzten Mal gesehen worden sei.

Als es merklich kühler wurde, anhaltend schlechtes Wetter einsetzte, sie oft stundenlang müßig auf den Dachböden saßen, ohne daß es ihrem Meister einfiel, ihnen für diese Zeit Lohn zu zahlen, hatte es sich Werner Kleinschmidt angewöhnt, jeden Tag sein kleines Reisebrett mitzubringen. Da saßen sie in einer abgelegenen Ecke, wo sie vor den Gesprächen der anderen, die über die schlechten Zeiten lamentierten, Ruhe hatten, und spielten Schach.

Aber es kam oft genug vor, daß sie ihre Partie nicht zu Ende spielen konnten, denn wenn Werner mit seinem politischen Unfug anfing, konnte Herbert einfach nicht zuhören.

»Sechs Millionen Juden«, äffte Herbert nach, er dachte gar nicht daran, einzugestehen, daß Werner recht haben könnte; der Mord an den Juden erschien ihm als eine so ungeheuerliche Beschuldigung, daß sie gar nicht zutreffen durfte; »daß ich nicht lache, so viele gab's ja gar nicht. Aber du glaubst alles, was in den Zeitungen steht.«

»Es kommt mir nicht auf die Nullen an«, sagte Werner, »ich zähle Menschen nicht nach der Stückzahl, sechs oder sechzig wären mir schon genug. Geh doch hin, sieh dir doch den Film an über Buchenwald!«

Aber in der ersten amerikanischen Wochenschau, die Herbert gesehen hatte, war die Siegesparade der Russen auf dem Roten Platz gezeigt worden. Und daß sich Herbert beim Anblick der erbeuteten deutschen Fahnen, die vor den vorbeimarschierenden Truppen in den Dreck gehalten wurden, fast der Magen umgedreht hätte, das würde Werner doch nie begreifen können.

Allerdings hätten ihre Gespräche dann ohnehin aufgehört; denn eines Tages erklärte der Meister, er werde den Winter über seinen Laden zumachen. Nur die beiden gelernten Dachdecker blieben in Arbeit. Mit allen übrigen wurden auch Werner und Herbert entlassen.

Und da seine Schwester, trotz dauernder Überstunden, nicht genug verdiente, und nachdem er vierzehn Tage lang vergeblich darauf gewartet hatte, daß ihm ›etwas über den Weg lief‹, wie er zu Werner sagte, den er gelegentlich mit einem Kohlenkarren unterwegs getroffen hatte, entschloß er sich eines Morgens, zu Helga Jabusch zu gehen und sich unverbindlich zu erkundigen. Sie öffnete ihm wieder im Morgenrock und erkannte ihn zunächst nicht, kniff aber endlich die Augen zusammen und sagte: »Da schau einer an, der Dachdecker«, aber sie sagte es so mürrisch, daß er fürchtete, umsonst gekommen zu sein.

Und während Herbert zum ersten Mal wieder eine amerikanische Zigarette rauchte, war er fest entschlossen, nicht mitzumachen, wenn es sich etwa darum handeln sollte, wie diese Schieber aus dem Elend Deutschlands Kapital zu schlagen. Das überließ er denn doch lieber Werner Kleinschmidt und seinen Gesinnungsgenossen.

Sie trug ein braunes Kostüm und hatte sich nur flüchtig gekämmt, aber zuviel Puder aufgelegt. Ob er Lust habe, gleich heute abend mitzukommen.

»Wohin?«

»Doberlug-Kirchhain.«

»Und was?«

Eine Fuhre, er werde schon sehen. »Sie brauchen keine Angst zu haben, mein edler Junge, krumme Sachen machen wir nicht. Wir sind eine ... Speditionsfirma. Genügt Ihnen das? Es ist übrigens noch ein Mann von der ss dabei, Sie werden sich bei uns wie zu Hause fühlen.«

»Ich habe Ihnen schon gesagt, wie leid es mir tut, daß ich ...«

»Na schön«, gelangweilt, »also nicht ss. Dann um acht. Und bringen Sie sich einen warmen Mantel mit. Wir haben keinen *Buick*.«

Es war ein alter, klappriger *Büssing*. Der Fahrer musterte Herbert unfreundlich und stellte sich als »Kämpfer« vor. »Alter?« fragte Helga Jabusch, aber der Witz schien längst verbraucht, der Mann verzog unwillig den Mund.

»Sind da tote Katzen drin?« fragte Herbert

Der Mann starrte ihn an, antwortete aber nicht.

»Felle«, sagte sie. »Sie werden sich mit der Zeit schon dran gewöhnen.« Aber selbst als sie längst den Autobahn-Ring erreicht hatten – sie passierten die amerikanische Kontrolle anstandslos, die russischen Posten schienen Kämpfer sogar zu kennen, denn er hielt nur seine Papiere aus dem Fenster, und sie winkten sofort ab und riefen ihm etwas auf russisch zu, während sie sich grinsend die Nasen zuhielten –, würgte Herbert der Gestank so, daß er kaum zu atmen wagte.

Später holte Helga aus ihrer Aktentasche eine Büchse Schweinefleisch und Weißbrot und bot auch Herbert zu essen an, aber der sagte nur – »Lassen Sie mich zufrieden, ich werde noch ohnmächtig.«

Sobald es finster geworden war, schlief Helga Jabusch ein und lehnte ihren Kopf an Herberts Schulter, der dann recht zufrieden in seiner Ecke saß und hinaussah auf den Streifen Landstraße, der im trüben Licht der Scheinwerfer zitterte, auf die leblosen Dörfer, einsame russische Posten an abgelegenen Kreuzungen, die sich ein Feuerchen angezündet hatten und sich die Hände rieben.

Mitten in der Nacht kamen sie in Doberlug an, fuhren aber durch die Stadt hindurch, hielten auf einem Hof inmitten flacher Schuppen, und während sie warteten und die Arme um den Leib schlugen, war da ein kleines, buckliges Männchen, das ihnen mit einer Sturmlaterne leuchtete. Dann war ein grobschlächtiger Kerl gekommen. Unter seiner Aufsicht luden sie die stinkenden Felle ab und wuschen sich, während das Männchen mit unerwarteter Behendigkeit den Laderaum des Wagens schrubbte, und verfrachteten helle, würzig duftende Häute auf dem Wagen, allerdings hatte Herbert auf der Rückfahrt noch oft das Bedürfnis, das Fenster herunterzukurbeln und seinen Kopf in den Wind zu halten. Sie lieferten die Ware in einer Garage ab, bei einem Mann, den Helga »Gustav« nannte.

»Wann lernt ihr endlich, bei der Sauerei Kombis anzuziehen?« fragte Gustav und rümpfte die Nase, als er sie eingeladen hatte, in seiner über der Garage gelegenen Wohnung zu frühstücken.

Zu Hause erzählte Herbert, er habe eine Stellung beim Zentralviehhof. Die Fuhre hatte achtzig Mark eingebracht. Zwanzig Mark gab er seiner Mutter.

Sie machten die Strecke regelmäßig dreimal in der Woche. Allerdings fuhren sie meist am frühen Morgen los und kamen spät abends zurück. Natürlich hatte Herbert eingesehen, daß die Zeit ohnehin ein einziger Schwindel war, daß das zur Demokratie gehörte, und daß man mitspielen mußte, wenn man nicht vor die Hunde gehen wollte.

Er hatte sich daran gewöhnt, seine schmutzigen Sachen in der Garage zu lassen, und gewöhnte sich an den Gestank der Felle und daran, mit Helga und Kämpfer, wenn sie abends zurückkamen, bei Gustav zu bleiben, der um diese Zeit meist ein ›volles Haus‹ hatte, wie er es nannte. Gustavs feste Freundin war auch immer da, eine dunkle Vollschlanke, die Tänzerin gewesen sein wollte und von ihren »Tournees« erzählte, und, stets wechselnd, mehrere Flittchen. Nur ein hochmütiges, sehr elegant gekleidetes Mädchen mit ausrasierten und nachgezeichneten Augenbrauen kam regelmäßig mit ihrem Freund, einem unscheinbaren Bürschchen, das nur in seinem zweireihigen Jackett wie ein Boxer wirkte.

Kämpfer behandelte alle Frauen, mit Ausnahme von Helga, unverschämt, aber gerade das schienen sie an ihm zu mögen. Nur jenes eine Mädchen verbat sich das, ihr Freund blickte Kämpfer drohend an. Kämpfer tätschelte ihm kräftig die Wangen, kam blinzelnd zu Herbert und sagte: »Ich konnt's einfach nicht lassen.«

Einmal hatte Kämpfer gefragt, bei welcher Division er gestanden habe, ›Das Reich‹, ›Wiking‹, ›Nordmark‹?

Keiner von dreien.

Ob er etwa in Lichterfelde gewesen sei?

Auch nicht.

Wo er zuletzt gekämpft habe?

In Pommern, Mecklenburg.

Auch Kämpfer schien es sich nicht ausreden lassen zu wollen, daß Herbert bei der ss gewesen sein mußte, aber er hörte wenigstens auf zu fragen. »Das muß jeder selbst wissen.« Er sei Hauptsturmführer in der Division »Der Führer« gewesen, vorher »Hitler-Jugend«. Der schöne Name Kämpfer allerdings sei erst Helga eingefallen. Sie sei Krankenschwester gewesen, erzählte Kämpfer, und da sei so eine Geschichte mit einem ss-Führer. Daher die Vorliebe. Oft genug fragte sich Herbert, was ihn nächtelang bei diesen Leuten hielt. Er verachtete sie doch? Außer Kämpfer und Helga Jabusch. Denn die beiden schienen wenigstens zu verstehen, wie es einem heute, in diesem Deutschland, unter diesen Leuten, zumute sein mußte. Bis eines Abends dieses arrogante Mädchen ihre jüngere Schwester mitbrachte, ein sehr junges Mädchen, das jeden, der ihr vorgestellt wurde, hilflos anlächelte.

Als sie später einmal allein auf einer Ecke der Couch saß und furchtsam in ihr Glas starrte, an dem sie nur einmal genippt hatte, ging Strittich zu ihr hinüber. Er tanzte zweimal mit ihr, sie war befangen, und er war schon entschlossen, sich wieder zurückzuziehen, als er die Blicke ihrer Schwester und ihres Freundes auffing, die ihn ärgerlich beobachteten. »Sonst hätte ich wahrscheinlich meine Finger davon gelassen«, sagte er später zu Kämpfer. »Außerdem«, und er schämte sich dafür, »muß man ja auch mal wieder was zum Anfassen haben.«

Kämpfer nickte: »Bloß, Junge, das ist doch noch 'ne Spielpuppe.«

Aber Strittich, der seit langem eine uneingestandene Sehnsucht nach mondüberglänzten Straßen, windigen Höhen, nächtlich schimmernden Seen, weißen Lämmerwolken verspürt hatte, war nun zufrieden mit dem Modergeruch aus den Ruinen, dem bleigrauen Himmel, den Rinnsalen und Pfützen auf den zerrissenen Bürgersteigen der Stadt, weil Irma da war. Leicht, vertrauensvoll, zärtlich ging sie neben ihm her.

Eines Abends, als sie vom ›Marmorhaus‹ über den Kurfürstendamm, die Halenseer Straße, den Messedamm, die Reichsstraße entlang gewandert waren und vor ihrer Haustür standen, sagte sie stockend, indem sie Herbert unverwandt anlächelte: »Weißt du ... Herbert ... manchmal denke ich, es ist so ... weißt du ... als hätte ich schon die ganze ... Zeit auf dich ... gewartet.«

In ihrem Zimmer, in dem die Sesselbezüge und der Couchbezug und die Vorhänge am Fenster und vor dem Bücherregal aus Chintz-Stoff waren, küßte er sie, und sie erwiderte seinen Kuß heftig, ohne zu zögern. Ihre Schwester, wußte Herbert, verachtete ihn, aber weil er immer bescheiden und zurückhaltend auftrat, hatte Irmas Mutter, eine blasse Frau, die von einem Bruder ihres Mannes lebte, der in einer Textilfirma dessen Teilhaber gewesen war, Vertrauen zu ihm.

Helga Jabusch sagte, sie wolle sich keinen Schnupfen mehr holen, und zwei brave Jungs würden sie schon nicht übers Ohr hauen.

So fuhr Herbert neuerdings mit Kämpfer allein. Er mußte morgens aus dem Haus, wenn alle noch schliefen. Er war immer froh, wenn er die Wohnung mit ihrem Küchengeruch hinter sich gelassen hatte und in die kalte, klare Luft hinauskam.

Draußen vor der Stadt ging endlich die winterliche Sonne zwischen den Kiefernstämmen auf. Der Motor dröhnte gleichmäßig, und sie sangen gegen ihn an.

»Drüben am Wiesenrand hocken zwei Dohlen. Sterb ich am Donaustrand oder in Polen. Was liegt daran, eh sie meine Seele holen, sterb ich als Reitersmann.«

Obgleich er jetzt für jede Tour zwischen hundertzwanzig und hundertfünfzig Mark verdiente, war es ihm ganz recht, als Kämpfer vorschlug, sie sollten von jeder Ladung zwei, drei Häute auf eigene Rechnung verkaufen. Jeder Geschäftsmann müsse mit Schwund rechnen.

»Ja«, sagte Strittich fröhlich, »und der Appetit kommt mit dem Essen«, aber Kämpfer hatte ihn nicht verstanden, weil der Motor so laut war.

Das Schlimmste an jedem Tag war der Sonnenuntergang, wenn alle Männer zum Lagerzaun drängten und den riesengroßen roten Ball anstarrten, der wie über eine unsichtbare Krümmung langsam von ihnen fortrollte, nach Deutschland. Und erst wenn der letzte Rest seines Widerscheins verschwunden war, schlurften sie zurück zu den Baracken, reizbar und erbittert.

Am anständigsten war Helmut im Lazarett behandelt worden, aber das dauerte nur so lange, bis er, zusammen mit anderen genesenen Gefangenen, nach Küstrin geschafft worden war. Der Transport von Küstrin nach Brest-Litowsk dauerte vierzehn Tage. Die russischen Begleitmannschaften hatten die Türen in Küstrin verschlossen und öffneten sie während der Fahrt nur dreimal. Dann reichten sie zwei Eimer Wasser in jeden Wagen.

Es waren außer Helmut noch neunundfünfzig andere Gefangene in diesem Güterwagen, aber nach ein paar Tagen gab es Platz, weil alle, die inzwischen gestorben waren, in einer Ecke aufeinandergestapelt wurden. Es brach eine dumpfe Wut unter den Männern aus, wenn eine der Leichen herunterkollerte und drei, später sogar vier von ihnen aufstehen mußten, um sie wieder auf den höher und höher wachsenden Haufen zu schichten. Nach einer Woche hatte Helmut auch die Ruhr. Das Wasser, das er trank, lief durch ihn hindurch wie durch einen Schlauch. Dann war ihm, als finge auch sein Gedärm an, dickflüssig aus ihm auszulaufen. Als sie in Brest ankamen, war er so schwach, daß er sich nicht mehr allein erheben konnte. Sie hätten ihn beinahe bei den Toten liegenlassen. Nachdem er aber in einem Auffanglager, das nur für diejenigen Kranken gedacht war, mit denen es ohnehin zu Ende ging, wider alle Wahrscheinlichkeit doch auf die Beine gekommen war, und als sie ihn schließlich in das Lager Sossolnjika einlieferten, hatte er so viel Gewicht verloren, daß er auf der Stelle ›arbeitsunfähig‹ geschrieben wurde. Aber das war das

Schlimmste, was ihm in seiner Lage passieren konnte, da er ohne Arbeit keine Aussicht hatte, zu einer Prämie oder auch nur zu den normalen Verpflegungssätzen zu kommen; denn der sogenannte Innendienst, der die Knüppeldämme in Ordnung zu halten, die Baracken zu säubern und den ›Lagerhof‹ zu fegen hatte, unterstand dem deutschen Lagerältesten, der den unter seiner Aufsicht stehenden Gefangenen für die geringste ›Disziplinlosigkeit‹ auf Tage das Essen entzog.

Aber als es kälter wurde, sah sich Helmut gezwungen, drei Tagesrationen Brot gegen einen Wintermantel zu tauschen, den er als Decke für die Nacht brauchte.

Weil er täglich höchstens die Hälfte seiner Rationen einsparen konnte, brauchte er acht Tage, um den Mantel abzuzahlen, und vier Tage danach wurde ihm der Mantel gestohlen. Helmut hatte einen Mann im Verdacht, aber da er zu den Kreaturen des Lagerältesten gehörte, wäre eine Anschuldigung Selbstmord gewesen.

Als er auf seiner Pritsche lag, versteinert vor Erbitterung, daß er nicht einmal weinen konnte, kam Walther Kummer zu ihm und brachte ihm eine Decke. Er stellte sich in den Gang zwischen den Pritschen und rief: »Ich werd jedem die Knochen entzweischlage, der noch einmal Helmuts Klamotte anfascht.«

Das konnte sich nur Kummer leisten, der sich mit dem russischen Kommandanten, für den er Schnitzereien anfertigte, ausgezeichnet stand.

Kummer kam danach an jedem Abend zu Helmut, setzte sich auf seine Pritsche und erzählte, was er beim Kommandanten erlebt hatte, »arme Hunde sind's halt«, sagte er, wenn er von Russen sprach.

Als Helmut eines Abends fragte, warum er ihm mit geholfen habe, sie hätten sich doch vorher kaum gekannt, sagte Kummer: »Ich hab mir halt gedacht, der ischt am Ende, und da wollt ich's dir ein wenig leichter mache.«

Er sei über das Schlimmste hinaus, sagte Helmut, er glaube jetzt, daß dieses Ende habe so kommen müssen, daß Gott nach all dem Furchtbaren jedem einzelnen Deutschen diese Strafe auferlegt habe und man sie tragen müsse.

Da wurde Kummer, dessen schwarze Augenbrauen gegen den

kahlgeschorenen Schädel abstachen, ärgerlich: »Was redscht da von Gottes Schtrafe? Könne mir von Gottes Ratschluß wisse? Gar nix könne mir wisse. Wisse könne mir nur, was der Heiland gesagt hat, nemmlich daß, wer den Glauben nicht einfach annimmt wie ein Kind, nie zum Glaube komme wird. Sigscht, du brauchscht nix weiter, als wie die Hand fescht greife, die der Herrgott dir hihalte tut, bloß higreife brauchscht«, sagte er und strich sich aufgebracht über seinen kahlen Schädel.

Dann wurde der russische Kommandant abgelöst, und kurz darauf wurde während eines Barackenappells auf Walther Kummers Pritsche, unter seinen Decken, eine Karte der Umgebung des Lagers gefunden. Zwei der Subjekte des Lagerältesten traten mit einer handgezeichneten Skizze als Zeugen auf. Kummer wurde zum Kommandanten befohlen und nicht mehr gesehen. Man sprach von Prügel, Dunkelkammer, Aufsässigkeit, und daß Kummer in ein Straflager abgeschoben worden sei. Und da alle anderen Gefangenen in der Baracke wußten, daß er mit Walther befreundet gewesen war, rückten sie von ihm ab.

Dann kriegte er, Gott sei Dank, Wasser und kam ins Lazarett. »Du hast dich immer gedrückt, jetzt willst du wohl mit dem Trick nach Hause, aber die Suppe werd ich dir versalzen«, sagte der Lagerälteste, aber Helmuts Beine waren so angeschwollen, daß niemand ernstlich glauben konnte, er simuliere nur.

Als der erste Schnee fiel, wurde selbst im Lazarett die Stimmung gedrückter, obgleich die Parolen, alle Schwerkranken würden noch bis Weihnachten zu Hause sein, sich häuften. Da Helmut bei seiner Größe von eins achtzig auf ein Gewicht von hundertsechs Pfund herunter war, durfte er allerdings nach allem, was erzählt wurde, annehmen, daß er zu Weihnachten wirklich zu Hause sein würde, vorausgesetzt, daß er am Leben blieb.

»Nur Starke müssen helfen, Rußland wiederaufbauen«, sagte der Lagerarzt, der erzählte, daß er in Tiflis studiert hatte und diese Einöde haßte und der den Gefangenen half, wo er nur konnte, »wer krank – nix arbeiten – nach Haus.«

Inzwischen verbreitete sich im Lazarett die Nachricht, daß der Lagerälteste eines Nachts von Gefangenen erschlagen worden war.

»Wenn ihr es nicht glauben wollt, bitte, lest doch die *New York Times*. Kein Mensch wird behaupten wollen, daß die *New York Times* kommunistisch ist. Trotzdem hat sie die Russen beglückwünscht zu den einwandfreien Wahlen in Ungarn.«

»Ein Kommentar in einer amerikanischen Zeitung, *New York Times* oder *Daily Worker*, sagt mir noch gar nichts«, meinte Elfert.

Die Gespräche in der Villa John Mulbowers, Argentinische Allee, wurden hitziger. Niemand interessierten mehr Erörterungen theoretischer Fragen: da waren die Wahlen in Ungarn, in Frankreich, in Albanien, die Gründung der Einheitsgewerkschaft in der Ostzone, die Entnazifizierung in Bayern, die Ruhrfrage. Und da war noch immer der Streit um die Fusion der sozialdemokratischen mit der kommunistischen Partei.

Dabei meinte Harald es kaum noch ertragen zu können, wenn Elfert selbstsicher zu dozieren anfing: »Mein lieber Harald, es soll eine Arbeiterpartei geschaffen werden, deren Vorstand und wichtige Ausschüsse sich paritätisch zusammensetzen. Ich sage dir eines: laß diese Partei ein halbes Jahr bestehen, und du wirst sehen, was dann aus der paritätischen Grundlage geworden ist. Warum paritätisch, wenn sie es ehrlich meinen, warum nicht im tatsächlichen Zahlenverhältnis der Parteimitglieder? Da ist doch von allem Anfang an der Wurm drin.«

»Für mich handelt es sich nicht um Zahlenspielerei, sondern um die Frage, ob wir in Deutschland endlich einmal eine stabile sozialistische Mehrheit bekommen. Ob wir vielleicht wieder von den Bürgerlichen im gegebenen Moment einen Tritt kriegen, wenn wir eines Tages nicht mehr gebraucht werden, und ob wir es uns dann wieder gefallen lassen müssen, weil wir zu tun haben, uns mit den Kommunisten zu streiten.«

»Harald«, sagte Erich Misch, »du weißt, wie erleichtert ich wäre, wenn du Recht behieltest, aber ist das nun wieder mal Taktik, oder sind sie aus Einsicht zur Zusammenarbeit bereit? Und ehe etwas entschieden wird, möchte ich wissen, ob es stimmt, daß in der russischen Zone Sozialdemokraten, die auf Versammlungen gegen die Vereinigung aufgetreten sind, am Reden gehindert oder sogar verhaftet wurden, was geschehen sein soll.«

»Ja, meint ihr denn, ich bin riesig erfreut darüber, wenn sie meinem Vater vorwerfen, er habe die Nazis bei Kommunistenverfolgungen in Thüringen begünstigt? Aber warum versuchen wir denn nicht wenigstens die Vorurteile allmählich abzubauen? Habt ihr Angst, mit den Kommunisten nicht fertig zu werden? Ja, dann laßt sie doch den Vorstand erst mal paritätisch zusammensetzen, sobald gewählt wird, wird sich ja zeigen, wo die Genossen stehen. Die alten Genossen in meiner Zelle haben keine Angst vor den Kommunisten.«

»Du bist hoffnungslos«, sagte Gerhard Elfert und drehte sich kopfschüttelnd und Zustimmung heischend nach den anderen um. »Deine alten Genossen werden doch gar nicht gefragt. Es wird niemand gefragt. Warum heißt denn heute schon der sozialdemokratische Parteivorstand ›goldener Käfig‹? Es wird Druck ausgeübt, und kein Mensch wird gefragt.«

Zu der Zeit begannen alle ihre Lehrer, sichtlich bewegt, schon vom ›Schulabschluß‹ zu sprechen. Auf eine drohend feierliche Weise, die sie unter den gegebenen Umständen komisch fanden, bis sie sich davon anstecken ließen. Nur Schorcht machte auch darin eine Ausnahme. Er schien immer reizbarer und unzufriedener und sagte am Tage vor dem Beginn der mündlichen Prüfungen: »Es ist eine Affenschande, daß man euch so flüchtig vorbereitet auf die Menschheit loslassen will. Und ihr bildet euch noch was drauf ein.«

Harald war sicher, daß er in der Mathematikarbeit versagt hatte, aber er konnte sich – so erregt, daß ihm die Kreide aus der Hand fiel und der Schulrat väterlich tröstend sagte: »Nun, Herr Momber, wir tun Ihnen doch nichts« – im Mündlichen vor einem ›mangelhaft‹ retten. Und als er in der Prüfung Schorcht gegenübersaß, sah Schorcht Harald ängstlich an, wenn er mit einer Antwort zögerte.

Marianne Latour bestand ›mit Auszeichnung‹, Elfert, Patze, Nick und zwei andere ›gut‹, aber auch alle übrigen waren zufrieden und ausgelassen, wie es sich für Abiturienten gehörte, als sie sich auf dem Schulhof die Hände schüttelten.

Zwei Tage später traf sich die Klasse ein letztes Mal im Hause der Eltern Marianne Latours, die sie in einem jadegrünen Taftkleid an der Tür empfing. Sie hatte sich das Haar kürzer schneiden lassen, sich auch geschminkt, und lachte zufrieden, als jeder einzelne in Begeisterung ausbrach.

Alle waren noch einmal gekommen: Kliemann, Elfert, Nick, selbst Patze, und als Ehrengast Herr Schorcht. Und als sie versammelt waren, erklärte Marianne, also sie könnten so laut und lange feiern, wie sie wollten. Ihre Eltern seien für diese Nacht aus dem Hause geflüchtet. Elfert brachte einen Toast auf ihre hochverehrten Eltern aus, und Schorcht hielt eine Ansprache. Er habe selten Menschen erlebt, die sich mit einer solchen Besessenheit wieder auf die Schulbank gesetzt hätten, und das müsse er, ungern zwar, doch anerkennen, aber er habe auch noch niemals so junges Gemüse erlebt, rief er in ihren lauten Protest hinein, das in ihrem Alter schon eine unverschämte Anmaßung an den Tag gelegt hätte wie sie alle.

Später tanzte Harald auch mit Marianne, zuerst vorsichtig, weil er noch nie getanzt hatte, aber schließlich mit gewaltigen Sprüngen und Schwüngen, bis sie außer Atem rief: »Kinder, guckt euch bloß den Harald an, und ich habe immer gedacht, er ist völlig temperamentlos.«

Schorcht ging von einem zum anderen: »Momber«, sagte er, »bilde dir bloß nicht ein, daß du jemals deine idealen Vorstellungen verwirklichen kannst.« Er blickte wieder wie gewöhnlich, spöttisch, herablassend, durch seine runden Brillengläser. »Menschenskind, warum gibst du dich nicht einmal mit der Hälfte oder drei Vierteln zufrieden. Du hast doch zum Glück irgendwann einen jüdischen Großvater gehabt, nun versuche doch um Gottes willen nicht so deutsch zu sein.« Harald wollte etwas erwidern, aber Schorcht hatte sich schon zwischen die tanzenden Paare gedrängt und schob sich an Erich Misch heran, der mit entrücktem Lächeln über das Treiben hinsah.

Als sie alle ein wenig müde geworden waren, in kleinen Gruppen zusammensaßen, fand sich Harald bei Adam Nick in einer Ecke am Boden hockend, den Rücken an ein Regal gelehnt. Adam hielt sein Kognak-Glas in der Hand, aber lächelte trübsinnig.

»Adam«, sagte Harald mit schwerer Zunge, »du bist heute so furchtbar ernst.«

»Gar nicht, wieso?« Er probierte den Kognak. »Es wäre doch ein Jammer, wenn alles einfach auseinanderliefe. Wir hatten uns so viel vorgenommen.«

»Wir bleiben doch zusammen. Du gehst mit Martin an die Technische Universität, die meisten gehen auf die Humboldt-Universität, von Elfert werden wir lesen, und bei Mulbower treffen wir uns.«

»Vielleicht kannst du mal zu uns kommen«, sagte Adam Nick, »ich bin mit ein paar ausgezeichneten Burschen zusammen. Ich weiß nicht, ob du schon davon gehört hast, Anfang nächsten Jahres soll eine große deutsche Jugendorganisation gegründet werden.«

Und als Harald ihn zweifelnd ansah: »Doch, Harald, wir können Leute wie dich gebrauchen. Wir wollen fort von den alten Gruppierungen und Begriffen. Es sind Kommunisten da und Leute von den Kirchen und Liberale und Sozialdemokraten. Wir sind der Meinung, daß mit der weltanschaulichen Intoleranz aufgeräumt werden muß. Damit muß man bei den Jungen anfangen.«

»Du hast schon recht«, sagte Harald, er war zu müde, um Adam Nick aufmerksam zuzuhören.

Es war halb sechs, als sie aufbrachen. Marianne erklärte sie zwar für verrückt, denn um diese Zeit würde niemand ein Verkehrsmittel kriegen, aber sie meinten, es sei ganz gut, dann könnten sie noch ein bißchen frische Luft schnappen.

Martin Kliemann ging mit Harald zusammen die Pacelli-Allee zum ›Wilden Eber‹ hinunter.

»Harald«, rief Martin endlich, ohne seinen Kopf zu bewegen, der hinter dem aufgeschlagenen Mantelkragen verborgen war, »Mann, ich kann es noch nicht fassen, daß jetzt das Leben anfangen soll.«

Als die Typhusepidemie vorübergegangen war und jedermann im Krankenhaus erklärte, die Jahreszeit für Seuchen sei nun vorüber, hatte die Welle schwerer Ruhrfälle eingesetzt, und Jutta wurde wieder aus dem Labor geholt, wo sie Blutausstriche anfertigen, GO-Präparate durch das Mikroskop anstarren und Urinuntersuchungen hatte ausführen müssen, und mußte Kranke umbetten, die ihren Stuhl nicht mehr halten konnten.

Nach einer Woche war das Krankenhaus überfüllt, auch in den Fluren lagen sie auf Notbetten, und der ätzende Geruch der Chlorkalklösung reichte kaum aus, den Gestank zu betäuben. Dann gingen ihnen auch die Laken aus, weil die Wäscherei nicht mehr mitkam. Als es kalt wurde, waren längst nicht mehr genug Decken da. Und an einem Nachmittag, als sie stundenlang in die eingefallenen Gesichter gesehen hatte, die tief in den Höhlen liegenden Augen, in denen nur noch schwarzes Licht flackerte, hielt es Jutta nicht mehr aus. Sie ging mit steifen Knien die Flure hinunter, eine Treppe hinauf, stieß die Tür zu Schwester Idas Zimmer auf und blieb unter der Tür stehen. Und Schwester Ida sagte mit ihrer rauhesten Stimme: »Ja, mein Kind, der Teufel scheißt immer auf einen Haufen.« Da fing Jutta an zu kichern, verschluckte sich, schluchzte, und während Schwester Ida ihr auf den Rücken klopfte, weinte sie endlich, offenen Mundes, daß die Tränen ihr auf die Zunge liefen. Schwester Ida stellte ihr eine Waschschüssel voll heißen Wassers hin, gab ihr Seife, sagte endlich: »Sieh mal, Jutta, es kommt auch wieder anders, ganz anders.«

Und Jutta nickte und nickte und ging nach einer Weile stumm wieder auf ihre Station.

Und da die geringe Anzahl von Ärzten und Schwestern nie ausreichte und die Dienstzeit willkürlich festgesetzt wurde und es sich nicht mehr einrichten ließ, daß sie mit Ilse Westermann zusammen nach Hause gehen konnte, freute sie sich immer sehr, wenn sie eine Postkarte oder einen Brief von Karl-Heinz Schick vorfand.

Er schrieb sehr ordentlich in einer unreifen, schnörkeligen Schrift:

Liebe Jutta!

Steckst Du immer noch in dieser Jauchegrube? Das ist schrecklich. Und dabei hörte ich vor einigen Tagen, daß die Leipziger Universität wieder eröffnet werden soll. Dann könntest Du doch endlich Deinen Stall mit einem Hörsaal vertauschen! Bei uns in der Schule ist immer noch der alte Dreh. Für Deutsch und Englisch haben wir jetzt den jüngsten Lehrer der Schule bekommen, der nicht einmal das englische *th* aussprechen kann.

Und so ein großartiger Bursche wie Ralph Mohnke, von dem ich Dir erzählt habe, kann nicht Lehrer werden, nur weil er kein Abitur hat. Es wird höchste Zeit, daß endlich jeder studieren kann, der dazu fähig ist. Darin sind wir uns hier alle einig. Ich wünschte, Du könntest Dir einmal die Diskussionen in unserem Jugendausschuß anhören. Du kannst Dir nicht vorstellen, was wir Ralph zu verdanken haben.

Seine Briefe klangen treuherzig und rührten Jutta. Sie hatte auch keine Furcht vor ihm, wenn er in ihrer Nähe war. Wenn sie mit ihm sprach, war es nie wie in Ilse Westermanns Geschichten. Ilse hatte sich in einen Arzt verliebt, der verheiratet und Vater zweier Kinder war, aber Ilse immer noch Hoffnungen machte, er werde sich ihretwegen scheiden lassen. Sie hatte Jutta so oft ihr Herz ausgeschüttet, daß Jutta fast Abscheu empfand.

Der Gedanke, daß ein Mann sie wieder berühren könne, bereitete ihr Übelkeit. Aber sie brachte Karl-Heinz mit ihrer Angst niemals in einen Zusammenhang.

So hatte Jutta, als Karl-Heinz wieder einmal nach Coschütz gekommen war und vorgeschlagen hatte, sie solle ihn doch einmal besuchen, nichts einzuwenden. Vielleicht nach Weihnachten, sagte Karl-Heinz, wenn Schnee lag, könnten sie mit ein paar anderen zu einer Hütte hinauf, nach Oberwiesenthal, und Skilaufen. Ralph würde auch dabei sein. Das galt als abgemacht, zumal es ihrer Mutter jetzt viel besser ging. Sie hatte sich endlich entschlossen, den Antrag auf Todeserklärung von Vater zu stellen, in der Hoffnung auf eine Rente, obgleich Vater in der Partei gewesen war.

Von Berlin-Zoologischer Garten bis Bitterfeld saß Harald, weil alle Abteile im Zug überfüllt waren, auf einem Brett an der Stirnseite eines Wagens, in seinen Mantel gehüllt, und stieg ab, wenn der Zug einmal hielt, und bewegte die erstarrten Glieder und stieg wieder auf und war allein und zufrieden mit der Kälte, dem Rollen der Räder, dem Gekreisch der ausgeleierten Schienen.

Von Bitterfeld nach Halle hatte Harald einen Stehplatz in einem überfüllten Abteil und wärmte sich auf, und in Halle kriegte er wirklich noch einen Zug nach Eisenach, wo er in der Bahnhofswirtschaft auf dem Fußboden übernachtete.

Gegen zehn Uhr morgens kam er in Sonneberg an. Russische Soldaten standen auf dem Bahnsteig, aber sie schienen sich nicht um die Menschen zu kümmern, die aus dem Zug quollen.

Harald hatte inzwischen genug Gespräche mit angehört, um sich ein Bild von den Verhältnissen an der Zonengrenze machen zu können, und trennte sich so schnell wie möglich von allen anderen. Am Rande des Waldes, den man von der Strecke aus hatte sehen können und von dem die Leute gesagt hatten, durch ihn hindurch verliefe die Grenze, hielt ein russischer Soldat Harald an und schrie: »Zurück!« Harald erklärte ihm auf russisch, er wolle nur seine Mutter besuchen, die er vier Jahre nicht gesehen habe. Er streckte vier Finger seiner rechten Hand aus.

»Ich nur drrei Jahre«, sagte der Russe, »gut.« Er untersuchte Haralds Rucksack, nahm das Päckchen amerikanischer Zigaretten heraus und ließ ihn laufen.

Und da die Sonne schien und die verschneiten Bäume in der Sonne glitzerten und da er nach einer Stunde Anstieg durch tiefen Schnee einen ausgetretenen Weg fand, der in Windungen gemächlich zu Tal führte, pfiff Harald vor sich hin, während er marschierte, und blieb mehrmals stehen, um die Landschaft zu betrachten. Das war also die amerikanische Zone.

Der Bahnhof von Coburg sah aufgeräumt aus, und es gab gedruckte Fahrpläne, auf denen sogar verzeichnet war, von welchem Bahnsteig die Züge abgingen. Aber von Coburg bis Müncdien brauchte Harald zwei Tage.

In der zertrümmerten Halle des Hauptbahnhofs suchte Harald unter Halbwüchsigen, Dirnen, ihren Zuhältern und einbeinigen Bettlern vergeblich nach einem Polizisten, der ihm den Weg zur Maximilianstraße hätte erklären können.

Es war Abend geworden, ehe er endlich bei Onkel Rudolf Brammer eintraf. Seine Mutter, deren Gesicht unter dem weißen Haar klein und blaß aussah, umarmte ihn lange. »So mager bist du geworden«, sagte sie, ob er in Berlin hungern müsse?

Onkel Rudolf schien es ganz gut zu gehen. Er habe gute amerikanische Freunde in der Stadt. Ob die Russen unterwegs Harald nicht behelligt hätten?

Nein, wieso, er sei immer glänzend mit Russen ausgekommen und das meiste, was über sie erzählt werde, sei doch schamlos übertrieben. Er freue sich, das zu hören, sagte Brammer, aber lächelte besserwisserisch, er habe bisher nur das Gegenteil erfahren.

Ob Harald nicht in München bleiben wolle, er könne ihn in der Verwaltung unterbringen oder, wenn er Lust habe, bei einer Zeitung, bis die Universität München wieder eröffnet werde – vorausgesetzt, daß er studieren wolle. Harald sagte, er wisse es noch nicht genau, aber wenn, dann natürlich nur in Berlin. »Ich kriege dort meine Ausbildungsbeihilfe, mehr brauche ich nicht, und sobald wie möglich kommt Mutti auch hin. Es wird sich leicht etwas für sie finden lassen, schließlich erinnert man sich in der Partei Vaters noch gut.«

»Aber das ist doch Wahnsinn«, rief Brammer erregt, »und die Berliner Partei, sind die Leute vollständig wild geworden?«

»Du meinst die Vereinigung mit der KP?«

»Natürlich, sind sie denn von allen guten Geistern verlassen?«

»Kannst du mir vielleicht erklären, warum du auch dagegen bist?«

»Harald, ich bitte dich, denk doch einmal daran, was dein Vater zuletzt von dieser Frage gehalten hat. Er hat sich doch auch lange genug täuschen lassen. Glaubst du wirklich, diese Leute haben sich inzwischen geändert? Die Amerikaner halten heute die Kommunisten für die saubersten Antifaschisten, aber hier denkt wenigstens unsere Partei nicht daran, ihnen auf den Leim zu gehen.«

So kam es schon am ersten Abend zu einer Auseinandersetzung, und Harald ging enttäuscht zu Bett.

Kurz darauf sah seine Mutter zu ihm in das dunkle Zimmer hinein und sagte leise: »Harald?«

»Ja?«

»Onkel Rudolf, du kennst ihn doch. Ich habe mich so gefreut, daß du da bist.«

»Entschuldige, daß ich die Geduld verloren habe, aber...«

»Aber natürlich, mein Junge. Schlaf dich nur erst tüchtig aus.«

Gleich nach Neujahr brach Harald wieder auf. Er hatte mit seiner Mutter abgemacht, daß er schreiben würde, sobald er glaubte, daß es an der Zeit für sie sei, nachzukommen.

Brammer hatte einen letzten Versuch unternommen, Harald zum Bleiben zu bewegen, indem er ihm eine Stellung beim Wiedergutmachungsamt anbot.

»Vielen Dank«, hatte Harald gesagt, »aber wenn man heute wirklich nützlich tätig sein will, muß man in Berlin bleiben, dort befindet man sich am Zentrum der Entwicklung, dagegen ist München wirklich Provinz.«

»Na, dann geh zurück zu deinem Zentrum. Ich halte hier immer was für dich offen. Hast du eigentlich nie an Auswandern gedacht?«

»Doch, natürlich, du weißt, daß ich zwei Tanten drüben habe. Aber jetzt wegzugehen käme mir unanständig vor. Vielleicht klingt es anmaßend, aber ich denke, wir werden hier gebraucht.«

Berlin hatte sich nicht verändert, fand Harald, als er zurück war. Es lag furchtsam, erstarrt, öde unter dem ersten Nachkriegswinter. Wie andere Städte auch, durch die er auf seinem Wege gekommen war. Aber als der Zug von Lichterfelde über Papestraße zum Anhalter Bahnhof fuhr, vorüber an den trübe beleuchteten S-Bahnhöfen, den Straßenbahnen und wenigen, einsamen Gaslaternen in den Vororten, an den Silhouetten der nackten Fassaden, war es anders. Da war Harald plötzlich unerklärlich erregt und sehr froh, endlich wieder da zu sein.

Jutta hatte gefürchtet, jeder müsse ihr ansehen, daß sie zum Wintersport fuhr, aber im Zuge zwischen Lößnitz und Aue sprachen fast alle nur von den Schneeverhältnissen im oberen Erzgebirge, und ein älterer Mann, der seine Skier dabeihatte, unterhielt sich mit Jutta über die Kreuzeck-Abfahrt in Garmisch und die Pisten in Oberhof.

Alle Leute in ihrem Abteil schienen trotz der zerbrochenen Fensterscheiben und der Kälte von einer fröhlichen Friedfertigkeit erfüllt. Selbst von den Russen sprachen sie gutmütig, wie von täppischen Tieren. Und wer könne denn schon wissen, ob sie im nächsten Winter überhaupt noch hier seien?

Karl-Heinz holte sie vom Bahnhof ab. Für ihren Rucksack hatte er einen Schlitten mitgebracht. Er begrüßte sie umständlich und verlegen, nicht mit der lauten Sicherheit, die sie an ihm gewöhnt war. »Du schläfst in Ursulas Zimmer«, sagte er, »und Ursula schläft solange bei Gerda.«

Seine Mutter war jünger, als Jutta erwartet hatte. Sie war eine große, starke Frau mit dunkelblondem Haar, einem schweren Knoten, einem etwas flachen Kinn, aber freundlichen, dunklen Augen, mit denen sie Jutta aufmerksam musterte, als sie ihr die Hand gab und sie herzlich willkommen hieß. Der Ofen sei schon angeheizt, Fräulein Jutta müsse sofort baden, damit sie sich nach dieser Reise erst einmal auftauen könne.

Als sie nach dem Essen mit seiner Schwester Gerda in den Keller hinunterstiegen, um Jutta Skier anzupassen, bedankte sich Jutta bei ihr, daß sie sie ihr leihen wolle, aber Gerda sagte, das sei nicht der Rede wert, wenn sie die alten Dinger nur möglichst heil wiederbringe.

»An mir soll es nicht liegen.« Jutta erzählte beiläufig, daß sie früher ganz gut gelaufen sei und einmal bei den Reichsjugendmeisterschaften in Garmisch mitgemacht habe.

»Davon habe ich ja überhaupt nichts gewußt«, rief Karl-Heinz erschrocken, »dann blamiere ich mich ja furchtbar.«

Früh am nächsten Morgen warteten am Bahnhof schon einige von seinen Freunden. Und da sie Jutta nicht kannten, waren sie alle gehemmt, und Jutta bedauerte für einen Augenblick, daß sie sich drauf eingelassen hatte, bis Ralph kam, ein großer, hagerer Junge, dessen Haar immer wieder unter seinem schmalen Stirnband hervorrutschte. Er ging auf Jutta und Karl-Heinz zu, die abseits standen, und rief: »Da seid ihr ja!« Er schüttelte lange Juttas Hand und sagte herzlich: »Ich darf doch ›du‹ sagen, dann kommen Sie sich unter uns nicht so ausgestoßen vor.«

Sie hatten einen stundenlangen Anmarsch durch tiefen, lockeren Schnee vom Bahnhof bis zur Hütte, die über einen rings vom Wald eingefaßten Hang an der Westseite des Fichtelgebirges lag. Als Ralph die enge Tür aufgeschlossen hatte, drängten sie müde, aber unter Lachen und Geschrei hinein und durchstöberten die niedrigen Räume. Außer dem Hauptgelaß, in dem sich auch die Feuerstelle befand, gab es noch zwei kleine Kammern. Eine für die Mädchen, die andere für die Jungen.

Axtschläge und das Klappern von Töpfen weckten Jutta am nächsten Morgen. Im Herd brannte schon ein Feuer, und als Jutta an der Tür stand und den Jungen zuwinkte, die sich auf dem Hang balgten, zeigte sich, so weit sie sehen konnte, am Himmel keine einzige Wolke.

Gleich nach dem Frühstück sagte Ralph, sie wollten zuerst einmal alle den Hang vor der Hütte hinunter, damit jeder wisse, was er könne, ehe sie eine größere Tour unternähmen. Er stob als erster davon, und Jutta fand seine Temposchwünge nicht schlecht. Sie war aufgeregt, weil sie nicht wußte, wie es jetzt, nach zwei Jahren, gehen würde.

So startete sie als vorletzte. Aber als sie unten, bei den anderen, anlangte, schrien sie begeistert durcheinander, und selbst Ralph schüttelte, in stummer Anerkennung, seinen Kopf.

An diesem Vormittag stiegen sie durch den verschneiten Wald, stießen mit den Stöcken den Schnee von den überlasteten Zweigen und kehrten hungrig zur Hütte zurück. Nachmittags bat Ralph, Jutta möge ihm helfen, den Schwächsten Nachhilfestunden zu geben. Auch Karl-Heinz gehörte zu denen, die immer wieder über den Hang gejagt wurden. Er gab sich viel Mühe und wurde immer verkrampfter.

Am Silvesterabend bereitete Jutta zusammen mit Karl-Heinz einen Punsch, während die anderen vor der Hütte einen Stapel Holz aufschichteten, der, als es zwölf Uhr geworden war und ringsum in den Dörfern die Glocken zu läuten anfingen und drüben, auf der tschechischen Seite, Leuchtkugeln aufstiegen, angebrannt wurde. Sie standen, die Becher mit heißem Punsch in den Händen, rings um das flackernde Feuer.

Am letzten Tag machte Jutta mit Ralph und den besten Läufern die große Sachsenabfahrt. Ihr zuliebe hatte Ralph darauf bestanden, daß auch Karl-Heinz mitkam. Sie jagte sich mit Ralph in den Schneisen, aber blieb immer wieder zurück, um auf Karl-Heinz zu warten. Einmal, als die anderen schon außer Sicht waren und er gerade neben ihr hinstürzte, half sie ihm auf die Beine. Und sie war so guter Dinge und ausgelassen und er stellte sich so steif und hilfsbedürftig an, daß sie ihm, als sie ihn beim Aufhelfen für einen kurzen Augenblick in den Armen hielt, einen Kuß auf die vom Schnee feuchte Wange gab.

Zu Hause erzählte Karl-Heinz seiner Mutter und den Schwestern so überschwenglich von Juttas Kochkünsten und was für eine Skikanone sie sei, daß sie sich beinahe schämten.

An der Treppe stand er lange vor ihr und wiederholte unaufmerksam Dinge, die er vorher schon gesagt hatte, bis er, als kostete es ihn Anstrengung, auf sie zutrat, einen Arm um ihren Nacken legte und sie küßte. Zuerst ängstlich, hart, aber als sie sich nicht widersetzte, ruhiger. Danach sah er sie so traurig an, daß sie ihm mit der Hand über das Haar strich: »Gute Nacht, Karl-Heinz.«

Sie solle nur bald mal wiederkommen, sagte Frau Schick am nächsten Morgen. Karl-Heinz brachte Jutta zur Bahn, und den Weg über schien er immer noch etwas sagen zu wollen, brachte es dann aber doch nicht heraus.

Jutta lehnte sich aus dem Fenster und sah Karl-Heinz draußen kleiner und kleiner werden.

Es war keine Winterferienstimmung in diesem Zug. Das Abteil war voller Arbeiter, die stumm auf den Bänken saßen oder im Stehen vor sich hindösten, sich an den Gepäcknetzen festhielten und Pfefferminztee in ihren Pfeifen rauchten.

»Herbert, ich liebe dich so sehr, daß mir oft das Herz weh tut, wenn ich an dich denken muß«, sagte Irma so selbstverständlich, bescheiden, daß er unfähig war, zu antworten. Er preßte sie an sich und streichelte ihren Rücken. Sie rieb ihren Kopf an seiner Brust. »Aber du bist immer so ernst, als bedrückt dich etwas. Du mußt so Schweres durchgemacht haben.«

»Nein«, sagte er mit verschlossenem Lächeln, er wolle sie nicht mit seinen Geschichten belasten. Und, was hieße schon ›Schweres‹? Dasselbe Geschehen wirke schon auf zwei Menschen verschieden intensiv. Im Krieg zum Beispiel: Fünf Jahre seien manche an der Front gewesen, und das Gefühl für das, was um sie herum vorging, sei mit der Zeit völlig abgestumpft, während andere schon nach vierzehn Tagen den Sinn schmerzhaft deutlich verspürt hätten.

»Man sollte alles einmal aufschreiben«, sagte er eines Tages so unbestimmt, daß sie ihn aufgeregt fragte, ob er es vielleicht schon getan hätte, und ihn bat, ihr doch etwas vorzulesen. »Die Zeit ist noch nicht reif dafür«, sagte er.

»Bitte, Herbert«, flehte sie, »du denkst sicher, ich sei noch viel zu dumm, aber wenn ich dich so sehr liebhabe, muß ich es doch begreifen.«

So setzte sich Herbert Strittich eines Abends hin und schrieb eine kurze Szene nieder, tippte sie mühsam auf der alten Büromaschine seines Vaters ab. Eine Impression ohne Anfang und ohne Ende. So nannte er sie auch ›Kein Anfang – kein Ende‹. Eine Eisenbahnfahrt von der Front nach Berlin: die Gespräche der Landser, eine Episode mit der Zugstreife, die Fahrt durch nächtliches Land und die Rote-Kreuz-Schwester, die zwölf Stunden lang neben ihm gestanden hatte, von Warschau bis Berlin, ohne daß er mehr als zwei Dutzend Worte mit ihr gewechselt hätte, mit der er aber dennoch ›wortlos einig‹ gewesen war. Die Szene endete damit, daß er ihr nachsah, wie sie ›leichten, natürlichen Schrittes über den Bahnsteig drei, Bahnhof Friedrichstraße davonging, die unerreichbare Erfüllung besiegelnd‹.

Es wurde ihm zur Gewohnheit, Erlebnisse, Eindrücke, Erinnerungen niederzuschreiben und ihnen sehr vage, aber vielsagende Überschriften zu geben: ›Wer will den Wolf richten‹ – ›Kompanie singt im Nebel‹ – ›Endgültig letzter Aufenthalt‹ – ›Stille ist immer allein‹.

Wenn er etwas vorgelesen hatte, legte sie vertrauensvoll ihren Kopf an seine Schulter, und für diese Geste allein, fand er, lohnte es sich schon, eine Geschichte zu schreiben. Und nach einer Weile begann sie ihn zaghaft zu fragen, nach Tapferkeit, Angst, nach Treue und Tod. Und nach der Rote-Kreuz-Schwester, die in fast allen Skizzen auftauchte, nach den anderen Frauen, nach Liebe. »Ich bin noch sehr jung, nicht wahr, Herbert?« fragte sie und sah mit hungrigen Augen zu ihm auf.

»Ich versteh dich nicht«, sagte Kämpfer oft, »was machst du

bloß die ganze Zeit mit dem Mädchen? Du hast doch bloß Ärger. Wenn sie mal Pipi machen muß, läuft sie zu Mutti.«

Da antwortete Herbert doch nur wieder, sich vor sich selbst ekelnd: »Ach, Mensch, ich hab genug von reifen Mädchen.«

Helga Jabusch hatte ihren *Büssing* gegen einen *Adler-Pkw* getauscht, und damit fuhren Herbert und Kämpfer Zigaretten, Butter, Süßstoff, Milchpulver, Kaffee, Tee, Schokolade zu Helgas Kunden. Oft wurden sie gefragt, ob denn das Geschäft noch genug für drei Leute abwerfe und ob sie sich nicht langsam selbständig machen wollten.

»I wo«, sagte Kämpfer, »gerade jetzt, wo wir unseren Kolonialwarenladen aufgemacht haben? Und was uns betrifft« – er schlug Strittich und sich selbst auf die Brust und sagte treuherzig: »Unsere Ehre heißt Treue!« und freute sich diebisch darüber, daß niemals einer merkte, woher die Devise stammte. »Kriegsgewinnler«, schimpfte er, »weiche Brüder. Mensch, Herbert, wenn ich bloß eine Halbkompanie von meinen Jungs hier hätte, wir würden den ganzen Laden in Berlin alleine schmeißen.« Immer wenn er auf seine Jungs zu sprechen kam, wurde Kämpfer rührselig, »alle aufgehängt oder abgeknipst«.

Einmal traf Herbert auch Werner Kleinschmidt. Er hatte sich diese erbärmliche Stellung beim Kohlenhändler und auch seine merkwürdige politische Einstellung erhalten. Er habe noch nie geleugnet, erklärte Herbert, daß natürlich in der Vergangenheit nicht alles zum besten gestanden habe, aber schließlich seien wir auch bloß Menschen, und es frage sich nur, wer den ersten Stein werfen wolle. In keinem anderen Land sei es möglich, daß nach einem verlorenen Krieg sofort die ganze Geschichte umgekrempelt würde.

Aber er brach dieses Gespräch nicht seiner politischen Überzeugung, sondern Werners enttäuschter Augen wegen ab, die Herbert aus dem vom Kohlenstaub geschwärzten Gesicht vorwurfsvoll anstarrten.

Und darum fühlte sich Herbert, als er mit Irma zusammen Werner einmal vor der ›Blauen Grotte‹ traf, Werner sich linkisch benahm, sich schleunigst wieder verabschiedete und auf Irma natürlich keinen Eindruck machte, gedrängt zu erklären, Werner sei im Grunde ein hochanständiger Kerl, nur eben verbiestert und ungeschickt.

Sie war aber an diesem Abend recht unaufmerksam, bis sie auf dem Rückweg sagte: »Herbert, am Sonntag ist wieder mal Familie.«

»Gut, dann komme ich eben nicht.«

»Nein«, bat sie, »warum, dann denken sie noch, wir haben Angst vor ihnen. Wir gehen in mein Zimmer.«

Herbert haßte diese Sonntage. Der Schwager von Frau Lautenbach kam mit seinem Sohn, einem Gecken, der wesentlich jünger war als Herbert, immer wieder die Geschichte zum besten gab, wie er sich vorm Volkssturm gedrückt habe, und der sich im Geschäft seines Vaters nützlich machte. Manchmal brachte Irmas Schwester auch ihren Freund mit – immer noch denselben. Bis auf Irmas Mutter schienen alle Irma ihres Verehrers wegen zu bedauern und behandelten ihn wie einen durch eigene Dummheit verarmten Vetter, eher barsch als mitleidig. Aber sie verletzten Irma tiefer als ihn. Er lächelte und wußte, daß Irma die erste Gelegenheit benutzen würde, um sich von der Kaffeetafel zurückzuziehen.

In ihrem Zimmer beschimpfte sie ihre Schwester so besessen, daß er sie beruhigen mußte. »Dann zeig's diesem Luder doch mal, wie schnell sich Geld verdienen läßt«, rief Irma endlich.

Obgleich sie nachts wie immer weinte und untröstlich war, als es Zeit für sie wurde, ins Bett zu gehen, und ihn nicht fortlassen wollte, ging er an diesem Abend verärgert weg.

Daß es nun so weit gekommen war und sie erwartete, er würde ihnen zeigen, wie man Geld verdiente, enttäuschte ihn. Was gehörte denn dazu? Nichts als ein bißchen Verschlagenheit, Rücksichtslosigkeit.

Aber später, im Bett, fand er die Idee, es einmal zu versuchen, im Grunde gar nicht mehr so schlecht, als seine Schwester, mit der zusammen Herbert in einem Zimmer schlief, plötzlich fragte, was er sagen würde, wenn sie eines Tages heiratete. Er begriff zuerst nicht, was sie ihn gefragt hatte, als es ihm aber aufging, lief eine Welle der Rührung durch ihn hindurch. Sie hatten sich in der letzten Zeit so selten gesprochen. Er wußte nur, daß sie sich während des Krieges beinahe mit einem Marineoffizier verlobt hätte, aber der Mann dann gefallen war. Herbert hatte nie darüber nachgedacht, es war ihm als selbstverständlich erschienen, daß aus der Heirat nichts wurde.

Er hatte überhaupt niemals daran gedacht, daß seine Schwester jemals heiraten könnte. »Laß dich doch nicht etwa durch die Familie abhalten«, sagte Herbert, »ich werde in Zukunft mehr verdienen.«

»Du wolltest doch studieren?«

»Ach ja«, sagte Strittich verwundert, »vielleicht später mal, denkst du etwa, du mußt auf mich Rücksicht nehmen? Das verbitte ich mir aber ganz energisch«, sagte er mit vorgetäuschter Strenge. »Ich würde mich sehr für dich freuen, wenn du auch endlich mal ... was vom Leben hättest. Zur Not kann ich immer noch Steine kloppen gehen.«

Das könnte ihnen so passen, Steine kloppen. Später vielleicht, wenn er dick verdient hätte. Dann die Leute vor den Kopf stoßen, indem man aus Spaß Steine kloppen ging. Vor Vergnügen hätte er fast angefangen zu lachen.

»Paß mal auf«, sagte er in das dunkle Zimmer hinein, über seine Schwester hinweg zum Fenster, »warte mal ab, das machen wir schon.«

Die abgezehrten, müden Männer sprachen fast nicht miteinander. In den Güterwagen herrschte eine düstere Stimmung. Keiner von ihnen wagte gewiß zu sein, daß er Brest-Litowsk lebend erreichen würde. Jeden einzelnen und sie alle konnte es noch treffen.

Der Zug hielt in Brest auf einem Güterbahnhof, und sie mußten durch eine Baracke hindurch, in der sie nochmals gründlich gefilzt wurden.

Endlich stolperte Helmut mit den anderen über die Geleise zu einem anderen Güterzug, der sie durch Polen nach Küstrin zurückbringen würde, nach Deutschland. Am Abend standen die Männer zum ersten Mal in Gruppen an den Türen der Wagen, die nicht mehr verschlossen wurden, oder liefen langsam auf dem knirschenden Schotter auf und ab und sprachen mit vertraulichen, weichen Stimmen miteinander, deuteten zum Himmel hinauf und suchten nach Sternbildern.

Die Fahrt durch Polen dauerte noch mal vier Tage, aber bis Küstrin starben nur noch vier Mann.

Am vierten Tag, schon weit über Posen hinaus, hielten sie auf freier Strecke, mitten in einem Wald, als ihnen, auf dem anderen Geleise, ein Güterzug entgegenkam. Die flachen Loren waren mit großen Holzkisten beladen, und neben und auf den Kisten ragten Betten, Motorräder, Badewannen, Klaviere, Matratzen, Sessel, Tische. Überall, wo sich noch Platz fand, hockten russische Soldaten.

»Das haben die Brüder nu alles zusammengeklaut«, sagte einer der Gefangenen böse.

»Ach was«, rief ein anderer, »das sind Reparationen.« Gelächter erhob sich. Der andere Zug hielt auch, und Helmut gegenüber saß ein junger Hauptmann. Er ließ seine Beine über die Rampe des Wagens baumeln.

»Wochien? Nachaus?« rief er mit heiserer Stimme.

»Nach Hause«, sagte Helmut. Der Hauptmann lachte. Als er die Mütze abnahm, leuchtete sein strohblondes Haar in der Sonne. Zwei Rotarmisten, die hoch auf einer Kiste thronten, fingen an, Ziehharmonika zu spielen, eine kurze, bewegte Melodie, die sie immer wiederholten. Die Soldaten auf den anderen Wagen fielen singend ein.

»Du nachaus«, rief der Hauptmann und breitete seine Arme aus, »iech nachaus, ahle, ahle nachaus.«

Helmut nickte heftig mit dem Kopf. Etwas war in seiner Brust und drängte hinaus. »Gute Reise«, rief er, »kommt gut nach Hause.«

»Gutt«, rief der Hauptmann, »serr gutt, nachaus!«

Beide Züge ruckten im selben Augenblick wieder an. Der Pfiff der Lokomotive schallte im Wald wie eine Schiffssirene. Der Hauptmann winkte mit seiner Mütze, winkte auch den Gefangenen am Ende des Zuges und rief lachend etwas zu ihnen hinüber.

Seine Mutter stand sprachlos in der Tür, als sie Helmut geöffnet hatte, und er konnte spüren, wie ihr Herz schlug, als sie ihn bei der Hand packte und ins Wohnzimmer zog. Er sollte sich hinlegen, und Mutter holte die beiden Untermieter, die ihm die Hand schüttelten. Aber er war so schwindelig, daß er nicht verstand, was sie sagte. Er nickte mit dem Kopf und versuchte zu lächeln. Dann kochte seine Mutter die Erbswurst, die sie für diesen Tag aufgehoben hatte.

Sie erzählte ihm, daß Vater jetzt umgebettet sei und auf einem stillen, schönen Friedhof liege, und daß man ihn an der Erkennungsmarke doch noch erkannt habe. Aber immer, wenn er fragte, wie sie sich die ganze Zeit über durchgeschlagen habe, wich sie aus.

Am nächsten Morgen fand er auf seinem Nachttisch einen Zettel: wo sie das Frühstück hingestellt habe, wo er Kohlen zum Nachlegen fände, daß er es sich gemütlich machen solle, und daß sie es schon einrichten könne, früher nach Hause zu kommen.

Wirklich war sie mittags schon wieder da und erzählte ihm, daß sie als Aufwartefrau arbeite. Als er erklärte, er werde sich sofort Arbeit suchen, schüttelte sie den Kopf. Er müsse erst wieder zu Kräften kommen, außerdem sei es jetzt für sie viel leichter als bei der Abrißfirma.

Aber er konnte den Gedanken nicht ertragen, daß seine Mutter Dielen scheuerte oder Teppiche klopfte, während er zu Hause die Kohlen verfeuerte und die Buchrücken der Bibliothek seines Vaters anstarrte.

Eines Tages kam sie nach Hause und erzählte, Herr Voigt, ein rührender Mensch, bei dem sie zweimal in der Woche zu tun hatte, habe geraten, Helmut solle sich an die ›Zentralverwaltung für Volksbildung in der sowjetischen Besatzungszone‹ wenden, es würden dringend Neulehrer gesucht. So machte sich Helmut am nächsten Tage auf zum Gelände des ehemaligen Reichsluftfahrtministeriums und trug einem freundlichen Dezernenten seine Frage vor.

Helmut machte sich keine Hoffnung, aber eine Woche später erhielt er einen Brief, er möge sich in Mahlow zu einem Lehrerausbildungskurs einfinden. Dort hörte Helmut, zusammen mit vierzig anderen jungen Leuten, von alten, sozialistisch eingestellten, aber von hohen Idealen bewegten Lehrern etwas von Dialektik, allgemeiner Pädagogik, Psychologie des Kindesalters und der entschiedenen Schulreform. Mehrmals mußte er auch in der Mahlower Schule hospitieren und hatte, wenn er die teilnahmslosen Gesichter der Kinder sah, oft Bedenken, ob er imstande sein würde, mit ihnen umzugehen. Aber er bestand nach vier Wochen seine Abschlußprüfung, der auch aufmerksame, höfliche russische Offiziere beiwohnten, die beifällig nickten, als Helmut sagte, er sehe es als seine Hauptaufgabe an, die Kinder dahin zu erziehen, den Krieg zu verabscheuen, und er erhielt ein Schreiben, in welchem bestätigt wurde, daß er als Lehrer in der Gemeinde Mederow, Kreis Teltow, angestellt sei.

Eines Tages fand er sich wieder in einem zugigen Eisenbahnwagen und fuhr durch anbrechende Abenddämmerung, vorüber an verwahrlosten Schrankenwärterhäuschen, unbeleuchteten Bahnhöfen, aufgerissenen Streckenabschnitten über Königs-Wusterhausen nach Mederow. Es war finster, als er dort ankam, und kein Mensch war mehr auf der Straße zu sehen. So ging er in das erste Haus an seinem Wege, das wie ein Gasthof aussah, und wurde, als er sagte, er sei der neue Lehrer, von den Leuten freundlich begrüßt.

Sie sagten, es sei gut, daß endlich wieder ein Lehrer käme, allerdings sei die Schule noch zerstört. Und sie hätten leider auch kein Gastzimmer zur Verfügung. Aber im Großen Saal ständen, vom Krieg her, noch Luftschutzbetten, und sie würden ihm auch Decken geben, damit er nicht fröre. Er lag lange wach und hörte, wie es später anfing zu regnen, der Regen unaufhörlich auf das Dach des Großen Saales trommelte und aus der undichten Regenrinne auf den steinernen Vorplatz pladderte.

In Mederow, Kreis Teltow.

Kämpfer ging voran, wieder auf dem gewundenen Pfad zwischen dichtem Gestrüpp zur Rückseite des Hauses, das Herbert von der Straße aus für eine Ruine gehalten hatte. Im Dämmerlicht sah das Treppenhaus aus, als hätte gerade eben eine Granate eingeschlagen. Mauerbrocken, Putz, Holzsplitter lagen da, unter ihren Füßen knirschten Glasscherben. Nur im zweiten Stock schienen ein paar Räume provisorisch hergerichtet. Kämpfer klopfte an eine rohe Holztür und trat ein, ohne Antwort abzuwarten.

Der Mann, der sie erwartete, trug eine randlose Brille und einen angeschmutzten weißen Kittel.

»Mein Kompagnon«, sagte Kämpfer, und der Mann maß Herbert mit ausdruckslosem Blick. »Haben Sie inzwischen die Expertise?«

»Ja«, sagte der Mann, »die Unterschrift müssen Sie selber machen.«

»Hauptsache, Sie haben eine schöne Vorlage da«, sagte Kämpfer, »bloß, prominent muß sie schon sein.« Der Mann öffnete eine Schreibtischschublade und fischte endlich einen Bogen heraus. »Prominenter«, er verzog sein Gesicht zu einem abschätzigen Lächeln, »können Sie sie nicht verlangen.« Er riß sorgfältig einen schmalen Streifen von dem Bogen ab und reichte ihn Kämpfer, während er den Rest des Bogens zerknüllte. Kämpfer sagte: »Fettes Huhn«, und reichte Strittich den Papierstreifen. Die Unterschrift war unleserlich, aber unter ihr stand, mit Schreibmaschine getippt: (Prof. Hahn).

»Ich wäre verbunden, wenn Sie sich beeilen wollten«, sagte der im Kittel ruhig. Kämpfer übergab ihm einen umfangreichen Briefumschlag, und als der Mann ihn aufriß und das Geld zählte, nahm Kämpfer einen Schlüssel vom Brett neben der Tür und winkte Herbert.

»Wieviel hat er denn gekriegt?« fragte Strittich auf dem Flur.

Aber Kämpfer war mit den Gedanken nicht bei der Sache, als er eine Tür aufschloß. »Daß ich vorher zahlen muß, ist das Risiko, aber morgen früh können wir kassieren.«

Er ließ seine Taschenlampe aufleuchten und den Lichtstrahl über Tische mit Instrumenten und Gläsern und endlich über eine Reihe grauer, quadratischer Kanister auf dem Fußboden spielen. Gleich neben der Tür fanden sich zwei, abseits von den anderen: ›ACHTUNG! AKTIV!‹ stand in weißer Farbe auf den Seitenflächen. »Hier«, sagte Kämpfer, »paß auf, die sind massiv Blei.«

Sie schleppten die Kanister die Treppe hinunter und tasteten sich durch den Garten zur Straße. Kämpfer kehrte noch einmal um, aber diesmal war er rasch zurück. »Ab geht die Post«, sagte er gutgelaunt.

Später unterbrach er sein zufriedenes Pfeifen. »Weißt du, was der Franz gesagt hat? Sie machen es« – er verzog sein Gesicht zu einer wichtigen Miene – »um des Institutes willen. Hör dir das an. Das Kaiser-Wilhelm-Institut macht aus Blei Radium, verkauft die Schiebung an ein paar Gauner, und alles nur fürs Institut natürlich. Wir vermitteln die Chose und verdienen auch noch dran. Wenn's soweit ist«, er lachte kopfschüttelnd, »muß selbst einem Knaben wie mir das kalte Grausen kommen.«

»Das hat der erzählt, der arbeitet doch auf eigene Rechnung.«

»Na, wenn schon«, griente Kämpfer, »aber es hört sich so schön an: um des Institutes willen.«

Zwar kamen Herbert unterwegs Bedenken, ob es nicht gefährlich sei, mit dem Zeug umzugehen, und ob er die Kanister wirklich mit in die Wohnung nehmen könne, aber Kämpfer sagte, Helga Jabusch dürfe auf keinen Fall etwas erfahren, außerdem seien die Kisten total ungefährlich. »Meinst du, die würden sie uns sonst verkaufen?«

Am nächsten Morgen schleppten sie in einer Seitenstraße hinter dem Nollendorferplatz die Kanister drei Treppen hoch und klingelten bei einer Tür, an welcher ein großes Metallschild hing, auf dem in schwarzer Schrift stand HERRMANN, PHYS. UND CHEM. LABOR.

Ein jüngerer, schwarzhaariger Bursche öffnete ihnen und führte sie in ein geräumiges Zimmer rechter Hand vom Flur. Von dort aus konnten sie auf die Straße und den *Adler* hinuntersehen. Der Bursche entfernte sich, nicht ohne einen neugierigen Blick auf die Last geworfen zu haben. Gleich darauf kamen zwei andere Männer. Der eine war klein und rundlich, trotz seines glatten Poposcheitels eine gediegene Erscheinung, solange er schwieg. Er trug ein grünes Seidentaschentuch in der Brusttasche seines gedeckt braunen Anzuges.

Der andere hatte eine vergrämte Miene aufgesetzt und erinnerte Herbert, wohl wegen seines weißen Kittels und der Brille, an den Mann in Dahlem. Kämpfer nahm die Expertise aus seiner Brieftasche, und der Mann mit dem weißen Kittel trat ans Fenster und prüfte sie genau, verglich die Nummern der Kanister mit denen auf dem Zettel und prüfte endlich auch die Plomben eingehend, während Kämpfer den Mund spitzte und lautlos vor sich hin pfiff, bis der Mann, ohne von dem Zettel aufzusehen, sagte: »Ganz schön, bloß ... Hahn ist schon lange nicht mehr in Berlin.«

Der Dicke, der sich als Großkreuz vorgestellt hatte, fuhr mit unerwarteter Behendigkeit zu Kämpfer herum, und Strittich spürte, wie ihm das Blut zu Kopf stieg, aber Kämpfer rührte sich nicht, er hatte seine Hände in den Hosentaschen. Dann rief er, unerwartet, scharf, als bellte er einen Befehl: »Sieh dir gefälligst das Datum an!«

Der Mann stutzte und sah wieder auf den Zettel. Großkreuz fing ebenso plötzlich wieder an, breit zu lächeln, und schlug Kämpfer freundschaftlich auf die Schulter. »Wollte ich doch meinen«, gluckste er, »wollte ich doch meinen.« Er schloß auch Herbert in eine anteilnehmende Handbewegung ein. »Ihr wißt doch, ich laß mich nicht anscheißern. Nicht wahr, ihr wißt doch, sonst gibt's Bimse.«

Der Bebrillte sagte, mit seiner vergrämten Miene: »Wir werden ja sehen.« Großkreuz ging auf den Flur und rief den Burschen, der ihnen die Tür geöffnet hatte. Dieser erschien mit einem großen Kuvert, das er Großkreuz überreichte, der es an Kämpfer weitergab.

Kämpfer wog das Kuvert in der Hand und blickte Großkreuz an, als er sagte: »Hier, Herbert, du zählst inzwischen, aber paß auf, daß keine Blüten dabei sind, Großkreuz ist ein Spaßvogel.« Großkreuz lachte herzlich, er öffnete die Tür zum Nebenzimmer, ließ Kämpfer vorangehen und folgte ihm, der Bebrillte schloß sich ihnen an. Strittich war mit dem anderen Burschen allein. Der hatte sich in einen Sessel gefläzt und schien sich um Strittich nicht mehr zu kümmern, sondern begann, seine Nägel zu reinigen.

Herbert stellte sich, während er zählte, mit dem Rücken zum Fenster, damit er seinen Mann immer im Auge hatte. Aber es war viel mehr Geld, als er erwartet hatte, und außerdem fing Olischewski an, im Zimmer herumzulaufen, daß Strittich, obgleich es nur Tausender und wenige Bündel Hunderter in dem Kuvert gab, erst bei einhundertdreißigtausend Mark angelangt war, als Kämpfer allein zurückkam.

Er sah so bleich aus, wie ihn Strittich noch niemals erlebt hatte. »Bist du fertig?«

»Nicht ganz.«

»Hundertfünfzig müssen es sein.«

Kämpfer fuhr unsicher und beschimpfte die Fußgänger, die ihm nicht schnell genug auswichen. Sie parkten in einer stillen Seitenstraße am Lietzensee und teilten das Geld. Fünfzigtausend Mark, sagte Kämpfer, müßten sie gleich zurücklegen. Soviel hätte er sich gepumpt, um den Mann im Institut bezahlen zu können. Von dem Rest kriegte Herbert ein Viertel. Also runde fünfundzwanzigtausend Mark.

»Und Großkreuz verdient auch noch mal dran?«

»Noch mal so viel«, sagte Kämpfer düster, »bloß, direkt verkaufen ist viel zu gefährlich für uns. Der Ami ist wie der Teufel hinter so was her. Das ist schlimmer, als wenn du ein Maschinengewehr zu Hause hast. Das weiß der ganz genau, und das läßt er sich bezahlen. Aber er weiß auch, daß er uns nicht anschmieren kann, dafür weiß ich viel zuviel von ihm.«

»Und wie untersuchen sie das Zeug?«

»Das weiß ich nicht«, sagte Kämpfer nachdenklich, »Herrmann hat fast im Dunkeln gearbeitet. Vielleicht wollte er mir auch bloß einen Schreck einjagen. Er verläßt sich wohl auf die Expertise.«

»Wenn's weiter so glatt geht, lohnt es sich.«

»Wir müssen uns höllisch beeilen«, sagte Kämpfer, »ich versteh nichts davon, aber der Kerl im Institut sagt, es geht höchstens noch zwei- oder dreimal, dann ist das Zeug, das er draußen reinmacht, total wirkungslos. Versprich dir nicht zuviel davon.«

Aber Herbert fand, daß fünfundzwanzigtausend mal drei nicht zuviel versprochen waren. Zu Hause schloß er sich im Badezimmer ein und zählte die Scheine noch mal durch. Es stimmte: fünfundzwanzigtausend Emm.

Allerdings verlangte Kämpfer am Wochenende dreizehntausend Mark von ihm, damit sie den Mann im Institut wieder bezahlen könnten. Er selbst wolle siebenundzwanzigtausend Mark dazulegen. Aber Herbert müsse verstehen, daß er das Risiko nicht allein tragen könne.

Strittich zählte verärgert die Scheine auf den Tisch und fand, daß der Mann zuviel kriegte, aber Kämpfer lachte: »So billig machst du die deutsche Wissenschaft nicht zur Hure.«

Es war so wie beim ersten Mal. Nur, daß Kämpfer die Hände zitterten, als sie wieder im Auto saßen. »So«, sagte er und wischte sich mit beiden Händen das Gesicht, »jetzt möglichst rasch die dritte Ladung.« Diesmal bekam Herbert seine fünfundzwanzigtausend heraus, die dreizehntausend aber behielt Kämpfer für das nächste Mal.

Obgleich er so zur Eile gedrängt hatte, vertröstete ihn Kämpfer nun. »Ich muß da noch verschiedenes regeln«, sagte er unbestimmt, »lange können wir sowieso nicht mehr warten.«

An dem Morgen aber, an dem sie zum letztenmal zu Großkreuz fuhren, war Kämpfer wieder vergnügt und schien außerordentlich zufrieden. »Jetzt müssen wir uns was anderes suchen«, sagte er.

Er pfiff vor sich hin, als er den Wagen vor dem Hause von Großkreuz ausrollen ließ.

In diesem Augenblick sah Strittich die beiden Jeeps und die Militärpolizei vor dem Haus und schrie: »Abhauen!«, aber Kämpfer hatte schon Gas gegeben. Der Wagen schoß vor, verhielt wieder, und Kämpfer, kalkweiß, rief: »Wir Idioten!«, gab noch einmal Gas, riß den Wagen in die erste Querstraße hinein, daß Strittich fürchtete, sie würden sich überschlagen. Nun jagte Kämpfer die Ansbacher Straße hinunter. In der Teplitzer Straße hätte er beinahe einen Kinderwagen mitgenommen, aber er jagte auf den Bürgersteig, daß Strittichs Kopf an die Scheibe schlug, und es ging scharf an einem Laternenmast vorbei und wieder eine Querstraße hinein, und dann hatte Herbert die Orientierung verloren.

In einer Nebenstraße trat Kämpfer heftig auf die Bremse: »Raus mit den Dingern!« Herbert schleppte die Kisten einen Geröllhaufen hinauf und ließ sie drüben in den verlassenen Hof hinunterkollern. Er saß kaum wieder im Wagen, als Kämpfer schon anfuhr.

Jetzt war er ruhiger, als sie die Karl-Marx-Straße überquerten, fand sich auch Herbert wieder zurecht.

Aber erst, als sie im Ostsektor angelangt waren, brachte Kämpfer den Wagen zum Halten.

Er sackte zusammen und hämmerte auf das Lenkrad: »Idioten, Idioten verdammte«, murmelte er, schweißnaß. Was zum Teufel geschehen sei, fragte Herbert, warum er noch mal gebremst habe?

Kämpfer schüttelte den Kopf: »Du mit deinem Gebrüll! Ich habe den Kopf verloren und Gas gegeben. Mir fiel zu spät ein, daß sie uns gar nicht beachtet hätten, wenn wir einfach langsam vorbeigerollt wären, aber dann war es schon zu spät, und wenn er in diesem Augenblick abgewürgt hätte ...«

Er fuhr zum Volkspark Treptow, und auf dem Rummelplatz spielten sie mit einem Fußballautomaten. Kämpfer war noch immer unaufmerksam und murmelte vor sich hin, während Herbert verdrossen schwieg.

Gegen Abend stellten sie den Wagen bei einem Freund Kämpfers am Alex unter und fuhren mit der S-Bahn nach Hause. Unterwegs taute Kämpfer auf und lachte vor sich hin: »Diesen Oberidioten möchte ich mal unter die Finger kriegen«, sagte er, »der die Militärpolizei zu früh losgehetzt hat, wo ich extra gesagt habe, nicht vor Dienstag.« Es dämmerte Herbert nicht gleich, aber Kämpfer brabbelte zufrieden weiter. »Kannst du annehmen, daß ich eine Doppelsicherung einbauen mußte. So sitzt Großkreuz am sichersten und kann auch nicht quatschen, er wird sich schwer hüten, mich in die Sache reinzuziehen. Und wenn ich ihn jetzt nicht hätte hochgehen lassen, hätte er uns diesen Schwindel eines Tages bestimmt mal heimgezahlt. Aber jetzt brummt er erst mal.«

»Hör mal«, sagte Herbert böse, »für so was bin ich mir in Zukunft zu schade, verstanden?«

»Das habe ich erwartet«, sagte Kämpfer trocken, »darum habe ich dir auch vorher nichts gesagt. Du bist ein feiner Kerl, aber du lernst es nie. Freu dich lieber. Jetzt hast du ein paar Mille, die du mit deinem Püppchen auf den Kopp hauen kannst.«

Natürlich machte ihnen Helga Jabusch eine schlimme Szene.

Jetzt könne sie sich mit dem Wagen nicht mehr sehen lassen, dabei habe sie diese ewige Hetze satt und werde sich in ein seriöses Geschäft einkaufen, sie sei auch nicht mehr die Jüngste, und diese Räuberpistolen gingen zu weit.

Mit Kämpfer war an diesem Abend nichts mehr anzufangen. Er betrank sich sinnlos, dann stand er auf und ging hinaus. Helga rutschte auf der Couch nahe an Herbert heran und legte schnurrend den Kopf auf seinen Schoß. Er streichelte mißmutig ihren Kopf. Dann hörten sie aus dem Badezimmer lauten Gesang. Sie fanden Kämpfer in voller Kleidung in der Badewanne sitzen. Er hatte die kalte Brause aufgedreht und sang mit lauter Stimme.

Sie zogen ihn aus der Wanne, und Strittich schleifte ihn in Helgas Wohnzimmer und legte ihn auf den Teppich, wo er gleich darauf einschlief.

»Das ist doch ganz eindeutig. Die Funktionäre in den Westzonen sagen: keine Vereinigung mit den Kommunisten ohne einen sozialdemokratischen Reichsparteitag, der über die Frage zu beschließen hätte – und ohne ein einiges Deutschland keinen Reichsparteitag. Und unser Berliner Vorstand wird von den Kommunisten weitergestoßen und traut sich nicht zu bremsen aus Angst vor einer möglichen Reaktion der Russen.«

»Du hast schon recht, Harald«, Alfred Radeloff paffte bekümmert an seiner Pfeife, »es sieht fast so aus, als ob über unseren Kopp weg alles entschieden ist.«

»Der Traum von der einen deutschen Arbeiterpartei«, sagte Harald, »ist ausgeträumt. Und wenn ich überhaupt in der Partei bleibe, dann aus Pietät.«

»Und was machen deine Bengels?«

»Bei denen merkst du wenigstens, daß es sich lohnt.«

»Bei uns im Bezirk Prenzlauer Berg«, hatte Adam Nick zu ihm gesagt, »fehlt für eine Gruppe ein älterer, politisch erfahrener Mann, komm doch mal mit. Reite ruhig dein Steckenpferd, erzähl ein bißchen was von der Arbeiterbewegung, der Trennung, den Einigungsversuchen. Sie treffen sich in der Wohnung von Ernst Weilert. Ich komme erst mal mit, und du kannst sehen, ob es dir gefällt.«

Ernst Weilert, ein breitschulteriger Bursche, dessen Haar, in russischer Gefangenschaft geschoren, noch nicht wieder nachgewachsen war, begrüßte Harald herzlich. Er wolle sich also der armen Lämmchen annehmen, sie warteten schon sehr gespannt auf ihn, Adam hätte viel erzählt. Er führte sie durch die Wohnung zu seinem Zimmer, und auf dem Wege stieß Harald Adam Nick in den Rücken. Adam drehte sich nicht um, er hob nur beide Schultern in einer Geste der Unschuld.

Es waren acht Jungen und drei Mädchen, deren Namen Harald gleich wieder vergaß, da sie sich später nur bei den Vornamen nannten. Er sprach unsicher, weil sie ihn so erwartungsvoll anstarrten, und er fand auch kein Ende.

Harald war überzeugt, daß er sie gelangweilt hatte, aber als er am folgenden Dienstag wieder zu Ernst Weilert kam, waren sie schon alle versammelt.

Ernst Weilert, kaum zwanzig Jahre alt, behauptete von sich, so weit links zu stehen wie irgend möglich, bloß ließe er trotzdem mit sich reden. Er verachtete die Intellektuellen, die beständig das Elend der Proleten im Munde führten, aber selbst gern gut lebten. So könne natürlich auch sein Vater, der eine Lackfabrik besaß und seine Arbeiter schikanierte, nicht verstehen, daß er, Ernst, in erster Linie aus moralischen Gründen nach dem Abitur eine Lehre als Schlosser begonnen habe. Und es war mehr seine berufliche Tätigkeit als politische Überzeugung, die Ernst mit dem zweiten Kommunisten aus der Gruppe verband, mit Gerhard Völker, einem Maschinenschlosser. Dabei schienen sie sich dauernd zu streiten, wenn sie nicht gerade über Motoren sprachen. Sobald Gerhard Völker sagte: »Also, der revolutionäre Weg is doch aber bei Lenin der Weg der raschen, das heißt der für das Proletariat gesündesten Operation ...«, fuhr ihm Ernst Weilert über den Mund: »Mann, Gerhard, halt doch deine Klappe, die fünf Sätze Lenin, die du auswendig kannst, passen heute mal nicht.«

Außerdem waren ein Jungarbeiter von Siemens da, der sich freute, wenn er Ernst und Gerhard berichten konnte, daß sich ein Kommunist in ihrem Betriebsrat wieder saudumm angestellt habe, drei Abiturienten vom Märkischen Gymnasium, die eingestanden, zuerst sehr mißtrauisch gekommen zu sein, die sich aber nun fast übereifrig und geschwätzig beteiligten, und Thomas-Klaus Hammer, auch ein Abiturient, unerbittlich katholisch.

Zusammen mit Adam Nick fuhr Harald in der Gastdelegation des Jugendausschusses Prenzlauer Berg zum ersten Parlament der Freien Deutschen Jugend nach Brandenburg an der Havel. Der sachliche Ton in den Reden, die ruhige Vernunft, die in allen Gesprächen vorherrschte, befriedigten ihn.

Nach der Rede des russischen Obersten, der die besten Grüße der Militärverwaltung überbrachte und erklärte, das sowjetische Volk wisse, daß die deutsche Jugend von Hitler irregeführt worden sei, und es der sowjetischen Militärverwaltung eine große Freude sei, der deutschen Jugend zu helfen, einen neuen Weg zu finden, dröhnte der Versammlungssaal vom Beifall.

Abends traf Harald Günther Patze, von dem er wußte, daß er im Berliner Stadtjugendausschuß eine große Rolle spielte. »Du bist auch hier?« fragte Günther herablassend. »Man lernt eben zu«, sagte Harald, er in viel zu guter Stimmung, als daß ihn Günthers Sarkasmus hätte verärgern können.

Aber das ›Parlament‹ hatte ein unerfreuliches Nachspiel. Das war, als er wieder einmal zu Mulbower ging, wo er Gerhard Elfert traf, der inzwischen Redaktionsassistent beim *Berliner Echo* geworden war, einer Tageszeitung, die, von der amerikanischen Militärregierung lizenziert, etwas darauf hielt, nur der Wahrheit zu dienen, und diese Unabhängigkeit auch im Titel anzeigte, unter den ihre Begründer den Satz ›Der Wahrheit eine Gasse‹ gesetzt hatten.

Im *Berliner Echo* hatte Harald einen Artikel über das Treffen in Brandenburg gefunden, in welchem sich der Verfasser den Ausdruck ›Parlament‹ als *zu Mißverständnissen Anlaß gebend* verbeten hatte. Die starke kommunistische Beteiligung an der Führung dieser Jugendorganisation müsse jeden aufmerksamen Beobachter mit der besorgten Frage erfüllen, ob nicht das hinlänglich bekannte Geschrei nach Einheit den Zweck zu erfüllen habe, dem schon die Flöte des bekannten Rattenfängers von Hameln gedient hätte.

Als Verfasser zeichnete Gerhard Elfert.

Was er sich dabei gedacht habe, fragte Harald. Ob er nicht gehört habe, daß wieder und wieder erklärt worden sei – auch von den Kommunisten –, sie wollten die Überparteilichkeit der Organisation wie ihren Augapfel hüten. Ob er nicht die Diskussion angehört habe, ob einem Nichtkommunisten das Wort abgeschnitten worden sei?

»Es tut mir leid, daß ich dieses Treffen nicht so verfolgen konnte wie du«, sagte Elfert, »ich war nicht dort.«

»Dann wagst du, so darüber zu schreiben?«

»Als Journalist bedaure ich natürlich, nicht an Ort und Stelle gewesen zu sein. Aber wenn du mir vorwirfst, ich sei nicht in Brandenburg gewesen, so wird dich vielleicht interessieren«, er rückte seine Brille zurecht und fixierte Harald, »daß das *Berliner Echo* wie fast alle amerikanisch und britisch lizenzierten Zeitungen trotz mehrfacher, höflicher Anfragen von deiner überparteilichen, demokratischen nichtkommunistischen Organisation keine Einladung zu ihrem ... Parlament erhalten konnte.«

Seit er sich von Helga Jabusch endgültig getrennt hatte und er auch von Kämpfers Angebot, sie könnten allein ein großes Ding drehen, nichts mehr wissen wollte, hatte Herbert Strittich viel zuviel Zeit. Er hatte es satt, den Klagen seines Vaters zuzuhören, daß er immer noch nicht wieder in seine Stellung gekommen war, obgleich er sich doch hatte ›entnazifizieren‹ lassen.

Vormittags hatte er gelegentlich zu tun, Brillantringe zu verkaufen, die Bekannte seiner Eltern ihm anboten, seit es sich herumgesprochen hatte, daß er ›Beziehungen‹ habe, und er verdiente damit wenigstens so viel, daß er sein Kapital nicht anzugreifen brauchte. Aber er lebte erst auf, wenn er aus dem Hause ging, um Irma von der Schule abzuholen. Er erwartete sie gewöhnlich an einer abgelegenen Straßenecke, und es rührte ihn immer wieder, wie unbeschwert, froh und zärtlich sie dann war. Und selbst wenn er sie nur bis zur Haustür begleitet hatte, war er nachmittags von Tatendurst erfüllt.

Es drängte ihn, den Roman in Angriff zu nehmen, den er ihr seit langem ankündigte. Aber wenn er eine Weile ziellos durch die Straßen gebummelt war, in denen die Kastanien anfingen zu blühen, machte ihn die laue Luft nur müde, und seine Entschlossenheit ebbte ab. Alle Geschichten, von denen er Irma erzählt hatte, daß er sie würde niederschreiben müssen, schienen ihm dann schal und ohne Belang:

Die Reisen, die er früher unternommen hatte, die Fahrt im Kanu die Wildwasser des Bayerischen Waldes hinunter, die Radtour durch Österreich und in die Dolomiten, das Nachtgefecht bei Schitomir, die Wiedereroberung Charkows und der Gegenangriff seines Bataillons im Schneesturm. Und er fand, daß er sich damals wahrscheinlich geschämt hätte, hätte er wissen können, was einmal aus ihm werden würde. Aber von dieser Enttäuschung, die ihn bisweilen schon überkam, während er noch erzählte, spürte Irma nichts.

Sie rollte sich in seinen Armen zusammen, legte ihren Kopf auf seinen Schoß und fragte ihn, ob sie nicht später zusammen eine große Faltbootreise unternehmen könnten.

»Ja, vielleicht auf dem Balkan«, sagte er lachend.

»Ja, Balkan«, sagte sie nachdenklich, »im Zelt, nur wir beide, du und ich«, und nach einer winzigen Pause, »wenn wir erst verheiratet sind.« Dann wußte er nicht, ob sie nur träumte oder ob sie es, trotz ihres Lächelns, nicht doch ernst meinte.

»Ich werde es ihnen schon beibringen, daß sie dich anständig behandeln«, hatte sie nach einer neuen Auseinandersetzung mit ihrer Familie gesagt und mit dem Fuß aufgestampft, »sonst gehe ich weg.« Und wieder mit der Mischung von kindlichem Trotz und bodenlosem Vertrauen in seine Kraft: »Wozu brauche ich das blöde Abitur.«

»Und wohin?«

»Ich weiß noch nicht«, und zögernd, »bloß du, du mußt natürlich mitkommen.«

Als er am nächsten Morgen in der Zeitung las, daß sich Studienbewerber für das Wintersemester sechsundvierzig/siebenundvierzig an der Universität Berlin jetzt melden müßten, setzte er sich über den Gedanken, er müsse zuerst mit Irma sprechen, hinweg. Warum sollte er nun, wo das Geld keine Rolle mehr spielte, nicht doch seinen Traum verwirklichen und Literatur studieren? Und wenn er abgelehnt wurde, auch gut.

Er füllte den mehrseitigen, diesmal sauber gedruckten Fragebogen gewissenhaft aus. Er erzählte seiner Schwester, es sei lächerlich, früher sei man nach der arischen Großmutter gefragt worden, jetzt brauche man eine jüdische und einen proletarischen Großvater dazu, und womöglich müßten dann beide auch noch Antifaschisten und Widerstandskämpfer gewesen sein. Allerdings schrieb er nicht, daß er aktiver, sondern, daß er Reserveoffizier gewesen sei, und war auch bei der Aufzählung seiner Orden vorsichtig.

Es dauerte über drei Wochen, bis er zu einer persönlichen Vorstellung gebeten wurde. Mit Herbert zusammen warteten andere Bewerber in einem Flur des notdürftig hergerichteten Flügels im Hauptgebäude der Universität. Sie unterhielten sich angeregt über die Fragen, die sie, ihrer Meinung nach, vom Prüfungsausschuß zu erwarten hatten, aber Herbert hielt sich abseits.

Endlich wurde sein Name aufgerufen, und er fand sich in einem kahlen Raum zwei Mädchen seines Alters gegenüber, von denen eine ihn unverwandt beobachtete, während die andere ihn freundlich, aber keineswegs nachlässig ausfragte und dabei mit einem Bleistift spielte. Außerdem war noch ein junger Mann da, der gerade in seinem, Herberts, Fragebogen zu blättern schien, aber er sah immer auf, wenn Strittich auf eine Frage antwortete. Er hatte ein schmales, gebräuntes Gesicht, starke Augenbrauen und dunkles, krauses Haar. Das Mädchen wollte wissen, was er in letzter Zeit gelesen habe.

»Knut Hamsun«, sagte Strittich patzig, obgleich er sich sagte, daß Hamsun bei diesen Leuten unmöglich hoch im Kurs stehen konnte. Aber er dachte gar nicht daran, wie sein Vater in der Entnazifizierungsverhandlung, den Zerknirschten zu spielen. Sie fragte ihn, was er außerdem noch kenne, von Goethe, von Lessing, ob er den ›Nathan‹ gelesen habe, ob er sich mit Philosophie beschäftigt habe. Sie schien mit seinen Antworten zufrieden zu sein, jedenfalls lächelte sie ihn freundlich an, und er sah ihr andauernd in die Augen, und das schien sie mit der Zeit zu verwirren.

Strittich bedauerte es fast, als sie nickte und fertig war. Dann sprach ihn der Mann von der Seite an.

Er sei Offizier gewesen? – Ja. – Reserveoffizier? – Ja. – Wann ihm, als gebildetem Menschen, zum ersten Mal der Gedanke gekommen sei, daß es sich bei diesem Kriege – das Lächeln, das er aufsetzte, sollte wohl noch ein abschätziges sein, dachte Strittich böse – vielleicht doch nicht um eine ... vaterländische ... Angelegenheit gehandelt habe?

Das waren also die Fragen, von denen es abhing, ob man studieren durfte oder nicht. Es kam noch schöner.

Ob er sich nach dem Krieg für das politische Leben interessiert habe? Und was er vom Nürnberger Prozeß halte, was er vom Potsdamer Abkommen sagen könne, ob er selber einer Partei angehöre?

Hier würde Werner Kleinschmidt glänzen können, dachte Strittich fast belustigt. Aber er blieb keine Antwort schuldig. Und er freute sich nur, als er spürte, daß der Mann sich über ihn ärgerte. Nein, dachte Strittich, dann macht eure Universität ohne mich.

Als er ging, würdigte er den Mann keines Blickes, lächelte die beiden Damen aber freundlich an.

Vierzehn Tage später, als er in der Zeitung gelesen hatte, die Namen der Zugelassenen seien an den schwarzen Brettern angeschlagen, ging Strittich hin, obgleich er davon überzeugt zu sein glaubte, daß es sinnlos war, zumal in der Zeitung stand, daß nur jeder zehnte Bewerber hätte berücksichtigt werden können. Da er sich aber an diesem Tage die ›Schule der Frauen‹ ansehen wollte und er sich mit Irma am *Deutschen Theater* verabredet hatte, war es kein Umweg für ihn.

Er mußte sich anstellen, und es dauerte eine Weile, bis er sich so nahe an die Bretter herangeschoben hatte, daß er imstande war, die Namen zu entziffern. Er fand seinen Namen nicht auf der Liste, obgleich er sie zweimal durchlas. Er hatte nichts sagen wollen, aber im Theater, während der großen Pause, erzählte er Irma leichthin, daß er sich zum Studium beworben habe, aber, wie es ja nicht anders zu erwarten gewesen war, abgelehnt worden sei.

Irma lächelte und schüttelte ungläubig den Kopf, aber er konnte deutlich spüren, daß etwas zersprang. Jedenfalls klangen ihre Gespräche an diesem Abend nicht mehr.

Dabei konnte, obgleich schon seit langem von einem Sommersemester gesprochen wurde, auch im Mai und Juni von einem Lehrbetrieb an der Universität nicht die Rede sein. Die Hörsäle waren zerstört, die Bibliotheken bestenfalls verlagert, die Seminare Haufen von Schutt, von durcheinandergewirbelten Karteikarten und feuchten, aufgewellten Möbeln.

Erich Misch hatte Harald gleich nach ihrer Zulassung an der Universität zu einem Treffen des ›Aktivs antifaschistischer und demokratischer Studenten‹ mitgenommen. Es hatte sich schon ein Vorstand konstituiert, und es gab einen ersten Vorsitzenden, und da den Versammlungen des ›Aktivs‹ meist schon zu viele Studenten beiwohnten und die Gespräche fruchtlos blieben, zogen sich Erich und Harald mit ein paar Studenten verschiedener Fakultäten zu ihren Debatten in ein kahles Erdgeschoßzimmer im Hauptgebäude zurück. Wenn sie sich nicht in einer Kneipe an der Weidendammer Brücke trafen, deren Besitzer, ein alter Konzentrationär, ihnen bisweilen aus undurchsichtigen Quellen eine Flasche sauren Weines besorgte.

In erster Linie interessierte sie, wie die neue deutsche Universität auszusehen habe nach einer Katastrophe, die nicht zuletzt auch durch die Haltung der ›gebildeten Deutschen‹ heraufbeschworen worden sei. Und sie waren der Meinung, daß bei diesem Neubau deutschen akademischen Lebens sie, die Studenten, ein gewichtiges Wort würden mitzureden haben.

Darin bestärkte sie auch Professor Rother, ein Historiker, der neunzehnhundertsiebenunddreißig die Universität hatte verlassen müssen, einer der ersten, die sich nach dem Kriege zum Wiederaufbau zur Verfügung gestellt hatten. »Wir können jetzt den Karren nur in gemeinsamer Arbeit aus dem Dreck ziehen«, meinte Rother. Wenn er sprach, fiel ihm gewöhnlich eine Strähne seines eisengrauen Haars in die Stirn, die er dann mit mächtigem Schwung zurückstreifte. Er sprach in beschwörendem Tonfall, allerdings drückte er sich meist ein wenig undeutlich aus: »Wir brauchen doch keine Schuldfrage zu erörtern. Für mich ist es völlig klar, daß jeder, der unter dem Hitlerismus in Deutschland gelebt hat, mitschuldig ist. Selbst die sind mitschuldig, die unter dem Fallbeil starben. Also wieviel Schuld hat jeder einzelne von uns? Darum geht es nicht. Es geht nicht darum, daß wir jedem mit der Goldwaage sein Gran Schuld abmessen, wenn wir gemeinsam das Morgen suchen. Zusammen müssen wir aus der geistigen Nacht herauskommen. Ich sage sogar, für die Zukunft darf es überhaupt nur ein Anliegen der deutschen Universität geben: Professoren und Studenten zu Menschen zu erziehen. Menschen sage ich und meine Bürger, Menschenbürger, Rufer nach einer Epoche, welche die Würde des Menschen achten wird.«

Manchmal, wenn er eine Flasche Wein gebracht hatte, setzte sich der Besitzer der Kneipe zu ihnen und sagte: »Also, eins müßt ihr mir versprechen, diese Brüder, die hier früher im Wichs rumgelaufen sind, so was wollen wir nicht mehr.«

»Aber das ist ja noch schöner«, lachten sie, damit sei es ein für allemal vorbei, und diese Leute würden nie wiederkommen. »Mit diesem widerlichen deutschen Mummenschanz«, rief Rother, »wird gründlich aufgeräumt, das lassen Sie unsere Sorge sein. Wir müssen das schlechte Gewissen wie den anderen Schutt von unserem Irrweg forträumen. Wir müssen durch den Nebel falscher Ideologien hindurch unseren neuen Weg suchen.«

Er sprach von Nietzsche und der Selbstzersetzung deutscher Philosophie, von Houston Chamberlain und Spenglers eingängigem Pessimismus, der die Widerstandskräfte gelähmt habe. Andere wollten schon bei Schiller Wurzeln des deutschen Wahns gefunden haben, wieder andere fanden, man müsse auf Luther und Thomas Münzer zurück.

Harald hatte weder etwas hinzuzufügen noch etwas entgegenzusetzen. Sie sagten so selbstverständlich: ›phänomenologisch‹, ›ontologisch‹, ›Vitalismus‹, ›Historismus‹, ›Seinsbestimmung‹ und ›Wesensdeutung‹, und sie schienen nie einen Skrupel zu haben, während ihm bei der Formulierung von Begriffen, von denen er nur eine sehr vage Vorstellung hatte, zumute war, als löge er.

Es gab nur einmal eine ernsthafte Meinungsverschiedenheit unter ihnen. Das war nach dem ersten Mai, als die Gebäude der Universität mit roten Spruchbändern und den Emblemen und Symbolen der gerade eben begründeten ›Sozialistischen Einheitspartei‹ versehen worden waren.

Daraufhin hatten Medizinstudenten eine Unterschriftensammlung veranstaltet. Auf diese Weise hatten dreißig Studenten dagegen protestiert, daß man das Universitätsgebäude als Reklamefläche einer Partei benutzt habe. Sie waren zur russischen Kommandantur bestellt, einen Nachmittag lang im Keller eingesperrt worden und machten auf ihrer nächsten Zusammenkunft ihrer Empörung über die Verletzung der Meinungsfreiheit Luft.

Aber Rother unterbrach den Streit: »Also was wird hier wieder nutzlos Geschirr zerschlagen. Wir sitzen doch alle in einem Boot, bitte, wir haben doch einen Kompaß, der zeigt, woher wir kommen und wohin wir gehen wollen. Es ist vielleicht nicht richtig, daß man euch gleich eingesperrt hat, aber ihr scheint nicht sehr darunter gelitten zu haben. Mir scheint fast, als sei es euch lieb, daß es geschehen ist, damit ihr nun darüber meckern könnt. Die Art eures Protestes war nicht richtig. Ihr wißt, daß der Faschismus schuld an dem Mißtrauen unserer Befreier ist. Mußtet ihr wirklich auf so demonstrative Weise protestieren? Tun wir nicht am besten, wenn wir unseren sowjetischen Freunden immer wieder beweisen, daß ihr gelegentliches Mißtrauen unbegründet ist? Wenn ihr besonnen bleibt, werden sich solche Vorfälle nicht wiederholen.«

Und als er eines Tages kam und erklärte, es sei nun ganz sicher, daß mit dem Beginn des Wintersemesters auch die Vorlesungen begännen, es hätten Lehrplanbesprechungen stattgefunden, und er hätte Angst davor, nach zehn Jahren wieder einmal auf einem Katheder zu stehen, und freue sich doch so unbändig darauf, schrieb Harald seiner Mutter nach München, es sei nun soweit, sie könne kommen.

Er hatte ihr eine Stellung beim Sozialamt Schöneberg verschafft und auch eine Wohnung. Er hatte sogar schon Möbel dort.

Während der ersten Tage schien sie sich sehr einsam zu fühlen, weil er meist nicht da war, aber dann hatte sie mit ein paar alten Freunden Fühlung aufgenommen und sagte eines Tages zu Harald, sie freue sich, wieder eine nützliche Beschäftigung zu haben, obgleich es ihr oft zuviel würde, sich immer nur das Elend der Menschen anhören zu müssen, ohne helfen zu können. Aber schließlich seien sie wieder zusammen, nach langer Zeit, und das sei das Schönste. Als sie zum erstenmal zu den Papes ging, bat sie ihn mitzukommen.

Frau Pape fragte ihn teilnehmend, ob er schon tüchtig studiert habe.

Was sollte er ihr schon erzählen? Daß er darauf brannte, endlich anzufangen, von den Gesprächen im ›Aktiv‹, von Rother?

»Nein«, sagte Harald, »es soll jetzt auch erst richtig losgehen.«

»Ja, ja«, sagte Monika eifrig, »zum Semesterbeginn soll ein Eröffnungsball stattfinden. Ein paar aus meiner Klasse wollen hingehen.«

So, ja? Er habe nichts davon gehört.

»Du könntest doch Monika dann mitnehmen«, sagte seine Mutter.

»Ich würde mich wahnsinnig freuen.«

Auf dem Heimweg hielt Harald seiner Mutter vor, was sie ihm eingebrockt habe. Aber sie wehrte lachend ab. Schön, die Papes seien ein bißchen zu bürgerlich für ihren Geschmack, aber ob er nicht gesehen hätte, wie Monika darauf gewartet habe, daß er sie einlud.

»Ja, natürlich, aber was soll denn das, Semestereröffnungsball. Ich kenne niemanden, der da hingeht.« Und außerdem habe er im Augenblick Wichtigeres zu tun, als sich um überspannte Backfische zu kümmern.

Karl-Heinz hatte seinem Brief einen Zeitungsausschnitt von der Wiedereröffnung der Leipziger Universität beigelegt.

Vertreter der russischen Militärregierung hätten die Grüße der sowjetischen Wissenschaft übermittelt und der Hoffnung Ausdruck gegeben, daß die deutsche Universität nun, wie vor dem Hitler-Terror, wieder Heimstatt der Humanität werde, und Karl-Heinz hatte mit dem Bleistift auf den Rand der Zeitung geschrieben, daß auch Ralph jetzt in Leipzig sei und sich dort auf sein Studium vorbereite. Und wenn sie auch an Studieren dächte, so möge sie ihm bitte bald schreiben, er würde dann Ralph Bescheid geben.

Studieren, ja. Aber auf keinen Fall Medizin. Sie hatte inzwischen zu lange vergeblich gehofft, sich an alles zu gewöhnen. An Chlorkalk, Blut, Eiter, Urin, Kot, schwärendes Fleisch, grindige Haut, an den hilflosen Blick Leidender, denen sie ja doch nicht zu helfen vermochte.

Wenn sie mit dem Gedanken spielte, zu studieren, dann kam nur Chemie in Frage. Wenn sie das Wort Chemie dachte, schien ihr dahinter eine Welt blinkender Reagenzgläser, säuberlich gefärbter Präparate, schillernder Flüssigkeiten, blanker Nickelhähne, eine Welt peinlichster Sauberkeit verborgen. Der Begriff Chemie war für Jutta verbunden mit den wenigen Stunden, da ihr die Arbeit im Labor Freude machte. Wenn gegen Mittag die Sonne durch die breiten Fenster einfiel und sich in den Gläsern und Instrumenten widerspiegelte, und das reinlich gefärbte Sputum in ihrem Mikroskop war dann abstrakt, entrückt, und es schien ihr unvorstellbar, daß es sich um den realen Auswurf eines wirklichen Tbc-Kranken handeln sollte.

»Sehr gut«, sagte Schwester Ida. »Ich habe es dir doch schon lange angesehen, daß Medizin nichts für dich ist.« Jutta solle sich nur keine Gedanken machen, sie würde selbst zum Chefarzt gehen und ihm die Ohren langziehen, wenn er Jutta kein hervorragendes Zeugnis ausstellte.

Endlich sprach Jutta auch mit ihrer Mutter darüber, die sichtlich enttäuscht war.

Jutta sagte zwar, »ach Mutter, es wird ja doch nichts draus«, aber schrieb an Karl-Heinz, daß sie sich nun entschieden habe, und er doch so gut sein solle, bei Ralph anzufragen, was sie zu unternehmen hätte.

Schon nach einer Woche kam ein Brief aus Leipzig, in dem sich ein Fragebogen und die kurze Mitteilung befanden, sie möge ihn ausgefüllt einsenden, und ein paar Tage darauf kam Karl-Heinz überraschend und sagte, er werde sich in Leipzig umsehen und mit Ralph sprechen. »Aber nicht etwa meinetwegen?« fragte Jutta.

»Doch, natürlich bin ich deinetwegen über Dresden gefahren«, sagte er verlegen, »aber wenn es dir nicht paßt, gehe ich wieder.«

Als sie endlich allein waren, gab sich Karl-Heinz einen Ruck und setzte sich zu Jutta aufs Sofa, legte einen Arm um ihre Schultern und küßte sie.

»Ich hab mich doch so wahnsinnig darauf gefreut, dich wiederzusehen«, flüsterte er heiser.

Sie küßte ihn vorsichtig zurück, obgleich sie nichts von der Erschütterung verspürte, die zu empfinden sie erwartet hatte, wenn sie einen Mann lieben sollte. Aber da er sie nicht zu sehr drängte, fand sie schließlich an seiner Art, sie zu umarmen, sogar ein wenig Gefallen. Drei Tage später kam er aus Leipzig zurück, klingelte Sturm und rief schon von der Gartenpforte her: »Alles in Ordnung!«

»Etwa zugelassen?« und als er nickte, zog sie ihn ins Wohnzimmer und führte mit ihm einen Freudentanz auf. Mutter schien traurig über die Nachricht zu sein, aber dann freute sie sich doch über Juttas Begeisterung und meinte, sie würde gleich an die Keiligs, alte Bekannte in Leipzig, schreiben, ob Jutta nicht bei ihnen wohnen könne.

Später erzählte Karl-Heinz, daß Ralph über die Partei alles arrangiert habe und daß er sich auch in Leipzig um sie kümmern werde. Er beneide sie darum, sagte er so traurig, daß sie ihm einen besonders zärtlichen Gute-Nacht-Kuß gab.

Obgleich Jutta sich aus Tante Bertas Sachen ein paar Kleider und etwas Wäsche hatte schneidern lassen, hatte sie nur einen kleinen Koffer, aber Mutter brachte sie zur Bahn.

Sie standen zwischen den Regenpfützen auf dem Bahnsteig unter einem grauen Himmel in der trostlosen, zerstörten Halle des Hauptbahnhofes, und als sie sich umarmten, kamen Jutta die Tränen.

Da sah der Leipziger Bahnhof anders aus. Ralph stand winkend an der Sperre, und draußen dröhnte Musik aus Lautsprechern, die auf allen Seiten des Platzes an Masten angebracht waren. Ja, lachte Ralph, daran müsse man sich erst gewöhnen, das sei auf allen größeren Plätzen in Leipzig so. Aber Jutta fand es viel schwieriger, sich an die Straßenbahnen und Lastautos und Personenwagen und die vielen Menschen zu gewöhnen.

Frau Keilig wohnte in einer kaum zerstörten Gegend, und das

Fenster in Juttas Zimmer sah auf den Rasen und die Bäume des Johanna-Parks. Frau Keilig schien nervös und bemerkte immer wieder, wie sehr sie sich habe einschränken müssen, fast die Hälfte der Wohnung habe sie schon an ein Ehepaar vermietet, woran man früher natürlich niemals habe denken müssen. Und Jutta würde wohl als Studentin die Karte drei bekommen?

Ralph führte sie von einem Büro zum anderen. Sie mußte immer wieder Formulare ausfüllen, aber er wartete geduldig auf sie und riet ihr auch, gleich einen Antrag auf ein Stipendium einzureichen, zeigte ihr die Mensa und das Gebäude, in welchem jetzt das Englische Seminar untergebracht war, wo bald auch Karl-Heinz studieren würde.

Im Institut für anorganische Chemie wurde Jutta von einem Assistenten unfreundlich empfangen. Warum sie nicht eher gekommen sei. Zum Aufbau des Institutes werde jeder gebraucht.

Sie war recht enttäuscht, als sie, obgleich das Semester inzwischen begonnen hatte, nichts anderes zu tun hatte, als aus der Innenstadt Kisten mit Instrumenten zum Institut zu bringen und unter Haufen zusammengekehrter Glasscherben einzelne brauchbare Gläser, Röhren und Trichter auszulesen. Und wenn sie während der Arbeit hörte, wie die anderen Studenten sich unterhielten, wurde ihr angst, denn alle schienen zu wissen, was sie erwartete, die meisten hatten schon als Jungen experimentiert, ein paar hatten schon früher studiert und warfen leichthin Formeln ins Gespräch.

Eines Abends ging sie trostsuchend zu Ralph hinaus, der, weit im Süden beim Straßenbahndepot, in der Mansarde eines Landhauses wohnte. Aber als sie die Unordnung in seinem Zimmer sah, erbot sie sich sofort, für ihn aufzuräumen und abzuwaschen. Er protestierte, aber sie fand es gut, daß sie sich daran gewöhnte, denn eines Tages, wenn Karl-Heinz da sei, würde sie es ja ohnehin tun.

Und endlich begann Professor Hedermann seine Vorlesung ›Anorganische Chemie, erster Teil‹.

Hedermann war von kleiner Statur, trug eine Brille mit Goldrand, hatte wirres, weißes Haar und einen struppigen Schnurrbart. Er sprach langsam, mit süddeutschem Tonfall, und wenn er bisweilen nach einem Wort suchte, hob er seine rechte Hand in einer schraubenden Bewegung, während er die linke auf dem Rücken unter seinem langen, schwarzen Rock verbarg. Meist kehrte er den Hörern seinen Rücken zu und bedeckte die Tafel in Windeseile mit Zahlen und chemischen Symbolen, so daß Jutta schon nach fünfzehn Minuten den Faden verloren hatte und sich verzweifelt fragte, wie sie das alles jemals würde behalten können.

Aber als sie nach ein paar Tagen weniger angstvoll zuhören konnte, als er vom Atombegriff sprach und Avogadros Molekularhypothese erläuterte, empfand sie Bewunderung für diesen Mann, der mit solcher Leichtigkeit ein wunderbares Bild geheimnisvoller Systeme vor ihren Augen entrollte.

Ihre Kommilitoninnen allerdings schienen es nicht so zu empfinden wie sie. So gewöhnte sie sich mit der Zeit daran, so zu tun, als sei sie ebensowenig überrascht durch alles, was sie sah und hörte, wie alle anderen auch.

Wenn Karl-Heinz erst hier war, dachte Jutta oft, wenn sie abends im Bett lag, würde sie nicht mehr so allein sein, und vieles würde ihr leichterfallen.

Ein paar Tage später schrieb sie an ihre Mutter, sie solle nun bitte kein Geld mehr schicken, ihr Stipendium sei endlich bewilligt worden.

Als sie schon in der Diele standen und Irma, die zum erstenmal ihr halblanges, dunkelblaues Taftkleid trug, ihren Mantel auszog, die anderen Leute an der Garderobe sich nach ihr umdrehten und Strittich wieder spürte, wie eng sein alter schwarzer Anzug war, unternahm er einen letzten Versuch und fragte leise: »Sag mal, wollen wir nicht irgendwo hingehen?«

»Bitte«, sagte sie lächelnd, »fang nicht wieder damit an. Es hat mich Stunden gekostet, bis du mir versprochen hast, einmal mitzukommen.«

So stand er denn in der Tür zum Festsaal, der ihn an eine Bahnhofshalle erinnerte. In dem hohen Saal, von dessen Decke bunte Papierwimpel herunterhingen, die im Luftzug knisternd flatterten, standen Gartentische und -stühle, von denen die weiße Farbe abblätterte.

Da waren also die Studenten, die nichts anderes zu tun hatten, als einen Ball zu feiern, noch ehe Arbeit angefangen hatte. Irma blieb in der Tür stehen, während die Leute in der Nähe sie unverhohlen anstarrten, und drehte sich um sich selbst, als suche sie nach Bekannten, aber Herbert sagte feindselig, er habe es endlich satt, ob sie sich nicht wenigstens irgendwo hinsetzen könnten.

Da es nichts anderes gab, bestellte er für sich ein Bier.

Herbert hatte nichts zu sagen. Einmal lächelte Irma ihn an, ob sie ihm gar nicht gefalle? Anstelle einer Antwort schnitt er eine Grimasse, sie streichelte flüchtig seine Hand und raunte: »Mach nicht so ein Gesicht, es sieht aus, als hätten wir uns gezankt.«

Als die Musik endlich einsetzte, war es für ihn wie eine Erlösung. Aber mitten im Tanz hielt sie inne, zog ihn zu einem Tisch am Rande der Tanzfläche und rief: » Christiane!«

Herbert stand mißmutig dabei, während er von den Tänzern immer wieder in den Rücken gestoßen wurde, bis ihn Irma mit Fräulein Heines bekannt machte, die sie einlud, zu ihnen an den Tisch zu kommen. Herbert schaffte zwei Stühle herbei und mußte eine Reihe von Händen schütteln.

Als er wieder mit Irma tanzte, erzählte sie ihm, daß Christiane eine ganz, ganz alte Freundin von ihr sei, und wie sehr sie sich freue, sie nach so langer Zeit wiedergefunden zu haben. Das waren also die großartig begabten Leute, die heute studieren durften, dachte Strittich verächtlich, als er die geschwätzige Unterhaltung anhörte. Er war beinah enttäuscht, als er erfuhr, daß es gar nicht Studenten waren. Primaner oder Studenten, fand er daraufhin, es war ja doch das gleiche Kaliber: unreif und borniert.

Sie sprachen von Fehlings ›Urfaust‹, von der ›Dreigroschenoper‹, und als die Kapelle *In the mood* spielte, sprangen die meisten entzückt auf und tanzten wild.

Dann trat noch ein Paar an den Tisch, und Strittich erkannte den Mann sofort. Das Mädchen schien seine Schwester zu sein. Sie begrüßte die anderen am Tisch zu fröhlich und gab sich Mühe, erwachsen zu wirken. Der Mann schien Herbert auch wiederzuerkennen, denn als er sich vorstellte – Momber –, lächelte er, fast traurig. Er stand unschlüssig neben dem Tisch und sagte endlich, er wolle sich nach ein paar Freunden umsehen. Gleich darauf kam er mit einer Gruppe älterer Leute zurück, die nicht so primanerhaft aussahen und das Händeschütteln verdrossen über sich ergehen ließen. Auch zwei Mädchen waren dabei, und da Irma mit einem Primaner tanzte, forderte Herbert eine der beiden auf. Sie hatte tiefschwarze Augen, dunkle, glatte Haut, und auch das straff zu beiden Seiten heruntergekämmte Haar wirkte fremdländisch, wie ihr Name – Latour. Aber sie blieb kühl und beantwortete seine Fragen kurz angebunden.

Ob wenigstens sie studiere?

Ja, wieso?

Nun ja, Studenten schienen hier Seltenheitswert zu haben.

Was er nicht sage.

Ihre Verschlossenheit begann ihn zu reizen, aber sie ging nicht auf ihn ein.

Später tanzte er aus Mitleid, weil sie allein am Tisch sitzengeblieben war, auch mit dem Mädchen, das dieser Momber mitgebracht hatte, sie schien alles einzigartig schön zu finden.

Ob er auch studiere?

»Nein«, sagte Strittich, »ich bin Hilfsarbeiter, gehe im allgemeinen auf Nachtschicht und habe nur heute meinen freien Tag.«

Viel später, als im Gestampf der Tanzenden und dem Geschrei, das die Musik begleitete, die Kapelle kaum noch zu hören war, fand sich Herbert mit diesem Momber allein am Tisch. Sie lächelten einander eine Zeitlang höflich an, bis Momber fragte: »Sie waren böse enttäuscht, damals in der Prüfung?«

»Wissen Sie«, sagte Strittich, »ich hatte nichts anderes erwartet«, er wischte mit der Hand über den Tisch. Momber zuckte die Achseln, er sagte etwas, aber sprach es zu den Tanzenden hin, mit abgewandtem Kopf, und Herbert konnte nichts hören, bis Momber ihn wieder ansah, ». . . verstehen müssen«.

»Natürlich verstehe ich«, sagte Strittich gereizt, »Sie halten uns alle für Verbrecher. Es ist nicht immer so einfach, wie Sie glauben.«

Momber schüttelte langsam den Kopf. »Das habe ich schon

ein paarmal gehört«, er sah Strittich nicht mehr an, »Sie sollten vielleicht mal an die denken, die nicht studieren konnten und die auch nicht hätten studieren dürfen, wenn Sie Ihren Krieg gewonnen hätten.«

»Natürlich«, sagte Strittich, »und jetzt dürfen wir eben nicht studieren, das wollten Sie damit sagen?«

Aber Momber blickte verärgert vor sich hin, dann schien er sich eines besseren zu besinnen und fragte: »Was machen Sie denn jetzt?«

Herbert spielte mit einem Bierdeckel. »U-Bahn, Weichen reparieren, Geleise stopfen ... aber Nachtarbeit, also Karte eins«, sagte er und lachte, während er Momber sein Zigarettenetui hinhielt.

»Ich habe auch mal ... Nachtarbeit machen müssen«, sagte Momber und sah Herbert ruhig an, über das Streichholz hinweg, das er ihm hinhielt, »bloß hatte ich damals keine ... Schwerarbeiterkarte.«

Und Strittich wollte etwas erwidern, erbittert, scharf, obgleich ihm dieser Momber im Grunde nicht unangenehm war, vielleicht sogar der erste von dieser Sorte, mit dem sich reden lassen würde, er wollte sagen, daß es wohl jedem schlecht genug gegangen sei, Leutnant oder nicht, Konzentrationslager oder Stellungen bauen bei minus dreißig Grad, wenn man nach stundenlanger Arbeit mit stumpfem Spaten eine kaum merkliche Mulde in den steinharten Boden gekratzt hat, aber in diesem Augenblick traten zwei dieser Studenten an den Tisch, Momber nickte Strittich zu: »Wir gehen noch woanders hin«, sagte er, »auf Wiedersehen.«

So stand Strittich auch auf, schob sich durch das Gewühl auf den Flur hinaus und beobachtete die Leute, die dort tanzten, und die Paare in den Winkeln, angeekelt und belustigt zugleich. Einmal traf er auf Irma, die angeregt mit einem der Abiturienten tanzte. Später ging er wieder an den Tisch zurück, und dann war es schon ein Uhr, und er fand sich mit Irma auf der feuchten Straße zwischen anderen Gruppen, die sich Grußworte zuriefen, ehe sie in der Dunkelheit auseinanderliefen.

Er sei so mürrisch, fragte Irma, ob er wenigstens gemerkt

habe, daß ihn alle Mädchen angestarrt hätten. »Ach was«, er schüttelte sie sanft, ob sie wenigstens auf ihre Kosten gekommen sei?

An der Haustür küßte sie ihn zärtlich und raunte: »Alter, ich bin stolz auf dich«, dann war sie schon hinter der Tür, er sah im Flur das Licht angehen, und er war mit einem schalen Gefühl allein.

Auf dem Heimweg mußte er daran denken, was dieser Mom-ber gesagt hatte. Es hatte nicht aufrechnend oder anspruchsvoll geklungen, eher konziliant und verständnisvoll, dennoch hatte es Herbert erbittert, und er sagte plötzlich laut in den Widerhall seiner Schritte hinein: »Ich brauche keine Amnestie von euch.«

Es hieß, daß sein Assistent ein Schild an die Klinke der Tür zum Hörsaal hängte, sobald er eingetreten war. Aber es war sicher, daß auch ohne die kleine Papptafel VORLESUNG, PROF. TREBIN. NICHT STÖREN! niemand gewagt hätte, zu spät zu kommen oder nur die Tür zu einem vorsichtigen Blick zu öffnen, seit er einmal, als zwei Studentinnen versuchten, sich vorzeitig zu entfernen, seinen Vortrag unterbrochen, ruhig seinen Rock zurückgeschlagen, die Taschenuhr hervorgezogen und gebeten hatte, ihn zu berichtigen, falls seine Uhr vier Minuten nachginge.

Er erschien immer pünktlich, eine Minute vor zehn Uhr c. t., der Assistent schloß die Tür hinter ihm. Er drängte sich mit abweisendem Gesicht durch die Studenten, die im Gang, zwischen den Bänken, standen, nahm rasch die drei Stufen zum Podium und stützte sich leicht zu beiden Seiten auf das Katheder. Ein ergrauter Mann mit einem schmalen, sehr hohen und fast kahlen Schädel, zu dessen beiden Seiten, oberhalb der Stirn, feine bläuliche Adern deutlich hervortraten.

Nun zog er sein Manuskript aus der Brusttasche, legte es hin und glättete es mit einer ungehaltenen Handbewegung. Und begann, ohne ein Wort der Einleitung zu verlieren, wie er am ersten Tag begonnen hatte, als fahre er selbstverständlich da fort, wo er vor zwei Jahren hatte unterbrechen müssen. Mit leiser Stimme, ohne gekünstelte Intonationen, starrte er mit frostigen hellgrauen Augen über die gesenkten Köpfe und gebeugten

Rücken hinweg die gegenüberliegende Wand an, senkte seinen Blick nur selten, um spähend einzelne Gesichter zu beobachten, die zu ihm hinaufsahen, sprach, indem sein verächtlich herabgezogener Mund sich fast wie im Krampf verzerrte, ohne auch nur einmal auf das Manuskript zu sehen, in verschränkten Sätzen, die er in leicht überschaubare Abschnitte zerlegte, ohne einzuhalten, ohne sich Zeit zur Besinnung zu lassen, fast hastig jedem nur möglichen Einwand durch eine behutsame Konjunktivkonstruktion begegnend, und verteilte spärlich über seinen Vortrag, und ohne die Reaktion des Auditoriums abzuwarten, unaufdringliche Pointen.

Gelegentlich drehte er sich um und kritzelte in einem fahrigen Strich einen schwierigen Namen an die Tafel, aber dann waren Satzende, Wendung, Griff nach der Kreide, Schreiben, neue Wendung eine einzige, wie von der Feder geschnellte Bewegung.

Er stützte sich mit steifen Armen wieder auf das Katheder, und nur diejenigen, die vorn auf dem Rande des Podiums oder auf den Fensterbrettern schräg hinter ihm saßen, konnten beobachten, daß Trebin hinter dem Schutze des Katheders das Gewicht seines Körpers ununterbrochen von einem Fuß auf den anderen verlagerte, die Knie spannte, lockerte, bisweilen wie schmerzhaft zusammenpreßte.

Harald, der anfangs wie die anderen versucht hatte, mitzuschreiben, mußte aufhören und den Mann anstarren. Er saß, weit nach vorn gebeugt, damit ihm kein Wort entgehe.

Der scharfe Schnitt in die vereiste Vergangenheit, durch jahrhundertealte, zähe Haut, bis alle Gewebe freigelegt waren und das Geäder des fremden Organismus hervortrat.

»Meine Damen und Herren«, der zynische Mund verzieht sich zu einem ungewollten Lächeln, er meint es sehr herzlich, aber sein Mund zwingt ihn wieder zur Ordnung, seine Knie drohen nachzugeben, aber er spannt sie und lockert sie wieder, während er sich, scheinbar gelassen, auf das Katheder stützt, »auf diesem Felde ist noch alles offen, und jeder vorschnellen Deutung ist mit der allergrößten Vorsicht zu begegnen.«

»Dieser Mensch ist gräßlich trocken«, sagte Marianne Latour nach einer Vorlesung zu Harald, »ich weiß nicht, was du an ihm findest. Mir gibt er das Gefühl, als sei alle historische Erkenntnis bodenlos.«

»Was willst du denn, was bleibt uns denn jetzt als allergrößte Vorsicht, Nüchternheit, Sachlichkeit, nur so können wir uns eines Tages ein Urteil erlauben.«

»Vorsicht ist ganz schön«, sagte Marianne, »aber vielleicht kriege ich meinen Vater doch noch rum, daß er mich Jura studieren läßt, was nützt uns denn die ganze Bohrerei in der Geschichte?«

»Ist dir vielleicht Herr Rother lieber mit seinen Rezepten?«

Rother hatte angekündigt, daß er zunächst darauf verzichten wolle, aus seinem Spezialgebiet, der Verfassungsgeschichte, zu lesen, er würde Wichtigeres unternehmen, nämlich in einer umfassend angelegten Vorlesung der geistigen Wiederbesinnung den Weg ebnen.

Allerdings schien er selbst noch keine feste Vorstellung zu haben, denn er pflegte während seines Vortrages abzubrechen, einen neuen Gedanken zu beginnen und kopfschüttelnd zu bemerken, wie sehr es ihn fasziniere, auf immer neue, wichtige Entdeckungen zu stoßen, während er das Bild der verworrenen deutschen Seele durch die Jahrhunderte verfolge. Harald hatte sich voreilig auch zu Rothers Seminar gemeldet, in welchem Rother die Andeutungen der Vorlesung – »denn mehr will ich hier nicht geben«, sagte er ein über das andere Mal – zu Ergebnissen bringen wollte. Und da Rother ihn zu gut kannte, brachte er es nicht fertig fortzubleiben, obgleich er sich in den uferlosen Diskussionen, die zwischen Otto von Freising und Dietrich Eckart, Leibniz, Schiller, dem Fürsten Bülow und Karl dem Großen hin und her gingen, verloren vorkam, weil sich nichts greifen ließ, niemand etwas nachzuweisen imstande war und jede Hypothese als Wahrheit genommen wurde, wenn sie sich nur in ein System fügte.

Dienstags um sechs Uhr nachmittags traf sich seine Gruppe bei Ernst Weilert.

Alle waren einverstanden, als Harald gesagt hatte, wenn sie nur ins Blaue diskutieren wollten, brauchten sie nicht zusammenzukommen. »Wir müssen jede Seite anhören, ehe wir unser Urteil fällen, sonst kommt nichts heraus als Geschwätz.«

Diesem Vorsatz getreu hatte er vor den ersten Wahlen in Berlin je einen Vertreter aller vier Parteien zu ihnen eingeladen. Er selbst hatte einen Genossen mitgebracht, einen älteren Mann, von dem er wußte, daß er mäßig und zurückhaltend urteilte.

Dann kam Günther Patze, und es gab Ärger, als er auf Thomas-Klaus Hammers Frage, wie die Kommunistische Partei sich zur Religion stelle, da doch in Rußland der christliche Gottesdienst wieder gestattet sei, antwortete: »Die alten Leute brauchen den Unfug noch, aber in fünfzig Jahren wird hoffentlich kein Mensch mehr glauben, was dieser freundliche Homosexuelle vor ein paar tausend Jahren geredet hat.«

»Das verbitte ich mir«, rief Thomas-Klaus Hammer empört, aber Harald griff ein. Er bedauere, sagte er zu Günther Patze, daß er so argumentiere, sie seien es anders gewohnt. Und als Patze beim Abschied hochmütig lächelte, »mach mal schön weiter so«, sagte Harald verärgert: »Vielen Dank, du brauchst keine Angst zu haben.«

Es kam ein Mann von der Christlich-Demokratischen Union, den Adam Nick geschickt hatte, schien aber keinen sonderlichen Eindruck zu machen, und von dem Vertreter der Liberaldemokratischen Partei endlich, den einer der Abiturienten mitbrachte, sagte Ernst Weilert später: »Diesen Burschen und die ganze Partei kann man ja nicht mal mit 'ner Kneifzange anfassen.« Er fuhr wütend dem Abiturienten über den Mund, als er sich zu wehren versuchte: »Ihr Liberalen. Die ganze Welt brennt schon, und ihr wollt immer noch jeder für sich mit eurem Handfeuerlöscher kommen. Und wenn einer mit 'ner Motorspritze löschen will, schreit ihr um Hilfe.«

Das waren die Abende, an denen Gerhard Völker sagte: »Menschenskindas, eigentlich müßte ick ja gehen, weil ihr unbelehrbar seid, aber ick fiehl mir ebent so wohl hier.«

Eines Dienstags kam Harald wieder zufrieden nach Hause, und seine Mutter sagte, es sei Besuch da. Im halbdunklen Zimmer saß Adam Nick. Harald erkannte ihn an der Art, wie er unbeholfen aus dem Sessel aufstand, noch ehe er das Licht eingeschaltet hatte.

»Laß das Licht ruhig aus«, sagte Adam, wie es Harald gehe, die Universität, was die Gruppe so mache?

Aber es dauerte eine Weile, bis Adam fragte, Harald wisse ja wohl, daß die alliierte Kommandantur dem Zulassungsantrag der Freien Deutschen Jugend für alle vier Sektoren Berlins immer noch nicht zugestimmt habe?

Ja, natürlich, das wisse er.

»Man will aber wenigstens im russischen Sektor die Jugendausschüsse nach dem Muster der FDJ-Kreisleitungen in der Ostzone organisieren.«

»So«, fragte Harald, »hast du was dagegen?«

»Nein«, sagte Adam, »aber würdest du mitmachen?«

Harald konnte sehen, daß Adam den Kopf gewendet hatte und zum Fenster blickte: »Ich weiß, du hast eine Abneigung gegen ... Organisationen, aber sie haben mir angeboten, daß ich Organisationsleiter im Bezirk oder Kreis Prenzlauer Berg werden soll.«

»Das ist doch ausgezeichnet«, sagte Harald.

»Ja«, sagte Adam, »nur habe ich es davon abhängig gemacht, daß du auch in den Bezirksvorstand kommst ... und sie sind einverstanden, daß du Kulturleiter wirst«, sagte er schnell, »... ich wollte nicht allein sein, ich dachte, es wäre gut, wenn wir beide ... ich, ein Mann aus der evangelischen Jugend, und du ... in der Kreisleitung sind, denn ... uns kann keiner kommen, wir seien Kommunisten.«

»Wie bist du ausgerechnet auf mich verfallen?«

»Du weißt, daß du bekannt bist. Nur einer vom Zentralrat hat protestiert.«

»Günther Patze?«

»Ja, Günther Patze, es hat mir jemand erzählt.«

»Ich mache es nur unter der Bedingung, daß ich meine Gruppe behalten kann.«

»Du kannst machen, was du willst, natürlich kannst du deine Gruppe behalten.«

»Also schön«, sagte Harald, »wenn es sein muß.«

Adam Nick saß stumm, er sog an seiner Zigarette, das Licht einer Straßenlaterne unter dem Fenster erhellte die Wand, und gegen die Wand hob sich die Silhouette seines Kopfes ab.

»Es muß sein«, sagte er endlich, »denn über eines bist du dir doch im klaren«, sagte Adam, »wenn wir es nicht machen, kommen andere.«

»Ja«, sagte Harald, »Günther Patze und seine Freunde.«

»Eben, und man kann sich ausmalen, was dann wird.«

»Ich fürchte, leider, ja«, sagte Harald langsam, »mit ein bißchen Phantasie.«

Der Assistent schien ihre Frage komisch zu finden, er schüttelte heftig den Kopf und hielt sich die Ohren zu: »Himmel, ich sage Ihnen doch, es ist alles überfüllt«, aber Jutta fühlte sich zurückgesetzt, weil sie nun auch im zweiten Semester noch keinen Laborplatz bekommen sollte, obgleich sie ihre mathematischen Klausuren befriedigend erledigt hatte. Aber wenigstens war Karl-Heinz jetzt in Leipzig.

Mindestens zweimal in der Woche fuhr sie hinaus. Er wohnte zusammen mit Ralph in der Mansarde, und wenn sie ihr Zeichen klingelte: lang-kurz-lang, hörte sie gleich darauf Karl-Heinz die Treppe herunterstolpern.

Er ergriff ihre Hand und zog sie zum ersten Treppenabsatz hinauf, wo er sie rasch küßte, weil oben im Zimmer außer Ralph fast immer mehrere Freunde da waren.

Nur sonntags blieben sie, wenn es sich einrichten ließ, zu dritt, und schon drei Tage vorher überlegten sie, was Jutta kochen sollte. Ralph deckte sorgsam den Tisch, während Karl-Heinz ihr am Herd zur Hand ging, und dann aßen sie feierlich miteinander.

Allerdings war Karl-Heinz noch gar nicht lange in Leipzig, als er anfing, die politischen Gespräche, die Ralph mit seinen Freunden führte, immer wichtiger zu nehmen, und es kam immer häufiger vor, daß er sagte: »Bitte, Jutta, du nimmst mir doch nicht übel, wenn ich dich heute mal nicht nach Hause bringe, aber was wir da grade besprechen, ist äußerst dringend.«

Er wollte auch sobald wie möglich in die Partei eintreten, erzählte er stolz, Ralph würde sich für ihn einsetzen. Ob sie nicht Lust habe, einmal zu einem Treffen der FDJ-Hochschulgruppe mitzukommen.

»So sehr interessiert es mich nicht, ich habe noch so viel nachzuholen«, sagte Jutta und spürte, daß er enttäuscht war.

»Natürlich, Jutta, ich versteh dich schon, aber du siehst das falsch. Das ist keine verlorene Zeit. Denn das Wichtigste ist heute die Kenntnis von den gesellschaftlichen Zusammenhängen, von den Fragen der wirtschaftlichen und sozialen Entwicklung. Dafür gibt dir der historische Materialismus die Regeln an die Hand.«

So sprach er auch, wenn sie einmal mit ihm zusammen in der Mensa saß und ein paar seiner Freunde dazukamen. Dann hatte er etwas Fremdes, Anmaßendes an sich, und was er sagte, klang eingelernt, nur wagte sie nicht, mit ihm darüber zu sprechen, obgleich sie fürchtete, daß er auf andere Menschen, die ihn nur so kannten, lächerlich wirken mußte. Im stillen bedauerte sie ihn und machte Ralph Vorwürfe. Sie verstand nicht, warum ein Mensch wie Ralph ausgerechnet zu den Kommunisten halten mußte.

Jutta vermochte sich nicht vorzustellen, was Ralph und Karl-Heinz für sich erwarteten, wenn sie immer wieder von der Beseitigung der kapitalistischen Wirtschaftsform sprachen. Am allerwenigsten verstand sie ihre Vorliebe für die Russen. Das konnte sie ihnen aber erst recht nicht erklären.

Einmal hatte sie es erlebt, an einem Abend bei Ralph. Sie hatte in einer Ecke gesessen und Strümpfe gestopft, während Ralph sich mit ein paar Leuten stritt, die Jutta bei ihm vorher noch nicht gesehen hatte. Der Wortführer, der lebhaft mit schmalen nervösen Händen gestikulierte, machte mit dem, was er sagte, Eindruck auf Jutta. Es ging um eine Studentenzeitschrift, und sie erwarteten Hilfe von Ralph.

»Ich bitte dich«, sagte der Kleine ungehalten, »du mußt dir das doch mal vorstellen: wir gehen zur russischen Zensur und zeigen unsere Probenummer, die du gesehen hast, und sie lesen alle Artikel durch. Es sind zwei Geschichten von Gorki drin, eine von Gogol und eine von Simonow. Und außer ein paar deutschen Beiträgen ein Amerikaner und ein Franzose. Du kannst nicht behaupten, es sei zu wenig Rußland. Aber das interessiert sie nicht, denn die Illustration zu der Gogol-Geschichte paßt ihnen nicht. Du erinnerst dich, ein zerlumpter Bauer, holzschnittartig, eine elende Gestalt, er paßt vorzüglich zu der Geschichte: eben Gogol. Und was sagt mir die Frau Majorin? ›So sehen sowjetische Menschen nicht aus.‹ Was hat denn ein Bauer von Gogol mit der Sowjet-Union zu tun?«

»Ich will dir mal was sagen«, antwortete Ralph ungerührt, »ich verstehe sie sehr gut. Du redest immerzu von Loyalität und sagst: zwei Gorki-Geschichten, eine von Gogol und eine von Simonow. Du rechnest auf, wieviel sowjetische Literatur du veröffentlichen willst, dabei meinst du es gar nicht ehrlich. Gib's doch endlich zu, versteck dich nicht hinter der Ausrede: zweimal Gorki, einmal Gogol, einmal Simonow, und das soll dann ein Freibrief sein für die anderen Schmarren, die du abdrucken willst, diese faden Gefühlchen getretener Bürger. Wenn du nicht einsehen willst, daß wir heute anderes brauchen, dann geh doch in die amerikanische Zone, da brauchst du nicht einmal eine Gorki-Geschichte zu drucken.«

»Schön, eben nicht«, sagte der andere ärgerlich, »dir ist nicht mehr zu helfen, wenn du nicht selbst merkst, was für einen Unsinn du redest. Wer nicht zu allem, was unsere sowjetischen Freunde wollen, vor Begeisterung Kobolz schlägt, ist in euern Augen gleich ein Klassenfeind. Nein, so eine Zeitschrift mache ich nicht.«

»Diese Bürgerlichen«, sagte Karl-Heinz später, als Jutta fragte, was er davon halte, »denken immer, sie sind sehr schlau, aber sie sollen wissen, daß wir uns von ihnen nicht mehr kleinkriegen lassen.«

Er konnte auch nicht verstehen, daß sie furchtbare Platzangst ausstand, als er sie einmal zu einer Massenkundgebung der Partei auf dem Augustusplatz mitgenommen hatte. Sie stand eingekeilt zwischen den Menschen und mußte an den Großen Garten in jener Nacht denken, als sie fast zertreten worden wäre. Sie sah verständnislos auf die Transparente vor den Ruinen. Die Stimmen aus den Lautsprechern und der dröhnende Gesang bereiteten ihr Übelkeit. Karl-Heinz erklärte, die Menschheit müsse lernen, daß die bolschewistische Revolution viel bedeutsamer gewesen sei als die französische.

Aber es gab auch Tage, an denen sie sich einig waren. Und Jutta wartete geduldig darauf: wenn sie sonntags spazierengingen, in den Wäldern nach Markkleeberg zu, wo es feucht und modrig roch und Mücken herumschwirrten, oder wenn er sie abends vom Institut abholte und sie wieder und wieder um den Schloßteich gingen. In der Dunkelheit knisterte der Wind, sie raschelten durch das fußhohe Laub auf den Wegen, blieben stehen und küßten sich.

Und regelmäßig, in Viertelstunden Abstand, hallte der Schlag der Glocke vom Hochhaus zu ihnen herüber.

Marianne Latour hatte ihn von dem Beschluß des ›Antifa-Aktivs‹ in Kenntnis gesetzt, denn Harald besuchte die Sitzungen seit langem nicht mehr. Man habe eingesehen, sagte sie, daß das ›Aktiv‹ kein Recht mehr habe, im Namen der gesamten Studentenschaft zu sprechen. Zumal man nur politisch einwandfreie Leute zugelassen habe, könne man jetzt einen Studentenrat wählen lassen. Ob Harald nicht kandidieren wolle?

Nein, wozu?

»Dumme Frage«, sagte Marianne ärgerlich, aber sie war nicht weiter darauf eingegangen.

Wenige Tage später wartete, nach Trebins Vorlesung, Erich Misch auf Harald, er sei zufällig vorbeigekommen, Harald mußte über seine Unschuldsmiene lachen: »Was wollt ihr auf einmal von mir?«

»Harald, du mußt kandidieren.«

»Ach was«, sagte Harald, »es sind doch andere da, ich habe genug zu tun.«

»Andere«, rief Erich Misch aufgebracht, »eben nicht genug, die politische Erfahrung haben und bereit wären, Verantwortung zu übernehmen. Denk doch bitte mal an die Schule«, sagte er, Vorwurf in der Stimme, »jetzt will keiner sein Versprechen einlösen.«

»Du kannst es schon ganz schön«, sagte Harald und stieß Erich in die Seite, »erstens habe ich genug auf dem Hals, und zweitens sollten wir ein bißchen bescheidener werden.«

Aber endlich hatte Harald zugesagt, mit dem Vorbehalt allerdings, daß er nicht lange mitmachen würde, falls nichts anderes herauskäme als ergebnislose Debatten wie im ›Aktiv‹; und ein paar Tage später saß er im Hörsaal vierunddreißig auf der ersten Bankreihe neben den anderen Kandidaten der Philosophischen Fakultät in der Wahlversammlung.

Die beiden ersten Kandidaten, ein gewisser Arnheim und ein ernsthaftes Mädchen namens Berzel, sprachen davon, daß alle Studenten die Pflicht hätten, sich um die Universität, ihr Gemeinwesen, zu kümmern, sei es doch das Kennzeichen einer echten Demokratie, daß niemand über sich bestimmen lassen wolle, ohne selbst Anteil zu nehmen an den Entscheidungen, und so hätten sie sich denn zum Wohle des Ganzen zur Verfügung gestellt.

Danach schlug ein Mann, den Harald flüchtig kannte, ein Mitglied der sozialdemokratischen Hochschulgruppe, eine andere Tonart an.

Um prinzipielle Fragen ginge es ihm, sagte er mit fester Stimme, und man dürfe vor ihnen nicht den Kopf in den Sand stecken. So sei es unter anderem sein Anliegen, dafür zu sorgen, daß die einseitigen Zulassungsbedingungen revidiert würden. Es ginge nicht an, irgendeine Partei schon wieder zu privilegieren. Allein das Verdienst, gegen den Nationalsozialismus gekämpft und unter ihm gelitten zu haben, dürfe neben der Eignung Förderung verdienen.

Als er abtrat, wurde heftig geklopft, getrampelt, sogar geklatscht, und als der folgende Redner sich gegen die Vorwürfe verwahrte und für recht und billig erklärte, daß das Bildungsmonopol der besitzenden Klasse in Deutschland endlich gebrochen würde, und daß Kinder von Arbeitern und Bauern mit Vorrang behandelt werden müßten, gab es Zwischenrufe: »Parteiredner... aufhören... proletarische Großmutter...« Und der Mann war kaum abgetreten, als einer der Zuhörer aufstand und erklärte, die Wähler hätten ein Recht darauf, zu erfahren, ob die Kandidaten einer politischen Partei angehörten und wenn ja, welcher? Ein anderer protestierte zwar, das gehöre nicht zur Sache, aber da gab es von neuem Zwischenrufe: »... wir kennen eure Überparteilichkeit... sehr viel zur Sache... keine Kommunisten«, und der Vorsitzende ließ abstimmen.

Der Antrag wurde mit großer Mehrheit angenommen. Die Kandidaten, die inzwischen gesprochen hatten, wurden vom Vorsitzenden nachträglich befragt. Herr Arnheim erklärte sich als Mitglied der Christlich-Demokratischen Union und bedankte sich für den freundlichen Beifall mit einer verbindlichen Verbeugung. Fräulein Berzel sagte, sie sei parteilos und begrüße es durchaus, wenn den Kandidaten einmal unter die Weste und ins Parteibuch gesehen werde.

Harald saß in der ersten Bankreihe, der Lärm prasselte über seinen Kopf hinweg zum Katheder, und seine Hände begannen zu zittern: Parteilose beklatschen und Kommunisten niederschreien, da waren die Schablonen wieder, und es war gleichgültig geworden, was einer sagte, denn zuletzt kam die Frage nach der Parteizugehörigkeit, und die Zuhörer verteilten ihre Zensuren.

Harald sah Gerhard Elfert. Er saß, die Beine übereinandergeschlagen, auf einem Stuhl neben der Tür, einen Notizblock auf seinen Knien, und starrte zum Katheder hinauf, um sich sogleich niederzubeugen und etwas in seinen Block zu kritzeln.

Marianne Latour war parteilos und machte ihre Sache – nach Meinung des Publikums – ausgezeichnet. Sie trug ein hochgeschlossenes schwarzes Kleid und sprach mit temperamentvollen Gesten. Harald war einer der letzten. Er hatte vergessen, was er hatte sagen wollen, das meiste hatten ihm die anderen ohnehin vorweggenommen. Aber er war so verärgert, daß er kein Lampenfieber mehr hatte.

Er bedauerte die Tatsache, daß die Kandidaten gezwungen worden seien, ihre Parteizugehörigkeit bekanntzugeben. Er wurde durch lebhaftes Scharren unterbrochen und beobachtete, daß Erich Misch und Marianne Latour die Köpfe zusammensteckten. Als wieder Ruhe eingetreten war, sagte er heiser, er sei es allerdings gewöhnt, daß man jemanden seine Ansichten begründen lasse, sich die Motive anhöre, ehe man sie schon verurteile. Hinten scharrten wieder einige, und eine Stimme rief: »Aber so kommen Sie doch zur Sache, Mann.«

Gelächter.

Er glaube nicht, daß man Kandidaten nach ihrem Parteibuch

wählen dürfe, weil im neuen Studentenrat, falls er überhaupt sachlich Arbeit zu leisten imstande sein sollte, alle Studenten an einem Strang ziehen müßten.

Gerhard Elfert rief – »Hört, hört!«, und von hinten, wo die Gesichter nur undeutlich zu erkennen waren, scholl wieherndes Gelächter. Harald beobachtete wie durch einen Schleier, daß Erich Misch sich ärgerlich umdrehte. Hinter seinem Rücken sagte der Vorsitzende: »Herr Momber, darf ich Sie bitten, bekanntzugeben, ob Sie einer Partei angehören.«

»Ich gehöre zwar der Sozialdemokratischen Partei an«, sagte Harald, »aber...«

»Dann gehen Sie doch zur Sozialistischen Einheitspartei«, rief die Stimme von hinten, »bei den Kommunisten finden Sie soviel Einheit, wie Sie haben wollen.«

Allgemeine Heiterkeit, und Harald verlor die Geduld. »Da ich Sie leider nicht nach Ihrer Parteizugehörigkeit fragen kann...« Zwischenruf: »Bitte, parteilos!«, neues Gelächter, das sich an den Wänden brach, »dann allerdings«, rief Harald, »sollten sich alle anwesenden Mitglieder der sozialistischen Parteien verbitten, daß die Frage der Einheit zum Anlaß eines Dreigroschenwitzes gemacht wird«. Er wollte weitersprechen, aber sie scharrten. Erich und Marianne saßen, die Köpfe gesenkt, die Hände im Schoß, und Harald stieg vom Podium herunter, setzte sich wieder hin, rieb sich die Augen und wischte sich den Schweiß von der Stirn.

Später, als er hinausging, hielt Erich Misch ihn an: »Harald«, sagte er betreten, »ich verstehe dich schon, bloß, das bringt doch nichts ein.«

»Es tut mir leid«, sagte Harald beschämt, »aber Erich, als ich diesen Burschen hörte, ich, ich konnte nicht mehr stillhalten.«

»Und was haben wir davon, wenn du nicht gewählt wirst?« fragte Marianne.

»Ich habe keine Lust«, sagte Harald, verstockt, »von diesen Leuten gewählt zu werden.«

»Wenn dich jetzt jemand wählt, wählen dich Kommunisten.«

»Bitte«, sagte Harald, »ich lasse mich lieber von Kommunisten wählen als von diesen Parteilosen.«

Aber als er ein paar Tage später Günther Patze in der Universität traf und Günther ihm die Hand schüttelte und endlich sagte – und zwar ohne sein abschätziges Lächeln: »Ausgezeichnet, Harald, ich hätte es, ehrlich, nicht von dir erwartet«, sagte Harald kurz angebunden: »So, freut mich.«

»Harald, wenn du zu uns kommen willst, du weißt, daß wir uns freuen.«

»Warum denkt ihr, daß jeder zu euch kommen will, der euch nicht so laut beschimpft wie alle anderen?«

»Harald, Harald«, Günther Patze schüttelte den Kopf, »ich hoffe doch, daß du eines Tages zu uns kommen wirst, sonst sehe ich schwarz für dich.« Dann drehte er sich um und ging davon, nach vorn gebeugt, schlenkernd.

Die Wahlbeteiligung betrug etwa siebzig Prozent, und die Spitzenkandidaten erhielten um fünfhundert Stimmen, so daß Harald, mit seinen siebenundfünfzig, keinerlei Aussicht hatte, unter denen zu sein, die sich als gewählt betrachten durften.

Aber der Studentenrat hatte sich kaum konstituiert, als er schon einen Protestschritt beim Rektor unternahm, der am Tage der Wahl eigenhändig drei Kandidaten der Medizinischen Fakultät von der Liste gestrichen und in einem Wahllokal erklärt hatte, diese Leute kämen als Kandidaten für eine demokratische Institution nicht in Frage. Vielmehr würden sie sich vor einem Disziplinarausschuß wegen ungebührlichen Benehmens gegenüber der Besatzungsmacht zu verantworten haben.

Erich Misch war besonders empört, aber als er Harald von der Protestresolution erzählte, fand Harald, es sei eine Unanständigkeit, ausgerechnet die Russen in Wahlreden zu beschimpfen, die Russen, denen sie verdankten, daß sie wieder studieren dürften. Er fände das Verhalten des Rektors korrekt, wenn auch nicht dem Buchstaben nach, aber wenn er es wieder den Russen überlassen hätte, einzuschreiten, hätte sich noch größeres Zeter und Mordio erhoben.

Und vierzehn Tage später stritt er sich mit Marianne Latour, die einen neuen Vorfall als himmelschreiend bezeichnete. Es wurde Staub aufgewirbelt, das *Berliner Echo* schrieb einen spaltenlangen Artikel darüber, die kommunistischen Zeitungen antworteten, dann gab es sogar eine Anfrage im Stadtparlament, ob es zuträfe, daß drei Studenten der Berliner Universität unter mysteriösen Umständen von der russischen Polizei verhaftet worden seien, und ob man wenigstens ein ordentliches Gerichtsverfahren erwarten dürfe. »Das sind Gestapo-Methoden«, rief Marianne.

»Gestapo«, fragte Harald. »Frag mal Erich Misch, der hat es mir gesagt: daß nämlich einer der Verhafteten Beziehungen hatte zu einem amerikanischen Hauptmann mit dem schönen Namen Smith. Und dieser Smith, du wirst lachen, war ein Mann von *Counter Intelligence*. So sehen sich die Dinge erheblich anders an, oder nicht?«

»Ist es schon so weit mit dir«, rief Marianne, »daß du diese Schauermärchen glaubst?«

»Schauermärchen, ich glaube nur noch immer nicht daran, daß die bösen Russen mir nichts dir nichts jemanden verhaften, dieses Schauermärchen glaube ich allerdings noch nicht.«

Er hatte sich zur Verfügung gestellt, sie brauchten ihn nicht, er hatte genug anderes zu tun. Er mußte sich auf den Hosenboden setzen und Latein pauken, denn Trebin hatte erklärt, er würde niemanden in seinem Proseminar dulden, der nicht über ausreichende Kenntnisse verfügte.

Zu Ende des Semesters gab es zum ersten Male eine Kartoffelzuteilung für Studenten. Außerdem wurde bekannt, daß die russische Militäradministration angeordnet hatte, die Universitätsgebäude bis zum Sommersemester achtundvierzig vollständig wiederherzustellen. Der Neubau des Auditorium maximum war schon begonnen, während des Winters allerdings unterbrochen worden.

Aber in den übrigen Hörsälen, Seminaren, Lesezimmern war es warm, so warm, daß man unmöglich im Mantel sitzen konnte.

Den ganzen Winter über starben in allen vier Sektoren Berlins alte Leute, Kinder, Kranke. Einfach an Hunger, einfach an Kälte, einfach an Schwäche, so viele, daß *Care*-Pakete, Schwedenspeisung, Rotes Kreuz und Quäker nicht mehr helfen konnten, aber Marschall Wassilij Sokolowskij, Oberkommandierender der sowjetischen Truppen in Deutschland, hatte befohlen, daß die Berliner Studenten nicht hungern und nicht frieren sollten.

Streckenarbeiter bei der U-Bahn, zum Spaß, aber der Spaß hält nicht länger als vier Wochen an. Dann muß man sich nach was anderem umsehen. Rohrleger, zum Spaß. Aber der Spaß hält nicht länger als vier Wochen an. Dann muß man sich nach was anderem umsehen. Das Zwischenspiel als Installateur. Leitungen flicken, Schalter ansetzen. Immer das gute Gefühl, zu wissen, daß er es im Grunde nicht nötig hatte. Da er allerdings von diesem Lohn nicht leben konnte, begannen seine siebenunddreißigtausend Mark wegzuschmelzen.

Manchmal fragte er sich, was Kämpfer dazu sagen würde, und er war halb entschlossen, ihn wieder einmal zu besuchen, wenn seine Mutter ihre Befriedigung zum Ausdruck brachte, daß Herbert auf anständige Weise sein Brot verdiente. Obgleich sie fand, daß er es ebensogut bei der Bank oder einer Versicherungsgesellschaft versuchen könne.

Einmal fragte Irma ihn, ob er denn niemals an sie beide denke, aber er fragte ungehalten zurück, ob sie einen Popanz oder einen Mann neben sich haben wolle.

Dabei verstand er sich oft selbst nicht, wenn er morgens im kalten Badezimmer stand, sich rasierte, in den Spiegel starrte und sich zuwider war.

»Ja, was willst du eigentlich?« fragte sie hilflos.

»Ich weiß es noch nicht«, sagte Herbert versonnen, »nur eines ist sicher: um HUNGER schreiben zu können, muß man gehungert haben.« Und man mußte geliebt haben, dachte er voll überströmender Zärtlichkeit.

Ein paar Tage, ehe er ihr seinen Plan hatte unterbreiten wollen, nämlich im Winter auf die Insel Sylt zu fahren, um sie dort in aller Einsamkeit die Unerbittlichkeit der Natur verspüren zu lassen, und damit sie dort wieder miteinander ins reine kämen, wie er sich zu sagen vorgenommen hatte – ein paar Tage vorher erzählte sie ihm, ihre Mutter wolle über Neujahr nach Tegernsee fahren. Sie habe sich zuerst gewehrt, aber Mutter habe gesagt, sie würde ohne beide Töchter nicht fahren wollen, und er wisse doch, wie nötig ihre Mutter einmal Erholung brauche. Nur habe sie schon alles abgemacht, und er müsse auf alle Fälle nachkommen.

»Auf keinen Fall«, sagte Herbert, ohne zu überlegen.

Er blieb hart, gekränkt, als sie ihn anflehte, sie doch nicht so lange allein zu lassen. Sie sprachen mehrere Wochen überhaupt nicht mehr darüber, bis sie ihm vierzehn Tage vor Weihnachten beiläufig eröffnete, ja, am zweiten Feiertag würde sie abreisen, ob er es sich anders überlegt hätte.

Sie zuckte mit den Schultern, als er bei seiner Ablehnung blieb: »Na, gut, wie du meinst«, aber sie brachte es nicht über das Herz, ihn dabei anzusehen. Am Abend vor der Abreise küßte sie ihn leidenschaftlich, weinte fast ununterbrochen und flüsterte: »Herbert, ich hab solche Angst davor, ohne dich zu sein.«

Er hatte erklärt, daß er auf gar keinen Fall mit auf den Bahnhof kommen werde. So stand er an einem trüben, wolkenverhangenen Morgen auf dem Savigny-Platz und sah den langen Interzonenzug langsam, Wagen für Wagen, hinter den Häusern verschwinden.

In der Silvesternacht ging er stundenlang durch den verschneiten Grunewald, stand an der zugefrorenen Havel und lauschte auf das Knirschen und Ächzen des Eises.

Irma schrieb ihm aus Tegernsee, daß das Wetter zwar herrlich, die Berge unbeschreiblich und die Leute furchtbar nett seien, daß sie sich aber ein Leben ohne ihn nicht mehr vorstellen könne und daher solche Sehnsucht nach ihm habe.

Die folgenden Briefe unterschieden sich kaum vom ersten, nur waren sie nicht mehr so ausführlich und kamen auch bald nicht mehr täglich. Sie sei so müde, schrieb sie im letzten Brief, in dem sie noch drängender und verzweifelter über die Trennung klagte, sie sei lange aufgewesen und habe nachgedacht.

Sie blieb eine Woche über die Weihnachtsferien hinaus, küßte ihn beim Wiedersehen ungestümer als beim Abschied und weinte wieder. Aus Freude, flüsterte sie, daß sie ihn endlich wiederhabe.

Vierzehn Tage später heiratete sie einen jungen Industriellen, der ihr in Tegernsee stürmisch den Hof gemacht hatte.

»Ja«, sagte Frau Lautenbach, aber sie führte ihn nicht in Irmas Zimmer, sondern saß ihm steif auf einem der hochbeinigen Wohnzimmerstühle gegenüber, »wissen Sie, lieber Herr Strittich, ich wußte nicht … ob ich dem Mädchen im Wege stehen durfte.«

Ob Irma Nachricht für ihn hinterlassen habe?

Natürlich, mündlich, daß sie sich nicht noch einmal mit ihm habe treffen oder ihm schreiben wollen, um ihn nicht zu kränken.

Am ersten Februar brach Strittich auf. Mit einem Rucksack, einer Windjacke, seinen Arbeitshosen, mit denen er schon durch Mecklenburg marschiert war, sowie einer flachen Schiebermütze – ohne sich bei seinem letzten Marktmeister abgemeldet zu haben.

Bei Marienborn-Helmstedt überschritt er ohne Mühe die Zonengrenze, durchstreifte eine Woche lang zu Fuß den Harz, stieß auf Kassel vor, wurde aber von einem plötzlichen Gefühl zurückgeworfen nach Hannover und weiter hinüber nach Celle, Minden, Osnabrück. Er übernachtete in Wartesälen, Wohlfahrtsbaracken und Heimen der Bahnhofsmission.

Als er nachts einmal spürte, daß einer der Ganoven seine Brieftasche stehlen wollte, die unter seinem Kopf lag, fuhr er hoch und gab dem Mann, der eine Anzeige oder wenigstens eine Tracht Prügel erwartete, fünfzig Mark.

Er marschierte durch die Lüneburger Heide und blieb bei den Schäfern sitzen. Dem kargen Gespräch steuerte er versponnene Lebensregeln bei.

Wenn er Lust hatte, arbeitete er mal. Holzhacken bei einem Bauern, für eine warme Mahlzeit, Kohlenladen auf einem Güterbahnhof, Marktkisten stapeln in Osnabrück.

Strittich war immer unter Menschen: Flüchtlingen, Nutten, entlassenen Kriegsgefangenen, Fernfahrern, Eisenbahnern, Glücksrittern, Hausfrauen auf Hamstertouren.

Strittich blickte sich um, hörte zu, beobachtete. Sprach er selbst, gab er sich kurz angebunden und mit verstecktem Lächeln, doppeldeutig, maskiert. Manchmal war er Sokrates – viel lieber aber ein Held von Hamsun: Leutnant Glahn oder Johan Nielsen Nagel. Oder alle zugleich. Immer in Verkleidung: als Ruhrbergmann auf Urlaub, entlassener Kriegsgefangener aus Serbien, Rußland, Italien, Heringsschieber, Strumpfhändler aus der Chemnitzer Gegend.

Auf dem Hauptbahnhof in Hannover griff er eine Zeitlang den Kumpels unter die Arme, wenn es ihnen an den Kragen gehen sollte, aber als ihm einmal ein Zuhälter zu pampig kam, kugelte ihm Strittich den rechten Arm aus. Für sein letztes Geld kaufte er sich eine Fahrkarte ins Ruhrgebiet.

Es war ein kühler, feuchter Märzabend. Er stand am Ende des Bahnsteigs. Ein amerikanischer Schlafwagenzug lief ein. Verdunkelte Fenster, nur der Speisewagen war hell erleuchtet. Kellner waren dabei, Krumen von den weiß gedeckten Tischen zu kehren. Auch die übrigen Wagen rollten an ihm vorüber. Der Zug wurde langsamer, hielt. Luft zischte aus den Bremsschläuchen. Herbert stand vor einem Schlafwagen. Hinter geschlossenen Vorhängen brannte in einzelnen Abteilen noch Licht. Gerade vor ihm schnellte ein Rollo hoch. Für ein paar Sekunden erschien im hellen Viereck der Umriß eines Mannes, der heraussah, Strittich ansah. Und Strittichs Blick umfing die Szene: glänzendes poliertes Holz, weiße Bettwäsche, hellgraue, weiche Wolldecken, die blonde geschminkte Frau, im blauen Morgenmantel, die vor einem unsichtbaren Spiegel stand und sich das Haar bürstete. Jetzt wandte sie ihr Gesicht zum Fenster und öffnete den Mund zu einem Lächeln, einem Wort für ihren Begleiter. Der Mann hinter dem Fenster drehte sich um. Mit derselben Bewegung schloß er das Rollo.

Strittich stand in der Finsternis. Die Lokomotive pfiff. Zwei-, dreimal ließ sie Dampf ab, scharf, ungeduldig, bis sich die Kette der Wagen langsam, mit leichtem Knarren, sanft in den Federn schwingend, wieder in Bewegung setzte. Bremerhaven–Munich.

Da in den umliegenden Wäldern und auch im Dorfe selbst noch am letzten Tag des Krieges erbitterte Kämpfe stattgefunden hatten, waren zu der Zeit, als Helmut Hirth im späten Frühjahr neunzehnhundertsechsundvierzig, ein Jahr nach der Kapitulation, in Mederow eintraf, die angerichteten Verwüstungen noch auf Schritt und Tritt sichtbar.

Fast alle Männer hatten bis zum Ende des Krieges in einem Reichsbahnausbesserungswerk gearbeitet, in dem nahegelegenen Städtchen Fürstenberg an der Bahnstrecke nach Cottbus, das aber seinen Betrieb noch nicht wieder hatte aufnehmen können, so daß die Leute vom Ertrag ihrer kleinen Ackerflächen lebten, die ein jeder von ihnen schon seit jeher neben seinem Beruf bestellt hatte. Auch ein paar Bauernhöfe gab es in Mederow, und da alles Vieh, wenn es nicht schon dem Kriege zum Opfer gefallen, von den Russen geschlachtet oder fortgetrieben worden war, mußten sich Frauen und Halbwüchsige vor den Pflug spannen.

Niemand hatte die Mittel aufbringen können, um die schwer in Mitleidenschaft gezogenen Häuser, Scheunen, Schuppen, das Gemeindehaus oder gar die Schule instand zu setzen.

Als Helmut an seinem ersten Morgen in Mederow das Schulhaus besichtigte, fand er einen Raum so weit in Ordnung, daß darin bei günstiger Witterung wohl Unterricht stattfinden konnte; regnete es aber, so würde das Wasser durch die aufgeweichte Decke triefen, denn die Holzbänke waren verzogen, alles Metall grindig von Rost, der Linoleumbelag weißgrau und rissig. In Löchern im Erdboden stand Wasser.

Im Erdgeschoß des Gemeindehauses traf Helmut den Bürgermeister Albin Krobbel, der ihm eine breite Pranke hinstreckte, als Helmut sagte, er sei als Lehrer hergeschickt worden. »Djadjadjadjadja«, schnalzte er und ließ sich wieder in seinen Korbstuhl fallen, »du siehst ja selbst, Junge, kein Geld, nischt, Schule, alles kaputt.«

Er sah eine Weile zum Fenster hinaus, bohrte mit seinen breiten Daumen in einem Spalt der Schreibtischplatte und sagte schließlich ermunternd: »Na, da mußt du dir schon selber helfen.«

Helmut stand mutlos auf der Straße und überlegte, ob er gleich nach Mahlow zurückfuhr und Bericht erstattete, als der Bürgermeister seinen Kopf aus der leeren Fensteröffnung streckte und rief: »Wenn du noch was wissen willst, geh zu Holk. Holk in der Fürstenberger Straße, der hat manchmal mit die Kinder Schule gemacht.«

»Danke sehr«, rief Helmut, »vielen Dank.«

Der Mann saß auf den Dachsparren seines Siedlungshauses und rief hinunter: »Friedrich Holk, das bin ich, Sie woll'n mich sprechen?« Ja, er sei der neue Lehrer, wenn er störe, wolle er gern wiederkommen. Aber Holk rief aufgeregt: »Der neue Lehrer? Moment mal, bloß noch die paar Steine.«

Nach einer Weile turnte er durch die Sparren und verschwand auf dem Boden, gleich darauf hörte Helmut seinen bedächtigen Schritt auf der Treppe. Er stand breitbeinig in der Haustür, wischte sich die Hände an den Hosen ab: »So, Herr Hirth, kommen Sie nur rein. Ich hab mir bloß die Dachsteine gestern besorgt, nichwahr, und wenn ich sie im Garten liegenlasse, sind sie morgen früh weg, da tu ich sie doch lieber gleich aufs Dach, nichwahr«, und nach einem tiefen, freundlichen Lachen, »so was dürfen Sie hier nicht übelnehmen, nach dieser letzten Schlacht ist den Leuten hier rein gar nichts geblieben ... Das ist sehr schön, daß die Schule wieder anfangen soll. Wissen Sie, Herr Hirth, zwischendurch hab ich immer mal ein paar Tage gemacht, nichwahr, aber da muß man wieder mal Holz schlagen und zu essen ranschaffen, und außerdem wer'n die Bengels zur Arbeit gebraucht, nichwahr?«

Helmut erzählte, was er beim Bürgermeister erlebt hatte, und Holk lachte dröhnend und schüttelte den Kopf: »Krobbel, nichwahr, das ist ein ganz fauler Kopp. Es ist eine Schande, endlich mal'n sozialistischer Bürgermeister nach so vielen Jahren, und dann so ein fauler Kopp, nichwahr.« Er sah Helmut eine Zeitlang treuherzig an: »Aber jetzt werden wir das schon machen. Ich bin ja eigentlich Schlossermeister, aber solange der Betrieb zu ist, kann ich ein bißchen Rechnen machen und vielleicht noch was Erdkunde, das geht schon, nichwahr, und Sie nehmen das andere. Na, Gott sei Dank, daß wieder ein richtiger Lehrer da ist«, sagte er zum Abschied.

Holk ließ es sich nicht nehmen, selbst ins Dorf zu gehen und zwei Jungen zu holen, die überall Bescheid zu geben hatten, daß am nächsten Morgen, acht Uhr, alle Jungen und Mädchen sich vor der Schule einfinden sollten.

Punkt acht Uhr ließ Holk sie vor dem Schulhaus in Reih und Glied aufstellen und erklärte mit Donnerstimme, von nun an herrsche in Mederow wieder Ordnung. Helmut stand hilflos dabei und sah in die stumpfen Augen der siebzig Kinder, die, fast alle barfuß, in zerlumpten Kleidern, hohlwangig, mit dürren Armen, vor ihm standen und deren Blicke zwischen ihm und Holk hin und her gingen.

»Wissen Sie«, sagte Holk leise, »es liegt mir nicht, so zu brüllen wie ein Feldwebel, nichwahr, aber die Luders sind so abgebrüht, die hören sonst gar nichts, die armen Lümmels.«

Sie teilten vier Klassen ein, aber dennoch mußten sie immer jeweils zwei dieser Klassen zur gleichen Zeit und im gleichen Raum unterrichten. Und der zweite Klassenraum bestand aus nicht viel mehr als den vier durchlöcherten Wänden und den Resten einiger Schulbänke, und Helmut schmierte, wenn er einen Buchstaben vorführen wollte, mit einem Stück verkohlten Holzes an die verwaschene Wand.

Nach einer Stunde wußte er, daß er von diesen verwahrlosten, hungrigen Kindern nichts anderes erwarten konnte, als daß sie eben kamen. Und daß sie kamen, verdankte er, das wußte Helmut, nur dem Ansehen, das Friedrich Holk im Dorf genoß.

Helmut verdankte es auch Holks Einfluß, daß endlich eine Elternversammlung einberufen und der Bürgermeister Albin Krobbel aufgefordert wurde, dafür zu sorgen, daß das Schulhaus wiederhergerichtet würde. Und tatsächlich beschlagnahmte der Bürgermeister daraufhin einen Stapel Holz, der sich noch in der Sägemühle fand, schaffte sogar Dachpappe heran, und an einem Sonntag richteten dreißig Männer aus dem Dorf das Dach über drei Schulräumen wieder her.

Weil er also dem Einfluß Holks so viel verdankte, war Helmut sehr stolz, daß er den Ersatz für die fehlenden Lesebücher allein besorgte. Im Keller des Gemeindehauses fand er eine alte Abziehmaschine und war mit einem geliehenen Fahrrad in alle Dörfer der Umgebung gefahren, bis er endlich eine freundliche ältliche Gemeindehilfe fand, die ihm ein paar Matrizen ablassen wollte.

Aus älteren Jahrgängen eines Gärtneralmanachs hatte er Texte für alle Klassen herausgesucht und mit unsäglicher Vorsicht abgezogen. Aber dann wurde das Wetter so schlecht, daß viele Kinder nicht mehr zur Schule kommen konnten, weil sie keine

Schuhe hatten, oder zwei Geschwister, die gemeinsam ein Paar besaßen, abwechselnd kommen mußten.

Er wohnte zu dieser Zeit im Dachstübchen eines Siedlungshauses, das einer Frau gehörte, deren Mann und beide Söhne gefallen waren, und die ihn mit Sorgfalt betreute. An schönen Tagen hatte Helmut von seinem Fenster aus eine weite Aussicht auf die Kiefernwipfel, die sich im Winde wiegten. Gegen Abend war es oft, als schwele der Horizont über den Wipfeln. Früh am Sonntag kam Frau Lemke zu ihm hinauf und sagte, unten sei der Pfarrer, ob er nicht einmal herunterkommen wolle.

Ein kleiner, dürrer Mann mit einem faltigen Gesicht und schütterem, glatt gescheiteltem Haar erwartete ihn. Er trug einen weiten schwarzen Mantel und hielt einen kleinen Koffer in der Hand. »Sie sind hier der Lehrer?« fragte er unfreundlich.

»Ja, kann ich Ihnen helfen?«

Er habe doch dem Gemeindevorsteher rechtzeitig geschrieben, wann er zu kommen beabsichtige, nun finde er das Gotteshaus zugesperrt und völlig verwahrlost. »Das ist ja ungeheuerlich«, sagte der Pfarrer und lief aufgeregt im Zimmer auf und ab. Helmut holte drei seiner älteren Jungen und beauftragte sie, erstens nach dem Schlüssel zu forschen und zweitens zu bestellen, ein Pfarrer sei da und wolle nachmittags um vier Gottesdienst halten.

Wirklich brachte nach einer Stunde einer der Jungen den Kirchenschlüssel, aber als Helmut ihn in dem verrosteten Schloß umgedreht und die Tür aufgestoßen hatte, war der Pfarrer außer sich. »Sehen Sie sich das doch an«, sagte er ein um das andere Mal und stieß mit der Fußspitze gegen Kalkbrocken, Fensterscherben, Holzsplitter.

»Herr Pfarrer«, sagte Helmut, »den Menschen hier muß es sehr schlimm ergangen sein. Noch vor einem halben Jahr gab es nicht einmal eine Schule.«

»Ein halbes Jahr sind Sie hier?« rief der Pfarrer, »und da haben Sie niemals verlangt, daß man sich um das Gotteshaus kümmert?«

Etwa zwanzig Personen waren anwesend, als der Pfarrer beim Licht zweier flackernder Kerzen predigte: »Denn wer Unrecht tut, wird das Unrecht empfangen, das er getan hat, und da ist kein Ansehn der Person« und zornig ausführte, daß Verstocktheit und Trägheit die Feinde von Einkehr und Buße seien.

Als er später, von Helmut zum Essen bei seiner Wirtin eingeladen, noch immer grollte, daß er die heiligen Gewänder auf der Straße habe anlegen und Bibel und Agende auf einem Kneiptisch aufschlagen müssen, fragte Helmut vorsichtig, ob das Kolosserwort für die erste Predigt nach dem Kriege in diesem heimgesuchten Ort das richtige gewesen sei. »Herr Pfarrer, ich glaube, die Menschen warten darauf, daß man ihnen Mut und Trost zuspricht.«

»Trost?« fragte der Pfarrer. »Für jene, die das Gotteswort nicht hören wollen, die das Gotteshaus verkommen lassen, deren Herz verschlossen ist der Wahrheit? Nein«, er schüttelte den Kopf, »wir müssen ihnen sagen, was dieses Strafgericht bedeutet, welches noch immer andauert.«

Aber Helmut dachte an die Schulaufsätze, die er zu korrigieren hatte und in denen sich immer wieder in ungefügen, krakeligen Lettern Sätze fanden wie:

»... hat mein Vater die Leiche rausgeflügt und wir haben ihn dann wieder eingebuddelt ... lag noch ein richtiges Totengeripe da und noch Tornister und Monizion drumrum ... hab ich gesehen wie die Russen die Deutschen umgeschoßen hahm ... unt dann schlug mit ein Krach die Kranate auf dem Hof rein und Mutter schrie biß sie dod war ... und dann brannten alle Häuser und die ferde von Bauer Hilbert konnten nicht mehr aus den Stall und haben gebrillt aber wihr mußten sie brennen lasen sagt Vahter weil die Rußen so geschoßen haben und wihr nicht aus dem Keller konnten.«

Kinder, denen solche Bilder vor Augen standen, glaubte Helmut, würden niemals wieder für einen Krieg zu begeistern sein. Auch wenn sie noch nicht begreifen konnten, wenn er ihnen, auf Anordnung der Schulbehörde, vom Nürnberger Prozeß erzählte. Jetzt schon dafür Verständnis zu erwarten war viel zu ungeduldig gedacht. Und weil seine Berichte an den Kreisschulrat immer gründlich und durchdacht waren und er auf den alle vier Wochen stattfindenden Lehrerkonferenzen stets wichtige Fragen zur Diskussion stellte, war er bei den meisten Lehrern in der Umgebung, die alle älter waren als er, hoch geschätzt, und wo immer Not am Mann war, mußte der Kollege Hirth einspringen. Das verschaffte ihm zwar oft ein Übermaß an Arbeit, aber es erfüllte ihn auch mit dem Bewußtsein, daß er seinen Platz ausfüllte.

Es konnte geschehen, daß der Stationsvorsteher auf dem kleinen Bahnhof von Mederow, dessen Sohn auch bei Helmut in die Schule ging, das Signal auf ›Halt‹ stellte und Helmut in aller Ruhe auf einen Güterzug klettern konnte, wenn kein Personenzug zu erwarten war. Alle vier, fünf Wochen fuhr er über das Wochenende nach Hause. Seine Mutter hatte eine Stellung als Haushälterin in der Familie eines amerikanischen Offiziers bekommen, und wenn sie an einem Sonnabend, zu dem sich Helmut angekündigt hatte, länger als gewöhnlich in der Küche zu tun hatte, ließ sie der Amerikaner von einem Chauffeur in seinem *Chrysler* nach Hause fahren.

Im Februar, während Helmut, da sie die Klassenzimmer nicht heizen konnten, täglich immer eine andere Gruppe von Kindern in einem der Häuser besuchte und ihnen Aufgaben stellte, sagte Holk, Helmut habe den Kindern so nett das Singen beigebracht und da müsse er, als Lehrer, jetzt, wo sie ihren alten Männergesangverein neu gründen wollten, natürlich die Leitung übernehmen. »Das geht gar nicht anders, nichwahr.«

So kamen, einmal wöchentlich, etwa vierzig Männer im ›Dorfkrug‹ zusammen. Helmut gab auf dem verstimmten Klavier den Ton an, taktierte, sagte bisweilen: »Baß etwas stärker, bitte«, und die Männer drückten ihre Brust raus, von der Gewalt ihrer Stimme hingerissen.

Und wenn Helmut in der Finsternis mit ein paar Männern nach Hause ging und sich einer nach dem anderen von ihm verabschiedete, mit einem freundlichen Zuruf: »Na, denn gute Nacht auch, Herr Hirth«, und wenn er schließlich allein weiterging durch den knirschenden Schnee, da war es ihm, als hätte es nicht schöner sein können.

Seine Klassen, die Kinder, die an ihm hingen, der Respekt der Eltern, die ihn ehrerbietig auf der Straße grüßten.

Sein Deputatholz. Der Herr Lehrer.

Hirth wurde im März siebenundvierzig einundzwanzig Jahre alt.

Ursprünglich hatte auch Harald als Gastdelegierter zum zweiten ›Parlament der Freien Deutschen Jugend‹ über Pfingsten nach Meißen fahren sollen, aber er sagte zu Adam, er fände es nicht richtig, daß sich nur immer dieselben alten Hasen vordrängten. »Du hast schon recht«, sagte Adam Nick, »aber ich kann mich leider nicht drücken.«

Harald schlug der Gruppe vor, Thomas-Klaus Hammer zum Delegierten zu wählen, und der Vorschlag wurde einstimmig angenommen. Gerhard Völker drohte zwar: »Mann, wennde mit gefärbte Berichte zurückkommst, gibt's Senge«, aber seine Befürchtungen waren unbegründet. Denn Thomas-Klaus kam begeistert zurück und erzählte, jawohl, er habe oft gezweifelt, nun aber glaube er doch, daß sich die Vernunft durchsetze. Christentum und Sozialismus würden eine Verbindung eingehen, und getragen von dem ungeheuren, gesunden jungen russischen Volk, das die Auswüchse des Bolschewismus schon überwunden habe, würde dem Wahnsinn auf Erden ein Ende bereitet.

Und denen, die glaubten, daß in der Freien Deutschen Jugend Kommunisten vorherrschten, wolle er sagen, daß an einem Parlamentstage offizielle protestantische und katholische Gottesdienste stattgefunden hätten. »Ich weiß, ich befinde mich gegenüber meiner Kirche noch auf gefährlichem Boden, aber ich bin sicher, daß sich die Einsicht auch dort Bahn brechen wird.«

Zwar muffelte Gerhard Völker, die Religion wäre bloß Opium, aber Weilert fuhr ihm gutmütig über den Mund, er sei erleichtert, denn solange unser kleiner Kaplan überzeugt sei, sähe er noch keinen Grund, aus dem Verein FDJ auszutreten.

»Im Gegenteil!« Und in seinem Eifer bemerkte Hammer nicht einmal, daß das stille Mädchen, das er zur Gruppe mitgebracht hatte, über seine losen Reden zu erschrecken schien: »Im Gegenteil, und wenn ich eines Tages Kardinal bin, weiß ich, wie ich in Rom Politik gegenüber der Sowjet-Union betreiben würde: selbstbewußt und verständigungsbereit!«

Adam Nick war viel skeptischer. »Schade«, sagte er zu Harald, »daß du nicht dabei warst. Es klang alles anders als im letzten Jahr. Ich weiß nicht genau, warum. Vieles war schal, verlogen, und auf einmal war von Reaktion und Fortschritt die Rede, und kommunistische Funktionäre haben unverblümt erklärt, sie kämpften für uns, also müßten wir für sie kämpfen. Kämpfen, ich kann dieses *kämpfen* nicht mehr hören! Und ein paar Westdeutsche waren da, schön, wir schimpfen auch manchmal darüber, daß in Hamburg Nazis unverschämte Reden führen, aber wenn man diesen westdeutschen Delegierten glauben sollte, haben in Westdeutschland überhaupt nur Nazis und Kriegsverbrecher was zu sagen ... von Sachlichkeit ... keine Spur.«

»Vielleicht warst du nach allem, was wir erlebt haben, ein bißchen sehr hellhörig, ich könnt's verstehn, aber Thomas Hammer war ja ganz begeistert.«

»Ja«, sagte Adam, er lächelte, »wollen wir hoffen, mag sein. Wir wollen hoffen, daß Thomas-Klaus Hammer mit seinem Optimismus recht behält.«

»Sie denken wahrscheinlich, Sie können jetzt Hokuspokus machen wie in der Alchimistenküche«, sagte der Saalassistent, ein humorloser Gesell, der stets mit einem verkniffenen Gesichtsausdruck herumlief, und die älteren Semester, die eine solche Einführung früher schon einmal erlebt hatten, lachten dennoch beflissen. Und obgleich er seine Laboreinführung für Anfänger so trocken wie nur möglich herunterschnurrte, war Jutta, die schon so oft von explosiven Stoffen, von Säuren und Alkalien, vom Eindampfen und Kristallisieren, Dekantieren und Destillieren gehört und gelesen hatte, von ungeduldiger Erwartung erfüllt, weil sie sich nun praktisch damit beschäftigen sollte, und sie wartete darauf, daß ihr der Assistent endlich einen Platz zuwiese, damit sie anfangen könne zu arbeiten.

»Bücher«, sagte er, »müssen Sie sich selber besorgen, wie, ist mir schnuppe.« Zuletzt drohte er ihnen, falls sie an ihrem Platz nicht für Sauberkeit sorgten oder kostbares Gerät beschädigten, Strafen an. »Wer es nicht lernen will, lernt es bei mir bestimmt«, sagte er mit einem letzten, gekünstelten Lachen.

Danach kümmerte er sich fast nie mehr um sie, sondern war mit anderen älteren Semestern beschäftigt, in einem Winkel des Labors aus Brennspiritus oder vergälltem Alkohol Sprit zu destillieren, aus dem andere wieder Schnaps bereiteten, den sie dann verkauften.

Die schwerste Enttäuschung für Jutta war die Tatsache, daß sich Professor Hedermann niemals im Labor sehen ließ, schon seine Assistenten waren in den Augen der Studenten Halbgötter, und der Saalassistent war Juttas unmittelbarer, unbedingter Vorgesetzter. Es half ihr gar nichts, daß sie alle Versuche ordentlich erledigte, er behandelte sie – eines der drei Mädchen im Labor – mürrisch und unleidlich. Außerdem saß er auf dem einzigen Hocker, den es im Labor gab, alle anderen mußten stehen. So daß Jutta abends oft zerschlagen war und sich wünschte, Karl-Heinz würde einmal zu ihr kommen. Aber weil sie wußte, daß Frau Keilig darüber maßlos übertriebene Berichte an Mutter schreiben würde, fuhr sie doch lieber den weiten Weg zu ihm hinaus, selbst auf die Gefahr hin, daß sie in der Straßenbahn den größten Teil der Strecke stehen mußte.

Sie hatte sich so daran gewöhnt, Karl-Heinz immer mit politischen Dingen beschäftigt zu finden und, wenn irgend möglich, ein Gespräch darüber zu meiden, daß sie erschrak, als ihr Nebenmann im Labor sie eines Tages fragte, ob ihr Freund nicht auch in die Partei eingetreten sei. Ja, sagte Jutta; weil alle Kommilitonen gewöhnlich so taten, als kennten sie sich untereinander nicht, war sie zu überrascht, um über die Frage nachzudenken.

»Und Sie?«

»Nein«, sagte Jutta, »das interessiert mich nicht.«

»Ihr Freund ist in dieser Partei, aber das interessiert Sie nicht. Natürlich, Naturwissenschaftler interessiert das nicht...«, er wandte sich fast angewidert seinen Geräten zu.

Karl-Heinz brauste auf, als Jutta ihm von dem Gespräch erzählte: »Sie wollen nicht sehen, was durch die Arbeit der Partei alles erreicht worden ist. Wenn es nach diesem sauberen Herrn ginge, dürfte Ralph immer noch nicht studieren und du auch nicht. Und die Kapitalisten würden natürlich auch ihre Fabriken wiederbekommen, die jetzt, Gott sei Dank, in die Hände des Volkes übergegangen sind. Auf unseren Universitäten ist kein Platz mehr für solche Leute.«

Sie wagte kaum noch, ihn nach seinen Vorlesungen zu fragen, dann lenkte er sofort ein, sie wisse doch, da gäbe es Wichtigeres. »Ich dringe immer tiefer in den Marxismus ein, Marx und Lenin haben längst mit Kant abgerechnet, und selbst Hegel ist von ihnen überwunden und weiterentwickelt worden. Das ist«, sagte er eifrig, »wie mit deinen Systemen, Jutta, hast du erst einmal die Grundprinzipien begriffen, kannst du von einem Punkt her alles verstehen, und zwar mit wissenschaftlicher Schärfe. Du kannst mit dem unwissenschaftlichen idealistischen Krempel aufräumen. Allerdings«, bitter, zornig, »gibt es an unserer Universität immer noch Professoren, die so tun, als hätte es Marx nie gegeben.«

Obgleich sie sich um ihre Umgebung im Labor weniger kümmerte als bisher, weil sie nicht in Streitigkeiten hineingezogen werden wollte und weil sie außerdem bei den Erdalkalimetallen angelangt und niedergeschlagen war, weil sie schon bei der Magnesiumbestimmung durch Schmelzflußelektrolyse Schwierigkeiten hatte, war es doch offensichtlich, daß ihr Nebenmann und einige andere Studenten sie auffällig zu schneiden anfingen, während zwei oder drei andere, die sie in der Mensa schon zusammen mit Karl-Heinz getroffen hatte, sich aufdringlich um sie kümmerten.

Es war schon Sommer, abends blieb es lange hell, und wenn sie bei offenem Fenster arbeitete, hörte sie das Geschwirr nächtlicher Insekten und das Gemurmel der Paare im Park, und im Labor war sie schon bei der Schwefelammoniumgruppe, als eines Tages ein Student hereinstürmte und rief: »Der Alte kommt!«

Der Saalassistent und seine Freunde machten sich aufgeregt an ihrem Destillationsapparat zu schaffen, einer riß sich schließlich den weißen Kittel herunter und breitete ihn über das Gerät, als schon die Tür aufging und Professor Hedermann eintrat. Er ging an den Reihen der Tische entlang, und Jutta schoß das Blut zu Kopf, als sie spürte, daß er hinter ihr stehenblieb.

»So, was machen's denn da gerade?«

»Ich filtriere den Niederschlag der Schwefelammoniumgruppe, Herr Professor«, sagte Jutta, ohne aufzusehen.

»Und was haben's da schon gefunden?«

»Zink, Mangan, Nickel, Kobalt …«

»Kobalt haben's auch schon?«

Jutta nickte.

»Und wie?«

»Mit der Phosphorsalzperle.«

»So, wie heißen's denn?«

»Gebert.«

Der Professor nickte wie in Gedanken und ging weiter, an den Tischen entlang, ohne bei einem zu verweilen. An der Tür gab er dem Saalassistenten die Hand, und er war wieder fort.

Es war an diesem Abend, daß Karl-Heinz erklärte, sie müßten unbedingt zusammen zum Semesterabschlußball gehen, er würde keine Rücksicht auf sie nehmen, sie müsse einfach mitkommen.

Die weitläufigen Räume der Kongreßhalle waren renoviert und mit Girlanden geschmückt, und bald herrschte eine ausgelassene Stimmung, obgleich alle bei der Hitze furchtbar schwitzten und Jutta viele schweißfeuchte Hände drücken mußte.

Einmal tanzte mit ihr auch der schmale Bursche, der sich damals mit Ralph so erbittert um die Zeitschrift gestritten hatte. Er zeigte ihr lachend alle die großen Genossen von der Leipziger Parteizentrale der Sozialistischen Einheitspartei, die sich sonst immer gern im Rollkragenpullover zeigten, von denen die meisten aber an diesem Abend im schwarzen Anzug erschienen waren. »Schade«, sagte er, als er Jutta zum Tisch zurückbrachte, »daß Ralph Mohnke nach Berlin fahren mußte, hier trinken doch alle miteinander Versöhnung, Reaktionäre, Revolutionäre, Kommunisten und Liberale, alle.«

Einer von Karl-Heinz' Freunden hatte Wein mitgebracht und schenkte in die leeren Biergläser ein, während die anderen aufpaßten, daß kein Ober in der Nähe war. Sie rauchten amerikanische Zigaretten, und als Karl-Heinz sagte: »Paßt auf, wir lassen uns korrumpieren«, gab es gewaltiges Gelächter. Karl-Heinz himmelte sie an, als sie tanzten, und flüsterte ihr zu, alle beneideten ihn um sie.

Einmal kam sogar jener Kommilitone aus dem Labor an den Tisch, verbeugte sich tief, bat sie um einen Tanz und erzählte ihr, er habe neulich beobachtet, daß der ›Alte‹ bei ihr stehengeblieben sei und sich mit ihr unterhalten habe. »Da müssen Sie bei ihm aber einen Stein im Brett haben«, sagte er.

Auf dem Heimweg trug Karl-Heinz seinen Mantel über dem Arm, und im Dunklen sah sein Gesicht über dem weißen Kragen ernst und erwachsen aus. Er fragte sie, ob sie nicht auf einen Sprung mit zu ihm kommen wolle, Ralph sei doch fort und sie seien schon so lange nicht mehr allein zusammengewesen. Sie schüttelte den Kopf, erwiderte aber seine Küsse, als er sie auf der Straße umarmte und an sich drückte.

In einem Schrank fand Karl-Heinz eine Flasche Wein, aber sie sagte, nein, sie hätte wirklich genug getrunken.

Jutta spürte weder Lust noch Befriedigung und streichelte seinen Kopf, als er bei ihr lag und sich auch nachher noch männlich und selbstverständlich benehmen wollte.

Als sie später das Mondlicht im Fenster sah und seinen Atem an ihrer Seite spürte, wurde sie das Gefühl nicht los, daß er im Grunde noch sehr jung war und sie viel älter als er, und daß sie sich eigentlich gewünscht hatte, es müsse ganz anders sein.

Zum Ende des Semesters bestand sie zwar alle Fleißprüfungen, aber der andauernde, durchdringende Schwefelwasserstoffgeruch im Labor war nun doch sehr zuwider.

Gegen Ende des Sommersemesters der Berliner Humboldt-Universität, Mitte Juli des Jahres neunzehnhundertsiebenundvierzig, kamen, während sowohl auf der Moskauer Außenministerkonferenz der vier Großmächte, der Zusammenkunft aller Ministerpräsidenten der deutschen Länder sowie mehreren Dutzend Sitzungen des alliierten Kontrollrats in der Potsdamer Straße in der Frage der deutschen Einheit keine Übereinstimmung hatte erzielt werden können, studentische Funktionäre aller deutschen Universitäten und Hochschulen überein, in Berlin eine sogenannte ›überzonale, allgemeine, gesamtdeutsche Studentenkonferenz‹ zu veranstalten, auf welcher die gewählten Vertreter der deutschen Studentenschaft beabsichtigten, gegen die geistige Separation Deutschlands Stellung zu beziehen sowie durch eine machtvolle Demonstration den ersten Schritt zur Wiedervereinigung Deutschlands zu tun.

Im Studentenhaus am Steinplatz (britischer Sektor), einer kahlen, in freundlichen Farben gehaltenen Halle, die gewöhnlich an Vereine und Tanzstunden zu Bällen vermietet wurde, erhoben sich die Delegierten vor ihrer ersten Sitzung von ihren Plätzen, um der Kommilitonen zu gedenken, die im Kampf gegen den Hitler-Faschismus in der ganzen Welt gefallen waren.

»Vor diesem Gremium«, erklärte ein Vertreter der Universität München, der zum Vizepräsidenten der Tagung gewählt worden war, mit ehrlichem Pathos und starkem bayrischem Akzent, »wollten die deutschen Studenten geloben, dem Geist von Langemarck abzuschwören und dafür zu sorgen, daß alle nazistischen Reminiszenzen von den deutschen Universitäten verbannt blieben.«

Auch in den folgenden Plenarsitzungen war von dem Geist der Reform und der Mitverantwortung die Rede, welcher alle deutschen Hochschulen beseele, sowie von der Entschlossenheit der Studenten, aufzuräumen mit dem Ungeist des Bierzipfels, der Schläger und Mensuren. Was allerdings in den sogenannten Arbeitssitzungen ermittelt wurde, war Harald Momber, der zusammen mit Adam Nick als Gast an der Tagung teilnehmen durfte, nicht ersichtlich, jedoch schienen sie der Vorbereitung des Schlußappells an die Besatzungsmächte, die *United Nations* und das Weltgewissen gedient zu haben.

Der sowjetische Hochschuloffizier veranstaltete im Haus der ›Kultur der Sowjet-Union‹, am Kupfergraben, ein Festbankett. Die Delegierten aus Göttingen, Heidelberg, Karlsruhe und Freiburg blickten sich scheu in den mit Pomp ausgestatteten Sälen um, starrten verlegen auf die fremdartigen Gemälde, die Kristall-Lüster, die Gobelins, betrachteten allerdings unverhüllt hungrig die langen Tafeln, auf denen Geflügelsalate, Fischdelikatessen, kalter Braten, Mayonnaisen, Kaviar, Schalen voll Obst und Kannen Kaffee und Tee und Wein und Wodka in Karaffen bereitstanden.

Der Hochschuloffizier, ein Major Schmirin, der neben einigen uniformierten Herren in Zivil erschienen war, erklärte, daß er sich herzlich darüber freue, ihr Gastgeber sein zu dürfen.

Zwar brachte gleich darauf ein Student aus Leipzig einen Toast auf das große Sowjet-Volk und seinen Führer Josef Stalin aus, der den Hitlerismus vernichtet und die Freiheit in Deutschland wiederhergestellt habe, und daraufhin herrschte für ein paar Sekunden Schweigen, aber Major Schmirin hob mit verbindlichem Lächeln sein Glas und rief: »Auf eine freie Welt in Frieden!«

Am Büfett traf Harald auf Adam Nick und Erich Misch. Auch Günther Patze stieß, ganz Wohlwollen, zu ihnen, bis sich endlich auch Marianne Latour durchdrängte, die Martin Kliemann an der Hand hinter sich herzog.

Martin schien sich nicht wohl zu fühlen, er blickte sich um, als fühle er sich verfolgt. »Ich gehöre doch gar nicht dazu«, sagte er mit unterdrückter Stimme, »ich habe bloß gehört, daß es hier anständig zu essen und zu trinken geben soll.«

»Jetzt fehlt nur noch Gerhard«, sagte Marianne, »dann sind wir wirklich wieder alle zusammen.«

»Gerhard Elfert?« fragte Erich Misch, »der hat gesagt, er könnte es mit seiner politischen Anschauung nicht vereinbaren, sich von den Russen aushalten zu lassen.«

»Dann ist er selbst schuld«, sagte Kliemann mit vollem Mund.

Auf einem der Flure trafen sie eine Gruppe von Bayern, die sich um einen russischen Offizier scharte. Auch der Vizepräsident aus München war dabei. Er sagte mit sorgenschwerem Gesicht und belegter Zunge: »Du ... Fjodor ... ich ... Rußland ... verstehen ... mir ham den Krieg nach Rußland 'bracht ... und ich ... Stalingrad ... beina ... ich«, er tippte sich mit dem Finger auf die Brust, »beinah ... aber heute ... nix mehr ... nie mehr ... verstehn?«

Der Russe, ein noch junger Mann mit einem freundlichen Gesicht und weichen braunen Augen, nickte: »Die beiden Völker dürfen nie wieder Krieg gegeneinander führen«, sagte er in akzentfreiem Deutsch, »aber Hitler ist tot, und ihr und wir, wir werden dafür sorgen, daß sein Geist nicht wieder auflebt.«

»Nicht Krieg«, sagte der Bayer, er hatte noch nicht begriffen, daß der Russe sein Deutsch gut verstand, »verstehn ... nie mehr ... jedem ... der mich noch mal schickt ... Rußland kaputtmachen ... Rußland«, er winkte mit beiden Händen den Flur hinunter, »... Rußland ... dem jag ich mei Bajonett ... zwischen die Rippen«, er schwang die Arme, als ramme er wütend einem Feind sein Seitengewehr in den Leib, »wer Krieg macht ... gegen Rußland ... wird ... umgelegt ... gelt?« Er sah sich herausfordernd im Kreise um, und die anderen nickten zustimmend.

Die Stimmung schien auf dem Höhepunkt, als Harald und Adam fortgingen.

Lange Reihen von Taxen, gewöhnlich nur für russisches Militärpersonal bestimmt, warteten vor dem Gebäude, und der Türhüter sagte, die Herren könnten sich gern nach Hause fahren lassen, kostenlos natürlich.

»Nein, vielen Dank«, sagte Adam, »wir gehen noch ein Stück zu Fuß.«

Die Umrisse der Ruinen des Kronprinzenpalais, der Staatsoper und der Dorotheenkirche erschienen diesig und verschwommen. Als sie die ›Linden‹ hinuntergingen, war es, als habe sich ein leichter Wind erhoben. Er bewegte die von Scheinwerfern angestrahlte, hellrote Fahne, die auf dem Brandenburger Tor flatterte.

»Glaubst du etwa, die friedliche Stimmung hält länger an als bis morgen früh? Heute abend war bloß alles so schön harmonisch.«

»Nein, Harald, ich glaube wirklich, es braucht nur seine Zeit, bis alle merken, daß sich andernfalls alles auf unseren Köpfen und auf unsere Kosten abspielt. Zwei Jahre sind jetzt rum, und eigentlich wird's Zeit.«

Sie gingen stumm nebeneinander her, und plötzlich stieß Adam ihn in die Seite: »Mann, Harald, hör doch auf, vor dich hinzubrummen, du weißt, wie hellhörig ich immer gewesen bin, das hast du mir vorgehalten, aber vielleicht ... wart's doch mal ab, zwei Jahre! In zwei Jahren sieht vielleicht alles ganz anders aus.«

Vier Wochen später kehrte Adam Nick von einer Tagung evangelischer Jugendgruppen in Erfurt nicht zurück. Es dauerte eine Weile, bis sich herumsprach, daß Adam, zusammen mit einem anderen Teilnehmer der Tagung, von einem russischen Offizier zu einem Besuch der Kommandantur in Weimar eingeladen und mit einem Auto dorthin gefahren worden war. Dann aber verlief sich die Spur.

Mitte September brachte das *Berliner Echo* eine Meldung seiner Verhaftung, fett gedruckt, auf der zweiten Seite.

Der neue Anfang

Der junge Mann mit dem schäbigen Jackett, dessen Ärmel abgestoßen aussahen, der junge Mann mit dem schwarzen, bis tief in die Stirn gewachsenen Haar, stülpte die kindlichen, farblosen Lippen vor und schüttelte seinen Kopf. In dem kahlen Vorzimmer, im Büro des Zentralrates der Freien Deutschen Jugend in der Weidendammer Straße, dessen Fußboden erzitterte, wenn sie in der Buchdruckerei, zwei Stockwerke tiefer, die Maschinen anließen.

»Der erste Vorsitzende ist sehr beschäftigt«, sagte der junge Mann, »warum hast du nicht vorher angerufen! Um was handelt es sich?«

»Um Adam Nick«, sagte Harald fast grob, aber der andere blickte weder erstaunt noch überrascht, obgleich Harald zu spüren glaubte, daß er Bescheid wußte und daß er den Tonfall richtig eingeschätzt hatte.

»Adam Nick, ich werde es ausrichten, aber ich glaube trotzdem nicht...« Harald empfand den Widerspruch seiner raschen, straffen Bewegungen zu dem aufdringlich schäbigen Anzug, als er zur Tür ging. Er war gleich wieder zurück. »Nein«, sagte er, »jetzt nicht, aber er sagt, er würde sich bei Gelegenheit gerne mit dir über den Fall unterhalten. Du bist doch Harald Momber?«

»Ja«, sagte Harald verblüfft, »ich warte sehr gerne.«

»Das wird keinen Zweck haben«, sagte der andere rasch.

»Wieso?« Harald wandte sich um, als suche er nach einer Sitzgelegenheit, »ich werde hier warten, und du wirst die Güte haben und ab und zu einmal fragen, ob die Stunde der günstigen Gelegenheit geschlagen hat.«

»Hör mal«, nun wieder ohne Spur von Ungeduld, eher im Tone freundlichen Ratschlags, »bei uns ist im Augenblick ein bißchen viel los, und wenn du angerufen hättest, vielleicht...«

»Bin ich hier im Vorzimmer eines Generaldirektors?« rief Harald, nicht erregt, nur weil er hoffte, man werde ihn im Nebenzimmer hören.

Wirklich ging die Tür auf, und Günther Patze kam herein.

»So laut?« fragte er, »wieder mal untröstlich?«

»Ach so«, sagte Harald, »darum kennt man mich hier so gut.«

»Ich hörte was von ... Adam Nick«, Patze lächelte nicht mehr, »und wußte doch gleich, das kann nur mein Freund Harald sein.«

»Vielleicht kannst du mir sagen, was sie mit Adam gemacht haben?«

»Wer... sie?« Patze zog die Augenbrauen in die Höhe, »was willst du wissen?« Er reckte den Kopf, als höre er nicht gut.

»Günther«, sagte Harald, an sich haltend, »es ist mir das alles verdammt ernst, verstehst du mich?«

»Also schön«, sagte Patze und hob die Schultern, »also Adam Nick«, und als Harald ihn unterbrechen wollte, hob er beschwichtigend eine Hand, »wenn du es also ganz genau wissen willst«, sagte er, während er die Zigarette wieder zum Munde führte und Harald mit starren Augen unverwandt ansah, »dein lieber Adam war eine merkwürdige Blüte, in allen möglichen Farben schillernd.«

»Was soll das heißen?« Harald sprach noch immer nicht laut, »wenn einer loyal war, dann Adam.«

»So«, Patze lächelte wieder, großmütig, »ich könnte dir ein paar Geschichten erzählen. Durch und durch faul und korrumpiert.«

»Und das stellt sich so plötzlich heraus?«

»Noch eben rechtzeitig.«

»Und ihr werdet nicht protestieren?«

»Wir denken nicht daran«, sagte Günther Patze, und die Erbitterung in seiner Stimme war echt, »uns vor ein solches Subjekt zu stellen.«

Harald stand da, ratlos vor Zorn und Empörung, und obgleich er das Gefühl hatte, noch ein Wort, eine Geste schuldig zu sein, nahm er seine Aktentasche vom Schreibtisch und ging. Günther Patze, die Hand an der Türklinke zum Nebenzimmer, und der junge Mann hinter dem Schreibtisch starrten ihm stumm, beinahe mitleidig nach.

Er war schon an der Treppe, als Patze ihn einholte. Er wollte seine Hand auf Haralds Schulter legen, aber Harald wich ihm aus: »Harald, mach keine Dummheiten, ich bitte dich!«

»Ihr seid selbst schuld«, sagte Harald, »wenn Gerhard Elfert eines Tages von sich sagen kann, daß er recht behalten hat.«

»Harald«, Patze lehnte sich über das Geländer, Harald stand unter ihm, auf dem nächsten Treppenabsatz, »begreife doch endlich, daß deine Vertrauensseligkeit Selbstmord ist.«

Harald überquerte den Hof, auf dem es nach Leim und Terpentin roch. Die Flurtür schlug hinter ihm zu. Er stand auf der Straße und war unschlüssig, in welche Richtung er sich wenden sollte, aber weil alles so rasch gegangen war, kam er noch pünktlich zum Bezirksamt Prenzlauer Berg.

Alle anderen Referenten saßen schon um den Tisch, und Schiballa, der Kreisvorsitzende, rief ihm fröhlich zu: »Also doch noch, komm, setz dich, dann können wir anfangen.« Der Stuhl neben ihm war leer.

»Schiballa«, fragte Harald, während er seinen Schreibblock, seine Bleistifte aus der Tasche zog und vor sich hinlegte, »kann ich was fragen, ehe wir anfangen?«

»Ist es so wichtig?«

»Ja, ich möchte wissen, wo unser Organisationsleiter ist?«

Schiballas Gesicht nahm die Miene eines erzürnten Schullehrers an: »Merk dir bitte eins, der Name wird in unserem Kreis nicht mehr genannt.«

Harald sah sich um, aber sie wichen ihm aus, blickten weg, und er fragte: »Und ihr ... wart ... alle ... einverstanden, daß der Name Adam Nick hier nicht mehr genannt wird?«

»Ja, alle«, sagte Schiballa vorwurfsvoll.

»Wirklich einverstanden?« fragte Harald und nickte wie zur Bestätigung mit dem Kopf.

»Ja doch«, sagte Schiballa, und Harald nahm seine Sachen zusammen, schob den Schreibblock, seine beiden Bleistifte wieder in die Aktentasche, stand auf, ging, ohne sich umzuwenden, zur Tür und warf sie mit aller Kraft hinter sich ins Schloß.

In der U-Bahn stehend, zwischen schwitzenden Menschen, die schlapp an den Handgriffen hingen, entwarf Harald den Brief, den er zu Hause schrieb und sofort zum Briefkasten brachte. Daß er bei dieser Ehrabschneiderei nicht mitmachen wolle, daß er sein Amt als Kulturleiter des Jugendausschusses Prenzlauer Berg niederlege.

Aber als er danach eine Runde um den Häuserblock gemacht hatte, an diesem gewöhnlichen, lauen Septemberabend, und an seiner Zigarette sog, war er sich im klaren darüber, daß sie auf eine solche Szene vielleicht gewartet, daß er den Kopf verloren, daß er ihnen nun mit leeren Händen gegenüberstand, daß er sich einen mehr Erfolg versprechenden Weg abgeschnitten hatte.

Denn wie, fragte sich Harald Momber, sollte er der Gruppe seinen Schritt erläutern? Bisher hatte er ein Gespräch über Adam Nicks Verhaftung vermeiden können, aber er wartete jedes Mal darauf, daß Thomas-Klaus Hammer oder einer der Abiturienten das Thema anschneiden würde. Und was sollte er ihnen antworten?

Hammer sah Harald nicht an, er blickte vor sich hin, auf das Muster des Teppichs, und rückte auf der Kante des Sessels hin und her, als er fragte: »Also, Harald ... ich habe vorgestern gehört, daß Adam Nick ... also, wir kennen Adam Nick sehr gut und waren mit ihm befreundet ... und Harald, wußtest du, daß er verschwunden ist? Und wenn du davon wußtest ... warum, bitte, hast du uns nichts davon gesagt?« Er richtete sich auf und sah Harald an, und Harald ertrug seinen Blick nicht, aber er hielt dem Blick stand, bis Thomas Hammer wieder weg sah, »also ich möchte wissen, ob es stimmt ... das wäre doch eine ganz ... große ... Gemeinheit.«

»Paßt mal auf«, sagte Harald, er fürchtete, sie würden seine Unsicherheit spüren, und das würde es nur verschlimmern, und er wußte doch, daß, falls er sie jetzt nicht zu überzeugen vermochte, alle Mühe, die sie auf ihre Objektivität verwendet hatten, vergebens war, ihre nüchterne Überlegenheit, auf die sie so stolz gewesen waren, »glaubt ihr«, fragte Harald und fuhr sich mehrmals über das Haar, »es nützt Adam irgend etwas, wenn wir uns zu streiten anfangen, wenn wir vergessen, was wir uns vorgenommen haben... Haben wir nicht immer gemeint, wir seien besser als alle politischen Scharfmacher, und jetzt, weil wir... empört sind, sollten wir es vergessen? Das wäre doch«, sagte er, in seine Hoffnung verbissen, »das wäre doch Wahnsinn.« Aber während er sprach, wurde er das Gefühl nicht los, Adam Nick verhöhnt zu haben.

Und Otto Kolbe, der neben ihm saß, sagte – sie alle konnten an den Fingern abzählen, wie oft Otto Kolbe in den anderthalb Jahren dienstags bei Ernst Weilert jemals den Mund aufgetan hatte – »ja... bloß... Harald, bis jetzt... jetzt isses das erste Mal, desses uns wirklich an de Nieren gegangen is.«

»Ja, Otto«, sagte Harald und legte, wider seinen Willen fast, eine Hand auf seinen Arm, in einer Geste, einer vergeblichen Bitte um Verständnis für etwas, das er selbst noch nicht verstand.

Die anderen fragten ihn auch. Denn wäre es nicht so gekommen, wäre ja auch Adam dabeigewesen, als Marianne Latour sie zur Segelpartie eingeladen hatte. Sie lagen an Deck ausgestreckt: Kliemann, Elfert, Harald, auf der unbewegten Havel, unter dem tiefblauen Himmel, durch den rasch winzige gebauschte Wolken flogen. Marianne saß aufrecht am Steuer, und Erich Misch betätigte sich am Segel.

»Was habt ihr bloß mit dem armen Adam gemacht?« fragte Gerhard Elfert plötzlich, aber in seiner Stimme war so viel hoffärtiger Vorwurf, daß Harald nicht antwortete.

»Das würde mich wirklich interessieren«, fragte Elfert noch einmal dringender.

Harald lag lang ausgestreckt, hilflos erbittert, als er die dozierende Stimme von neuem hörte: »Und das genügt dir wohl immer noch nicht? Du traust wohl den Russen und ihren ehrenwerten kommunistischen Handlangern noch immer nichts Böses zu, nein? Der arme Adam hat ebenso gedacht, und er hat seine Leichtgläubigkeit schwer bezahlen müssen.«

»Du sitzt hier nicht an deinem Schreibtisch«, sagte Harald müde, »Adam hat nicht für seine Leichtgläubigkeit büßen müssen, sondern dafür, daß sie nicht genug Vertrauen zu ihm gehabt haben, und wenn du es genau wissen willst, verdankt Adam die Tatsache, daß sie ihn jetzt – nach unserer Auffassung unschuldig –

eingesperrt haben, nicht zuletzt dem Umstand, daß auch bei uns alles mögliche getan wird, um ein Vertrauen niemals aufkommen zu lassen.«

»Das ist sehr billig, mein Lieber. Das heißt: der Ermordete ist schuld. Adam würde sich außerordentlich freuen.«

»Adam, Adam«, Harald fuhr hoch, »jetzt ist dir Adam gut genug für einen feierlichen Leitartikel. Weißt du, was er von deiner Arbeit hielt, die Demokratie in Deutschland populär zu machen?« Aber er legte sich wieder auf die Planken des Bootes und schwieg beschämt, weil er nicht wußte, ob er ein Recht hatte, in Adams Namen zu sprechen. Und er schwieg auch, als Marianne Latour sagte: »Ich finde, es hat mit Theorie überhaupt nichts zu tun. Ich möchte einfach wissen, ob das Recht gültig ist, das meiner mitteleuropäischen Vorstellung entspricht. Du kannst mich theoretisch widerlegen, aber Leute, die jemanden ohne ein ordentliches Verfahren ins Gefängnis sperren, sind mir unsympathisch. Ich pfeife dann auf die weltanschaulichen Ziele und auf die herrliche Zukunft, wenn Menschen dafür krepieren müssen oder in Konzentrationslagern verhungern.«

»Marianne«, sagte Harald, »sie haben doch andere Vorstellungen vom Recht, von ihren Zielen, als wir. Ebensogut könnten sie verlangen, daß wir uns nach ihnen richten. Es ist sinnlos, sich miteinander zu streiten, solange beide Seiten davon überzeugt sind, sich im Recht zu befinden.«

Und da war noch jener Abend, ein letzter Septemberabend mit einem runden warmen Mond und Lichtern bei den Zelten am Havelufer und dem Geplätscher des Wassers.

»Na und?« fragte Marianne leise, »ist es denn wirklich so wichtig?«, und ihre Hand war in seinem Haar, ihr Kopf lag auf seiner Brust, und ihre Stimme war rauh, fast unhörbar, als sie raunte: »Harald, es ist so abgeschmackt viel Stimmung heute abend, hör doch, bitte, endlich einmal auf zu diskutieren und gib mir einen Kuß.«

Ihr Körper war weich und straff, geschmeidig und schwer zugleich und sehr begehrenswert, aber etwas in dem blauen, fast violetten Himmel über ihm stimmte Harald traurig. Er streichelte Mariannes Kopf, der hart und warm auf seiner Brust lag, und sagte leise: »Du hast schon recht, Marianne, warum kriege ich es einfach nicht fertig, dieses verfluchte Ja oder Nein über die Lippen zu bringen?«

Es waren zwei Gründe, die Helmut Hirth bewogen, Mederow den Rücken zu kehren.

Erstens hatte ihm das Kreisschulamt ohne jede Ankündigung einen Schulleiter vorgesetzt. Er war eines Tages selbstverständlich angekommen: »Sind Sie der Neulehrer Hirth? Guten Tag, ich bin Rektor Welper, der neue Schulleiter.« Ein verbitterter alter Mann, der behauptete, aus Schlesien geflohen zu sein, wo er einer großen Schule vorgestanden haben wollte. Er brachte es fertig, Helmuts freundschaftliches Verhältnis zu allen Kindern zu zerstören. Denn als sie sich anfangs bei ihm über den ›ollen Daddel‹ beklagten, glaubte Helmut sie aus pädagogischen Gründen nicht gegen einen anderen Lehrer aufreizen zu dürfen und nahm Welper – oft genug wider Willen – in Schutz, bis sie aufhörten, in Helmut einen Vertrauten zu sehen.

Zwar murrte Holk, sooft Helmut ihn traf, und auch die Eltern, der Stationsvorsteher und die Gastwirte schimpften in Helmuts Gegenwart auf Welper, aber mit der Zeit gewöhnten sie sich doch an die Tatsache, daß Welper der Schulleiter in Mederow war. Und mit Helmuts vorherrschender Stellung im Dorf war es aus.

Zweitens hatte ihn Johann Berger aufgefordert, einmal seine Schule in Groß-Glöbke zu besuchen.

Berger war der Leiter der ersten Zentralschule im Kreise Teltow.

Was Berger und die anderen Lehrer aus Groß-Glöbke von ihrer Schule erzählten – weil man dort die Kinder mehrerer umliegenden Dörfer zusammenfasse und dadurch eine größere Anzahl von Lehrern an einer Schule konzentriere, könne man die Kinder viel erfolgreicher unterrichten, die Notwendigkeit, mehrere Jahrgänge gleichzeitig zu beaufsichtigen, falle fort, und Berger träumte schon von einer Zukunft, in der, wie in Schweden und Amerika, Schulautobusse die Kinder der entlegenen Dörfer abholten –, das alles klang, an den Verhältnissen in Mederow gemessen, geradezu phantastisch.

Als Helmut eines Tages wirklich mit seinem Fahrrad hinfuhr, stellte es sich allerdings heraus, daß das Experiment erst begonnen hatte, aber Groß-Glöbke, das unter dem Kriege fast überhaupt nicht gelitten hatte, lag landschaftlich reizvoller, die Schulkinder schienen hier aufgeweckter, und die meisten Lehrer kannte Helmut schon von den Konferenzen her.

Er könne sogleich übersiedeln, hatte Berger erklärt, aber Helmut erbat sich Bedenkzeit.

Er wollte erst mit Holk darüber sprechen, der, nachdem er sich alles angehört hatte, bedächtig sagte: »Tscha, das ist schade, nichwahr, aber es ist auch wichtig, daß du vorwärtskommst, und wenn wir ebent mal nicht weiter wissen, holen wir dich wieder zurück, nichwahr.«

Aber seit er Groß-Glöbke gesehen hatte, erschien Helmut die Aussicht, sich in Mederow niederzulassen und sein Leben dort zu verbringen, nicht mehr verlockend.

Als er unter dem Sternenhimmel über die verlassene Dorfstraße ging, war er weit offen für die neue Zukunft und schwang ausgelassen seine Arme.

Das Lehrerkollegium in Groß-Glöbke bestand aus drei älteren Damen, zwei Mädchen, einem Mann in Helmuts Alter und Johann Berger, dem Schulleiter. Berger hatte seinen rechten Unterschenkel im Kriege verloren, bewegte sich aber auf seiner Prothese sehr sicher und steckte voller großer Pläne. Zweimal in der Woche bat er alle Kollegen zu einem Colloquium in sein Haus, in dem seine Frau, eine magere Blondine, sie mit Kräutertee und selbstgebackenen Plätzchen bewirtete.

Allerdings ging es dort nicht so lebhaft zu, wie Helmut erwartet hatte. Die drei alten Damen sprachen zwar von sich als ›reformerischen Heißspornen‹ und erzählten immer wieder, daß sie mit dem großen Pädagogen Paul Östreich eng befreundet waren, doch schien ihnen die Tatsache, daß so junge Leute schon Kinder erziehen sollten, einfach nicht in den Kopf zu gehen.

So reduzierte sich die Zahl derer, um derentwillen es sich gelohnt hatte, Mederow aufzugeben, auf zwei: auf Berger und die zweite jüngere Lehrerin, Barbara Crantz. Sie war es auch, die vor seinem ersten Unterrichtstag eingehend mit ihm über alle Kinder seiner Klasse sprach, da sie diese Rasselbande früher selbst einmal gehabt habe.

Er bekam zu spüren, daß die Kinder Fräulein Crantz nicht vergessen hatten, und mußte sich eingestehen, daß sie ihren Arbeitsunterricht sehr lebendig gestaltete. »Ich beneide Sie darum«, sagte Helmut einmal zu ihr, »wissen Sie, ich bin da noch zu sehr Systematiker.«

Er gewöhnte sich daran, Barbara Crantz auf ihren Morgenspaziergängen zu begleiten, durch lichten Kiefernwald eine Viertelstunde Weges mit ihr zum Glöbker See zu gehen. Die Vögel zwitscherten, der Sand am Ufer war noch feucht, das klare, grüne Wasser des Sees lag unberührt. Wenn sie im rötlichen Licht der frühen Sonne erfrischt zum Dorfe zurückgingen, sprachen sie über den vor ihnen liegenden Unterrichtstag. Da Barbaras Wirtsleute in ihrer guten Stube ein Klavier hatten, fingen sie auch an, gemeinsam zu musizieren.

Allerdings begann Berger noch kurz vor den Sommerferien, Helmut unfreundlicher zu behandeln. Obgleich Helmut mit seiner Arbeit zufrieden war, konnte es vorkommen, daß Berger ihn anfuhr: »Sie sind hier nicht mehr auf Ihrer Dorfschule.«

Er sprach bisweilen mit Barbara Crantz davon, ob man nicht versuchen sollte, auf eine Schule in Berlin zu kommen, dort säßen einem die lieben Kollegen nicht so auf dem Pelz, und außerdem könne man nebenher auch auf die Universität gehen.

»Ja«, lachte sie, »das wäre das richtige für dich, du alter Systematiker.«

»Nein, Bärbel, ernsthaft, es kommt soviel auf die theoretische Grundlage an.«

Eines Abends, während eines ihrer Colloquien, erklärte Berger, es sei ihm unangenehm, darauf zu sprechen kommen zu müssen, aber es sei Klage geführt worden über Herrn Hirth und Fräulein Crantz, diese morgendliche Baderei, die nächtlichen Besuche und so weiter. Er wolle darum bitten, daß man sich in Zukunft der Verantwortung als Erzieher mehr bewußt bleibe.

Helmut wollte auffahren, aber Barbara hielt seinen Ärmel fest und sagte vollkommen beherrscht, jeder, der etwas dabei finde, könne ja als Aufpasser zum Baden mitkommen, außerdem sei sie niemandem über ihr Privatleben Rechenschaft schuldig. Wenn das nicht genüge, sei sie gern bereit, ein Disziplinarverfahren gegen sich zu beantragen. Nur wisse sie nicht, ob dem Herrn Schulleiter damit gedient sei.

Auf dem Heimweg flüsterte sie erbittert: »Oooh, Helmut, hast du denn nie gemerkt, wie mir dieser geile Kerl nachgerannt ist, die ganze Zeit?«

Das Verhältnis im Kollegium war danach natürlich getrübt, und Helmut betrachtete, wie er zu Bärbel sagte, seine Bleibe nur noch als Provisorium.

Arno Kohlhoff wohnte in Schlachtensee. Er fuhr an jedem Morgen mit der Wannseebahn über Schöneberg zum Bahnhof Friedrichstraße, und da Harald in Steglitz zustieg, konnte es geschehen, daß sie sich im Abteil gegenüberstanden, sich von Zeit zu Zeit wie geistesabwesend ansahen, wieder aus dem Fenster blickten oder in ein Buch, bis sie ausstiegen, wenige Schritte voneinander entfernt die Treppen hinaufgingen und eilig zur Universität trabten, zu einer Übung, einer Vorlesung, einem Seminar. Fast ein halbes Jahr lang wußten sie, daß sie beinahe den gleichen Stundenplan und den gleichen Weg hatten, aber vielleicht wären sie niemals miteinander ins Gespräch gekommen, wäre nicht Kohlhoff eines Abends, nach Professor Sehmleins Seminar, nachdem er eine Weile unschlüssig auf dem leeren Tunnelbahnsteig auf und ab gegangen war, freundlich-verlegen lächelnd vor Harald stehengeblieben. »Na, da haben wir«, sagte er und trat dabei langsam von einem Fuß auf den anderen, »unsere Tour heute wieder runter.«

Er war größer und stämmiger als Harald, sprach mit einer tiefen Stimme und rollte das R, hatte glatt nach hinten gekämmtes, dunkles Haar und ein breites Gesicht. Er trug bei jeder Witterung eine kurze, graue Windjacke und seine Aktentasche an einem schmalen Riemen über der Schulter.

»Ja«, sagte Harald, »das haben wir wieder überstanden.«

Danach wußte Harald nichts mehr zu sagen. Der Zug kam, sie stiegen ein, setzten sich nebeneinander auf eine Bank, und Kohlhoff sagte endlich: »Ich wäre lieber zu Trebin ins Seminar gegangen, ich glaube, davon hätte man mehr.«

»Sicher«, sagte Harald, »aber er macht wohl in diesem Semester nur ein Oberseminar.«

»Eben, da dürfen wir in zwei Jahren vielleicht mal höflich anfragen, ob er uns dann nimmt«, Kohlhoff lachte und riß vor Vergnügen seinen Mund weit auf, »ich brauche Ihnen ja nichts zu sagen, Sie haben doch auch sein Proseminar mitgemacht?«

»Ja, ich hatte vor jeder Stunde Angst.«

»Und wie.«

Das war Haralds erstes Gespräch mit Arno Kohlhoff, der am nächsten Morgen, als der Zug in Steglitz einlief, seinen Kopf aus der Tür reckte und heftig winkte. Und da Marianne Latour, ihrem Vater zum Trotz, juristische Vorlesungen hörte, war Harald zufrieden, wieder jemanden gefunden zu haben, mit dem er in den Pausen sprechen konnte, zumal Kohlhoff sich niemals auf weltanschauliche Diskussionen einließ. »Wissen Sie«, sagte er einmal, »der gute Rousseau mag ein heller Kopf gewesen sein, aber Prachtkerle waren wir Menschen ursprünglich so wenig wie heute.« Nach einem so unvermutet hingeworfenen Satz pflegte er anhaltend zu lachen und eine Reihe Geschichten anzufügen aus dem Kriege, den er fünf Jahre lang, »immer im dicksten Getümmel«, als Schütze und Obergefreiter mitgemacht hatte. Er erzählte aus Frankreich, Belgien, Dänemark, Serbien, Rußland, Afrika, Kroatien, Ungarn, Rumänien pointierte Geschichten, die ihm die Tatsache beweisen sollten, daß die Menschen seit jeher und überall abergläubisch oder einfältig, eitel, stolz und eigensinnig gewesen waren.

»Natürlich« – sie saßen zusammen in einem leeren Hörsaal, und er packte seine Brote aus, die er in einer Blechbüchse verwahrte, »ich kann Sie schon verstehen, wenn Sie nach einem Sinn in der Geschichte fragen. Manchmal kann einen das Gefühl packen, es ist wirklich nur ein Uhrwerk, das abläuft, manchmal ist es bitter, natürlich. Meine Eltern war'n stocknational, und als ich so siebzehn, achtzehn war und merkte, woher der Wind wehte, war ich schon beim Barras, und als die anderen auf mich geschossen haben, habe ich eben zurückgeschossen. Man sieht zu, daß man am Leben bleibt, und da hört dann die Weltanschauung von selbst auf.« Er lachte lauthals. »Aber natürlich hat man immer noch einen Rest Hoffnung, man würde einen Zipfel des Sinns entdecken, aber wissen Sie«, sagte er und biß kräftig in seine Stulle, »bei uns in der Geschichte ist wohl der Historismus tatsächlich der Weisheit letzter Schluß.«

»Als ich anfing zu studieren«, sagte Harald, »habe ich geglaubt, ich könnte das Wissen fertig verpackt mit nach Hause nehmen. Mindestens habe ich geglaubt, hier würden alle Vorurteile abgebaut.« Er fragte sich, warum er ausgerechnet Kohlhoff das alles erzählte, und sagte: »Heute sehe ich, daß ich mit falschen Erwartungen hergekommen bin, aber wann immer von Systemen die Rede ist, bin ich ratlos ... fast verärgert«, er blickte Kohlhoff an mit einem Blick, als müsse er ihn um Verzeihung bitten, »in der Philosophie zum Beispiel, damit Sie verstehen, was ich meine, interessieren mich Boethius und Augustin gerade darum, weil sie sich ihre Gewißheit nicht aus einem System holen, weil sie ohne ein künstlerisches Gerüst mit den Dingen fertig werden.«

»Fertig werden ... fertig werden mit den Dingen«, Kohlhoff lachte gutmütig und wiegte den Kopf, »wollten schließlich alle, mit oder ohne System, was, Hegel oder Augustin?«

»Jaja«, sagte Harald rasch, »ich habe mich mißverständlich ausgedrückt. Ich meine die Philosophen, die es riskiert haben, immer wieder, auf sich selbst gestellt, die Angst vor immer neuen Fragen auszuhalten.«

»Und da meine ich eben«, sagte Kohlhoff bedächtig, »Angst hatten sie alle, System oder nicht System. Die Angst gab es immer. Was meinen Sie, was die Leute für eine Angst hatten, als die Stiftskirche in Utrecht einstürzte, am selben Tage, an dem vormittags der Bischof gegen Papst Gregor VII. gewettert hatte.« Und so gleichmütig, als hätte er selbst nie Angst empfunden: »Angst vor dem Unbegreiflichen wird es immer geben. Nein, aber was mich an der Geschichte immer wieder reizt, ich finde, daß die Menschen sich, in einem gewissen Spielraum, gleich bleiben. Und wissen Sie, es macht mir einfach Spaß, wenn ich so einem kleinen Goebbels, so einem Strolch von Chronisten auf die Spur komme, der zur Ehre seines Herrn – und des allerhöchsten Gottes natürlich«, er lachte lange, »das Blaue vom Himmel herunterlügt.«

»Ja, ja«, sagte Harald abwesend.

»Dann wollen wir mal wieder«, Kohlhoff schob seine Blechbüchse in die Aktentasche und stand auf.

Seine Gespräche mit Kohlhoff, dem es ein Vergnügen zu bereiten schien, jede Behauptung durch ein prominentes Zitat zu belegen – und Kohlhoff hatte viel gelesen –, gingen auch während des einbrechenden Winters weiter, wenn sie in den eiskalten leeren S-Bahnwagen standen und sich die Füße warm trampelten. Obenhin über den Sinn der Geschichte, den glottal catch, Joseph Conrad, Hume, Regnum, Sacerdotium und das *Daily-Telegraph*-Interview.

Von seiner politischen Tätigkeit erzählte Harald Arno Kohlhoff nie etwas.

Gerhard Völker war der erste, der mit ihrer Haltung nicht länger zufrieden war: »Was ihr jetzt macht«, sagte er eines Abends, entschlossen seine Verlegenheit niederhaltend, »ist bloß noch Provokation, und das kann ich nicht mehr mitmachen.«

Als Gerhard Völker wirklich nicht mehr kam, sagte Ernst Weilert ungerührt: »Eigentlich schade, ich dachte immer, wir hätten mit der Zeit einen Menschen aus ihm machen können.«

Aber auf der Kreisdelegiertenkonferenz trafen sie ihn wieder. Sie hatten wieder Thomas-Klaus Hammer zum Delegierten gewählt, aber Harald und Ernst waren als Zuschauer mitgegangen, und Ernst stieß Harald in die Seite und flüsterte: »Jetzt werd ich verrückt«, als Gerhard Völker zum Rednerpult ging und leise sagte: »Ich möchte euch bitten«, seine Stimme klang heiser vor Aufregung, »zuzustimmen, daß wir ein Telegramm an den Zentralrat schicken.« Er schwenkte einen Zettel in der Hand, blickte sich ratlos im Saale um und sagte: »Richtig, vorlesen.« Er räusperte sich, drückte das Papier mit beiden Händen aufs Rednerpult und las, laut, angestrengt: »Die zu ihrer Kreisdelegiertenkonferenz versammelten Delegierten des Kreisverbandes Prenzlauer Berg der Freien Deutschen Jugend protestieren gegen die Hinrichtung eines Negers, der von einem unmenschlichen Gericht in den Vereinigten Staaten hingerichtet werden soll.«

Er blickte auf und sah erwartungsvoll zu den Delegierten hinunter, aber Thomas-Klaus Hammer meldete sich zu Wort und sagte: »Vielleicht kann unser... Jugendfreund an dem Text ein paar redaktionelle Änderungen vornehmen, damit wir wissen, was gemeint ist.«

Und Schiballa kam auf die Bühne, nahm Gerhard den Zettel aus der Hand: »Heute nachmittag«, erklärte er gönnerhaft, »wird unser Jugendfreund ein paar Änderungen machen, und wir werden abstimmen.«

»Paßt mal auf«, hatte Hammer gesagt, »ich werde ihnen schon noch ein paar Nüsse zu knacken geben.«

Schon am Morgen, nach der Begrüßung der Ehrengäste, der sowjetischen Militäradministration, der Parteien, der Gewerkschaft und Günther Patzes, des Vertreters des Zentralrates, als Schiballa gebeten hatte, den schon ernannten neuen Organisationsleiter durch Zuruf zu bestätigen, war Thomas-Klaus Hammer der einzige, der nicht zustimmte. Er saß, die Hand hochgereckt, während sie die Köpfe drehten, ihn anstarrten, bis endlich Schiballa, nachdem er mehrmals abgewinkt, Thomas-Klaus Hammer aber erregt den Kopf geschüttelt und seinen Arm noch höher gereckt hatte, ärgerlich sagte: »Bei einer Enthaltung.«

Danach hatte der neue Organisationsleiter gesprochen, Adam Nicks Nachfolger. Von der Arbeit, den Erfolgen. Daß endlich das Ziel erreicht sei: die Zweiundvierzig-Stunden-Woche, für alle Jugendlichen zwischen vierzehn und sechzehn, die Fünfundvierzig-Stunden-Woche für die Jugendlichen zwischen sechzehn und achtzehn Jahren.

»Darf ich unseren Organisationsleiter fragen«, rief Thomas-Klaus Hammer mit so angriffslustiger Stimme, daß Ernst Weilert Harald in die Seite stieß, »warum er eine geschlagene Stunde lang von den Erfolgen in der Jugendgesetzgebung gesprochen hat, als seien sie nur der Tätigkeit der Freien Deutschen Jugend zu danken? Das sind doch alles ganz olle Kamellen, die Zweiundvierzig- und die Fünfundvierzig-Stunden-Wochen waren doch vor dem Kriege in Deutschland selbstverständlich, und auch in der Weimarer Zeit hat sich ernsthafter Widerspruch dagegen nicht erhoben.«

»Jugendfreund«, sagte der Organisationsleiter, während sich die Köpfe noch nach Hammer umwandten, »du mußt die Frage anders stellen. Waren einzelne Gesetze, die von den Nazi-Verbrechern oder einer reaktionären deutschen Regierung herausgegeben worden sind, echte Beweise eines guten Willens, das heißt echte Beweise einer sozialen Gesinnung, oder waren sie es nicht?

Sie waren es nicht. Sie waren dazu gedacht, der deutschen Arbeiterklasse Sand in die Augen zu streuen, das heißt, sie waren Köder für die Zersetzung der Sozialdemokratie.

Unsere Gesetze, das sind Gesetze, die für den Menschen gemacht worden sind, das heißt Gesetze der Humanität.«

»Wenn ich dich bitten dürfte, konkret auf meine Frage einzugehen«, allmählich hatte Hammer ein paar zaghafte Lacher auf seiner Seite, und alle Beschlüsse wurden bei seiner Stimmenthaltung gefaßt. Bis endlich Schiballa den redigierten Telegrammentwurf zur Abstimmung brachte. Das Telegramm lautete nun:

»Die zu ihrer Delegiertenkonferenz versammelten Mitglieder der Freien Deutschen Jugend protestieren auf das schärfste gegen die brutale Hinrichtung eines unschuldigen Negers in den Vereinigten Staaten. Sie verurteilen die verbrecherische Lynchjustiz und die faschistische Rassengesetzgebung der USA als Beweise für den ohnmächtigen Versuch der kapitalistischen Machthaber, die werktätigen Massen in den Vereinigten Staaten zu unterdrücken und die Errichtung demokratischer Zustände zu verhindern. Sie senden den tapferen Kämpfern für den Sieg des Friedens und der Demokratie, sie senden dem ›anderen Amerika‹ brüderliche Grüße.«

Thomas-Klaus Hammer hatte sich kaum erhoben und zu bedenken gegeben, ob es ihnen zustehe, in die inneren Angelegenheiten eines fremden Staates – zudem einer Besatzungsmacht – einzugreifen, als einer der beiden russischen Offiziere aufsprang und rief – »Du, Faschist! « Der zweite Russe zog seinen Kameraden wieder auf den Stuhl zurück, Günther Patze ging zu ihm, Schiballa flatterte vor dem Podium auf und ab, und der Organisationsleiter brachte endlich die Abstimmung zustande. Diesmal gab es sieben Gegenstimmen.

»Warte mal, ich werde sie noch ganz schön pieken«, sagte Thomas-Klaus Hammer am Abend.

Harald war enttäuscht, daß er seinen Platz an Hammer abgetreten hatte, weil er nur noch gute Ratschläge geben konnte. »Es war eine Dummheit von mir«, sagte er, »daß ich damals so aus der Haut gefahren bin.«

»Wir hätten es an deiner Stelle auch nicht ausgehalten«, sagte Thomas tröstend.

Und Harald hatte genug Gelegenheit in der Universität, Standhaftigkeit zu beweisen. Im Seminar Professor Rothers über die Stein-Hardenbergschen Reformen hatte es angefangen.

Sie traten als geschlossene Gruppe auf. Drei Studenten und ein Mädchen. Wo immer sich ihnen eine Handhabe bot, rissen sie die Diskussionen an sich. Wußte der erste auf eine Antwort nichts mehr zu erwidern, sprang der zweite für ihn ein. Versagte auch er, war der dritte da oder die vierte, und indessen hatte sich der erste längst wieder gefaßt.

»Darf ich die Kommilitonin fragen, ob das alles ist, was sie über die gesellschaftliche Struktur Preußens zu sagen hat, als daß – ich darf Sie zitieren – ›der alte Staat eine Hingabe des Volkes nicht gewollt hat‹?« »Das wundert mich nicht«, sagte der nächste, »ich vermisse in diesem Seminar ohnehin das historisch-konkrete Herangehen an alle gesellschaftlichen Erscheinungen und Zusammenhänge, und zwar nicht«, er lächelte hochmütig, »nach der streng individualisierenden Methode, sondern durch kritische Untersuchung eines jeden historisch-konkreten Einzelfalles, durch die tiefe Analyse der jeweiligen Klassenstruktur, der antagonistischen Kräfte der jeweiligen Gesellschaftsformation, durch die Analyse der fortschrittlichen und reaktionären Kräfte der von uns behandelten Epoche.«

»Meine Kommilitonen«, sagte Rother freundlich lächelnd, »darf ich Sie darauf aufmerksam machen, daß wir uns nicht im Marx-Engels-Institut befinden. Es bleibt Ihnen unbenommen, die historisch-konkrete Methode anzuwenden, nur dürfen Sie uns nicht verübeln, daß wir Ihre Arbeit mit der von Ihnen verpönten ›streng individualisierenden‹ Elle messen.«

»Wir denken nicht daran, ruhig zuzuhören«, sagte einer von

ihnen, »wenn die objektive Wahrheit bewußt oder unbewußt verfälscht wird. Wir machen diese beschönigende Verfälschung des deutschen Geschichtsbildes nicht mehr mit.«

Und wenn sich Rother dann zu weitschweifigen Ausführungen über die ›objektive Wahrheit‹ und die ›historische Wahrheit‹ hinreißen ließ, lehnten sie sich zurück, lächelten sich an und kritzelten ostentativ in ihren Heften.

»Bürgerlichen Stumpfsinn« nannte einer Haralds Referat über die Lage der preußischen Großgrundbesitzer vor der Reform.

Harald bat ihn nach dem Seminar um Auskunft, was er sich darunter vorzustellen habe. »Haben Sie immer noch nicht begriffen«, sagte der Mann, »daß nur eine zersetzende Kritik an den fortschrittshemmenden Elementen in der Geschichte angebracht ist. Und Sie reden davon, daß man auch den Krautjunkern gerecht werden müsse.«

»Euer Schema langweilt mich«, sagte Harald, »wenn alles so einfach wäre, wie ihr glaubt, brauchte ich nicht zu studieren.«

»Und ich dachte«, sagte einer von ihnen und tippte auf seinen Rockaufschlag, an dem das Abzeichen der Freien Deutschen Jugend steckte, »du gehörst zu uns?«

»Noch ist die FDJ keine marxistische Organisation, oder darf ich mich von euch belehren lassen?«

Aber als sich Marianne Latour bei ihm beklagte, auch bei den Juristen träten sie schon unverschämt auf, sagte er: »Wunderst du dich darüber? Natürlich werden sie überall versuchen, ihre Lehre zu predigen. Sie sind immer bereit, sich mit dir zu streiten, aber ich bin der einzige, der sich darauf einläßt. Rother behilft sich mit spaßigen Redensarten.«

»Was soll das, wenn sie in einer Strafrechtsübung eine halbe Stunde lang über die Unhaltbarkeit des bürgerlichen, idealistischen Moralbegriffes reden. Ich denke nicht daran, mich von diesen Schwachköpfen terrorisieren zu lassen.«

»Seit die Universität besteht«, sagte Harald kopfschüttelnd, »redet ihr von Terror, von der Einschränkung der akademischen Freiheit, statt eure achttausend politisch so wachen Studenten einmal aufzurufen. Bringt sie doch in Bewegung, wenn ihr glaubt, daß sie davon überzeugt sind, sie könnten hier nicht mehr frei atmen«, sagte Harald hartnäckig, weil sie ihn wieder daran erinnert hatte, daß er schon einmal zu schnell zurückgewichen war, »nein, ich denke nicht daran, die Flinte so schnell ins Korn zu werfen.«

Als sie sich an diesem Abend zum Abschied geküßt hatten, spielte sie mit einem Knopf an seiner Jacke und sagte, ohne aufzusehen: »Bist du eigentlich noch nie auf den Gedanken gekommen, mich zu fragen, ob du nicht hierbleiben darfst?«

»Bist du sehr gekränkt, wenn ich dir gestehe, daß ich es bei unserer ewigen Zankerei einfach vergessen habe.«

Als er später die Balkontür geöffnet und angelehnt hatte und ein frostiger Hauch die Vorhänge bewegte, flüsterte Marianne: »Was streiten wir uns bloß immer. Wir müssen noch so viel nachholen. Manchmal denke ich, wir haben nicht mehr viel Zeit.«

»Nachholen«, sagte er heftig, zärtlich, »nachholen, dabei geht es doch erst los!«

So hatte Jutta ihn noch nie gesehen. Er saß zusammengesunken in dem morschen Korbsessel beim Fenster, hatte die Ellbogen auf die Knie und den Kopf in die Hände gestützt, während er erzählte, warum er ihr die Postkarte geschrieben und sie gebeten hatte, ein paar Tage lang nicht zu kommen.

Daß er am Tag vorher spät und abgespannt nach Hause gegangen war und schon von weitem gesehen hatte, daß im Mansardenfenster Licht brannte, und gleich schneller gegangen war, weil er hoffte, Jutta sei gekommen und habe schon angeheizt, die Suppe gekocht, und für einen Augenblick hatte er sogar gehofft, erzählte er, daß sie noch einmal bei ihm bleiben würde, weil Ralph bald vom Kursus zurück sein mußte. So sei er die Treppe heraufgerannt, außer Atem, erwartungsvoll, aber als er die Tür aufstieß, hätte er gleich gesehen, daß der Ofen kalt war, die Herdplatte leer, daß auf der Couch Ralph lag, noch im Mantel, und daß sein Koffer neben der Tür stand: »Gleich da drüben neben der Tür«, sagte Karl-Heinz und hob seinen Kopf, bewegte flüchtig eine Hand und starrte auf die leeren Dielen.

Jutta saß auf der Couch. Sie hörte ihm geduldig zu, obgleich er außer sich zu sein schien und es schwer war, ihm zu folgen, denn manchmal sprach er hastig, abgehackt, dann wieder zähe und umständlich.

»Mensch, Ralph«, rief er, »schon wieder da?« Aber Ralph wandte den Kopf nicht. Er blickte starr an die Decke, obgleich Karl-Heinz neben der Couch stand. »Ralph«, sagte er, »du hast uns heute abend gefehlt. Sie konnten wieder nicht zu Rande kommen, wie immer, wenn der Herr Fakultätsgruppenleiter nicht da ist.«

»Na und?« fragte Ralph ungerührt.

Und Karl-Heinz, der schon beim Ofen war, Asche schaufelnd: »Was ist denn los mit dir, ist dir schlecht?«

»Allerdings«, sagte Ralph.

»Ich koch dir Tee, ich pump mir welchen von der Hilbert.«

»Hör schon auf.«

Karl-Heinz richtete sich auf, er hatte das Zeitungspapier in Brand gesetzt und hätte das Holz anlegen müssen, aber er ging zur Couch und sah Ralph an, dessen Blick an der schrägen Zimmerdecke haftete.

»Was ist denn los, Ralph?« fragte er ungeduldig.

»Was soll sein«, sagte Ralph, »sie haben mich rausgeschmissen.«

»Was ist?«

»Sie haben mich aus der Landesparteischule geschmissen.« Und plötzlich, weil Karl-Heinz wie angewurzelt stand, scharf, wie ein Befehl: »Steh nicht rum, heiz deinen Ofen an!« Also ging Karl-Heinz wieder zum Ofen und stocherte mit dem Feuerhaken in der Flamme, bis alle Holzspatel brannten, und nahm einen Topf aus dem Schrank, spülte ihn, schwenkte ihn aus, nahm Mehl und Salz und Zucker und ein paar Haferflocken und das Eipulver, weil er sich beschäftigen mußte: »Na ja, das kann doch jedem passieren«, obgleich er bodenlos enttäuscht war, »willst du von der Suppe?«

»Ich habe genug zu fressen gekriegt in den letzten vierzehn Tagen.«

Also löffelte Karl-Heinz allein die Suppe, und Ralph lag noch immer genauso da, als Karl-Heinz abwusch, den Teller, den

Löffel, die Schüssel und den Topf und die Rührkelle abtrocknete, sie im Schrank verstaute, Ralph eine Zigarette brachte und anzündete. Er steckte sich selbst eine an, legte sich auf die andere Couch und rauchte.

»Wenn du was zu tun hast«, sagte Ralph, »laß dich nicht stören. Es wäre vielleicht gut, wenn Jutta dieser Tage nicht rauskäme.«

»Nimm es doch bloß nicht tragisch.« Dabei war er verärgert, Ralph von der Landesparteischule geschmissen, dann würden sie einen neuen Fakultätsgruppenleiter wählen. Aber er schwieg und dachte über die Möglichkeiten nach, die sich ergeben konnten, obgleich er kaum noch nachzudenken vermochte, weil Ralph stumm blieb.

»Er lag einfach immer da«, erzählte er Jutta, die geduldig zuhörte, fünf Abende später, »als wenn er nicht mehr ... bei Troste wäre.«

Und darum fragte er nach einer Weile vorsichtig, bittend: »Ralph, was ist denn eigentlich passiert?«

Und Ralph, nach einer Pause: »Ich bin unwürdig für die Landesparteischule.« Er hatte die Hände friedlich über dem Bauch gefaltet. »Du brauchst dir keine Gedanken zu machen, Karl-Heinz.«

»Es ist doch nicht meinetwegen.«

»Dabei«, erzählte er Jutta, schuldbewußt, »hatte ich natürlich gerade an mich gedacht.«

Endlich, nach einer langen Weile, sagte Ralph: »Wenn du irgendeinem erzählst, was ich dir jetzt sage, Karl-Heinz, geht es mir an den Kragen, verstehst du, irgend jemand, auch Jutta.«

»Natürlich, Ralph.«

Aber wieder kam lange Zeit nichts mehr. Die alte Hilbert hatte unten das Radio eingestellt, und wenn sie auf den Lokus ging, rauschte es auch oben bei ihnen in der Leitung.

»Es war so ... du weißt, wie es in der Partei ist. Überall noch nicht wieder, vor allem wegen der überempfindlichen alten Sozialdemokraten. Mit der Zeit werden wir die Schraube sowieso anziehen müssen.«

Ralph sprach sehr ungehalten, unbeherrscht, »aber auf den

Schulen ist es selbstverständlich schon so, muß ja sein. Am ersten Tag mußten wir den ausführlichen Lebenslauf schreiben. Nicht etwa den üblichen, sondern einen mit jedem kleinen Scheißdreck, und denselben Lebenslauf mußtest du dann ein paar Tage später wiederholen, mündlich, vor dem Lehrgang. Selbstkritik muß sein, wo kämen wir sonst hin. Jeden Tag waren immer fünf bis sechs Leute dran. Ich war einer der letzten. Vor vier Tagen war das.«

Er griff, ohne hinzusehen, nach der Zigarettenschachtel, die Karl-Heinz auf den Stuhl neben der Couch gelegt hatte.

»Natürlich habe ich angegeben, daß ich zweimal in den Westzonen war, es war ja ein Parteiauftrag, die Studententreffen in Hamburg und Freiburg. Ich habe dir erzählt, daß ich in Freiburg den englischen Studenten kennengelernt habe, George Savidge. Wir haben ein paarmal über ihn gesprochen, wenn er geschrieben hat. Du weißt, wir hatten hier schon manchmal Streit, wenn Dummköpfe mit ihren Ansichten über England und Amerika gekommen sind. Auf der Schule war es noch schlimmer. Es ging einmal um die Negerfrage in Amerika, und der Referent hat das dargestellt, als würden alle Neger in New York auf der Straße geteert und gefedert. Und ich habe gesagt, wir wüßten schon, wie schlecht es den Negern geht. Viel mehr interessierte mich, was die Partei zu der Gefahr sagt, daß die Neger, auf die wir für die Revolution in Amerika große Hoffnungen setzen, durch Zugeständnisse korrumpiert werden, daß die demokratische Regierung ihnen gegenüber eine versöhnliche Politik betreibt. Da haben sie mich runtergemacht.«

»Und das war alles?« fragte Karl-Heinz, erleichtert, getröstet, ärgerlich, weil Ralph deswegen eine solche Szene machte.

»Wart's doch mal ab«, sagte Ralph ungeduldig. Dann schwieg er lange, und Karl-Heinz fürchtete, so erzählte er Jutta fünf Tage danach, er würde überhaupt nicht weitererzählen.

»Da hatten sie mich schon auf dem Strich, und vor vier Tagen, abends, war ich dran mit der Selbstkritik. Ich mache also meinen Lebenslauf, und ich bin kaum fertig, als mich einer von den Lehrgangsteilnehmern, ich kenne ihn gar nicht, fragt, ob das alles wäre.

Natürlich, sage ich, und er fragt, ob ich mit Mr. Savidge, meinem amerikanischen Freund, korrespondiert hätte. Englisch, sage ich, englischer Student, und von Freund kann keine Rede sein.

Das sollte ich gefälligst ihm überlassen. Was wir so geschrieben hätten? Er schrieb mir von der Sozialisierung in England und ich ihm von den Fortschritten des Sozialismus in unserer Zone.

Das war alles?

Nein, sage ich, ich habe ihm auch geschrieben, daß ich seinen sozialistischen Hoffnungen in bezug auf England skeptisch gegenüberstehe, denn die Reaktion werde überall dort, wo sie nicht mit eisernem Besen ausgefegt würde, immer versuchen, wieder an die Macht zu kommen. Bei uns sei damit endgültig aufgeräumt worden.

Und das ist alles?

Ja, sage ich. Und ich hätte auch in Freiburg mit ihm darüber gesprochen? Ja. Und in Hamburg war Herr Savidge auch zufällig? Natürlich nicht zufällig, er war offizieller Beobachter der National Union of Students in London. So, also nicht zufällig, sagt er, und dann, wörtlich: ›Dann bist du zum Scheißen zu dämlich, pack deine Sachen!‹ Er wär von der Parteikontrollkommisson.«

»Und das war alles?« fragte Karl-Heinz, etwas verstört jetzt, beunruhigt, aber wenn wirklich nicht mehr geschehen war... Übereifrige gab es überall und in der Kontrollkommission erst recht. »Das brauchst du doch nicht so tragisch zu nehmen«, sagte Karl-Heinz laut und fröhlicher, als ihm zumute war.

»Nein«, sagte Ralph, »ehe ich am nächsten Morgen – beim Frühstück saß kein Mensch mehr mit mir zusammen an einem Tisch – ehe ich abreisen wollte, mußte ich noch mal zum Schulleiter, und er gab mir einen Zettel mit einer Adresse: da meldest du dich, sobald du in Leipzig ankommst, und als ich wieder in Leipzig war, bin ich auch hingegangen, es liegt nach dem Völkerschlachtdenkmal zu.«

»Und was war das?«

»Die G.P.U.«, sagte Ralph.

»Zuerst«, erzählte Karl-Heinz, fünf Tage danach, als Jutta auf der Couch saß, auf der Ralph gelegen hatte, »zuerst habe ich gedacht, er hat doch was ausgefressen, Ralph, Ralph.« Er schlug sich wütend, erbittert an die Stirn.

»Und da habe ich gesessen, bis vorhin«, hatte Ralph gesagt. »Eigentlich bin ich nur gegangen, weil ich noch mal einen Schnaps trinken wollte und weil ich in aller Ruhe noch mal nachdenken wollte. Nicht in der Stimmung da im Keller. Und bin schließlich rausgegangen.«

»Und sie haben dich gehen lassen?« atemlos, den Strohhalm greifend.

»Natürlich«, sagte Ralph.

»Was denn, einfach so?«

»Nicht einfach so«, sagte Ralph, »erst mußte ich unterschreiben.«

»Was denn unterschreiben?« – »Ich konnte es doch ... ich konnte es mir einfach nicht vorstellen, Jutta«, sagte Karl-Heinz hilflos.

»Eine Verpflichtung, als Spitzel zu arbeiten. Sie haben mir gesagt, eigentlich sollte man mit mir kurzen Prozeß machen, wegen Spionage, aber ich könnte mich bewähren, und man ließe mich frei, wenn ich euch beobachtete ... dich, Biersenkel, Mullrich, die Fakultätsgruppe, die Hochschulgruppe, in der Partei gäbe es unsichere Elemente genug, die müßten ausgemerzt werden, und dort hätte ich aufzupassen, unter den Bürgerlichen hätten sie andere Leute.«

»Jutta«, erzählte Karl-Heinz fünf Tage später, »es war ... wo doch ich und Ralph ...« Er hätte dagesessen, erzählte Karl-Heinz, stumpf, hätte es nicht verstanden, nicht begriffen, nicht kapiert ... Ralph sollte ihn bespitzeln, Ralph sollte ... und Ralph, noch immer wie vorher, noch immer im Mantel und im Schal, hätte nach einer Weile gesagt: »Also wenn du einen Ton sagst, geht es mir an den Kragen, das habe ich auch unterschrieben.«

Und plötzlich stand Ralph auf, wie mit einem Ruck, stand einen Augenblick unsicher, zog sich den Mantel aus und ging hinaus.

Und von nebenan, ihrem Badezimmer, hörte Karl-Heinz Wasser in die Wanne rauschen, und dann kam Ralph wieder, seinen Rock, sein Hemd, sein Unterhemd über dem Arm, die flache, eingedrückte Brust war nackt. »Ich bin ein Rindvieh«, sagte er, »ich hätte vorher meinen Kopf unter die Dusche halten sollen.«

Und endlich, als er schon das Licht ausgeknipst hatte und Karl-Heinz regungslos lag und hörte, wie Ralph im dunklen Zimmer herumtappte und er ihn später leise atmen hörte, weil er selbst seinen Atem anhielt: »Aber du bist ja alt genug.«

Am nächsten Morgen war Ralph fort, und Karl-Heinz fuhr wie an jedem anderen Tag in die Stadt, und nachmittags fuhr er wieder zurück. »Ich weiß gar nicht mehr, was ich dazwischen gemacht habe.«

»Du hast mir die Postkarte geschrieben«, sagte Jutta.

»Ja, von der Post aus, daß du die nächsten paar Tage nicht kommen sollst. Und zu Hause war Ralph wieder da, er lag auf der Couch.«

»Laß mich in Ruhe«, sagte er, »ich muß nachdenken.«

Auch am nächsten Morgen war Ralph wieder fort, als er aufwachte. Und Karl-Heinz fuhr zur Universität, ging zur Mensa, in die Bibliothek, aber er konnte die Buchstaben nicht festhalten, als er las.

Jutta beugte sich ein wenig vor, weil er nur noch vor sich hin sprach, unaufmerksam, als rede er mit sich selbst.

Ralph lag wieder auf der Couch, als wäre er nie fort gewesen.

»Was soll man da machen?« hatte Karl-Heinz ihn ratlos gefragt.

»Darüber«, sagte Ralph, er lachte wirklich, er lachte, »denke ich auch schon nach. Wenn ich was rausfinde, sage ich's dir.«

»Dieser Abend, Jutta, Ralph auf der Couch ... und nie, nichts hat er gesagt, und ich ... konnte nichts machen ... ich lag da und hab geraucht und gewartet, ob er was sagt.«

Am nächsten Tag aber – natürlich war Ralph wieder fort, als er erwachte – sagte er sich, er müsse zu einem Entschluß kommen, so oder so. Er wußte immer noch nicht, ob er das je verstehen würde oder nicht, aber heute mußte er sich entscheiden. Er schwankte zwischen Mitleid für Ralph und Haß, weil durch Ralph plötzlich alles schwierig geworden war. Weil es einfach und selbstverständlich geblieben wäre, aber mittags, als Großmann mit ihm vom Büro zur Mensa ging, nachdem sie Wahlzettel verteilt hatten, geschah es, weil Großmann sich so aufplusterte, erzählte er Jutta, weil Großmann etwas über die Partei sagte, die vorbildlich sei im Gegensatz zu den bürgerlichen Parteien. »Ich weiß doch auch nicht mehr, Jutta, irgendwas ...« und dann, dann ... er hätte sich am liebsten die Zunge abgebissen, aber es war heraus, der Anfang war schon heraus gewesen: »Ist das vielleicht schön, was die Partei mit Ralph gemacht hat?«

»Jutta«, sagte er, »Jutta ... ich war ... ich war einfach ...«

Ralph blickte an die Decke und wandte nur ein einziges Mal den Kopf, als ihm Karl-Heinz verzweifelt davon erzählte, und Karl-Heinz schlug mit der Faust auf den Tisch und schlug sich an den Schädel, aber Ralph sagte: »Hör auf, ich bin doch selber schuld, ich hätte es doch wissen müssen, und vielleicht ist es ganz gut so.«

»Aber Ralph, wenn sie ... wenn sie dich wirklich holen!« und dann, in diesem Augenblick, erzählte Karl-Heinz, war insgeheim, unausgesprochen, schon sein Entschluß fertig, denn er sagte: »Hau doch ab, sofort, Ralph, irgendwohin, nach Westdeutschland.«

»Und was soll ich da?«

»Das ist doch egal, erst mal weg hier.«

»Und wie soll ich in Westdeutschland politisch stehen?«

»Das ist doch scheißegal jetzt.«

Ralph rührte sich nicht, er lag da, dann schüttelte er langsam den Kopf. »Das ist es eben nicht«, sagte er, »nur eins, Karl-Heinz ... Du darfst auf keinen Fall eine übereilte Entscheidung treffen. Überlege dir alles genau. Vielleicht findest du dann einen Ausweg zwischen deinen Freunden und der Partei mittendurch. Bloß nichts überstürzen. Es hat keinen Zweck, eine Entscheidung im Affekt zu fällen.«

Am nächsten Morgen war er wieder fort. »Ich weiß auch nicht«, sagte Karl-Heinz zu Jutta, »wo er die ganze Zeit immer gewesen ist.«

»Am Dienstag«, sagte Jutta, »hab ich ihn mal gesehen, von weitem, er ging auf der anderen Straßenseite, er hat mich aber nicht erkannt.«

Karl-Heinz ging auch an diesem Tag wieder zur Hochschulgruppe, und Großmann war da, und Biersenkel und alle andern. »Ich weiß nicht mehr, aber ich habe doch mit ihnen die ganze Zeit geredet ... die ganze Zeit, wie immer«, rief Karl-Heinz.

Am Abend war Ralph nicht da und kam auch nachts nicht nach Hause, und am nächsten Morgen nicht, und auch abends lag er nicht auf der Couch, als Karl-Heinz die Tür aufstieß. Die Couch war leer.

»Und jetzt, Jutta«, endlich hob er den Kopf, und seine Augen, groß und schwarz, sahen Jutta an, »ist es aus für mich.«

Da gaben seine Schultern nach, er bewegte sich nicht, aber sackte einfach weg, als er anfing zu weinen. »Ich wollte doch nicht ... Ralph hat doch ... ich ...«, seine Schultern zitterten, »diese Scheißpartei ... belogen und betrogen ... aber ich werde ...«, er zog die Luft durch die Nase, richtete sich auf und ließ sich gleich wieder fallen. »Jutta ... wenn Ralph nicht wiederkommt ... wenn Ralph ... dann ... dann sollen sie was ... erleben, dann ...«, es war, als wollte er schreien, aber es kam kaum ein Laut heraus, es war ein Zischen, tonlos und schwach, »dann ... dann können sie was ... von mir erleben.«

Ralph kam nicht wieder.

Vielleicht war es nur die unwirkliche Stimmung des ersten Ferienmorgens: Haralds Schritte hallten so selbstbewußt in den verlassenen Fluren.

Das Sonnenlicht war leicht, hell, verträglich, und Harald blieb am Tor stehen, blickte nach links und rechts die ›Linden‹ hinunter.

Jenseits der Fahrbahnen ging ein einsamer Fußgänger über den kahlen Platz zwischen Staatsoper und Kronprinzenpalais, ging wie in einer fremden, öden, steinernen Landschaft.

In diesem Augenblick kam Trebin durch das Tor. »Guten Tag, Herr Professor«, sagte Harald, ein kalter Blick traf ihn, und als Trebin seinen Hut leicht anhob, zögerte Harald nicht mehr, und

Trebin war noch nicht vier Schritte entfernt, als Harald rief: »Herr Professor!«

»Ja, bitte?« Trebin blieb stehen, aber es war, als stellte er sich so, daß er sich ohne Aufenthalt wieder zum Gehen wenden könnte. »Darf ich Sie ein Stück begleiten, Herr Professor, ich würde Sie gerne etwas fragen?«

»Bitte sehr«, sagte Trebin. Der Mund bewegte sich schlaff leblos, als gehöre er nicht zu diesem Gesicht, zu diesen Augen, »bitte, Herr... Momber, nicht wahr... ich will zum Potsdamer Platz.«

»Danke sehr.«

Harald versuchte sich seinen Schritten anzupassen, aber Trebin machte unregelmäßige, unbeherrschte Bewegungen. »Vielleicht«, sagte er langsam, »ist es eine Zumutung, Herr Professor, aber es ist eine Frage, mit der ich alleine nicht mehr fertig werde, und nicht wüßte, an wen ich mich sonst wenden sollte.«

»Ja?« sagte Trebin leichthin, aber Harald empfand es als schroff und abweisend, er blickte ratlos auf die unzähligen Pflastersteine und schwankte, ob er nicht doch nach Clemens dem Zweiten oder Heinrich dem Sechsten fragte, aber da er nun so weit vorgeprellt war, sagte er, beinahe ungehalten darüber, daß er sich nun wieder erklären mußte und daß der Versuch wahrscheinlich vergebens sein würde: »Herr Professor, es ist nicht mehr zu leugnen, daß sich die Lage verschärft, nach allem, was man aus der Ostzone hört. Der Weggang der Professoren aus Leipzig, aus Halle, jetzt auch hier die marxistischen Pflichtvorlesungen, die Tätigkeit der... Marxisten in den Seminaren, es gibt Leute, die behaupten, es sei wieder so, wie unter den Nazis...«

Es war, als würfe ihm Trebin einen raschen, lauernden Blick zu, aber seine Stimme klang unbeteiligt: »Gewiß, auch unter den Kollegen hört man manches harte Wort.«

»Es ist schon so weit, Herr Professor, daß es Kommilitonen gibt, die behaupten, man müsse heute wieder die alten Fragen stellen: entweder zu den Machthabern überlaufen, aus Überzeugung oder Opportunismus, oder sich unbeteiligt stellen und versuchen, solange wie möglich bei der Wahrheit zu bleiben, vom Katheder herab zum Widerstand auffordern oder sozusagen emigrieren und in einem der drei Westsektoren eine neue Universität eröffnen. Herr Professor, ich habe mich lange dagegen gewehrt, mich darüber in eine Diskussion einzulassen, und ich bin bis heute nicht vorbehaltlos bereit, die Prämissen anzunehmen. Wenn ich Sie bitten dürfte ... Sie haben die Erfahrung von dreiunddreißig, Herr Professor ...«, und als Trebin schwieg, sagte er schnell: »Ich will Ihnen nicht die Pistole auf die Brust setzen.«

»Aber nein«, Trebin schien zu lächeln, er zog die Oberlippe hoch, »ich verstehe Sie ausgezeichnet. Gewiß, einzelne Studenten sind neunzehnhundertvierunddreißig-fünfunddreißig zu mir gekommen. Später hörte es dann leider auf, nur meine alten Schüler kamen noch, bisweilen, Sie kennen die Gründe, aber Sie sind der erste, der nun wieder zu mir kommt, das sollte doch Grund genug sein, daß wir zusammen darüber nachdenken.«

Sie mußten an der Friedrichstraße stehenbleiben, die Ampel zeigte rotes Licht. Trebin verhielt ungeduldig, einen Fuß auf dem Fahrdamm, er zog ihn rasch zurück, schnellte ihn aber wieder vor. »Wir können auch durch die Leipziger Straße gehen«, sagte Harald.

Aber Trebin wies mit einer flüchtigen Handbewegung geradeaus: »Wenn es Ihnen nichts ausmacht, Herr Momber, gehen wir lieber außen herum, durch das Brandenburger Tor, dort fühle ich mich freier als zwischen den Ruinen.« Als sie wieder nebeneinander hergingen, war Harald unsicher, ob er noch eine Antwort schuldig war, aber endlich sagte Trebin: »Gewiß, es mag verlocken, die Situation von heute mit jener von dreiunddreißig zu vergleichen – wenn auch die Fronten heute verschränkter, schwerer faßlich scheinen, aber wenn wir eine Vereinfachung auf uns nehmen wollen, so mag es angehen, zumal, ähnlich wie damals, die meisten von denen, die so fragen, wie Sie andeuteten, von einer Gewissensentscheidung sprechen zu müssen meinen, also von einer Entscheidung, deren Begründung nicht viel mehr sein kann, als die nachträgliche Deutung eines Entschlusses, der ja unabhängig von rationaler Erwägung längst gefaßt war. So daß es meist ganz und gar hoffnungslos sein würde, etwa die jeweilige Antwort sachlich zu diskutieren.« Er blieb eine Weile stumm, und Harald war wieder nicht sicher, ob Trebin schon fertig war, bis er sagte: »Sehen Sie, Herr Momber, ich glaube aber, es würde wenig Sinn haben, wenn wir die vier oder fünf von Ihnen sehr einleuchtend formulierten Verhaltensweisen allen Möglichkeiten nach untersuchen wollten. Es ist unzweifelhaft, daß wir, wie dreiunddreißig, zugunsten und zuungunsten einer jeden eine ganze Reihe schwerwiegender Gründe leicht finden könnten, zumal die Diskussion über die Situation von damals längst nicht abgeschlossen ist. Vielfach könnten wir die uns nun geläufigen Argumente schon in die neue Antwort einfügen.«

»Das ist sicher, Herr Professor, nur habe ich das Empfinden«, er schämte sich, daß er nicht eingestand, daß er es in Kierkegaards ›Journalen‹ gefunden hatte, »ob der völlige Verzicht auf alle Subjektivität endlich nicht zu einer Art Fatalismus führen könnte? Vielleicht kann wirklich nur...« – er vermied es, ›Glaube‹ zu sagen, und war unsicher in der Wahl eines Synonyms – »die Überzeugung ... das Gewissen eine Sache so dialektisch sehen, daß selbst das Negative noch als Positives erscheint?«

»Ich glaube zu begreifen, was Sie in diesem Zusammenhange unter ›Gewissen‹ verstehen, Herr Momber, jedoch spielt, wenn ich das hier sagen darf, für uns Historiker Gewissenhaftigkeit eine viel wesentlichere Rolle.«

Er ging stelzend, drückte gelegentlich die Knie durch wie hinter dem Katheder, dann wieder schlapp, unaufmerksam, um plötzlich mit einem überraschenden Fußtritt einen Stein aus dem Wege zu stoßen.

»Sehen Sie«, sagte er, »Sie dürfen nicht aus den Augen verlieren, daß dem Historiker in erster Linie Gelassenheit, ja geradezu eine Dosis Indolenz angemessen ist, Sie könnten auch sagen ... ein dickes Fell. Er wird scheitern, wo immer er verbittert oder gar verzweifelt. Das ist so seit den Klagen über den Untergang Roms bis zu dem Buche des Mannes, der unser aller hochverehrter Lehrer ist, des Geheimrates Meinecke. Haben Sie es gelesen?«

»Die ›Deutsche Katastrophe‹, ja, ich fand es ... hilflos«, sagte Harald. Er war mit sich selbst unzufrieden, weil er nun nicht im entferntesten so rücksichtslos zu urteilen wagte wie Kohlhoff oder Marianne gegenüber.

»Ich hätte mir natürlich denken können, daß Sie es nicht sonderlich schätzen würden«, sagte Trebin und zeigte lächelnd seine Zähne. Und wieder gelassen und ernst: »Ich bewundere den Geheimrat, daß er gewagt hat, ein solches Buch zu schreiben. Ich hätte mich vor meiner Bitterkeit gefürchtet.«

»Sehen Sie«, Trebin hatte den Kopf gehoben und blickte, aus halbgeschlossenen Augen, geradeaus, »Sie dürfen mit uns alten Herren nicht ohne alle mildernde Umstände ins Gericht gehen. Sehen Sie, wenn man vom Historiker mehr Weitblick und Voraussicht erwarten will, so verkennt man die Stellung und Bedeutung des Historikers. Das ist doch die Voraussetzung, die einem jeden Gespräch mit Marxisten so unendliche Schwierigkeiten entgegenstellt. Ich bin nicht imstande, ihren Optimismus zu teilen.« Er wandte Harald sein Gesicht zu und lächelte jetzt wirklich, deutlich, eindeutig, aber die Mundwinkel wischten das Lächeln sofort wieder aus.

»Sehen Sie, nach unserer Auffassung beteiligt sich der Historiker nicht am Dialog, er lauscht, er hört zu.«

Sie standen schon am Potsdamer Platz. Von der Leipziger Straße her dröhnte Lautsprechermusik über die kahle Fläche. Es herrschte nur ein geringer Verkehr. Jenseits des Platzes, zum Anhalter Bahnhof, zog sich, an Verkaufsbuden entlang, ein dünnes Rinnsal Fußgänger hin. Ringsum ragten hohle Fassaden in den Himmel.

»Ich bin Ihnen natürlich noch eine Antwort schuldig, Herr Momber.« Er wies über den Platz, und die Handbewegung schloß die schäbig gekleideten Passanten ein und die Ruine des Potsdamer Bahnhofs, die in ausgeleierten Schienen ratternde Straßenbahn, die von Gesundheit strotzenden Militärpolizisten, die kümmerlichen Verkaufsbuden und die roten Transparente.

»Berlin ist eine erregende Stadt«, sagte er, »auch heute noch, vielleicht wirklich erst heute. Es wird so oft von den Welten gesprochen, die hier zusammenstoßen, aber es ist gewiß Wahrheit darin, denn hier reibt es sich, verwebt es sich miteinander, stößt und vereinigt sich. Hier werden unzählige Dialoge geführt. Sehen Sie, lieber Herr Momber, darauf kommt es an. Sobald es einmal keine Dialoge mehr geben wird und man sich mit Monologen begnügt, braucht man uns Historiker nicht mehr, dann bedarf es gewissenhafter, aber auch gewissenloser«, da war wieder der Anflug eines Lächelns – »Hofchronisten.«

Er hielt Harald seine schmale Hand hin, die ledern war und keinen Widerstand leistete, als Harald sie drückte. »Hoffentlich habe ich Sie nicht aufgehalten«, sagte Trebin. Er zog seinen Hut, schritt langsam mit seltsam schlenkernden Bewegungen über den Fahrdamm und verschwand, Schritt für Schritt, Stufe für Stufe, im U-Bahneingang.

Harald sah ihm nach, während das Gefühl, im Stich gelassen worden zu sein, in ihm wuchs und wuchs, ein Gefühl, daß alle Einsicht nur geholfen hatte, solange Trebin bei ihm gewesen war, als sei Trebin imstande, ihn vor allen Fragen zu bewahren.

Drei Wochen später fand er im *Berliner Echo* eine Notiz:

HISTORIKER VERLÄSST HUMBOLDT-UNIVERSITÄT

Der bekannte Mediävist Professor Dr. A. Trebin hat sich entschlossen, seinen Lehrstuhl an der Humboldt-Universität im Sowjetsektor aufzugeben und einem Ruf nach Tübingen zu folgen. Dies ist im Laufe der letzten fünf Wochen der achte namhafte Gelehrte, der der kommunistischen Hochschule ›Unter den Linden‹ den Rücken kehrt.

»Das sieht ihm ähnlich, Herrn Trebin, deinem großen Vorbild«, sagte Marianne, sie saß vornübergebeugt vor ihrem Toilettentisch und blickte aufmerksam in den Spiegel. »Sprüche machen, aber wenn es ernst wird, sich vor der Verantwortung drücken. Vielleicht verstehst du jetzt, was ich dir über die Einstellung unserer Professoren gesagt habe. Leute wie Rother sind eine seltene Ausnahme.«

»Erstens war Trebin nie mein Vorbild«, sagte Harald unwillig, »zweitens hat er nicht halb so viele Sprüche gemacht wie ihr.« Er starrte so ärgerlich ihren Rücken an, daß sie in den Spiegel lachte.

»Harald, ich bitte dich, sei einmal ehrlich. Was hast du erreicht? Deine erste Hoffnung war die Einheitspartei, darum haben sie dich betrogen. Dann kam die FDJ, du bist ihnen wieder auf den Leim gekrochen. Jetzt mußt du eingestehen, daß ihr an die Wand gedrückt worden seid. Dann hast du erwartet, wenigstens auf der Universität würden sie dir mit Vernunftgründen begegnen, und jetzt fängst du mit den ... Dialogen an, einer Idee, die dir Trebin in den Kopf gesetzt hat. Harald«, sie drehte sich auf ihrem Hocker um und sah ihn lächelnd an, »merk doch endlich, daß sie deine guten Ratschläge nicht mehr hören wollen, daß kein Kommunist mehr auf deine Kompromißbereitschaft wartet. Jetzt haben sie die Macht, und sie brauchen keine Kompromisse mehr. Sie brauchen deine freundlichen Gesten nicht, was erwartest du noch?«

Er lag auf der Couch, die Arme weit von sich gestreckt. »Ich weiß es auch nicht mehr«, sagte er unlustig, »nur eines weiß ich: daß Reflexion nicht genügt. Mit Reflexion«, sagte er und lächelte, um Verzeihung bittend, weil sie ihn nicht verstehen konnte, »bin ich gestrandet.«

Dann lag er da und beobachtete das Spiel der Schatten an der Decke, die sich zuckend bewegten, als sie sich kämmte. »Dafür habe ich immerhin was dazugelernt inzwischen. Ich weiß wenigstens, daß ich an etwas glaube.«

»Soso?« fragte Marianne gutmütig spitz und kam zu ihm, setzte sich auf den Rand der Couch und beugte sich lächelnd über ihn.

Aber Harald hielt die Augen geschlossen. »Ich glaube«, sagte er und zögerte, sprach dann rasch weiter, bemüht, den geringsten Anschein allen Pathos zu vermeiden, »an die Mächtigkeit des Einzelnen. Ich glaube, daß jeder Einzelne imstande ist und verpflichtet, sich zu entscheiden, daß er fähig ist, Dinge zu bewirken, daß er zählt, daß sein Einsatz zählt.«

»Aha«, sagte Marianne, und er spürte, daß es sinnlos war, an diesem Abend, daß sie ihm nicht mehr ernsthaft zuhören wollte, denn sie machte nun ein komisch beeindrucktes Gesicht. Er stand auf und ging im Zimmer auf und ab, während Marianne ihn unverwandt beobachtete. Sie lächelte nicht mehr, sondern sah müde aus, ungeduldig.

»Es wird uns nichts geschenkt, Marianne, aber ihr verlangt sofort handgreifliche Erfolge, ausmünzbare Ergebnisse. Und eines werde ich nicht begreifen, Marianne«, er ging noch immer auf und ab, ohne ihre Augen zu beachten, die seinem Wege folgten, »daß ihr heute, wenn ihr Bundesgenossen für eure neue Universität sucht, ausgerechnet auf alte Nazis zurückgreifen müßt, da ihr nicht genug Demokraten findet. Das ist mir unbegreiflich!«

Sie stand auf und schüttelte den Kopf, aber Harald hatte die Balkontür geöffnet und kehrte ihr den Rücken zu.

»Warum mußt du wieder übertreiben«, sagte sie ungehalten, »schließlich haben wir auch darüber nachgedacht, und du weißt genau, daß noch nichts, gar nichts entschieden ist, weil wir, dank der Haltung der sogenannten demokratischen Professoren, kaum einen Schritt vorangekommen sind.« Und dann, gähnend, versöhnlich: »Harald, es ist doch kindisch, wir kennen unsere Steckenpferde auswendig, komm lieber und hilf mir ein bißchen.«

Sie öffnete eine Truhe beim Fenster, nahm die Steppdecke heraus, das Kopfkissen, das Laken und schlug ihm, als sie an der Balkontür vorüberging, freundlich auf den Rücken. Sie breitete das Laken über die Couch, legte das Kopfkissen hin, strich die Steppdecke glatt, setzte sich und zog die Schuhe aus.

»Schön, es fällt mir oft nicht leicht, aber ich habe mich längst entschieden«, sagte Harald, ohne sich umzuwenden, auf den Balkon hinaus. »Ich bin schon lange kein Marxist mehr, vielleicht war ich es nie, jedenfalls war ich nie so sehr Marxist wie viele deiner neuen Freunde, die mich heute noch einen Marxisten schimpfen, nur weil ich es nicht fertigbringe, mit der Überzeugung meines Vaters zu billig abzurechnen. Du weißt genau, daß ich die Engstirnigkeit der bolschewistischen Partei verabscheue, aber ich bringe es nicht fertig, in jedem Kommunisten einen Verbrecher, einen Spitzel, einen Terroristen zu sehen. Ich habe mit ihnen umzugehen, und ich bilde mir mein Urteil, von Günther Patze angefangen über jeden einzelnen von ihnen, und ich denke auch nicht daran, auf der anderen Seite nur saubere, anständige Demokraten zu sehen. Ich werde mir erlauben dürfen, auch hier alle einzeln zu betrachten. Ich kann nicht jedes dumme kommunistische Mädchen, ich kann nicht Gerhard Völker verachten, nur weil irgendeine Gehirnwindung bei ihm verstopft ist. Nein, ich kann es nicht«, sagte Harald in die Finsternis hinaus, »ich werde mit ihnen zu reden versuchen, solange sie mich noch anhören. Ich werde es versuchen, ehe ich sie Verbrecher schimpfe.«

»Harald«, sagte Marianne leise und noch einmal, flehend, »Harald«, aber er hörte sie nicht.

Er stand in der Tür, enttäuscht, bitter, weil er bisher nichts vermocht hatte, weil er gescheitert war und weil er fürchtete, wieder zu scheitern, wieder und wieder zu scheitern, weil er Angst davor hatte, er würde eines Tages bekennen müssen, daß alles vergebens gewesen war, aber weil er bis zum Ende versucht haben und nicht aufgeben wollte, sagte er: »Marianne, sie glauben auch an ihre Aufgabe, an ihr Ziel, und es ist dem Ziel sehr ähnlich, von dem viele von uns einmal geträumt haben. Und ich sage dir, daß mir jeder einzelne anständige Kommunist, der es mit sich selbst vielleicht erheblich schwerer hat, daß mir...«

»Dann geh doch schon«, schrie Marianne, und Harald fuhr herum. Sie hatte sich die Bluse schon ausgezogen und hielt sie in der Hand. Er sah ihre zitternden Schultern und wie die Hände die Bluse packten, als wollten sie sie auswringen. »Geh doch«, schrie sie, »zu deinen bemitleidenswerten Mädchen mit ihren pickligen Gesichtern. Natürlich, sie haben keine Zeit, sich zu pflegen. Vielleicht findest du bei ihnen deine ideologische Befriedigung. Da findest du deine Idealisten, geh doch hin, du komischer Intellektueller, du komischer Heiliger, geh doch, befreie mit ihnen die Menschheit von dem bürgerlichen Ungeziefer, zu dem ich auch gehöre!«

Harald war mit zwei Schritten bei ihr und rüttelte sie an der Schulter: »Marianne«, rief er, »Marianne, das ist doch wahnwitzig... entschuldige, aber... du mußt...«

»Laß mich los«, sagte sie leise, »laß mich los«, sie atmete heftig, aber ihr Gesicht war wieder ruhig, kalt, »verschwinde.«

Harald stand da, einen Augenblick lang, weil er es nicht glauben wollte, aber er sah ihre Augen und wußte, daß kein Wort sie erreichen würde, drehte sich um, ging hinaus, tappte im Dunkeln die Treppe hinunter, durch den Flur zur Tür, drehte den Schlüssel um, ließ die Haustür hinter sich ins Schloß fallen, ging durch den Garten und schloß auch die Gartenpforte. Aber in diesem Augenblick rief Marianne ihn an: »Harald, komm rauf, wir sind ja verrückt geworden.«

Harald blickte zum Balkon hinauf. Sie stand vor dem hellen Viereck der Tür, deutlich zu erkennen, und hatte sich einen Bademantel angezogen. Harald starrte hinauf und zögerte und dachte daran, wie es sein könnte: Daß sie ihm später leicht, wie tröstend, die Stirn streicheln, daß er dann zufrieden sein würde wie niemals sonst, erfüllt, leicht und ausgeglichen.

Und dann dachte er an alle Hänseleien und Demütigungen. Immer, seit Mulbower, dem ›Aktiv‹, dem Studentenrat und immer. Immer hatten sie ihm unrecht gegeben. Er war kurzsichtig in seinem Optimismus, einfältig, und jetzt war er auch noch ein komischer Intellektueller. Und daß es seine Freunde waren, die ihn doch kannten: Marianne, Misch, Kliemann, Elfert, die so stolz darauf waren, daß sie differenzierten, daß sie unabhängig urteilten, traf ihn schmerzhafter als die Pöbeleien, die er von Kommunisten gehört hatte.

Das dachte Harald innerhalb dreier Sekunden, während er auf der Straße stand und zu Marianne hinaufsah. Und als drei Sekunden um waren, ging er die Straße hinunter, in der, zum dritten Male nach dem Kriege, die Kastanien zu blühen anfingen und das Blätterdach über seinem Kopf den Hall der Schritte auf dem Pflaster dämpfte.

Dann verdichteten sich die Gerüchte, denen zufolge der Tag X der Währungsreform in den westlichen Besatzungszonen nahe bevorstand. Dann wurde eines Nachmittags im Radio die Verordnung über die Währungsreform verlesen, und am selben Abend wurde bekanntgegeben, der Oberbefehlshaber der sowjetischen Besatzungstruppen in Deutschland habe befohlen, am nächsten Morgen um null Uhr den Personenverkehr zwischen den westlichen Besatzungszonen, der sowjetischen Besatzungszone und Berlin einzustellen.

Und dann übermittelte Marschall Sokolowskij dem amtierenden Bürgermeister von Groß-Berlin den Befehl Nummer einhundertelf über die Durchführung der Währungsreform in der sowjetischen Zone und Gesamt-Berlin, erklärten die westlichen

Besatzungsmächte den sowjetischen Währungsbefehl Nummer einhundertelf in ihren Sektoren für ungültig, wurden die sowjetischen Stromlieferungen aus dem sowjetischen Sektor nach West-Berlin eingestellt, begann die sowjetische Militäradministration die Kohlenlieferungen an die Kraftwerke der westlichen Sektoren zu unterbinden. Wurde das Viermächteabkommen über die Lebensmittelversorgung auf Befehl General Kotikows außer Kraft gesetzt. Durfte, laut Befehl fünfhundertacht des sowjetischen Militärkommandanten, keine aus Sowjetlieferungen stammende Milch mehr in die West-Sektoren geliefert werden. Beschuldigte die Sowjet-Regierung die drei Westmächte, durch selbständige Schritte das Viermächteabkommen über Deutschland gebrochen zu haben.

Traf bei Harald Momber ein Brief von einem Bruder seiner Mutter aus Schweden ein, in dem er sie beide herzlich einlud, im Frühherbst nach Stockholm zu kommen und ein halbes Jahr dort zu verbringen: Harald könne doch auch dort studieren.

Harald saß in seinem Zimmer, in Hemdsärmeln, es war schon warm. Er hatte die Deckenbeleuchtung ausgeschaltet, nur seine kleine Stehlampe brannte. Unter dem Schirm summte ein kleiner Falter, bisweilen stieß er gegen das Pergamentpapier, und für kurze Zeit wurde das Summen heller und schärfer.

»... wenn Ihr einverstanden seid, daß ich auch alleine komme, da Mutti auf gar keinen Fall jetzt fort will, nehme ich Eure Einladung natürlich sehr gerne an. Vorausgesetzt, daß ich zur gegebenen Zeit überhaupt noch aus Berlin herauskomme. Denn es ist hoch an der Zeit, daß man sich einmal eine andere Perspektive verschafft.«

Wenn er einmal aussetzte und nachdachte, konnte Harald im Lichtkreis der Lampe einzelne Bücher auf seinem Schreibtisch stehen sehen, die mittelenglische Grammatik, den Band Wordsworth, John Donne, da war der Pirenne, der Huizinga, ein Band Droysen. Er wußte, daß außerhalb des Lichtkreises der Lampe noch viel mehr Bücher standen, die zu lesen er sich seit langem vorgenommen hatte.

»... wäre es natürlich unvorstellbar schön, wenn ich einmal in aller Ruhe arbeiten könnte ...«

Aber als er den Brief in den Umschlag gesteckt, den Umschlag zugeklebt, die Adresse geschrieben hatte, als der Brief vor ihm lag, er ihn schließlich aufnahm und in der Hand wog, war es Harald, als hätte er soeben einen Verrat begangen.

Am dreiundzwanzigsten April des Jahres neunzehnhundertachtundvierzig, nachmittags gegen achtzehn Uhr, veranstalteten die, wie es hieß, freiheitlichen Studenten aller Berliner Hochschulen, insbesondere aber solche der Humboldt-Universität (Sowjet-Sektor), in einem notdürftig hergerichteten Saal des ›Esplanade‹ (britischer Sektor) am Potsdamer Platz eine Protestkundgebung gegen die von ihnen als widerrechtlich empfundene Relegation dreier ihrer Kommilitonen:

der drei Redakteure einer Studentenzeitschrift, die, den Behauptungen des Präsidenten der ›Zentralverwaltung für Volksbildung in der sowjetischen Besatzungszone‹ zufolge – dem die Verfügungsgewalt über alle Universitäten der Ostzone sowie die Berliner Humboldt-Universität zustand –, mit einer Reihe von Artikeln in dieser Zeitschrift die Würde ihrer Universität verletzt hätten, weswegen man ihnen nunmehr die Studienerlaubnis entzogen habe, so daß von einer Relegation keine Rede sein könne, weshalb auch das wiederholte Verlangen des Studentenrates der Humboldt-Universität, den Betroffenen müsse zumindest ein Disziplinarverfahren gemacht werden, vollständig grundlos und unzutreffend sei, da es sich bei dieser Maßnahme keineswegs um einen Eingriff in die Rechte der Universität, sondern lediglich um einen Verwaltungsakt handele, welcher der ›Zentralverwaltung‹ durchaus zustehe.

Jedoch hatten sich die, wie es hieß, freiheitlichen Berliner Studenten auf eine solche Begründung nicht eingelassen und waren, obgleich der Präsident der ›Zentralverwaltung‹ erklärte, Teilnehmer an dieser Kundgebung müßten gleichfalls mit dem Entzug der Studienerlaubnis rechnen, in so außerordentlicher Zahl zusammengekommen, daß der Saal nicht ausreichte und in aller Eile eine Lautsprecheranlage eingerichtet werden mußte, damit auch die draußen Stehenden den Verlauf der Veranstaltung verfolgen konnten.

Das ›Esplanade‹ ist in der Bellevuestraße, gegenüber dem Columbia-Haus, unmittelbar an der Sektorengrenze gelegen.

Am Anfang standen die Ausführungen eines Jenenser Kommilitonen, der ausrief, der Herr Präsident der ›Zentralverwaltung‹ habe völlig recht, wenn er behauptet, er behandele die Humboldt-Universität noch mit Toleranz – Hohngelächter –, denn in Jena und anderen Universitäten der sowjetischen Zone würden nichtkommunistische Studenten und Professoren seit langem rücksichtslos ihres Amtes enthoben, relegiert und verhaftet.

Aber auch für die freiheitlichen Berliner Studenten ging es an diesem Tag nicht mehr um die Relegation dreier Redakteure einer Studentenzeitschrift.

Die Relegation war nur der Punkt aufs i: auf das Zulassungsverfahren, welches Angehörige kommunistischer Organisationen, ungeachtet ihrer Eignung, in immer stärkerem Maße begünstigte, auf die Diffamierungen nichtkommunistischer Studentenratsmitglieder, auf die Verhaftung nichtkommunistischer Studenten, auf die Förderung marxistischer Professoren, deren Vorlesungen zu besuchen zur Pflicht gemacht wurde, auf willkürliche Eingriffe der ›Zentralverwaltung‹ in den Lehrbetrieb und die Verwaltung der Universität und die Arbeit des Studentenrates, der vergeblich protestiert hatte.

Der Punkt auf die Vorherrschaft und den allmächtigen Anspruch *einer* Partei, *einer* Weltanschauung, so wie es viele der freiheitlichen Berliner Studenten, wie sie sich nannten, schon einmal erlebt hatten.

Und das war noch nicht so lange her.

So forderte jene Versammlung freiheitlicher Studenten Berlins die Unterstellung der Berliner Universität unter eine Viermächteverwaltung oder aber, falls diese Forderung unerfüllt bliebe, die Gründung einer Universität in einem der drei westlichen Sektoren der Stadt, einer Universität, an welcher man – unangefochten durch politische oder weltanschauliche Bevormundung – endlich in Ruhe studieren könne. Politiker und angesehene Bürger Berlins machten die Forderung der, wie sie sagten, freiheitlichen Studenten zu ihrer eigenen, und das Berliner Stadtparlament stimmte, gegen die kommunistische Fraktion, dem

Antrage zu, der die Gründung einer freien Universität vorsah. Eine Universität? Ohne Geld, ohne ein Buch, ohne einen Hörsaal, ohne ein Labor, ohne einen Lehrkörper?

Der Kommandant des französischen Sektors zuckte die Achseln. Der britische Stadtkommandant verwies auf die Technische Hochschule im britischen Sektor. Der amerikanische Stadtkommandant sagte nein.

Zu der Zeit stoppten sowjetische Posten schon alliierte Dienstzüge an der Zonengrenze, erschwerten den Personen- und Güterverkehr von und nach Berlin und machten damit, nebenbei, auch Stimmung für die Gründung einer freien Universität in West-Berlin.

So lange, bis einige Tage vor der Verkündung der Währungsreform in den drei westlichen Besatzungszonen Deutschlands – dem unmittelbaren Anlaß für die Abschnürung Berlins durch sowjetische Truppen, die BERLINER BLOCKADE – ein amerikanischer Journalist, Mr. Foss, dem US-Militärgouverneur darlegte, daß an dem Projekt einer Universität in West-Berlin durchaus etwas sei – inzwischen hatten die Russen genug Stimmung gegen sich gemacht –, und der US-Militärgouverneur, ein General Clay, dem vorbereitenden Ausschuß der ›Freien Universität‹, per *truck* und Military Police, zwanzig Millionen Reichsmark übersandte; bar, in Noten, die durch die Währungsumstellung ohnehin verfallen wären, nun aber, da sie – zehn Minuten nach Bankschluß – von den Lastwagen in die Schalterhalle und von dort auf das Konto einer gemeinnützigen deutschen Institution geschaufelt worden waren, im Verhältnis zehn zu eins auf Deutsche Mark *umgestellt* werden konnten.

Immer noch kein Gebäude, keine Stühle, keine Katheder, keine Bücher, aber zwei Millionen D-Mark (West) und ein Gründungsausschuß.

Und ein paar Studenten, die es sich in den Kopf gesetzt hatten, nach fünfzehn Jahren Reichsstudentenbund, Reichsarbeitsdienst und Wehrmacht, Sozialistischer Einheitspartei und Zentralverwaltung endlich in Ruhe zu studieren.

Ist es etwa ihre Schuld, daß aus ihrem Wunsche ein Mythos entstand?

Als die Berliner Blockade begonnen hatte und niemand wußte, wie sie enden würde, schien sich kein Mensch mehr für die neue Universität zu interessieren, außer den paar Studenten und ihren Professoren. Aber auch unter denen, die sich interessierten, gaben viele keinen Pfifferling mehr auf den Plan und verließen die vorbereitenden Ausschüsse.

Aber die Russen machten immer weiter Stimmung gegen sich und damit, unter anderem, auch für die ›Freie Universität‹.

Das war der Gründungsaufruf:

»Die Stadt Berlin hat durch ihre entschlossene Haltung gegenüber brutalen Methoden bewiesen, daß sie nicht gewillt ist, sich zum zweiten Male das Joch totalitären Zwanges auferlegen zu lassen und das Gut der Freiheit preiszugeben. In diesem Ringen ist es notwendig, das akademische Studium vor Einflüssen zu bewahren, welche die Ehrlichkeit und Selbständigkeit von Lehre und Forschung bedrohen …

… wir rufen alle Menschen des Inlandes und des Auslandes, die sich dem Geist der Freiheit und der Wahrheit verpflichtet fühlen …«

Dekane und Ordinarien und Extraordinarien in Bonn und Freiburg und Tübingen prüften die Namen unter dem Aufruf und fanden, daß sich diese Leute wissenschaftlich noch nicht genügend ausgewiesen hätten, daß man also über sie hinwegsehen konnte.

Und der Bürgermeister von Berlin forderte die Verwaltung der Stadt auf, jedes Dezernat, jedes Bezirksamt solle der neuen Universität erst mal einen Stuhl zur Verfügung stellen. Und bat für die ›Freie Universität‹ um Möbel, um Bücher, um Geld, um alles.

Das war wirklich zum Lachen.

Weil niemand mit der Hartnäckigkeit von Studenten rechnete, die endlich einmal in Ruhe studieren wollten.

Können die Studenten was dafür, daß aus ihrem Wunsche, in Ruhe zu studieren, aus dem Wunsche der Professoren, in Ruhe zu lehren, ein Mythos wurde? Ein ›Leuchtturm der Freiheit‹, die ›Fackel freier Wissenschaft‹?

Sie wollten in Frieden ihrem Studium nachgehen. Und weil sie die Diktatur am eigenen Leibe verspürt hatten, von dreiunddreißig bis fünfundvierzig und von sechsundvierzig bis achtundvierzig noch mal, wollten sie von einer Diktatur nichts mehr wissen.

Sie sagten, die ›Freie Universität‹ werde ein Ort sein, wo jeder, der nicht mehr unter der Diktatur studieren wolle, Hilfe finden werde. Und sie sagten, die ›Freie Universität‹ werde Stellung beziehen gegen jede Art von Diktatur.

Eine deutsche Universität wollte Stellung beziehen? Das war ja unerhört.

Da grauste es die Studienräte und Diplom-Ingenieure und die ordentlichen und außerordentlichen Professoren im ganzen Lande. Und sie lachten sich über ihr Grausen hinweg.

Und weil ein paar tausend Bücher und Stühle und einige Gebäude und ein bißchen Geld noch immer keine Universität ergeben – auch keinen Leuchtturm, keine Fackel –, ist es sehr fraglich, ob die ›Freie Universität‹ hätte gegründet werden können, wenn ein großer, weiser, alter Mann, der Geheimrat Professor Friedrich Meinecke, es sich hätte nehmen lassen, sich selbst auf den unendlich beschwerlichen Weg zum Stadtzentrum zu machen – seines hohen Alters und seiner körperlichen Schwäche wegen las er keine Vorlesungen mehr, sondern veranstaltete nur noch ein Seminar für Hörer höherer Semester in seinem Hause in Dahlem –, um dem Rektor der Humboldt-Universität zu erklären, daß er es zu seinem Bedauern nicht länger für möglich halte, an dieser Lehrstätte in geistiger Freiheit zu wirken, und daß er es daher vorziehe, seine Kraft in den Dienst der ›Freien Universität‹ zu stellen, die ihn daraufhin zu ihrem Ehrenrektor machte. Wie sollte sie das einem großen, weisen, alten Mann auch danken?

Sobald ein paar Gebäude da waren, Häuser des Kaiser-Wilhelm-Institutes, Kinosäle, Krankenhäuser, die Sporthalle eines amerikanischen Infanterie-Regiments, fingen sie an, Fragebogen auszugeben. Es meldeten sich so viele, die in Ruhe studieren wollten.

Das war in der Garage einer Villa, draußen in Dahlem.

Und in der Villa, die sie als Rektorat vorgesehen hatten, saßen Professoren und Studenten beieinander und schmiedeten Pläne: wie man die hundertfünfzig Jahre alte deutsche Universität unwiderruflich aus ihren verrosteten Angeln heben könnte.

Als die ›Freie Universität Berlin‹ feierlich eröffnet wurde, waren Glückwunschschreiben und Hilfsangebote aus vielen Ländern eingetroffen, hielt der amerikanische Stadtkommandant eine Rede und versicherte die Professoren und Studenten seiner Hochachtung, ließen sich Kultusminister westdeutscher Länder durch ihre Referenten entschuldigen und vertreten, rieten Magnifizenzen westdeutscher Universitäten einander ab, nach Berlin zu fahren.

Diese sogenannte Universität sei eine politische Institution – Lieber Kollege, sehen Sie sich doch nur die Lehrkräfte an! –, und außerdem mußte man abwarten, wie sich die Dinge entwickelten, weltpolitisch.

Im Herbst dreiundfünfzig geht die ›Freie Universität‹ in ihr elftes Semester. Aus den paar Stühlen, die die Berliner Stadtverwaltung gestiftet hat, sind Tausende geworden, und der Telefonanschluß in dem leeren Zimmer einer Villa hat sich verhundertfacht.

Und die Professoren und Dozenten haben sich verhundertfacht, und aus hundert Studenten sind Tausende geworden.

Mehr als ein Drittel kam aus der Ostzone. Sie wollten auch endlich in Ruhe studieren.

Aus Westdeutschland sind Professoren gekommen und aus der Ostzone. Und aus England und Amerika und der Schweiz und der Türkei sind Emigranten heimgekehrt.

Nach zehn Semestern gehören ein paar Fakultäten in Berlin-Dahlem zu den ersten in Deutschland, und die übrigen brauchen sich vor Erlangen und Köln und Frankfurt längst nicht mehr zu schämen.

Nach zehn Semestern ist die ›Freie Universität‹ eine Universität wie andere deutsche Universitäten auch.

Ein paar Professoren und Dozenten und Studenten, der Rest derer, die einmal zusammenkamen, um in Ruhe miteinander zu studieren – natürlich mußte man dann auch organisieren und re präsentieren und verwalten und intrigieren, zu neuen Rechten kamen neue Pflichten –, machen schon lange keine Universitätsreform mehr.

Der Sturm ist verrauscht. Der Wind, der die deutschen Akademiker aus der Studierstube auf die Straße peitschte, hängt auch in Berlin-Dahlem, wie in Bonn und Heidelberg, nicht mehr von ein paar Studenten und Professoren ab, sondern vom Wetter, von den Jahreszeiten und den Beobachtungen des Meteorologischen Institutes in der Podbielskiallee, einem der ersten in Deutschland.

Inzwischen sind jüngere Studenten auf die ›Freie Universität‹ gekommen. Sie wissen nicht, wie es ist, wenn man keine Ruhe zum Studieren hat, sie wissen nichts von Reichsstudentenführern, nichts von der ›Zentralverwaltung für Volksbildung in der sowjetischen Besatzungszone‹, vom ›freiwilligen Wehrsport‹, von Pflichtvorlesungen und dem dialektischen Materialismus.

Bei besonders feierlichen Anlässen ist vom ›Geist der Freien Universität‹ die Rede.

In Dahlem ist die Ruhe wiederhergestellt.

Kriege, Revolution, Umsturz, Verfolgung, Entnazifizierung und re-education, Wiederbewaffnung und der ›Kongreß für die Freiheit der Kultur‹, Resolutionen und Beschlüsse, Empfehlungen und immer neue Kongresse, Studentenratssitzungen und der ›Verband Deutscher Studentenschaften‹ (VDS), Saalschlachten und Diskussionsbeiträge haben, Gott sei Dank, ebensowenig wie die übriggebliebenen Professoren und Studenten in Dahlem – man nennt sie jetzt: Gründer-Clique – etwas an der Tatsache geändert, daß für siebenundachtzig bis achtundachtzig Prozent der deutschen Professoren und Studenten die deutsche Universität so ist, wie sie ist, und so bleibt, wie sie ist: die beste in der ganzen Welt. Da mag geschehen, was will. Aber die Überheblichkeit deutscher Akademiker, die Selbstherrlichkeit der Dezernenten und Referenten und Sachbearbeiter, interne Gespräche in den Vorzimmern der Rektoren und Dekane, Verlautbarungen des ›Verbandes Deutscher Studentenschaften‹, das Geklirr der Schläger und der Anblick aufgeputzter Gecken, die in vollem Wichs auf den Marktplätzen westdeutscher Universitätsstädte einherstolzieren, werden nicht vergessen machen, daß hundert Studenten, eine Handvoll Professoren, ein paar Politiker und ein großer, weiser, alter Mann, ohne Respekt vor der guten alten Zeit – als ob so was nicht möglich gewesen wäre – beinahe einmal die deutsche Universität aus den Angeln gehoben hätten.

Aber das nur nebenbei.

Es war Herbert Strittichs Glück, daß Harald Mombers Meinung zur Frage einer neuen Universität in Berlin überhaupt nicht zählte, denn Strittich war einer der ersten, die sich in der leeren Garage einer Villa in Dahlem einfanden, in der hinter einem Tisch voller Papier zwei Studenten saßen, ein Mann und ein Mädchen.

»Welche Fakultät?« fragte der Mann.

»Philosophische, Germanistik«, sagte Strittich, und das Mädchen reichte Strittich einen Fragebogen.

»Ist das alles?« fragte er übermütig, er wendete das Blatt hin und her. Strittich sah das dunkelhaarige, hochmütige Mädchen an, er glaubte sie zu kennen, ihren Namen allerdings hatte er vergessen, sie schien sich auch zu erinnern, denn sie gab seinen fragenden Blick zurück: »Ja«, sagte sie und lächelte endlich, »... ich weiß nur nicht ...«

»Natürlich«, sagte Strittich, »ich weiß schon, es muß sechsundvierzig gewesen sein, auf diesem komischen Ball, damals ... Da war noch ... wie hieß er ... Momber, ist der auch ... hier?«

Es schien ihr aber nicht angenehm, darauf angesprochen zu werden, sie blickte auf die Straße hinaus und fragte gleichgültig: »Haben Sie auch ... drüben studiert?«

»Nein«, sagte Strittich, »ich war weg, in Westdeutschland, ich bin noch nicht lange zurück.«

»Studiert?«

»Nein«, Strittich lachte selbstbewußt, er blickte verschleiert, »alles andere, alles mögliche. – Geht es denn wirklich bald los?«

»Natürlich«, sagte sie, »genaue Termine finden Sie in den Tageszeitungen. Bringen Sie uns erst den Fragebogen«, sie wandte sich schon dem nächsten zu.

Sie sah reizvoll aus in ihrem Eifer, und der Hochmut würde sich auch verlieren. Er sah sie an: »Wir werden ja sehen.«

Sein Lebenslauf, den er mit dem Fragebogen abzugeben hatte, war wesentlich kürzer als der vor zwei Jahren, Strittich machte nicht mehr viele Worte. Das hatte er gelernt: immer weniger Worte machen.

Von dem Zimmer aus, in dem er stundenlang auf seine Prüfung warten mußte, im dritten Stock, konnte Strittich das Institutsgebäude sehen, das er damals mit Kämpfer zusammen besucht hatte. Strittich war der letzte in der Reihe an jenem Vormittag.

Ein Professor war da, ein weißhaariger Mann, dessen Augen immer wieder zufielen, bis er sie erschreckt aufriß und entschuldigend lächelte. Und ein pedantisch aussehender Student fragte Herbert, wie viele Jahre er schon verloren, ob er es an der Humboldt-Universität schon einmal versucht hätte. »Ja, einmal, abgelehnt«, sagte Herbert, »es hatte ja doch keinen Zweck.«

Der weißhaarige Professor nickte kräftig.

Sie wollten wohl fertig werden. Die Sonne schien gerade in dieses Zimmer, und es war warm. Immerhin, mußte Herbert anerkennen, die Fragen waren sachlich.

Und er war ja schließlich auch nicht mehr der alte, dachte Strittich, damals hatte er sich recht kindisch benommen.

Wie er sein Studium zu finanzieren gedenke, fragte ihn der Mann.

»Weiß noch nicht«, sagte Strittich, »ich werde schon sehen.«

Er ging zum U-Bahnhof Thielplatz, setzte sich auf eine Bank und sah den anderen jungen Leuten zu, die dort vorüberkamen, laut und erregt diskutierend.

Er würde sich auch an die gewöhnen, dachte er, schließlich hatte er gelernt, daß man sich zu gewöhnen hatte.

Er würde auch Arbeit finden. Außerdem konnte er erst einmal die beiden Verlobungsringe verkaufen. Es waren wertvolle Stücke, und er brauchte sie nicht mehr, seit Irma damals nach Tegernsee, statt mit ihm zusammen nach Sylt, gefahren war.

Man weiß eben nie, wozu es gut ist, dachte Strittich, voll humorigen Zynismus. Von den Ringen würde er eine Weile leben können. Ein Semester oder auch zwei? Abwarten.

Strittich saß da auf der Bank und rauchte nachdenklich.

Es waren aber so viele gekommen, um endlich in Freiheit der Wahrheit zu dienen, daß die Prüfungskommisionen auch an jenem Tage nach einer kurzen Mittagspause um vierzehn Uhr ihre Arbeit fortsetzen mußten. So öffnete um vierzehn Uhr fünfzehn ein zuvorkommend lächelnder Student, der zur Kommission ›Geschichte eins‹ gehörte, die Tür, sah auf den Flur hinaus in die Reihe erwartungsvoll erhobener Gesichter und rief verhalten: »Herr Hirth, bitte.«

Ein Professor stand hinter dem Tisch, als Helmut eintrat, streckte ihm seine Hand hin und sagte: »Mein Name ist Rother, Herr Hirth, bitte, nehmen Sie Platz.«

Professor Rother blätterte in Papieren: »Sie stehen ja schon eine ganze Weile in Ihrem Beruf, wie ich sehe?«

»Nun ja, vom Frühjahr sechsundvierzig bis zum Frühjahr siebenundvierzig in Mederow, Kreis Teltow, dann bis zum Ende desselben Jahres in der Zentralschule« – er betonte dieses Wort in der Hoffnung, daß er damit seine Bedeutung hinreichend kennzeichnete, sie schienen es aber zu seiner Verwunderung nicht zu bemerken – »Groß-Glöbke und später in Berlin, an der dreizehnten Schule in Schöneberg.«

»Und es waren in erster Linie politische Gründe, die Sie veranlaßt haben, die Ostzone zu verlassen?«

»Ja, wenn auch nicht ausschließlich«, sagte Helmut, der Professor nickte wieder. »Die Einmischung der Schulbehörde wurde mit der Zeit immer unerträglicher, die Überfremdung durch marxistische Einflüsse immer stärker ...«

»Und hier macht Ihnen der Unterricht wieder Freude?«

Helmut schüttelte langsam den Kopf: »Ich war ein wenig verwöhnt durch die Dorfschulen, man ist dort sozusagen sein eigener Herr, hier bin ich der Jüngste im Kollegium, die meisten der anderen Lehrer sind ... übervorsichtig und verlassen sich am liebsten auf die ältesten Methoden. Es ist oft betrüblich, zu sehen, wie die Gelegenheiten vertan werden ...«

»Jajaja«, Professor Rother lachte herzlich und blickte sich nach den beiden anderen Herren um, die auch zu lachen anfingen, »das kennen wir auch.« Helmut, der nicht verstand, was die Heiterkeit zu bedeuten hatte, fiel beflissen ein. »Diese Vorsicht«, sagte Rother, »scheint eine besondere Eigenart des deutschen Lehrers. Da können wir ein Liedchen singen. Das geht hinauf bis zum ... Hochschullehrer.« Er blickte wieder in Helmuts Papiere: »Ich sehe, Sie haben es seinerzeit auch einmal drüben, bei der Humboldt-Universität versucht?«

»Ja, es war von vornherein mein Wunsch, neben meiner Lehrtätigkeit auch die Universität zu besuchen, man machte mir drüben auch Hoffnungen, aber schließlich wollte man wissen, warum ich weder der Einheitspartei noch der FDJ angehörte, und da habe ich mit meinen Erfahrungen in bezug auf diese ... Organisation nicht hinter dem Berge gehalten.«

»Sososo«, Professor Rother schien hoch erfreut, »Sie haben auch schon Geschichtsunterricht erteilt?«

»Ein wenig nur«, sagte Helmut, »es ist ja noch nicht lange wieder gestattet.«

»Sehr schön, Herr Hirth, was Sie da sagen«, Professor Rother blickte vor sich hin. »Für mich ist die Geschichte immer die Landkarte, an Hand derer wir uns orientieren müssen, mit der Geschichte beginnt unsere geistige Wiederbesinnung.«

Helmut hatte nicht verstanden, was er meinte, aber er sah ihm in die Augen und nickte zustimmend.

»Schön, Herr Hirth, dann sind wir wohl fertig, ich danke Ihnen.«

»Darf ich noch etwas fragen, Herr Professor«, sagte Helmut, »ich hörte, es würden alle Kräfte für den Aufbau der Universität gebraucht. Zwar bin ich mit meiner Zeit etwas knapp, dennoch würde ich mich gerne beteiligen.«

»Das ist sehr schön von Ihnen, vielleicht wenden Sie sich bei Gelegenheit an Herrn Rogowski, in unserem Institut, im ersten Stock, und wenn Sie dort nicht gleich jemanden antreffen«, er hob lächelnd beide Hände, »... wir befinden uns noch im Stadium der Improvisation, das mag manchem zwar nicht gefallen, aber dann soll er sich nicht mit uns in dieses Abenteuer stürzen.«

Auf dem Flur wandten alle Wartenden die Köpfe nach ihm. »Wie war's denn«, flüsterte ein Mädchen ängstlich, »was haben sie denn gefragt?«

»Nichts Bestimmtes«, sagte Helmut freundlich, »wir haben

uns eigentlich mehr… unterhalten.« Und als sie ihn enttäuscht ansahen, sagte er beiläufig: »Wissen Sie, ich stehe schon im Beruf, ich bin Lehrer.«

»Professor Rother«, sagte Helmut später, als er Bärbel von der Schule abgeholt hatte, in dem kleinen abgelegenen Cafévorgarten, »hat den Unterschied klargemacht: die meisten Studenten kommen auf die Universität nur, um etwas zu finden. Das Suchen aber«, sagte er, hob seine beiden Hände und hielt sie nebeneinander flach über den Tisch, »ist das Entscheidende.«

Und wie er suchen würde.

»Du wolltest es mir ja nicht glauben«, sagte Karl-Heinz ungerührt, »das ist bloß ein Symptom mehr.«

Jutta stand beim Herd, sie sagte gereizt: »Für mich war Hedermann nicht bloß ein Symptom, für mich…«, aber sie stockte, weil er doch nicht verstehen würde, was es für sie bedeutete, daß Professor Hedermann die Universität verlassen hatte und nach Berlin gegangen war.

Dabei hatte sie ihn eines Abends kurz vor dem Ende des Semesters noch einmal getroffen, wenige Tage ehe sich das Gerücht verbreitete, er werde fortgehen. Sie kam sehr spät, eine der letzten, aus dem Labor und traf ihn auf der Treppe, er lief ihr ein paar Stufen voraus und hielt ihr die Tür auf.

»Ja, Fräulein Gebert, noch so fleißig?«

»Ich wollte die Magnesiumanalyse an einem Tag fertigmachen, aber der Ofen war wieder…«

»Soso, guten Abend.« Er griff an seinen kleinen braunen Hut und ging die Straße hinunter, behende und unscheinbar.

Daß er ihr an diesem Abend nichts gesagt hatte, daß er fortgegangen war wie immer, obgleich er hätte wissen müssen, daß sie sich nicht mehr sehen würden, stimmte Jutta traurig, wenn sie auch wußte, daß er keinen Grund gehabt hätte, es ihr zu erklären.

Aber das konnte sie Karl-Heinz nicht klarmachen, denn kein Professor bedeutete für ihn so viel wie Hedermann für sie selbst. Dabei hatte sie vor der Prüfung nächtelang kaum geschlafen und wäre beinahe schon an den Voll-Analysen gescheitert.

Und obgleich alle gesagt hatten, sie brauche keine Angst zu haben, denn Hedermann habe ein Steckenpferd, die Silicate, mehr brauche sie nicht für die Prüfung, fragte Hedermann sie nach der Struktur der Borane. Und dann, als Jutta stockte, vor Angst und Scham zitternd, geschah etwas, das sie nicht erwartet hatte, eine Geste, die sie, wie sie meinte, ein für allemal zu seiner Vertrauten machte, denn Hedermann holte eine flache Blechschachtel aus der Tasche, drehte eine Zigarette, fragte, ob er sie für Jutta ablecken dürfe, strich das Papier rasch über seine Zungenspitze, dann reichte er ihr das zerdrückte feuchte Röllchen über den Tisch und stand auf, als er ihr Feuer gab. »So, beruhigen Sie sich erst einmal wieder«, sagte er, »die andern sollen halt ein wenig warten.«

Nun war Hedermann in Berlin.

Und Karl-Heinz hatte dazu nicht mehr zu sagen, als daß sein Weggang ein Symptom sei. »Du mußt alles durch deine politische Brille sehen.«

»Ist das etwa nicht politisch?« fragte er in belehrendem Ton, »alles, was heute geschieht, ist politisch.«

Ja, für dich, dachte Jutta hilflos.

Damals, als der Schock Ralphs wegen vorüber war, hatte sie gehofft, nun werde Karl-Heinz wirklich studieren, aber es wurde nichts anders: Seine Freunde kamen wie vorher und merkten bestimmt nicht, daß Karl-Heinz nicht mehr so laut wie früher bei der Sache war, denn sie merkte es ja auch kaum.

Und dann kamen die anderen. Meist einzeln, höchstens zu zweit, und die waren ihr auch nicht viel lieber als Karl-Heinz' Freunde aus der Partei, obgleich er mit ihnen vertraulicher sprach und jene beschimpfte, mit denen er an anderen Tagen in der Mensa zusammensaß.

Als sie Karl-Heinz eines Tages fragte, wie er es fertigbringe, einmal so zu reden und dann wieder das Gegenteil zu sagen, winkte er fahrig ab, das brauche sie auch nicht zu verstehen, es koste ihn genug Nerven.

Und dann fingen diese Reisen an.

Er hatte ihr um Gottes willen eingeschärft, zu sagen, er sei nach Hause gefahren – für den Fall, daß jemand nach ihm fragte.

Und eines Tages fand sie in seinem Schrank ein lose eingeschlagenes Paket. Sie schämte sich, aber öffnete es doch und las, während ihr Herz rascher klopfte:

KOMMILITONINNEN! KOMMILITONEN!

Vor zwei Jahren, anläßlich der Wiedereröffnung unserer Universität, erklärte Generaloberst Kossow als offizieller Vertreter der sowjetischen Militäradministration Sachsen, daß die deutsche Universität wieder ein Hort der Humanität werden müsse, und der Rektor gelobte feierlich, eine deutsche Universität werde sich niemals wieder knebeln und vergewaltigen lassen.

Das war vor drei Jahren, heute wissen wir, was von diesen verheißungsvollen Worten zu halten ist.

ES IST SCHON WIEDER SOWEIT!

Während in den anderen Zonen Deutschlands nach zwölfjähriger Unterdrückung wieder menschenwürdige Zustände eingekehrt sind und in Tübingen, Heidelberg, Göttingen bereits volle Lehr- und Meinungsfreiheit herrschen, sind an den Universitäten der sowjetischen Zone Deutschlands bekannte Gäste wieder eingekehrt. Sie heißen

INTOLERANZ, ZWANG, UNTERDRÜCKUNG, TERROR.

Wer bei uns nicht behauptet, daß ein Parteiprogramm die objektive Wahrheit sei, ist unerwünscht.

Wer nicht predigt, daß Marx, Engels, Lenin und Stalin die Urväter aller Wissenschaft seien, ist unerwünscht.

Wer sich die Auffassung erlaubt, Studium sei geistige Auseinandersetzung, nicht Befehlsempfang aus Moskau, ist unerwünscht.

IST DAS EIN HORT DER HUMANITÄT?

Eine nicht mehr feststellbare Anzahl unserer Kommilitonen ist unter geheimnisvollen Umständen verschwunden und sitzt in den Gefängnissen und Konzentrationslagern unserer »Befreier«.

Darf das weitergehen?

Nein!

Freiheitliche
Leipziger Studenten

Jutta las das Blatt bis zum Ende und las es noch einmal und hatte den Wunsch, das Paket in den Ofen zu stecken. Sie wagte sich an diesem Nachmittag nicht aus Karl-Heinz' Zimmer und wartete, bis sie endlich seine Schritte auf der Treppe hörte.

Er blickte sie nicht an: »Ich wollte nicht, daß du etwas weißt.«

»Du besserst gar nichts, sie sperren dich nur ein. Dich auch noch.«

»Nein, Jutta, es gibt eine Grenze, und diese Grenze ist überschritten, und man darf nun nicht mehr alles hinnehmen.«

»Karl-Heinz, du denkst vielleicht, du müßtest jetzt ... weil du ein schlechtes Gewissen hast ... weil Ralph ... aber Ralph wäre auch nicht dafür!«

»Doch«, sagte Karl-Heinz schroff, »und höre bitte mit dem schlechten Gewissen auf! Ich habe, als ich alt genug war, gegen die Nazis Widerstand geleistet. Damals war ich noch ein kleiner Junge, heute weiß ich, was ich tue, und es gibt keinen Zweifel, daß wir etwas tun müssen.«

»Willst du mir wenigstens sagen, wohin du immer fährst, wo du diese ... holst?«

»Gott sei Dank gibt es in Berlin Leute, die begriffen haben, daß man nicht mehr schweigen darf.«

»Berlin?« fragte Jutta erschrocken, »aber Karl-Heinz, wenn sie dich in der Bahn ...?«

Aber er war nicht mehr zugänglich: »Es ist meine verdammte Pflicht und Schuldigkeit!«

Nur wenn er erschöpft, abgespannt von diesen Reisen kam, wenn er auf der Couch lag, und eine Zigarette nach der andern rauchte und flüsterte, »manchmal, Jutta, unterwegs ... wenn man so allein ist«, dann war es, als suchte er Schutz bei ihr; dann blieb sie auch bei ihm, ohne daß er sie zu drängen brauchte, dann war es, als könnte sie ihn für sich gewinnen.

Bis seine nervöse Erregung verflogen war und sie sich wieder einsam fühlte und als hätte sie sich beschmutzt.

Nur wenn er sich einmal völlig ausgegeben hatte, erzählte er ihr mit müder Stimme von Berlin, von den anderen Menschen, den anderen Schaufenstern, den anderen Filmen, den Amerikanern, ihren Flugzeugen: vom Westen.

»Ich war jetzt in Tempelhof draußen ... diese Flugzeuge, alle Minute kommt eins ... die Luftbrücke, das muß man gesehen haben ... man kann sich's nicht vorstellen. Die Amerikaner lassen Berlin nicht im Stich, sie werden uns nicht im Stich lassen. Wir müssen noch aushalten. Ich war beim RIAS, dem amerikanischen Sender, dort sitzen phantastische Leute, und beim *Berliner Echo* auch, phantastisch, die wissen Bescheid, die packen aus, wie es uns hier geht.«

»Aber du bist doch in der Partei, und wenn sie etwas merken, geht es dir wie Ralph, warum trittst du nicht aus?«

»Weil es wichtig ist, daß ich in der Partei bleibe, weil sie in Berlin gerade uns brauchen. Nachrichten von Leuten, die in der Partei sind, damit sie wissen, welche Verbrechen hier begangen werden. Gerade wir, die den Marxismus kennen, müssen darüber schreiben, wie es in der Praxis aussieht, verstehst du?« Und nach einer Weile: »Ich habe auch mal daran geglaubt, aber jetzt ...«

Sie rieb ihre Wange an seinem rauhen Kinn: »Ich bitte dich, nimm dich in acht.«

»Ja, Jutta, und ... vielleicht, wenn ich wieder mal fahre, kommst du mit, dann siehst du dir alles an. Sie haben eine neue Universität, die ›Freie Universität‹. Es sind großartige Leute, Studenten und Professoren auch. Vielleicht ist Hedermann auch da, und dann könnten wir doch später ... sie nehmen Studenten aus dem Osten mit Vorrang ... was?«

»Ja, ja«, flüsterte Jutta, aber sie konnte es nicht glauben: mit Karl-Heinz nach Berlin. »Ja, Karl-Heinz.«

Sie lag eine Weile stumm, die Augen weit offen, und endlich sagte er: »Aber Jutta ... bis dahin ... versteh bitte, muß man hier ... man darf sich nicht mehr ducken.«

Und plötzlich – weil er sehr müde und abgespannt war, würde er später sagen, weil die Nerven mit ihm durchgingen – kroch er in sich zusammen und nahe an sie heran, und sie drückte seinen Kopf an ihre Brust, als er anfing zu weinen, und streichelte sein Haar, als sie die Tränen auf ihrem Leib spürte und wußte, daß er an Ralph dachte, obgleich er es niemals zugeben würde, aber Jutta war so froh, so dankbar, daß sie ihm helfen durfte, und flüsterte unhörbar: »Ja, mein Junge, ja, mein Junge.«

»Wir würden uns alle freuen, wenn Du auch kommen könntest«, hatte Harald Momber an Gerhard Völker geschrieben. »Du weißt doch, wie lange es schon her ist, daß ich Euch alle einmal einladen wollte und daß es zuletzt als guter Witz galt, davon zu sprechen. Da ich aber noch Ende dieser Woche für ein halbes Jahr nach Schweden fahren werde, dachte ich, es wäre sehr schön, wenn wir uns alle noch einmal sehen könnten«, aber als Gerhard Völker an jenem Nachmittag unsicher lächelnd wirklich in der Tür stand: »Siehste, da bin ich«, da wußte Harald, daß es besser gewesen wäre, ihm nicht zu schreiben. Er zog sich unbeholfen den Mantel aus, und Haralds Blick fiel auf seinen Rockaufschlag: das Parteiabzeichen, und Gerhard sah ihn nicht mehr an. »Des wollte ich wirklich nich«, sagte er, nahm das Abzeichen ab, hielt es zögernd in der Hand, drehte die Nadel zwischen den Fingern und steckte sie endlich in die Rocktasche.

Harald legte eine Hand auf seine Schulter, als er Gerhard ins Zimmer schob, aber es war dennoch, als frören alle Gespräche ein.

Thomas-Klaus Hammer gab Gerhard die Hand und versuchte zu lächeln. Otto Kolbe gab Gerhard die Hand, zog sie linkisch wieder zurück und steckte sie rasch in die Tasche. Ernst Weilert gab Gerhard die Hand und schlug ihm leicht auf die Schulter.

Und die übrigen alle schwiegen auch.

Es war wie eine Verabredung, daß kein politisches Thema berührt werden dürfe, weil Gerhard Völker da war, aber niemand wußte, wo sich die Grenze befand, jenseits welcher sich jedes Thema als sehr heikel erweisen konnte. So lobte Thomas-Klaus Hammer immer wieder den Kuchen, den Haralds Mutter gebacken hatte, während die anderen auf ihre Teller starrten oder gedankenverloren vor sich hin rauchten.

Alle boten sich sofort und dringend an, beim Abräumen helfen zu dürfen, und setzten sich erwartungsvoll auf die Couch, in die Sessel, sahen aufmerksam zu, als Harald Schnaps einschenkte, bis Thomas-Klaus Hammer ärgerlich auffuhr: »Das halte ich nicht mehr aus, dann zanken wir uns doch lieber, dann ist es vielleicht noch mal so wie früher, jedenfalls eher als so.«

Als Harald einmal aus der Küche zurückkam, traf er Gerhard Völker auf dem Flur. »Harald ... vielleicht ist es besser, wenn ich ... ich meine bloß, ich freu mich natürlich, aber ...«

»Gerhard«, sagte Harald voll hilflosen Protestes, »mach doch keinen Quatsch.«

Spätabends, als Harald half, das Geschirr, die Bestecke, die Gläser zu spülen und abzutrocknen, sagte er zu seiner Mutter: »Ich hätte es seinlassen sollen. Man wird nicht gerne daran erinnert, daß alles umsonst war, aber vielleicht ist es gut, wenn ich einmal Abstand gewinne, obgleich ich mir vorkomme wie ein Deserteur, weil ich gerade jetzt fahre.«

»Vielleicht ruhst du dich in Stockholm erst mal ein bißchen aus. Du hast es weiß Gott nötig.«

Aber als er am frühen Nachmittag des nächsten Tages unter dem Flugzeug stand, war er von Zuversicht erfüllt und fragte nicht mehr.

Es wird alles einfach sein, sagte er zu sich, es wird sonnenklar sein, und du wirst dich wundern, daß du nicht eher darauf gekommen bist. Hier unten hört alles Alte auf, und oben, jenseits der kleinen Treppe, fängt alles Neue an.

Hannover war ein gewaltiger, von einem Bulldozer zusammengekehrter Schuttabladeplatz.

Spät in der Nacht ging sein Zug nach Hamburg, wo er in den Skandinavien-Expreß umstieg.

Dänemark, das waren weiße Stationsschilder mit fröhlichen Namen in roter Farbe, die roten Streifen um die Höcker der Lokomotiven, die goldbetreßten Uniformen der Bahnbeamten.

Eben als die Lichter von Kopenhagen erloschen, stieg am anderen Horizont Malmö aus dem Wasser auf.

»Is this the way to the station?« fragte Harald einen Zollbeamten.

»Draußen steht ein Omnibus, der direkt zum Bahnhof fährt«, sagte der Mann freundlich auf deutsch.

Harald schleppte seinen Koffer am Zug entlang und kletterte in einen Wagen.

Stille umfing ihn und Wärme. Leise summten die hellen Lampen unter der Decke. Das Geraschel von Zeitungen war zu hören.

Draußen im Gang des Wagens klirrte Glas gegen Glas. Das war wirklich die Trinkwasserkaraffe, von der ihm seine Mutter erzählt hatte, die vor zwanzig Jahren einmal in Schweden gewesen war.

Harald lehnte sich behutsam in seine Ecke, damit er niemanden störe, und zog seine Beine nahe an den Sitz, damit sie niemandem im Wege waren.

Es mußte ein scharfer Ruck gewesen sein, der Harald hatte hochfahren lassen, aber der Zug hielt noch nicht, er glitt mit plötzlich abgeminderter Geschwindigkeit über eine von winzigen Kräuseln bedeckte Wasserfläche, und jetzt sah er das rote Backsteingebäude, das er von Fotografien kannte: das Stadthaus.

Es ging an einer Bahnschranke vorüber, nur wenige Autos, einzelne Fußgänger warteten hinter den Holmen. Es gab einen neuen, sanften Ruck, der Zug hielt, und eine Lautsprecherstimme dröhnte unverständlich über den Bahnsteig. Harald blickte den Gang im Wagen entlang. Alle Leute schienen auszusteigen, so zog er seinen Rock zurecht und mußte vor Erregung und Spannung gähnen.

An der Sperre gab es gar keinen Zweifel, denn das hellblonde Mädchen, das einen topasgrünen Rock und eine schneeweiße Bluse und dazu einen topasgrünen Hut und weiße Handschuhe trug, lächelte ihn an, ein rundes, sommersprossiges Gesicht, und kam ihm ein paar Schritte entgegen. Sie fragte mit heller Stimme: »Du bist Harald, nicht?«

»Ja«, sagte Harald, er setzte den Koffer ab und rieb die schweißfeuchten Hände an seiner Hose, »ich weiß aber nicht, ob du Margit bist...« – »Nein, ich bin Ulla, Margit ist in Italien, und Erik ist noch in den Ferien. Ich bin gestern für dich zurückgekommen und habe mich, wie sagt man, geopfert für dich.« Sie verdrehte die Augen und lachte, als bereite es ihr Schwierigkeiten, sich deutsch auszudrücken, dabei sprach sie mühelos und ohne jeden Akzent.

Sie führte ihn zu einem mit rotem Leder ausgeschlagenen Kabriolett und öffnete selbstverständlich den Schlag.

Sie schoß an den anderen geparkten Wagen vorüber, und Harald mußte eine erschreckte Handbewegung gemacht haben, denn sie lachte: »Mußt dich erst dran gewöhnen, Linksverkehr. Als ich in Paris war, war's für mich auch so. Willst du gleich was sehen ...«, sie blickte ihn von der Seite an, »besser ist erst Badewanne, was?«

Sie fuhren am Wasser entlang, und Ulla sagte gleichmütig: »Reichstag, da drüben.«

Und dann: »Da, Schloß«, das kannte er auch von Bildern. Flach, viereckig, abgeplattet, lag es da, die Wasserfront, eine Fahne wehte auf dem Dach, leuchtendes Blau mit dem gelben Kreuz darin. Und die Dampfer am Kai, die Motorboote, die Möwen, die Kioske, die kistenweise Obst ausstellten, Bananen, Apfelsinen, aber es war noch kaum ein Käufer da.

Ulla schoß in eine enge Straße hinein. »Macht Spaß, jetzt zu fahren«, sagte sie, »alles leer.«

Das Wasser war fort, und dieses Viertel erinnerte Harald an den alten Berliner Westen, nur daß die Fassaden hier glatter, einheitlicher, schmuckloser wirkten.

Natürlich war auch ein Fahrstuhl da, der funktionierte, und Ulla schob ihn in ein Zimmer, und gegen das Licht sah die Frau, der er gegenüberstand, jung und blond aus, aber als sie ihm die Hand reichte und freundlich sagte: »Herzlich willkommen in Stockholm, Harald«, sah er, daß ihr Haar silbergrau war, ihr Gesicht aber glatt, fast faltenlos, straff, von gesunder Hautfarbe.

Er dankte umständlich, aber sie lächelte. »Das ist doch das Einfachste, sag Tante Ruth zu mir, wenn es dich nicht stört.«

Onkel Friedrich kam ins Zimmer, er sah, fand Harald, seiner Mutter sehr ähnlich, klopfte Harald auf die Schulter und sagte: »Schön, daß du da bist, aber du mußt schrecklich müde sein, ich habe auf dem Reisebüro schon furchtbar Krach gemacht, weil sie vergessen hatten, einen Schlafwagenplatz für dich zu reservieren.«

Alle drei führten ihn in das Zimmer, in dem er wohnen sollte. »Es gehört sonst Margit«, sagte Tante Ruth, »Ullas Schwester, sie studiert in Florenz, und so hast du es ganz für dich. Daß du dich nur wohl fühlst bei uns.«

Das Zimmer war mit niedrigen, hellen Birkenholzmöbeln eingerichtet, ein Schrank, Bücherregale, ein kleiner Schreibtisch standen dort, aber als er gebadet hatte – das heiße Wasser lief wirklich ohne weiteres aus der Leitung – und eine Zigarette rauchen wollte, wagte er es kaum, die Asche in den Aschbecher zu tun, das Zimmer erschien ihm wie die Schaufensterauslage eines Möbelgeschäftes.

»Es ist schön, daß du da bist, mein Junge«, sagte Onkel Friedrich über die Frühstückstafel hinweg, »deine Mutter und ich, wir sind doch die einzigen, die von der Verwandtschaft noch am Leben sind.

Dein armer Vater. Ich habe ihn sechsunddreißig noch einmal gesehen, in Hamburg. Selbst damals wollte er noch nicht fort, er glaubte, er würde woanders nicht leben können.

Nein, ich bin diesem Land sehr dankbar. Ich bin in Schweden glücklich geworden.«

»Ich würde gerne einmal wieder nach Deutschland fahren«, sagte Tante Ruth, »im nächsten Jahr wollten wir vielleicht nach Italien, und ich wollte unbedingt in Hamburg und München Station machen, aber Friedrich will nicht.«

»Weißt du, Harald«, sagte sein Onkel, »ich habe Angst vor Deutschland, vor den Trümmern und vor den Menschen.«

Als Tante Ruth und Ulla sich zurückzogen, bat Onkel Friedrich Harald, einen Augenblick zu bleiben: »Ich habe mich mit Ruth oft gefragt, wie wir es dir am schönsten machen bei uns, so, daß du dich unbeschwert und ungebunden fühlst. Und ich dachte, es ist das beste, wenn du dir vorstellen kannst, du wohntest hier wie in einer Studentenbude, und außerdem werden wir sehen, ob wir für dich nicht eine Arbeit finden, die dich nicht so in Anspruch nimmt, die meisten Studenten machen es hier so, und dann hast du dir das Geld redlich verdient und brauchst nie Bedenken zu haben, wenn du es ausgibst. Hoffentlich ist es dir recht so, ich dachte, dann fühlst du dich am unabhängigsten von uns, und das ist die Hauptsache.«

»Onkel, ich weiß überhaupt nicht, wie ich euch alles ...«

»Laß nur, mein Junge, ich habe es hier unvergleichlich gut getroffen im Gegensatz zu euch allen daheim, und es ist mir wirklich eine Freude, alles zu tun, was in meiner Kraft steht.«

Zwei Tage lang führte ihn Ulla durch die Stadt und am dritten Tag zur Universität.

»Du gehst am besten zur ›Graduate School of English Speaking Students‹«, sagte sie, »denn, wenn du erst Schwedisch lernen mußt, kostet es dich zuviel Zeit.«

Sie brachte ihn auch zum Klubhaus, aber dort, unter modisch gekleideten jungen Männern, fühlte sich Harald, der sich inzwischen an die Köchin und das Diner bei Onkel Friedrich, die Schaufenster und die Menschen und das Getöse und die Lichter in der Kungsgatan am Abend endlich gewöhnt hatte, wieder hölzern und begriffsstutzig.

Einer der jungen Männer begleitete ihn mit Ulla zu allen Büros. In dem kleinen, in klassizistischem Stil gehaltenen Verwaltungsgebäude der Universität, in der Nähe des Observatoriumshügels, händigte ein schwarzgekleideter Beamter Harald die Legitimationskarte aus, und Ulla sagte: »Gratuliere, jetzt bist du eingeschrieben.«

In den Fluren lagen weiche Läufer, dunkle Gemälde hingen an den Wänden, aber Ulla erlaubte ihm nicht, stehenzubleiben. Dann sagte der junge Mann etwas auf schwedisch, und Ulla nickte gleichmütig. Er klopfte an eine niedrige Tür und trat ohne weiteres ein.

Es war ein enges Arbeitszimmer, und hinter einem breiten Schreibtisch saß ein grauhaariger Mann, der aufsah und seine Brille abnahm, als sie eintraten. Der Student verbeugte sich leicht und sagte etwas, und der Mann, der Harald seines schmalen, geraden Schädels wegen an Trebin erinnerte, erhob sich. Er war sehr groß, trat lächelnd auf Harald zu und schüttelte ihm die Hand. »Ich freue mich aufrichtig«, sagte er in fließendem

Deutsch, »daß wir wieder einen deutschen Studenten unter uns haben, und noch dazu aus Berlin. Ich habe selbst drei Jahre in Berlin studiert. Hoffentlich haben Sie bei uns soviel Freude und Gewinn wie ich seinerzeit in Berlin.«

»Vielen Dank«, sagte Harald.

»Wer war denn das?« fragte er Ulla auf der Straße.

»Der Rektor.«

»Das war...«, Harald blieb stehen, »einfach so?«

»Wie denn sonst?«

»Humboldt hat es ganz klassisch formuliert, man kann Geist und Sprache eines Volkes gar nicht identisch genug denken. Will ich den Geist eines Volkes kennenlernen, muß ich auch seine Sprache studieren, und dies um so mehr, wenn es mein eigenes Volk ist.«

Helmut Hirth lag ausgestreckt auf der Couch und spielte mit den Händen in der Luft, wenn er etwas sagte, Bärbel saß neben ihm, die Arme um die Knie geschlungen, den Kopf geneigt, und schaukelte vor und zurück, während er seine Studienfächer vor ihr ausbreitete.

»Bisher habe ich viel zuviel von Psychologie und Pädagogik gehalten, aber beide dürfen nur Hilfsmittel sein. Philosophie dagegen werde ich gründlich betreiben.«

Dann schwang er so plötzlich seine Beine über den Rand der Couch auf den Fußboden, daß sie erschrak. »Aber wenn ich diese alten Knacker bei uns sehe, die Herren Kollegen, die einen nicht für voll nehmen, diese Staubschlucker, diese verknöcherten Pauker, die Hypochonder, ins Kontor gehören sie, und nicht in die Schule!«

»Ich weiß nicht, Helmut«, sagte Bärbel, »vielleicht sind wir in zwanzig Jahren schon genauso geworden.«

»Nein, nein«, rief Helmut, »ich werde ihnen beweisen, daß man auch nach zwanzig Jahren noch nicht zu verkalken braucht.« Er ließ seine Arme kraftlos fallen und rief lauter, obgleich sie gar nichts eingewandt hatte: »Jawohl, allerdings draußen in der Universität ist man sich darüber im klaren, daß wir das deutsche Erziehungswesen auf eine neue Grundlage stellen müssen, verstehst du, aber davon haben diese Spießer noch keinen Hauch verspürt.« Bärbel schwieg und lächelte, geduldig, weil sie fand, daß er recht hatte, aber daß er deswegen nicht solchen Lärm zu machen brauchte.

»Es ist ein Jammer«, sagte er verärgert, »daß das Semester nicht vor dem Oktober anfangen wird.«

Das Semester würde nicht vor dem Oktober anfangen, aber schon am neunten September hatte Helmut Hirth ein entscheidendes Erlebnis:

Es war einer der Tage, da er sogleich nach der Schule zum Historischen Seminar der ›Freien Universität‹ fuhr, um mitzuhelfen, die täglich wachsende Bibliothek aufzunehmen. An jenem neunten aber erklärten alle anderen, heute würde nicht gearbeitet, sie würden sowieso gleich gehen.

Auf Helmuts Frage rief einer von ihnen entrüstet: »Haben Sie denn nichts von der Kundgebung gehört?«

Natürlich müßten sie alle zum ›Platz der Republik‹, dort protestierten heute alle Berliner gegen die sowjetische Blockade. Es müsse der Welt vor Augen geführt werden, daß Berlin nicht bereit sei, das Schicksal Prags und der Tschechoslowakei hinzunehmen.

Einer der Kommilitonen, der dort schon ähnliche Veranstaltungen mitgemacht hatte, führte sie vom Lehrter Bahnhof durch mehrere Ruinen bis auf die Stufen vor dem zertrümmerten Portal des Reichstages, und Helmut hatte einen außerordentlichen Überblick über den weiten Platz zwischen der Reichstagsruine und der zerstörten Krolloper, der schon überfüllt schien, auf den aber immer noch Menschen strömten durch den verwüsteten Tiergarten, vom Potsdamer Platz, vom Lehrter Bahnhof. Sie kamen zu zweit, zu dritt, in kleinen Gruppen oder allein.

Und als die verschiedenen Redner, Sozialdemokraten, christliche Demokraten, Liberaldemokraten, Gewerkschafter, sprachen – die Westmächte müssen zu Berlin stehen, hier wird über die Zukunft der freien Welt entschieden, wir müssen standhaft bleiben, dann werden eines Tages wieder freie Menschen nach Leipzig, Dresden und Königsberg, Küstrin, Breslau und Weimar fahren in einem demokratischen, wiedervereinigten Deutschland, und als die atemlos lauschenden Menschen, vor den Stufen des alten Reichstages, in mächtiges Beifallsgeschrei ausbrachen oder in Pfuirufe, ohrenbetäubenden Lärm, wenn von den kommunistischen Unterdrückern die Rede war – und endlich alle in das Lied: ›Freiheit, die ich meine‹ einfielen, war Helmut so erschüttert, daß ihm fast die Tränen kamen.

Der letzte Redner forderte mit bewegter Stimme die Bürger Berlins auf, ihren frei gewählten Vertretern zum Gebäude des alliierten Kontrollrates zu folgen, wo den drei westlichen Militärgouverneuren ein Memorandum übergeben werden sollte, welches von der Not freier Menschen zeugen würde.

Und als die unübersehbare Menschenmenge in Bewegung geriet, sich langsam auflöste, abflog, als die hunderttausend Füße den Staub aufwirbelten zu einer wabernden Wolke, der Staubvorhang nach Norden abzuziehen begann, von den Strahlen der untergehenden Sonne beleuchtet, stand Helmut immer noch auf den Stufen des Reichstages und hatte das Empfinden, er müsse sein übervolles Herz erleichtern. Und weil Bärbel nicht da war, wandte er sich an einen Kommilitonen, denn es war ihm mit einem Male klargeworden, daß er dazu beitragen mußte, diesen Geist fortzupflanzen, weiterzugeben an die Kinder, daß er mitverantwortlich war für die neue Generation, die keiner falschen Fahne mehr nachfolgen durfte, sondern nur den Geboten der Wahrheit, Freiheit, der Menschlichkeit, und so sagte Helmut Hirth zu dem Kommilitonen, den er nur flüchtig kannte, dem er sich aber durch das Erlebnis nahegerückt empfand: »Vorhin, die Menschen alle ... ich meine, nun, wenn man den Begriff Demokratie ... verstehen Sie, in einer einmaligen Konzeption festhalten wollte ... lebendige Demokratie ... Ich sprach neulich wieder mit Professor Rother darüber, daß wir Studenten von heute, wir jungen Akademiker von heute sozusagen die Grundpfeiler der neuen deutschen Demokratie sind, insbesondere als Lehrer«, sagte er. Demokratie und Erziehung, das war Zusammenschau, das eine ohne das andere unmöglich, dachte Helmut überwältigt, daß er seine Gedanken nicht zu formulieren vermochte.

»Kennen Sie Litt«, sagte der Kommilitone, »›Geschichte und Leben‹?« Und Helmut dachte neiderfüllt daran, daß die meisten schon so viel gelesen hatten, immer bezogen sie sich auf Bücher, von denen er noch nicht einmal die Titel kannte.

»Ja, ja«, sagte Helmut Hirth ernüchtert, offenlassend, ob er das Buch von Theodor Litt gelesen hatte, »das ist schon hoch interessant.«

Aber als er am nächsten Morgen in der Straßenbahn die Berichte in der Zeitung gelesen und die Bilder gesehen hatte, winkte er Bärbel, mit der er sich an jedem Morgen, wenige Häuserblocks von der Schule entfernt, zu treffen pflegte, schon von weitem und erzählte ihr von dem erhebenden Ereignis, dessen Zeuge er gewesen. »Eine denkwürdige Demonstration, endlich einmal... Deutsche ohne Fackeln, ohne Uniformen, es war vielleicht das deutsche Bekenntnis zur Demokratie. Fünfhunderttausend Menschen ... es war ... prachtvoll.«

Er wollte ihr auch seine Einsicht in die Zusammenhänge von Demokratie und modern verstandener Erziehung erläutern, aber die Glocke schrillte schon, und Helmut schritt allein, erfüllt von einer neuen, höheren Aufgabe, über den düsteren Flur seiner Klasse zu.

Harald hatte *Dagens Nyheter* vor sich und blickte auf das Bild, die Reichstagsruine im Hintergrund und vorn verschwommene Gesichter, Köpfe, Rücken. Er hielt Ulla die Zeitung hin: »Was heißt das, hier, die Überschrift?«

»Das ist aus der Bibel, ich weiß nicht, wie es deutsch heißt: wer den Wind streut ... wird Sturm bekommen oder so.«

»Wer den Wind sät, wird Sturm ernten«, sagte Harald, »lies mir mal vor!«

»Es war eine Kundgebung, zweihundertfünfzigtausend Westberliner protestierten gegen russische Zwangsmaßnahmen. Zu den russischen Versuchen, die Berliner Bevölkerung einzuschüchtern, erklärte Professor Reuter, der von der russischen Okkupationsmacht nicht anerkannte Berliner Oberbürgermeister, wer den Wind ... und so weiter, wird Sturm ... ernten.« Sie brummelte die nächsten Zeilen unverständlich vor sich hin, »hier ... bei Zusammenstößen zwischen Demonstranten, die die rote Fahne vom Brandenburger Tor – russischer Sektor – herunterholten, und Ostberliner Polizei wurde ein Westberliner getötet, mehrere erlitten Verletzungen, eine Anzahl Personen wurde verhaftet.«

»Ja«, sagte Harald, »einen hat der Sturm schon umgeblasen.«

»Wieso, hast du Angst, du bist doch hier. Und ich dachte, in Berlin ist es fast jeden Tag so?«

»Natürlich, Harald«, sagte Onkel Friedrich und zündete sich sorgfältig eine Zigarre an, »gewiß, man muß sich diese Dinge zu Herzen nehmen in einer Demokratie, aber manchmal scheint es mir, als hättest du dich unter Hitler daran gewöhnt, alle diese Fragen zu unbedingt zu sehen. Politik ist auch ein Beruf, der gelernt sein will, man trifft, urteilt man mit unseren natürlichen Vorurteilen, oft sehr daneben.«

»Ja«, sagte Harald, »natürlich.«

Auch auf der Universität war es so.

Alle die jungen Männer, mit denen er bekannt gemacht wurde, erkundigten sich auf der Stelle höflich und mitleidig nach Berlin und schüttelten betrübt den Kopf.

Die Amerikaner in der ›Graduate School‹ scharten sich um ihn, als bekannt wurde, er sei Deutscher, noch dazu einer aus Berlin.

Ob die amerikanischen Spenden eine wirkliche Hilfe für Deutschland gewesen seien, fragten sie ihn.

»Aber sicher«, sagte er und deutete auf seine Hose, »hier, die ist auch aus Amerika.«

Sie schienen befriedigt und kehrten sich mit lautem, herzlichem Lachen wieder ihren gewohnten Gesprächen zu.

Bis eines Nachmittags, nach einem Seminar über »Plural Democracy in Sweden«, als Harald in einer weitläufigen Diskussion gebeten worden war, etwas über die Stellung des Reichspräsidenten in der Weimarer Verfassung zu sagen, auf dem Wege zum Klubhaus David Browne ihm in den Weg trat.

Er war Harald oft aufgefallen, weil er sich auch meist allein hielt. Er trug das Haar kurz geschnitten, dazu einen vollen Schnurrbart, den er sich bisweilen wohlgefällig strich.

An jenem Nachmittag trat er auf Harald zu und sagte: »My name's David Browne, I'd like to have a talk with you.«

Dann könnten sie ja zusammen essen gehen?

David rieb sich den Schädel und bewegte seinen Schnurrbart. »Ich würde ganz gerne hören, wie es jetzt in Deutschland aussieht.«

David Browne hörte ohne eine Spur von Ungeduld zu und nickte von Zeit zu Zeit, nur einmal sagte er: »You seem rather bitter about it?« Und als sie an der Ecke Kungsgatan-Drottningsgatan standen und auf das glatte, von den Lichtreklamen und Schaufenstern vielfarbig beleuchtete Pflaster blickten, fragte David: »Where are you going?«

»Home«, sagte Harald, und David fragte, ob Harald nicht auf einen Sprung mit zu ihm kommen wolle, er hätte sich zusammen mit einem Brasilianer eine möblierte Wohnung gemietet. »Sie liegt hübsch.«

Die Wohnung befand sich in einem der modernen Blocks auf der Südseite des Riddardfjordes, und der schwarzhaarige Bursche mit dem Menjou-Bärtchen führte Harald gleich auf den Balkon. »First of all«, sagte er mit hartem Englisch, »ju mast häv ä luk, most bjutiful wju in all Stockholm.« Sie standen hoch über dem Wasser und blickten auf alle Lichter hinunter.

Rod – »my name is Rodriguez, but the Ämericäns can't spell it, so they call me Rod, you du tu« – versuchte mehrere Sekunden lang, eine deutsche Vokabel für den Ausblick zu finden, rief: »jast ä minit, jast ä minit«, dann ließ er die Schultern fallen, »nonono, I äm jast ä bäd boy, häv forgotten all my German.«

David verschwand in der Küche, nachdem er Harald in den drei Zimmern herumgeführt hatte, wobei Rod geringschätzig kommentierte: »Bäd pictjers, bäd furnitjur, but wörst of all, beds.« Er schüttelte den Kopf, aber am Ende jedes Satzes brach er in überschwengliches Gelächter aus.

Und als David ein paar Sandwiches brachte, sagte er, ohne zu kosten: »Bäd foodstaff, David always makes bäd foodstaff.« Während sich David laut beklagte, sagte Rodriguez augenzwinkernd zu Harald: »We mast häv medicin.« Er öffnete einen Schrank und brachte eine Flasche Whisky zum Vorschein, ging in die Küche, um Gläser zu holen. Und als sie nur wenig getrunken hatten, waren sie sich schon einig, daß die Stadt Stockholm wunderschön sei, die schwedischen Männer aber langweilig, öde, saft- und kraftlos seien.

»The swidish womän only«, schrie Rod, er zwinkerte heftig mit den Augen, »David tries to get ä bjutiful girl all the time, wait, you will see her, marvellous girl, next Friday you mast come, we häv ä party plänned long ago.«

Sie begleiteten ihn zum Fahrstuhl, und Harald rief durch das Gitter: »Many thanks, it was the nicest evening I had in Stockholm«, und Rodriguez rief: »Nonono, you mast come bäck.« David hob traurig die Hand; er sah ihre Gesichter verschwinden und stand wieder auf der Straße, zugleich zufrieden und wehmütig und fröhlich.

Eine Woche später trug Rodriguez eine gestärkte weiße Schürze vor seinem schwarzen Anzug, als er die Tür öffnete, und seine Augen funkelten, als er flüsterte: »David already occupied.«

Es war diesmal eine ganze Reihe von Leuten da, denen er die Hand schütteln mußte, aber David zog ihn in eine Ecke und stellte ihn einem zierlichen Mädchen mit braunem Haar und runden, unschuldsvollen Augen vor, und einem unscheinbaren Mann in Haralds Alter, Lars Malmberg, der ausgezeichnet Deutsch sprach und immer, wenn er lächelte, seine Stirn in zweifelnde Falten legte.

»Ich habe schon von dir gehört«, sagte er, »du bist doch aus Berlin?«

»Ja.«

»Ich war dort vor vier Wochen vielleicht, ich wollte mir die neue Lage betrachten ... die ›Freie Universität‹.« Er fuhr sich mit der Oberlippe über die Zähne, eine blonde, glatte Haarsträhne fiel ihm in die Stirn, er schob sie verärgert zurück.

»Und wie hat es dir gefallen?«

»Es ist schon toll, was sie geschafft haben, in so kurzer Zeit, aus dem Nichts.«

»Aber es läßt sich darüber streiten, ob es notwendig war, in Berlin eine zweite Universität aufzumachen, oder nicht?«

»Ich verstehe dich«, sagte Malmberg, er lächelte mit fast geschlossenen Augen, »aber ich glaube, jetzt läßt sich schon nicht mehr darüber streiten.« Er stand auf und legte Harald eine Hand auf die Schulter: »Ein anderes Mal, brauchst bloß zum Klubhaus zu kommen, da findest du mich meistens ...«

»Das war der Präsident der National-Union schwedischer Studenten«, sagte David.

Auch Gunn, die zwischen David und Harald saß, sprach sehr gut Deutsch, so daß David schimpfte, es sei ihm bald zu dumm.

»You shut up«, sagte sie lächelnd und fuhr ihm mit der Hand über den Kopf, während er die Augen verdrehte und genüßlich seinen Bart leckte. »Ich habe Berlin neunzehnhundertdreiundvierzig gesehen und bin fast von den Bomben erschlagen worden, ist Berlin jetzt noch genauso schrecklich?«

»Ich weiß nicht«, sagte Harald und wunderte sich über sich selbst, hielt das Whiskyglas in der linken Hand, während er den rechten Arm nachlässig auf der Sofalehne ausstreckte, »ich weiß wirklich nicht, ich habe Berlin dreiundvierzig nicht gekannt.«

Als sie aufbrachen, fragte Harald, auf englisch und mit einem fragenden Seitenblick zu David, ob er sie nach Hause bringen dürfe. »What? Take this girl home?« rief David und fing an, laut und falsch zu lachen.

»Wo wohnst du denn?« fragte sie.

»Östermalm.«

»Östermalm«, sagte sie, »da kann ich dich vorbeifahren, ich habe einen Wagen da.«

Er saß ernüchtert neben ihr, bis sie fragte: »Jetzt sagst du gar nichts mehr?«

»Nein.«

»Ich habe es nicht bös gemeint, es war nur komisch, wie du gefragt hast.«

Ob er sie wiedersehen könne, fragte Harald, oder ob er erst David fragen müsse.

»David?« sie lachte lauthals, »nein, ruf mich an.«

»Sonnabend?«

»Den nächsten darauf vielleicht.«

»Hier ist es«, sagte Harald. Sie waren erst am Strandvägen, aber er wollte noch ein Stück laufen. Sie gab ihm eine schmale, energische Hand. Er klappte den Schlag zu und blickte dem Rücklicht nach, bis es unwiderruflich zwischen den vielen anderen Lichtern verschwunden war, und stand unschlüssig auf dem Bürgersteig. Es war zwei Uhr, und der Himmel zeigte schon die helle, graublaue Färbung und einen Streifen gelben Lichts im Norden. An der Promenade brannten matt die Kandelaber, und er konnte auch das erleuchtete Zifferblatt einer Kirchturmuhr sehen, friedvoll, wie in einem Märchen.

Er stand da, ohne Vergangenheit und ohne Zukunft, aber er warf einen großen Schatten. Er stand da, jetzt, in diesem Augenblick, heute, und klimperte mit dem Geld, das er lose in seiner Hosentasche trug.

Dreimal in der Woche fuhr Harald am späten Nachmittag nach Sigtuna hinaus, um dort in der Volkshochschule über ›Fragen der deutschen Geschichte‹ zu sprechen.

Es war schon zehn nach fünf, als sie die Stufen vom U-Bahnhof Uhlandstraße hinaufrannte, aber Karl-Heinz war da und rief: »Hat alles geklappt?«

»Wunderbar«, sie hielt seine Hand, als sie den Fahrdamm überquerten, »Hedermann war so nett.«

»Warte mal«, sagte Karl-Heinz, »wir haben noch Zeit, wir setzen uns jetzt in ein Café, und du erzählst in aller Ruhe, schließlich muß ich das Westgeld noch auf den Kopf hauen.«

»Du hebst es besser für das nächste Mal auf.«

»Das muß gefeiert werden, wenn wir schon mal zusammen in Berlin sind, und außerdem«, er schlug sich mit der rechten Hand auf die Brust, »wir haben's ja.« Er lachte selbstbewußt.

»Also, der Reihe nach, wo hast du ihn getroffen?«

»Nicht in der Universität, sie kannten natürlich den Namen, aber wußten gar nicht, daß er in Berlin war, und wenn nicht zufällig ein Assistent gekommen wäre ...«

»Wo war er denn nun?« fragte Karl-Heinz ungeduldig.

»Der Assistent war sehr freundlich und hat ein paarmal telefoniert, und endlich war Hedermann selbst am Apparat.« Sie legte ihre Hand auf seinen Arm. »Weißt du, was er gesagt hat? Er wollte gerade mit einem Freund essen gehen, ob ich ihn nicht begleiten wollte. Im Zehlendorfer Ratskeller, ich bin mit dem Omnibus hingefahren. Gut, daß du mir die Mark mehr gegeben hast.«

»Ich denke eben an alles.«

»Es war noch ein anderer Professor da, ich habe aber den Namen vergessen, und als er mich vorgestellt hat, hat Hedermann gesagt, ich sei eine seiner tüchtigsten Schülerinnen, und er hat dauernd gefragt, ob ich wirklich satt bin.«

»Und was hat er von der ›Freien Universität‹ gesagt?«

»Ja, auch, aber erst habe ich erzählen müssen, wie es jetzt in Leipzig aussieht.«

»Und wie ist es hier mit dem Studium?«

»Noch nicht, jetzt noch nicht, Hedermann weiß auch nicht genau, wann es mit der Chemie losgehen kann, es fehlen noch die Mittel, aber er hat mir seine Telefonnummer gegeben, und wenn du wieder einmal hier bist, kannst du ihn anrufen und fragen. Er hat mir versprochen, zu helfen, daß ich zugelassen werde, wenn es soweit ist. Und weißt du, daß wir dann auch ein Stipendium kriegen, weil wir aus dem Osten kommen?«

»Ich habe es dir doch gesagt: hier wird etwas für uns getan. Na, und ist es jetzt nicht ganz gut, wenn ich wieder herfahre und Hedermann anrufen kann?«

»Ja«, sagte Jutta, »aber es wäre noch viel schöner, wenn wir beide hier wären.«

»Das kommt alles.«

»Hast du wieder dieses ... Material mit?«

»Aber nicht doch, wenn wir zusammen sind«, sagte er, »ich denke doch nicht daran, dich zu gefährden.«

»Bloß, denkst du etwa, es ist besser für mich, wenn du allein fährst ...!« Aber als sie sah, daß er sich aufrichtete, sagte sie rasch, hoffnungsvoll: »Karl-Heinz, wenn wir erst hier sind. Vielleicht schon in einem halben Jahr.«

»Also hat es dir doch gefallen, habe ich es dir nicht gleich gesagt?«

»Und wie, hier ist alles so ...«

»Das ist es eben«, sagte Karl-Heinz und nickte bedächtig mit dem Kopf, »das ist die Freiheit.«

Er hatte Gunn Ericson angerufen und sich mit ihr im ›Dramatern‹ verabredet.

»Du hast dir ja allerhand vorgenommen«, hatte sie gesagt.

»Na und? Wenn schon, denn schon.«

»Also bitte schön, wie du willst, im ›Dramatern‹.«

Am frühen Nachmittag war Harald zu einem Friseur auf Kungsgatan gegangen, hatte aber nicht gewagt, zu protestieren, als der Mann nicht nur sein Haar schnitt, sondern es wusch und parfümierte und die Kopfhaut massierte. (Das machte, alles in allem, acht Kronen fünfundsiebzig.) Statt dessen war er bei feuchtem, schneidendem Wind zwei Stunden lang durch die Straßen gelaufen, vom Norrmalmstorg über den Tegelbacken, die Steigung zum Fridhelmsplan hinauf, über die Västerbrücke und die endlose Hornsgatan entlang, bis er schließlich glaubte, den aufdringlichen Duft losgeworden zu sein. Er war aber viel zu früh im ›Dramatern‹.

Zwei befrackte Kellner dienerten ihn an den Tisch, den er telefonisch bestellt hatte, einer legte ihm die Karte in dem ledergebundenen Umschlag vor, pirschte sich bald von neuem heran und fragte – drohend, fand Harald –, ob er schon ein Menü zusammengestellt habe. »Nein danke ... ich warte noch.«

Er saß allen Blicken ausgesetzt und sog an seiner Zigarette, bis endlich ein Kellner die Tür des Speisesaales aufriß und Gunn eintrat, in einem hochgeschlossenen, schwarzen Wollkleid, das glänzende Haar streng gekämmt. Er stand auf und ging ihr entgegen, aber sie sah ihn nicht an, sondern nickte zu mehreren Tischen hin, bis sie endlich das Gesicht in seine Richtung wandte und den Kopf in den Nacken warf, als ob sie sich vor Freude nicht lassen könnte.

Aber sie hatten sich kaum niedergesetzt, als Gunn fragte: »Fühlst du dich sehr wohl hier?«

»Wenn ich ehrlich bin, nein.«

»Das habe ich mir gedacht, also dann essen wir hier nur ein bißchen, auf Sveavägen kenne ich ein italienisches Restaurant.«

»Entschuldige«, sagte er, »das hättest du mir auch gleich sagen können ...«

»Nein«, sagte sie, aber ihre kühlen Augen stimmten nicht mit dem fröhlich geöffneten Mund überein, »du warst so entschlossen.«

»Hör bloß auf, ich bin schon zerknirscht genug.«

»Und das ist alles?« Sie zog die Augenbrauen in die Höhe.

»Was ist ... alles?«

»Ich sage, ich hätte nicht gewagt, dir zu widersprechen, und du bist nur zerknirscht, das ist nicht nett.«

»Verzeih die Unaufmerksamkeit«, sagte er und lächelte, so sehr er es vermochte, »aber als du hereinkamst, hat es mir fast den Atem verschlagen, ich bin noch nicht wieder zu mir gekommen.«

»So ist es ein bißchen besser, du Schwindler.«

»Heute habe ich kein Auto mit«, sagte sie, »heute mußt du mich führen.« Und es war sehr erfreulich, so durch die Kungsgatan zu gehen, Gunn am Arm, der viele Männer nachstarrten. Sie ging mit kurzen, straffen Schritten, und Harald wußte nichts zu sagen.

»Ich finde es schön, so im Wind«, sagte er endlich.

»Ich nicht, wenn du das ganze Jahr Wind hättest, würde es dir auch keinen Spaß machen.«

Und sie saßen in der grün ausgeschlagenen Nische in jenem italienischen Restaurant und löffelten Zwiebelsuppe und aßen, weil es das einzige italienische Gericht auf der Speisekarte war, Risotto und tranken süßlichen Wein, aber er vergaß, daß er sich vorgenommen hatte, alle Preise im Kopf zu behalten, damit er wußte, ob sein Geld noch ausreichte. Er schenkte schwungvoll den Wein ein, denn sie saß ihm nun nicht mehr gegenüber, sondern nahe bei ihm auf der schmalen Bank, und von Zeit zu Zeit legte Harald seine Hand auf ihre Hand, auf ihre schmalen, geraden, etwas flachen Finger.

»Warum seid ihr Schweden unzufrieden, trotz allem?«

»Weil wir ein schlechtes Gewissen haben«, sie blickte ihn spöttisch an. »Wir haben ein wunderschönes Land und noch schönere Kinderhäuser und Altersheime und, wie sagt man, Wohlfahrtseinrichtungen und Schulen und Gewerkschaften, und alles neu, und einen hohen Lebensstandard haben wir sowieso und keinen Krieg. Aber das genügt uns nicht, und weil wir hier nichts mehr erleben, müssen wir reisen und staunen, wo es nicht so hygienisch ist wie bei uns. Damit wir uns ja nicht anstecken, nehmen wir unsere Desinfektionsmittel, verstehst du?« Sie blies ihm den Rauch ihrer Zigarette ins Gesicht und betrachtete das Mundstück ihrer Zigarettenspitze, »und weil wir ein bißchen schlechtes Gewissen haben, weil's uns besser geht, und weil wir so Angst vor ihnen haben, gehen wir mit unseren Desinfektionsmitteln überall hin und helfen den Kindern im Ausland und den kranken Alten. Genügt dir das?«

»Das war erschöpfend«, lachte er.

»Du bist so ein, wie sagt man, komischer Kauz, Harald. Ich mag dich eigentlich, bloß denkst du, es interessiert mich, wenn du mir dauernd deine Seele ausschüttest? Deine Weltanschauungen, wenn du damit anfängst, bist du schrecklich, wie sagt man, selbstsicher, und ein andermal wieder bist du so ... hilflos, kleinlaut. Was ist das? Und außerdem bin ich eine junge Dame, die unterhalten werden möchte, weißt du, nicht belehrt und nicht politisch, wie sagt man, verängstigt. Oder lassen sich das die Mädchen in Deutschland von dir gefallen?«

Sie nahmen die Straßenbahn für den Heimweg nach Lidingö hinaus und gingen langsam, Arm in Arm, auf feuchten, moderigen, herbstlichen Wegen zum Haus ihrer Eltern, das inmitten eines Kiefernwäldchens lag.

»Hier in Stockholm hatte ich endlich mal wieder Ruhe, und da bist du, und alle Ruhe ist wieder weg«, sagte er leise und wußte nicht, ob er es nur sagte, weil sie vor ihrer Gartenpforte standen.

Er versuchte sie zu küssen, aber sie wandte den Kopf so rasch, daß seine Lippen nur die Wange streiften.

»Ach, Harald«, sie schüttelte lächelnd den Kopf, »also ... du rufst mich an?«

»Ja, irgendwann«, sagte Harald, er freute sich, daß es so nachlässig herauskam, »nächste Woche vielleicht, nächste Woche mal.«

Das war alles.

»Wie war's denn?« fragte David am Montagmorgen im Hörsaal und warf Harald einen unschuldsvollen Blick zu.

»Später«, flüsterte Harald, denn Professor Holmquist stand schon hinter dem Katheder. Endlich lehnte er sich doch zu David hinüber. »Außerdem verbietet mir der Anstand, dir zu erzählen, was ich mit ihr erlebt habe.« Dazu leckte er sich, wie David über seinen Schnurrbart, genüßlich mit der Zungenspitze über die Oberlippe, »und jetzt paß lieber auf«.

Aber weil David ihn immer noch zweifelnd anblickte, flüsterte Harald: »Es hat sich durchaus gelohnt.«

»Wart ihr auch in dem italienischen Restaurant?«

»Später«, zischte Harald, maßlos enttäuscht, daß David also das italienische Restaurant schon kannte und die grün ausgeschlagene Nische natürlich auch, »die meiste Zeit waren wir im ›Dramatern‹.«

Harald freute sich, daß David hörbar die Luft durch die Zähne zog.

»›Dramatern‹? You must wait and see, next Saturday is my turn.«

Am Montag früh kam David in die Universität und flüsterte: »You goddam fool, you spoiled all the bids. I had to spend ten bucks, makes nearly sixty Kronor, in an expensive dump, just because you damn' fool took her to ›Dramatern‹, and I had to beat you.«

»Jetzt kann ich's dir ja sagen«, flüsterte Harald, »ich war letzten Sonnabend bloß eine halbe Stunde im ›Dramatern‹, für acht Kronen, und im italienischen Restaurant habe ich auch bloß dreißig Kronen bezahlt, macht achtunddreißig.«

David verzog sein Gesicht zu einer bösen Grimasse: »You goddammit punk«, und nach einer Pause, während sich sein Mund in die Breite zog, »but let me tell you: I had her, allright.«

»Daß ich nicht lache«, aber es war Harald nicht wohl, »you silly ass will never have her, höchstens, wenn ich nicht mehr da bin.«

»You just wait and see«, sagte David, »I almost had her«, er fuhr sich mit der Zungenspitze über den blonden Bart.

Das war zu der Zeit, da es anfing zu schneien, der Schnee wieder taute, aber immer neuer, nasser Schnee in großen Flocken fiel, als er sich gelegentlich mit Lars Malmberg über die ›Freie Universität‹ stritt, ohne sonderlich beteiligt zu sein, und er sich angewöhnt hatte, in der Volkshochschule in Sigtuna die Arme wie Trebin zu beiden Seiten auf das Katheder zu stützen.

Ihr Versteckspiel um Gunn ging noch eine Weile weiter, bis sie sich eines Abends eingestanden, von Gunns Abreise nach Wilhelmina, zum Wintersport, völlig überrascht worden zu sein. Sie gaben auch zu, daß sie es beide nicht weiter als bis zu einem pickenden Abschiedskuß auf ihre Wange gebracht hatten.

»I told you so, I told you so«, kicherte Rodriguez, »you are unable to make love, and then you cry, cry before my eyes, queer guys, the bloody powerful American and German men, nothing but blond, queer guys, just take a Whisky, quick.« Er kicherte kopfschüttelnd und schrie, außer Atem, »a kiss on the cheek, por Deus!«

»Shut your trap or I'll knock your block off«, sagte David.

»Take a whisky, queer guys, both of you«, rief Rodriguez, »and you will appreciate what the United Nations and the Diplomatic Service are good for. To have diplomat's luggage sent through the world, by plane, by ship, even to antialcoholic Sweden«, und sein Bärtchen zog sich in die Breite, als er die Whisky-Flasche schwang. »Diplomat's luggage.«

»Skal!« rief Rodriguez.

»Skal!«

»Die Freiheit ist unteilbar«, sagte Professor Reichardt, und in diesem Augenblick ging das Licht aus.

Aber Professor Reichardt unterbrach seinen Vortrag nicht, er erhob seine Stimme ein wenig, während überall in dem finsteren Kinosaal, dem vorläufigen Auditorium maximum, Streichhölzer raschelten und Feuerzeuge knipsten, bis fast neben jedem Sitz eine Kerze brannte. Ein Student schritt durch den Mittelgang und stieg die Stufen zur Bühne hinauf, stellte Professor Reichardt eine Kerze auf das Katheder, und Reichardt dankte ihm, ohne in seinem Satze einzuhalten, mit einem Kopfnicken.

»Es wäre noch schöner«, hatte er gesagt, als zum erstenmal während einer Vorlesung eine plötzliche Stromsperre Unruhe, Verlegenheit hervorrief, »wir werden uns durch die Tatsache, daß wir Strom sparen müssen, nicht beirren lassen. Denn immerhin«, rief er in das Getrampel der Studenten hinein, »sind wir doch zu dieser Universität gekommen, damit wir endlich –

ungeachtet aller beschwerlichen Umstände – unserer Arbeit nachgehen können.«

Neben Reichardt, Professor Rother und anderen gehörten zum Lehrkörper der Philosophischen Fakultät bereits zwei Germanisten, höchst gegensätzliche Persönlichkeiten, in ihrer Erscheinung wie in ihrer Lehre.

Da war Professor Herlich, soeben aus Leipzig gekommen, wohin er nach dem Kriege einem Ruf aus Schweden gefolgt war. Mit schmalem Kopf, hager, hochaufgerichtet, straff, allem Lauten abgeneigt, vermochte seine Diktion alle erlesenen Reize der Sprache auszukosten. Bezeichnenderweise ließ Herlich nur dort das Wort ›Dichtung‹ gelten, wo immer er strengste Form vorfand: im zuchtvollen Gedicht.

Das ganze Gegenteil sein Kollege Blaschke: korpulent, mit einem runden, blanken Schädel, dem zu beiden Seiten nur ein struppiges Büschel schlohweißen Haares geblieben war. Er schaukelte behäbig hinterm Katheder, sprach nicht mit der überlegten Ruhe seines Kollegen, wenngleich er seine Sätze nicht weniger kunstvoll drechselte, aber anders als Herlich, empfand er Genuß an einer abwegigen Wendung, einem überraschenden Wortspiel. Natürlich entsprach seiner Erscheinung eine großherzigere Einstellung dem geschriebenen Wort gegenüber, ›Dichtung‹ durfte, nach Professor Blaschkes Worten, auch ein Prosawerk genannt werden, wenn nur hinter der vordergründigen Handlung ›Substanz transparent‹ wurde.

Und wie Herlich mit den feinen Tönungen, elegischen Schwingungen, reinsten Klängen am liebsten umging, welche er, wann immer es ihm angemessen schien, auf unübertreffliche Weise zu rezitieren verstand, so hielt es Blaschke mit dem Würzigen, Lebensprallen, und mit dem ätzend Intellektuellen. Wenn er etwas vorzulesen versuchte, hatte allerdings keiner seiner Hörer einen rechten Genuß davon, er selbst dafür um so mehr.

Blaschke war recht in seinem Element, wo immer in der Literatur neronische Brände tobten, ein Weltenwallen, babylonisches Beben, Titanendonner, unter dessen Gegroll sich der Vorhang vor inbrünstig sterbenden Helden schloß.

Beide hatten ihre Vorlesungen in den noch notdürftig hergerichteten Räumen kaum begonnen, als sich unter den Studenten der Germanistik bereits die Geister zu scheiden, die Schulen zu bilden begannen.

Der Gruppe um Herlich gehörten vor allem jene Mädchen zu, denen das Streben nach reiner, wissenschaftlicher Erkenntnis höchster Beruf schien: die Blassen, die Stillen im Lande, die ein lautes Wort in der provisorisch hergerichteten Mensa ebenso verachteten wie jede leidenschaftliche Äußerung, wenn sie nicht unmittelbar den Dienst an der deutschen Sprache betraf. Über Professor Blaschke äußerten sie sich ungern. Herausgefordert aber schossen sie den spitzesten Pfeil ab, den sie im Köcher führten: Blaschke sei unwissenschaftlich.

Die Favoriten Blaschkes dagegen waren noch weniger zu verkennen: joviales, lautes Gebaren, legere oder auffällige Kleidung waren untrügliche Kennzeichen. Sie unterstanden sich nicht, bramarbasierend zu verkünden, jene Nonnendichterinnen der Mystik müßten einmal auf Freudsche Komplexe untersucht werden. Insinuationen, welche intimen Schülern Professor Herlichs Zornesröte ins Gesicht trieb, Bemerkungen, welche sie ingrimmig schweigend anhörten, um sie bei nächster Gelegenheit ihrem entsetzten Meister zur Kenntnis zu bringen.

»Es müßten«, sagte Helmut Hirth zu Bärbel, »noch viel mehr solcher... Persönlichkeiten da sein, man müßte viel öfter Gelegenheit haben, sich mit allen Lehrmeinungen auseinanderzusetzen. Ich habe es gerne, wenn sie sich in den Haaren liegen.«

Darum bedauerte er es außerordentlich, daß Professor Rother zunächst der einzige Historiker blieb. Denn zu Professor Meineckes Seminar wurden nur höhere Semester zugelassen.

Aber er hielt sich ohnehin an die Bücher.

Zwar waren alle Bibliotheken noch höchst unvollständig, aber sie wuchsen täglich, stündlich fast, und außerdem hatte Helmut wenigstens so viel gelernt, daß er zu Hause, auf seines Vaters Regalen, manchen Titel entdeckte, dem er bisher kaum Aufmerksamkeit geschenkt hatte.

Am liebsten aber saß er, wenn ihm zwischen den Vorlesungen Zeit blieb, in dem Zimmer des Historischen Seminars, das zugleich als Arbeits- und Bibliotheksraum diente, in dem sich aber kaum einer zum Lesen niederzusetzen wagte, weil ein ständiges Kommen und Gehen herrschte.

Dort versammelte bisweilen auch Herr Rogowski die jungen Semester um sich. Rogowski war ein baumlanger, ungemein dürrer Mann mit einer riesengroßen Hornbrille mit kreisrunden Gläsern.

Rogowski war hoch angesehen, stand auf vertraulichem Fuß mit Professor Rother, es war auch bekannt, daß er maßgeblichen Anteil daran hatte, wenn so angesehene Gelehrte wie Professor Reichardt von der Humboldt-Universität und Professor Herlich von der Universität Leipzig auf den ersten Ruf nach West-Berlin geeilt waren.

»Eins müssen Sie begreifen lernen«, sagte er und schob den Steg seiner Brille mit einem steifen Zeigefinger hoch, aber sie rutschte sogleich wieder herunter, »und ich sage Ihnen, die Zeiten sind ernst.« Er blickte sich vergeblich nach Widerspruch um. »Es waren nicht zuletzt Studenten, die an der Gründung unserer Universität entscheidend Anteil hatten. Das ist eine Tatsache. Dieser Tatsache entsprechend ist die Studentenschaft in allen Gremien der Universität, im Senat, im Kuratorium, den Fakultäten, mit Sitz und Stimme vertreten. Ich wiederhole: mit Sitz und Stimme. Den meisten von Ihnen mag das nichts bedeuten, dann lassen Sie sich gefälligst von Ihren älteren Kommilitonen oder meinetwegen von Ihren Vätern erklären, daß dies ein unerhörtes Ereignis in der Geschichte der deutschen Universität ist.«

Er schob mit einem Ruck seine Brille zurück, sie glitt wieder nach vorn. »Das heißt aber, daß wir Studenten mit den unerhörten Rechten auch unerhörte Pflichten, eine unerhörte Verantwortung übernommen haben. Und ob unsere Universität ihrem hohen Anspruch wird gerecht werden können, das wird allein davon abhängen, inwieweit wir Studenten diese Verantwortung zu tragen imstande sind. Denken Sie daran, daß nicht nur etwa im Osten, sondern auch im Westen unseres lieben deutschen Vaterlandes«, er lächelte und stieß heftig die Brille in die Stirn, »viele Herren sitzen, die darauf warten, daß wir uns blamieren. Und wenn wir versagen, so werden sie sich vor innerem Vergnügen totlachen ... das wäre nicht das Schlimmste, viel schöner wäre aber, wenn wir nicht versagten und sie sich totärgern.« Er schob diesmal die Brille sanft und vorsichtig hoch.

So war es nur selbstverständlich, daß Helmut Hirth die feierliche Eröffnung der ›Freien Universität‹ am Radio miterlebte, da er bei der Verlosung der Karten für den zweitausend Sitze fassenden Titania-Palast zu kurz gekommen war.

Und Helmut war sich bewußt, Teilhaber eines geschichtlichen Ereignisses zu sein. Luthers Thesen fielen ihm ein, die Ausfahrt der *Pilgrim fathers* und der Auszug der deutschen Studenten aus der Universität Prag im Jahre vierzehnhundertundneun.

Übrigens hatte Helmut, da er – wie er Bärbel erklärte – alle Kraft für sein Studium brauchte, sein Arbeitsverhältnis gelöst und war nach Einhaltung der Kündigungsfrist aus dem Schuldienst ausgeschieden.

»Es war natürlich nicht leicht für mich, alle Eindrücke zusammenzufassen«, sagte Harald und strich sich über die schweißnasse Stirn, denn die Luft im Studio war trocken und heiß, und die rote Lampe über dem Mikrophon leuchtete immer noch, »aber ich glaube, ich kann wiederholen, daß am stärksten auf mich gewirkt haben die Ruhe und Gelassenheit, mit denen man hier alle politischen und weltanschaulichen Auseinandersetzungen austrägt.« Lars Malmberg, ihm gegenüber, mit halbgeschlossenen Augen lächelnd, holte Atem, als wolle er wieder sprechen, aber Harald fuhr rasch fort: »Während man natürlich Schweden auf gar keinen Fall mit dem augenblicklichen Deutschland vergleichen darf und es mir manchmal ... hier vielleicht sogar etwas zu ruhig und gelassen zugegangen ist ... allerdings habe ich ... hier mit der Zeit auch verlernt, mich so aufzuregen ... wie in Berlin, nach einer Weile kam ich mir vor wie ein Zuschauer, und manchmal hätte ich auch ganz gerne mitgehandelt und nicht immer nur ... zugesehen.«

Lars übersetzte sehr rasch, und Harald wurde unsicher, weil Lars lächelte, als er zum Ende kam; auch der Redakteur, der bei ihnen im Studio geblieben war, lächelte und sah Harald an.

»Da habe ich noch rasch eine andere Frage«, sagte Lars auf deutsch – der Redakteur winkte, drängte zur Eile, »wir sprachen schon darüber, aber was wirst du jetzt machen, wenn du wieder nach Berlin kommst, wirst du zur ›Freien Universität‹ gehen, oder wirst du auf der Humboldt-Universität im Ostsektor bleiben?«

»Ich will es auf jeden Fall noch einmal versuchen«, sagte Harald heiser, »ehe ich von der Universität im Osten weggehe, will ich mir selbst bewiesen haben, daß ich dort nichts mehr erreichen kann, daß die kommunistischen Studenten wirklich taub und blind geworden sind. Denn ich halte es für meine Pflicht, noch immer nach einem Kompromiß zu suchen. Die Deutschen wollen offensichtlich immer mit dem Kopf durch die Wand ... und wenn jetzt in Deutschland zwei Welten aufeinanderprallen, dann darfst du sicher sein, daß sehr gründlich abgerechnet wird, und wenn diese Spannung noch eine Weile andauert, wird an eine Verständigung nicht mehr zu denken sein.«

»Dann wünschen wir dir viel Erfolg für deine Arbeit in Berlin ... und hoffentlich gehen deine Wünsche in Erfüllung.« Harald wußte nicht, ob er noch etwas sagen sollte, aber der Redakteur sah ihn auffordernd an: »Danke sehr, ich werde schon sehen«, sagte er drauflos, »ich habe mich hier inzwischen lange genug ausruhen können.«

Der Redakteur hob beschwörend beide Hände und holte tief Luft, hielt den Atem mehrere Sekunden lang an und ließ endlich die Hände sinken.

»So, das ist alles, ganz gut habt ihr das gemacht, ganz lebendig.«

»Vielleicht war es ein bißchen langweilig?« fragte Lars.

»Du hättest ein bißchen schneller übersetzen sollen.«

»Sollen wir es noch mal machen?« fragte Harald, nun, da die rote Birne verlöscht war, hatte er wieder Mut, »ich glaube ... es war gar nichts.« Jetzt erinnerte er sich aller Sätze, die er gesagt hatte, deutlich und wünschte, sie nicht gesagt zu haben, er hatte zu ungenau gesprochen.

»Auf keinen Fall«, sagte der Redakteur, »bei mir wird nichts gestellt.«

Am selben Abend feierten sie bei David Abschied. Sie hatten sich beide versprochen, Gunn käme für sie nicht mehr in Frage, und darum hatte Harald seine Cousine Ulla mitgebracht, es dauerte kaum eine Stunde, bis David Ulla zum dritten Mal den Blick vom Balkon auf den zugefrorenen Mälarsee und die im Mondlicht schimmernden, verschneiten Dächer der Stadt vorgeführt hatte. Später half sie ihm in der Küche Sandwiches zubereiten.

»You halfwit«, flüsterte David zum Abschied, »you have been in Stockholm for six months already. She's a lovely girl, why didn't you tell me before, I certainly could have saved the money I spent on Gunn, you fool.« Er verzog böse den Schnurrbart und stieß Harald in die Seite.

Am darauffolgenden Abend versammelte sich die Familie um den Eßzimmertisch, auf dem Kerzen brannten, Onkel Friedrich trug einen dunklen Anzug und trank auf sein Wohl.

Und Tante Ruth sagte und lächelte ihn über die Länge des Tisches hinweg an: »Ich würde mich freuen, wenn du einmal wiederkommen könntest. Leb denn wohl, mit Gott, mein Junge.«

Er badete noch einmal in dem grün gekachelten Badezimmer mit den schimmernden Dosen und Hähnen und Spiegeln. Dann stand er am Fenster, hielt sich am Fensterriegel fest, bis seine Füße kalt wurden und er behutsam ins Bett stieg.

Ulla fuhr ihn am nächsten Morgen zum Bahnhof. David und Rodriguez warteten schon. Sie standen eine Weile auf dem Bahnsteig. Endlich schüttelte Harald ihnen der Reihe nach die Hand und stieg ein, aber es war immer noch nicht zu Ende. Er lehnte aus dem Zugfenster, und Rodriguez zog eine kleine Flasche aus der Tasche, blickte sich auffällig vorsichtig nach allen Seiten um und reichte sie Harald hinauf. »Medicin«, sagte er, »very helpful medicin, but careful, it's illegal in Sweden. Swedish people don't understand anything of medicin.«

»Thank you«, sagte Harald.

Ulla streckte ihre Hand aus, und Harald sah David an, der ein wenig abseits stand und traurig lächelte: »Mach's gut, Harald«, sagte Ulla, »wie sagt man, mach halblang.«

»Thank you«, sagte Harald, »ich werde mir Mühe geben.«

»We had a very pleasant time together«, sagte David, und sein Schnurrbart bewegte sich, »I only wish, it would have lasted longer.« Es war, als müsse er sich auf die Zehenspitzen stellen, um

Harald zu erreichen. »It's no use writing letters, we'll meet elsewhere. If you do not like Berlin any longer, just hop over to New York ... you promise? Good luck, Harald; the very best of luck.«

Der Zug ruckte aber in diesem Augenblick an, und David trat zurück, er stand, den Arm hochgereckt, während Rodriguez sein Taschentuch aus der Brusttasche riß und wild winkte: »'arald and never spend money on a girl and kiss her on the cheek afterwards ... kiss first, then money ... you never be fool again, will you?«

Deutschland lag unter einem unfreundlichen grauen Himmel.

Gegen vier Uhr nachmittags brachte der Zubringeromnibus Harald aus Frankfurt zum Rhein-Main-Flughafen.

Er hatte kaum im Flugzeug Platz genommen, als die Stewardeß ihm einen Kaugummi und ein Exemplar des *Berliner Echo* brachte.

Er überflog die Seiten: Verhaftung des Direktors der Justizverwaltung durch die Sowjets. Amtsenthebung des Polizeipräsidenten Markgraf durch die Alliierte Kommandantur bestätigt. Blutige Zwischenfälle am Potsdamer Platz. Westmark alleiniges Zahlungsmittel in West-Berlin. General Tunner: WIR BLEIBEN IN BERLIN. Dann las Harald den Leitartikel: ›Es wird kein Pardon mehr gegeben‹.

Endlich glitt die Maschine hinab, der Rumpf, die Flügel rüttelten und zitterten stark, und Harald lehnte sich tief in den Sessel zurück und mußte immer wieder schlucken.

Und dann sah er Lichter, eine wirre Ansammlung von Lichtern, ein Geflirr von Lichtern: der Ostsektor.

Und eine stumpfe, schwarze Fläche, einzelne Lichtpunkte darin und Scheinwerfer: Tempelhof.

Weil er es nicht mehr erwarten konnte, nahm er ein Taxi. Es war aber zu dunkel, und er konnte kaum etwas erkennen, nur einmal, in der Gegend des Sachsendammes, fuhren sie durch einen Bezirk, in welchem die Fenster erleuchtet waren.

»Alles dunkel, was?« fragte Harald.

»Sind Sie zum ersten Mal hier?«

»Ich war ein halbes Jahr weg, in Schweden.«

»Halbes Jahr bloß. Dann hat sich nischt verändert, inzwischen.«

Seine Mutter öffnete ihm, eine Petroleumlampe in der Hand. Sein Schatten bewegte sich lautlos über die Wände.

Sie saßen sich gegenüber, und seine Mutter lächelte: »Harald, du hättest nicht so viel schicken sollen, du hast sicher ...«

»Ach, ich hatte es so gut, sie lassen alle sehr herzlich grüßen.« Er saß da, in seinem neuen, steifen Mantel, in seinem neuen, steifen Anzug, in seinem neuen, steifen Hemd, knöpfte den Kragen auf und zog die Krawatte herunter.

»Hier sind dieser Tage noch zwei Briefe für dich angekommen, ich wollte sie dir nicht schicken, ich wußte nicht, ob du sie noch bekommst.« Harald riß den einen Umschlag auf.

»Laut Beschluß der Kreisvorstandssitzung vom 17.1.49 wirst Du wegen Verstoßes gegen die Verbandsdisziplin aus der Freien Deutschen Jugend ausgeschlossen. Unleserliche Unterschrift. In Klammern: Helmig.«

Am nächsten Morgen, dem siebenundzwanzigsten Februar, einem regnerischen, trüben Tag, sprach Harald Momber gegen neun Uhr dreißig im Immatrikulationsbüro der Universität Berlin ›Unter den Linden‹ vor, mit der Bitte, ihn nach Ablauf seines Urlaubes wieder einzuschreiben. Die Dame hinter der Barriere schlug mehrere Ordner auf, blätterte in Büchern und fuhr mit dem Bleistift Namenlisten entlang.

»Momber, Harald?«

»Ja.«

Sie klappte den Aktendeckel zu. »Sie haben die Rückmeldefrist nicht eingehalten und sind aus der Liste der Studierenden gestrichen.«

»Aber ich war doch für das Semester beurlaubt.«

»Sie sind gestrichen. Gehen Sie zur ›Zentralverwaltung‹, ich kann da gar nichts machen«, sagte das ältliche Fräulein und blickte ihn nicht mehr an, sie winkte dem Studenten, der hinter Harald wartete.

»Danke sehr«, sagte Harald.

Er ging durch die Flure, und dort, wo das Dach noch nicht wiederhergerichtet war, standen Pfützen.

Er ging über den Vorplatz. Es regnete nur mäßig.

PROFESSOREN UND STUDENTEN DER BERLINER UNIVERSITÄT
KÄMPFEN FÜR DIE EINHEIT DEUTSCHLANDS UND GEGEN DEN
WESTBERLINER SPALTERMAGISTRAT
STUDENTEN UND PROFESSOREN KÄMPFEN FÜR DIE
WIEDERVEREINIGUNG DEUTSCHLANDS UND GEGEN DIE
AMERIKANISCHEN ATOMBOMBEN
STUDENTEN UND PROFESSOREN KÄMPFEN FÜR DEN
WELTFRIEDENSKONGRESS IN KOPENHAGEN

Ein Windstoß fuhr über den Platz und klatschte die durchnäßten und verschmierten roten Spruchbänder an die runzeligen Fassaden.

Das Ende vom Anfang

Was bleibt denn hier schon von dem Menschen, der da eines Tages unsterbliche Verse geschrieben hat ... oder ein Romankapitel«, sagte Herbert Strittich.

Er hoffte, Klausener werde ihn verstehen, er war der erste, dem gegenüber er seiner Enttäuschung Luft machte.

In dem Kinosaal, aus welchem die anderen nach einer Vorlesung Professor Herlichs hinausdrängten, war Klausener sitzen geblieben, hatte in sein Heft geblickt, das noch aufgeschlagen auf seinen Knien lag, und hatte plötzlich aufgesehen, zweifelnd, belustigt, und Strittich hatte das Empfinden, hier sei endlich einer, der es lohne, und hatte, unbestimmt – vor sich hin und doch an Klausener gerichtet – gesagt: »Ja, was? Da kommt man manchmal nicht mehr mit.«

»Vielleicht liegt's auch nur an uns, vielleicht können wir es nicht mehr verstehen«, hatte Klausener geantwortet, »solange wir eine übertriebene Angst haben vor allem, was auch nur den geringsten Anschein von Pathos oder Emotion haben könnte?«

»Natürlich«, sagte Strittich, »man hat sich den nützlichen Rest naiver Sentimentalität abgewöhnen müssen«, beiläufig, aber den Tonfall genau abstimmend – weil er auf eine Reaktion lauerte, »das ist es doch nicht allein.«

»Doch«, sagte Klausener, »es fällt mir sehr schwer, noch was ernst zu nehmen.«

Klausener zog ein Bein nach, er hinkte, aber er brachte es fertig, seine umfangreiche Aktentasche so unter einen Arm zu pressen, daß er noch immer beide Hände frei hatte, um seinen Tabaksbeutel aus der Tasche zu ziehen, seine Pfeife zu stopfen, sein klobiges Feuerzeug in Betrieb zu setzen und die Pfeife anzuzünden.

»Ich war nämlich auch aktiv«, sagte Klausener endlich, »Oberleutnant zuletzt.« Er nahm mehrere so starke Züge aus der Pfeife, daß der Rauch, den er ausblies, seinen Kopf einhüllte. »Und dann kamen die verklemmten Ressentiments nach dem Kriege ... Natürlich hängt es auch davon ab, was Sie erlebt haben. Schlimm ist es natürlich bei denen, die alles mitgemacht haben und dennoch nichts begreifen wollen ... denen ist tatsächlich wohl nicht mehr zu helfen.«

Er paffte und blickte geradeaus, und Strittich blickte auf seinen kantigen Schädel hinab und notierte alle Beobachtungen über Klausener sorgfältig im Kopf. Das war wirklich einer, dachte Strittich, ein wenig neidisch, aber auch freundschaftlich, gönnerhaft, ein Mann, der ›bis zum Halse durchgewatet‹ war, wie Strittich gern sagte.

»Gut und schön, Klausener«, sagte Strittich unbestimmt, »aber grundsätzlich, der gute Schiller«, er lachte spöttisch, »hat bestimmt nicht unrecht damit, daß im Felde der Mann ... es gibt eben dort Situationen ... man urteilt unbefangener.«

»Na ja«, sagte Klausener, »unbefangen urteilen, sehen Sie, unsere Materie, zum Beispiel ...«

Aber Strittich unterbrach ihn heftig: »Das ist es doch«, rief er auflachend, »mir kommt es eben nicht auf die ... Materie an, sondern auf den Menschen, der hinter aller Sprache steht. Aber vielleicht«, er schwieg eine bedeutungsvolle Pause lang, »bin ich auch heute nicht mehr der Mann für die Wissenschaft.«

Vielleicht war Herbert Strittich heute nicht mehr der Mann für die Wissenschaft, aber das Studium war für ihn zu einer Prestigefrage geworden, seit sein Vater ihm eröffnet hatte, er müsse sich beeilen, damit er fertig würde und Geld verdiente, denn er könne ihn nicht sein Leben lang unterstützen. Da hatte Herbert alle angebotene Hilfe auf der Stelle zurückgewiesen, und da er dann drei Tage lang das Mädchen auf dem Arbeitsamt beschwatzte, bekam er eine Stellung als Entladearbeiter auf dem Flugplatz Tempelhof.

Obgleich sie nie viel Zeit hatten, sich umzusehen, weil, sobald sie die Säcke und Kisten und Fässer aus einem Flugzeug herausgeschafft hatten, schon das nächste Flugzeug heranrollte, erfüllte ihn jeder Blick rundum, das Gebrüll der Motoren, Kohlenstaub, Benzindunst, die schweren Lastwagen, Tankwagen und immer die Flugzeuge, die mit der Präzision eines Uhrwerks alle drei Minuten über die Dächer fegten, mit sprachloser Begeisterung.

Ein paarmal hatte er mit amerikanischen Piloten gesprochen, die über den Platz schlenderten und gelegentlich den Arbeitern Zigaretten zusteckten. »Es war«, so würde Strittich später Herrn Klausener erzählen, »ein sehr ähnliches Gefühl, Sie werden mich verstehen ... wie früher ... an der Front, in einem Kessel ...«

Klausener nickte, mit zweifelndem Lächeln.

Eines Tages, im Verlaufe seiner Schicht, geschah das Unglück.

Eine viermotorige Maschine schwebte ein, rollte, rollte über die Rollbahn hinaus zum Platzrand, überschlug sich, und eine Staubwolke wirbelte auf.

Strittich rannte als einer der ersten, aber er war noch über hundert Meter entfernt, als Flammen aus den Motoren schlugen. Er rannte wütend, verbissen, weiter, bis jemand seinen Arm packte und ihn zurückriß. Ein amerikanischer Pilot stand neben ihm, er blickte zu dem Flugzeug hinüber, das Feuer fraß rasend schnell um den Rumpf, hüllte die Kanzel in Flammen ein. Feuerlöschwagen jagten heran.

»It's no use going mad«, sagte der Amerikaner. »We can't do anything.«

Strittich blickte, zornerfüllt, auf das brennende Flugzeug, in welchem drei Piloten umkommen würden.

»It's Dwyer with his guys«, sagte der Amerikaner. Er hatte eine Hand auf Herberts Schulter gelegt.

Das war während der Semesterferien.

Ja, Karl-Heinz hat sich alles so einfach vorgestellt, dachte Jutta hilflos, und ich auch.

Sie lag auf der Couch in Erika Wagemanns Zimmer, angespannt, unfähig, die Glieder zu lösen, und blickte mit weit geöffneten Augen in die Finsternis.

Jetzt war sie schon über vierzehn Tage hier und immer noch nicht immatrikuliert, noch ohne Zuzugsgenehmigung, und es würde noch mal vier Tage dauern. Vier Tage.

Wenn sie nicht Erika zufällig getroffen hätte, Erika Wagemann, und wenn Erika sie nicht auch erkannt und gleich gefragt hätte, ob sie nicht bei ihr bleiben wolle, bis Jutta selbst ein Zimmer habe, wäre sie gleich nach Leipzig zurückgefahren. Obgleich sie in Leipzig längst abgemeldet war.

Wenn Erika da war, konnten sie wenigstens abends ein bißchen über die alte Klasse in Dresden sprechen, dann war alles andere nicht so schlimm ... für eine Weile.

Berlin war zu groß, man mußte immer fahren, und das kostete Geld, und wenn man draußen in der Universität jemanden fragte, nannte er kurz angebunden irgendeine Behörde und ließ einen stehen. Sie konnte auch nicht andauernd zu Hedermann gehen. Wenn er ihr nur nicht doch übelgenommen hatte, daß sie mit ihrem Vor-Diplom in Leipzig nicht mehr fertig geworden war.

Ich wollte doch weg, dachte Jutta, stumm um Verständnis bittend.

Ein Glück, daß Erika ihr die Essenkarte für die Mensa gegeben hatte. Mittags gab es einen Teller Suppe, aber wenn man abends wieder hinging, kriegte man von dem, was übriggeblieben war, noch mal. Zum Glück blieb fast immer was übrig.

Alle die anderen Mädchen, laut, selbstsicher, mit ihren hübschen Kleidern. Meine sehen daneben aus wie Säcke. Wenn Karl-Heinz länger hier ist und er sieht die anderen Mädchen und mich?

Wenn ich bloß erst fertig wäre.

Wenigstens war Karl-Heinz mit dem Zimmer zufrieden, das sie ihm besorgt hatte. Aber fünfzig Mark, wie wollte er das bloß bezahlen? Wenn er kam, würden sie vielleicht zwei Zimmer zusammen nehmen. In der Stadt. Jetzt, wo sie verlobt waren, ging es doch. Zusammen wirtschaften. Billiger.

Aber vor dem ersten Juni, hatte Karl-Heinz gesagt, würde er bestimmt nicht kommen können.

Dann hatte doch das Semester längst angefangen.

Er lacht bloß darüber... Karl-Heinz immer so: das Kind schon richtig schaukeln ...

Und seine Verbindungen. Er saß mit ihnen in der Mensa und tuschelte schon wieder. Hier auch?

Wenn er bloß erst da wäre und nicht wieder nach Leipzig zurück ... er nimmt sich so wenig in acht, Karl-Heinz.

Wenn Erika Wagemann da war, konnte man wenigstens sprechen, laut sein, reden. Es war nicht so stumm und so dunkel. Trotz der Stromsperre.

Ganz bestimmt, hatte das Fräulein in der Quästur gesagt, achtzig Mark Ost eins zu eins gegen achtzig Mark West konnte man umtauschen. Achtzig Mark West.

Fünfunddreißig Mark Miete für das Zimmer, blieben fünfundvierzig.

Es war sicher, daß Hedermann noch kein Institut haben würde, dieses Semester. Machen Sie doch fleißig Physik. Er hat gut reden, wenn er wüßte, wie mir Physik zum Halse raushängt.

Erika heiratete bald, das Zimmer hier war sehr schön, es kostete aber sechzig Mark. Da würden bei mir nur noch zwanzig übrigbleiben.

Der Kurfürstendamm war herrlich, mittags in der Sonne, die Luft noch frostig, aber schon so hell, daß die Frauen Sonnenbrillen trugen. Und ich daneben ...

Mutter schreibt: ›Ich mache mir Sorgen, weil ich so selten etwas von Dir höre, Jutta.‹

Also achtzig Mark, dachte Jutta, fünfunddreißig Mark für die Miete.

Bleiben Fünfundvierzig.

Sechs Mark für die Monatskarte bei der BVG. Bleiben neununddreißig.

Wenn man irgendwo selbst kochen könnte.

Und die Haare muß ich mir jetzt waschen. Und wenn ich monatlich fünf Mark zurücklegen will?

Jutta drehte sich auf die andere Seite. Sie zog die Beine an den Leib, aber es wurde nicht anders.

Achtzig Mark.

Fünfunddreißig für das Zimmer, bleiben fünfundvierzig.

Arbeit kriege ich erst, wenn ich immatrikuliert bin, aber Erika sagt, es wird immer schwerer, seit so viele Studenten aus der Ostzone kommen.

Sechs Mark für die Monatskarte.

Und dreiundzwanzig Mark Versicherungsgebühren im Semester, macht im Monat?

Fast vier Mark.

Aber Seife, Zahnpasta, vielleicht könnte Mutter das schicken, oder ich gehe in den Ostsektor einkaufen. Und Petroleum für die Lampe oder wenigstens Kerzen.

Erikas Sachen im Badezimmer und mein Waschbeutel daneben.

Achtzig Mark. Vielleicht waren fünfunddreißig Mark für das Zimmer schon viel zuviel, aber billiger ...?

Schuhe, ein Paar Strümpfe und Puder.

Hör doch bloß auf, flüsterte Jutta ohnmächtig, sie hatte sich unter der Bettdecke zu einem Knäuel zusammengerollt, hör doch bloß auf, an so was zu denken, weiß nicht mal, wie ich im Institut alles bezahlen soll. Und die Gebühren, in Ost, sind immer noch zwanzig, dreißig Mark West im Semester, wieder vier, fünf Mark pro Monat.

Achtzig Mark, also fünfunddreißig für vielleicht, wenn Karl-Heinz hier wäre, zwei Zimmer ... ?

Bloß nicht so weit weg von Karl-Heinz.

Wenn ich in der Mensa esse? Frühstück brauche ich bestimmt. Ein Pfund Margarine macht zweiundfünfzig Pfennig, wenn ich vielleicht Arbeit kriege, irgendwas ...

Was soll ich bloß machen ... wenn Karl-Heinz hier wäre ... aber dann wieder: das Kind schon richtig schaukeln, und er fährt wieder ab.

Ja, Mutter.

Wenn ich ... aber sechs Mark für die Monatskarte brauche ich, ich kann nicht immer nur laufen. Die S-Bahn-Karte soll eine Mark billiger sein.

Sie wälzte sich auf die andere Seite, aber sie konnte nicht einschlafen, wenn ihr Herz so unaufhaltsam rasch klopfte.

Hinter der Glastür HISTORISCHES SEMINAR *Bibliothek und Arbeitsraum* hörte er Gelächter, und das Blut schoß ihm zu Kopf, aber er öffnete die Tür mit einem Ruck.

Marianne Latour saß auf einem Tisch, ihr Lachen brach ab, als sie Harald erkannte, und drei Studenten, die vor ihr standen, fuhren herum und blickten ihn an. Harald glaubte ihre Gesichter zu kennen.

»Sieh mal, wer da kommt«, sagte Marianne in die Stille hinein. Sie begann mit den Beinen zu schlenkern. Er kannte ihren blauen, rot gemusterten Seidenrock noch gut, aber sie schien schmaler geworden zu sein, als er sie in Erinnerung hatte. Er trat auf sie zu und streckte seine Hand aus, es war, als zögerte Marianne, ehe sie seine Hand ergriff. Sie versuchte nicht, sein Lächeln zu erwidern.

»Kannst du mir vielleicht sagen, an wen man sich wenden muß, wegen der Zulassung?« Er hatte aufgehört zu lächeln, es half ohnehin nichts.

»Ach, du willst zu uns?«

Sie sah ihn an, mit geöffneten Lippen, aber ohne ihre Zähne auseinanderzunehmen. Sie nannte ihm eine Zimmernummer, »es ist im dritten Stock, unser Zulassungsreferent heißt Hohenstein, aber ich glaube nicht, daß man deinetwegen eine Ausnahme machen wird«.

Die geschwinde Bewegung, mit welcher Herr Hohenstein, ein Mann in Haralds Alter, in einem Zuge aufstand, sich höflich verneigte, Harald die Hand reichte, ihm wortlos, mit einer raschen Geste, einen Stuhl anbot, sich wieder setzte und die Hände gefällig auf der Tischplatte faltete, war wie ein schwieriger, ausführlicher Tangoschritt.

Nein, es täte ihm außerordentlich leid, aber die Termine seien leider längst überschritten. »Wir können nur noch Fälle echter politischer Gefährdung berücksichtigen. Sie kommen von der Humboldt-Universität?«

»Ich war ein Semester beurlaubt.«

»Dann versuchen wir es im nächsten Semester vielleicht.«

Ob er zufällig Herrn Erich Misch kenne?

»Unseren Asta-Vorsitzenden? Na, und ob ich ihn kenne.«

Er lachte belustigt über eine solche Frage. »Sie finden ihn in dem kleinen Gebäude gegenüber. Im Erdgeschoß, gleich links, um diese Zeit bestimmt.«

Als Harald wieder auf der Straße stand, fragte er sich ein letztes Mal, ob es nicht richtiger sei, sich auf der Stelle für die Universität München zu entscheiden, aber er überquerte die Straße, trat in die Villa und fand die Tür und das Schild: ALLGEMEINER STUDENTENAUSSCHUSS. Zwei Mädchen saßen vor ihren Schreibmaschinen und unterhielten sich mit Studenten, die auf Hokkern, Tischen und Aktenböcken saßen. Auch sie unterbrachen ihr Gespräch, als er eintrat, und blickten sich nach ihm um. Er kannte keinen von ihnen.

»Kann ich Erich Misch sprechen, man sagte mir...«

»Im Augenblick nicht«, sagte eines der Mädchen, während ihn die Studenten ansahen, als habe er einen ganz und gar unverständlichen Fehler begangen, in diesem Augenblick nach Erich Misch zu fragen, obgleich Harald Erichs Stimme aus dem Nebenzimmer zu hören glaubte. »Wenn Sie es in einer Stunde noch mal probieren wollen, Herr Misch ist in einer wichtigen Sitzung«, sagte das Mädchen.

»Dann rufe ich besser an.«

Er wurde mehrmals von neuem verbunden, und es knackte und klickte in der Leitung, ehe er Erichs Stimme tatsächlich hörte, heiser wie immer: »Mensch, Harald, alter Schwede.« Er schrie noch eine Reihe unzusammenhängender Sätze und Fragen, und Harald verstand nicht viel, aber er war nicht ungeduldig, weil es sehr erfreulich war, Erichs Stimme wieder zu hören.

»Du weißt, warum ich anrufe?«

»Ja, das finde ich einfach großartig. Aber was hast du mit Marianne angestellt? Ich denke, ihr wart mal dicke miteinander?«

»Eben«, sagte Harald, »das ist es.«

»Paß mal auf«, Erich sprach so laut, daß der Hörer klirrte, »also ich will sehen, was sich machen läßt, hast du Lars Malmberg mal gesprochen?«

»Ja.«

»Großartiger Kerl, was, hat er dich ordentlich zurechtgestoßen?« sein Lachen klang freundlich, wohlwollend, gutmütig.

»Andermal, andermal«, rief Erich, »ich bin zwar für deine Fakultät nicht zuständig, aber ich werde mal mit Hohenstein sprechen, du kennst doch Professor Rother... kennst du auch Rogowski?«

»Flüchtig, ich habe ihn ein- oder zweimal in einem Seminar erlebt, ist er auch hier?«

»Na, ich bitte dich«, Erich lachte lange, »alle anständigen Menschen sind jetzt hier, bloß du hast uns noch gefehlt, dann sind wir vollzählig. Wenn ich das Rogowski erzähle! Wir haben so oft über dich gesprochen. Du gehst morgen früh noch mal zu Hohenstein, ich habe inzwischen alles geregelt, dann sehen wir uns bald mal, nicht?«

»Bloß eins noch«, schrie Erich, dann schien er zu lachen, denn für eine Weile war seine Stimme nicht mehr zu verstehen, und endlich: »... beste ist, du läufst ihr gar nicht mehr über den Weg, sonst könntest du Schwierigkeiten haben.«

»Marianne, wieso, hat sie hier Einfluß?«

»Erstens das, und zweitens hat sie Haare auf den Zähnen.«

»Ja, vielen Dank, das weiß ich.«

Hohenstein war diesmal noch freundlicher: »Herr Momber, wenn ich gewußt hätte, daß Sie im Ausland waren, wäre alles viel einfacher gewesen, denn Auslandsaufenthalt ist natürlich ein legitimer Grund für eine Verspätung.« Er reichte ihm mit einer weit ausholenden Bewegung einen Fragebogen über den Tisch, »sehr kurz, wie Sie sehen«, lächelte er. Und Harald nahm den Bogen in Empfang, kniffte ihn zusammen und schob ihn ordentlich in seine Aktentasche.

»Wenn möglich, kommen Sie morgen, punkt vierzehn Uhr, wieder her, wir machen dann gleich eine kleine Zulassungsprüfung, Professor Rother kennt Sie ja gut, wie ich hörte.«

»Sososo«, sagte Professor Rother, »nun waren Sie also ein halbes Jahr in Stockholm.«

Es war eine freundliche Plauderei über Schweden, das Professor Rother im Jahre neunzehnhundertachtundzwanzig zum letzten Mal gesehen hatte. Zuletzt schüttelte er Harald wieder die Hand: »Also, Momber, schön, daß Sie endlich zu uns gefunden haben, Sie kennen mich doch lange, und es war für uns alle nicht leicht, nur, eines Tages mußte der Aufbruch, ich sage immer, der Herausbruch aus dem alten Gemäuer der deutschen Universität erfolgen. Na, nun sind Sie ja hier.«

Harald stand schon in der Tür, als Rother ihm nachrief:

»Übrigens, Momber, ich darf Sie doch in meinem Seminar erwarten, dienstags, sechzehn Uhr, wir haben wichtige Sachen vor.«

Harald ging die Treppe hinunter und über die Straße, die beiden Mädchen vermochten ihn diesmal nicht zu halten, er riß die Tür zu Erich Mischs Büro auf, »vielen Dank, Erich«.

»Ich glaube schon, daß es dir bei uns gefallen wird, Harald. ... bloß eins noch«, er legte eine Hand auf Haralds Schulter, »Rother und Rogowski und ich, wir haben uns für dich verbürgt, als behauptet wurde – du kannst dir denken, woher der Wind weht –, du seiest ein Opportunist, verstehst du?« Er lächelte freundlich, »mach jetzt bitte keine Dummheiten mehr. Du wirst dich bei uns wohl fühlen, wir mögen die Unpolitischen ebensowenig wie du.«

»Sag mal, muß es eigentlich sein«, fragte Harald Momber beim Abendessen seine Mutter, »daß sie einen immer erst einen Halbidioten schimpfen, ehe sie einen in Gnaden wieder aufnehmen?«

»Erich Misch? Das glaube ich nicht«, sagte sie kopfschüttelnd, »Erich ist doch ein feiner Junge, er hat sich so oft nach dir erkundigt, wenn ich ihn traf. Sicherlich freut er sich nun, daß du da bist. Du bist darin jetzt nur zu empfindlich.«

»Er freut sich, daß er mich bekehrt hat. Alle wollen sie bekehren.«

»Du etwa nicht?«

Es war kaum eine Woche vergangen, als Erich Misch Harald bat, ihn am Sonnabend zu besuchen. »Ich habe mir draußen eine kleine Etage eingerichtet und für dich ein paar Leute eingeladen. Vielleicht kennst du sie noch, vom Sehen wenigstens ... Marianne«, er lachte lauthals, »wird bestimmt nicht da sein.«

Aber außer Erich und Herrn Hohenstein, der an diesem Nachmittag zum Scherzen aufgelegt schien, kannte Harald niemanden. Es war ein Mädchen unter ihnen, eine große, überaus kräftige Person, Fräulein Brummer. Sie saß, beide Ellbogen fest auf die Sessellehnen gestützt, die Hände vor der Brust verschränkt. Bisweilen rieb sie bedächtig ihr Kinn an den hochgereckten Daumen. Jeden, der das Wort ergriff, blickte Fräulein Brummer mit flachen, hellen Augen drohend an.

Es war schwierig für Harald, den Gesprächen zu folgen; obgleich ihm Erich von Zeit zu Zeit Erklärungen zuraunte.

Nur soviel schien sicher: daß sie alle über bedeutsame Stellungen an der Universität verfügen mußten. Erich war der Vorsitzende des ›Allgemeinen Studentenausschusses‹, kurz ASTA, einen nannten sie ›Finanzminister‹, ein anderer war ›Sozialreferent‹, auch ein Fakultätssprecher war da, und Fräulein Brummer war beileibe nicht ›Sport-‹, sondern ›Außenreferent‹.

Dann kamen noch drei andere Leute. Einen schienen die anderen gut zu kennen, sie nannten ihn Bernd, seinen Namen hatte Harald nicht verstanden, als er sich vorstellte. Groß, hager, mit flackernden, dunklen Augen schritt er mit gesetzten Bewegungen durchs Zimmer, breitete endlich beide Arme aus und sagte mit näselnder Stimme: »Darf ich euch Fräulein Gebert und Herrn Schick vorstellen, Herr Schick ist erst vorgestern endgültig aus Leipzig gekommen, wenn ihr also das Neueste wissen wollt ...«

Schick, mittelgroß, blond, strich sich selbstbewußt das glatte Haar glatt, das Mädchen stand ein wenig unbeholfen, lächelte verlegen und nickte dankbar, als Erich ihr einen Sessel hinschob, an Haralds Seite.

Sie schlug ihre Beine übereinander, besann sich aber ihrer abgetragenen Schuhe, bewegte sie hin und her und versuchte vergeblich, die Füße unter dem Sessel zu verbergen.

Schick saß ihm schräg gegenüber, so daß Harald beobachten konnte, wie Schick mit auffallend langsamen Bewegungen in die Tasche griff, ein Päckchen Zigaretten hervorholte, eine Zigarette herausnahm, sie mehrmals auf die Sessellehne klopfte und endlich anzündete.

Sobald aber Schick oder jener Bernd das Wort ergriff, um über ›die Zone‹ oder die Universität Leipzig zu sprechen, verbreitete sich eine düster entschlossene Stimmung im Zimmer.

»Ich mußte mich jetzt absetzen, nach der letzten Flugblattaktion haben sie einen Kumpel von mir hochgehen lassen.«

Schick sprach schleppend, nachlässig, sächsisch.

»Das Leipziger Studentenparlament ist kaum noch arbeitsfähig. Wenn sie mit irgendeinem Beschluß nicht einverstanden sind, ziehen die Kommunisten einfach aus, erklären, sie würden über die Straße in ihr Parteihaus gehen und dort warten, bis sich die anderen Fraktionen entschlossen hätten, doch zuzustimmen.«

»Der Druck«, sagte Schick und nickte langsam mit dem Kopf, »wird immer unverhüllter.«

»Ich bin bis zuletzt aus taktischen Gründen in der Partei geblieben, es kann gar nicht genug Menschen geben, die einmal die Partei gründlich studiert haben, denn hier im Westen«, er blickte spöttisch die Zigarettenasche an, die er dann abknipste, »haben die Leute manchmal naive Vorstellungen.« Und alle anderen nickten bedeutungsvoll.

»In Berlin hat man wenigstens die Notwendigkeit des Widerstandes erkannt. Man ist endlich bereit, den Kampf gegen das sowjetische System mit derselben Entschlossenheit zu führen wie seinerzeit gegen die Nazis.«

In diesem Augenblick entdeckte Harald an seiner wie auch an der linken Hand des Mädchens den glatten, goldenen Ring.

»Sie müssen schon entschuldigen, wenn ich so dumm frage«, hörte sich Harald zu seiner Verwunderung sagen, »... aber was nennen Sie, bitte, ›Widerstand gegen das System‹?«

»Harald war das letzte halbe Jahr in Schweden«, sagte Erich rasch, in ein verstimmtes Schweigen hinein, »er muß sich erst akklimatisieren.«

»In Schweden«, Schick lächelte, als könne er ausnahmsweise vergeben, »dort ist natürlich das politische Klima wesentlich kühler, nicht wahr?« Er räusperte sich. »Also Sie müssen verschiedene ... Zweige unserer Arbeit unterscheiden. Da haben wir einmal Organisationen wie den ›Stoßtrupp Humanität‹, eine Organisation, die sich nicht zuletzt aus ehemaligen Opfern des Faschismus zusammensetzt und die es sich zum Ziel gesetzt hat, ganz klarzumachen, daß die Gefahr des Weltbolschewismus ebenso brennend ist wie die des Faschismus ... was gerade unter den Intellektuellen Westdeutschlands und Westeuropas noch nicht immer begriffen wird. Der Stoßtrupp organisiert beispielsweise Flugblattaktionen, vertreibt Broschüren in der Zone, politisches Material und dergleichen und leistet hier in Berlin und in Westdeutschland Aufklärungsarbeit zur Erhellung der sowjetischen Methoden, betreut entlassene Konzentrationslagerhäftlinge und so weiter. Wir haben aber noch eine ›Leitstelle für gesamtdeutsche studentische Angelegenheiten‹, eine rein studentische Einrichtung, deren Anliegen es ist, die notleidenden Kommilitonen und Professoren in der Zone, die anständig geblieben sind, mit Büchern, Lebensmitteln und Medikamenten zu versorgen und Nachrichten zu sammeln über die Unterdrückung der wissenschaftlichen Freiheit in der Sowjet-Zone.«

Er schnurrte es behende herunter und wandte sich wieder den anderen zu: »Es ist schon eine große Hilfe, zu wissen, daß man in Berlin Rückendeckung hat. In der letzten Woche sind wieder drei Kommilitonen verhaftet worden. Das weiß ich definitiv.«

»Warum eigentlich?« fragte Harald, jetzt bereitete es ihm wieder Vergnügen, zu provozieren, und es belustigte ihn, daß er hörte, wie Fräulein Brummer ihrem Nebenmann zuflüsterte: »Was issen das für 'ne niedliche Nummer?«

»Weil sie sich dem Terror nicht beugen wollen«, sagte Schick streng, und Harald konnte, mit einem Seitenblick, Erich Misch sehen, der noch immer in seiner unbequemen Stellung auf der Couch lag, und um Erichs willen hielt sich Harald zurück, er fragte nur leise, ergeben lächelnd: »Ich weiß zu wenig, darum frage ich so: wie war das eigentlich, was war der Anstoß für Sie, sich gegen die Partei zu stellen ... oder sind Sie von Anfang an mit dem Wunsch eingetreten, die Partei ... auszuhöhlen?«

»Nein, ich bin in gutem Glauben eingetreten, fünfundvierzig, aber dann ... Heute läßt sich das natürlich schwer in den Einzelheiten rekonstruieren, so was geht langsam vor sich ... ein Prozeß ... eine innere Umkehr ... allmählich blickt man sich um ... man findet hier und dort ein Haar in der Suppe, sozusagen«, er blickte angestrengt das Teppichmuster an, »... und man lernt ja auch, mit seinem theoretischen Rüstzeug umzugehen, man lernt, daß der Marxismus die schärfste Waffe gegen den Marxismus ist, daß Sie den Marxismus ... mit dem dialektischen Materialismus selbst ... überwinden können, und wenn Sie das einmal merken ... Wissen Sie ... man muß ... diesen Marxismus wirklich am eigenen Leibe erlebt haben, dann ...« Harald fragte nicht mehr. Er beobachtete das Profil des Mädchens, und das letzte Tageslicht machte vergessen, daß sie fast ärmlich gekleidet war. Denn als er sie, gegen das Fenster blickend, ansah, lief ein schmaler, silberner Streifen Lichts von der Stirn herab, über den Nasenrücken, über die vollen Lippen, deren eine sie beim Zuhören zurückzog, daß die Unterlippe sich wie schmollend nach vorn stülpte, und verlief sich am Hals im Kragen ihres Kleides.

Er beugte sich zu ihr und raunte: »Können Sie hier folgen?«

»Ich bin das erste Mal hier«, sagte sie ruhig, ernst, ein wenig trotzig, mit rauher Stimme, die den sächsischen Dialekt fast verbarg.

»Studieren Sie schon lange in Berlin?«

»Seit diesem Semester, Chemie. Wir sind noch dabei, unser Institut aufzubauen, im Augenblick höre ich nur Physik und Mathematik.«

»Mathematik habe ich nie begreifen können.«

»Ach«, sie lächelte offenherzig, und es klang nicht geziert, eher tröstend, »früher habe ich mir aus Mathematik auch nichts gemacht, aber wenn man es lernen muß ...«

»Ich hatte mal einen Freund«, sagte Harald, er blickte trauriger, wehmütiger vor sich hin, als ihm zumute war, »ein ausgezeichneter Mathematiker. Er hatte vor dem Kriege schon studiert, sie haben ihn dann hingerichtet, und er stand auf dem Standpunkt, man dürfe überhaupt nur glauben, was man ausrechnen könne. Also glaubte er überhaupt nur an die Mathematik. Das hat mir früher großen Eindruck gemacht.«

»Was studieren Sie denn?«

»Geschichte.«

»Ach so«, sie lachte und verschränkte ihre Arme über der Brust, »da können Sie natürlich nichts berechnen.« Schick legte eine Hand auf ihren Arm, sie blickte Harald an, als bäte sie um Entschuldigung, und wandte sich von ihm ab und ihrem Verlobten zu.

Danach ergab sich kein Gespräch mehr, denn immer, wenn Harald sich an sie zu wenden versuchte, kam Schick ihm zuvor. Später kam einer von Erichs Freunden und wollte etwas über Schweden wissen, und kurz darauf gingen Schick und seine Verlobte fort. »Wir schütteln nicht allen die Hand, das ist zu umständlich«, sagte Schick, aber ehe sie hinausging, drehte sie sich noch einmal um, und es war Harald, als meinte sie ihn, während sie sich leicht verbeugte.

Als auch die übrigen aufbrachen, hielt Erich Misch Harald fest.

Er brachte eine Flasche Gin, zwei Wassergläser und eine Konservendose. »Wenn du willst, nimm Juice dazu.«

Erich zog seinen Rock aus, warf ihn über einen Sessel und legte sich gähnend auf die Couch.

»Du hast dich gelangweilt«, fragte er nach einer Weile.

»Ich habe nicht genug verstanden«, sagte Harald, der Gin lief ihm angenehm, kräftigend durch die Kehle, »es hat nur den Anschein, als ob Kommilitonen wie Fräulein Brummer die ganze Universität allein machen.«

»Du darfst die gute alte Brummerin nicht zu schlecht machen. Sie ist eine unschätzbare Hilfe, eine Energiemaschine, verstehst du, wenn wir Leute wie sie nicht hätten, wäre die Universität nie zustande gekommen. Laß sie, sie läuft sich die Haxen ab, nur die Studenten meckern schon, sie sei ein Funktionär, sie schimpfen uns alle Funktionäre, du kannst es ihnen nie recht machen.«

»Wenn ich ehrlich bin, ist es mir auch gleich, was Fräulein Brummer ist«, und er lauschte verwundert in sich hinein, wie gleichgültig es ihm wirklich war, »vielleicht später wieder, jetzt will ich endlich studieren, ich dachte, ich könnte in Schweden ruhig arbeiten, aber das war nichts, es war schön, aber ich habe lange genug gefaulenzt. Jetzt muß ich endlich wieder was tun, verstehst du?«

»Das würde ich auch gerne ... bloß, diese Universität ... es ist ein bißchen, als ob sie unser Kind wäre.«

»Das kann ich mir denken«, sagte Harald.

Und nachdem er eine Weile sein Glas geschwenkt hatte, daß die glatte, farblose Flüssigkeit drinnen herumsauste: »Kennst du diesen Schick ... näher?«

»Nein, wieso?«

»Nur so. Dieser Lümmel will gegen die Nazis Widerstand gemacht haben, wie er geredet hat ... alle Begriffe durcheinanderschmeißen ... weißt du noch, wie wir uns damals gestritten haben, als die beiden Burschen aus Mannheim da waren, wo war das noch, in Köln?«

»In Duisburg«, sagte Erich, »und damals wären wir fast zum erstenmal hochgegangen, ja, aber hör doch auf, dich über diesen Schick zu ärgern, bloß weil er dir politisch quer vor der Nase liegt.«

»Nein«, sagte Harald und lachte behaglich, »diesmal ausnahmsweise nicht nur politisch.«

In Ruhe studieren.

Es war aber zu jener Zeit noch nicht einfach, an der ›Freien Universität‹: in Ruhe studieren.

Die Hörsäle überfüllt, die Seminare überfüllt, und die meisten der Bücher, die man brauchte, waren nicht da, und die da waren, wurden von anderen benutzt.

In Ruhe studieren.

Und außerdem hätte man taub sein müssen oder blind, um in Ruhe studieren zu können.

Anfang Juni wurde die Berufungssache – oder ›der Fall‹ – Flamme diskutiert. Es wurden Vollversammlungen der Studenten in allen Fakultäten einberufen.

Denn der Botaniker, Professor Flamme, hatte sich erst jetzt entschlossen, der Humboldt-Universität den Rücken zu kehren und seine Lehrtätigkeit an der ›Freien Universität‹ aufzunehmen.

Diese Tatsache wurde von den meisten Studenten, die schon lange einen Botaniker an der ›Freien Universität‹ vermißten, begrüßt, rief aber bei anderen Empörung hervor, denn es hieß, daß Flamme noch vor Jahresfrist untätig zugesehen habe, als drei seiner Studenten im Institut verhaftet worden seien, und daß er sich einer Protestresolution der übrigen Studenten und Assistenten seines Institutes nicht angeschlossen habe. Es hieß sogar, er habe erklärt, diese Studenten seien zu Recht verhaftet worden.

»Es ist untragbar«, rief Herr Hohenstein vor der Vollversammlung der Philosophischen Fakultät, »daß ein Mann an der ›Freien Universität‹ lehren soll, der nicht den Mut hatte, seinen Studenten in entscheidender Stunde den Rücken zu stärken.«

Und auch Fräulein Brummer stieg aufs Podium: »Das dürfen wir uns auf keinen Fall bieten lassen, diese Herrschaften haben uns vor einem Jahr nicht gebraucht, jetzt brauchen wir sie auch nicht.«

Nur ein Student trat als Anwalt Professor Flammes auf, ein Botaniker, der flehte: »Ich bitte Sie, wir brauchen doch einen Botaniker, was sollen wir denn tun? Und was sollte Herr Professor Flamme denn tun? Er hat nie erklärt, die Studenten seien zu Recht verhaftet worden. Und wir brauchen jetzt einen qualifizierten Botaniker, und das ist Herr Professor Flamme ganz gewiß. Denn, meine Damen und Herren, die Sie andere Fächer studieren, vergegenwärtigen Sie sich doch einmal die Situation der Botanik an unserer Universität.«

»Daß Sie dringend einen Botaniker brauchen«, rief Fräulein Brummer in das Gelächter des Auditoriums, »glaube ich Ihnen gern.« Sie war von ihrem Platz in der ersten Bankreihe aufgesprungen, und Erich Misch, der die Versammlung leitete, gelang es nicht, sie zu besänftigen.

»Aber wir Studenten der ›Freien Universität‹ brauchen mehr als einen Botaniker, wir brauchen Hochschullehrer, zu denen wir Vertrauen haben können. Und darüber zu bestimmen, das ist nicht bloß die Angelegenheit einiger Botaniker, sondern aller Angehörigen unserer Universität.«

Da ging Harald fort. Er ging durch die menschenleeren, gartengesäumten Dahlemer Straßen zur Mensa. Beide Baracken waren nur mäßig besetzt, und er sah das Mädchen gleich. Er zögerte einen Augenblick, sah sich um, aber von Schick war nichts zu sehen. So trat er an ihren Tisch und fragte, ob sie etwas dagegen habe, wenn er sich hier...

Sie fuhr herum und lächelte und hatte sich seinen Namen gemerkt.

»Was macht denn die Physik?« fragte Harald.

»Ich habe mir manchmal gedacht, Sie wollten mich damals nur aushorchen. Vielleicht wissen Sie sehr gut Bescheid.«

»Wieso, sehe ich so aus?« Er zog seine Augenbrauen zusammen und lächelte angestrengt, während sie ihn prüfend anblickte, den Kopf zum Fenster wandte, ihn aber noch einmal, diesmal flüchtig, betrachtete: »Richtig, so sehen Sie eigentlich nicht aus.« Und nach einer kaum merklichen Pause, während ihr das Blut zu Kopf stieg und sich allmählich über die Wangen, die Stirn, die Nase, die Ohren verteilte, »aber das sind die Schlimmsten«.

»Es wundert mich«, Harald lächelte zurückhaltender, »daß Sie nicht bei der Vollversammlung sind, es geht doch um Naturwissenschaftler.«

»Es genügt mir, wenn mein Verlobter hinterher davon erzählt.« Sie brach ab und schien wieder zu erröten.

»Ja«, sagte er ruhig und dachte ingrimmig an Schick, mit einer Heftigkeit, die ihn verblüffte.

Weil sie aber zur U-Bahn und Harald zur S-Bahn gehen mußte, verabschiedeten sie sich vor der Tür der Mensa. Er überlegte eine Sekunde lang, ob er sagen sollte, daß er sich freuen würde, wenn sie sich wieder einmal träfen, aber er sagte nur: »Auf Wiedersehen und alles Gute.«

»Machen Sie nicht so ein trauriges Gesicht«, sagte sie, und wieder huschte das Lächeln über ihr Gesicht, das sie zugleich erröten machte, »außerdem weiß ich jetzt wieder nicht, ob Sie Ihr trauriges Gesicht ehrlich meinen.«

Aber als er da stehenblieb, wo er gestanden, als sie sich die Hand gegeben hatten und er ihr nachsah, als sie schon mehrere Schritte gegangen war, drehte sie sich um und winkte auch, wie er, leicht mit der linken Hand.

»Ach, Harald«, sagte Frau Pape am Telefon, »darf ich dich einen Augenblick stören, oder halte ich dich sehr von der Arbeit ab?«

»Nein, im Augenblick gar nicht.«

»Ja, weißt du, Harald, wir haben so lange nichts voneinander gehört, und Monika hat doch vor kurzem ihr Abitur gemacht und hat bei ihrem Vater durchgesetzt, daß sie studieren darf, und sie hat sich schon einen Fragebogen geholt und ist zu einer Prüfung bestellt worden. Man hat ihr gesagt, es würden nur zehn Prozent zugelassen, aber ich meine, vielleicht kennst du jemanden, mit dem du mal sprechen könntest.«

»Ich weiß nicht«, sagte Harald, »ich würde euch wirklich gerne helfen, aber ich bin ja selbst erst ein Semester da.«

»Jajaja, aber Monika hat sich so sehr darauf gefreut... wir wollen es ihr doch auch ermöglichen, nicht wahr...«

»Also schön«, sagte Harald, um fertig zu werden, »ich kenne den Zulassungsreferenten flüchtig... aber ich glaube nicht, daß es was hilft.«

»Es wäre ganz reizend von dir.«

»Harald«, sagte Frau Pape zwei Tage später aufgebracht am Telefon, »warum hast du mir denn vorgestern gar nichts gesagt, dann hätten wir sie gar nicht erst hingehen lassen zu dieser Prüfung. Das Mädchen ist so furchtbar schwer herangenommen worden, jetzt liegt sie in ihrem Zimmer und weint.«

»Das tut mir leid.«

»Aber sag mal, deine Mutter hat mir doch gesagt, bei dir ging es ganz leicht?«

»Ja«, sagte Harald, »bei mir ging es ganz leicht.«

»Aber du hättest doch wenigstens sagen können, daß die Zulassungsprüfungen jetzt viel schwerer sind. Diese Leute haben Monika Dinge gefragt... ein Mädchen in ihrem Alter kann das doch gar nicht wissen... so politisch.«

»So«, sagte Harald, »glaubt sie, daß sie durchgefallen ist?«

»Aber gewiß doch, jajaja.«

Ein paar Tage später traf er Monika vor dem Universitätsgebäude. Sie trug einen hellgrauen Rock, eine weiße, hochgeschlossene Bluse, Sandalen und eine rote Wolljacke, eine Kollegmappe trug sie unter dem Arm. Sie sah so erwachsen aus, daß er sie beinahe nicht erkannt hätte.

»Harald, ich bin zugelassen!«

»Dann war die Prüfung nicht so schlimm?«

»Doch, furchtbar, aber die drei Herren haben wohl gemerkt, daß ich schrecklich aufgeregt war, und darum hat mich gleich am nächsten Tag einer der Herren angerufen, Herr Hohenstein, und hat gesagt, ich brauchte mir keine Sorge zu machen, sie hätten doch gesehen, daß ich unter... Prüfungspsychose gelitten hätte.«

»Und du hast es schriftlich?«

»Ja, ich bin zugelassen«, sagte Monika, »Germanistik und Theaterwissenschaft.«

»Das ist ja schön«, sagte Harald in Gedanken, der Herr Hohenstein, na so was. Sie hatte sich wirklich herausgemacht. Kaum einer der Studenten, die vorübergingen, drehte sich nicht nach ihr um.

»Ja«, sagte Monika, »das Semester geht leider erst im Oktober los, nicht? Aber weißt du, ich brenne schon richtig darauf. Nur... ich meine zu Anfang... weißt du, es ist sicher gut... wenn man ein hohes Semester kennt, und wenn du mich ein bißchen ... beraten könntest ...«

Harald lachte: »Paß mal auf, es werden sich genug Leute finden, die dich einführen wollen. Sie werden sich drum reißen.«

Sie errötete und blickte Harald schmollend an: »Um mich reißen!«

Harald hörte nicht mehr zu, denn eben trat ein anderes Mädchen aus dem Portal. Sie schien zu stutzen, als sie ihn erkannte, aber ging weiter, selbstverständlich, rasch. Und mußte an ihm vorüber.

»Doch, doch, du wirst schon sehen«, sagte Harald unaufmerksam.

Er spürte, daß Monika ihm nachgaffte, aber er kümmerte sich nicht darum, er lächelte und sagte: »Guten Tag, Fräulein Gebert, ich dachte schon, Sie seien verschollen.«

Die Mensa war an diesem Tage wie üblich überfüllt, und sie mußten, die Teller in den Händen, vor einem der Tische warten, bis Platz wurde und sie sich setzen konnten, nahe am Fenster, einander gegenüber.

»Übrigens«, fragte er, »was macht die Physik?«

Sie schnitt ihm eine Grimasse und lachte: »Da haben Sie Pech gehabt. Ich treibe schon vierzehn Tage lang keine Physik mehr. Erst habe ich Teppiche geklopft, jetzt gehe ich als Kindermädchen zu einer amerikanischen Familie.«

»Das scheint Ihnen gut zu bekommen«, er strich sich nachdenklich die Wangen und bewegte den Kopf, blickte sie von der Seite an, »ich finde, Sie sehen nicht mehr so schmal aus.«

»Das weiß ich«, sagte sie lebhaft, »das brauchen Sie mir nicht auch noch zu sagen.«

»Na, können Sie sich vielleicht ein spindeldürres Kindermädchen vorstellen?«

»Fangen Sie schon wieder an?«

»Das sei mir ferne«, er hob beide Hände zu einem stummen Protest. »Hören Sie«, sagte er zögernd, »sollten wir uns nicht noch ein bißchen in die Sonne setzen, und Sie erzählen mir was von der Kernphysik? Es ist doch eine Schande, wenn man heute herumläuft und davon keine Ahnung hat. Ich möchte ein bißchen von Ihren Kenntnissen profitieren, und wenn Sie wollen, halte ich Ihnen dann einen Vortrag über... Heinrich den Vierten in Tribur, das ist auch ganz interessant.«

Sie blickte ihn prüfend von der Seite an und lachte auch: »Ich interessiere mich nicht sehr für Heinrich den Vierten.«

»Es kann auch der Sechste sein oder der Erste, wir könnten auch einen mit einem schöneren Namen aussuchen, wie wär's mit... Konradin?«

»Ja, Konradin, aber ich muß zu meinen Kindern.«

»Vielleicht sollte ich Ihnen da helfen, was?«

»Wieso, haben Sie etwa auch Angst, daß ...«, aber sie unterbrach sich und lachte unzufrieden, »entschuldigen Sie, das war albern, es ist nur, weil mein Verlobter... sehr eifersüchtig ist... ich weiß auch nicht, warum.«

»Ich finde es nicht verwunderlich«, sagte Harald, scheinbar tief ernst.

»Lassen Sie das endlich«, sagte sie versöhnlich, ruhig.

»Darf ich nicht mal laut denken?«

»Nicht immer auf meine Kosten.«

»Vielleicht«, sagte Harald, und er war nun tatsächlich unbeholfen, »war es mehr auf meine Kosten.«

»Jetzt muß ich gehen.« Aber sie blieb drei Sekunden länger stehen, als notwendig, um ihm nur die Hand zu schütteln.

»Und seien Sie nicht so streng«, sagte Harald.

»In Erziehung sind Sie auch Experte?«

»Habe ich es je behauptet?«

»Nein, aber wenn man Sie hört, denkt man, Sie müssen auf mindestens fünfundzwanzig Gebieten Experte sein... besonders in der Physik.«

Diesmal drehte sie sich aber nicht noch einmal um. Sie ging langsam, gelassen, gelockert, und er blickte ihr gerührt und beunruhigt nach und beschwor sich, die Finger davon zu lassen.

Dann hörte er hinter sich ein Lachen, voll, würzig, herzlich, und er fuhr herum. Arno Kohlhoff stand da, und Harald war ganz zufrieden, als Kohlhoff ihn bat, ihm in der Mensa noch ein bißchen Gesellschaft zu leisten, wo Kohlhoff dann zur Graupensuppe seine Stullen mampfte und sich ausführlich an Carlyles Heroen-Kult belustigte.

Während der Sommerferien gibt es keine Philosophische Fakultät.

Während der Sommerferien gibt es nur die Sonne in den Hörsälen, scheckige Licht- und Schattenmuster auf den dunkel gebeizten Bänken, blanke Schiefertafeln, stumpfe, immer frischgeölte Linoleumfußböden, den Zeigestock, der neben dem Katheder nutzlos an der Wand lehnt.

Es gibt den hallenden Schritt in leeren Fluren, wo sich Türen von unmerkbarem Windhauch gespenstisch bewegen, das ferne Gehämmer der Tischler, die im vierten Stock eine neue Stuhlreihe einbauen. Helle, rohe Möbel stehen auf dem Flur, der Hausmeister betrachtet sie mit unzufriedener Miene.

Und auf dem verdorrten Rasen, am Zaun, auf dem Vorplatz des Hauptgebäudes der Philosophischen Fakultät liegt eine Gruppe Studenten ausgestreckt, werden Weltanschauungen geboren und zerfließen ebenso rasch im Glast des Augustmittags.

Es gibt die Stille in den Bibliotheken, die langen Reihen glänzender, matter, farbiger und uniformer Buchrücken, in der Sonne, im Schatten, im Halbschatten, und die kühle dumpfe Luft im Zeitungsarchiv, im Keller.

Es gibt die tanzenden Staubwirbel in den Sonnenstrahlen, die steil auch in die Arbeitsräume fallen, Fensterkreuze scharf auf die Tischplatte zeichnen, und das Geraschel, wenn einer von den fünf, sechs Studenten die Seite eines Buches umblättert, das Gekratz einer Feder und, durch mehrere Türen hindurch, das Gemurmel eines Gesprächs im Assistentenzimmer.

Da sie fast zur gleichen Zeit von ihren Büchern aufsahen, begegneten sich ihre Blicke, aber es dauerte ein paar Sekunden, dann begannen sie vorsichtig zu lächeln.

»Wird Zeit, daß man was essen geht«, sagte Strittich.

»Ja, man muß sich mal die Beine vertreten«, sagte Momber.

Beide rückten ihre Bücher zurecht, die Blocks, Hefte, Strittich schraubte seinen Füllhalter zusammen.

»Das tut gut«, sagte Strittich und reckte seine Arme, »es ist eigentlich eine Tollheit, heute hier zu sitzen, man müßte raus, irgendwohin, bloß raus.«

»Ja.« Nicht unfreundlich, aber auch nur halb interessiert.

Sie brauchten nicht auf die Suppe zu warten, das Mädchen hinter dem Tisch schien sich zu freuen, daß jemand kam und sie die Schöpfkelle bewegen konnte.

Es war heiß unter dem geteerten Dach der Baracke.

So unvermutet, daß Harald nicht begriff, was er meinte, sagte Strittich: »Ich weiß nicht ... wie es Ihnen ergangen ist, als Sie damals angefangen haben zu studieren, gleich nach dem Krieg, denn ich hatte ja inzwischen Zeit nachzudenken, bis zum letzten Sommer.«

»Mit Feuereifer«, sagte Harald, »mit Feuereifer habe ich angefangen und einem unerschütterlichen Selbstvertrauen. Ich beneide mich manchmal um das Selbstvertrauen von damals.«

»Das kann ich eigentlich nicht von mir behaupten«, sagte Strittich, immer, wenn Harald vom Teller aufsah, blickte ihm Strittich in die Augen, Strittichs Augen waren blaßgrau, schmal, das Weiße rotgeädert.

»Das hat sich bei mir auch bald abgebaut«, sagte Harald.

»Aber sehen Sie«, sagte Strittich, »es ist ganz gut, wenn immer etwas offenbleibt, wissen Sie, wenn man es erlebt, einen Augenblick erlebt, wo einem klar wird, daß alles einen doppelten Boden hat.«

Harald antwortete nicht und sah Strittich spöttisch, zweifelnd an.

»Denken Sie mal an die Sache mit diesem Botaniker, Flamme, Sie haben doch unsere Versammlung mitgemacht?«

»Ich bin früher gegangen.«

»Ich bin bis zum Ende geblieben.« Er lachte mehrmals, stoßweise. »Wissen Sie, erstens muß man sich doch, wie heißt es, um die Selbstverwaltung kümmern, und zweitens interessiert es mich einfach, Studenten zu beobachten.«

»Na, und was haben Sie beobachtet?«

»Es war sicher nicht schön, was Herr Flamme da im Osten gemacht hat, vielleicht hätte er sich wirklich anders benehmen müssen, aber können wir es verlangen? Können wir von ihm verlangen, daß er seinen Kopf so lange hinhält, bis er ihm abgeschlagen wird? Kennen wir alle seine Motive, wissen wir, warum er so und nicht anders gehandelt hat? Aber da kommen die Leute her, fällen Urteile, für sie ist alles eindeutig. Wissen Sie«, er stützte beide Ellbogen auf den Tisch und lehnte sich weit nach vorn, »ich kann keinen Menschen mehr abstempeln.«

»Da haben Sie schon recht«, sagte Momber.

Und Strittich, der heftigen Widerspruch erwartet hatte, wurde unsicher. »Sehen Sie ... die meisten Studenten, die ich hier treffe ... glauben, sie können bei Reichardt lernen, wie man richtig denkt, und damit ist alles gut.« Wenn er sprach, zog er die Brauen zusammen, rümpfte die lange, ein wenig gebogene Nase, fuhr sich mit beiden Händen durch sein struppiges blondes Haar, kratzte sich mit einem Finger das Kinn, legte die Stirn in Falten, biß sich auf die Lippen.

Dabei beobachtete Strittich diesen Momber aufmerksam. Trotz aller Mimik vergaß er nie, Mombers Gesichtsausdruck genau zu beobachten. Er hatte sich von dieser Überraschung noch nicht erholt und hoffte, Momber würde sich äußern, aber Momber blickte aus dem Fenster, er schien mit den Gedanken weit fort.

Und Strittich bohrte weiter: »Man müßte zwischendurch immer mal was anderes machen. In den letzten Ferien habe ich in Tempelhof abgeladen. Erstens tut's ganz gut, und zweitens sieht man nicht immer nur dieselben Gesichter, man braucht Abstand.«

»Manchmal hilft er auch nicht, der Abstand«, sagte Momber.

Strittich hatte genau zugehört, aber es ergab sich noch nichts. Aber er hatte das Gefühl, als würde es sich lohnen, weiter zu loten, er würde diesem Momber schon auf die Spur kommen.

»Man gibt sich eben Mühe«, sagte er, legte seine beiden kräftigen Hände auf den Tisch, stemmte sich hoch.

Sie gingen langsam, stumm nebeneinander her, zum Hauptgebäude zurück. Sie schlurrten die Stühle über das Linoleum, rückten die Bücher zurecht, Strittich schraubte den Füllhalter auf und legte ihn vor sich hin.

Momber las schon.

Karl-Heinz stand vor dem Schrank und hielt seinen Rock in einer Hand, einen Kleiderbügel in der anderen, sein Gesicht sah müde erstaunt aus. »Was ist denn wieder?«

»Ich habe auf dich gewartet«, sagte sie.

Er trat widerstrebend auf sie zu und küßte sie auf die Wange: »Ich dachte, du schläfst schon, sonst wäre ich noch mal reingekommen ... Du weißt doch, daß wir jetzt immer so lange zu tun haben. Ich beschwindele dich doch nicht«, er lachte auf, »schlaf jetzt lieber.«

»Ich weiß, daß du mich nicht beschwindelst«, sie versuchte zu lächeln, um ihm verständlich zu machen, daß sie nicht gekommen war, ihm etwas vorzuwerfen, »bloß heute hab ich grade so auf dich gewartet.«

Er lächelte unaufrichtig. »Das ist schön«, er küßte sie, ohne den Rock oder den Bügel aus seinen Händen zu legen. »Marsch ins Bett!« rief er mit falscher Fröhlichkeit, »ich bin auch saumüde.«

Und Jutta kämpfte den Gedanken nieder, daß er sie immer, immer, bedrängt hatte, wenn sie einmal müde gewesen war, und fragte unsicher, weil sie nicht wußte, wie sie es fertigbringen sollte, ihn umzustimmen: »Bloß noch ein bißchen unterhalten.«

»Denkst du schon wieder, ich liebe dich nicht mehr?«

Jutta war den Tränen nahe, aber es waren Tränen des Zorns, weil er es herunterschnarrte, als hätte nur sie immer verlangt, bei ihm sein zu dürfen, darum sagte sie, störrisch gegen sich selbst, weil sie wußte, daß sie den falschen Augenblick wählte: »Ich war heute beim Arzt ... es war ziemlich schlimm.«

»Was denn?«

Sie war ihm dankbar, und aller Zorn verflogen, weil er erschreckt schien und weil er sie endlich ansah, als fühlte er sich betroffen. »War es doch eine Drüsensache?« fragte er unruhig.

»Nein, Karl-Heinz«, sie zögerte und zweifelte, ob sie es gerade jetzt sagen sollte, aber weil seine Anteilnahme schon erschlafft schien, weil er auf dem Bettrand saß und sich die Schuhe auszog, sagte Jutta: »Ich kriege ein Kind.«

»Was?« Er fuhr auf. »Bist du hysterisch?«

Die Worte gingen kalt und scharf durch sie hindurch, und sie mußte ein paarmal schlucken, aber sie dachte, nein, jetzt nicht weinen, nur nicht mehr weinen. »Nein, ich bin im vierten Monat.«

»So was gibt es doch gar nicht, du hast noch nie was gemerkt.«

»Der Arzt sagt, es kommt vor, daß man bis zum vierten Monat überhaupt nichts merkt... jetzt brauchen wir uns wenigstens nicht mehr zu wundern, wenn ich noch dicker werde.«

»Warst du etwa beim Studentenarzt?«

»Wo soll ich denn sonst hingehen?«

»Auch das noch«, sagte Karl-Heinz, und seine Furcht, seine ratlosen Augen rührten Jutta, »das hat uns gerade noch gefehlt.«

»Karl-Heinz«, sagte Jutta ruhig, und es war kein Gedanke mehr an Weinen, da er wieder von ihr abhing, »du brauchst doch keine Angst zu haben. Wir haben beide unser Stipendium, und du verdienst ein bißchen, und wir werden schon durchkommen, sonst gehe ich eben arbeiten, und wir heiraten früher, als wir eigentlich wollten, ist das so schlimm?«

Sein Gesicht verzerrt, grau, die ungläubigen Augen waren so nahe: »Ausgerechnet jetzt, wo ich so viel auf dem Hals habe, wo ich außerdem noch die Kurierabteilung übernehmen soll... ist denn da gar nichts mehr zu machen?«

»Nein, Karl-Heinz«, und sie spürte, daß die Welle der Kraft, der Sicherheit aus ihr herauszuschwemmen begann, »im vierten Monat nicht, das mache ich nicht.«

»Du mußt doch was gemerkt haben, und jetzt haben wir den Mist.«

»Karl-Heinz!« rief sie, schrill.

»Schrei auch noch«, sagte er und blickte sie an, hoffnungslose Angst in den Augen, »sage noch, ich hätte schuld, ich bin feige, bitte, sag's doch ... aber versetze dich auch mal in meine Situation, gerade jetzt, wo ich so wichtige Arbeit vor mir habe und mit den Nerven sowieso schon runter bin. Und außerdem ... die armen Schweine in der Zone brauchen mich ... aber das verstehst du natürlich wieder nicht.«

Er hatte sich wieder auf dem Bettrand niedergelassen, nun setzte sie sich neben ihn und schlang einen Arm um seinen Nacken. »Karl-Heinz«, sie küßte sein Ohr, »wirklich, du brauchst dir keine Sorgen zu machen, wirklich nicht, zuerst habe ich doch auch einen Riesenschreck bekommen, ich dachte ... aber denke doch mal, wenn es dann da ist ... dann freuen wir uns doch, glaubst du nicht ...«, sagte sie, während ihr Herz heftig pochte.

»Das ist ja alles ganz gut und schön, aber ... «

»Komm, Karl-Heinz, laß mich noch ein bißchen bei dir bleiben, ich liege bloß bei dir, und die Alte kann ja nichts mehr dagegen haben ... passieren kann ja sowieso nichts mehr.« Sie lächelte froh, fast glücklich in diesem Augenblick und sagte: »Karl-Heinz, alleine graul ich mich so.«

»Bitte, Jutta ... ich muß einfach mal alleine nachdenken ... erst mal, was ich unternehmen kann ...«

Da war es, als ließe sich etwas sehr Schweres in Juttas Kopf fallen und schlüge mit aller Wucht in den Magen hinunter, denn der Kopf war nun leicht, leer, besinnungslos, aber ein unerträgliches Gewicht drückte auf ihren Leib. »Ja ... jaja«, sagte sie, ausdruckslos, »denk mal nach.«

Sie stand auf und fühlte sich mit einem Male so unbeweglich, als könne sie kaum noch einen Fuß vor den anderen setzen. »Und übermorgen«, sagte sie ruhig, »kommen deine Eltern, denk auch ... mal drüber nach ... was du ihnen sagst ... das ... das war auch noch ein Geburtstagsgeschenk für dich.« Sie schloß die Tür hinter sich, denn er saß noch immer auf dem Bett, sie sah ihn zwar nicht, aber sie wußte, er sitzt noch da auf dem Bett, und tastete sich, zwischen den Wänden hin- und hertorkelnd, zu ihrem Zimmer zurück und legte sich nieder, aber kroch gleich, wie immer, wenn sie sich sehr fürchtete, in sich zusammen und mußte daran denken, daß sie ihrer Mutter würde schreiben müssen, aber als sie lange genug wie mit zugeschnürter Kehle gelegen hatte, dachte sie plötzlich daran, wie es sein könnte, wenn es ein Junge würde, wenn ... und wenn dann Karl-Heinz sich vielleicht etwas anderes suchte, nicht mehr diese Geschichten, ›Stoßtrupp‹, ›Leitstelle‹. Vielleicht würde Karl-Heinz dann endlich erwachsen.

Aber ihn am Morgen beim Erwachen neben ihrem Bett stehen zu sehen, in seinem Mantel, mit hilfloser Grimasse lächelnd, und sich auf alles besinnen zu müssen war ein Schock.

»Du machst mir schon Sachen«, sagte er ängstlich, »also ich werde mir heute noch mal alles gründlich überlegen. Ich sehe auch zu, daß ich abends früher komme.«

»Ja, Karl-Heinz«, sie war heiser, »mach dir nicht so viel Sorgen.«

Sie hatte wie immer zum Institut und zur Vorlesung gehen wollen, aber sie wagte sich nicht hinaus, sie stand am Fenster und blickte auf die von Nässe glänzenden Bäume hinunter und mußte sich dann erbrechen, obgleich sie noch nicht gefrühstückt hatte. Eine halbe Stunde lang würgte sie keuchend und später noch einmal, und dachte benommen, endlich, also doch, es ist wahr. Vielleicht schon Anfang Dezember.

Karl-Heinz aber kam abends wirklich zu ihr, und obgleich sie sein Gesicht nicht erkennen konnte, als er neben dem Bett stand, spürte Jutta seine Angst in der Finsternis, als er fragte: »Irgendwas Neues?«

»Was soll schon sein ... Du darfst es mir nicht ... übelnehmen, wenn ich so ... unfreundlich bin, Karl-Heinz.«

»Nein, nein, du mir auch nicht.«

Er ging von ihr fort, zur Tür, und sie flüsterte: »Karl-Heinz, du hast doch morgen Geburtstag, willst du noch die halbe Stunde dableiben, ich habe schon alles aufgebaut.«

»Es ist schöner am Morgen«, raunte er, und sie konnte hören, daß er fürchtete, sie werde noch einmal fragen, und sie schwieg.

Er war bleich und verschlossen und schien sich an dem Pullover, den sie ihm gestrickt hatte, nicht freuen zu können, obgleich er immer wieder sagte, »doll, einfach doll ist der«, als er ihn anprobierte und im Zimmer herumstolzierte.

Er holte seine Eltern und seine ältere Schwester vom Bahnhof ab, und auch Jutta fuhr gegen Mittag in die Stadt, weil sie in einem Lokal am Kurfürstendamm essen wollten. Seine Eltern schienen stolz auf ihn zu sein, weil er imstande war, sie alle auszuführen.

»Jutta«, sagte Frau Schick, als sie auf Karl-Heinz' Wohl angestoßen hatten, »paß nur gut auf den Jungen auf, daß er sich ja nicht überarbeitet, er ist so schrecklich nervös geworden, seit ich ihn zum letzten Mal gesehen habe.«

»Jaja«, sagte sie und quälte sich zu einem Lachen.

Sie saßen den Nachmittag über in seinem Zimmer, und Jutta ging in die Küche und sah nach dem Kaffee, deckte den Tisch und lächelte, als Frau Schick sagte, der Kuchen sei ausgezeichnet gelungen. Dabei wartete sie nur darauf, daß Karl-Heinz endlich damit anfing, und sie fand keine Gelegenheit mehr, allein mit ihm zu sprechen.

Es war längst Zeit geworden, das Abendbrot vorzubereiten, Jutta hatte es nur immer aufgeschoben, als er plötzlich angestrengt deutlich sagte: »Mutter, kann ich dich mal einen Augenblick sprechen? Jutta, erlaubst du, daß wir in dein Zimmer gehen?«

»Natürlich«, sagte Jutta, sie mußte sich aber an den Sessellehnen festhalten, um noch lächeln zu können, und als sie gegangen waren, fragte Herr Schick: »Was hat er denn wieder ausgefressen?«

Jutta zuckte mit den Schultern. Gerda saß auf der Couch und lächelte hochmütig. Und während Jutta wartete und wartete, bereute sie sehr, Karl-Heinz aufgefordert zu haben, jetzt, heute, mit seinen Eltern zu sprechen.

Und Karl-Heinz kam ins Zimmer und sagte leise: »Vater... vielleicht... wenn du mal, Mutter würde gerne mit dir...«

»Vielleicht komme ich auch noch mal dran«, sagte Gerda schnippisch, aber Karl-Heinz murmelte: »Wart's doch mal ab, wart's doch mal ab.« Er setzte sich nicht neben Jutta an den Tisch, sondern auf den niedrigen roten Plüschsessel am Fenster und starrte auf den Hof hinaus.

Es dauerte sehr lange, bis die Eltern wiederkamen, und inzwischen war es vor dem Fenster dunkel geworden, und Jutta konnte drüben in ein anderes Fenster hineinsehen, das offenstand. Es war eine Küche, und eine Frau hantierte beim Herd.

Frau Schick sagte: »Gerda, setz dich mal einen Augenblick in Juttas Zimmer, das erlaubst du doch, Jutta?«

Jutta nickte heftig, jetzt saß sie hier wie eine Angeklagte, sie blickte zu Karl-Heinz hin, in der Hoffnung, er werde sie wenigstens einmal ansehen, aber er hob den Kopf nicht.

»Du wirst verstehen, Jutta«, sagte Frau Schick, »daß Karl-Heinz unter diesen Umständen seine Verlobung nicht aufrechterhalten kann. Immerhin bist du anderthalb Jahre älter als er, ich will damit natürlich nichts gesagt haben, aber schließlich hättest du wissen müssen, was du tust... ich kenne meinen Karl-Heinz als einen anständigen Jungen, der sicherlich nicht...«

»Mutter«, sagte Karl-Heinz, und das war alles.

Jutta saß da und klammerte die Hände um die Sessellehnen und wollte aufspringen, aber sie saß und starrte die dürren Lippen an. »Du siehst wohl ein, daß du dem Jungen im Augenblick nur im Wege stehen würdest... wir werden dich natürlich unterstützen... natürlich können wir nur Ostgeld zahlen, das weißt du, und du kannst nicht erwarten, daß wir etwa dein Studium finanzieren.«

»Was fällt Ihnen denn ein«, schrie Jutta, »was...« Aber sie brachte nichts mehr heraus. Sie stemmte sich aus dem Sessel hoch und stieß die Tür auf. Gerda stand auf dem Flur und versuchte sie festzuhalten, aber Jutta schüttelte ihre Hand ab. Sie warf die Tür ihres Zimmers ins Schloß und stand, die Fäuste geballt, und atmete schwer. Und dann ließ sie sich fallen, auf das Bett und in ein hemmungsloses, schütterndes Weinen.

Es klopfte an ihrer Tür, und sie antwortete nicht. Die Tür ging auf, und jemand kam herein, und für eine endlos lange Sekunde hoffte Jutta, es werde Karl-Heinz sein, um ihr zu sagen, es sei alles nicht wahr, aber es war Gerda.

Sie setzte sich auf die Bettkante und strich Jutta über die feuchte Stirn.

»Was denn«, flüsterte Jutta ohnmächtig, »geh doch weg.«

»Ich wollte dir nur sagen... Jutta... ich habe alles mitangehört, ich wollte dir sagen... Karl-Heinz hat sich wie ein Schwein benommen, und ich schäme mich ... so einen Bruder zu haben, und wenn ich ein Mann wäre, würde ich dich auf der Stelle heiraten, bloß um diesen... Spießern zu zeigen, was für eine Gemeinheit ...«

Jutta begann von neuem zu schluchzen, und das Schluchzen schüttelte sie, aber Gerda hörte auch nicht auf, sie sanft zu streicheln. »Aber ich ... im Grunde genommen beneide ich dich... sieh mal, ein Baby... wenn ich an deiner Stelle wäre... du brauchst doch gar nicht ... traurig zu sein.«

»Geh doch bloß weg«, flüsterte Jutta, »laßt mich doch endlich in Frieden.«

Aber Gerda blieb sitzen, bis vom Flur her eine schrille Stimme rief: »Gerda, Gerda!«

»Das ist meine Mutter, diese ...«, flüsterte Gerda, »auf Wiedersehen.« Sie beugte sich nieder zu Jutta und rieb ihre Wange an Juttas Stirn, »und hörst du, du mußt mir schreiben, ob du irgendwas brauchst, vielleicht kann ich dir helfen ... ein bißchen, aber schreib mir, ich werde meinen Eltern was erzählen, ich werde ...«

»Gerda!« rief Frau Schick vom Flur her.

»Ja doch, ihr...«, schrie Gerda und beugte sich noch einmal nieder, und Jutta spürte nicht, daß Gerda auch weinte, Jutta spürte nichts mehr. »Ich drück dir die Daumen, daß es ein Junge wird.«

Sie stand langsam auf und blickte auf Jutta hinab, die die Augen geschlossen hatte und hastig atmete, und dann ging sie hinaus und Jutta hörte zischelnde Stimmen draußen und Gerdas Schrei: »Von euch lasse ich mir überhaupt nichts sagen«, und hörte endlich die Tür klappen und die Schritte auf der Treppe und die Haustür, und dann war es still.

Dann war es stundenlang still, denn die Armbrusterstraße ist eine abgelegene Straße, und weil viele Häuser in Trümmern lagen, wohnten auch nicht mehr viele Menschen dort. Dann fing in der Wohnung unter ihr ein Radio zu spielen an. Dann kam die Wirtin nach Hause und ging gleich in ihr Zimmer, später noch einmal ins Badezimmer und wieder zurück, und Jutta hörte, daß sie das Licht ausknipste.

Dann hörte Jutta auf zu weinen, der Kopfkissenbezug war schon feucht, und sie streifte sich, ohne sich aufzurichten, die Schuhe ab.

Dann lag sie lang ausgestreckt, und alles war aus ihr heraus: Freude, Zuversicht, Scham und alle Angst. Dann hörte sie wieder Schritte im Treppenhaus, und es war Karl-Heinz. Sie hörte, wie er die Tür aufschloß, den Mantel aufhängte und in sein Zimmer ging. Da atmete sie den angehaltenen Atem wieder aus.

Nachdem sie eine Weile mit sich gekämpft hatte, stand sie auf, ging zur Tür, auf den Flur, den Flur entlang bis zur letzten Tür.

Sie drückte langsam die Klinke herunter, aber die Tür war verschlossen.

Die Studenten erwiesen sich wirklich als sehr hilfsbereit. Als Monika am ersten Morgen zwischen den anderen vor den Tafeln stand, an welchen die Ankündigungen der unzähligen Vorlesungen und Übungen und Seminare hingen, schob sich Herr Hohenstein zu ihr heran, zog sie beiseite und blickte in ihr Heft.

»Neinnein, Sie können sich doch unmöglich alles abschreiben. Wir notieren mal zusammen, welche Vorlesungen für Sie wichtig sind.«

Sie war zwar enttäuscht, daß die Vorlesung, die sie besuchte, in einem Kinosaal stattfand und nicht, wie sie erwartet hatte, in einem Auditorium mit steil übereinandergeschachtelten Bänken, wie sie es von Bildern kannte, aber als sie unter den Kommilitonen saß und ihre Kollegmappe auf die Knie und das Heft auf die Kollegmappe gelegt hatte und nun säuberlich auf die erste reine Seite schrieb: Goethe, und in die rechte obere Ecke: Herlich, und das Datum darunter, hatte sie Herzklopfen.

Professor Herlich sprach wunderbar, nur war es schwierig, beim Schreiben mitzukommen. Er zitierte so viele Bücher, und als sie zu Hause durchlas, was sie notiert hatte, konnte sie eigentlich keinen rechten Zusammenhang mehr herstellen. Aber sie wagte nicht, Renate Ullrich zu fragen, weil die, wie alle anderen, selbstverständlich zu folgen schien. Und dabei hörte Renate, wie sie sagte, Germanistik nur nebenbei.

Auch Harald Momber traf Monika an einem der ersten Tage,

er stand aber mit einer Gruppe älterer Semester zusammen, und da wagte sie ihn nicht anzusprechen. Das war morgens nach einer Vorlesung von Professor Reichardt über Philosophie, die zu hören Herr Hohenstein ihr dringend geraten hatte.

Monika fand sie allerdings ein wenig verwirrend.

»Man muß sich eben erst daran gewöhnen«, erzählte sie zu Hause, »aber es ist natürlich ein ganz anderes Niveau auf der Uni.«

Immerhin kam Monika durch Renate gleich in einen sehr netten Kreis, und eines Mittags schüttete Monika ihnen in der Mensa ihr Herz aus. Die meisten Studenten lachten nur, man lerne mit der Zeit alles, auch das Mitschreiben.

»Das ist Unfug«, sagte Herr Wildberger und schüttelte unwillig den Kopf. Herr Wildberger war sehr groß, schlank, schürzte meist seine ausgeprägte Unterlippe, sprach nur selten und hielt sich mit seiner Bekannten, einem der wenigen wirklich netten Mädchen, die Monika in der Universität gesehen hatte, ein wenig abseits.

Es hieß, er habe schon ein Thema für eine Doktorarbeit und außerordentliche Kenntnisse der französischen Literatur.

»Das ist Unfug«, sagte Herr Wildberger über den Tisch, »das beste ist, Sie schreiben gar nichts mit«, er lächelte Monika an, »je weniger Staub Sie annehmen, desto besser für Sie.«

Wildberger war es auch, der ihr riet, vorerst an keinem einzigen Seminar oder einer Übung teilzunehmen. »Verstehen Sie denn nicht«, sagte er ungehalten, »Sie müssen sich erst einen ... Radius schaffen, stecken Sie erst mal diesen Radius ab.«

Immerhin hatte Wildberger, wie man Monika ehrfürchtig erzählte, selbst schon ein Stück geschrieben, das demnächst von der Studentenbühne uraufgeführt werden sollte. Vielleicht, hoffte Monika im stillen, würde sie eines Tages dort auch Fuß fassen können.

Eines Morgens kam sie so spät zu Professor Reichardts Vorlesung, daß sie es nicht wagte, nach vorn zu gehen, wo ihre Freunde saßen, sondern in einer der letzten Reihen blieb. Und als sie dann Zeit fand, sich umzusehen, kam ihr das Gesicht des Mannes, der neben ihr saß, bekannt vor, sie spürte auch, daß er sie mehrmals von der Seite betrachtete. Als Monika wie alle Studenten nach der Vorlesung trampelte, sagte er plötzlich: »Haben Sie alles mitbekommen, was Sie sich aufgeschrieben haben?«

»Ich notiere nur Stichworte«, sagte Monika verwirrt.

Sie verstand sich nicht, als sie, ohne auf die anderen zu warten, mit ihm hinausging, aber er sagte: »Mir ist, als hätten wir uns schon mal gesehen.«

»Ja«, sagte Monika, »ich glaube auch.« Am liebsten hätte sie überhaupt nicht geantwortet.

»Was studieren Sie denn so ... außer Philosophie?« Er fragte kurz angebunden, eigentlich unverschämt.

»Germanistik und Theaterwissenschaft.«

»Wieso?«

»Wieso?« fragte sie verärgert, »ich interessiere mich eben sehr für ... die Dichtung.«

»Ach so«, sagte er schnippisch, »Sie meinen, Sie lernen hier draußen Dichtung.« Er zog die Augenbrauen zusammen und lachte ruckweise. »Haben Sie schon mal zu schreiben versucht?«

Monika hoffte, die anderen würden endlich kommen, aber der U-Bahnzug lief schon ein, der Mann öffnete eine Tür und ließ sie vorangehen. Auf diese letzte Frage antwortete Monika gar nicht.

»Dann versuchen Sie mal, ein paar Verse zu machen, eine Seite Prosa tut's auch, das dürfte für Ihr Studium ganz wertvoll sein«, sagte er.

»Na hören Sie mal«, sagte Monika, »zum Dichter muß man schließlich ... geboren sein.«

»So, aber Dichtern auf die Spur kommen, das geht huschhusch, was? Sie meinen, wenn Sie sich niemals selbst Gedanken darüber gemacht haben, wie ein Gedicht, wie ein Roman geschrieben werden müßte, werden Sie es hier lernen?«

»Sie haben natürlich ... recht, wenn man es so sieht«, sagte Monika vorsichtig. »Ich kenne jemand, der schreibt, vielleicht kennen Sie Herrn Wildberger, er sagt etwas sehr Ähnliches.«

»So, er schreibt«, sagte er spöttisch.

»Ja«, sagte sie ärgerlich, »allerdings Stücke.«

»So, Stücke.« Er lachte wieder, abgehackt, meckernd.

Am Bahnhof Thielplatz sagte er plötzlich: »Ich muß woanders lang. Ich wollte nur ein paar Worte von Ihnen hören. Das können Sie sich merken fürs erste: lassen Sie die Leute reden, wenn Sie sie kennenlernen wollen, das ist sehr nützlich ... Sie erinnern mich an jemand. Übrigens«, er lächelte sie mit fast geschlossenen Augen an, »mein Name ist Strittich, Wiedersehen.«

Er mußte ein ungehobelter Bursche sein, denn er kam immer mit einem abgetragenen Wintermantel, einen grob gestrickten Wollschal um den Hals, sein wirres, blondes Haar sah immer ungekämmt aus.

Aber wenn sie wußte, daß er dieselbe Vorlesung besuchte, war es Monika, als beobachte er sie aus der Ferne.

Die ›Freie Universität‹ ist autonom.

In die akademische Verwaltung teilen sich der Rektor, der Prorektor, ein Verwaltungsreferent, das Immatrikulationsbüro, die Stipendien- und Gebührenerlaßstelle, die Quästur und die Dekane der fünf Fakultäten.

Der Rektor ist an die Beschlüsse des Senates der Universität gebunden, welcher sich zusammensetzt aus dem Rektor, dem Prorektor, den Dekanen, einem Wahlsenator aus jeder Fakultät und zwei Vertretern der Studentenschaft.

Die Fakultäten sind autonom.

An der Spitze der Fakultät steht der Dekan. Er ist an die Beschlüsse der Fakultätsversammlung gebunden, die sich aus allen ordentlichen Professoren der Fakultät, drei Vertretern der außerordentlichen Professoren und Privatdozenten und einem Vertreter der Studentenschaft zusammensetzt.

Die Philosophische Fakultät umfaßt dreiundzwanzig Seminare und Institute, von denen das Philosophische Seminar an erster Stelle, das Institut für Leibesübungen als dreiundzwanzigstes und letztes im Vorlesungsverzeichnis aufgeführt ist.

Das Historische Seminar in der Philosophischen Fakultät befindet sich seit dem Umzug in einem verschachtelten, zweistöckigen Gebäude, Berlin-Dahlem, Meinhardtstraße vierzehn, zehn Minuten Weges vom Hauptgebäude der Fakultät sowie dem Dekanat entfernt.

Im Historischen Seminar, Philosophische Fakultät, der ›Freien Universität Berlin‹, studiert der stud. phil. Helmut Hirth, nunmehr im dritten Semester.

Eingedenk der Worte seines Institutsdirektors, Professor Rother: »Meine Damen und Herren, für einen Studenten der Geschichte darf es kaum etwas geben, das ihn nicht interessieren muß«, hatte sich Helmut Hirth nicht mit Vorlesungen über die ›Geschichtsschreibung im neunzehnten Jahrhundert‹, ›Die imperialistischen Mächte‹, ›Savonarola‹, einem Proseminar ›Methodische Einführung‹ sowie einer Übung ›Urkundenlehre‹ begnügt, sondern hatte auch ›Aktuelle politische Fragen in völkerrechtlicher Beleuchtung‹, ›Industriepolitik und Industriewirtschaft‹, ›Volkswirtschaftslehre I‹, ›Die Kultur der Inkas‹, ›Minnesang‹ und die ›Psychologie des Kindesalters‹ mit großem Interesse gehört, wie er neuerdings auch den Wirtschaftsteil des *Berliner Echo*, das er abonniert hatte, ebenso aufmerksam las wie Leitartikel und Nachrichten.

Hirth kannte nun alle Nuancen der Hierarchie von der studentischen Hilfskraft aufwärts über Assistenten, Lehrbeauftragte bis hin zum ordentlichen Professor und Lehrstuhlinhaber.

Er wußte auch um die Arbeitsweise der Studentischen Selbstverwaltung, kannte den Unterschied zwischen:

Studentenkonvent (Legislative),

Allgemeiner Studentenausschuß, ASTA (Exekutive).

Er wußte, daß er sich an seinen Fakultätssprecher, Herrn Rogowski, oder einen der anderen zwölf Abgeordneten der Philosophischen Fakultät zu wenden hatte (auf hundert Studenten entfällt ein Abgeordneter), um dem Parlament der Studentenschaft der ›Freien Universität‹ einen Antrag vorzulegen, welcher von seinen Kommilitonen sodann entweder entschieden, zuständigkeitshalber an den Senat, die Fakultät weitergeleitet oder zur weiteren Behandlung einem der Senats-, Universitäts-, Fakultäts- oder Konventsausschüsse überwiesen werden konnte.

Helmut Hirth hatte selbst bereits drei Anträge veranlaßt und ihre Behandlung vor dem Studentenkonvent – (es gibt einen Vorsitzenden mit der Glocke, es gibt zwei Schriftführer, eine ›Regierungsbank‹, Anträge zur Geschäftsordnung, »hört, hört!«,

»ich beantrage Schluß der Rednerliste«, »es ist Antrag auf Schluß der Rednerliste gestellt, wer möchte dagegen sprechen?«, »Herr Präsident, meine Damen und Herren ...«, es ist alles ganz stilecht) – aufmerksam verfolgt.

Es handelte sich: um die Löffelversorgung der Mensa, um die Überhandnahme von Fleißprüfungen, um Versicherungsgebühren.

Alle Anträge hatte er vorher im Assistentenzimmer mit Herrn Rogowski und ein paar älteren Studenten besprochen, die, wie Helmut, zum inneren Zirkel des Seminars gehörten. Leute, die, wie Herr Schlichte sagte, »das Gesicht des Instituts prägen«.

Herr Albert Schlichte war einer der wichtigsten Züge in der Physiognomie des Instituts.

Ein kleiner, untersetzter Mann, schritt er oft durch die Bibliothek, betrachtete kritisch die Reihen der Bücher, als suche er, mit zusammengekniffenen Augen, einen bestimmten Band, bis er einen vom Regal nahm, ihn durchblätterte, die Katalognummer vor sich hin murmelte und ihn wieder an seinen Platz stellte. Der Herr Assistent.

Freundlich, hilfsbereit gegenüber allen, die sich ihm mit der erforderlichen Ehrerbietung nahten. Ungnädig bis zur Schroffheit, sobald jemand wagte, es auf gleich und gleich mit ihm anzulegen.

Niemand wußte, woher Schlichte gekommen war, sicher schien allein, daß er bereits während des Krieges oder vor dem Kriege studiert hatte, ungewiß blieb, wie lange. Bisweilen warf er angesehene Namen ins Gespräch, Kapazitäten aus Leipzig, Tübingen, München, Berlin, bei denen er gehört haben wollte, von Königsberg/Pr. ganz zu schweigen.

Er mußte Soldat gewesen sein, aber niemand vermochte anzugeben, ob Schlichte sich als Hauptmann, Oberleutnant oder gar Major ausgegeben hatte. Wenn jemand eine Behauptung anzuzweifeln wagte, zog Schlichte sein silbernes Zigarettenetui aus der Rocktasche, schnappte es auf, ohne den Blick vom Gesicht seines Gegenübers zu lassen, knipste das Feuerzeug an, blickte durch die Flamme hindurch: »Mann, werden Sie erst mal so alt wie ich.«

Schlichte war der Meinung: »Zur Not schmeiße ich den Laden im Institut auch alleine.«

Helmut Hirth gehörte zu ihnen. Man kannte ihn. Kommilitonen, denen er nur freundlich zunickte, weil er ihren Namen nicht kannte, sagten: »Guten Tag, Herr Hirth.«

Wann immer Bücher aufzustellen, Karteikarten zu schreiben, Kataloge zu bearbeiten waren – er stellte sich zur Verfügung.

Sein Referat *A. de Tocqueville, Vorausahner unserer Welt*, in Professor Rothers Seminar ›Geschichtsdenker‹, bestand durchaus neben den Arbeiten älterer Semester, und Herr Kohlhoff (siebentes Semester) unterhielt sich oft mit Hirth.

Wenn Professor Rother mit ihnen zusammen im Assistentenzimmer saß, interessierte er sich immer für Helmuts Meinung zu seinen Plänen.

Bis Professor Lempel, aus Tübingen an die ›Freie Universität‹ gekommen, seine Vorlesung eröffnete.

Natürlich gehörte Hirth zu einer kleinen Gruppe von Studenten, die sich, mit Professor Rother, zwei Dozenten und mehreren Assistenten zusammen, schon am Tage seiner Ankunft mit Professor Lempel traf, weil er erklärt hatte, er wolle sich schon heimisch fühlen, ehe die Arbeit begann. Lempel war ein baumlanger, knochiger Mann, der sich vor jedem, den er begrüßte, tief und linkisch verbeugte und dabei fast die Hacken zusammenschlug. An jenem Abend blickte er sich freundlich aufmerksam in ihrem Kreise um und sagte zuletzt: »Sie marschieren zweifellos an der Spitze der deutschen Universitäten, was die Aufgeschlossenheit für das Neue, die Lebendigkeit anbelangt, und ich hoffe sehr, daß ich Ihren Erwartungen entsprechen kann.«

Das waren Worte, die jenen inneren Zirkel, der das ›Gesicht des Instituts prägt‹, rührten, und Professor Rother antwortete bewegt: »Lieber Kollege Lempel, nein, wir freuen uns, einen so tüchtigen Steuermann unter uns zu haben, so wollen wir denn ein neues Segel setzen.«

Tags darauf eröffnete Professor Lempel seine Vorlesung und sprach eine dreiviertel Stunde lang darüber, warum er dem Rufe nach Berlin nur zu gern gefolgt und daß er stolz darauf sei, unter ihnen sein zu dürfen.

Aber am nächsten Tag begann er zu seinem Thema zu sprechen, er nannte es ›Fragen des Hochmittelalters‹.

Er lief mit großen Schritten auf dem Podium hin und her, blickte bisweilen aus dem Fenster, stützte sich ein anderes Mal leicht mit den Ellbogen auf das Katheder, wozu er sich weit niederbeugen und seine langen, sperrigen Beine verschränken mußte, gelegentlich ergriff er den Stuhl neben dem Katheder, drehte, wendete, betrachtete ihn, umklammerte die Lehne, stellte ihn beiseite, sprach mit heller Stimme, rasch, hektisch, ohne Pause, er schien niemals Atem holen zu müssen, aber seine Stimme änderte sich unmerklich, wenn er eine Weile vom Papsttum gesprochen hatte und nun den kaiserlichen Standpunkt erläuterte; sprach er vom Islam, bediente er sich sogleich völlig anderer Mimik als soeben bei Ausführungen über Byzanz.

In dieser ersten Stunde hatte er fünf oder sechs Beispiele aus vierhundert Jahren ausgewählt, aber Helmut Hirth blieb auf der Strecke. »Das war aber nur, damit Sie sehen, wie Geschichte aussehen kann, wenn Sie Geschichte unter der Voraussetzung betreiben, daß wir mit unserem Wissen niemals fertig sein werden. Und wenn Sie nicht an die Quellen gehen, wenn Sie nicht an jedem Tag eine Quelle lesen, werden Sie niemals ein Historiker. Es wird bei uns so oft der Name Ranke im Munde geführt«, sagte er mit seiner hellen Stimme und blickte von seiner Höhe zu ihnen hinunter, »und wenn Sie an das Wort denken, man müsse streben, Vergangenes wie Gegenwärtiges gleichsam mit eigenen Augen zu sehen, will ich es so verstanden wissen, daß Sie sich angewöhnen, täglich eine Quelle zu lesen wie Ihre Morgenzeitung, und zwar, bitte, nicht etwa aus den ›Geschichtsschreibern‹. Wer die Originale nicht lesen will, der soll nicht studieren. Ich verlange nicht einmal, daß Sie Arabisch lernen sollen – das soll früher eine Selbstverständlichkeit gewesen sein, wenn jemand mittelalterliche Geschichte studieren wollte –, aber eine lateinische Quelle …!«

»Abwarten«, sagte Jonny Lemke abends im ›Verein‹. Sie waren übereingekommen, es bei diesem ungewissen Namen zu belassen, weil sie sich dadurch von allen anderen studentischen Vereinigungen abheben wollten.

»Wir wollen keine Statuten«, hatte Lemke gesagt, ein kleiner, korpulenter Bursche mit glänzendem, schwarzem Haar, über das er sich mit seinen rundlichen Händen strich, während er sprach, »wir wollen einfach ... ich meine, es ist uns aufgefallen«, hatte Lemke gesagt, »niemand kümmert sich um seinen Nebenmann, man müßte wenigstens den Versuch unternehmen ... ich könnte mir denken, wenn wir eine ... Zelle bilden ... irgendwie ...«, er lachte und stieß die Faust vor, als boxte er jemandem in den Bauch, »wie, das weiß ich auch noch nicht.«

»Ich verstehe schon«, hatte Helmut erklärt, »ich denke, es wäre vielleicht gut, wenn wir in diesem Kreise dann sowohl einen ... sozusagen wissenschaftlichen Austausch pflegen, aber gerade auch einmal alle anderen Fragen besprechen können.«

Das war, als der ›Verein‹, wie sie sich fortan nannten, begründet wurde. Von den Gründungsmitgliedern waren noch acht bis zehn übriggeblieben, die regelmäßig kamen.

Lempel hatte sie alle verblüfft, nur Lemke sagte immer wieder und strich sich über sein glattes Haar: »Also, ich finde es durchaus vernünftig, was Lempel gesagt hat ... ich meine, Rother in allen Ehren, aber seine Wiederbelebungsversuche an der deutschen Seele werden doch mit der Zeit ein bißchen ...«

»Steril«, rief Blühmel mit unbewegtem Gesicht, manchmal zuckten seine Augenlider, »Quellen, meine Damen und Herren, lesen Sie Quellen!«

»Natürlich, du hast schon recht, Jonny«, sagte Brecht, ein ruhiger Mann mit einem langen Kinn, der nur selten etwas sagte, spöttisch zu allem lächelte, was er vorbrachte, »nur gingen mir Lempels Sprünge ein bißchen zu sehr durcheinander, kreuz und quer durch die Gegend. Ich finde, man muß abwarten, wie er überhaupt Geschichte sieht.«

»Aber hört mal«, rief Blühmel, »glaubt ihr etwa noch an den Quark, dieses: Ziel ist die Vergegenwärtigung der vollsten Wahrheit? Das ist doch bloß ein völlig unerreichbares Ideal, hört mal!« Wenn er sich aufregte, sprach Blühmel ganz besonders hochdeutsch, und sie waren schon wieder in der erregtesten Debatte, niemand hörte mehr an, was der andere sagte, als Jürgen

Trahnke kicherte und ausrief, während er beide Arme voller Freude hob: »Kinders, bloß auch noch Arabisch lernen, ddas ffinde ich ppprima.«

»Klah«, rief Blühmel, »das is doch ausjezeichnet, du lernst Arabisch und übersetzt uns den Koran.«

»Ja«, lachte Trahnke schallend, er kippte beinahe vom Stuhl, so sehr lachte er, »dddas kkönnte euch so ppapassen.«

Jürgen Trahnke war eins sechsundsiebzig groß, sehr dürr, vielleicht ging er nur immer so krumm, weil er so oft Hunger hatte und es seinen Magen zusammenzog.

Er war der einzige Sohn eines einstmals bürgerlichen Hauses in Gera, aber nach dem Kriege mußte Vater Straßen kehren und arbeitete später in einem volkseigenen Zementwerk.

Und jeden Groschen, den Jürgen ausgeben wollte, mußte er sich selbst verdienen.

Aber er wußte, daß er wenigstens einen wirklichen Freund hatte. Und das war Erwin Meier. Mit Meier zusammen war Jürgen schon zur Volksschule gegangen, zum Fußballplatz, zum Jungvolk.

Dann wurde Erwin Meier Führer, und ihre Wege trennten sich für kurze Zeit, denn Jürgen – blaß, schwächlich, sein Halstuch saß niemals richtig, das Käppi rutschte ihm über die Ohren, seine Kniehosen schlotterten ihm um die mageren Oberschenkel – war stets ein warnendes Beispiel dafür, wie ein deutscher Jungvolkjunge nicht aussehen durfte.

Nach dem Kriege gingen sie zusammen zur Freien Deutschen Jugend, und zunächst galten jene etwas, die im Jungvolk nichts gegolten hatten. Aber das änderte sich mit der Zeit, und Erwin Meier wurde Funktionär. Bis er eines Tages zu Jürgen sagte: »Das ist doch alles ein großer Schwindel, sie haben uns beschwindelt«, und Jürgen leise lachte: »Ddas hhab ich mir schon immer gedacht.«

Es sprach sich in der Klasse herum, daß Erwin mit Leuten zusammenkam, die häufig nach West-Berlin fuhren, und daß er zu Hause, in seinem Zimmer, illegale Zeitungen und Broschüren stapelte, und alle wußten, wer dem Musiklehrer – diesem Erzkommunisten – ein Exemplar des *Berliner Echo* auf das Katheder gelegt hatte.

Aber obgleich er mit gellender Stimme schrie: »Wenn sich dieser Lump nicht auf der Stelle meldet, werde ich dafür sorgen, daß die ganze Klasse nicht zum Abitur zugelassen wird«, hofften alle, daß sich Erwin nicht stellen würde.

Er hatte auch keine Gelegenheit mehr, sich zu stellen, denn Jürgen Trahnke sprang auf, reckte noch seinen rechten Arm hoch, um jeden Zweifel auszuschließen, und sagte: »Ich wwar's.«

Er lächelte scheu, als sie während der Pause auf ihn einredeten und Erwin sagte: »Jürgen, Mann, du Dussel, der hätte doch gar nichts machen können!«

Zwei Tage darauf wurde Jürgen zur Kriminalpolizei bestellt und blieb eine Woche lang verschwunden, und es war niemand, der nicht das Schlimmste befürchtet hätte. Aber eines Morgens tauchte er wieder auf, guter Dinge wie immer, und sagte, ohne zu stottern – er hatte auf dem Schulweg auswendig gelernt, was er zu sagen beabsichtigte –:

»Ich hab gesagt, ich wollte ihn bloß mal ärgern, und die Zeitung hab ich von einer Tante aus Berlin geschickt gekriegt.«

Dann überzog ein fröhliches, friedliches Lächeln sein Gesicht: »Ddenen hhhab ich's aber gegeben.«

Selbstverständlich erhielt er in Musik die Note sechs (ungenügend), aber da sich der Deutschlehrer, der den Musiklehrer aus politischen Gründen nicht ausstehen konnte, entschloß, Jürgen denn doch eine Zwei zu geben, bestand Jürgen, mit lauter Dreien und Vieren in den übrigen Fächern, das Abitur.

Nach der Prüfung gab ihm der Musiklehrer nicht einmal die Hand, sondern sagte: »Faschisten wie Sie haben bei uns nichts zu suchen.«

Und Jürgen antwortete ernsthaft: »Ich will ja auch nach dem Wewesten.«

Denn da Erwin Meier an der ›Freien Universität‹ in Berlin Geschichte und Publizistik studieren wollte, schloß sich Jürgen ihm an. Und weil er aus der Ostzone kam und in der Zulassungsprüfung auch die Geschichte seiner Verhaftung erzählen mußte –

von selbst wäre er nie darauf gekommen, aber Erwin hatte einen Bekannten, und jener Bekannte erzählte es dem studentischen Beisitzer in der Kommission, die für Jürgen Trahnke zuständig war, und dieser studentische Beisitzer holte die Geschichte seiner Haft allmählich und geduldig aus Jürgen heraus – und weil er sich für die Politik interessierte und Fragen darüber Rede und Antwort stand, auch über die Mehrwerttheorie und Hegels Dreischritt – das hatte er bei der FDJ gelernt –, wurde er zugelassen.

Aber Berlin neunzehnhundertneunundvierzig war wohl ein Platz für Erwin Meier, aber nicht für Jürgen Trahnke.

Nach vier Wochen schrieb Erwin schon regelmäßig im ›Telegramm‹ Glossen über das Leben in der Sowjetzone. Als ihm sein Vorrat an Erlebnissen ausging, mußte ihm Jürgen Geschichten erzählen, und als Jürgen keine mehr kannte, sollte er welche erfinden, denn inzwischen waren Erwins Glossen zu einer festen, täglichen Spalte im ›Telegramm‹ geworden.

Aber dafür tat Erwin für Jürgen alles, was er tun konnte, mehr konnte Jürgen wirklich nicht verlangen.

So war er auch zufrieden, als ihm Erwin diese Gelegenheit verschaffte: Adressen schreiben, zehn Mark für tausend Stück.

Aber da ihm das Stipendium endlich bewilligt wurde – achtzig Mark West im Monat blank auf den Tisch – und weil da ein anderer alter Bekannter aus Gera war, der kein Stipendium kriegte, trat ihm Jürgen seine günstige Gelegenheit ab. Auf Widerruf.

Und als er merkte, daß er mit achtzig Mark nicht hin und nicht her reichte, brachte er es nicht über das Herz, das Angebot zu widerrufen, und Erwin hatte sicher recht, als er sagte: »Entschuldige, aber wir sind kein Wohlfahrtsbüro, warum gibst du ihm denn so 'ne feine Stellung?«

Aber weil er für Jürgen tat, was er konnte, verschaffte er ihm eine neue Stellung:

So daß Jürgen nun übers Wochenende bei großen Sportveranstaltungen oder im Zentrum mit einer knallgrünen Mütze und einem knallroten Cape stand, einen Packen Zeitungen auf dem Arm, und rief: »Groooßfeuer in Tempelhof . . . neue Viererkonfereeeeenz und das Neu'ste vom Sport im ›Telegramm‹!«

Anfangs hatte er Angst, er würde stottern müssen, und wagte sich nicht allzu laut zu schreien, aber dann erwachte sein Ehrgeiz, besser und schneller und viel mehr zu verkaufen als alle anderen.

Eine Woche später mußte er mit ansehen, wie eine Kollegin – auch eine Studentin – auf der Flucht vor einem Auto stolperte, hinstürzte und ihren Stapel Zeitungen in eine Wasserlache am Rinnstein fallen ließ.

Er half ihr auf und las die durchweichten, verschmierten Exemplare zusammen und gab dem Mädchen seinen kleineren Stapel, zählte ihn durch und händigte ihr das Geld aus, weil er schon viel mehr verkauft hatte als sie, und sagte: »Lassen Sie mal, ddie Mmakulatur nehme ich schon, die bbringe ich schon noch unter die Lleute.«

Aber er brachte kein einziges Exemplar mehr unter die Leute und lieferte am Abend einhundertvierzehn Stück wieder beim Verteiler ab.

Der Mann hinter dem Schiebefenster fragte: »Wie kann man bloß so dämlich sein, Zeitungen in den Dreck schmeißen, von Rechts wegen solltest du sie bezahlen«, und Jürgen lächelte freundlich: »Ja, ich weiß auch nicht.«

Aber als der Mann immer von neuem schimpfte, stieß Jürgen den Stapel Zeitungen um und rief: »Wwwweißt du Dedussel nicht, dadaß ich deine Schscheißzeitungen nicht zezum Vevergnügen verkaufe, ddann tttrag sie doch selber aus gegegefälligst.«

»Wissen Sie«, wollte er jenem Mädchen sagen, falls er sie einmal in der Universität treffen würde, »ich habe ihn ganz schön angehustet«, um sie zu trösten, falls es sich als notwendig erweisen sollte.

Aber als er sie dann wirklich fragte, ob sie nicht mit ihm ins Kino kommen wolle, sagte sie: »Ich habe so wenig Zeit. Haben Sie damals großen Ärger gehabt wegen der Zeitungen?« Jürgen tröstete sich mit einer großmütigen Handbewegung: »Ach was, wewenn mir einer, einer blöd kommt, deden wewürd ich ganz schön … ganz schön wewürd ich den …«

Danach wurde Jürgen ›Heinzelmännchen‹ beim Studentischen Kundendienst. Vormittagelang saß er in dem engen Kellerraum, wartete auf einen Auftrag, spielte Skat, wartete, und immer, wenn ihr Chef, auch ein Student, nach einem Anruf seine Hand auf die Sprechmuschel legte und mit unterdrückter Stimme sagte: »Kinders, eine unangenehme Sache, aber das ist 'ne alte Kundin, die dürfen wir nicht vergrätzen«, und alle anderen zu Boden blickten, als hätten sie den Chef nicht gehört, sagte Jürgen regelmäßig: »Ggut, ggeh ich eben, wer will meinen Ggrand übernehmen?«

Bis er eines Tages auch zu Boden blickte und, als sie ihn einer nach dem anderen, ungeduldig ansahen, leise, wie um Verständnis bittend, sagte: »Jjjetzt isses aber genug, immer bebloß iich.« Da war er bei ihnen unten durch. Danach erklärte der Chef rundheraus: »Wer keine miesen Aufträge übernehmen will, kann auch nicht erwarten, daß er bei mir gute kriegt.«

So kam Jürgen Trahnke auch im zweiten Semester fast gar nicht zum Studieren. Während der Sommerferien allerdings schien sich das Blatt zu wenden. Zwar war es mehr Zufall, daß einer krank wurde und Jürgen einspringen durfte, immerhin bearbeitete er vier Wochen lang mit drei Kommilitonen zusammen den verwilderten Garten eines Zehlendorfer Sanatoriums.

Und eines Tages sagte die Oberschwester, die alle Arbeiten selbst beaufsichtigte, zu ihm: »Jürgen, Sie sind doch allein in Berlin, Sie brauchen jemanden, der sich um Sie kümmert. Wenn Sie mir ein bißchen die Wohnung in Ordnung halten wollen, im Winter heizen und so, können Sie gerne bei mir umsonst ein kleines Zimmer haben. Ich komme ja doch nur selten nach Hause, und Sie können in aller Ruhe arbeiten.«

Die Wohnung der Oberschwester war noch nie so gründlich und ausgezeichnet in Schuß gehalten worden wie zu der Zeit, da Jürgen Trahnke dort wohnte. Er hatte ein freundliches, helles Zimmer mit einem Blick auf den Park. Und wenn er nur jemanden gekannt hätte, den er hätte einladen können, wäre es die schönste Zeit seines Lebens gewesen.

Jürgen Trahnke fing an zu studieren. Es fiel ihm nicht leicht, in die Welt spröder Begriffe einzudringen. Aber er bohrte sich dort einen Zugang, wo er für sich den geringsten Widerstand vermutete.

Geschichte der Arbeiterbewegung.

Denn es war ganz klar, daß Jürgen Trahnkes Hirn und Herz, Bewußtsein und Unterbewußtsein, daß der ganze Jürgen Trahnke – blaß, mager, vornübergebeugt, weil er so oft Hunger hatte – gespalten war zwischen rechts und links.

Aus ideologischen Gründen, in erster Linie aber seines ausgeprägten Gerechtigkeitsgefühls wegen, gab es für Jürgen gar keine Frage, daß er nur links etwas zu suchen hatte, obgleich er selbst gern zu sagen pflegte: »Kkinders, es hat alles keinen Zweck, unterhaltet euch mal mit Arbeitern, bbei dedenen kommt immer der Bebauch zuerst.«

Er trat in den ›Sozialistischen Deutschen Studentenbund‹, Landesverband Berlin, Gruppe ›Freie Universität‹, ein.

Erwin Meier hielt dort Referate. Wann immer Jürgen einen Einwand wagte, gab Erwin zu verstehen, daß er neulich mit Ollenhauer persönlich gesprochen, mit Reuter persönlich verhandelt, persönlich die Pressekonferenz bei Schumacher mitgemacht habe. Aber es war selbstverständlich, daß Jürgen ihm zu Hilfe kam, als auf einer Versammlung der Deutschen Partei ein Rausschmeißer Erwin angriff.

Jürgen sprang den Mann an, und Erwin konnte sich aus der Umklammerung befreien, aber da er sich mehrerer anderer Rausschmeißer zu erwehren hatte, wurde Jürgen indessen zusammengeschlagen. Zwei Polizisten drängten ihn schließlich aus dem Saal. Er hatte zwei Zähne verloren und spuckte Blut: »Dediese veverfluchten Nnnazis, didisiesen Strolchen mmmuß man's zeigen.«

»Du Lümmel«, schrie ihm der Saalschutzmann nach, »euch Roten werden wir schon das Handwerk legen.«

Da hatte er seinen Namen weg: der Rote. Im Seminar wollten sie seine Zahnlücken sehen, sogar Professor Rother und Professor Lempel und Herr Schlichte schauten ihm in den Mund und klopften ihm auf die Schulter.

Auch dem Mädchen, mit dem er auf dem Sommerfest des Historischen Seminars häufig tanzte, erzählte er die Geschichte, auf dem Heimweg küßte er sie, und schließlich merkte sie, daß sie ihre Hausschlüssel vergessen hatte, und Jürgen schlug vor, sie solle doch bei ihm auf der Couch schlafen.

Als sie wirklich in dem Zimmer standen, und er sie unbeholfen umarmt hatte, würgte er schließlich heraus: »Maman muß ja auch nicht immer gleich an dddas denken«, und sie gab ihm nicht zu verstehen, daß sie auch an das gedacht hatte. Jürgen schlief angezogen auf dem engen Sofa, das Mädchen auf seiner bequemen Couch, unerreichbar weit fort, vier Meter von ihm entfernt.

Wie sollte er ahnen, daß ausgerechnet in dieser Nacht der Chefarzt des Sanatoriums in Zehlendorf die Oberschwester mit seinem Wagen nach Hause fahren würde, weil die Oberschwester es ganz schön gefunden hatte, sonntags wieder einmal zwischen ihren vier Wänden zu sein?

Im Flur sah sie den Damenmantel und trommelte die beiden heraus. »Jürgen! So was hätte ich Ihnen nie zugetraut!«

Und das Mädchen schluchzte ihn wütend an: »Sie haben mich in eine entsetzliche Situation gebracht.« Sie schrie auf, als er sie zu trösten versuchte.

So mietete sich Jürgen Trahnke wieder ein Zimmer. Morgens Kornkaffee, zwei Scheiben Brot mit Margarine oder Kunsthonig und mittags Schulspeisung: Graupen, Kohl, Grütze, Grieß, Haferflocken, Graupen, Kohl, Grütze, Grieß, Kohl, Graupen, Kohl. Und abends dasselbe und vielleicht noch zwei Scheiben Margarinebrot und etwas Käse.

Nur alle vierzehn Tage sonntags leistete sich Trahnke in der Mensa sein Lieblingsessen: Schnitzel. Für eins siebzig.

Eines Sonntags kam Erwin zufällig in die Mensa, gewöhnlich aß er dort gar nicht mehr, und zog die Brauen in die Höhe: »Donnerwetter, dir muß es ja ziemlich gut gehen. So was kann ich mir nicht leisten, Schnitzel, für eins siebzig.«

Jürgen versuchte freundlich zu lachen, aber es drängte aus ihm heraus, daß sich die anderen kopfschüttelnd nach ihm umdrehten: »Hahau bloß ab, du Bebbonze dddu.«

Wenn er mal ins Kino gehen wollte, dann ging er Teppiche klopfen oder Bohnern, aber er war ein bißchen müde geworden. Er wollte auch mal studieren.

Niemand vermochte mehr zu sagen, wie er zum ›Verein‹ gestoßen war, vielleicht hatte ihn Blühmel mitgebracht, oder ein anderer.

Auch im ›Verein‹ galt Trahnke scherzhaft – Trahnke galt überall nur scherzhaft – als Kapazität in Geschichte der Arbeiterbewegung.

Und wenn Lemke oder Hirth oder Sichel gutmütig fragten: »Was sagt dazu unser sozialistischer Experte?«, griente Jürgen und schwieg, weil er wußte, sie würden seine Antwort doch nicht abwarten.

Manchmal rauchte er ihre Zigaretten und die Stäbchen, die Hirth für sie rollte, manchmal schob ihm Hirth auch nur seine Blechschachtel hin, in der sich der Tabak befand und das Zigarettenpapier und die kleine Schere, und Jürgen drehte sich aufmerksam eine Zigarette.

Aber wenn er einmal fünfzig Pfennig hatte, kaufte er auch fünf Stück und warf sie auf den Tisch: »Hier, ich hab Zigaretten mitgebracht.« Nicht etwa, damit sie »danke« sagten, sondern nur, damit sie wußten, daß er am allermeisten fürchtete, sie könnten ihn für einen Schnorrer halten.

Aber die anderen hatten gerade so Wichtiges zu besprechen, daß sie keine Zeit hatten, sich über Trahnke Gedanken zu machen.

So saß er stumm dabei, manchmal lächelte er, manchmal lachte er grölend. Und sah die Mädchen an. Er lief immer so komisch angezogen herum, mit klobigen Schuhen, verbeulten Hosen. Nur ein Kleidungsstück hatte er sich inzwischen angeschafft, und er hatte Monate gespart, bis er die sechzig Mark zusammenhatte: eine amerikanische Windjacke mit vielen Reißverschlüssen und einer Kapuze.

Er trug sie sommers und winters und lächelte, wenn er darauf angesprochen wurde: »Fabelhaft pppraktisch, kann ich nur sagen.«

Keiner weiß von Jürgen Trahnke.

Wie allein er abends im Bett liegt. Wenn er an Mädchen denkt, an Geld, eine wichtige Stellung in der Partei, ein gutes Referat bei Lempel.

Bloß ein bißchen Anerkennung.

Mit Ilse Peter ins Kino gehen oder Gerti Fauner, Gabriele Thomas, mit allen Mädchen im Historischen Seminar und im Germanistischen Seminar und im Institut für Publizistik.

Er wohnt zur Untermiete in einer Neubauwohnung. Wenn

nebenan das Bett der Eheleute anfängt zu schaukeln, verkriecht sich Jürgen unter der Bettdecke.

Im Seminar erzählt er, was er gehört hat, und die Zoten, die ihm dazu eingefallen sind, manchmal schlägt ihm einer auf die Schulter: »Mensch, Trahnke, Sie alte Sau!« –

Einmal auch auf der Seite der Stärkeren sein.

Alle mögen Jürgen Trahnke, weil er so possierlich ist.

Wer weiß denn schon, daß Jürgen Trahnke abends, allein im Bett, oft so furchtbare Angst vor morgen hat.

Zu der Zeit etwa, da Harald Momber im Verlaufe des Seminars ›Avignon‹ bei Professor Lempel beweisen konnte, daß er von Trebin gelernt hatte, die historisch-kritische Methode anzuwenden, daß er das »primitivste Handwerkszeug des Historikers«, wie Lempel zu sagen pflegte, zu beherrschen begann, da er auch in Professor Rothers Seminar ›Die Ereignisse von 1848 in Berlin‹ kein Blatt mehr vor den Mund nahm und nicht länger leugnete, mit der neueren deutschen Geschichte außerordentlich unzufrieden zu sein, da er durchaus urteilen wollte (Ranke, Burkhardt und Meinecke zum Trotz), da er Jaspers glaubte, »woraus ich in keinem Sinn heraustreten kann, kann ich nicht wie von außen überblicken«, und es ihn oft fror in der Ausweglosigkeit seiner Situation, zu einer Zeit, da er bei Hegel las: »wie sich die zeitliche, empirische Gegenwart aus ihrem Zwiespalt herausfindet, ist ihr zu überlassen und ist nicht unmittelbar praktische Sache der Philosophie«, erfuhr er von Erich Misch Jutta Geberts Geschichte und ihre Adresse. Er hielt den Blumenstrauß in der einen Hand und in der anderen das Päckchen, bediente den gebogenen Messinggriff der Klingel mit dem Ellbogen und entdeckte erst dann, daß unter dem ovalen Emailschild ›Würsing‹ und unter dem schmalen Pappschild mit den Blockbuchstaben GEBERT noch eine Visitenkarte hing: Karl-Heinz Schick.

Während er sich noch fragte, ob er nicht erleichtert sein würde, wenn, unter diesen Umständen, niemand öffnete, ging die Tür auf, und Jutta stand da, trug eine hellblaue Schürze und war schlanker geworden, sie sah fast zierlich aus und legte eine Hand auf ihre Brust.

»Guten Tag«, sagte Harald, »ich wollte auch mal gratulieren kommen und habe Ihnen ...«, er lachte sich über die Verlegenheit hinweg, »Blumen mitgebracht.«

»Kommen Sie«, sagte sie, »wenn Sie nur ein bißchen leise sein würden ... er schläft nämlich grade«, sie blickte ihn an, aber er begriff nicht sofort – es schien so widernatürlich –, »er braucht nämlich immer so lange, bis er endlich einschläft.«

»Übrigens«, während er sich den Mantel auszog, »natürlich macht man so was nicht, daß man sich mir nichts dir nichts zum Kaffee einlädt, aber ich habe hier ein bißchen Kuchen mitgebracht und Kaffee ... ich wollte von der Geburtstagsfeier auch noch was haben.«

Sie lächelte, er konnte es sogar bei der trüben Flurbeleuchtung erkennen: »Sie haben wieder an alles gedacht.«

Die Korbwiege stand vor dem Fenster, ein Tuch war darüber gebreitet, und sie raunte: »Ich führe ihn nachher vor«, während er stumm nickte, nicht aufhören konnte zu nicken, weil unter diesem Tuch also das Kind lag, weil er fürchtete, er könne sich zuviel vorgenommen haben, weil das tiefe, böse Gefühl sich wieder in ihm ausdehnte, weil er fürchtete, er werde nur unter Anstrengung Atem holen können, als er ihr zusah, wie sie mit ein paar Handgriffen die Wickelkommode aufräumte, und dann saß er auf dem Sofa und sah ihr nach, als sie zur Tür ging, und blickte sie an, als sie wiederkam, mit einer Vase, mit Geschirr, mit der dampfenden Kaffeekanne, und er sagte: »Wenn Sie gerade schlafen wollten, hätte ich ein sehr schlechtes Gewissen.«

»Nein, jetzt lasse ich Sie auf keinen Fall gehen, erst müssen Sie sich meinen Jungen ansehen, oder mögen Sie Kinder nicht?«

»Doch, doch«, sagte Harald beflissen, obgleich die Tatsache, daß sie von ihrem Jungen gesprochen hatte, ihn wieder mit dumpfem Bedauern erfüllte.

Es war schwierig, sich mit ihr zu unterhalten, weil er immerzu an Schick dachte und fürchtete, sie könnte wissen, daß er an Schick dachte, und sie sagte nach einer Weile Tassengeklirr und Löffelgeklirr und behutsam lächelnden Blicken: »Es ist aber rührend von Ihnen, daß Sie hergekommen sind ... mit den Blumen auch noch.«

»Gar nicht, überhaupt nicht«, sagte Harald.

Es war wie eine Erlösung, als sie endlich aufstand und zum Fenster trat, das Tuch von der Wiege nahm und ihm lächelnd winkte.

Als er sich über den Korb beugte, war ihr Gesicht sehr nahe, aber er war weiter entfernt als jemals zuvor, weil ihr Kind, Schicks Kind, da lag: lächerliche Hände zu Fäusten geballt, die Nase eine geringfügige Erhebung, die Augen zwei bläuliche Schwellungen. Ein warmer, satter Duft war um ihn, und Harald lächelte mit vieler Mühe und sagte: »Prachtbursche.«

»Wirklich?« Sie fragte eifrig, fast ängstlich, »ach ... man hört es so gerne«. Und während er sich setzte und, nur um etwas zu tun zu haben, die Tasse bewegte und die letzten Tropfen des Kaffees hin- und herkullern ließ, sagte sie ruhig: »Er ist doch ein bißchen zu früh gekommen.« Und: »Ich kann mir gar nicht mehr vorstellen, daß ich einmal gehofft habe ... ich würde kein Kind zur Welt bringen müssen.«

»Na hören Sie mal, wenn man den Burschen da sieht ...«

Sie lächelte, traurig, ungewiß, »Sie sind der erste, denn sonst, alle anderen, ... es ist immer, als müßten sie mich bemitleiden«.

»Neinneinnein«, sagte er, viel zu laut.

In diesem Augenblick klappte die Wohnungstür, auf dem Flur waren kurze, feste Schritte, dann klappte noch eine Tür. Harald spürte, daß ihre Aufmerksamkeit von ihm abriß, sie saß gespannt, das Lächeln auf ihrem Gesicht war angefroren. Dann rannen zwei einzelne Tränen aus ihren Augenwinkeln, die Wangen hinunter. Sie hob die Hand und wischte mit dem Handrücken die feuchten Streifen aus und sagte: »Ja, das ist schön, was Sie da sagen.«

»Natürlich«, sagte Harald laut, um sein klopfendes Herz, seine Erbitterung unhörbar zu machen, »bei einem solchen Prachtexemplar von Sohn.«

Sie hörte ihm nicht mehr zu, und er sagte unvermittelt: »Vielleicht geht es mich nichts an, aber wäre es nicht besser, wenn Sie hier auszögen?«

Sie schüttelte langsam den Kopf, und ihre Augen waren weit offen: »Solange ich hier bin, denke ich doch ... und solange mein ... er hier ist, muß ich doch auch ... ich habe wirklich keine Angst davor, allein zu sein ... es wäre doch ... unnatürlich.«

»Sicher«, sagte Harald, »er kommt eines Tages zur Vernunft, sicher, es wäre ja auch wirklich ...«

Ihr Flüstern war nur noch ein Hauch: »Es ist nur... er... hat... das Kind noch kein einziges Mal... gesehen... er hat noch nie mit mir gesprochen... danach.« Sie holte tief Atem, und es schien ihr danach leichterzufallen. »Einmal hab ich ihn auf dem Flur getroffen«, sie atmete aus und rasch wieder ein, »da sagte er... guten Tag, und einmal ... habe ich ihm einen Zettel durchgeschoben... unter seiner Tür... wann er kommen kann... weil meine Mutter da war, und das mußte ihm natürlich... peinlich sein... meine Mutter treffen... ich habe ihm aber geschrieben... wann sie mal bestimmt nicht da sein würde... damit... damit er... damit er sich«, und einen letzten Anlauf, »damit er sich seinen Sohn ansehen kann ... aber er war noch nie ... hier, er... hat ihn noch ... nie sehen ... wollen.« Sie saß da, die Hände im Schoß gefaltet, »er muß ihn doch aber... nachts ... schreien hören.«

Und dann entspannten sich ihre Augen, ihr Gesicht, ihre Hände, und sie sah Harald an und sagte: »Er schreit nämlich nachts ziemlich.«

»Ja ... aber«, sagte Harald, weil er nichts mehr zu sagen hatte, denn in diesem Augenblick ging wieder die Tür auf dem Flur, wieder Schritte, und eine andere Tür schlug zu, und es folgte ein Geräusch wie das Rauschen von Wasser. »Ja ... natürlich«, sagte Harald, in der Hoffnung, sie von den Schritten, dem Wasser, dem Flur abzulenken, »man darf natürlich die Hoffnung niemals aufgeben, er wird doch ...«, und wußte, daß keines seiner Worte Macht über sie hatte. Durch das Rauschen des Wassers war ein Pfeifen zu hören, eine Schlagermelodie, dann setzte das Pfeifen aus, und dann war es wieder da.

Dann setzte es aus, auch das Rauschen hörte nach einem scharfen Gezisch in der Leitung auf, dann klappte die Tür, und dann sagte Harald erbittert: »Ist das jeden Tag so?«

»Ja«, sagte sie, »ich kenne ihn doch, er pfeift bloß ... weil er... ein schlechtes Gewissen hat ...«

»Sie müssen umziehen«, sagte Harald, »Sie dürfen nicht nachgeben, Sie haben es nicht nötig, ihm nachzulaufen ...«, aber er hielt seinen ausgetrockneten Mund an, »Sie dürfen keinen Zettel mehr unter der Tür durchstecken«, er versuchte sie zum Lächeln zu bringen, und sie lächelte auch, aber wie auf Befehl.

Und wieder die Tür, Schritte, zur Wohnungstür, die zuklappte, Schritte auf der Treppe, und Harald atmete froh, dann beschämt, dann erleichtert, dann wütend. »Ja«, sagte sie ruhig, »vielleicht wäre es ... besser. Sie haben sicher recht.«

Sie saß hoch aufgerichtet im Stuhl und bewegte die Schultern kaum, als der Tränenschwall aus ihr herausbrach und die Hände im Schoß sich wieder verkrampften, ihr Körper zitterte. Sie saß, die Schultern gerade, flüsterte, Wort für Wort: »Ich ... kann ... ihn ... ja ... verstehn ... ich ... hab ... ihn ... neulich ... mit ... einer ... andern ... getroffen ... er ... hat ... mich ... nicht ... sie ... sah ... so ... viel ... besser ... aus ... als ... ich.« Harald beugte sich vor und legte eine Hand auf ihre Schulter, die nachzugeben schien, als sei seine Hand viel zu schwer, aber er ließ seine Hand liegen.

»Hören Sie mal her«, rief Harald, und seine Stimme hallte ihm im Schädel, »passen Sie mal auf«, und er begann sie an der Schulter zu rütteln. »Wenn er Sie betrügt, trotz seines ... Ihres Kindes ... Was fällt Ihnen denn ein, sich noch Vorwürfe zu machen!«

Er rüttelte sie wieder, und sie antwortete nicht, und er beugte sich weiter nach vorn und wandte ihren Kopf, bis sie ihn ansehen mußte und endlich ansah, er lachte, lächelte, griente, grinste mit aller Kraft: »Damals, als wir uns zum ersten Mal getroffen haben, bei Erich Misch, wissen Sie noch?«

Sie nickte jetzt und mußte mehrmals schlucken, aber er hielt ihren Kopf fest, er hielt ihren Kopf zwischen seinen beiden Händen fest und sagte laut, hoffnungslos, erbittert: »Damals war ich gerade aus Schweden zurück, aus Stockholm, und man sagt, in Stockholm gäbe es die schönsten Mädchen Europas, und trotzdem ... in Stockholm wären Sie mir noch aufgefallen ... und wenn dieser Dummkopf das nicht sehen will ...« Es war einfacher nun, als ginge es leicht, wie von selbst, bergab, »wenn Sie die Mutter meines Kindes wären«, rief er. Er hatte noch sagen wollen: »Ich bin ja auch noch da«, aber er ließ sich zurückfallen, saß da und lehnte sich zurück und schwitzte und blickte sie nicht mehr an.

»Sie dürfen ... nicht so hart urteilen«, sagte sie und lächelte endlich, »und das mit Schweden ... nein, Sie wollten mich bloß trösten, weil ich so ... geheult habe ... es war aber von Ihnen sehr ...«, sie suchte nach einem Wort, aber fand keines und blickte ihn ratlos an, und er saß zurückgelehnt, ausgegeben, hohl, wehrlos, »er ist noch so jung, er weiß noch nicht ...«, sie hatte die Hände im Schoß gefaltet und sah Harald an, und Harald hob beide Hände, die auf dem Sofa lagen, drei Zentimeter hoch und ließ sie wieder fallen.

»Sie nehmen es mir nicht übel, daß ich geheult habe ... ich bin bloß ... es ist einfach ... nur sollen Sie nicht drunter leiden ... Es war immer so schön, wenn wir uns in der Mensa ... Sie waren immer so ...«, wieder fiel ihr das Wort nicht ein, statt dessen blies sie in ihr Taschentuch und stand auf.

Er blieb unter der Tür noch einmal stehen: »Übrigens ... es ist bloß noch vierzehn Tage hin, bis Weihnachten, aber wenn Sie hier sein sollten, in Berlin, und wenn sich nichts geändert haben sollte, bis dahin, denn ich bin mit meiner Mutter allein, und wenn Sie ... und Ihr Herr Sohn, uns besuchen würden?«

»Danke, vielen Dank, nach Hause werde ich bestimmt nicht fahren können, aber meine Mutter kommt her.«

»Dann können wir wenigstens schon Ostern festhalten?«

»Ostern, machen Sie Ihre Pläne immer so weit voraus?«

»Manchmal ja«, sagte Harald und mußte lachen, weil sie so ratlos aussah, und für eine Sekunde war kein Schick da, kein Kind, und sie war frei, »manchmal schon.«

»Haben diese Leute immer noch nichts begriffen?« fragte Herr Wildberger, seine Stirn zerschnitten mehrere tiefe Falten, als quälte es ihn, längst Bekanntes wiederholen zu müssen, und Monika konnte wirklich nicht verstehen, warum sich ausgerechnet in diesem Augenblick Renate an sie wenden mußte, und sie schüttelte energisch den Kopf, gab Renate zu verstehen, daß sie zuhören wollte, das war doch viel wichtiger.

»Ich weiß nicht recht«, sagte einer der anderen Studenten am Tisch, »ob man wirklich ... mit Herder annehmen darf, daß der Mensch ... Kunstgeschöpf sei?«

»Nur dann«, sagte Wildberger verstimmt, »wenn man den Standpunkt einnimmt, daß vieles in der Natur des Menschen ... Kunst ist, daß alles, wozu eine Anlage in seinem Dasein ist, mit der Zeit Kunst werden kann und muß, wenn ich richtig zitiere. Ich halte die Auffassung allerdings heute ... für viel zu eng.«

»Ja, aber wie müßte dann heute geschrieben werden?« fragte ein dritter und lehnte sich weit über den Tisch.

»Niemals auf platte Verständlichkeit hin; da fällt mir übrigens«, lächelte Wildberger, »ein kleiner Vers von Baudelaire ein.« Es war aber, als zöge plötzlich Düsternis durch sein Gemüt und spiegelte sich auf seinem Gesicht, »... lassen wir das lieber«. Er ließ die schillernde Metapher ungesagt, als sei sie für diese Umgebung viel zu schade.

Das Studium, dachte Monika, während sie später allein zur Omnibushaltestelle ging, war eben nicht nur Vorlesungen und Bücher und Büffeln, so wie es sich Vati vorstellte, der früher etwas Betriebswirtschaft gehört hatte. Das war natürlich ein riesengroßer Unterschied: Betriebswirtschaft und dann diese Probleme.

Monika ging die letzten Schritte bis zur Haltestelle sehr langsam, damit dieser Strittich nicht etwa dachte, sie würde mit ihm zusammen fahren wollen, denn er stand da, an den gelben Pfosten gelehnt.

»Guten Abend«, sagte er, »so allein?« Er hielt den Kopf wieder schräg und kniff die Augen zusammen.

»Ach, ich habe Sie gar nicht erkannt.«

»Es ist auch schon ziemlich dunkel«, sagte er und verzog wirklich seinen Mund, »haben Sie so lange gelesen?«

»Ich wollte«, sagte Monika leichthin, »aber dann haben wir uns in der Mensa festgeredet ...«

Als der Omnibus kam, ließ er sie, nach einem kurzen, rechthaberischen Kopfnicken, vorangehen, die Treppe hinauf, er hätte sie ja wirklich fragen können, ob sie nicht lieber unten sitzen würde. Aber er holte eine zerdrückte, runde Blechschachtel aus seiner Aktentasche, begann eine Zigarette zu drehen, und sie beobachtete seine Hände, die knochig waren, kräftig, die Fingernägel flach, die Knöchel ausgeprägt.

»Ich kann auf die Büchse nicht verzichten«, sagte er, während sie noch seine Hände anstarrte und aufschrak, »ich trage sie seit Rußland mit mir herum.« Er leckte das Papier, und während er ein Streichholz anriß, fragte er unvermittelt: »Haben Sie sich inzwischen schon einer Schule angeschlossen ... Herlich oder Blaschke?«

»Ich weiß noch nicht recht, ich finde Herlich eigentlich sehr ... zuverlässig.«

»Er ist Ihnen nicht zu ausschließlich?«

»Etwas schon«, sagte Monika.

Er schien mit einer Antwort oder einer neuen Frage zu zögern, brummte aber nur vor sich hin und lachte dann so herausfordernd, daß sie fragte: »Sie scheinen mich überhaupt nicht ganz ernst zu nehmen.«

»Doch, und wie«, sagte Strittich ruhig, und das brauchte sie sich doch nicht gefallen zu lassen, sie schwieg, und er schwieg auch, und das Schweigen dauerte lange Zeit, und darum war sie gespannt, wie er versuchen würde, einzulenken, aber es kam fast barsch: »Kommen Sie, wir steigen hier aus, wir gehen über die Halenseestraße, quer durch zum Messedamm.«

»Bitte«, sagte Monika gleichmütig, »ich laufe ganz gern ein Stück.«

Vom Bahngelände herab blies ihnen ein schneidender Wind entgegen und im Tunnel unter den Geleisen war es wie im Windkanal. Ihre Schritte hallten von den hohen Bogen wider.

»Im Grunde müßte es verboten werden, daß so junge Menschen wie Sie schon studieren, daß sie von der Schule unmittelbar zur Universität gehen. Ich würde verlangen, daß jeder, der einmal studieren will, erst mal was Ordentliches lernen muß.«

»Und was versprechen Sie sich davon?«

»Daß die Studenten bescheidener würden, daß sie sich nicht mehr für die allergescheitesten Leute halten würden. In Wirklichkeit sind sie nämlich das unreifste Pack, das herumläuft.«

»Aber Sie sind bescheiden?«

»Was würden Sie denn meinen?«

Er blieb auf der Brücke stehen, die die S-Bahn-Geleise überspannte, und lehnte sich auf das Geländer, so daß sie auch stehenbleiben mußte, und er blickte zu den Lichtern des Bahnhofes Westkreuz hinunter und wischte mit einer Handbewegung durch die Luft…, wies zum Himmel, der ein wenig rötlich gefärbt war, mehrere umfangreiche, stumpfe violette Wolken flogen vor einem glatten Hintergrund dahin: »Was sagen Sie denn zu der… Stimmung hier?«

»Was soll man dazu schon sagen?«

»Daß Sie unzufrieden sind, weil Sie hier herumspazieren müssen, daß Sie jetzt frieren, sind Sie nicht mal… mißgestimmt?«

»Wieso denn auf einmal, ich wäre doch nicht mitgekommen, wenn ich keine Lust gehabt hätte.«

»Natürlich«, murmelte er, »natürlich. Wissen Sie, es ist außerordentlich wichtig, immer in Form zu sein, man darf sich niemals, hören Sie, niemals… gehenlassen. Wenn sich alle gehenließen, wäre es schlecht um die Menschheit bestellt, finden Sie nicht?«

»Da haben Sie eigentlich recht.« Sie wußte nie, was er wirklich meinte, die letzte Bemerkung bestimmt nicht, aber das sollte dann wohl Ironie sein; sie tat ihm nicht den Gefallen, darauf einzugehen.

»Sie sprachen von anderen Interessen, gehört der Film etwa auch dazu?«

»Doch…«, zögernd, »doch, ja.«

»Das wollte ich meinen.«

Nun wollte sie sich seine Anzüglichkeiten endgültig verbitten, aber er sagte rasch, ehe sie antworten konnte: »Wollen Sie morgen mitkommen, ich möchte mir endlich *La bête humaine* ansehen?«

»Ich muß überlegen«, sagte sie überrascht, »ob ich morgen Zeit habe…«

»Morgen ist Donnerstag«, sagte er.

Aber sie ging schweigend neben ihm her und fand, er könnte jetzt ruhig warten, lange warten, er sollte sich nicht einbilden, daß sie nichts Eiligeres zu tun hätte, als ja zu sagen, eigentlich wäre es vielleicht besser, wenn sie ablehnte, aber dann bildete er sich womöglich noch ein, sie hätte Angst vor ihm, und sie sagte: »Ja, ich glaube, es geht.«

»Gut«, sagte er und blieb stehen, gerade unter einer Gaslaterne.

»Ich wollte Sie noch was fragen«, er tat wieder so beiläufig und blickte sie an, »haben Sie sich eigentlich schon mal über die Liebe Gedanken gemacht?«

»Was soll denn das schon wieder«, fragte sie verblüfft, gereizt, »für was halten Sie mich eigentlich?«

»Ich verstehe, ja«, und schien wieder zu lachen, unhörbar, ohne eine Regung, aber sein Gesicht sah aus, als lachte er laut. »Meinen Sie also, daß es eine Liebe geben könnte, zwischen zwei Menschen, die niemals vorher miteinander gesprochen haben, die sich nur einmal flüchtig sehen, sagen wir, in der Straßenbahn, und die sich dennoch ihr Leben lang lieben werden?«

Sie stand, nun sehr auf der Hut, und sagte vorsichtig: »Jetzt weiß ich wirklich nicht, worauf Sie hinauswollen ... das müssen Sie mir schon erklären, genauer.«

»Sie sollten darüber nachdenken.«

»Ich habe ja schließlich anderes zu tun«, sagte sie laut.

Er blickte sie mit fast geschlossenen Augen an: »Also schön, morgen um sieben Uhr, an dieser Stelle hier.« Er wies mit einem Zeigefinger auf das Bürgersteigpflaster zwischen ihren Füßen, gab ihr seine Hand und lächelte, hielt seinen Kopf schräg und bildete sich jetzt wahrscheinlich sonstwas ein.

Sie kam acht nach sieben, und er stand da, auf derselben Stelle, unter der Laterne, die Hände in den Taschen, und trug seinen alten, zerschlissenen Mantel, und seinen Wollschal nachlässig umgeworfen.

Da hätte sie ihren Pelzmantel nicht anzuziehen brauchen, fand sie verärgert. So paßten sie doch gar nicht zusammen.

Juttas Gesicht war ihm sehr nahe, denn er saß nun auf der äußersten Kante des Sofas und sprach lebhaft, eifrig, hastig, in der Hoffnung, sie überzeugen zu können.

»Eine Mansarde in einem Einfamilienhaus, in dem nur zwei alte Leute wohnen. Sie haben zwar gleich gesagt, der Vater sollte seine Besuche auf die notwendigsten beschränken, damit nicht noch ein zweites … Malheur passiert, ehe wir heiraten, aber ich habe ihnen erklärt, daß ich leider nicht der Vater bin. Jetzt sollen wir mal vorbeikommen, was sagen Sie nun?«

»Sie überfallen mich, und ich soll gleich ja sagen?«

»Natürlich, ich habe Ihnen gesagt, daß ich mich umsehen würde, es ist eine abgeschlossene Mansarde, völlig für sich, und wenn Christoph schreit, wird ihn niemand hören, und alles für vierzig Mark, mit Zentralheizung und warmem Wasser im Badezimmer und Küchenbenutzung. Und außerdem werden die beiden von Christoph so begeistert sein, daß Sie ihn sicher in Verwahrung geben können, später, wenn Sie wieder studieren wollen.«

»Und alles im Preis einbegriffen«, sie schien angesteckt von seiner guten Stimmung.

Im Wohnzimmer des alten Ehepaares saß Jutta blaß und schlank und mit unbewegtem Gesicht dabei, als er das Geschäftliche besorgte. Sie nickte und lächelte, bis sie endlich Christoph aus dem Kinderwagen nehmen mußte. Da schmatzten die beiden Alten und schnalzten mit den Zungen und waren wie aus dem Häuschen, und der Mann sagte endlich: »Mal sehen, wie wir auskommen, im Sommer kostet das Zimmer sowieso nur dreißig Mark.«

Erich Misch kam mit dem *Mercedes* seines Onkels, so daß sie alles Gepäck mit einem Mal transportieren konnten. Als sie die letzten Koffer aufgeladen hatten, saß Jutta, das Kind auf dem Arm, schweigsam im Wagen, und Harald gab sich Mühe, sie nicht anzusehen, weil er wußte, daß sie Tränen in den Augen hatte. Erich Misch drehte sich nicht um, als er sagte: »So, also jetzt scharf nachdenken, ob wir was vergessen haben.«

Jutta antwortete nicht, und Harald begegnete Erich Mischs Blick im Rückspiegel. Er zögerte noch einen Augenblick, dann fuhr er ab. Es war, als wollte sich Jutta umdrehen und als besänne sie sich.

Dann kroch ihre Hand über das Polster, und Harald legte seine Hand auf ihre Hand, ohne Jutta anzusehen.

Erich hatte Harald den Rat gegeben, die beiden Wirtsleute zum Kaffee einzuladen, und Erich bestritt auch die Unterhaltung allein. Und er war so gut aufgelegt, daß die Frau schließlich zu ihm sagte: »Ach, es ist doch eine Schande, zwei solche Kavaliere, und da muß irgendein Lümmel dazwischenfunken.«

»Ja«, lachte Erich, »das nehmen Sie uns übel, was?«

Harald ging mit Erich zusammen fort, auch Jutta stand in der Tür, als die Alte zum Abschied rief: »Sie können ganz unbesorgt sein, meine Herren, wir passen schon auf.«

»Hoffentlich passen sie nicht zu gut auf«, sagte Erich, »und gehen ihr auf die Nerven.«

Es dauerte eine Weile, ehe der Motor ansprang und Erich über den Lärm hinweg rief: »Hoffentlich hast du dir nicht zuviel vorgenommen. Ich glaube nicht, daß ich über meinen Schatten springen könnte.«

»Ich weiß es auch nicht, aber man kann doch das Mädchen nicht sitzenlassen ... außerdem ist sie dafür viel zu reizvoll.«

»Sicher, sicher«, sagte Erich, er sprach, ohne den Blick vom Fahrdamm zu wenden, »na ... dann viel Spaß ...«

Jutta öffnete ihm selbst. »Ich war heute zum ersten Mal wieder im Institut«, sagte sie, als sie mit ihm die Treppe hinaufstieg, »Hedermann hat mir zwanzig Mark geschenkt. Ich wollte sie nicht nehmen, aber er hat so lange gedrängt, bis ich nicht anders konnte. Und ich soll mich auf alle Fälle an ihn wenden, wenn ich noch etwas brauche.«

»Ja, das ist schön«, sagte Harald trocken, er wußte nicht, was ihn so daran störte.

»Und ... sie scheinen alle wirklich nichts zu wissen außer Hedermann, kindisch von mir, daß es mich freut, aber ...«

»Nein, ich kann es schon verstehn«, er versuchte zu lächeln, versuchte mit einem Lächeln eine Erinnerung heraufzubeschwören, »und wenn Sie wieder studieren, dann können wir ja darauf zurückkommen, Sie können mir wirklich Physik beibringen.«

»Ich muß mich erst selbst wieder dran gewöhnen, vielleicht habe ich alles vergessen ...«

»Ja ... und ich habe mit meiner Mutter gesprochen, und sie

würde sich auch freuen, wenn Sie Lust haben, sonntags zu uns zu kommen, Christoph muß natürlich mit, bei uns ist genug Platz.«

»Ich ... weiß nicht«, sagte sie stockend, daß er erschrak.

Da fing sie lautlos an zu weinen, und er war mit einem Satz bei ihr, auf der Couch, und legte einen Arm um ihre Schultern. »Was ist denn?«

»Karl-Heinz hat geschrieben.«

Er wagte nicht zu fragen, aber er mußte fragen, und fragte: »Kommt er zurück?«

Sie schüttelte den Kopf: »Nein.« Und Harald war froh, von einer Last befreit, ausgesöhnt, zufrieden, und er sagte ausgelassen: »Aber höre mal, Jutta, das brauchst du dir überhaupt nicht zu Herzen zu nehmen, schließlich bin ich auch noch da, verstehst du, ich bin auch noch da!«

Sie schüttelte sehr langsam den Kopf und flüsterte: »Harald ... ich kann nicht ... solange das Kind ... und solange er nicht ...«

»Natürlich«, sagte Harald, die Enttäuschung, die Wut, die Hilflosigkeit waren zuviel für ihn, er ertrug sie nicht mehr: »Das Kind ... Herr Schick ... jajaja ... es ist zum Totlachen.«

»Das ist nicht schön von dir, Harald«, flüsterte sie, sie schluchzte nicht mehr, aber er spürte, daß sich ihr Rücken unter seinem Arm zusammenzog, und er nahm den Arm fort, »er ist der Vater von Christoph, ob er will oder nicht.«

»Dann entschuldige«, sagte er, aber er hielt es im Zimmer nicht mehr aus, auf einmal sah er die Wiege wieder und stand rasch auf.

Er war schon bei der Tür, sie lächelte traurig, aber es rührte ihn kaum: »Harald, du darfst mir nicht übelnehmen ... nicht ... denn ich will dich nicht auch noch ... verlieren.«

»Natürlich«, sagte er gedankenlos und schwankte, ob er wirklich aufgeben sollte, »natürlich ... schon gut, ja doch.«

»Und grüße, bitte, deine Mutter und sag ihr ... vielen Dank und vielleicht bald mal, sehr gerne ...«

»Ja, das ist gut.« Er hatte die Türklinke in der Hand.

»Und bitte, Harald, du sollst nicht so viel drüber nachdenken.«

Es hatte inzwischen zu schneien angefangen, und der Schnee lag schon fußhoch und fiel noch immer in schweren, dichten Flocken. Harald ging lautlos, er hörte das Schlüsselbund in seiner Hosentasche klirren, ging, die Hände in den Hosentaschen, durch den Schnee und tauchte entschlossen, als müsse er mit dem Kopf durch eine Wand, durch die Lichtkreise der Laternen.

»Immer weiter so, Herr Schick«, sagte er laut, »machen Sie weiter so, so ist es am gescheitesten.«

Sein Magen schien sich losgemacht zu haben und fing an zu rollen, um und um zu rollen, und Harald ging noch rascher, er fing an zu schwitzen, und endlich hörte das Geroll auf, und er ging wieder langsamer und trank in einer kleinen Kneipe einen doppelten Steinhäger und schritt leichter, angenehmer dahin und fing an zu pfeifen, und während er pfiff, flogen ihm auch Fetzen des Schlagertextes zu und machten ihm Mut.

Ausgerechnet Schick. Hast du Arschloch nicht wenigstens aufpassen können. Selbst dazu ist er zu dämlich.

Harald pfiff seine Verlassenheit gellend aus sich heraus.

»Eine Sommernacht mit Dir allein, Luiiisäää könnte sooo romaaaaantüüüsch sein ...«

Jetzt war nur noch der Schlagertext ganz laut in seinem Kopf.

Seit einiger Zeit traf sich der ›Verein‹ nicht mehr im Seminar, sondern bei Helmut Hirth. Sie hatten sich auf Helmut geeinigt, weil er auf der Mitte zwischen Brecht, in Zehlendorf, und den Eltern Sichels, in Neukölln, wohnte, da kamen sie nun und begrüßten sich lärmend, als hätten sie sich Wochen nicht gesehen.

Eine Tagesordnung vorzubereiten und für jeden Abend einen Vorsitzenden zu wählen, der die Diskussion leitete, hatten sie sich inzwischen abgewöhnt, das Gespräch begann, sobald der erste gekommen war, und endete, wenn der letzte ging.

Und da sie alle, bis auf Walther Brecht, eine ungeduldige Art hatten, sich auszudrücken, und nur selten darauf hörten, was ein anderer zu sagen hatte, ging es nie sehr gesetzt und leise zu.

»Wir müssen jetzt was tun«, rief Sichel über die anderen hinweg. »Wie wäre es denn, mal was Neues: unsere Zeitschrift.« Blühmel lachte meckernd, und Brecht winkte ab, aber Helmut sagte eifrig: »Jawohl, vielleicht sollten wir es uns doch mal überlegen, ich habe gerade gestern noch mal mit Lempel gesprochen, ich weiß auch nicht, wie wir drauf gekommen sind«, er bediente sich der Hände, die er wrang, schraubte, hochhielt, schwang, wie es die Gelegenheit erforderte, »und ... Lempel ... übrigens, er ist ja doch schwer in Ordnung.«

»Also erst soll er mal noch ein bißchen zurückstecken«, rief Lemke.

»Also, Lempel sagt«, fuhr Hirth fort, »wir brauchen eine richtige Zeitung, ein aggressives, unabhängiges Blatt.«

»Rother würde uns bestimmt unterstützen«, rief Sichel, er saß im Schneidersitz auf dem Fußboden, aber blickte angriffslustig, als wollte er sogleich aufspringen.

»Hört mal, ich weiß aber nicht, ob die Professoren uns verstehen würden, wir wollen doch ein ganz scharfes Ding rausschießen.«

»Der Angriff«, krähte Blühmel mit tiefernstem Gesicht.

Trahnke mußte so lachen, daß er sich mit beiden Händen an der Sitzfläche seines Stuhls festhielt.

»Also wißt ihr«, schrie Lemke entrüstet und klatschte mit beiden Händen auf die Schenkel, »man kann sich mit euch überhaupt nicht mehr in Ruhe unterhalten, das ist ja albern.«

»Eben«, sagte Brecht, »diese Idee mit 'ner Zeitung finde ich einfach albern.«

»Nein, durchaus nicht!«

»Doch!«

»Im Gegenteil!«

»Kinders«, rief Helmut Hirth, »so geht's wirklich nicht, also los, Gerhard, du warst dran.«

»Hast du den Artikel von Rother in der H.Z. gelesen?« fragte Brecht und sah Hirth an.

»Nein, noch nicht.«

»Was für'n Artikel?« rief Sichel aus seiner Ecke.

»Meinst du den von Rother?« Jonny Lemke schlug sich wieder auf die Schenkel und lachte herzlich, die Zeitung war längst vergessen.

»Wwwas ffür'n Artikel?« fragte Trahnke.

»Ein dollerArtikel«, schrie Jonny kopfschüttelnd, »einfach ein doller Artikel.«

»Was sagt ihr eigentlich zu der Truman-Rede?« wollte Sichel wissen.

»Ich fand eigentlich, daß sich Rother in seinem Urteil noch ziemlich zurückhielt«, sagte Brecht zu Hirth.

»Alles kalter Kaffee«, rief Blühmel.

»Und Rogowski sagt auch, der Magistrat hat das wieder mal versaut.«

Helmut überlegte einen Augenblick, ob er das Gespräch vielleicht anhielt, zur Sache kam, aber er wußte nicht, zu welcher Sache, er zögerte noch einen Augenblick, dann ließ er sich auch wieder in das Gespräch fallen.

»Wie weit bist du mit deinem Referat, Jonny?« rief Sichel.

»Hab ja erst angefangen.«

»Hat denn kein Mensch mehr was zu rauchen da?« fragte Blühmel, Hirth schob ihm seine Tabakbüchse hin, »dreh dir selber eine.«

»Kinder«, rief Blühmel, »Kinders«, er verschaffte sich endlich Gehör, »gestern hat Herlich wieder Blaschke abgeschossen: Geschwätzigkeit hülfe auf die Dauer nicht über Mangel an Einsicht hinweg.«

»Gestern?«

»Nein, nein, es war Freitag.«

»Was Lempel über Humbert zum besten gegeben hat... da soll sich ein Schwein durchfinden.«

»Quellen lesen, Quellen lesen«, rief Blühmel.

»Was macht eigentlich dein Programm für den Faschingsball, Jonny?« fragte Brecht über den Tisch.

»Hör doch bloß damit auf, Mann. Das ist das letzte Mal, das kann ich euch sagen. Ich brauche noch einen Mann mit 'ner eindrucksvollen Brust, wie wär's denn, Jürgen?«

Er blickte Trahnke an, und der zeigte ihm lachend einen Vogel. »Ja, dddas könnte euch so ppassen.«

Sie waren zu spät gekommen und standen noch ausgekühlt, nüchtern, auf den Stufen der Treppe, zwischen schreienden, gestikulierenden kostümierten Gestalten. Harald erkannte niemanden, auch die nicht, die ihm Grußworte zuriefen. Das Treppenhaus war in dunkelrotes Licht getaucht, auch in den Fluren wurde getanzt. Er geleitete Jutta zur Garderobe, die man im Kartenraum eingerichtet hatte, und führte sie durch alle Flure, die Leseräume, die Bibliothek, in der von Büchern nichts zu sehen war, da man Papier vor die Regale gespannt und mit Fratzen und Masken bemalt hatte – durch den großen und die kleinen Hörsäle zum Übungsraum, wo sie endlich tanzten. Aber er war keineswegs so fröhlich und gut gelaunt wie alle anderen und sagte unzufrieden: »Das ist gut, nicht, ich habe dich mitgeschleppt, und jetzt bin ich so ein Tropf.«

Er drängelte sich, ohne ihre Hand loszulassen, bis zur Theke durch, die in einem der Professorenzimmer aufgebaut worden war, holte eine Flasche Wein, und in der Bibliothek setzten sie sich an einen der Tische. Ehe sie trank, blickte sie ihn zweifelnd an, dann nippte sie doch, aber da kam schon ein Mann in einem zerlumpten Kostüm – Harald erkannte ihn nicht – und wollte mit ihr tanzen. Er nickte mehrmals, als sie ihn fragend anblickte.

Er sah sich um und fand, daß er fast der einzige war, der noch an einem der Tische saß, stand rasch auf und ging fort, drängte auf den Flur hinaus, nahm einen tiefen Schluck aus der Flasche und blickte unentschlossen über die Köpfe der schiebenden und stoßenden Leute hinweg, und eine Stimme rief: »Harald, Harald!«

Es war Monika Pape, sie trug eine weiße Matrosenjacke und Shorts und eine rote Wollmütze auf ihrem schwarzen Haar, und hinter ihr stand Strittich mit einer Schiebermütze, kariertem Hemd, einer mit bunten Flicken besetzten Hose, er lachte wohlgefällig.

»Daß du auch hier bist«, rief Monika, »kennt ihr euch?«

»Aber gewiß«, sagte Strittich, »schon sehr lange.«

»Ein bißchen voll hier…«, er blickte sich um. In diesem Augenblick schoß ein kleiner, schwarzhaariger Bursche in einer weißen, goldbetreßten Uniform auf sie zu, ergriff ohne weiteres

Monikas Hand und sagte: »Entschuldigen Sie, meine Herren, aber wenn Sie sich einen Moment unterhalten wollen, ich passe solange auf die Dame auf.«

»Bitte«, Strittich lehnte sich ungerührt neben Harald ans Treppengeländer und lachte vor sich hin, schnappte sein Zigarettenetui auf: »Es scheint unser Geschick zu sein, uns nur bei solchen ... Gelegenheiten zu treffen. Aber es ist schön«, sagte er, aufmerksam die Leute beobachtend, die vorübergingen, »daß ich Sie wieder mal sehe ... Sie brauchen keine Angst zu haben, ich gehöre nicht zu den Leuten, die sich unbedingt aufdrängen ... Sie kennen ... Fräulein Pape?«

»Ja, das heißt, ich kannte sie gut, als sie noch zur Schule ging.«

»Sie wundern sich, was?«

»Nein, warum sollte ich?«

»Na ja«, Strittich hielt die Augen beinahe geschlossen, »wundern Sie sich mal weiter. Wir sehen uns heute abend noch mal.«

Er bahnte sich mit den Ellbogen einen Weg in die Menge, und endlich verschwand auch sein Kopf im Gewimmel der anderen Köpfe.

Harald fand Jutta im Übungsraum, wo nach der Musik von Schallplatten getanzt wurde, und zog sie mit grimmigem Gesicht von ihrem Tänzer weg. »Ich dachte schon«, sagte Jutta, »du wolltest mich heute nicht mehr sehen. Und der Mensch dachte, ich wollte ihn veralbern, weil ich andauernd nach oben wollte, um dich zu suchen.«

»So«, sagte Harald, »ich wollte eben auch mal.«

»Du wolltest auch mal ... und ich habe gedacht, du wartest die ganze Zeit auf mich, ich hab dich bemitleidet.«

Sooft er sie beim Tanzen an sich zu ziehen versuchte, leistete sie unmerklich Widerstand. Er tanzte lange mit ihr in diesem Raum, der in einer tiefroten, und tanzte später in einem anderen Zimmer, das in einer schmerzend violetten Beleuchtung gehalten war, in diesem Raum tanzten so viele, daß auch sie nur eng aneinandergedrängt tanzen konnten. Sie blieb plötzlich mitten im Raum stehen und fragte leise: »Hast du noch was?«

»Vielleicht kocht er schon«, sagte Harald und zog die Flasche aus der Hosentasche. Sie hob sie kaum an den Mund und setzte gleich wieder ab, daß er lachte: »Du hast wohl bloß ein bißchen eingeatmet, was?«

»Nein, nein ... ich habe richtig getrunken.«

»Ich habe Appetit auf Schnaps.«

»Gut, trink du deinen Schnaps, ich atme noch ein bißchen Wein.«

Auf dem Flur rempelte ihn jemand an, es war wieder der kleine Bursche in der weißen, betreßten Uniform. »Pardon, pardon«, rief er und verbeugte sich schwungvoll. Erst dann schien er Harald zu erkennen. Er breitete offenen Mundes seine Arme aus. »Sie müssen mir einen Gefallen tun, Momber«, er schwenkte seine Arme einladend zur Theke hin. »Sie müssen mir die außerordentliche Ehre erweisen, einen zu genehmigen.« Er sprach laut, beherrscht, wenn auch mit etwas schwerer Zunge, und schob sich rücksichtslos durch alle Wartenden vor der Theke und winkte, daß Harald ihm die Gläser abnehme, und Harald mußte nun Juttas Hand doch loslassen.

Und der kleine Mann rief aufgeregt: »Pardon, pardon, für die Dame natürlich auch einen.«

»Nein, danke«, sagte Harald.

»Schade«, sagte der Mann, »es wäre mir ein Vergnügen«, er wischte sich mit dem weißen Ärmel über die schweißnasse Stirn.

»Wo haben Sie das Mädchen gelassen, das Sie vorhin von uns entführt haben?« Jutta blickte ihn fragend von der Seite an, und der Blick befriedigte Harald sehr, »diese Dunkle, vorhin ...«.

»Ach die, mit der Matrosenbluse, ja ...«, er machte ein gequältes, zerknirschtes Gesicht, »da kam so ein Lulatsch und hat sie mir einfach weggerissen«, er schob sein Kinn vor und ballte die Fäuste, »weggerissen. Übrigens, mein Name ist Lemke, Jonny. Ich wollte Ihnen ... also ich fand es einfach kolossal, was Sie neulich dem alten Rother raufgeknallt haben, als er wieder mit seiner Reichsidee kam ... das war kolossal.«

»Freut mich, daß Sie es gemerkt haben.«

»Wenn ich das gewußt hätte, daß es Sie freut, hätte ich es Ihnen längst gesagt, ich hab Sie 'n paarmal in der S-Bahn getroffen, aber da kucken Sie einen nicht an, da sitzen Sie da und kucken so«, er verzog sein Gesicht zu einer finsteren Miene, legte die

Stirn in Falten, und Jutta rief: »Jajaja, so machst du immer, wenn du nichts hören willst.«

»Danke sehr«, sagte Lemke und verbeugte sich rasch, »und wissen Sie, gnäjes Fräulein, Sie werden sicher verstehen, daß ich Angst hatte, ihn anzusprechen, verstehen Sie, ich hatte Angst vor ihm ... Bloß eines noch ...«, er stand da und blickte sich vorsichtig geduckt um und sagte mit gespannter Stimme: »Passen Sie mal auf, sagen Sie mir, wenn Sie Rother sehen, ich meine, Rother ist ja ein furchtbar netter Mensch, aber wenn ich ihn in meinem Zustand treffe, also ...«, er beugte sich zu ihnen und sagte langsam, deutlich: »Pardon ... gnäjes Fräulein ... aber ich ... gehe jetzt ... und trete Rother in den ... pardon ...«

Er verbeugte sich: »Also, wir sehen uns noch, Sie kriegen Vollzugsmeldung ... kolossal«, er schaukelte, klein, gedrungen, den Flur hinunter, schwang seine Arme und verschwand endlich zwischen den anderen.

Es schien, als tanzte Jutta nun gelöster, leichter, unbeschwerter und als leistete sie keinen Widerstand mehr. Er tanzte mit ihr bis zum Rande der Tanzfläche, setzte sich auf den Fußboden, zog sie nahe an sich heran und legte einen Arm um ihre Schulter.

Jutta blickte angestrengt die Beine der Tanzenden an, endlich lehnte sie ihren Kopf an seine Schulter, und als er sie leicht mit der Hand anstieß, wandte sie ihm gehorsam das Gesicht zu und lächelte ihn an. »Hör mal«, sagte Harald, »heute wirst du mir nicht verbieten können, dich zu küssen.«

»Leider nicht«, sagte sie, lehnte ihren Kopf in die Beuge seines Arms und schloß die Augen. Und als sie endlich die Lippen öffnete, hörte Harald ein volles, herzliches, würziges Lachen, er fuhr auf, und Kohlhoff stand über ihnen. Er trug einen Matrosenanzug, dessen Ärmel ihm viel zu kurz waren, und hatte sich einen Friesenbart angeklebt. »Bloß nicht müde werden, dafür ist noch genug Zeit.« Er zog Jutta hoch, noch ehe Harald etwas einwenden konnte, und er fand, daß sie viel zu bereitwillig Kohlhoffs ausgestreckte Hand ergriffen hatte, sie blickte sich nicht einmal nach ihm um.

Er stand auch auf und ging hinaus auf den Flur, Strittich kam auf ihn zu, er lächelte spöttisch und sagte unvermittelt: »Ich beneide Sie eigentlich, Meister.«

»So«, sagte Harald unfreundlich, »um was denn nun schon wieder?«

»Was, meinen Sie, ist unangenehmer... hingerichtet werden oder... jemanden zur Hinrichtung bringen?«

Harald lachte kopfschüttelnd: »Ich würde es vorziehen, nicht hingerichtet zu werden, wissen Sie, wenn der Kopf erst ab ist...«

»Das schon«, Strittich lächelte angespannt, »nur der andere, ich meine den, der den... Delinquenten zur Hinrichtung bringt... ist es nicht möglich, daß dieser Mann sein ganzes Leben lang einen Pflasterstein im Magen hat?«

»Würden Sie des Pflastersteins wegen lieber auf Ihren Kopf verzichten?«

»Das frage ich mich eben«, lächelte Strittich, »aber man wird wahrscheinlich nicht fertig... mit der Frage.«

»Ich denke, Sie waren dafür, daß möglichst viele Fragen offenblieben?«

»Ja... außer, man könnte die Antwort ganz vollkommen ausdrücken«, sagte Strittich.

»Ja, dann schreiben Sie sich doch Ihren Kummer von der Seele.«

»Das ist nicht so einfach«, sagte Strittich, »je älter man wird, um so schwieriger wird es... der Rückstand wächst zu schnell, außerdem: man kann sich nichts von der Seele schreiben oder... es läßt den Leser kalt. Sehen Sie, wenn Sie ein Mädchen lieben, und das Mädchen liebt Sie nicht, können Sie ihr da etwa...«

In diesem Augenblick kam Jutta zurück, und Harald sagte: »Na, dann überlegen Sie mal weiter.«

»Ich würde mich freuen, wenn es nicht bis zum nächsten Ball dauern würde«, sagte Strittich, er zögerte aber und sah Harald an. »Sagen Sie mal... haben Sie eigentlich nie das Gefühl, als würden Sie gerade in eine scharfe Kurve steuern müssen?«

»Ich wäre Ihnen dankbar«, sagte Harald und gab das versonnene Lächeln zurück, »... wenn Sie sich etwas verständlicher ausdrücken wollten... wissen Sie, ich bin vielleicht etwas zu schwerfällig.«

»Danke sehr«, sagte Strittich, er lachte jetzt herzlich, »das war das Netteste, was Sie sagen konnten ... vielleicht erkläre ich es Ihnen mal.«

»Wer war denn das?« fragte Jutta.

»Ein komischer Kauz«, sagte Harald, »es scheint ihm Spaß zu machen, Leute auszuhorchen.«

Sie tanzten wieder, Jutta weigerte sich, sich noch einmal zu setzen: »Jetzt müssen wir doch bald gehen, es ist bald drei Uhr ... ich gehe einfach, wenn du noch dableiben willst ...«

»Ja«, lachte Harald, »und wie gerne.«

Auf dem Flur vor der Garderobe hockte Lemke, ein Mädchen lag neben ihm ausgestreckt, ihr Kopf in seinem Schoß. Er reckte sich hoch, als er Harald erkannte: »Hallo!« Das Mädchen rekelte sich, aber er sagte zu ihr: »Wart's doch mal ab, das ist sehr wichtig.«

Er winkte Harald: »Hörnsemah, tun Sie mir ein Gefall'n und denken nicht, ich wär betrunken.«

»Bestimmt nicht«, sagte Harald.

»Sie müssen unbedingt zu unserem Verein kommen.«

»Was für ein Verein?«

»Na, der Verein, Sie werden's schon erleben, die besten Leute, die ich kenne, Sie fehl'n uns noch. Die andern haben bloß gedacht, Sie sind zu hochnäsig für uns, sonst hätten wir Sie schon mal eingeladen, aber Sie sind richtig, ich hab's gleich gesagt.«

»Danke sehr«, sagte Harald unsicher.

»Ich gebe Ihnen Bescheid, und dann kommen Sie mal?«

»Gerne.«

»Bestimmt?« rief Lemke, beinahe ängstlich.

Im Erdgeschoß trafen sie auf Herrn Schlichte, der mit bitterernstem Gesicht sagte: »Na, also Momber, Sie haben es gut, ich muß hier noch diesen Saustall in Ordnung halten.«

»Wer war das«, fragte Jutta ängstlich. »Ist das Professor Rother?«

»Um Himmels willen«, lachte Harald, »das ist ein Assistent, aber du brauchst ihn nicht zu bemitleiden, das ist für ihn schöner als der schönste Faschingsball.«

›Unter den Eichen‹ stoppte er ein Taxi. Der Wagen fuhr an,

und er legte einen Arm um ihre Schultern und versuchte sie zu küssen, aber sie wandte den Kopf. »Ja ...«, sagte er, »der Fasching ist vorbei.«

Aber sie schob einen Arm unter seinen Arm und sagte, während er sich in seine Ecke zurücklehnte: »Es war sehr schön, daß du mich mitgenommen hast.«

»Na, siehst du«, sagte er ausdruckslos.

Von hinten kam ein Wagen auf, und seine Scheinwerfer blendeten, aber Harald konnte nun ihr Gesicht deutlich erkennen. Er strich ihr übers Haar und lachte auf, ratlos und zornig gerührt.

Wenn in der Nacht zum Sonntag ein Seminarfest stattgefunden hat, ist der Montag Albert Schlichtes großer Tag.

Im Assistentenzimmer sitzt er auf einem Schreibtisch und läßt die Beine baumeln, die wieder in steifen, blanken Schaftstiefeln stecken. Er wirft einen bedeutsamen Blick in die Runde: »Leute, wenn ich auspacken wollte ...«

Ein paar Studenten stehen, lehnen an den Schränken.

»Machen Sie mal halblang«, sagt Hirth ärgerlich, »so schlimm wird's nicht gewesen sein.«

»War'n Sie vielleicht oben in den Arbeitsräumen?« – ein lauernder, alleswissender Blick aus halbgeschlossenen Augen, »nein, na, ich kann Ihnen sagen, was sich da getan hat!«

»Ich war mal oben«, sagt ein anderer, gähnend, aber neugierig, »ich hab nichts gesehen.«

»Sie war'n auch blau, Mann, ich hab Sie doch rumtorkeln sehen«, sagt Schlichte. Sein Gesicht wird tiefernst, beinahe erschüttert sieht Herr Schlichte aus, »und leider auch ein paar von unseren Mädchen ... zum Glück bin ich alt genug ... ich meine, ich hab mich in der Hand, aber wenn einer von diesen jungen Bengels an meiner Stelle gewesen wäre«, er schüttelt nachdrücklich den Kopf, »also, ich sage zu ihr – Name spielt natürlich keine Rolle – liebes Mädchen, sage ich ... ziehen Sie sich bloß an, Sie erkälten sich sonst, es hat doch keinen Zweck.« Er lacht, nickt gütig: »Ich kann Ihnen sagen ... das nächste Mal werde ich dafür sorgen, daß da oben abgeschlossen wird. Aber wenn ich Ihnen erzählen würde, was ich ...«

»Nun erzählen Sie doch schon, wenn Sie es unbedingt loswerden müssen!« Aber Schlichte kneift die Augen zusammen, sie sind nun drohend und schmal, »das könnte Ihnen so passen, was?« Er schlägt sich mit der flachen Hand mehrmals an die Brust: »Nein ... darauf können Sie sich verlassen, da bleibt alles drin.«

Harald begegnete Strittich am Montag morgen nach Reichardts Vorlesung auf dem Bahnhof Onkel-Toms-Hütte, auch Monika war bei ihm, sie trug einen schwarzen Pelzmantel.

»Sie waren so plötzlich weg?« fragte Strittich.

»Ich fand es alles in allem ganz nett«, sagte Monika, »trotzdem, neulich bei den Kunsthistorikern ...«

»War's natürlich netter«, lachte Strittich.

»Harald«, sagte Monika und verzog ihre vollen, geschminkten Lippen, »er nimmt mich niemals ernst.«

»Das würde ich mir energisch verbitten«, sagte Harald.

Sie blickte ihn ärgerlich an, bewegte ruckartig ihren Kopf, ihre Schultern, und blickte endlich versonnen auf die Geleise, als verliefen sie sich in unendlicher Ferne, nicht in einem Tunnel.

»Ich muß zum ›Germanischen‹«, sagte sie am Thielplatz ungeduldig zu Strittich, »kommen Sie jetzt mit?«

»Nein«, sagte er, »ich gehe mit Herrn Momber zum Historischen Seminar.«

»Also bitte, dann auf Wiedersehen«, sagte sie kurz, ohne Harald anzusehen.

»Ich fand es großartig«, sagte Strittich, »wie Sie am Sonnabend reagiert haben ... es ist selten genug ... Es macht mir Spaß, unsere Kommilitonen ... auszuprobieren.«

»Und das schreiben Sie dann auf?«

»Was kommen Sie mir mit dem Schreiben«, sagte Strittich und blickte Harald mit hochgezogenen Brauen an, »ich habe nie was vom Schreiben gesagt, und wenn ich schon schreiben sollte ... zu Ihrer Beruhigung ... dann bestimmt nicht über Studenten. Sie werden lachen, ich habe es mal versucht, aber es hat keinen Zweck, denn Studenten ... stößt nichts zu. Sie schwatzen, sie reden, darum habe ich mich über Ihre Antwort gefreut ... Sie haben wenigstens gemerkt, daß es einfach eine ... Laune war, die Frage nach der Kurve.«

»Ich fand es nicht so schwer.«

»Was meinen Sie, was ich schon alles gehört habe, ich hab's doch probiert, dann kommen sie mir mit langen Ausführungen, was Nicolai Hartmann meint und was Hegel dazu gesagt hätte und wie Schopenhauer es sieht, und dann landen sie bei irgendeiner Weltanschauung – ich brauche sie bloß zu fragen, ob sie eine Kurve vor sich sehen. Aber Sie hatten ein nettes Mädchen mit.« Er lächelte, den Kopf schräg haltend, Harald an. »Studiert die Dame auch?«

»Ja, aber nicht Philosophie.«

»Na, also«, sagte Strittich, »ich habe sie nur flüchtig gesehen, aber Sie können sicher mit ihr unbefangen sprechen?«

»Also schön, ja«, lachte Harald.

Strittich artikulierte stumm mit den Lippen, ehe er sprach: »Jetzt glauben Sie mir wahrscheinlich überhaupt nichts mehr ... dabei bin ich im Grunde ... wie sagt man: gar nicht so«, er lachte volltönend, zufrieden. »Wie war Fräulein Pape früher?«

Und als Harald verblüfft aufsah: »Keine Angst, ich wollte ... das Gespräch nur rasch verändern. Sie sitzt noch ein bißchen zu sicher auf ihrem hohen Roß, aber wenn sie da einmal runtergefallen ist, wird alles in Ordnung sein.«

»Was würden Sie sagen, wenn ich das ihrer Mutter erzählte?«

»Ich glaube, da würden Sie zu spät kommen, sie schätzt mich. Es ist nicht schwer, eine Mutter sicher zu machen. Oder was finden Sie?«

»Mir ist es lieber, wenn ich mich um keine zu kümmern brauche.«

»Manchmal ist es ganz unterhaltsam, für mich ist das wie eine ... Schachpartie.«

»Gehen Sie auch zu Lempels Vorlesung?« fragte Harald.

Strittich zögerte, er lächelte vergnüglich, zufrieden. »Nein«, sagte er, »ich will was lesen.«

Allein auf einer Bank im Hörsaal saß Jonny Lemke schon und blickte trübsinnig vor sich hin, sein Gesicht hellte sich nur wenig auf, als er Harald erkannte.

»Was ist denn?« fragte Harald, »haben Sie Rother wirklich …?«

»Das weiß ich eben nicht mehr«, sagte Lemke und rieb sich das Kinn, »ich weiß es wirklich nicht mehr, ich habe mich heute kaum hergetraut, aber als Sie schon weg waren, Sonnabend, habe ich noch 'ne ganze Menge getrunken, und es war schon gegen Morgen, als ich Rother sah. Er kam mit Schlichte den Flur entlang, und sie haben so dämlich dahergequatscht über irgendwelche Bücher, und da bin ich hinterher, ich hatte plötzlich wieder eine Wut. Und jetzt weiß ich eben nicht mehr, ob ich Rother wirklich eingeholt habe, ob ich ihn wirklich … oder nicht.«

Es trat noch ein Mann auf sie zu, groß, hager, mit einer dunklen runden Hornbrille und einer hohen, kahlen Stirn.

»Kennt ihr euch? Hier… Hirth … Momber.«

»Vom Sehen bestimmt«, sagte Harald, »in Rothers Seminar.«

»Rothers Seminar, um Gottes willen«, sagte Lemke und verbarg sein Gesicht hinter seinen gespreizten Fingern, »aber wie ist es, kommen Sie mal?«

»Sie haben mich ja eingeladen, aber ich weiß nicht, ob ich der richtige Mann für Sie bin.«

»Kommen Sie ruhig«, sagte Hirth, »wie soll ich es Ihnen jetzt erklären, was wir vorhaben.«

»Ich bin sehr neugierig«, Harald lächelte höflich.

»Wissen Sie, die Sache hat eigentlich schon Geschichte«, sagte Hirth, »wir hatten anfangs sehr viel vor, natürlich wollen wir hier und dort immer noch was tun …«

»Zum Beispiel«, sagte Lemke, »wollen wir jetzt etwas gegen Herrn Dutzend unternehmen.«

»Wer ist Dutzend?«

»Herr Dutzend ist ein übler Nazi und Student in unserem Seminar.«

»Davon habe ich nie was gemerkt.«

»Was«, Lemke warf einen Blick an die Zimmerdecke, »Sie laufen hier aus und ein und wissen nichts von Herrn Dutzend?«

In diesem Augenblick betrat Professor Lempel, staksig und steif wie immer, den Hörsaal, und die anderen fingen an zu klopfen.

»Wir treffen uns bei mir zu Hause, es ist in Kreuzberg«, raunte Hirth, »ich gebe Ihnen nachher die Adresse.«

»Ja ... gerne ...«, flüsterte Harald, »ich glaube aber, ich kenne jemanden, der zu Ihnen passen würde. Ein alter Bekannter. Er wollte erst hier studieren, ist dann aber nach Westdeutschland gegangen und schrieb mir jetzt, er wolle im nächsten Semester zurückkommen. Er steckt voller Energie. Hammer heißt er, Thomas-Klaus Hammer, das ist, glaube ich, der Mann, den Sie suchen. Falls ich Ihnen nichts nütze.«

»Sie machen sich sicher falsche Vorstellungen, kommen Sie einfach mal und sehen Sie sich alles an.«

Auf diese Weise stieß Harald Momber zum ›Verein‹.

Sie hörte mitten im Satz auf zu lesen und sah Harald an, schlug mit der flachen Hand auf das Buch, das offen auf ihren Knien lag. »Also was ist, willst du was lernen, dann mußt du zuhören, und wenn du nichts lernen willst, höre ich auf.«

»Wieso, natürlich will ich was lernen«, sagte Harald, »aber dich ansehen und trotzdem aufpassen, das geht nicht.«

»Nein, dann kann ich nicht.«

»Kann ich vielleicht was dafür, wenn ich nicht aufpasse?«

»Ich weiß, Harald«, sie blickte aufmerksam ins Buch, »aber ich glaube, es ist nicht richtig von uns.«

»Du kannst dein Buch ruhig zuschlagen«, sagte er, »im Augenblick interessiert mich die Relativitätstheorie überhaupt nicht mehr, die ganze Physik soll mir gestohlen bleiben.«

»Aber Harald ... bist du sicher ... Harald, daß es nicht nur Mitleid ist, wenn du mich so ansiehst?«

Er fuhr auf und wischte mit einer Hand verärgert durch die Luft: »Was heißt denn nun schon wieder Mitleid ... Mitleid ... Mitleid, nur weil du zufällig ein Kind hast, das nicht von mir stammt? Darf ich deswegen nur Mitleid empfinden, ist alles andere unanständig, verdammtnochmal«, rief er, »was habt ihr denn für Vorstellungen?«

»Harald, ich traue mir doch selber nicht mehr ... damals, mit Karl-Heinz ... bin ich doch bloß so reingerutscht, er tat mir leid ... und ich denke, wenn du auch nur ... Ich muß dich doch fragen«, sagte sie, sie hielt den Kopf gesenkt, ihre Hände betasteten das Buch, »verstehst du nicht, gerade jetzt, wo ich ... fast hoffe, daß Karl-Heinz nicht ... wiederkommt ... ich will auch einmal ... frei sein, ich möchte endlich einmal keine Angst mehr haben, wie ein anderer zu mir steht, und wenn du jetzt Mitleid ... Harald, du mußt das verstehen ... dann kann ich mich über Christoph nicht mehr freuen.«

»Wie kommst du darauf? Ausgerechnet Mitleid, meinst du, ich komme andauernd gelaufen aus Wonne am Mitleid, wer sagt dir denn, daß du überhaupt zu bemitleiden bist, was soll ich denn machen, um dir zu beweisen, daß ich dich nicht bemitleide, wenn ich dir nicht sagen kann, daß ich ...«

»Nein, Harald«, sagte sie laut und streckte eine Hand aus, »du weißt, daß du mir versprochen hast, es nicht zu sagen, und du darfst mich ... auch nicht für ganz gefühllos halten, aber wenn du es jetzt sagst, würde ich nur ein schlechtes Gewissen haben, und ich möchte kein schlechtes Gewissen mehr.«

»Schlechtes Gewissen«, sagte Harald ratlos, mit ausgetrocknetem Mund, »ich sage dir, du sollst mit deinem Mitleid aufhören, und jetzt kommst du mir mit ... schlechtem Gewissen. Komm mal hierher.«

Sie stand auf und setzte sich steif und gehorsam neben ihn auf das Sofa und neigte ihren Kopf, damit er leichter seinen Arm um ihre Schultern legen konnte. Dann wandte sie den Kopf und lächelte Harald an, ungewiß, vorsichtig, und sagte: »Ja, so ist das, und nun sitzen wir hier.«

»Hältst du mich für einen edelmütigen Prachtkerl, der dich vielleicht aus ... Anständigkeit heiraten will ... hör bloß auf, ich kenne diese Anständigkeit.«

»Ja, aber ...«

»Du hörst jetzt gefälligst gut zu. Unterbrich mich nicht andauernd. Ich stelle es mir nicht so leicht vor, wie du glaubst, und außerdem ...«

»Laß, Harald, nicht.«

»Du bist ganz still«, rief er und knuffte sie leicht an der Schulter, »du hörst mir bis zum Ende zu, denn wenn dir ... Gefühle nicht reichen, weil du eine Studentin bist, und weil Studenten vernünftig überzeugt sein wollen, werde ich dir also mit der Vernunft kommen, und du wirst ordentlich zuhören: Die Leute reden klug daher von der Krise, vom Ausgesetztsein und weiß der Teufel, und kein Mensch denkt daran, was gegen die Krise zu tun, aber wenn man heute was tun will, kann man nicht bei Völkern oder Sowjet-Rußland anfangen, sondern dann muß man bei sich anfangen ... und man muß bei der Ehe anfangen ... und wenn man eine Ehe führt ... ja, ich weiß, ich weiß, es ist nicht leicht«, er stieß mit dem Kopf nach ihr, weil sie den Mund öffnete, um ihn zu unterbrechen, »und wenn man seine Ehe bestanden hat, dann hat man in unserer Zeit mehr für die Menschheit getan, als wenn man ... weiß ich was leistet«, er starrte sie lachend an: »Das sagt Jaspers, und vielleicht genügt dir das, du studierst doch, und Studenten kannst du nur etwas beweisen, wenn du ordentlich zitierst.«

Er schüttelte sie sanft, und sie lächelte ihn zweifelnd an.

»Und wenn uns hier die Stränge reißen, dann können wir immer noch auswandern, nach Schweden, vielleicht auch nach Amerika.«

»Aber ich würde gerne zu Ende studieren, das wirst du vielleicht nicht verstehen, aber darum war ich jetzt auch ganz ... froh ... denn Karl-Heinz hat es wahrscheinlich nie verstanden, aber ich ...«

»Das kannst du doch, was sind das für Einwände.«

»Nein, aber du kennst mich noch gar nicht, du weißt vielleicht noch gar nicht ... wie ich bin ... du mußt mir versprechen, nicht blind in dein Unglück zu rennen, nein?«

»Doch«, sagte Harald, »natürlich, ich renne in mein Verderben.«

»Aber Harald, es ist mir ernst.«

»Allerdings«, sagte Harald laut, »mir auch, und jetzt sei endlich still.«

So saßen sie eine Weile, Jutta hatte ihren Kopf an seine Brust gelehnt, und er wiegte sie langsam hin und her, und dann spürte er, daß sie lachte, und er schüttelte sie: »Was ist denn, was hast du jetzt? Los!«

Sie hob ihren Kopf und sah ihn an, aus den Augenwinkeln nur, und blickte wieder fort: »Eine schöne Liebesgeschichte ist das mit uns.«

Und er mußte lachen, ausgelassen, erleichtert, und sagte: »So eine bist du, du bringst mich zum Lachen, weil du weißt, daß man es unmöglich sagen kann, wenn man lacht.«

»Nein, aber du hast mir versprochen ...«

»Ich pfeife auf mein Versprechen«, sagte er rasch und drückte ihren Kopf an seine Brust, »Jutta, ich liebe dich.«

»Möchten Sie nicht noch Zucker nehmen?« fragte Frau Pape.

»Herzlichen Dank, gnädige Frau, ich bin ausreichend versorgt.«

»Du mußt aufpassen, Monika, damit Herr Strittich nicht zu kurz kommt.«

»Ich passe doch schon auf«, sagte Monika vorwurfsvoll.

Ihr vierzehnjähriger Bruder starrte Strittich über den Tisch hinweg mit dumpfer Neugier an.

»Was Sie da vorhin sagten, Herr Strittich, interessiert mich doch sehr«, sagte Monikas Vater. »Es ist schon lange her, seit ich studiert habe, aber ich fände es erfreulich, wenn die guten alten Traditionen mit der Zeit wiederaufgenommen werden könnten. Gerade in einer so sehr auf Sachlichkeit abgestellten Zeit. Und da nun endlich Schluß gemacht ist mit den Übertreibungen der Nachkriegsjahre. Warum läßt man in Berlin die alten Verbindungen nicht wieder zu wie in Westdeutschland, wo sich meine alten Bundesbrüder wieder regelmäßig treffen und auch wieder junge Leute um sich haben?«

»Ich weiß auch nicht, was Sie immer gegen Korporationen haben«, sagte Monika und blickte Strittich herausfordernd an, »ich finde, wenn ich daran denke, wie ich mir eine Universität vorgestellt habe, da fehlt eigentlich etwas, es ist alles so ...«

»Eben«, sagte Strittich, er lächelte höflich.

»Herr Strittich, bei Ihnen, den älteren Jahrgängen, verstehe ich es schon, aber gerade den jüngeren kann es doch gar nicht schaden, nicht wahr, diesen Jünglingen, die nie an der Front gewesen sind und die auch nicht durch die Zucht einer militärischen Ausbildung gegangen sind, könnten doch eine solche Erziehung und alle damit verbundenen Tugenden recht gut gebrauchen, finden Sie nicht?« fragte Herr Pape.

»Ich habe nun einmal etwas gegen Uniformen und Mutproben«, sagte Strittich, freundlich, »ich glaube auch, daß sich die sogenannte Manneszucht erst erweist, wenn man allein ist.«

»Aber waren Sie nicht Offizier?« fragte Herr Pape, »dann verstehe ich Sie eigentlich nicht.«

»Es ist überhaupt ...«, sagte Monika eifrig, »die älteren Semester sind darin alle so komisch, sie sind so schrecklich ... nüchtern.«

»Jaja«, warf Frau Pape ein, »der Jugend fehlt eben die echte Begeisterungsfähigkeit.«

»Und alle studieren bloß, um schnell fertig zu werden.«

Frau Pape lachte auf: »Ja, mein Kind, da darfst du dich nicht wundern, die vielen jungen Männer, die aus dem Kriege zurückgekommen sind, wollen sich eine Existenz schaffen, nicht wahr. Nur eines verstehe ich nicht, ich las gerade einen Artikel, daß so viele Studenten heiraten, das halte ich einfach für Unfug, finden Sie nicht auch?«

»Gewiß«, sagte Strittich, er lächelte tiefsinnig, »man kann sich eigentlich einen gröberen Unfug kaum noch vorstellen.«

»Es ist eben eine schreckliche Verantwortungslosigkeit und Genußsucht unter den jungen Menschen.«

»Sehen Sie, gerade da fehlen auch die Korporationen«, warf Herr Pape ein, »bei uns wurde in erster Linie auf Sauberkeit und Anständigkeit gesehen, unser Ehrenkodex war sehr streng.«

Strittich übersah einmal, daß Herr Pape ihm eine Zigarettenschachtel hinhielt, und blickte, als er sie noch näher hinschob, wie überrascht auf, bediente sich und nickte dankend.

»Ich verstehe Herrn Strittich schon«, sagte Frau Pape, »es gibt auch Menschen, die brauchen eine solche Erziehung nicht, ich meine ... sie haben den nötigen Herzenstakt.« Frau Pape blickte ihn mit freundlicher Anzüglichkeit an.

»Gewiß«, sagte Strittich gedankenvoll, »es ist ein beständiges Auf und Ab, wenn ich so sagen darf.«

Frau Pape nickte, dann schien ihr etwas einzufallen, sie lächelte lebhafter: »Übrigens, Monika sagte mir, Sie kennen Herrn Momber auch?«

»Mutti, habe ich dir eigentlich schon erzählt, daß Harald Momber damals in einer Kommission saß, auf der Humboldt-Universität, die Herrn Strittich abgelehnt hat?«

»Wirklich? Ja, Harald hat starke politische Grundsätze, das muß man verstehen.«

»Das habe ich noch nicht gemerkt.«

»Doch, sicherlich von seinem Vater... ein sehr feiner Mann, Gustav Momber, auch politisch sehr tätig. Wir haben die Familie früher einmal eine Zeitlang bei uns versteckt. Dann mußten sie weiterflüchten... ein schreckliches Schicksal. Frau Momber ist eine sehr gute, alte Freundin von mir, aber ihr Mann stand immer ziemlich weit links, fast schon kommunistisch.«

»Er war doch Sozialdemokrat«, sagte Herr Pape.

»Nicht direkt Kommunist also. Aber Harald ist ein kluger Junge«, Frau Pape nickte ernsthaft, »er ist nur sehr verschlossen und vielleicht sogar ein bißchen... schrullig.«

Mit einem Blick in die Runde hob Frau Pape die Tafel auf: »Sie werden doch sicher noch einen kleinen Spaziergang machen, bei diesem herrlichen Wetter?«

»Ja«, sagte Herbert, »wir hatten es eigentlich vor.«

Monika war sehr schweigsam, und er rauchte ebenso stumm eine neue Zigarette an.

»Diese Familie«, sagte sie endlich, »ich finde es gräßlich, immer muß man zusammensitzen.«

»Wieso«, sagte Strittich, »ich finde, Ihre Familie ist etwas sehr Schönes, Familie ist doch etwas sehr Wertvolles.«

»Jetzt werden Sie wieder so zweideutig«, sagte sie, »dann... dann sind Sie mir immer... so fremd.«

»Sie kennen ja meine Art Geschichten«, sagte Strittich, »sie sind nicht sehr unterhaltend.«

Er ging langsam neben ihr her, es war schon recht warm, er betrachtete die Menschen, die auf der Reichsstraße flanierten, und beobachtete sich eine Weile selbst, dabei lächelte er vergnügt.

»Wissen Sie, was man tun muß, wenn man schreibt und wenn man will, daß die Menschen, für die man schreibt, sich wiedererkennen?«

»Jetzt reden Sie schon wieder vom Schreiben, und Sie schimpfen auf Wildberger, schreiben Sie doch auch mal ein Stück, das von der Studentenbühne aufgeführt wird.«

»Würde Sie das freuen?«

»Warum denn mich? Nur, weil Sie so viel vom Schreiben reden?«

»Schreiben Sie doch mal«, sagte Monika, plötzlich inständig bittend. »So gut wie Wildberger schreiben Sie bestimmt ... alle die Geschichten, die Sie mir erzählt haben.«

»Vielleicht bringe ich Ihnen gelegentlich was mit«, sagte er beiläufig.

»Das wäre schön«, sagte Monika mit weicher, nachgiebiger Stimme, »man darf nichts überstürzen. Aber manchmal muß man sich doch ... ein bißchen bemühen?«

»Natürlich«, sagte Strittich, er blickte scheinbar todtraurig auf das Pflaster, »das schon, aber es läßt sich nichts erzwingen.«

Am Ostersonnabend gingen sie ins Kino, allein.

Am Ostersonntag unternahmen sie, zusammen mit seiner Mutter, einen Spaziergang weit nach Mariendorf hinüber.

Und Harald schob den Kinderwagen.

Am Abend des Ostermontag ging seine Mutter zeitig zu Bett.

Da saßen sie sich gegenüber und waren sich bewußt, daß Jutta morgen wieder fortgehen würde, und er stand von seinem Sessel auf, ging die drei Schritte hinüber zu ihr und zog sie hoch, setzte sich auf die Couch, zog Jutta auf die Couch und rückte sie geduldig so lange, bis sie bequem lag, ihr Oberkörper auf seinem Schoß, ihr Kopf in der Beuge seines Armes, und dann sagte er: »Jetzt wird uns nichts anderes übrigbleiben.«

»Ja, ich weiß«, sagte Jutta und sah ihn ruhig an.

»Du weißt, was ich dich fragen werde?«

»Ja, ich weiß.«

»Glaubst du jetzt endlich, daß wir uns ein bißchen kennen?«

Sie lächelte mit geschlossenen Augen. »Nein, ich habe dir so oft von mir erzählen müssen, aber von dir weiß ich immer noch nicht viel.«

»Dann frage mich jetzt, was willst du wissen, du kannst mich alles fragen.«

»Ich habe schon immer sehr aufgepaßt, wenn du dich mit deiner Mutter unterhalten hast, manches habe ich auch verstanden, aber ein andermal waren es nur Andeutungen. Ist es dir sehr... schlimm ergangen?«

Er zögerte und sagte: »Warte mal, ich stelle die Lampe anders, sie blendet so.«

Er legte ihren Kopf behutsam auf die Couch, stand auf und ging zur Lampe, drehte ihren Schirm zur Wand und schaltete eine der beiden Birnen aus. Dann ging er zur Couch zurück und schob Jutta ein wenig zur Wand hin, bis er glaubte, genug Platz zu haben, um sich neben ihr niederlegen zu können.

Da lagen sie Seite an Seite, und er hob ihren Kopf, legte einen Arm darunter und sagte: »Aber du willst nicht etwa alles hören?«

»Nein, ich will nur wissen, warum du heute so bist.«

Er streichelte ihren Kopf und lachte: »Das fragst du so.«

Er schwieg und atmete ruhig und überlegte, wo er anfangen sollte.

»Natürlich habe ich schon eine Menge von meinem Vater geerbt, sicherlich, du weißt, daß er Halbjude war, da fängt es an. Und dazu kam, daß mein Vater sozialdemokratischer Funktionär war, aber bis zuletzt an einen Traum glaubte, mit dem er sich in Widerspruch setzen mußte zu vielen seiner Genossen. Marxistische Theorie wird dich nicht interessieren, aber er glaubte bis zuletzt, die Partei müsse sich nach links orientieren, und er hat immer wieder versucht, die Kommunisten für eine sozialistische Einheitsfront gegen Hitler zu gewinnen. Heute ist es so, daß du mindestens als dumm, wahrscheinlich aber für einen Handlanger der Kommunisten gehalten wirst, wenn du einen solchen Traum jemals gehabt hast.«

Er schwieg, und sie lag ruhig, bewegungslos, er spürte ihr Haar an seiner Wange und sagte: »Du kannst dir vorstellen, daß ich nirgendwo richtig zur Schule gegangen bin. Mein Vater wollte zwar, daß sich meine Mutter irgendwo mit mir niederließ, aber sie wollte ihn nicht allein lassen, und so waren wir oft unterwegs. Auswandern wollte mein Vater nicht, dafür, sagte er immer, hinge er viel zu sehr an Deutschland, und es war ein reines

Wunder, daß sie ihn so lange haben frei herumlaufen lassen. Wir sind viel in Deutschland herumgekommen, von einem Freund meines Vaters zum andern oder, weil die meist schon nicht mehr lebten oder eingesperrt waren, von einer Freundin meiner Mutter zur andern. Dann brach der Krieg aus, und es war Schluß mit der Wanderschaft, und mein Vater hat mich mit meiner Mutter nach Köln geschickt, sie ist wohl nur meinetwegen gegangen, und mein Vater wurde kurz darauf verhaftet. Du weißt, daß er umgekommen sein muß, wo, wissen wir nicht. Ich habe eine Zeitlang Schlossern gelernt, bis es Zeit wurde für die Musterung. Danach habe ich illegal gelebt. Ich war nie Soldat. Und du weißt, Kriegserlebnisse werden wieder sehr modern. Ich habe keine. Ich war nicht an der Front. Ich habe im Hinterzimmer der Schlosserei gelebt, und dort versteckten wir ein paarmal abgeschossene amerikanische und englische Flieger. In der Zeit habe ich auch Erich Misch kennengelernt. Bis sie mich verhaftet haben, aber das brauche ich dir nicht etwa alles zu erzählen?«

»Nein«, sagte sie, »erzähl mir jetzt alles, was du willst, und was ich nicht verstehe, frage ich dich ein anderes Mal. Man kann nicht alles auf einmal erzählen.«

»Dann habe ich bei der Gestapo gesessen, und dann haben sie mich nach Berlin gebracht und später nach Dresden, ins Zuchthaus. Und sie haben mich nur nicht sofort einen Kopf kürzer gemacht, weil sie glaubten, ich wüßte sehr viel. Natürlich wußte ich eine ganze Menge, aber nicht so viel, wie sie glaubten.«

»Haben sie viel mit dir... gemacht?«

»Es ist nicht so, Jutta, bestimmt nicht, daß ich etwa dort meinen Haß gelernt hätte, wie es vorgekommen ist, die wütendsten Antifaschisten waren oft die, die es im faschistischen Zuchthaus geworden sind, aber bei mir... siehst du, sie hatten meinen Vater auf dem Gewissen, und ich war nicht erstaunt, als sie mich... vorgenommen haben, damit hatte ich ja rechnen müssen... und außerdem vergißt es sich mit der Zeit. In Dresden übrigens, im Zuchthaus, habe ich den Mathematiker kennengelernt, von dem ich dir erzählt habe. Er ist hingerichtet worden, er wußte nicht so viel wie ich, glaubten sie wenigstens. Ich saß ein dreiviertel Jahr in Dresden. Und ich wurde immer wieder Leuten gegenübergestellt, die ich überhaupt nicht kannte. Nur manchmal waren welche dabei, die ich gut kannte, das war am schlimmsten ... aber in der Nacht des großen Luftangriffs ... es gab Tote und Durcheinander ... und da bin ich mit einem anderen zusammen geflohen.«

Sie drehte sich auf die Seite und kroch nahe an ihn heran, und er fragte: »Was ist, Jutta«, und streichelte ihr Haar, »ich weiß, dein Vater, es war in derselben Nacht, nicht?«

»Ja.«

Sie lagen stumm beieinander, und er streichelte geistesabwesend ihren Kopf, und Jutta sagte: »Erzähl bitte weiter, Harald.«

»Ich bin mit diesem Freund nach Berlin gekommen, und in Berlin hat uns der Onkel dieses Freundes versteckt. Und dann sind wir endlich übergelaufen, zu den Russen. In der letzten Nacht mußten wir einen SS-Mann umbringen, der in unsere Laube kam, oder jedenfalls glaubten wir, wir müßten ihn umbringen. Wir haben ihn ... erwürgt.

Am nächsten Morgen sind wir zu den Russen übergelaufen, die SS hat meinen Freund erschossen, aber ich war frei. Für mich, verstehst du, waren die Russen Befreier, das ist wichtig, die Russen haben mich befreit, vielleicht haben sie mir das Leben gerettet.«

Er schwieg, und sie antwortete nicht: »Das begreifst du nicht?«

»Doch«, sagte Jutta, »wenn du es sagst, aber bis jetzt habe ich es nie begreifen können.«

»Warum nicht?«

»Ich habe es nie jemand gesagt, Harald ... auch Karl-Heinz nicht, daß die Russen ... für mich waren sie keine Befreier ... verstehst du?«

Er zog sie an sich und blickte über ihre Schulter hinweg an die Wand, und streichelte ohnmächtig ihren Rücken.

»Versteh doch, Harald, es ist heute ... nicht mehr schlimm, und damals hat mir Karl-Heinz ... sehr geholfen, weil er ... so jung war.«

»Ja, Jutta.«

»Du darfst jetzt nicht alles durcheinanderbringen, Harald, für dich war alles anders.«

»Es ist trotzdem ziemlich schwierig«, sagte er und starrte die Wand an, »für mich waren die Russen ...«

»Ich weiß, ich verstehe dich doch, nur in Leipzig konnte ich es nicht verstehen. Karl-Heinz ... Ralph, sie taten immer so, als sei alles in Ordnung ... bis Karl-Heinz nach der Sache mit Ralph plötzlich ... auf einmal waren die Russen wieder Verbrecher.«

»Für mich war damals auch alles in schönster Ordnung, du kannst es verstehen?«

»Ja, bei dir, ja. Erzähl weiter.«

»Siehst du, da war ich also, und dann kamen die Amerikaner nach Berlin und ... ich habe unter ihren Fliegern, im Kriege, großartige Leute getroffen, und ich habe dir von David erzählt, und Amerika ... war für mich seit jeher wie ein Paradies, ich habe zwei Tanten drüben, aber damals ... kamen die Amerikaner nach Berlin, alle Leute sprachen nur noch von den Amerikanern ... die Amerikaner hatten Zigaretten und zu essen, und auch meine Freunde ... bei ihnen galten die Russen dann als lächerlich, mit der Zeit als gefährlich und schließlich als Verbrecher, und heute werden sie mit den Nazis auf eine Stufe gestellt ... bei vielen ging es sehr rasch. Was wollten die Russen überhaupt in Deutschland, was wollten sie in Berlin? Sollten sie doch in ihre Steppe zurück! Niemand wollte sie gerufen haben. Die Russen waren von selbst gekommen. Ich habe von Anfang an zwischen den Stühlen gesessen, denn zu den Kommunisten konnte ich auch nicht gehen, für sie gab es wieder nur die Russen. Du weißt ja, jeder Deutsche hatte seinen großen Bruder.

Dabei war ich voller Hoffnung, mein Vater schon und meine Freunde und ich, wir hatten doch auf diese Zeit gewartet. Ich habe damals wahrscheinlich vergessen, daß ich gerade zwanzig war. Und ich war keineswegs bereit, allen Leuten zu erklären, warum ich so und nicht anders handelte. Ich war so von meiner Aufgabe durchdrungen, verstehst du – und das sind immer unleidliche Zeitgenossen. Aber ich konnte nie eindeutig Partei ergreifen, nie, weder in der Universität noch in der FDJ, noch in der Partei. Ich wollte immer alles besonders gründlich machen und habe mich immer nur gründlich zwischen alle Stühle gesetzt. Ich habe immer alles falsch gemacht, verstehst du?«

»Ja, ich glaube.«

»Wenn du nur zuhörst, habe ich nichts davon, du mußt fragen, wenn du etwas nicht verstehst.«

»Ich komme ganz gut mit, und ich kenne dich doch, das merke ich jetzt, es paßt alles zu dir, erzähl weiter.«

»Du mußt dir immer wieder vorstellen, wie es gekommen ist: nach dem Krieg... habe ich für nichts anderes Interesse gehabt als für die Politik, die Politik war lebenswichtig für mich. Ich habe nur angefangen zu studieren, weil ich glaubte, ich würde mir auf der Universität über den richtigen, vernünftigen politischen Weg klarwerden.«

»Aber das ist jetzt nicht mehr so, ich habe doch davon nichts gemerkt, oder jedenfalls nicht viel, wir haben doch nur selten über Politik gesprochen.«

»Inzwischen ist vieles anders geworden, obgleich man heute viel mehr die Pflicht hätte, etwas zu tun, nur, glaube ich, bin ich unbrauchbar, für irgendeine Gruppe.«

»Warum?«

»Weil ich wahrscheinlich niemals ausschließlich für eine Seite Partei ergreifen kann. Ich kann mich zu gut in die jeweils anderen hineinversetzen. Und das ist schädlich für jede Überzeugung. Und seit ich studiere, ist es immer noch schlimmer geworden. Und ich habe so oft versagt.«

»Aber du hast doch alles versucht, Harald, du hast doch nicht versagt. Kann man überhaupt etwas ändern, allein?«

»Ich habe immer daran geglaubt, und wenn man handeln will, muß man daran glauben, warum handelt man sonst. Nur... alles, was ich getan habe, zählte nicht. Und alle haben sie es mich spüren lassen, daß ich mich nicht hingestellt und gerufen habe: seht mal an, ich habe versagt, und haben mich für arrogant gehalten, sag mal, muß man es immer überall bekennen, wenn man versagt?«

»Nein, Harald, ich glaube nicht, daß du versagt hast... und wer dich für arrogant hält... der kennt dich nicht.«

»Nein, sicher liegt es auch an mir, aber ich kann bis heute noch nicht glauben, daß alles falsch war, was ich versucht habe, vielleicht habe ich es falsch angefaßt. Jetzt habe ich keinen Mut mehr.«

»Nein, Harald, du brauchst dir keine Vorwürfe zu machen.«

»Vielleicht, Jutta, ich weiß es noch nicht, vielleicht werde ich Lehrer, vielleicht Journalist, vielleicht kann man dann noch was erreichen, aber du sollst auch wissen, Jutta, daß es vielleicht schwer für mich werden wird, weil sie heutzutage schon von jedem Straßenkehrer Loyalität verlangen.«

»Aber muß man nicht immer zurückstecken, ein bißchen?«

»Natürlich, Jutta, ich habe mich auch schon sehr gemäßigt«, sagte er und streichelte ihren Kopf, überschwenglich, »vielleicht haben sie mich mit Recht arrogant genannt, ich habe niemals jemanden wissen lassen, wie ich wirklich dachte, aber ich weiß auch, daß ich vielleicht nicht meinen Mund halten kann, wo Schweigen klüger wäre.«

»Das verstehe ich doch, Harald.«

»Und jetzt kennst du mich«, sagte er und rüttelte sie, »und jetzt kannst du dir überlegen, ob du mich willst oder nicht.«

»Nein, ... das ist gar keine Frage, jetzt habe ich bloß Angst ... daß ich dir ... keinen Rat geben kann, daß du allein bleiben wirst ... davor habe ich Angst.«

Er drückte sie aber an sich und schloß die Augen und suchte mit seinem Mund ihre Stirn und küßte ihre Augen, und strich mit seinen Lippen an der Nase entlang und küßte sie endlich behutsam, und ihre Lippen waren sehr weich, und sie küßte ihn, solange seine Lippen bei ihr waren, und dann streckten sie sich beide sehr lang aus, und sie flüsterte: »Eines noch, Harald.«

»Ja?«

»Ich muß dir doch nicht heute antworten?«

»Nein, ... Jutta, aber bald.«

»Ja, bald, bestimmt bald.«

Sie küßte ihn verlangender, und sie hielten sich verzweifelt aneinander fest, und Jutta flüsterte endlich: »Bitte, Harald, kannst du es noch einmal sagen ... jetzt.«

Sie strich mit ihren Lippen an seinem Hals entlang, und er sagte leise: »Ich liebe dich, Jutta.«

»Verstehst du mich auch richtig, wenn ich es noch nicht ... so ... sagen kann?«

»Warum nicht?«

»Weil ich es noch nie gesagt habe und weil es schwer ist ... auf einmal.«

»Dann komm her«, flüsterte Harald und preßte sie an sich und schob sein Ohr nahe an ihren Mund, und Jutta flüsterte: »Ich liebe dich.«

Dann machte sie sich von ihm los und legte ihren Kopf auf seine Brust.

»Aber, Harald, sagst du jetzt immer noch, was du immer gesagt hast ... daß du, Christoph und ich ...?«

»Ja.«

»Und du bist wirklich nicht voreingenommen?«

»Christoph?«

»Ja, wegen Christoph.«

»Nein, Jutta.«

»Und ich möchte doch wirklich auch ... es ist sehr schwer, es jetzt zu sagen ... du darfst es nicht falsch verstehen ... aber ich möchte, wenn wir jemals ... von dir möchte ich ein Kind haben ... und ich freue mich dann auch nicht erst, wenn es schon da ist ... bloß ... Harald ... nicht so bald.«

»Nein«, lachte er, »nein, das werden wir uns einteilen.«

Da bewegte sie sich und richtete sich endlich auf und kniete über ihm und sagte: »Komm, Harald, wir wollen ihn fragen.«

»Wen, Christoph?«

»Ja.«

Er raffte sich auf, und sie gingen den finsteren Flur zu seinem Zimmer hinunter, wo Jutta schlafen würde und wo der Kinderwagen stand, sie knipste die Nachttischlampe an, und sie beugten sich über den Wagen, und jetzt war es, als sei Christoph sein Kind und als sei kein Zwischenraum mehr da.

»Frag du ihn«, sagte er.

»Nein, du mußt fragen.«

»Christoph«, flüsterte er, »Christoph.«

»Er schläft«, sagte sie, »vielleicht will er nicht gestört werden, vielleicht muß er es sich auch noch überlegen und tut nur so, als ob er schläft.«

Er blickte Jutta an und sagte: »Eigentlich hat er ja auch noch gar nichts zu sagen ... bis er großjährig ist.«

»So lange will ich aber nicht warten.«

Sie blickten sich an, standen mit gebeugten Rücken, aber als er sich aufrichtete, richtete sie sich auch auf.

»Jutta«, flüsterte er, »sag doch, Jutta.«

»Ja, Harald.«

»Ich bin zwar nie so radikal gewesen wie Harald Momber«, sagte Thomas-Klaus Hammer, »aber da muß eben Bewegung in diese träge Studentenschaft gebracht werden. Ich verstehe das nicht. Wir sind doch nicht in Westdeutschland. Es muß doch möglich sein, sie hier, wo Studenten tatsächlich Einfluß nehmen können, auch zu interessieren.«

»Waren Sie da, als Hohenstein neulich gesprochen hat, über Pfingsten?« fragte Sichel.

»Nein, was war da?«

»Sie wissen, daß die FDJ zu Pfingsten in Ost-Berlin ...«

»Natürlich«, lachte Thomas-Klaus Hammer, »das Pfingsttreffen, ›die FDJ erobert West-Berlin‹, natürlich, alle Plätze in den Flugzeugen nach Westdeutschland sind schon gebucht, und in Bonn hielten mich alle Leute für verrückt, daß ich nach Berlin wollte, denn nach Pfingsten sei es aus mit der Westberliner Herrlichkeit.«

»Na ja«, sagte Sichel, »wahrscheinlich wird gar nichts passieren, immerhin, sie haben massive Drohungen ausgestoßen. Darum ist geplant, daß wir Studenten über Pfingsten in den Instituten bleiben, für den Fall der Fälle, wenn also wirklich welche herüberkommen sollten und hier Unfug machen.«

»Also Saalschutz!« sagte Blühmel.

»Du sei stille«, rief Sichel, »Hohenstein machte das plausibel, es gab großes Getrampel, das Kino war schon voll für die Reichardt-Vorlesung.«

»Ja und?«

»Inzwischen haben sich insgesamt achtzig gemeldet, von fünfzehnhundert Studenten der Philosophischen Fakultät.«

»Du mußt die Mädchen abziehen«, rief Blühmel, »oder willst du etwa auch ein paar Flintenweiber haben?«

»Also schön«, sagte Sichel, »achtzig von neunhundert ... aber das ist doch eine Schande!«

»Übrigens, Thomas«, sagte Harald und drehte sich mit Unschuldsmiene nach Hirth und Lemke um, »nur damit du Bescheid weißt, ich gehöre auch zu diesen achtzig, weil sich hier alle entschlossen haben, dabeizusein, insbesondere aber, weil Jonny eine Schnapsflasche mitbringen will. Wir werden unser Seminar bis zum letzten Mann verteidigen, mit dem Gummiknüppel.«

»Gerne«, sagte Hammer, »und außerdem weißt du, daß ich nicht deiner Meinung bin, ich habe wirklich auch lange genug versucht, mit ihnen zu reden, und manchmal denke ich, da helfen nur noch Maulschellen und Gummiknüppel.«

»Ich bin dir dankbar«, sagte Thomas-Klaus Hammer später im Omnibus zu Harald, »daß du mich mitgenommen hast, ich hatte Angst, ich würde in Berlin ein bißchen abseits stehen. Du weißt, ich brauche das, ordentlich meckern und kritisieren und den Anschein enormer Aktivität erwecken, auch, wenn nichts herauskommt.«

»Was heißt, Anschein erwecken, was soll ich da sagen, ich denke, du bist noch in der Partei?«

»Meinst du, ich werde es in einer Partei jemals zu was bringen, noch dazu in der CDU?«

»Immerhin, du bist in einer Partei, ich verteidige nur noch das Seminar und schlage Günther Patze eines mit dem Gummiknüppel über.«

»Gar keine schlechte Idee«, lachte Hammer, »nur, Günther wird sich vermutlich nicht hier sehen lassen, er schickt seine Schäfchen.«

Der Haupteingang des Instituts war verriegelt worden, ins Haus gelangte man nur durch die Seitenpforte und einen Kellergang. Es war Stroh angeliefert und ein Leseraum zum Schlafsaal hergerichtet worden. Jonny Lemke hatte mehrere Ballen beiseite geschafft und eines der kleinen Arbeitszimmer für den ›Verein‹ reserviert. Gegen Abend versammelten sich siebzehn Studenten im Assistentenzimmer. Später kamen auch Rother und Lempel, aber Rother sagte, sie wollten sich nicht einmischen, in ihren Zimmern ständen Feldbetten, und sie hätten sich so eingerichtet, daß sie über Pfingsten auch im Seminar blieben.

Da Rogowski sich bei der Zentrale im Rektorat befand, übernahm Herr Schlichte das Kommando. Und Hohenstein war sein Adjutant.

Schlichte verteilte grüne, mit dem Universitätsstempel versehene Armbinden, auch Rother und Lempel streiften sich eine solche über, während Schlichte selbst und Herr Hohenstein sich mit einer Binde versahen, auf deren weißes Feld in schwarzen Blockbuchstaben mit Wäschetinte das Wort LEITER geschrieben worden war.

»Meine Herren«, sagte Schlichte, »eine gewisse ... Disziplin bitte ich mir doch aus, insbesondere bitte ich jeden, der das Haus verlassen will, mir rechtzeitig Bescheid zu geben, damit ich im Bedarfsfalle die Kräfte richtig einsetzen kann.«

Die Telefonzentrale werde er selbst besetzt halten, im übrigen müsse er ›Doppelposten‹ für das Gartentor einteilen sowie für die Nacht, alle zwei Stunden wechselnd, zwei weitere ›Streifenposten‹, die die gesamte Länge des Zaunes abzuschreiten hätten.

Die Nacht verlief ruhig, sie fanden sich am Morgen im Übungsraum zum Frühstück zusammen, das von der Mensa herangeschafft worden war, und Herr Schlichte erläuterte die Lage: »Alles soweit noch ruhig, aber wir müssen heute mit dem Einsickern stärkerer Trupps rechnen. Wer das Haus verläßt, meldet sich ... bei mir ab.«

Nur Herr Hohenstein brauchte sich nicht abzumelden. Er fuhr mehrmals mit dem Fahrrad vom Institut zur ›Zentrale‹, und jedesmal, ehe er losradelte, verabschiedete er sich mit einem festen Händedruck von den beiden Posten am Gartenzaun und warf, als er sich in den Sattel schwang, einen Blick über die Schulter, in dem sich die Befürchtung auszudrücken schien, er werde das Institut nicht wiedersehen.

Harald lag mit den anderen im Vorgarten, sie unterhielten sich auch mit Rother, der Grashalme kaute und vom Verantwortungsbewußtsein des deutschen Akademikers sprach, später spielten sie Fußball und lehnten endlich am Zaun, betrachteten die sonntäglich gekleideten Spaziergänger, die neugierig die beiden Studenten an der Gartenpforte musterten, denen die Gummiknüppel vom Handgelenk baumelten und neben denen die

Kiste mit Tränengasbomben stand, die im Institut für organische Chemie hergestellt worden waren.

Später gingen sie hinauf in ihr Arbeitszimmer und brachen der ersten Flasche den Hals.

Die Flasche war noch nicht halb leer, als Jonny Lemke anfing, Kriegserlebnisse zu erzählen. Später malten sie sich Schlichtes Heldenkampf am Gartenzaun aus.

Dann fand es Jonny widerlich, sich noch immer zu siezen, und Harald und Thomas-Klaus tranken mit Sichel und Brecht und Hirth und Trahnke und Blühmel und Jonny Brüderschaft, und Harald erzählte, wie es früher in der FDJ gewesen war, und die Stimmung wurde immer besser.

Dann erzählte Thomas-Klaus Hammer aus Westdeutschland und fing an, auf ›Nazis‹ und ›Klerikalfaschisten‹ zu schimpfen, und es war so schön traurig, sich vorzustellen, daß sie, der ›Verein‹, in Deutschland, in Berlin, in der Universität, im Institut ganz allein und verlassen dastanden, inmitten einer Wüste von Schlechtigkeit.

Und sie waren sich einig, daß sie ›auf die Straße gehen‹ würden, wenn es sich eines Tages als notwendig erweisen sollte.

Und dann riß Herr Schlichte die Tür auf und rief: »Momber, Hirth, Ablösung, ihr seid wohl total besoffen!«, und Blühmel schimpfte: »Du krichst doch nischt ab.«

So zog sich Harald die Windjacke an und ging mit Helmut Hirth zusammen zum Gartentor, wo sie von ihren Vorgängern zwei Gummiknüppel, zwei Taschenlampen und die Kiste mit den Tränengasbomben übernahmen.

»Jetzt fehlt bloß noch das Wachbuch«, sagte Hirth.

Sie standen noch nicht lange, unsicher auf den Beinen und verwirrt und schweigend, beim Tor, als eine amerikanische Limousine heranglitt, bei ihnen hielt.

Die Türen gingen auf, und nacheinander stiegen zwei Damen und zwei Herren aus. Im Licht des Mondes und der Straßenlaternen erkannten sie einen der Herren als den Dekan der juristischen Fakultät, die anderen waren Amerikaner.

»Guten Abend, meine Kommilitonen«, sagte Spectabilis Zeitz leutselig und schüttelte zuerst Momber, dann Hirth die

Hand. Er wandte sich dem amerikanischen Herrn zu: »You see, this is our Historical Seminar and here are our students too, students of the ›Free University‹«, er lachte herzlich, »standing on guard.«

Die beiden Damen lächelten freundlich und nickten mit den Köpfen, eine von ihnen war eine ältere, volle Matrone mit weißem Haar und einer dunklen Hornbrille, die andere war sehr viel jünger und lächelte mit prachtvollen Zähnen.

Harald starrte die jüngere der beiden benommen an.

Jetzt trat auch der Herr näher, und Harald hoffte, er werde seinen Alkoholatem nicht spüren, als er ihm lange, pumpend die Hand schüttelte.

»That's the spirit that lives in all our students«, sagte der kleine, weißhaarige Professor Zeitz, und der Amerikaner fragte: »You want a cigarette?«

Er trat an Hirth heran und schob ihm ein Päckchen in die Hosentasche.

»I think, professor«, sagte die ältere der beiden Damen, »I think it is quite a miracle. To me it is quite a surprise to see this German youth, that once provided cannon-fodder for Hitler's military machine, is now taking a stand for democracy, for freedom that is. I really think it is the most vital experience I had over here these days, to see the German youth like this. I always thought they would never overcome their Nazi education.«

Die jüngere Dame wandte sich an Harald: »Have you been in the HitlerYouth?«

»Yes«, sagte Harald, »of course, very much.«

»How interesting, very interesting indeed. How did you get to learn the truth about it all?«

»After the war«, sagte Harald, »it was my most vital experience, when the Americans came over here, and I learnt all about democracy. We learnt not only, that here is freedom and democracy, but that one had to fight without compromise for democracy.«

»Yes, yes, indeed«, sie nickte und wandte sich an Spectabilis Zeitz, »it is quite a miracle.«

»Yes, yes«, sagte Zeitz, »the German miracle, the real miracle.« Er lachte herzlich und rieb sich die Hände.

»The best luck to you, boys«, sagte der Mann und schüttelte noch einmal ihre Hände.

»Guten Abend, Spectabilis«, sagte Hirth.

»Guten Abend, guten Abend«, sagte er. Sie stiegen ein, und der Wagen fuhr lautlos wieder an.

»Hör mal«, sagte Hirth leise, »was soll man da machen?«

»Ja, das ist die Frage«, lachte Harald.

»Ich weiß«, Hirth lächelte und stieß Harald an, »morgen gehe ich zu meiner Braut.«

»Eine ausgezeichnete Idee«, sagte Harald, »ich auch.«

Es war angenehm, sich vorzustellen, daß er Jutta morgen sehen würde, und es war schön, zu sagen – *morgen gehe ich zu meiner Braut* – auch wenn es nicht zutraf, noch nicht.

Sie schlugen sich voll wütender, trunkener Zufriedenheit auf die Schultern.

»Wenn wir sie schon haben«, sagte Hirth, er klopfte auf seine Hosentasche und holte das Päckchen Zigaretten heraus, »dann rauchen wir sie schon.«

Es blieb rätselhaft, wie der Vorfall bekannt wurde.

Blühmel war an jenem Abend zufällig im Studentenklubhaus gewesen. Er hatte sich in der Küche eine Flasche Coca-Cola holen wollen und hatte die Platten voll belegter Brötchen und die Bierflaschen gesehen und gefragt: »Aha, wieder mal 'ne Tagung«, aber der Hausmeister, der da beim Herd stand, hatte mit gewichtiger Miene erklärt: »Nee, nee, heute sind de Professoren da.«

Später war Blühmel auf den Flur gegangen, und da waren die ersten eingetroffen. Professor Basler, der sich umständlich den Mantel auszog und umständlich die Treppe hinaufstieg. Blühmel hatte auch Professor Weilshaim getroffen, der seinen Gruß leutselig und wie schelmisch erwiderte.

Daß Blühmel also die Professoren gesehen hatte, war durchaus nicht ungewöhnlich, denn das Klubhaus stand ja auch an diesem Abend allen Studenten offen – bis auf dieses eine reservierte, abgelegene Zimmer, aber wie eben aus diesem abgelegenen Raum auch nur eine Andeutung des Gesprächs heraussickern konnte, blieb ganz und gar rätselhaft.

Denn die beiden Mädchen, die später die Platten voller Brötchen brachten und Bier einschenkten, hätten zweifellos noch keinen Eindruck von dem Sturm haben können, der sich durch nichts ankündigte.

Anfangs sei gar nichts Besonderes geschehen, vielmehr habe der Dekan, Professor Hirche, alle begrüßt, die nacheinander eintrafen.

Er begrüßte auch Professor Reichardt, indem er seine Hand in einer Geste vertraulicher, ehrerbietiger Aufmerksamkeit mehrere Sekunden lang auf dem Arm des Philosophen ruhen ließ.

»Spectabilis«, sagte Professor Herlich, »der Kollege Reichardt behauptet gerade, von der Antike gar keine Ahnung zu haben.«

Herzliches Gelächter aller Umstehenden, Professor Reichardt aber bestätigt seine Behauptung durch lebhaftes Nicken.

»Gut, daß wir das wissen, Herr Reichardt«, sagte der Kollege Basler, »aber dann sagen Sie bitte, wo haben Sie alle Ihre ausgezeichneten Bücher über die ollen Griechen abgeschrieben?«

Und dann endlich seien Lempel und Rother zusammen eingetreten. Der kleine, nervöse Rother, dessen rechte Hand es immer wieder zu seinem Haar zog, und der baumlange, staksige Lempel, aber ihre Gesichter hätten an diesem Abend von Anfang an nicht Gutes verraten. Lempel hätte sich, wie immer, tief verbeugt, und er hätte dann, mit Rother zusammen, etwas abseits Platz genommen.

Weil sich inzwischen schon kleine Gruppen gebildet hatten.

Rother und Lempel hätten allein gesessen und Brötchen gekaut und ab und zu einen Schluck Bier genommen und nur ein- oder zweimal die Köpfe zusammengesteckt, worauf dann Rother mehrmals heftig mit dem Kopf genickt und eine Haarsträhne aus dem Gesicht gestrichen, wohin sie durch das Kopfnicken geraten war.

Mit der Zeit sei eine freundliche Stimmung aufgekommen, man habe die Glieder gelöst, sich bequemer in den Sessel zurechtgerückt, Zigarren angezündet, nur Lempel habe wütend an einer Zigarette gesogen und Blaschke natürlich, wie üblich, zu laut gesprochen. Zusammen mit Professor Kemmerer habe sich Blaschke über eine politische Äußerung Thomas Manns verbreitet und Professor Herlich habe einmal verstört zu Blaschke hingeblickt.

Und Basler war dabei, von seinem Sohn, einem jungen Physiker, zu erzählen, daß nun endlich auch die hartgesottensten Naturwissenschaftler einsehen müßten, daß es mit ihrem Positivismus nicht weit her sei und daß sie endlich einmal, wie Basler gesagt haben sollte, »unsere Sorgen kennenlernen« – als Lempel sich heftig räusperte und sagte: »Verzeihen Sie, meine Herren, aber ich wäre Ihnen dankbar, wenn Sie mir ein paar Minuten Gehör schenken wollten«, mit einem freundlichen Lächeln um den Mund, aber kalten Augen, und Spectabilis Hirche hätte die Hände erhoben und fast flehentlich gesagt: »Lieber Kollege Lempel, wenn ich Sie bitten dürfte, nicht etwa Dinge ... es ist doch gerade der Zweck des heutigen Beisammenseins ... daß wir einmal in Ruhe zusammenkommen, um ohne Förmlichkeit die Fragen zu erörtern, die uns in der erhitzten Atmosphäre der Fakultätssitzung schon genug Kummer bereiten.«

Aber Lempel habe vor sich hin geblickt und gesagt: »Ich glaube, daß es hierhergehört.«

»Aber gewiß«, habe Hirche gesagt, »ich zweifele nicht daran, wenn ich Sie nur bitten dürfte ...«

»Ich mache es ganz kurz«, sagte Lempel, »als ich vor einem dreiviertel Jahr dem Ruf der Fakultät an diese Universität gefolgt bin«, sagte er, während Rother neben ihm unverwandt in sein Glas blickte, »bin ich, das habe ich oft genug zum Ausdruck gebracht, außerordentlich gerne gekommen. Sie wissen, daß ich neben einer befriedigenden Lehrtätigkeit an dieser Universität sehr viel mehr zu finden hoffte. Weggenossen zu einem Ziel, von dem sehr viele unserer Kollegen ... noch träumen müssen, einer deutschen Universität nämlich, an der man lehren kann in dem Bewußtsein, nicht seinen Beruf verfehlt zu haben, und ich meinte, die ›Freie Universität‹ sei auf diesem Wege den anderen Universitäten in Deutschland weit voraus. Ich habe auch die skeptischen Stimmen der Kollegen gehört, die meinen, man dürfe nicht zu viel auf einmal wollen, und ich weiß, daß vor allem der Kollege Rother sehr oft als ... ein ... Idealist ver... ja, verschrien worden ist. Ich bringe gegenüber einer solchen Skepsis zwar Verständnis auf, obgleich ich mich nicht in der Lage sehe, sie zu billigen.«

Seine Spectabilität Hirche hob noch einmal beide Hände in einem letzten, vergeblichen Versuch, Lempel aufzuhalten, aber Lempel lächelte freundlich: »Und darum haben die Vorgänge, die mich jetzt veranlassen, so zu Ihnen zu sprechen, mich um so tiefer enttäuscht. Es handelt sich um Pfingsten.

Sie erinnern sich daran, daß die Studentenvertretung eine Art Selbstschutz organisiert hatte, und Sie wissen auch, daß die Studentenvertretung bereit war, in die Wohnung jedes einzelnen von uns drei oder vier Studenten zu schicken, für den äußersten Notfall, weil von verschiedenen Seiten befürchtet wurde, Angehörige des Lehrkörpers könnten durch einen kommunistischen Überfall gefährdet sein, und ich glaube mich zu erinnern, daß einige Kollegen von dem Angebot Gebrauch gemacht haben.«

»Lieber Kollege Lempel«, rief Spectabilis Hirche in eine Atempause hinein, »gehört das wirklich hierher, ich meine ... ?«

»Allerdings«, sagte Lempel ziemlich laut. »Und ich möchte sagen, daß es für den Kollegen Rother wie für mich eine Selbstverständlichkeit gewesen ist, mit unseren Studenten über Pfingsten im Institut zu bleiben, um ihnen das Gefühl zu geben, daß wir zu ihnen stehen und nicht nur vom Katheder herab vom Wert des Vorbildes predigen wollen. Ich fand, daß diese drei Tage keineswegs verloren waren, im Gegenteil, ich hatte außerordentlich ergiebige Gespräche mit den Studenten, aber ich finde, wenn es in einzelnen Fällen möglich war, im Institut ein Feldbett aufzustellen und drei Nächte dort zu verbringen, hätte es in anderen Fällen möglich sein müssen, wenigstens am Pfingstsonntag einen Spaziergang zum Institut zu unternehmen und mit den Studenten zu sprechen, die sich drei Tage um die Ohren geschlagen haben. Und es wäre vielleicht erfreulich gewesen, wenn man den Studenten durch einen Besuch bewiesen hätte, daß man für ihre Sorgen und Nöte Verständnis hat, ja, daß ihre Sorgen und Nöte die unseren sind.«

»Lieber Kollege Lempel«, Professor Reichardt richtete sich in seinem Sessel auf. »Viele von uns dienen bereits seit dem Tage ihrer Gründung dieser Universität und wissen wohl, was es – bei aller Bescheidenheit – bedeutete, damals den Schritt zu wagen, damals, als alles noch in der Schwebe hing, damals ist noch niemand aus Westdeutschland zu uns gekommen.«

»Lieber Kollege Lempel«, rief Spectabilis Hirche, »ich achte Ihre hohe Gesinnung, aber ich hielt diesen ... Selbstschutz für ... übereilt, schließlich hatte doch der Polizeipräsident Ruhe und Ordnung in West-Berlin garantiert.«

»Darum geht es wohl nicht, Spectabilis«, sagte in diesem Augenblick Professor Herlich – Professor Herlich: das war die größte Überraschung für alle, die die Geschichte wiedergaben –, »und ich muß dem Kollegen Lempel recht geben. Ich empfand es einfach als eine Dankespflicht, sie am Sonntag und am Montag auf meinen Spaziergängen zu besuchen und mit ihnen zu sprechen, und die Freude der Studenten war mir den Weg durchaus wert.«

»Ich muß sagen«, rief Weilshaim mit erhobener Stimme, »daß ich bestimmt bei meinen Studenten geblieben wäre, wenn mich nicht, wie Sie ja alle wissen, in diesen schweren Stunden der Kongreß, den wir angesichts der kommunistischen Gefahr gerade nach Berlin einberufen hatten, so vollständig in Anspruch genommen hätte.«

Und als die Blicke in die Luft, zum Fußboden, ins Leere auswichen, sagte Rother leise: »Sehen Sie, ich erinnere mich da an ein altes indisches Sprichwort, daß man nämlich beim Graben eines Brunnens niemals sicher sein dürfe, auf Wasser zu stoßen ... mir erscheint es so einleuchtend, daß wir ... in die Tiefe stoßen müssen, denke ich ...«

Was danach geschah, wußte niemand mehr genau zu erzählen. Es sollen noch wenige halblaute Worte gefallen sein, aber Spectabilis Hirche stellte wohl die Dinge richtig, wie er zu sagen pflegte, und machte klar, daß Lempel weder einen Kollegen habe persönlich angreifen noch verletzen wollen, und Lempel habe auch nicht protestiert, erzählte man.

Aber Professor Friedrich, ein jüngerer klassischer Philologe, sei aufgestanden und habe sich zu Rother und Lempel gesetzt.

Die übrigen, hieß es in der ersten Version, hätten gar nicht mehr mit Lempel gesprochen. Von denselben sagte man aber in einer zweiten Fassung, sie hätten besonders freundlich mit ihm gesprochen, und ein Dritter meinte sogar, die beiden Möglichkeiten schlössen einander gar nicht so aus, wie es auf den ersten Blick scheine.

Es hätten sich sogar einige Herren dort befunden – behauptete Schlichte –, die wahrscheinlich gar nicht verstanden hätten, um was es eigentlich ging. Die nicht wußten, was sich über Pfingsten in Berlin ereignet hatte.

»Deutsche Professoren«, sagte Blühmel. »Hinter diesen Professoren, hinter ihren pedantischen dunklen Worten, in ihren schwerfälligen, langweiligen Perioden sollte sich die Revolution verstecken?«

Und Lemke lachte: »Hör auf zu zitieren, Mann, ausgerechnet Engels.«

Und Schlichte schloß seinen Bericht – er saß dabei auf dem Schreibtisch und ließ seine bestiefelten Beine baumeln: »Na, Kinders, hab ich's nicht immer gesagt, daß es eine großartige Idee war, Lempel zu berufen?«

Die Herren seien dann einer nach dem anderen weggegangen, hieß es, und endlich habe sich auch der Gastgeber, Spectabilis Hirche, verabschiedet, weil Lempel, Rother, Herlich, Weilshaim und Friedrich dort sitzen geblieben seien und keine Anstalten trafen, aufzubrechen. Und dann habe Lempel zwei Flaschen Rotwein bestellt, aber es schien nicht mehr lebhaft zugegangen zu sein, eher gemütlich, erzählte ein Mädchen, das den bestellten Wein gebracht hatte, »ganz gemütlich, wie ein Stammtisch«.

Und zuerst sei Professor Weilshaim die Treppe herabgekommen und habe geschwinde und mit beiden Händen winkend nach allen Seiten gegrüßt, und danach sei, zusammen mit Friedrich, Herlich gegangen – seine letzte U-Bahn fuhr nämlich, erzählte Blühmel. Auch Herlich habe milde gelächelt und freundlich gedankt, als ein Student hinzusprang und ihm in den Sommermantel half.

Es habe aber eine Weile gedauert, ehe auch Rother und Lempel aufgebrochen seien. Der Hausmeister, hieß es, habe sie höflich zum Gehen auffordern müssen, weil das Haus um halb eins geschlossen werden müsse.

Es waren an dem Abend noch ein paar Studenten so spät da, die erzählten, Lempel und Rother seien beide nebeneinander die Treppe heruntergekommen und hätten sich durch die Flurtür gedienert, hätten sich gegenseitig in die Mäntel geholfen und sich einmal freundschaftlich auf die Schultern geklopft – der allenfalls mittelgroße nervöse Rother und der baumlange, staksige Lempel – und laut: »Na, dann guten Abend« gerufen.

Und seien fortgegangen.

»Paß jetzt endlich einmal auf«, sagte Harald, »das ist wichtig für uns, denn ich werde die Stellung als Geschichtslehrer kriegen, vielleicht kann ich auch noch englische Literatur unterrichten.«

Es war, als wollte sie auffahren, aber sie legte ihren Kopf wieder auf die Windjacke und rieb ihre Wange an seinem Haar. »Wirklich, an der Privatschule?«

»Ja, weil Kohlhoff jetzt aufhören muß. Sie haben ihn gefragt, ob er jemanden kennt, der für ihn einspringen kann, und er hat mich vorgeschlagen.«

»Und du glaubst ... daß du es schaffst?«

»Kohlhoff hat es jetzt ein Jahr gemacht, und er sagt, man lernt selbst am meisten, also hör auf, mich zu reizen, ich muß rechnen.«

»Ich denke, du verstehst nichts von Mathematik?«

»Sei jetzt endlich ruhig«, sagte er mit drohender Stimme, und sie tat, als wäre sie gehorsam erschrocken.

»Also, ich kriege mindestens hundertfünfzig Mark, und wenn ein paar englische Stunden dazukommen, vielleicht zweihundert, sagen wir hundertfünfundsiebenzig, du bringst mich noch völlig durcheinander.«

»Was noch?«

»Die Rente von meinem Vater, hundertzwanzig.«

»Macht zweihundertfünfundneunzig, und dann kommt noch mein Stipendium dazu, Harald«, sagte Jutta erstaunt, sie richtete sich auf und beugte sich über sein Gesicht, »das ist eine Menge Geld.«

Er griff in ihr Haar und zog sie sanft zurück: »Ich habe nicht gewußt, daß du habgierig bist.«

»Dachtest du etwa, ich werde einen Habenichts heiraten?«

»So, und was macht die Aussteuer, die kann ich wohl verlangen?«

»Du bist altmodisch, es ist schon lange nicht mehr üblich, eine Aussteuer zu verlangen. Dann such dir lieber eine richtige altmodische reiche Frau.«

»Aber du bringst ja doch eine Aussteuer mit?«

Sie richtete sich auf und kniete neben ihm und schlug ihm mehrmals heftig auf seine Brust, bis er ihre Hände festhielt und zu sich herunterzog und ihren Kopf auf seine Brust preßte. »Das ist eine große Gemeinheit«, flüsterte sie, »Christoph ist keine Aussteuer.«

»Doch, Christoph ist deine Aussteuer.«

»Wenn du so redest, will ich nicht mehr«, sagte sie und streichelte sein Gesicht.

»Also, paß jetzt endlich, endlich, endlich auf.« Obgleich er wußte, daß sie ihn nicht beobachten konnte, legte er seine Stirn in Falten, als dächte er angestrengt nach. »Wo waren wir denn?«

»Zweihundertfünfundneunzig«, sagte Jutta, ihr Kopf lag auf seiner Brust, »und mein Stipendium wolltest du nicht haben, und außerdem ist es sehr schön, das Ohr auf deiner Brust zu haben, du weißt gar nicht, was für einen schönen Herzschlag du hast.«

»Wenn du mich jetzt noch mal unterbrichst, dann höre ich auf, zu rechnen und zu sparen, und wir enden noch mal im ...«

»Wo?«

»Im Altersheim«, sagte er. »Also zweihundertfünfundneunzig Mark. Dazu kommen dreißig Kronen im Monat, vielleicht nimmt mir Lars Malmberg auch zwei Artikel ab, gehen wir lieber auf Nummer sicher, dreißig Kronen, das sind nicht ganz dreißig Mark, macht dreihundertfünfundzwanzig.«

»Und jetzt kommt endlich mein Stipendium dazu«, sagte sie, »das sind ja ... sind ja ... über vierhundert Mark ... Harald!«

»Freu dich nicht zu früh, es ist gar nicht sicher, daß du noch dein Stipendium kriegst, wenn ich mehr als dreihundert Mark verdiene.«

»Aber ich bin doch aus der Ostzone?«

»Dann nicht mehr. Du weißt gar nicht, was du mir zu verdanken hast, denn wenn ich dich heirate, bekommst du Dauerzuzug nach West-Berlin, und dann bist du ein anderer Mensch, ein kultivierter Mensch, ein West-Mensch, ein Freiheits-Mensch.«

»Ja, ein Freiheits-Mensch, aber ich kriege kein Stipendium mehr, vielleicht heirate ich doch besser nicht.«

Er zog ihr Gesicht nahe an sein Gesicht heran und hielt ihren Kopf zwischen beiden Händen, als er sie küßte. Es dauerte lange Zeit, ehe sie, außer Atem, sagte: »Dreihundertfünfundzwanzig Mark, und außerdem habe ich einen Mann, der jetzt Lehrer wird.«

»Hör auf, Jutta, da ist noch was anderes.«

»Was denn!«

»Ich bin rückfällig geworden.«

»Sag doch«, sie richtete sich auf und blickte ihm forschend in die Augen, aber er wandte den Kopf zur Seite.

»Ich habe dir doch vom ›Verein‹ erzählt?«

»Ja.«

»Zu Pfingsten damals habe ich mich überreden lassen, daß sie mich aufstellen als Kandidaten zur Wahl zum Konvent, für die Studentenvertretung. Ich habe es ihnen damals versprochen, weil sie mich gebeten hatten, und jetzt wage ich nicht mehr, nein zu sagen, weil ... sie mir ziemlich viel zutrauen und denken, ich könnte ... du weißt schon, und ich hatte ohnehin schon ein schlechtes Gewissen, weil ich solange nichts mehr ... politisch schon gar nicht, aber ... ich dachte ...«

»Und das war zu Pfingsten?« fragte sie ruhig.

»Aber Jutta«, sagte er, »es ist noch nichts entschieden, vielleicht wählen sie mich gar nicht, vielleicht brauchen sie mich gar nicht.«

»Ich wäre sehr beleidigt, wenn sie dich nicht wählen, wen sollen sie denn wählen, wenn sie dich nicht wählen?«

Er drückte sie an sich, und dann lag sie über ihm, ihr Kopf an seiner Schulter.

»Weißt du, Jutta ... und außerdem möchte ich endlich wissen, ob ich wirklich untauglich bin.«

»Ja, ja, untauglich ... ich verstehe alles, bloß eines würde ich nicht verstehen: wenn sich deswegen ... etwas ... an unseren Plänen ändert.«

»Jetzt bist du hinter mir her, und erst wolltest du von mir nichts wissen.«

»Und dabei hast du mir erklärt, der Mensch verändere sich, er verändere sich schon, indem er denkt. Also, ich habe mich schon verändert, ich habe vielleicht zu oft an dich gedacht, und das hat mich verändert, das war falsch.«

»Nein, es war nicht falsch, und es bleibt dabei, am ersten September. Wir heiraten am ersten September, und dann fahren wir für vierzehn Tage weg, erst nach München und dann noch weiter weg.«

»Und ihr habt die neue Wohnung wirklich bis zum ersten?«

»Ganz bestimmt. Du weißt, es wäre mir lieber, wenn wir allein wohnten, aber für den Anfang ist es gut, wenn meine Mutter da ist ... wegen Christoph ...«

»Das schon«, sagte sie rasch, »aber ich habe trotzdem Angst vor deiner Mutter.«

»Hörst du jetzt endlich auf«, rief er, daß es im Walde widerhallte, er rüttelte ihre Schulter, und sie blieb sehr still, und es war, als atme sie nicht einmal mehr.

»Also können wir endlich zur Sache kommen?«

»Jajaja, du wolltest über die Trauzeugen nachdenken.«

»Ich denke, du wolltest Hedermann?«

»Nein«, lachte sie, »lieber nicht.«

»Warum nicht mehr?«

»Ach«, sie zögerte, und er rüttelte sie wieder, »er hat mich neulich wieder gefragt, wie es mir geht und ... ich war bloß so stolz und habe gesagt, ja, ich würde im Sommer heiraten.«

»Was hat das damit zu tun?«

»Ich glaube, er war sehr enttäuscht. Er sagte, ich sollte aufpassen, daß es meinem Studium nicht schadet ... aber ich glaube ...«

Er richtete sich auf, mißtrauisch, aufmerksam, lauschend: »Was?«

»Vielleicht, ich weiß nicht, aber vielleicht ... er hat doch mal gesagt, ich könnte auf ihn rechnen, und in letzter Zeit ... kam er so oft ins Labor ... und war so ... komisch.«

Harald lehnte sich zurück und sagte – und meinte es beinahe ernst: »Dann heirate doch lieber ihn.«

»Harald, du bist doch nicht etwa eifersüchtig?«

»Du wirst mir doch erlauben, daß ich einen Schreck kriege.«

»Du sollst über die Trauzeugen nachdenken.«

»Jetzt kann ich mich nicht mehr konzentrieren. Also Herr Hedermann, der liebe, gute Onkel Hedermann.«

Sie kroch nahe an ihn heran und flüsterte: »Harald ... bitte, sei jetzt nicht so dumm, du weißt, daß ich, nein, jetzt sage ich es nicht«, sie tastete nach seiner Hand und streichelte sie, »ich muß dir doch sagen, warum ich ihn nicht mehr als Trauzeugen will.«

»Jetzt soll ich also auch noch die Trauzeugen besorgen. Weißt du, daß Erich Misch nicht in Berlin sein wird, zu der Zeit? Aber ich habe schon einen.«

»Wen?«

»Du kennst ihn, er war neulich abends bei mir, Hirth.«

»Ja«, sagte sie, »ich bin einverstanden.«

»Ja«, sagte Harald, »es wäre auch verwunderlich, wenn du ihn nicht leiden könntest.«

»Nur, wenn ihr immer so viel redet, wie neulich über Ethik, habe ich nicht viel davon. Davon verstehe ich nichts. Du darfst bei der Hochzeit nicht so viel über Ethik reden, dann bin ich einverstanden, aber der zweite? ... Hör mal«, sagte sie und stützte sich auf die Ellbogen, »wir sind aber nicht sehr ernsthaft, jetzt suchen wir uns die Trauzeugen zusammen ... einfach so.«

»Schließlich hast du gesagt, daß wir nicht die Mütter ... halt«, Harald setzte sich auf, »ich hab einen.«

»Wer ist es denn?«

»Wir haben ihn neulich in der Mensa getroffen.«

»Dieser große, blonde Kerl?«

»Ja, Strittich.«

»Wie kommst du ausgerechnet auf Strittich, er ist immer so kurz angebunden zu mir. Er kann mich nicht leiden.«

»Du darfst es nicht ernst nehmen, wenn er etwas sagt; es macht ihm Spaß, wenn man ihn für kompliziert hält. Jetzt läuft er mit Monika Pape herum.«

»Mit diesem schwarzhaarigen Mädchen?«

»Ja, die dabei war.«

»Sie hat sich dauernd nach anderen Männern umgedreht.«

»Das darfst du ihr nicht übelnehmen. Wenn sie in einen Hörsaal kommt, interessieren sich fünfundachtzig Prozent der Männer nur noch für sie, aber sie ist noch zu jung, um es auszunutzen, und dann noch Strittich dazu, er ist schon ziemlich lange mit ihr zusammen, und sie siezen sich immer noch, aber dafür hat er sicher auch eine Theorie. Er verbreitet sich gerne über seine Theorien.«

»Und jetzt willst du ihn als Trauzeugen haben?«

»Ja, weil ich glaube, daß man sich auf ihn verlassen kann. Er möchte sich gerne an mir reiben, aber ich gebe ihm nie eine Gelegenheit, und dann ist er verwirrt und erzählt mir Gleichnisse und stellt immer neue Fragen. Ich glaube, wir würden uns sehr gut verstehen, wenn es ihm nicht so einen großen Spaß machte, immer eine Maske zu tragen.«

»Gut«, sagte sie, »wenn du keinen anderen hast, ich habe niemanden.«

»Strittich wird sich sehr geehrt fühlen, und wir machen gar nicht lange ... wir gehen vom Standesamt nach Hause, und am Abend fahren wir nach München.«

»Ich glaube«, sagte Jutta, »ich würde ... es wäre ganz schön, wenn wir Schlafwagen fahren könnten.«

»Dieser Zug hat keinen Schlafwagen, aber fändest du es außerordentlich schön?«

»Ja, ich fände es außerordentlich schön.«

»Dann ist es nicht mehr so schlimm, daß der Zug keinen Schlafwagen hat.«

Sie nickte mehrmals mit dem Kopf, den er noch immer zwischen seinen Händen hielt, und legte sich wieder auf den Rücken und blickte zum Himmel, an welchem nun eine Unzahl von Sternen zu sehen war, weil sich alle Wolken verzogen hatten. In den Kiefernkronen rauschte ein Wind, und von der entfernten Clay-Allee hörte er die Autos vorübersurren, und dann spürte er, ohne ihr Gesicht zu sehen, daß sie wieder lächelte, und fragte: »Also, was ist das für eine Art, immer, wenn ich ernsthaft mit dir reden will, fängst du an zu lachen.«

»Ja, jetzt muß ich lachen.«

»Warum?«

»Über dich.«

»Und warum über mich?«

»Wegen Hedermann.«

»Schon wieder der gute, alte, liebe Hedermann?«

»Ja, es ist ... rührend, wenn du eifersüchtig bist.«

»Rührend«, sagte er heftig, »wenn ich eifersüchtig bin?«

»Ja, es ist schön, wenn du eifersüchtig bist, meinetwegen.«

»So, es ist schön für dich, aber nicht für mich.«

»Nein«, sagte Jutta, »das darf es auch nicht«, und sie fuhr mit einer Fingerspitze an seinem Nasenrücken entlang und ließ den Finger auf seinen Lippen liegen, zog ihn aber rasch zurück, als er mit seinen Zähnen nach ihm zu schnappen versuchte, »aber für mich.«

Die Wahlen zum 2. Studentenkonvent fanden kurz vor dem Ende des Sommersemesters statt.

Eine Woche vor den Wahlen wurden in allen Fakultäten Vollversammlungen einberufen, um den Studenten die Möglichkeit zu geben, die Kandidaten kennenzulernen.

Die Wahlversammlung der Philosophischen Fakultät war für einen Mittwoch, zehn Uhr c.t., im vorläufigen Auditorium maximum, dem Saal des Onkel-Tom-Kinos, angesetzt.

Die Reihenfolge des Auftretens der Kandidaten wurde verlost. Wer anfangs sprechen konnte, hatte alle Vorteile für sich. Der zwanzigste stand bereits einem ermüdeten, überforderten Auditorium gegenüber. Nur gutaussehenden Mädchen konnte es gleichgültig sein, als wievielte sie zu sprechen hatten.

Eine Erfahrung besagte, daß sie ohnehin nichts zu verlieren hatten. Weil sie immer gewannen.

Die sechsundzwanzig Kandidaten saßen in der ersten Bankreihe. Nur jene unter ihnen, die sich zum zweiten Male vorzustellen hatten, da sie bereits auf eine erfolgreiche Tätigkeit im ersten Konvent zurückblicken konnten, gaben sich in Ruhe und Gelassenheit, unter anderen auch Fräulein Brummer und Herr Hohenstein.

In der zweiten Bankreihe saßen die Professoren Lempel, Rother und Friedrich und hörten aufmerksam zu, als Herr Damaschke, der Wahlleiter der Fakultät, mit verhaltener Stimme bekanntgab, er sähe sich gezwungen, jeden Kandidaten anzuhalten, nicht über drei Minuten hinaus zu sprechen.

Er machte seine Armbanduhr los und nahm sie in die Hand.

»Herr Sendrowski«, sagte er mit einer einladenden Verbeugung, »er studiert Romanistik im sechsten Semester und ist dreiundzwanzig Jahre alt.«

Helmut Hirth war der zehnte, Harald Momber vierzehnter auf der Liste. Und ehe Hirth sprechen konnte, war bereits neunmal gesagt worden:

daß die ›Freie Universität‹ an jeden ihrer Angehörigen besondere Anforderungen stelle, daß man der Kommilitonen aus der Ostzone mit besonderer Sorge gedenken müsse, daß die ›Freie Universität‹ in einem Meer von Unfreiheit einen Leuchtturm der Freiheit darstelle, der weit in die Ostzone hinausstrahle, daß es für einen Studentenvertreter nicht darum gehen dürfe, eine Partei oder Organisation, nicht einmal eine Fraktion, zu vertreten, sondern die Anliegen aller Studenten, daß ein Studentenvertreter seiner Aufgabe nach bestem Wissen und Gewissen gerecht werden müsse.

(Herr Hohenstein fand eine neue Wendung, als er, achter in der Reihe, bemerkte, er wolle seine Arbeit vor seinem Gewissen und vor Gott vertreten, eine Bemerkung, die ihm beinahe aus tiefster Seele kam und die ihm die Stimmen aller Mitglieder der evangelischen und eines großen Teiles der katholischen Studentengemeinde eintrug.)

»Herr Hirth, viertes Semester, Geschichte, vierundzwanzig Jahre.«

Und Hirth stand, den Oberkörper weit über das Katheder gelehnt, über das er ruhelos mit beiden Händen strich, und sagte: »Mir bleibt, nach den erschöpfenden Ausführungen meiner Vorredner, tatsächlich nicht viel zu sagen«, und hatte die Lacher für sich und den folgenden Kandidaten auch diese Redewendung vorweggenommen.

»Herr Momber, Geschichte, siebentes Semester, fünfundzwanzig Jahre.«

Damals, dachte Harald, als er die Stufen hinaufstieg, war es viel leichter; er bedauerte, daß er nicht einmal Zorn empfand, nur sehr viel Überdruß, der großen Worte wegen, die schon gefallen waren. »Meine Damen und Herren. Ebensowenig wie ein Student der Selbstverwaltung wegen sein Studium vergessen sollte, dürfte es einen Studenten geben, der so ausschließlich zu studieren hätte, daß er sich nicht auch Zeit nehmen könnte, sich um die Selbstverwaltung zu kümmern. Denn wenn an dieser Universität nicht eine lebendige Selbstverwaltung bestehen könnte, wo sollte sich dann in Deutschland eine Demokratie verwirklichen?«

Es klang nichtssagend, aber die Antwort war ein freundlicher Beifall.

Und immer so weiter. Endlich blickte er sich nach Herrn Damaschke um, und Herr Damaschke sagte, wie jedes Mal: »Ist noch eine Frage?«

Eine Hand reckte sich hoch in dem halbdunklen Kinosaal, aber der Mann stand nicht auf, als er fragte: »Sie sagten da zu Anfang etwas wie ›unser Haus in Ordnung halten‹, gehört dahin vielleicht der verleumderische Brief, den Sie zusammen mit anderen geschrieben und durch das Historische Seminar haben umlaufen lassen und der an den Rektor weitergeleitet worden ist, jener Brief, in dem einer unserer Kommilitonen als gefährlicher ... Nazi bezeichnet worden ist?«

Harald hörte Jonny Lemkes böse Stimme: »Der ist nicht als Nazi bezeichnet worden, Dutzend ist ein Nazi.«

»Allerdings«, sagte Harald, »habe ich diesen Brief an den Rektor mit abgefaßt, denn ich meine, es ist ein Unding, daß ein nachweislich noch heute unbelehrbar nazistisch eingestellter Student auf einer Universität studieren darf, die die Worte WAHRHEIT, RECHT und FREIHEIT in ihrem Wappen führt.«

Beifall.

»Sie können es also immer noch nicht lassen, angesichts der Gefahr aus dem Osten mit ihrer Nazischnüffelei fortzufahren?«

»Sie müssen mir schon erlauben, nach meinen Erfahrungen zu urteilen«, sagte Harald und hielt sich am Katheder fest und hielt an sich, »und meine Erfahrung sagt mir leider, daß sich ... was ihre Gefährlichkeit betrifft, Nationalsozialisten und Bolschewisten ...« er zögerte wieder, aber hielt wirklich an sich, »... wenigstens die Waage halten.«

Beifall.

»Aber diese Einsicht ist Ihnen ein bißchen spät aufgegangen, sind Sie nicht erst neunundvierzig auf diese Universität gekommen?«

»Ja«, sagte Harald, »zum Sommersemester neunundvierzig.«

»Die Entscheidung scheint Ihnen schwergefallen zu sein?«

Es gab Protestgemurmel, Harald hörte Lemkes Stimme, aber verstand nicht, was Jonny rief.

»Ja«, sagte Harald, »leicht bestimmt nicht, da haben Sie recht.«

Nun scharrten sie wieder, allerdings gab es auch Beifall, aus der Ecke, in der der ›Verein‹ sitzen mußte, und Herr Damaschke sagte: »Die Zeit ist um.«

Der Saal hatte sich beruhigt, als er die Stufen hinunterging, sich durch die Bankreihen drängte und neben Hirth niedersetzte.

»Ich hätte mich nicht provozieren lassen dürfen.«

»Nein, nein«, flüsterte Hirth, ohne aufzusehen, »es war doch gut.«

Harald achtete nicht mehr auf das, was die anderen auf der Bühne sagten, bis Herr Karl-Heinz Schick aufgerufen wurde.

Schick strich sich das blonde, glatte Haar glatt und sprach voll bewegter Überzeugung, und Harald war erstaunt, wie gut er die Stimme im Gedächtnis behalten hatte, schrill, gedehnt und dennoch hastig.

»Ich komme aus der Zone«, sagte Schick, »ich habe lange Zeit an der Widerstandsarbeit der freiheitlichen Studenten in Leipzig teilgenommen und ...«

Anhaltender Beifall.

»... und weiß, wie sehr es heute drauf ankommt, die Studenten politisch reif zu machen, was wir brauchen sind politisch wache Studenten.«

Er mußte eine Pause machen, um das Ende des Beifalls abzuwarten.

»Eines möchte ich betonen. Es wurde heute wieder einmal

von der Nazi-Gefahr gesprochen. Nun habe ich keinen Anlaß, die Nazis besonders zu lieben, denn ich habe damals gegen den Naziterror gekämpft, so wie ich heute gegen den bolschewistischen Terror kämpfe, aber wer Nazis heute für gefährlicher hält als den Weltkommunismus, dem ist entweder nicht zu helfen, oder aber er hat ein reales Interesse daran, die wahren Fronten zu verschleiern.«

Stürmischer Beifall. Gescharr aus der Ecke des ›Vereins‹. Jonny Lemkes Stimme.

»Im übrigen darf ich Ihnen sagen, daß ich Mitarbeiter der ›Leitstelle für gesamtdeutsche studentische Angelegenheiten‹ und mit studentischer und karitativer Arbeit für unsere notleidenden Kommilitonen durchaus vertraut bin.«

Als Schick abtrat, lehnte sich Hirth zu Harald und fragte leise: »Ist er das?«

»Ja«, sagte Harald, »das ist er.«

»Widerliches Arschloch«, flüsterte Hirth.

Dann standen sie wieder vor dem Kino in der Sonne, und Jonny Lemke schimpfte: »Also so ein Lümmel, das war einer von Herrn Dutzends Freunden.«

Und Blühmel schrie lachend: »Also Kinders, das nächste Mal Stinkbomben mitbringen, wir brauchen einen Saalschutz, gleich aufmöbeln!«

Thomas-Klaus Hammer blickte Harald nur an und schüttelte skeptisch den Kopf.

»Macht euch bloß keine Gedanken, Kinders«, sagte Sichel, »wir machen jetzt im Seminar Propaganda für euch, und wenn die Historiker euch wählen, ist alles in Ordnung.«

»Wenn dieser Strolch bloß Harald nicht gefragt hätte«, sagte Brecht, »und ich sage euch, meine Idee mit den Flugblättern gegen Dutzend wäre doch vernünftiger gewesen als der Brief.«

Sie gingen erregt, aber düster gestimmt und auf dem Bahnsteig hin und her, bis Jürgen Trahnke Harald die Hand auf die Schulter legte und sagte: »Laßt man, Kkinders, ich finde, ihr zwei wart doch die Bebesten.«

»Ja, Jürgen«, sagte Harald dankbar, »laß nur.« Aber als er sich umwandte, Jürgen anzusehen, blickte er in das lächelnde Gesicht

Herrn Hohensteins. »Waren Sie zufrieden?« Hohenstein lachte herzlich, aber dann wurde sein Gesicht ernst und feierlich: »Ja, wir können nun gar nichts mehr tun, jetzt hat der Wähler das Wort.«

»Keiner war ein bißchen natürlich«, sagte Monika Pape, »und erst die Mädchen ... richtige Trampel, tierisch ernst.« Sie stand mit Herbert Strittich zusammen am anderen Ende des Bahnsteiges, und sie blickten einander über die Schulter an.

»Ich hatte ein bißchen Angst für Momber, als er raufstieg«, sagte Strittich, »man verliert die Lust, sich den Leuten in drei Minuten gängig auszudrücken. Hatten Sie keine Angst?«

»Für Harald! Wenn er immer so politisch ist ... das ist doch seine Sache ... immer kommt Harald mit diesen Nazi-Geschichten, das ist doch ...«

»Was ist es denn?« fragte Strittich, er hatte den Kopf auf die Brust gesenkt und leckte sich mit der Zunge über die Lippen.

Sie blickte aus dem Fenster, als koste es sie Mühe, sich weiter auf ein Thema zu konzentrieren, das sie nicht mehr berührte: »Er ist direkt ... intolerant.«

»Und Hirth natürlich auch?«

»Das war einer der schlimmsten, den wähle ich bestimmt nicht.«

»Sie dürfen sich auf keinen Fall von mir beeinflussen lassen, wenn ich Ihnen sage, daß ich wahrscheinlich nur Hirth und Momber wähle.«

»Ich denke gar nicht daran, mich von Ihnen beeinflussen zu lassen!«

»Jetzt werden Sie also, falls Sie Hirth hätten wählen wollen, ihn nicht mehr wählen können, weil es so aussehen würde, als hätte ich Sie beeinflußt. Da habe ich ihm einen schlechten Dienst erwiesen.«

»Fangen Sie doch nicht wieder mit Ihrer Psychologie an.«

»Von Psychologie verstehe ich nichts«, sagte Strittich, »außer daß sie eine miserable Wissenschaft ist. Hamsun und Dostojewskij haben in ihrem kleinen Finger mehr Psychologie als unser berühmter Psychologe Professor Kraus oberhalb des Kragens.«

»Sie wollen einem immer alles vermiesen. Sie wissen genau, daß ich Psychologie sehr interessant finde.«

»Ich habe Ihnen schon ein paarmal gesagt, daß Sie wie ein Backfisch wirken, wenn Sie interessant sagen.«

»Was bilden Sie sich denn ein ... Immerzu reden Sie nur von Ihren Dichtern. Sie halten sich bloß selbst für einen Dichter, das ist alles, und Sie können gar nicht schreiben, darum bringen Sie mir auch nie was mit, immer haben Sie Ausflüchte, aber auf Wildberger schimpfen!«

Er blickte sie eine Weile von der Seite an, indem er seinen Kopf schräg hielt und lächelte: »Müssen Sie denn immer auf Schwätzer hereinfallen? Lassen Sie mich endlich mit Herrn Wildberger zufrieden, ich hab's satt.«

»Was denken Sie sich denn ... mich hier anzuschreien!«

»Auf Wiedersehen«, sagte Strittich, er ging ein wenig schneller.

»Was ist denn mit Ihnen los«, rief sie und beschleunigte ihren Schritt.

»Sie wollten doch immer ernst genommen werden, jetzt nehme ich Sie endlich mal ernst.«

Sie hielt aber Schritt und folgte ihm bis zum Eingang des Gebäudes, dort sagte sie: »Ich gehe zur Mensa.«

»Guten Appetit«, sagte Strittich, »und vergessen Sie nicht zu wählen, Hirth und Momber.«

Eine Woche lang traf er sie nicht mehr im Omnibus, aber immer, wenn er zu einer Vorlesung kam, saß sie schon da, zusammen mit Wildberger und der Ullrich und ihren Freunden. Sie mußte einen Omnibus eher genommen haben, aber wenn er sie auf der Treppe traf, lächelte sie und zeigte ihm alle ihre Zähne.

Am Donnerstag betrat Herbert Strittich als einer der ersten das Wahllokal, eins des Wahlkreises zwei (Philosophische Fakultät), und verließ die Zelle mit einem Gefühl der Zufriedenheit.

»Na, wie steht's denn?« fragte er leutselig den Studenten an der Urne, als er seinen Zettel geknifft und in den schmalen Schlitz gesteckt hatte.

»Ja, wissen Sie«, sagte der Mann, »es ist noch zu früh für alle Prognosen.«

Auch am nächsten Morgen war Herbert Strittich einer der ersten im Flur des Hauptgebäudes, vor dem DIN-A4-Bogen am schwarzen Brett. An der Spitze der Liste stand Ingeborg Brummer mit über siebenhundert Stimmen. Es folgte Herr Hohenstein mit sechshundertfünfundneunzig. An sechster Stelle fand sich Karl-Heinz Schick mit dreihundertundachtzehn. An zwölfter Stelle Helmut Hirth mit hundertundvierundachtzig. Harald Momber stand nicht auf der Liste.

Doch, da stand Harald Momber. Aber unter dem breiten Bleistiftstrich, der unter den fünfzehn Namen quer über den Bogen gezogen war. Momber stand an siebzehnter Stelle, mit einhundertundzwanzig Stimmen. Er war nicht gewählt.

Am Nachmittag sagte Herbert Strittich in der Bibliothek des Historischen Seminars: »Ich kann es gut verstehen, man verliert einfach die Lust, wenn niemand zuhören will.«

»Warum denn«, sagte Momber und lächelte, »vielleicht ist es ganz gut so.«

»Aber Mensch«, rief Strittich, »sind denn die Leute wirklich so dumm?«

»Hören Sie auf, machen Sie doch nicht die Leute verantwortlich. Es war mein letzter Versuch, und damit ist es gut.«

»Ich denke gar nicht daran, mich damit abzufinden.«

»Sie werden schon drüber wegkommen, Meister«, sagte Momber und lächelte, als müsse er Strittich trösten.

Eine Woche später war das Semester zu Ende, und er hatte Monika nicht mehr gesehen, aber Strittich begann in einer Kolonne des Stadtforstamtes, zusammen mit Klausener, im Grunewald Stubben zu roden, und abends strich er, zusammen mit Klausener, oft noch eine Weile durch den brütenden Wald, sprach in abgerissenen, verhaltenen Sätzen mit Klausener, der geduldig zuhörte, und badete, wenn es dunkel geworden war, im Grunewaldsee, zusammen mit Klausener.

Eines Nachts fand er zu Hause zwei Briefe vor. Einer kam aus England und war von Monika Pape, aber Strittich öffnete zuerst den anderen.

Berlin-Schöneberg, am 16.8.50

Lieber Meister Strittich!

Wenn nun bei Ihnen alles bleibt, wie abgemacht – was ich doch stark hoffe –, so kommen Sie, bitte, am 1. 9. um zehn Uhr zu uns. Wir frühstücken, fahren zum Standesamt und – essen weiter. Sie wissen, daß nur die beiden Mütter, Sie und Herr Hirth bei uns sein werden.

Mit herzlichem Dank und besten Grüßen
Ihr Harald Momber.

Dann riß Strittich langsam den hellblauen Umschlag auf.

London, August 12th, 1950

Lieber Herr Strittich,

ich bin nun fast zwei Wochen hier und habe mich schon eingelebt. London ist einfach eine unbeschreibliche Stadt.

Das Eindrucksvollste war Sonnabendnacht der Piccadilly Circus, diese Autos, diese Omnibusse. Straßenbahnen gibt es kaum, dafür aber die tube! Dagegen ist unsere Berliner U-Bahn lächerlich. Aber ich habe mich schon dran gewöhnt, weil der Sohn des Geschäftsfreundes von Vati, ein ganz reizender Bursche, mir alles genau erklärt hat.

Ich werde sicher vier bis sechs Wochen bleiben. In Berlin versäumt man ja wirklich nichts! Wir wollen dann später trips unternehmen, zum *Lake District* und vielleicht bis nach Schottland, in die *Highlands* hinauf.

Ich lasse dann wieder von mir hören.

Schöne Grüße
Monika Pape.

P. S. Eigentlich wollte ich Ihnen gar nicht schreiben, weil Sie zuletzt so ungezogen waren. Sind Sie extra meinetwegen immer einen Autobus später gefahren?

Strittich zerknüllte den Bogen und warf ihn auf den Fußboden, dann war er verärgert mit sich, versuchte, über sich selbst zu lachen, und schüttelte bedeutungsvoll den Kopf. Dann hob er den Bogen auf, glättete ihn, strich ihn so glatt er konnte, und las ihn noch mal durch.

Am Kopfende des Tisches saß Frau Momber, an der rechten Längsseite saßen Harald und Jutta. Frau Momber gegenüber hatte Herbert Strittich Platz genommen, und es folgten Frau Gebert und Helmut Hirth.

Auf einem Hocker am Fenster stand der ausladende Rosenstrauß, den Erich Misch geschickt hatte, und im Zimmer roch es nach Farbe und frischem Putz. Als er glaubte, daß lange genug geschwiegen und schweigend gegessen worden war, klopfte Strittich an sein Glas, nahm die Serviette vom Schoß, faltete sie umständlich zusammen, legte sie auf den Tisch, stand auf und hielt eine Rede.

Danach wurde das Gespräch tatsächlich ein wenig lebhafter, und als sie Kaffee tranken, war eine Unterhaltung im Gange.

Dann brachte Harald Kognak, auch Jutta wollte ein Glas, obgleich sie sich nach dem ersten Schluck schüttelte, und endlich sollte Strittich von seinen Erlebnissen in Grunewald erzählen.

»Man müßte Sie eigentlich bestrafen, Herr Hirth«, sagte Strittich, tief in den Sessel zurückgelehnt, »es sollte vertraulich behandelt werden, daß ich mir heute freigeben lassen mußte und noch dazu vom Stubbenroden, weil man sonst in einer so akademischen Gesellschaft auf einen Proleten wie mich lieber verzichtet hätte.«

»Arbeit adelt«, sagte Hirth, »außerdem hätten Sie sich erinnern können, was neulich Professor Reichardt über das Ethos der Arbeit sagte. Ich wußte nicht, daß Sie Ihr Ethos verheimlichen wollten.«

»Herr Strittich«, sagte Jutta, »verheimlicht sehr gerne was, wie machen Sie das später ... wollen Sie nicht Lehrer werden, unterrichten Sie dann auch so ... vieldeutig?«

»Wenn er nicht vorher seinen Bestseller schreibt«, sagte Harald, »ich bin schon gespannt darauf.«

»Ich sehe«, sagte Strittich, er lachte zufrieden, »es soll wieder einmal über mich hergehen«, aber das schien ihm durchaus nicht unangenehm zu sein, »erstens war von einem Bestseller gar keine Rede ...«

»Natürlich«, sagte Hirth, »Sie machen nur hochklassige Literatur.«

»Sie sind häßlich zu Ihnen«, sagte Jutta zu Herbert Strittich.

»Nein«, sagte er, »ich nehme heute nur Rücksicht auf sie, ich will sie nicht mit ein paar Sätzen vernichten.«

»Es war sicher nicht sehr nett von uns ... vielleicht hätten wir Helmuts Braut und ... Fräulein Pape einladen müssen.«

»Fräulein Pape ist in England«, sagte Strittich.

»Mögen Sie Fräulein Pape sehr?« fragte Jutta und errötete, als er den Kopf wandte, »es war eine dumme Frage ...«

»Nein ... gar nicht töricht«, Strittich blickte vor sich hin, »ich weiß es selbst nicht. Wenn Sie eine Blume in Ihrem Garten haben, dann müssen Sie sie pflegen, wenn sie blühen soll. Man verwendet außerordentliche Mühe darauf, und es kommt natürlich vor, daß man sich umsonst plagt ... nur, manchmal lohnt sich die Mühe.«

»Aber andere Leute«, sagte Jutta und legte eine Hand auf seinen Arm, »brauchen ihre Blumen nicht mal zu begießen?«

»Natürlich, das ist so bei wild wachsenden ... Pflanzen, aber ich habe mich nun mal an den Garten gewöhnt ... Sie können meinetwegen sagen, ans Treibhaus.«

»Und ich dachte, Sie wären ein richtiger ... Naturbursche«, sie blickte ihn an, während sie von ihrem Kognak nippte.

»Es ist schrecklich, was für Geschichten über mich in Umlauf gebracht werden. Naturbursche?« Er schüttelte den Kopf. »Natürlich würde ich gerne wieder eine große Reise machen, mit dem Faltboot vielleicht, wieder einmal ein bißchen ... Ruhelosigkeit. Vielleicht fahre ich im Herbst noch mal weg ...«, er blickte jetzt düster, »... Herbst. Zu einem Freund, der seit einiger Zeit in Westdeutschland lebt.«

»Sagen Sie, Herr Strittich, siezen Sie eigentlich diesen Freund auch noch?«

»Nein«, sagte er und lächelte sie an, seine hellgrauen Augen weit geöffnet, »aber das lag an den ... besonderen Umständen. Es wäre vielleicht widersinnig gewesen, wenn ich zu Kämpfer jemals ›Sie‹ gesagt hätte. Sie halten mich sicher für ... eigenbrötlerisch, aber wissen Sie, daß ich Ihren Mann sehr schätze ...«, er nickte, »sehr schätze. Ich kenne niemanden, den ich mehr anerkenne als ihn, und ich finde es richtig, daß man nicht sofort ›du‹

sagt. Ich finde es richtig und schön, wenn man auch zu einem Mädchen, das man liebt, ›Sie‹ sagt, bis man trotz aller Anstrengungen nicht mehr ›Sie‹ sagen kann. Das ›Du‹ ist etwas so Schönes, daß man es nicht abwerten darf. Und außerdem ... ich würde es gar nicht wagen, zu Harald ›du‹ zu sagen.«

»Was ist?« fragte Harald, er trat zu ihnen, »erzählt er dir scheußliche Geschichten aus seinem Buch?«

»Jetzt werde ich erbarmungslos«, sagte Strittich, »wenn Sie so weitermachen, werde ich Sie in meinem Buch auftreten lassen ... vielleicht als gesinnungslosen SPD-Funktionär, der vierunddreißig Ortsgruppenleiter wird, sechsundvierzig Bürgermeister von Doberlug-Kirchhain und SED-Funktionär, und der sich neunundvierzig als politischer Flüchtling absetzt, so werde ich Sie auftreten lassen.«

»Komme ich auch vor?« fragte Jutta.

»Als Clara Zetkin«, sagte Harald.

Dann standen sie auf dem Flur, und Frau Gebert weinte, und Frau Momber schien auch nichts sagen zu können, als sie Jutta umarmte.

»Du brauchst keine Angst zu haben, Jutta«, sagte sie endlich, »auf Christoph passen gleich zwei Großmütter auf.«

Hirth und Strittich trugen die beiden Koffer auf die Straße, wo das Taxi schon wartete. Sie standen und winkten, als es abfuhr.

»Bei mir funktioniert irgendwas nicht mehr«, sagte Strittich, »können Sie sich vorstellen, wie es ist, wenn Ihnen zum zweiten Mal klar wird, daß jedes Wort, jeder Händedruck, jede Geste, einfach alles, einen doppelten Boden hat?«

»Jetzt werden Sie nicht trübsinnig!«

»Ich fürchte, daß es Harald eines Tages schwer haben könnte.«

»Meinen Sie etwa, wir werden es leichter haben?«

»Sie verstehen mich nicht ... wenn ein Mensch liebt, ist es leicht, ihn mörderisch zu quälen, er ist wehrlos.«

»Das müssen Sie mir erklären, ich verstehe es sonst nicht. Was halten Sie davon, daß ich Sie einlade, unseren Neid ersäufen.«

»Eine ausgezeichnete Idee, ich kann's brauchen.«

Der Interzonenzug nach München war unsauber und voll, aber sie fanden zwei Plätze nebeneinander an einem Fenster, in Fahrtrichtung, und nachts brannte im Abteil kein Licht, und alle anderen Leute schliefen.

Onkel Rudolf Brammer holte sie mit seinem Wagen vom Hauptbahnhof ab, sie blieben eine Nacht bei ihm und fuhren am folgenden Tag über Rosenheim, Berchtesgaden nach Ramsau.

Sie blieben vierzehn Tage in Ramsau, und der Wirt, die Wirtin, das Gesinde, der Besitzer des Papierladens und seine Tochter und der Wirt des Gasthofes, in dem sie abends manchmal saßen – alle waren freundlich zu ihnen.

Sie unternahmen ausgedehnte Spaziergänge und blickten von den Höhen in die Täler und von den Tälern zu den Bergen auf und zu den rötlichen Abendfarben und den weißen und grauen und violetten Wolken.

Die Wohnung war immer noch nicht fertig, als sie heimkehrten. Im Flur standen Leitern und Böcke, ein Kalkkasten, aber das Schlafzimmer war eingerichtet. Seine Mutter hatte schon die Betten mit der Wäsche bezogen, die Tante Ruth aus Stockholm geschickt hatte.

Sie kamen spätabends an, und Harald nahm Christoph auf den Arm, und Christoph schrie lange und unfreundlich, ehe er später wieder einschlief. Jutta, in ihrem leichten, blauen Nachthemd, rüttelte Harald am nächsten Morgen an den Schultern und rief: »Telefon, Harald, die Universität!« Er tappte zum Wohnzimmer, ließ sich in den Sessel fallen und sagte: »Ja, Momber?«

»Guten Morgen, hier ist der Konvent der ›Freien Universität‹.« Jutta stand in der Tür, und Harald winkte ihr. Sie kam zu ihm und legte eine Hand auf seine Schulter, aber er zog sie zu sich herab, und sie setzte sich gehorsam auf seinen Schoß. Harald hielt den Hörer so, daß sie mithören konnte.

»Schön, daß ich Sie erreiche«, sagte die fröhliche Stimme im Hörer, »es handelt sich nämlich darum: zwei der gewählten Kandidaten sind jetzt zurückgetreten, und da Sie Nummer siebzehn waren, würden Sie nun nachrücken, und wir wollen fragen, ob Sie bereit wären …«

Der Konvent, die Universität waren fremd, weit fort, und die Stimme im Hörer schien sinnlos erregt.

»Es geht darum, Herr Momber, es soll dieser Tage eine Besprechung stattfinden, und wir würden Sie dazu einladen, wenn Sie annähmen, wir müßten sonst jemand anders benachrichtigen, und ich wäre ihnen natürlich dankbar, wenn Sie jetzt schon …«

Harald blickte Jutta an, und Juttas Gesicht war sehr nahe, ihre Augen, ihre Nase, ihre Lippen, und ihre Augen waren klein und müde, aber dann nickte Jutta langsam mit dem Kopf.

»Ja«, sagte Harald, »ich nehme an.«

Der Anfang vom Ende

Da vorne ging es sehr friedlich zu.

Am oberen Rande des Holzrahmens der Wandtafel waren die drei Fahnen befestigt. Die Farben der Universität: schwarz-weiß-blau, flankiert von der schwarzrotgoldenen und der weißen und roten Fahne mit dem schwarzen Bären des Landes Berlin. Links und rechts neben dem Rednerpult stand je ein Lorbeerbaum, ausgeliehen von der Blumenhandlung und Kranzbinderei Lohmann, Berlin-Zehlendorf.

Neben dem Rednerpult auf dem Podium präsidierten mit gefaßten Mienen der erste Vorsitzende, der zweite Vorsitzende, die beiden Schriftführer des ersten Konvents zu seiner letzten Sitzung.

Zu ihren Füßen, gedrängt zwischen Podium, Fenster und Tür, musizierte das Collegium musicum instrumentale der ›Freien Universität‹ beflissen.

Der Festakt lief mit der gemächlichen Präzision eines traditionellen Ritus ab.

Der ASTA-Vorsitzende begrüßte der Reihe nach, vom Rektor angefangen, über die Vertreter des Senats, der befreundeten Alliierten, bis hinab zu den Mitgliedern der Universitätsverwaltung, alle Ehrengäste, und es dauerte eine Weile, weil sich nach jedem Namen und jeder Würde Beifall erhob.

Er las seinen Rechenschaftsbericht vom Blatt ab, weil er die vielen Zahlen, mit denen er seine Ausführungen belegte, unmöglich hätte im Kopf behalten können, und gab der Hoffnung Ausdruck, daß die Arbeit, die dieser erste Studentenkonvent und sein ASTA geleistet habe, Ansporn sein möge für die neuen Studentenvertreter.

Der ASTA wurde sodann vom scheidenden Konvent einstimmig entlastet.

Daraufhin erklärte der Konventsvorsitzende den ersten Studentenkonvent der ›Freien Universität‹ als aufgelöst.

Es folgte hierauf der Bericht des Hauptwahlleiters, der endlich, Namen für Namen, die neuen Konventsmitglieder aufrief und befragte, ob sie ihr Amt anzunehmen gedächten oder nicht.

Sodann nahm – nach der Satzung – der erste Vorsitzende des aufgelösten Konvents als zweiter Vorsitzender des neuen Konvents wieder am Vorstandstisch Platz und schritt zur Wahl des ersten Konventsvorsitzenden.

Da die Besetzung der beiden wichtigsten Stellungen, die des ersten Konventsvorsitzenden und des ersten ASTA-Vorsitzenden, bereits seit der Wahl im Juli Gegenstand intimer Diskussionen gewesen war und am vorhergegangenen Abend die diffizilen Fragen ein vorentscheidendes Mal besprochen worden waren, war man sich über die Person des ersten Konventsvorsitzenden bereits einig.

So wurde Herr Plautus, Betriebswirtschaftler, jovial, mit starker Hornbrille, feuchter Stimme, überzeugungskräftiger Gestik, bei vier Enthaltungen zum ersten Konventsvorsitzenden gewählt. Er trat hinter das Katheder, bedankte sich für das außerordentliche Vertrauen und betonte, daß er sich, getreu dem Wahlspruche der Universität ›Veritas, Justitia, Libertas‹, seiner verantwortungsvollen Aufgabe unparteiisch, objektiv und sachlich widmen wolle.

Herr Plautus leitete sogleich über zur Wahl des ASTA-Vorsitzenden, der, wie es in der Satzung hieß, die Belange der Studentenschaft nach innen und außen zu vertreten hatte.

Bei dieser Wahl lagen die Dinge schwieriger, da sich ursprünglich drei Bewerber gefunden hatten, unter ihnen auch Fräulein Brummer. Erst nach einer Stichwahl am Abend vorher war es nicht zuletzt dem Zuspruche Herrn Hohensteins zu danken gewesen, daß Fräulein Brummer und auch der dritte Kandidat verzichtet hatten, um das festliche Bild der Eröffnungssitzung nicht durch hitzige Personaldebatten zu trüben.

Julius Brandenburg, Mediziner, achtes Semester, wurde gegen vier Stimmen, bei sechs Enthaltungen, gewählt.

Brandenburg schritt groß, schlank, nachdrücklich zum Katheder. Er ließ seinen feierlichen Blick lange durch den Raum schweifen, ehe er zu sprechen anhob.

Von der Verpflichtung, die alle Studenten eingingen, wenn sie sich entschlossen, an der ›Freien Universität‹ zu studieren.

Von der beispielhaften Haltung der tapferen Studenten in der Ostzone, deren Gesinnung ein Fanal sein müsse und Gedenken wachrufe an die Heldentaten der Geschwister Scholl in München im Kampfe gegen Hitler. Vom deutschen Studenten heute sprach Julius Brandenburg. Vom Studenten der ›Freien Universität‹, der dem Wahlspruch der Universität treu bliebe: ›Wahrheit, Recht und Freiheit‹.

Nach der Ansprache des ersten ASTA-Vorsitzenden musizierte das Collegium das ›Adagio‹ von E. Tontiprini.

Danach sprach der Rektor, Professor d'Olifant.

Es gab anhaltenden Beifall, und das Collegium musicum intonierte die ›Cavatine Numero dreizehn‹ von Rafael Giambattista.

Herr Plautus erlaubte sich, Magnifizenz für die warmen Worte zu danken, und vertagte die Sitzung auf zwei Uhr.

Nach dem Essen schlenderte man, in Gruppen plaudernd, zum Sitzungssaal zurück.

Punkt vierzehn Uhr schwang Herr Plautus die Glocke und rief: »Bitte, holen Sie doch die Abgeordneten vom Wandelgang herein!«

Denn es waren immer noch wichtige Stellungen zu besetzen.

Es waren zu wählen: der zweite ASTA-Vorsitzende, ein Sozialreferent, ein Außenreferent, ein Finanzreferent, ein Referent für gesamtdeutsche Fragen und noch mehrere andere ASTA-Referenten und außerdem die Senatssprecher, ein Kuratoriumssprecher, die Fakultätssprecher und die Vertreter dieser Sprecher.

Und vor jedem Wahlgang gab es eine ausführliche Personaldebatte, wobei die Betroffenen selbstverständlich den Raum verließen.

So herrschte ein Kommen und Gehen. Eine Zeit tüchtiger Regisseure.

Herr Hohenstein befand sich ständig in Bewegung. Herr Hohenstein befand sich im Plenum, beim Vorstand, auf dem Flur. Und fand zwischendurch noch Zeit: »Hört, hört!« zu rufen.

Herr Hohenstein wurde Fakultätssprecher. Auch für Fräulein Brummer fand sich eine Lösung: sie wurde zum Senatssprecher gewählt. Damit war sie selbst nur halb zufrieden.

Helmut Hirth wurde stellvertretender Fakultätssprecher.

Erich Misch wurde Fakultätssprecher der Mediziner. Und Marianne Latour wurde Fakultätssprecher der juristischen Fakultät.

Aber Erich war verdrossen: »Ich habe mir alles anders vorgestellt«, sagte er zu Harald, »ausgerechnet Plautus und Brandenburg. Plautus ist ein aalglatter Hund, und Brandenburg ist ein Fanatiker.«

»Du bist doch ein alter Kämpfer, warum hast du deinen Einfluß nicht geltend gemacht?«

»Immerhin habe ich meine Mediziner davon überzeugt, daß es ein Verbrechen gewesen wäre, Herrn Schick zum Referenten für gesamtdeutsche Fragen zu machen, und das war schwer genug.«

Etwa um sechs hatte man die wichtigsten Posten besetzt. Die Wahlen der Mitglieder der Konventsausschüsse blieben allerdings für die nächste Sitzung aufgehoben.

Um acht Uhr sollte im Studentenklubhaus ein Beisammensein stattfinden. Helmut Hirth wollte vorher noch einmal nach Hause fahren, und Harald ging allein zur U-Bahn. Auf dem Wege zum Bahnhof rief ihn Marianne Latour an: »Lauf mir doch nicht weg, Harald! Gehst du auch zum Klubhaus?«

»Ja«, sagte Harald, »aber ich werde nicht lange bleiben.«

Schweigen.

»Ich hörte, du hast ... geheiratet?«

»Ja«, sagte Harald, »im Sommer.«

»Ich wollte dir längst gratulieren, aber wir haben uns so lange nicht mehr gesehen.«

»Ja ... danke.«

»Eigentlich sollten wir endlich erwachsen genug sein, es zu begraben, oder nicht?«

»Ich meine doch.«

Schweigen.

»Sag mal, Harald ... bist du jetzt glücklich?«

Er blickte sie an, sie gab seinen Blick ebenso ruhig zurück: »Ja.«

»Ich wünsche es mir auch. Jemand fragt, und man sagt ›ja‹. Ich fände es schöner, wenn du es meinetwegen sagen würdest, aber, wer weiß, vielleicht ist es besser so.«

Im Klubhaus ging es sehr fröhlich zu. Ein paar der alten Abgeordneten waren noch einmal gekommen und schienen sich nicht von ihren Erinnerungen trennen zu können. Alle gratulierten einander. Vor allem jenen gratulierte man, gegen deren Wahl man am Nachmittag noch die schwerwiegendsten Gründe vorgebracht hatte.

Herr Hohenstein bewegte sich von Tisch zu Tisch und war bald allgemein beliebt, weil er unerschöpflich Witze erzählte.

Später kauften sie sich ein paar Flaschen Wein und setzten sich in ein kleines Zimmer unter dem Dach: Erich Misch, Hirth, Harald und Marianne Latour. Und nach einer Weile war es fast wie in den schönen alten Zeiten. Fünfundvierzig und sechsundvierzig. Und Anfang siebenundvierzig.

Als alles noch so einfach war.

»Du mußt dir wirklich bald einen neuen Mantel kaufen«, sagte Monika.

»So, findest du?«

»Finde ich ... immer wenn du mit Harald Momber zusammengewesen bist, bist du so ... und warum sagst du auch noch, du beneidest ihn?«

Strittich blickte aus dem Fenster. Sie saßen allein auf dem oberen Deck des Autobusses, der rüttelnd durch die feuchten Straßen fuhr, vorüber an den nassen Bäumen, den Lichtgespinsten der Laternen.

»Weil er sich niemals begnügen wird«, sagte Strittich, zu der Fensterscheibe, die undeutlich sein Gesicht widerspiegelte, »würde es dir vielleicht gefallen, die Untertitel zu einem ausländischen Film zu schreiben, wenn du weißt, was die Schauspieler in der Originalfassung sprechen? Ich schreibe nichts als die Untertitel. Momber spricht den Dialog.«

»Dabei sagst du immer, man darf sich niemals ... engagieren.«

»Ich habe dir auch gesagt, daß ich mich nicht wiederholen kann.«

»Du bildest dir so was immer ein. Weißt du, dieser amerikanische Schriftsteller, den ich in England getroffen habe ... du mußt nur erst dein Buch schreiben, die Amerikaner grübeln nicht so viel ... da mußt du ja verrückt werden«, sagte sie und legte einen ausgestreckten Zeigefinger auf die Lippen.

»Vielleicht sollte ich besser Essays schreiben«, sagte Strittich, »weltanschauliche Essays, vielleicht müßte ich irgendeine Weltanschauung überwinden; Weltanschauungen sind nur noch dazu da, um durch Essays überwunden zu werden.«

»Trotzdem«, sagte Monika nachdenklich, »ich möchte wissen, woran es liegt, immer, wenn du richtig ... nett bist, muß Harald kommen.«

»Ich denke, du hattest einen Horror vor diesem Spaziergang?«

»Das habe ich nie gesagt«, sie war entrüstet, »ich habe nur gesagt, es regnet vielleicht, und ich habe keinen Regenschirm mit. Warum hat er denn dieses Mädchen heiraten müssen? Weil sie ein Kind hat. Bloß, damit alle sehen, wie anständig er ist. Harald macht alles nur so.«

»Mir genügt das. Selbst wenn er sie aus Anständigkeit geheiratet hätte und eine glückliche Ehe führt.«

»Jetzt kommst du wieder mit deinen Ehepredigten. Schrecklich sind deine Liebesgeschichten ... so normal.«

»Ja, normal. Ich habe meine Pubertät hinter mir. Ich habe was gegen Leute in Ausnahmesituationen. Was würdest du sagen, wenn dich jemand sitzengelassen hätte ... zum Beispiel der amerikanische Schriftsteller in London, und ich würde dich aus Anständigkeit heiraten?«

»Ich würde dich überhaupt nicht heiraten wollen ... aus Anständigkeit. Du wirkst direkt ... als wolltest du Momber nachäffen.« Sie legte eine Hand auf seinen Arm und blickte ihn hilfsbereit an: »Aber wenn du mir etwas vorliest oder auch, wie eben, als wir spazierengegangen sind, dann weiß ich ... wie du es meinst, wenn du erzählst, aber jetzt verstehe ich dich nicht mehr.«

»Weil ich jetzt ehrlich bin«, sagte Strittich, »beim Vorlesen oder beim Spazierengehen bin ich nicht ehrlich.«

»Ja, sag es noch so, daß man es fast glauben könnte«, sie streichelte seinen Arm.

»Vielleicht schmeiße ich alles weg, was ich schon geschrieben habe«, sagte Strittich, »ich habe viel zuwenig Politik drin.«

»Es darf auch keine Politik sein«, sagte Monika eifrig, »weil es Dichtung sein wird.« Und beinahe flehend: »Du wirfst doch nichts weg?«

»Ich werde abwarten, wie weit mich die Wissenschaft noch herunterbringt. Weißt du noch, neulich, als du dein Referat halten mußtest?«

»Über Lenau, ja, warum?«

»Als ich dich abgeholt habe und du mir erzählt hast, wie es war?«

»Ja, warum denn?«

»Und du warst froh, daß Herlich das Referat gut fand?«

»Du hattest mir ja fast alles ... geholfen.«

»Trotzdem, du warst stolz darauf.«

»Was war denn da?« fragte sie ungeduldig.

»Nichts weiter«, sagte Strittich und lehnte sich zurück, »als du die Treppe herunterkamst, habe ich dich sehr geliebt.«

»Ach so«, sie lachte unsicher und spielte mit ihren Handschuhen.

»Warum gerade da?«

Strittich wartete eine Weile, er spitzte die Lippen, als pfiffe er, zog sie wieder zurück, dann schlug er mit beiden Händen auf die Schenkel und sagte endlich: »Weil ich gerne Mädchen wachsen sehe.«

Sie blickte ihn ratlos an, sein Profil, die lange, gerade Nase, die starken Backenmuskeln, die Augenwinkel, das ausgeprägte Kinn, die rastlosen Lippen.

Monikas Herz klopfte heftig, und es war leer auf dem Oberdeck, wenn er sie jetzt küßte, dachte Monika heftig, jetzt, jetzt, aber seine Hände blieben im Schoß.

»Vielleicht wäre es besser, wenn Momber immer in der Nähe wäre«, sagte er ruhig.

»Wieso denn?« fragte sie mit belegter Stimme, weil sie hoffte, das Gespräch könnte noch einmal eine Wendung nehmen.

»Weil ich ehrlich bin, wenn er in der Nähe ist.«

Sie atmete heftig aus und setzte sich verärgert zurecht.

Der Omnibus, der letzte auf dieser Strecke an diesem Abend, rüttelte über die feuchten glänzenden Straßen, der Schaffner lehnte an der Haltestange im Eingang und blickte hinaus.

Monika saß trotz allem eine Weile noch angespannt, bis er sagte – und schon als er den Mund öffnete, spürte sie, daß sie vergeblich gewartet hatte, und es war wieder, als ob er ihr den Abend gestohlen hatte, und sie rückte von ihm ab, weil er sie im Stich ließ – er sagte: »Ich finde es reizvoll so, Winter ohne Schnee, du nicht?«

»Nein«, sagte Monika, »ich finde es scheußlich.« Sie preßte die Lippen aufeinander.

Strittich beachtete ihre Lippen nicht, er wußte, ohne hinzusehen, daß sie ihr Gesicht verzog, und lächelte zufrieden vor sich hin. Er leistete dem Gerüttel des Wagens auch keinen Widerstand mehr, sondern ließ seinen Kopf einfach schaukeln.

»Du hättest nicht auf mich zu warten brauchen«, sagte Harald, »du wußtest doch, daß es sehr spät werden würde.«

»Erst habe ich vergessen, daß du heute zum Konvent gehen wolltest, und später fiel mir ein, daß du völlig verhungert sein würdest.«

»Ich hätte mir schon was zu essen gesucht.«

Sie saß am Tisch ihm gegenüber, während er die Suppe löffelte. »Wie war's denn heute?«

»Nichts, wie üblich.«

»Du hast nicht allmählich ein besseres Gefühl?«

»Nein, wahrscheinlich bin ich völlig nutzlos.«

»Und wie war es in der Schule?«

Er sah vom Teller auf und schüttelte lächelnd den Kopf: »Heute hätten sie mich beinahe reingelegt. Es war eine Frage aus der französischen Verfassungsgeschichte. Erst wollte ich stottern, aber schließlich habe ich eingestanden, ich wüßte es nicht. Es war weniger blamabel, und sie waren sehr fair. Nur muß ich mich morgen früh im Seminar gleich vergewissern. Wie war es bei dir?«

»Nichts Besonderes«, und mit angespannter Stimme rasch fortfahrend, »ich weiß nicht, ob ich weiterstudieren soll.«

»Wieso?« fragte er ungeduldig, übermüdet, »hat sich Herr Hedermann, der liebe Papa, wieder mal nicht freundlich benommen?«

»Ich habe ihn gar nicht gesehen, nein, aber ich weiß nicht, ob es nicht besser wäre, wenn ich auch ... verdiene. Ich kriege leicht eine Stellung bei irgendeinem Labor«, sagte sie eifrig und zupfte mit den Fingern an der Tischdecke, »wenn ich dich ansehe, du machst dich kaputt, und ich ... studiere auf deine Kosten.«

»So?« Er schob mit beiden Händen das Fleisch seiner mageren Wangen hoch und befühlte den Hals, blies die Wangen auf, betastete sie, »wieso, sehe ich nicht sehr gesund aus?«

»Ganz und gar nicht, du wirst immer schmaler und nervöser.«

»Ach was«, sagte er matt, »es ist bloß jetzt, und dann strengt mich auch der Unterricht noch sehr an, weil ich immer höllisch aufpassen muß, das wird mit der Zeit besser. Es dauert ja auch nicht ewig, mit meinem Examen.«

Er gähnte lange und lachte, als sie den Kopf schüttelte: »Entschuldige«, sagte er, »eine schöne Fresse habe ich gemacht, was?«

»Ja, du ruinierst dich, aber immer behauptest du, du tätest nichts, reineweg nichts.«

Er stand auf und legte sich auf die Couch und zündete sich eine Zigarette an, während sie ihm den Aschenbecher brachte und sich neben ihn setzte.

»Ich tue doch auch nichts«, sagte er langsam, »überhaupt nichts, oder denkst du etwa, das bißchen Reden im Konvent zählt irgendwas. Ich habe es mir anders vorgestellt ... vielleicht, wenn ich dort etwas zu tun hätte ... Einfluß ... sie werden immer hysterischer.«

»Ich habe vorhin lange mit deiner Mutter gesprochen, als sie kam.«

»Bleibt sie endgültig in der Flüchtlingsstelle?«

»Ja, sie war ganz kaputt. Den ganzen Tag. Und alle, die zu ihr kommen, reden vom Krieg. Jetzt sei es in Korea losgegangen, und hier würde es auch losgehen, und die Ostzone würde befreit. Und einer hat sie eine Kommunistin genannt, weil sie gesagt hat, sie fände es gar nicht schön, wenn man sich auf einen Krieg freue, sie sollten sich überlegen, ob sich ein Krieg lohnt.«

»Das sieht ihr ähnlich«, sagte Harald, »was meinst du, was ich im Krieg für Angst um sie ausgestanden habe.«

Er wollte endlich schlafen, aber es redete weiter aus ihm heraus, unaufmerksam, erschöpft, »diese verdammten Kommunisten sind hysterisch genug, nur, wenn du auch bei uns Hysterie erzeugst, erreichst du bloß, daß es eines Tages von selbst losgeht, und dann will es wieder niemand gewesen sein. Jetzt rüsten sie. Natürlich, die Russen haben angefangen, und wir müssen auch stark sein. Sonnenklar. Aber es fällt ihnen nichts weiter ein, als auch zu rüsten, und damit wollen sie den Weltkommunismus erledigen. Mit Rüsten und scharfsinnigen Büchern, die den Bolschewismus ›ad absurdum‹ führen, verstehst du?«

»Aber es waren so viele Konferenzen, meinst du, sie werden sich jemals einigen?«

»Solange sie noch Konferenzen machen und reden und sich Briefe und Noten schreiben, schießen sie wenigstens noch nicht. Sie sagen, es kommt nichts dabei heraus, wenn sie mit den Russen reden. Doch, es kommt etwas dabei heraus, daß wieder ein Tag länger noch nicht geschossen worden ist. Für Reden und Noten und Konferenzen ist es niemals zu spät, und für den Krieg ist es immer zu früh. Jetzt wird in Korea geschossen, und meinst du vielleicht, mir ist es angenehm, zu wissen, daß dort Leute sterben, meinst du, ich ... ich ... aber hier haben sie jetzt Angst, sie haben Angst vor den Russen und werden hysterisch. Herr Schick.«

»Hat er heute wieder gesprochen?«

»Ja, und wie. Dabei ist er im Grunde nur ein dummer Junge. Es gibt viel gefährlichere. Das Schlimme ist«, er richtete sich auf und stützte sich auf die Ellbogen, »... schau dir Hirth an. Hirth ist ehrlich, Hirth ist besonnen. Es ist für ihn eine Frage der Überzeugung, wie für mich. Hirth glaubt den Russen nicht mehr. Hirth sagt, man darf nicht mit ansehen, daß in Konzentrationslagern Menschen umgebracht werden. Man dürfe nicht mehr nachgeben, wie man Hitler nachgegeben habe. Er meint, es hätte neununddreißig keinen Krieg gegeben, wenn sie Hitler vorher nicht immer nachgegeben hätten. Mag sein, daß er recht hat.

Hirth weiß, daß auch bei uns nicht alles zum besten steht, schön, aber wir sind, was alle die Freiheiten anbelangt, meint er, den anderen immer noch um mindestens fünfzig Jahre voraus. Und um diese fünfzig Jahre, sagt er, würde er sich auch hinter ein Maschinengewehr legen, dafür würde er bereit sein zu sterben. Warum glaubt es mir keiner, daß ich zur Not auch ein Maschinengewehr bedienen würde ... Sie gehen von dem Standpunkt aus, daß es unser Recht und unsere Pflicht ist, den Kommunisten zu zeigen, was Anstand und Sitte ist, aber die Selbstgefälligkeit, mit der sie sich hinstellen ... christliches Abendland. Damit haben sie ihr ideologisches Pensum erledigt. Niemand hat es nötig, sich in Frage zu stellen, man hat ja im Bedarfsfalle ... das christliche Abendland. Ich habe einmal einen Kreuzzug erlebt ... und ohne diesen Kreuzzug lebte ich vermutlich nicht mehr, also gut, aber ich hatte auch einmal eine Hoffnung auf eine bessere Welt nach dem Kriege.«

Jutta schob ihn zurück, bis er wieder auf der Couch lag. Er hielt die Augen geschlossen, und sie streichelte seine Stirn.

»Entschuldige, Jutta, ich rede sicher dummes Zeug, aber man wird ja verrückt, wenn man nichts machen kann.«

»Geh jetzt ins Bett, sonst bist du noch zu müde, dich auszuziehen.«

Er lag da und schien kaum zu atmen, und sie blickte auf sein Gesicht hinab und sagte nach langer Zeit: »Es wird keinen Krieg geben, wir haben beide schon genug Krieg gehabt, und es wird keinen Krieg geben. Du brauchst dir keine Sorgen zu machen, du brauchst gar nichts zu tun, und es gibt trotzdem keinen Krieg.«

»Ja«, sagte er, »es ist gut«, er schlug wieder die Augen auf und lächelte, sein Gesicht bewegte sich nicht, aber seine Augen lächelten. »Du brauchst mich nicht zu trösten, meine Jutta, bloß, im Augenblick bin ich so entsetzlich müde, verstehst du?«

»Ja.«

»Und wenn ich müde bin, habe ich manchmal ... Angst, ich kann auch dann nichts ... machen.«

»Aber Harald«, sie versuchte zu flüstern, aber ihre Stimme schlug durch, »dafür bin ich doch da, wenn du Angst hast.«

»Ja, ich weiß, Jutta, du bist da.«

Am wohlsten fühlte sich Karl-Heinz Schick, wenn er spätabends noch im Büro sitzen konnte und wußte, daß er bis auf die Wache in der Pförtnerwohnung der letzte im Hause war, der letzte in den Dienstzimmern, allein, im Büro des Chefs.

Dann saß er am Schreibtisch, und vor ihm lag das Schlüsselbund, lagen die Schlüssel zu allen vertraulichen Unterlagen und Dokumenten. Von Zeit zu Zeit schrillte das Telefon, und jemand rief an, und Karl-Heinz Schick hatte einen Block vor sich und schrieb auf, was ihm jemand zu sagen hatte in kurzen, verschlüsselten Sätzen. Er hörte angespannt zu und gab zuletzt jemand eine kurze Weisung, nannte ein Datum oder einen Namen, vielleicht auch eine Warnung, oder er sagte, es sei ein Paket ›Waschpulver‹ abzuholen.

›Waschpulver‹ hieß: Flugblätter.

Die Fensterläden waren geschlossen, der Blechschirm der Tischlampe warf einen kreisrunden Lichtfleck auf die Schreibtischplatte, auf die Papiere und Beistifte, die aufgeschichteten Zeitungen, auf die Schlüssel und auf die Hand, die eilig schrieb.

Dann war das Gespräch zu Ende, und Schick lehnte sich zurück, nahm einen tiefen Zug aus der Zigarette, Karl-Heinz Schick saß wie auf einem Beobachtungsstand und lauschte in die Nacht.

Dann klingelte wieder das Telefon, und er lehnte sich nach vorn, und als er den Hörer von der Gabel nahm, hatte sein Gesicht wieder den gespannt erwartungsvollen Ausdruck.

»Ja«, sagte er ruhig.

Er schob mit der rechten Hand den Block zurecht, nahm den Bleistift zur Hand, aber seine Miene entspannte sich, und er setzte sich bequem. »Du bist's, Erwin?«

Er lauschte auf die ferne, erregte Stimme und schüttelte den Kopf: »Also ich sage dir, Erwin, du brauchst keine Angst zu haben, ja... ich habe dir erst gestern gesagt, wir müssen abwarten... die Dinge reifen lassen... ich habe gesagt, daß ich dir Bescheid gebe. Ungeduld gefährdet die ganze Aktion. Ich darf dir nur so viel sagen, daß wir einer tollen Sache auf der Spur sind. Ja«, seine Miene spiegelte Überdruß, »ich kann doch nichts dafür, daß Kurt Breuer für deine Kuriere verantwortlich ist ... außerdem hat Kurt nichts damit zu tun ... was? Kurt ist krank, soviel ich weiß ... Natürlich weiß der Chef Bescheid ... ja, morgen oder übermorgen, er muß noch in Münster und Hamburg sprechen ...« Schick betrachtete den Bleistift, rollte ihn endlich mit der flachen Hand auf dem Tisch: »Fang nicht schon wieder an ... Kurt ist ... woher soll ich das wissen ... vielleicht liegt er bei seiner Tante ... irgendwo in Siemensstadt ... ja ... auch nicht genau.«

Er kritzelte auf dem Schreibblock und nickte, rasch, ungeduldig. »Ja, wir geben dir Bescheid ... aber Erwin, ich warne dich ... veranlasse jetzt nichts ... nichts, es wäre eine Katastrophe ... und hör endlich auf, mich nach Kurt zu fragen, ich weiß es nicht ... Wiedersehen ... übrigens, du wirst Mund und Nase aufsperren, das kann ich dir jetzt schon sagen ... Wiedersehen.«

Schick legte den Hörer auf die Gabel und lehnte sich in den Sessel zurück. Er klopfte noch eine Zeitlang mit dem Bleistift auf die Tischkante, bis er aufstand.

Die Diele war unbeleuchtet, aber Schick brauchte kein Licht. Die ›Leitstelle für gesamtdeutsche studentische Angelegenheiten‹ war sein Zuhause. Mehr noch als sein Zuhause, sie war sein ganzer Stolz, seine bedeutungsvolle Aufgabe und war seine Vergeltung.

Er fand den Weg zur Treppe und brauchte auch die Stufen nicht zu zählen. Allerdings dauerte es eine Weile, bis er den Schlüssel für die Bodentür gefunden hatte. Es hingen zu viele Schlüssel an dem Bund.

Aus der Kammer schimmerte Licht durch die Türritzen. Er fand die Türklinke mit einem Griff, ohne daß er hätte zu tasten brauchen.

Der hellgelbe Papierschirm milderte kaum das grelle Licht der Birne unter der Decke. Ein Tisch stand dort, daneben ein Hocker, ein Handtuch, Waschzeug darauf. Es roch nach feuchter, am Heizkörper trocknender Kleidung und Zigarettenqualm. An der Wand stand ein eisernes Bettgestell, auf der eingesackten Matratze lag ein Mann, auf dem Bauch.

»'n Abend, Kurt«, sagte Schick.

Der junge Mann drehte sich schwerfällig um, endlich lag er

auf dem Rücken, er rieb sich die Augen und blinzelte in die Helligkeit, dann blickte er Schick an: ein blasses, weiches Gesicht von ungesunder, tünchiger Hautfarbe. Er war nicht älter als Schick.

»Dicke Luft hier«, sagte Schick, »mach mal das Fenster auf.«

»Hast du mir was zu essen mitgebracht?« fragte der Mann leise.

»Gleich kriegst du was, Horst kocht schon eine Suppe, er bringt dir was rauf, auch Brot, und was zu trinken.«

Der Mann wälzte sich wieder auf die Seite, starrte die Wand an, er lag mit gekrümmtem Rücken.

»Erwin Meier hat eben angerufen«, sagte Schick.

Der Mann fuhr herum, seine Angst war nun offenbar, er konnte sich nicht mehr verstellen und lauschte offenen Mundes auf eine neue Gefahr.

»Hast du ihm was gesagt?« fragte er ängstlich.

»Ich bin doch nicht blöd«, sagte Schick, »es bleibt unter uns ... sonst, jetzt, wo wir wissen, daß jemand gequatscht hat, ist es auch besser ... für dich.«

»Karl-Heinz«, wenn er flüsterte, klang es nicht mehr so weinerlich, »ich denke immer ... Karl-Heinz, wenn wir sie doch noch warnen ... lieber jetzt gleich.«

»Das wäre das Dümmste, was wir tun könnten, kurz vor dem Ziel, das kommt nicht in Frage, du mußt mindestens noch einmal hin.«

Der Mann nickte mehrmals mit dem Kopf, als müsse er sich Mut machen, »aber wenn sie erfahren, daß ich hier bin ... sie mich beobachtet haben?«

Schick setzte sich auf die Bettkante und schlug ihm kräftig auf die Schulter, »wir haben dich beschatten lassen, ich habe dir gesagt, niemand kann dir gefolgt sein, du hast deine Rolle gut gespielt. Sie denken, du kommst bestimmt wieder.«

»Und wenn ... wenn sie die anderen inzwischen verhaften ...«

»Jetzt mache kein Theater«, sagte Schick laut, »schließlich versuchen wir, aus dem Schlamassel rauszuholen, was rauszuholen ist, schließlich hättest du vorher an die anderen denken können.«

»Karl-Heinz, ich sage dir doch ... es war doch nur, weil ihr immer... gesagt habt... ich tauge nicht mehr für die Arbeit... ich wollte doch endlich auch mal wieder... und wenn ich ...«

»Ja, wenn, wenn, für ein ›wenn‹ Menschenleben aufs Spiel setzen ... es handelt sich schließlich um Kameraden, die ihr Leben in unsere Hand gegeben haben ... na gut, wir schmeißen die Sache schon noch, du darfst jetzt nicht die Nerven verlieren. Was soll ich denn da erst sagen?«

»Ich glaube, ich kann nicht noch mal«, sagte der Mann und bewegte den Kopf auf dem Kopfkissen langsam hin und her und schluckte, »Karl-Heinz, du bist der einzige, mit dem ich reden kann ... und wenn ich an die Russen denke ... immer derselbe, der mich verhört ... schon zweimal, ein ganz junger Bursche, ein braunes Gesicht hat er und Augen ...«, er hob die Hände und versuchte vergeblich, mit beiden Zeigefingern die Form der Augen in die Luft zu zeichnen. »Und wenn er mich so ansieht ... und die Dolmetscherin ... ich denke immer, sie wissen alles ... und lassen mich nur zappeln.«

»Das ist ihr Trick, so tun, als wüßten sie alles, du darfst doch nicht auf diesen uralten Trick reinfallen. Warum liest du nicht ein bißchen, du mußt dich ablenken, ich habe dir Bücher aus dem Seminar mitgebracht.«

»Nein, ich kann nicht lesen ... ich hab's doch versucht.«

»Ich werde dir was zu essen schicken.« Schick stand auf.

»Karl-Heinz«, der Mann streckte eine Hand aus, als wollte er Schick festhalten, aber die Hand fiel nutzlos herunter, »hältst du mich auch für einen ... Spitzel?«

Schick antwortete nicht, ließ eine Pause verstreichen.

»Nein, Kurt«, sagte er nach der langen Pause, »schließlich macht jeder mal eine Dummheit, deine war allerdings ein bißchen ... viel. Aber jetzt mußt du uns helfen, den wirklichen Spitzel zu finden, und darum mußt du auch noch einmal nach Karlshorst.«

»Bleib doch noch einen Moment da«, seine Mundwinkel zitterten, »vielleicht können wir eine Partie Schach spielen ...«

»Tut mir leid, Kurt, aber ich muß wieder runter, ich habe noch zu tun, versuch zu schlafen, wenn du gegessen hast, oder versuch zu lesen. Lieg nicht so rum, du wirst ja verrückt.«

»Ich kann nicht schlafen, ich kann die ganze Nacht nicht schlafen, warum könnt ihr sie nicht warnen ... eh's zu spät ist?«

»Das habe ich dir jetzt hundertmal erklärt«, sagte Schick und fand, daß er damit seinen allerletzten Rest Geduld aufgebraucht hatte, »morgen früh komme ich wieder. Nacht.«

Er stieg die Treppe hinunter und war angewidert. Kurt hatte zu kläglich schlappgemacht, als daß man noch irgendwas beschönigen durfte.

Er setzte sich wieder an den Schreibtisch, nahm den Bleistift auf, kritzelte von neuem auf dem Block und versuchte sich zu konzentrieren. Dann schloß er eines der Seitenfächer des Schreibtisches auf und holte einen flachen Aktendeckel heraus. Er blätterte in den raschelnden Durchschlagpapierbogen, überflog die vielen Protokolle und begann mittendrin zu lesen:

L: (L = Leiter, das war der Chef) Beruhige dich endlich und sage ganz klar: warum bist du hingegangen?

K: (das war Kurt) Ich sage doch, ihr habt immer gesagt, ich arbeite nur noch für die ›Freiheit‹ und Erwin Meier und schaffe nichts mehr ran, und meine Kuriere klappen nicht mehr, und da dachte ich, ich könnte eine große Sache machen, weil die Sekretärin vom Staatssekretär Volksbildung auch zu dieser Party kommen sollte.

L: Woher wußtest du das?

K: Von Erika ... ich meine, von der Biegel ... wie konnte ich wissen, daß die Biegel ... sie hat doch auch für die ›Freiheit‹ gearbeitet, und Erwin Meier kannte sie.

L: Du bist also zu der Biegel in den Ostsektor gegangen, obgleich du weißt, daß keiner von uns in den Ostsektor gehen darf?

K: Aber ich mußte doch immer die Flugblattpakete im Ostsektor aufgeben, bis vor kurzem.

L: Das war etwas anderes, das war ein Auftrag, wir wußten Bescheid, aber du weißt, daß du ohne Auftrag nicht in den Ostsektor gehen durftest, und du bist trotzdem gegangen. Entweder sagst du die Wahrheit, oder du hast die Kameraden auf dem Gewissen. Also wie war das auf der Party?

K: Die Sekretärin kam dann doch nicht, und da wurde ich mißtrauisch, aber dann ...

L: Was, dann?
K: Mißtrauisch war ich gar nicht mal, ich dachte, ich bleibe da.
L: So, du dachtest, du bleibst da, und du hast gesoffen?
K: Nein ... nur ein bißchen.
L: Und hast im Suff erzählt.
K: Nein, bestimmt nicht.
L: Ich denke, du warst mit den Nerven herunter, das hast du eben gesagt, also hast du vielleicht gequatscht?
K: Ich habe nicht gequatscht.
L: Also schön, dort noch nicht, und dann?
K: Ich bin früher gegangen, gegen eins, und Erika, ich meine die Biegel, hat mich zur S-Bahn gebracht, nicht ganz, bloß bis zur Ecke.
L: Und dort haben sie dich verhaftet?
K: Ja, sie kamen auf mich zu und sagten, ich soll meinen Ausweis zeigen, und die Biegel sagte noch, das muß ein Irrtum sein, ich kenne den Herrn, und dann haben sie gesagt, ich soll in das Auto einsteigen, und sie haben mich nach Karlshorst gefahren.
L: Bist du gleich in der Nacht verhört worden?
K: Ja.
L: Da warst du also noch besoffen?
K: Nicht besoffen.
L: Schön, also nicht besoffen, und jetzt wiederhole noch mal alle Namen, die du genannt hast.
K: Sie wußten doch genau, was hier los ist, und bei der ›Freiheit‹, sie kannten doch alles.
L: Ich will wissen, welche Namen du genannt hast, Namen in Leipzig und Jena.
K: Ich weiß nicht mehr genau, aber es waren bestimmt ... (Namen siehe Anlage) stand dort.

Karl-Heinz Schick klappte den Aktendeckel zu. Er kannte alle Protokolle zu gut, er kannte auch die Liste der Namen, die Kurt den Russen genannt hatte, auswendig. Zwanzig Kuriere. Und außerdem ein paar Mitarbeiter von Erwin Meiers ›Freiheit‹.

Nicht zu gebrauchen, dachte Schick erbittert, konnte man sich denn auf niemanden mehr verlassen?

Er blickte in die Finsternis des Zimmers, aber seine Augen

waren geblendet, er sah nichts als den hellen Fleck des einen Plakats, das sich von der dunklen Wand abhob. Und als er lange hinsah, war es, als schwebe der Fleck auf ihn zu.

»Chef«, hörte Schick sich sagen, »wir müssen ihn noch einmal hinschicken, wir dürfen nicht nachgeben, vielleicht nennen die Russen doch einen Namen, einen Kerl, mit dem Kurt hier Verbindung aufnehmen soll, und dann haben wir eine Spur.«

Aber Montag früh, bei der Postbesprechung, sah der Chef müde aus, und sein strenges, hageres Gesicht und sein Blick verursachten, wie immer, das Gefühl, nicht genug gearbeitet zu haben. Wenn einen der Chef ansah, hatte man ein schlechtes Gewissen. »Ich bin erst heute nacht zurückgekommen«, sagte er so leise, daß alle still sein mußten, wenn sie ihn verstehen wollten, »das war wieder ein Theater, die lieben Bürger, diese Ahnungslosigkeit ... da bleibt für uns noch eine Menge zu tun ... auch auf diesem Sektor. Aber ich kann euch sagen, ich habe ausgepackt, wenn ich diese Sturheit gespürt habe. In Hamburg spuren sie wenigstens, dort habe ich nach meinem Vortrag zweihundertfünfzig Mark eingenommen. Siebenhundert Leute waren da ... na, ihr lest ja meinen Bericht.«

Am Schluß der Besprechung nickte er über den Tisch, zu Karl-Heinz Schick: »Ich muß dich mal eben sprechen.«

Er machte es sich lange in seinem Sessel bequem, bot Schick eine Zigarette an und rückte sich wieder zurecht: »Was macht Kurt?«

»Er macht schlapp. Sobald alles vorüber ist, muß er aus Berlin weg, er macht uns die Leute verrückt, wenn er hier frei herumläuft.«

»Weiß jemand, daß er im Hause ist?«

»Nur Horst und ich ... und du und Musiol natürlich.«

»Gut, ich habe unterwegs Heinz Stumm eingeweiht, damit er gleich bremsen kann, falls der ASTA Wind kriegt. Verdammter Mist. Jetzt müssen wir das durchstehen. Wir müssen ihn noch mal hinschicken, und wenn das Ergebnis wieder so dürftig ist wie beim letzten Mal, wird gewarnt, aber sofort. Wann muß er wieder hin?«

»Mittwoch.«

»Und Meier weiß immer noch nichts?«

»Nein, er hat andauernd angerufen, er hat ein paar von seinen Kurieren, die gerade nach Berlin gekommen waren, hierbehalten, er läßt sie nicht wieder in die Zone fahren, ehe er nicht weiß, wer der Spitzel war.«

»Idiot«, sagt der Chef, er hielt den Bleistift zwischen Mittel- und Zeigefinger, schlug auf die Schreibtischplatte, »das kann uns alles verderben, wenn die Russen Lunte riechen. Aber wenn die in Leipzig und Jena wirklich verhaftet werden«, sein Gesicht hatte einen drohend entschlossenen Ausdruck, »dann kenne ich keine Gnade, dann übergebe ich Kurt der Kriminalpolizei, dann wird er sehen ...«

»Hauptsache, er klappt uns nicht zusammen.«

»Das werden wir ihm schon abgewöhnen«, sagte der Chef, »komm, gehen wir mal rauf zu dem Herrn.«

Kurt lag auf dem Rücken, er rührte sich nicht, als sie eintraten. Der Chef blieb neben dem Bett stehen.

»Mach nicht so ein Gesicht, Mann, noch drei Tage, und dann haben wir es geschafft. Wenn du wieder nicht rausgekriegt hast, was sie wollen, warnen wir die Gruppen in Jena und Leipzig, und dich schicken wir nach Westdeutschland.«

»Und meine Eltern?« fragte Kurt mit beinahe normaler Stimme, »was wird aus meinen Eltern? Meine Eltern nehmen die Russen hopp!«

»Schließlich ist es nicht unsere Schuld«, sagte der Chef laut, »schließlich hast du die Dummheit gemacht, und jetzt sieh zu, wie du wenigstens ein bißchen wiedergutmachst.«

»Bernd ... ich kann doch ... ich weiß nicht ... ich habe schon das letzte Mal ... warnt sie doch lieber jetzt gleich ... heute, ich kriege doch von ihnen nichts raus«, schrie er, »sie sehen mich an, ich kann doch gar nichts fragen, was soll ich denn fragen, sie fragen mich nur immer, was soll ich denn rauskriegen?«

»Nun heul doch nicht«, sagte der Chef, »fang bloß nicht noch an zu heulen, wir könnten dich auch gleich der Kripo übergeben, du scheinst noch nicht gemerkt zu haben, daß zwanzig Menschenleben auf dem Spiel stehen, es scheint dir nicht klar zu sein!«

»Ja ... ja, es ist mir alles gleich«, sagte Kurt, er schien sich lang ausgestreckt zu haben, er lag auf einmal lang und flach, als sei alle Luft aus seiner Brust entwichen.

»Nun mach mal halblang«, sagte der Chef, »wir halten doch zu dir, wir wissen doch, daß du kein Spitzel bist, jetzt reiß dich zusammen, das eine Mal wird's schon noch gehen, es muß gehen, denk mal an die Kameraden, die sich auf dich verlassen! Brauchst du irgendwas?«

»Nein, ist gut ... ist alles gut.«

»Also könnt ihr mir jetzt endlich sagen, wer es war«, fragte Erwin Meier zwei Tage später, »ich werde verrückt, ich sitze vierzehn Tage lang da und weiß, unter meinen Kurieren ist ein Spitzel, soviel sagt ihr mir, und ich weiß nicht, was wirklich los ist, aber ihr sagt, ich soll alles ruhig weiterlaufen lassen.«

»Wir konnten es dir bis heute nicht sagen, aber jetzt können wir so viel sagen, daß es die Biegel war.« Der Chef zündete sich eine Zigarette an, ohne Meier aus den Augen zu lassen.

»Die Biegel ... darum kam sie nicht mehr! Und was ist mit Kurt?«

»Kurt hat einen Sonderauftrag, darüber kann ich dir noch nichts sagen, aber ... Kurt ist vielleicht auch nicht astrein, jedenfalls hat er eine Dummheit gemacht, er hat sich nicht getraut, uns zu sagen, was los war, zwischen ihm ... und der Biegel.«

»Und warum habt ihr nicht gewarnt, vierzehn Tage lang?«

»Das kann ich dir jetzt noch nicht erklären, du verstehst, daß ich dir noch nicht alles sagen kann, aber ich wollte dich wenigstens so weit einweihen, ich hatte es dir versprochen.«

»Aber was machen wir jetzt?«

»Sofort warnen«, sagte der Chef, »einen Mann für Leipzig habe ich schon, ich brauche aber noch einen für Jena, und heute abend noch, denn heute abend erfahre ich von Kurt definitiv, was los ist, und dann muß sofort gewarnt werden.«

»Bernd«, sagte Erwin Meier, »bist du ganz sicher, daß es nicht anders ging ... wegen der paar Nachrichten?«

»Paar Nachrichten! Was soll das heißen? Du weißt so gut wie ich, daß es nicht um ein paar Nachrichten geht, sondern um das

Leben und die Menschenwürde und die Freiheit von achtzehn Millionen Menschen in der Zone.«

»Ja, ja«, sagte Meier fahrig, »Bernd, ich meine nur... verstehst du, siebenundzwanzig Leute auf einmal, das ist doch ...«

»Also, Erwin«, sagte der Chef und beugte sich plötzlich vor, »hast du einen, den wir nach Jena schicken können, wir brauchen jemand, der aus der Gegend kommt und der mit der ›Leitstelle‹ oder deiner Zeitschrift nicht das geringste zu tun haben darf, den sie bestimmt nicht kennen. Es muß ein unauffälliger, verläßlicher Mann sein.«

Erwin Meier blickte seine Schuhspitzen an: »Ich glaube. Aber ich weiß nicht, ihr braucht ihn doch noch heute abend?«

»Wir könnten ihn gleich mit dem Wagen holen«, sagte der Chef.

»Wer ist es denn, kenne ich ihn?« fragte Schick.

»Er kommt aus der Gegend, spricht den Dialekt, und wenn ihr ihn nicht kennt, um so besser. Er heißt Jürgen Trahnke.«

»Nein«, sagte Schick, »kenne ich nicht.«

Auch der Chef schüttelte den Kopf, er stand auf: »Los, holen wir ihn, wo wohnt er denn, der Herr Trahnke.«

Jürgen Trahnke fuhr um sieben Uhr achtundvierzig vom Ost-Bahnhof (früher Schlesischer Bahnhof) ab und traf um vierzehn Uhr dreißig in Jena ein.

Er trug dem Mädchen, das er kurz hinter Halle in seinem Abteil angesprochen hatte, den Koffer bis zur Sperre und blickte ihr lange traurig nach, als sie ihren Koffer allein weiterschleppte, zur Straßenbahnhaltestelle hinüber, dann löste er eine Fahrkarte für die Rückfahrt.

Danach betrachtete er gründlich die Tafel in der Schalterhalle, auf der alle abfahrenden Züge verzeichnet waren; es blieb dabei: er konnte dreiundzwanzig Uhr vierundvierzig noch einen Personenzug nach Halle nehmen, der täglich, außer sonntags, verkehrte, es blieb als allerletzte Möglichkeit noch ein Zug um null Uhr vierzehn nach Saalfeld. Wie er in Saalfeld die Nacht verbringen sollte, wußte Jürgen nicht, die Hauptsache war, er wußte, wie er von Jena wegkam, sobald er den Auftrag erledigt hatte.

So nahm Jürgen, da er seinen Rückzug gesichert wußte, seine Aktentasche unter den Arm und schlenderte in die Stadt. Als er weit genug vom Bahnhof weg war, sah ihm niemand mehr den Ortsfremden an. In seinem abgetragenen Mantel, dem dunkelblauen Schal, der flachen Aktentasche konnte er ebensogut ein Student sein, der gerade vom Kolleg kam.

Der Himmel war bedeckt, eine Tatsache, die Jürgen mit fröhlicher Zuversicht erfüllte. Das war ausgezeichnet für den Fall, daß es sich als notwendig erweisen sollte, über Zäune zu klettern. Wenn es Abend wurde, würde es früh dunkel werden.

In den Straßen lagen noch die schmutzigen Reste verweichten Schnees, die Fahrbahnen waren mit einer Schlammschicht bedeckt, aber Jürgen schritt nun rascher aus, und auf der Höhe, zum Marktgrafenberg zu, in den abgelegenen Straßen war die Schneedecke noch erhalten.

Aber sie war nicht frisch, sondern sah unsauber, verstaubt aus, und viele Fußspuren liefen kreuz und quer über die Gehsteige.

Alte Villen standen dort in verwahrlosten Gärten. Landhäuser mit Erkern und Vorsprüngen und Zinnen und Stuck und winzigen Balkonen. Er fand auch die Hausnummer, aber er ging ruhig, ohne aufzusehen, an dem Haus vorüber, das sich nicht von den anderen Häusern unterschied, außer daß sich über der Eingangstür ein spitzes Türmchen erhob, so, wie es ihm dieser ›Chef‹ beschrieben hatte.

Und als er an den Chef dachte, fragte sich Jürgen von neuem, was Hirth und Momber über diesen Schick gesagt hätten, nein, Schick machte keinen sonderlich vertrauenerweckenden Eindruck, und er schien mit Erwin Meier unter einer Decke zu stecken.

Warum hatte Erwin Meier auf einmal so getan, als sei er, Jürgen, der einzige, der den Auftrag erledigen könnte? Erwin Meiers wegen hätte Jürgen beinahe nein gesagt. Wahrscheinlich hatten sie alle drei einen Bock geschossen, der Chef, Meier, Schick, dachte Jürgen. Nicht verärgert, eher belustigt, weil sie nicht gewagt hatten, es einzugestehen. Er würde schon alles wieder ausbügeln. Er hatte schon so vieles ausgebügelt. Vielleicht würde er später, in einem halben Jahr, wenn alles vergessen war, dem ›Verein‹ davon erzählen. Trotzdem wäre es vielleicht besser gewesen, Hirth zu fragen.

Jürgen Trahnke ging die Straße bis zum Ende, dort kehrte er um, und obgleich er den Kopf gesenkt hielt, beobachtete er alle Vorgärten und die Fenster, besonders auf der gegenüberliegenden Straßenseite, und beobachtete auch die wenigen Passanten sehr aufmerksam, weil der Chef darauf hingewiesen hatte, daß sie Salzmann vielleicht schon beschatteten. Dann hatte er das Haus erreicht, schritt rasch durch die Gartenpforte, stieg die drei Stufen zur Haustür hoch und klingelte zweimal kurz.

Er wollte sich auf keinen Fall umdrehen, aber während er dort vor der Tür stand und nicht wußte, ob ihn in diesem Augenblick jemand beobachtete, war ihm zum ersten Male wieder, seit er am Ost-Bahnhof abgefahren war – als er in den Zug gestiegen, war ihm ebenso zumute gewesen, aber unterwegs hatte er das Gefühl vergessen – war ihm wieder so, daß er nicht wußte, ob seine Knie wirklich anfingen zu zittern oder ob er es sich nur einbildete, weil immer noch niemand öffnete.

Endlich – und plötzlich und unerwartet – ging die Tür auf, und eine ältere Frau sah heraus. Ob er Günther Salzmann sprechen könne?

»Nein«, sagte die Frau, »Herr Salzmann ist nicht da.«

»Wann kommt er wieder?«

»Spät, er ist in der Universität, soll ich was ausrichten?«

»Nein.«

So leicht war es also nicht, dachte Jürgen. Auch gut, es wäre zu leicht gewesen, dann hätten sie gleich ein Telegramm schicken können, immerhin hatte er es versuchen müssen. Nachdem er sich den Turm über dem Eingang noch einmal betrachtet hatte, ging er die Straße wieder hinunter, wandte sich aber an der ersten Querstraße nach rechts, dann wieder nach rechts, er mußte sich nun an der Rückseite der Gärten befinden, in welchen auch das Haus Nummer sechsundfünfzig lag. Er suchte nach dem Turm. Da war der Turm.

Und da war der Zaun, ein einfacher, flacher Lattenzaun, und eine schmale Pforte, kein Stacheldraht, nichts, eine Kleinigkeit.

Die Erdgeschoßfenster waren hinter dichtem Gestrüpp verborgen, das gleich am Zaun wuchs, nur an der Pforte war ein schmaler Durchlaß frei, dort würde Jürgen drübersteigen. Eine Flanke genügte.

Dann fiel ihm ein, daß er vergessen hatte, ob Salzmanns Fenster das zweite oder dritte von rechts war. Das war aber nicht schlimm. Wenn drinnen Licht brannte, dachte Trahnke, würde es ein leichtes sein, herauszufinden, wo Salzmann wohnte.

Danach ging Jürgen Trahnke zum Bahnhof zurück.

Er setzte sich in die Gaststätte und bestellte ein Bier. Später trank er noch ein schales Bier und aß die letzten seiner Brote auf. Jetzt hatte er bloß noch das Buch in der Tasche, aber er hatte keine< Lust zu lesen, er rauchte lieber und überdachte alles noch einmal.

Acht Leute in Jena, hatte der Chef gesagt, hingen nur noch von ihm ab. Da hatten diese Esel einen Bock geschossen, und er würde die Sache in Ordnung bringen, sobald es dunkel geworden war.

Es wurde viel zu langsam dunkel, und Jürgen rauchte noch eine *Gold Dollar*. Dann gingen viele Leute auf den Bahnsteig hinaus, weil der D-Zug nach Berlin abfuhr. Die Wehmut, die in ihm hochkroch und sich in seinem Halse festsetzte, als er die Lautsprecherstimme hörte, spülte Jürgen mit einem Schluck Bier runter.

Dann dachte er daran, daß Blaschke neulich in der Schiller-Vorlesung über Jena gesprochen hatte, und stellte sich vor, was Blaschke sagen würde, wenn er wüßte, daß er, Jürgen, jetzt in Jena saß und darauf wartete, daß es endlich finster würde.

Dann fuhr noch ein Eilzug nach Halle ab, und danach war es fast leer in der Bahnhofswirtschaft. Ein paar Volkspolizisten lehnten an der Theke und schäkerten mit der Kellnerin. Dumme Affen.

Bis ihm auffiel, daß der kleine, dicke Mann in dem schmuddeligen, braunen Anzug, den man sehen konnte, weil sein Mantel weit offenstand, noch immer in der Innenseite der ›Thüringer Volkszeitung‹ las und daß sein Bier noch immer fast unberührt vor ihm stand.

Und weil ihm das wulstige Profil gar nicht gefiel und weil es inzwischen draußen finster geworden war, zahlte Jürgen und ging. In der Schalterhalle betrachtete er noch einmal die Tafel ABFAHRT, und dann merkte er, daß der Dicke aus der Gaststätte trat und die Tafel ANKUNFT ansah, die neben der Tafel ABFAHRT hing. Da klemmte Jürgen seine Aktentasche unter den Arm, schlug den Mantelkragen hoch und trat auf den verödeten Vorplatz hinaus.

Und merkte, daß der Dicke auch auf den Vorplatz hinaustrat.

Jürgen Trahnke ging ruhig und langsam und beging nicht den Fehler, sich umzudrehen, während er sich erbittert Vorhaltungen machte, wie er hatte so dumm sein können, sich ausgerechnet in das Bahnrestaurant zu setzen, wo sie natürlich ihre Spitzel haben mußten, und außerdem hatte er Westzigaretten geraucht, er hatte nicht daran gedacht, die Packung *Gold Dollar* zu verbergen, weil er an anderes hatte denken müssen.

Dann blieb er vor dem erleuchteten Schaufenster eines HO-Restaurants stehen und spürte, daß der Dicke an ihm vorüberging, und sah, daß er, zwanzig Meter von ihm entfernt, auch stehenblieb und in das erleuchtete Schaufenster einer Buchhandlung blickte.

Jürgen Trahnke ging weiter, und als er an dem Dicken vorbeikam, pfiff er eine Melodie vor sich hin, und dann merkte er, daß es ein Schlager war, den sie hier bestimmt nicht spielten, und er hörte auf zu pfeifen, und das war dumm, aber auf einmal konnte er nicht mehr pfeifen.

Jürgen überquerte den Fahrdamm, und der Dicke überquerte auch den Fahrdamm. Und dann ging Jürgen Trahnke schneller.

Und spürte, daß der Dicke auch schneller ging.

Und dann fing Jürgen Trahnke an zu schwitzen, weil er sich in eine ganz und gar verlassene Gegend verlaufen hatte, hier ging es zur Saale hinunter, und hier wurde er den Dicken nicht los, denn die Straßen waren leer und totenstill. Jürgen bog in eine Querstraße ein und fing an zu rennen und drehte sich um, der Dicke rannte auch, und Jürgen bog wieder rechts ein, es war kein Mensch zu sehen, er blieb – weil er daran dachte, was Sichel von seinem Vater erzählt hatte, Sichels Vater damals, in Bukarest, aber Jürgens Herz klopfte wild – direkt an der Ecke stehen und hörte die Schritte des Dicken näher kommen, auf dem feuchten Schnee patschend, und hörte sein Keuchen, und jetzt schoß er um die Ecke, und Jürgen trat ihm mit seinem rechten Knie und mit aller Gewalt zwischen die Beine, und der Mann fiel um und schrie.

Aber Jürgen rannte schon. Den Weg zurück, den er gekommen war, und einmal starrten ihn zwei alte Frauen ängstlich an, er blieb erst viel später stehen und zitterte an allen Gliedern, aber er ging langsam weiter, nicht stehenbleiben, und er zerrte an seinem Schal, bis er lockerer saß und er wieder Luft kriegte.

Jetzt wußte Jürgen, daß er sich am Saalbahnhof nicht mehr sehen lassen durfte, daß er allenfalls von Jena-West, wenn er Glück hatte, und falls noch ein Zug fuhr, vielleicht nach Weimar fahren konnte.

Trotzdem hatte Jürgen Trahnke noch keine Angst. Diesem Dicken, dachte er fast fröhlich und befriedigt, hatte er es gezeigt, dieses fette, dämliche Schwein würde sich das nächste Mal in acht nehmen, also, dachte Jürgen, wenn er nur wollte, konnte er auch jemand k.o. schlagen, und das war ein gutes Gefühl.

Aber er machte sich nichts vor: er mußte auf der Hut sein, wenn er die Stadt durchquerte; er hielt sich immer im Schatten, und das war nicht allzu schwer, weil kaum Lampen brannten. Allerdings waren die Straßen eng, und er ging lauernd und beobachtete alle Leute, die ihm entgegenkamen, mit der schärfsten Aufmerksamkeit und vergaß auch nie, sich umzudrehen, ehe er um eine Straßenecke bog.

Endlich war er aus dem Zentrum heraus und auf der Höhe und wieder in der Straße, allerdings bog er rechtzeitig ab und ging nur an der Rückseite des Hauses vorüber. Es war nun stockfinster. Schon halb zehn, aber die Erdgeschoßfenster waren dunkel. Im ersten Stock brannte hinter zwei Fenstern Licht. Das wird die Vettel sein, dachte Trahnke, aber halb zehn, es konnte nicht mehr lange dauern.

Einmal begegnete er einem jüngeren Burschen, ohne Hut, mit blondem Haar, der auch seinen Mantelkragen aufgeschlagen hatte, aber Jürgen veränderte seine Gangart nicht. Er blieb erst nach vielen Schritten stehen, holte das Päckchen Zigaretten heraus, ließ eine Zigarette fallen, bückte sich und blickte die Straße hinunter. Der Mann war fort.

Jürgen zündete sich eine Zigarette an. Jetzt war ihm wohler. Inzwischen, dachte er, hatte der Dicke bestimmt die übrigen Brüder alarmiert, vielleicht kämmten sie unten schon die Stadt durch. Das Beste war, er machte sich, sobald er alles erledigt hatte, zu Fuß auf den Weg, über den Berg weg, einfach ein Stück weg, er konnte auch die Nacht durchmarschieren, nur nicht in der Stadt bleiben.

Jürgen Trahnke ging den Weg einer großen, abgeplatteten, nicht runden, eher einer aus zwei Rechtecken gebildeten Acht, indem er sich eine Zeitlang linksherum bewegte und einen Block mehrerer Gartengrundstücke umschritt, um nach einer Weile rechtsherum zu gehen. Aber er mied die beiden Straßen an dem Haus, wo Salzmann wohnte, erstens, damit er dort nicht zu oft gesehen würde, und zweitens, damit er nicht zu sehr enttäuscht war, wenn er noch einmal zu früh kam.

Aber nach zehn ging er doch vorbei, weil er sich sagte, daß, wenn Salzmann müde war, gleich zu Bett ging und das Licht ausdrehte, er vielleicht die ganze Nacht hier warten konnte.

Die Erdgeschoßfenster waren dunkel.

Aber während er am Zaun entlangging und wieder die Pforte sah, sagte er sich, daß er noch eine letzte Runde machen würde und daß er dann, ob nun Licht brannte oder nicht, über den Zaun steigen und sich im Garten niedersetzen würde. Seine Beine taten ihm jetzt weh, und er würde sich auf seine Aktentasche setzen können. Sonst kriege ich Hämorrhoiden, dachte Trahnke gutgelaunt, wenngleich es nun seinen Mund trocken und säuerlich zusammenzog, und er fing an, Salzmann zu beschimpfen, der irgendwo gemütlich saß und nicht daran dachte, daß er, Jürgen, sich inzwischen kalte Füße holte. Vielleicht liegt er auch irgendwo und vögelt, dachte Jürgen erbittert.

Und dann blieb er entgeistert stehen und blickte zum Himmel, und es gab keinen Zweifel, denn die Wolkendecke war zerrissen und hatte den Mond freigegeben, einen runden, weißen Mond, und die Straßen waren blendend hell und alle Schatten scharf und von bläulicher, tintiger Schwärze, und Jürgen murmelte: »Verdammter Scheißdreck.«

Er versuchte auszumachen, in welcher Richtung die Wolken trieben, und es war sicher, daß in absehbarer Zeit nicht eine einzige Wolke mehr den Mond verdecken würde, und Jürgen kehrte auf der Stelle um. Er verzichtete darauf, noch einmal den ganzen Block zu umkreisen. Er rannte zurück, erreichte den Zaun, da war die Pforte, und Jürgen griff nach den Holzlatten und schwang sich mit einem wütenden Satz hinüber, und er stand schon im Garten, als eine Stimme hinter ihm ruhig sagte: »Sie da, was machen Sie denn hier?«

Jürgen drehte sich sehr langsam um, und aus dem Schatten des hohen Zaunpfeilers vom Nachbargrundstück löste sich ein schmalerer Schatten, und es war der blonde Kerl von vorhin.

»Wieso?« fragte Jürgen patzig. Und dann mit dem Mute der Verzweiflung in das grelle Mondlicht grinsend: »Ich hab meinen Hausschlüssel vevevergessen, jejetzt muß ich sehen, wie ich reinkomme.«

Der Mann zog eine Hand aus der Manteltasche – nur eine Hand, dachte Trahnke und wußte, daß er nicht treten oder schlagen konnte, denn der Zaun war dazwischen, und der Kerl war im Vorteil – »Staatssicherheitsdienst«, sagte der Mann, eine runde, silberne Marke lag in seiner Hand, »und jetzt kommen Sie mal hübsch über den Zaun und zeigen mir Ihren Ausweis«.

»Gegerne«, sagte Jürgen und überlegte erbittert und so beschämt, daß ihm das Blut zu Kopf stieg, und herzklopfend, weil er nicht wußte, was er zu tun hatte, weil dieser Zaun dazwischen war und weil der Kerl eine Hand in der Tasche und an der Pistole hatte. Auf einmal spielte in seinen Gedanken auch der Dicke wieder eine Rolle, und Haß auf den Dicken würgte Trahnke, er hatte sich von diesem fetten Schwein doch übertölpeln lassen. »Zu dedämlich«, sagte Jürgen Trahnke laut und tat, als wollte er über den Zaun steigen, aber er warf dem Mann mit aller Wucht seine Aktentasche ins Gesicht, und zwar flach, die Kante voran, und er hörte den erstaunten Ausruf und rannte schon, tauchte durch das Gestrüpp, blieb hängen, riß sich los und hörte hinter sich einen schrillen Pfiff und von der anderen Straße, von vorn, die Antwort, einen zweiten Pfiff. Er griff im Laufen seitwärts ins Gebüsch, aber der Zaun zum Nachbargrundstück war ein

Maschendrahtzaun und viel, viel zu hoch, und Jürgen rannte am Haus vorbei und griff in die Brusttasche, und stürzte beinahe eine Kellertreppe hinab, aber hatte das Taschenmesser heraus, es schnappte wie von selbst auf, obgleich er rannte. Da war schon der andere Zaun, und er sah den Mann auf der Straße und dachte, sie dürfen mich nicht kriegen, ehe sie mich kriegen, sollen sie mich ... aber er dachte den Gedanken nicht zu Ende, nicht etwa, weil er davor zurückgeschreckt wäre, sondern weil ihm keine Zeit blieb, Gedanken zu Ende zu denken, und weil es ihm bewußt war, daß acht Leute von ihm abhingen und von diesen acht vielleicht wieder zwanzig, und daß er... und dann sah er noch einen zweiten Mann vor sich auf der Straße und hörte den dritten hinter sich durch den Garten hetzen und dachte erstaunt: das hätte mir der Chef eigentlich sagen können, und war mit einem Satz auf dem Gartenzaun, das Messer hoch erhoben, und hörte den Schrei: »Achtung, das Messer!« und schwankte, wollte sich abstoßen, auf den linken der beiden Männer zu, in blinder Wut, denn da waren die Schweine ... als ein Krach in seinem Rücken und ein Stoß, oder bloß ein Stoß, ihn auf die Straße schleuderte, noch nicht auf die Straße, sondern in eine knallende, rote Helligkeit hinein, und die Flamme mußte durch ihn durchgegangen sein, denn jetzt spürte er den Schmerz auch auf dem Rücken, und er war hart auf die Knie geschlagen und wollte husten, er mußte husten, aber er wollte sein Messer festhalten, weil sie jetzt kommen würden, aber das Messer war weg. Wo war das Messer? Er tastete mit der Hand auf den Boden, aber es war kein Boden da, es war was Nasses. Schnee liegt hier aber viel, dachte Trahnke langsam, und dann lag auch sein Gesicht in so was Nassem, und dann dachte Trahnke an Jonny Lemke. Jonny lachte über irgend etwas, lachte, warum lachte bloß Lemke andauernd, und wenn Salzmann jetzt käme, Salzmann, dachte Trahnke, Salzmann, wenn er käme, und er sieht die Leute hier alle. Jürgen wollte den Kopf heben, aber es lag ein Gewicht auf seinem Nacken, und dann hörte Trahnke Stimmen, er hörte lauter Stimmen, immer mehr Stimmen.

Und dann war Jürgen Trahnke tot.

Übrigens schneite es am nächsten Morgen auch in Berlin zum

ersten Mal in diesem Winter. Es schneite in schweren, feuchten Flocken, die an den Mänteln, auf den Hüten, am Haar hafteten wie ein zuckeriger Belag, und am Vormittag rief der ›Chef‹ bei der Kriminalpolizei, Abteilung eins (politische Delikte), in der Friesenstraße an und sagte, es sei jemand bei ihm, der den Wunsch geäußert habe, der Westberliner Kriminalpolizei übergeben zu werden. Im Augenblick sei der Mann allerdings mehr eine Angelegenheit fürs Polizeikrankenhaus, er habe in der Nacht einen Nervenzusammenbruch gehabt. Ja, hier in der Leitstelle. Ja. Kurt Breuer. Ja ... ja ...

Aber das meiste sickert eines Tages doch durch.

Ende Januar brachte eine Tageszeitung in West-Berlin die Meldung über eine Schießerei und Massenverhaftungen von Studenten in Jena. In großer Aufmachung. (Eigenbericht.)

Anfang Februar kam ein Student aus Jena nach Berlin. Er besuchte auch die ›Leitstelle für gesamtdeutsche Angelegenheiten‹ und war offenbar nicht zufrieden mit der Auskunft, die er dort erhielt; jedenfalls erzählte er einem Freunde ungehalten davon. Der Freund studierte an der ›Freien Universität‹ Geschichte, und weil er aus Saalfeld stammte und weil, was in Jena geschehen war, eines Tages auch in Saalfeld passieren konnte, beschäftigte ihn die Angelegenheit, daß er sie ungeduldig mit sich herumtrug und, kurz nachdem jener Student wieder nach Jena gefahren war, einem Kommilitonen davon erzählte, der aus Werdau in Sachsen stammte und von seinem Vater, der ihn nach Weihnachten in Berlin besuchte, erfahren hatte, daß ein alter Klassenkamerad wegen angeblicher Spionage in Werdau zu achtzehn Jahren Zuchthaus verurteilt worden war.

Und dieser Kommilitone trug die Geschichte aufgebracht Herrn Schlichte zu.

Natürlich sprach auch Herr Schlichte diese schwerwiegenden Dinge nur unter dem Siegel der Verschwiegenheit und gegenüber guten Bekannten aus, zumal es sich, wie er erzählte, um einen Vetter von ihm handele, dessen Name nicht genannt werden dürfe, weil er noch in Jena lebe.

Merkwürdig blieb die Tatsache, daß niemand von denen, die

im Laufe der Zeit von den Vorfällen Kenntnis erhielten, Jürgen Trahnkes Verschwinden damit in Zusammenhang zu bringen versuchte, obgleich doch, was die Sache in Jena betraf, allerlei Mutmaßungen angestellt wurden.

Zwar sprach man den Namen Trahnke im Seminar neuerdings nur mit gedämpfter Stimme aus, aber es war im Grunde klar, wie Trahnke unter die Räder gekommen sein mußte. Hatte doch der ASTA kurz vor Weihnachten eine Meldung verbreitet, die an allen schwarzen Brettern im Hauptgebäude der Philosophischen Fakultät, in allen Instituten und Seminaren, in allen Dekanaten und in der Mensa ausgehängt worden war.

Jene Meldung, der zufolge als sicher bezeichnet wurde, daß die Volkspolizei über Weihnachten eine Verhaftungswelle plante, welche vor allem Studenten der ›Freien Universität‹ erfassen sollte, so daß allen in der Ostzone beheimateten Kommilitonen dringend abgeraten wurde, nach Hause zu fahren. Und für die betroffenen Studenten hatte die ›Leitstelle‹ zusammen mit dem ASTA eine Weihnachtsfeier veranstaltet, zu welcher auch der Rektor mit seiner Gattin erschienen war.

Ausgerechnet Trahnke mußte dennoch in die Zone gefahren sein. Aber das Semester ging zu Ende, die Fleißprüfungen waren fällig, überdies waren die Nachrichten aus Jena ungleich wichtiger als das Verschwinden Jürgen Trahnkes.

Nur der ›Verein‹ blieb beunruhigt, allerdings waren sich Lemke, Blühmel und Sichel einig, daß Jürgen, falls der Staatssicherheitsdienst ihn festgenommen hatte, eines Tages wohlbehalten wieder auftauchen würde, weil auch der Staatssicherheitsdienst einsehen mußte, daß mit Trahnke nicht viel herzumachen war. Sie schworen darauf, daß Trahnke eines Tages wiederkommen würde, um die schmutzigen Witze zu erzählen, die ihm in seiner Zelle eingefallen waren.

Und dann sprach sich herum, daß ein Mitarbeiter der ›Leitstelle‹ als Spitzel entlarvt und der Westberliner Kriminalpolizei übergeben worden war.

Und da alle sogenannten Ost- oder Zonen-Studenten sich daran gewöhnt hatten, in der ›Leitstelle‹ eine Heimstatt zu sehen, inmitten einer Umgebung, die für ihre Sorgen nie Verständnis aufzubringen schien, wenn sich nicht »›die Leitstelle‹ energisch dahinterklemmt«, schlug diese Nachricht wie eine Bombe ein.

Daß es auch an der ›F. U.‹ Spitzel geben mochte, darüber waren sich die Ost-Studenten im klaren, aber in der Leitstelle?

In der Leitstelle sitzen sie auch schon.

Spärlich sickerten Nachrichten durch: Erwin Meier, Chefredakteur der Studentenzeitschrift ›Freiheit‹, habe geäußert, die Leitstelle habe Schweinereien gemacht. Und aus Kreisen, die der Leitstelle nahestanden, verlautete, Erwin Meier sei im Grunde der Schuldige.

Fräulein Brummer erklärte rundheraus, die Leitstelle zu verdächtigen, sei eine ungeheure Infamie.

Erich Misch traute der Leitstelle nicht über den Weg, weil er Bernd Langer schon seit einiger Zeit für größenwahnsinnig gehalten habe.

Eines Tages gingen Harald Momber und Helmut Hirth zum Konventsbüro und fragten, ob der Konventsvorstand etwas zu unternehmen gedächte, sonst würden sie die Angelegenheit zu einer Anfrage an den ASTA-Referenten für gesamtdeutsche Fragen machen, der ja wohl für den Fall zuständig sei.

»Wir haben keinen Einfluß auf die Politik der Leitstelle«, sagte Herr Plautus und hob ratlos die Schultern, gewiß, man kenne sich, Herr Langer habe früher einmal dem ASTA angehört, Herr Schick sei bekannt und als Sachbearbeiter sehr tüchtig, man habe in vielen Fragen vertrauensvoll zusammengearbeitet ... Er halte es für äußerst gefährlich, dieser Gerüchte wegen die Sachlichkeit einer Konventssitzung durch so hochexplosive Fragen zu gefährden.

»Nein«, sagte Harald, »schließlich ist Schick Student unserer Universität und ASTA-Sachbearbeiter, Herr Langer, Herr Musiol und Breuer studieren bei uns, und wenn die Vorwürfe zu Recht bestehen, muß etwas unternommen werden.«

»Aber nicht doch im Konvent, lieber Herr Momber«, rief Herr Plautus, »wenn wir einen Skandal machen, spielen wir nur dem Osten Propagandamaterial in die Hände. Vielleicht kommen Sie, zusammen mit Herrn Hirth, am Sonnabend einmal zur

Hauptausschuß-Sitzung, dann haben wir Herrn Stumm, den gesamtdeutschen Referenten, da, den gesamten ASTA und alle Sprecher – leider ist Herr Brandenburg in London, aber wir können dann in Ruhe überlegen, welche Schritte unternommen werden sollen ...«

Bis auf Fräulein Brummer, die sich jedem Versuch, die Leitstelle zu desavouieren, wie sie erklärte, standhaft widersetzen würde, schienen am Sonnabend alle bereit, Licht in die dunkle Angelegenheit zu bringen, wie der Sprecher der naturwissenschaftlichen Fakultät ausführte, der durchaus fand, daß die Studentenschaft ein Recht habe, zu erfahren, was sich auf der Leitstelle abspiele.

Herr Plautus bat den Referenten für gesamtdeutsche Fragen, Herrn Stumm, sich zu äußern, vor allem, ob er mit Bestimmtheit zu sagen imstande sei, daß die Entlarvung jenes Spitzels in der Leitstelle in ursächlichem Zusammenhang stehen könne mit den Vorkommnissen in Jena.

Herr Stumm hörte sich alle Erklärungen kopfnickend an, als verstehe er ausgezeichnet, aber als ihm Herr Plautus das Wort erteilte, blickte er lange vor sich hin, unentschlossen, wo er zu beginnen habe.

»Ich weiß natürlich nicht, inwieweit ich befugt bin, über interne Angelegenheiten der ›Leitstelle‹ Auskunft zu geben, aber wenn es der vertrauensvollen Zusammenarbeit zwischen ›Leitstelle‹ und unserer Studentenvertretung dienlich sein könnte, will ich gerne mitteilen, was ich weiß.«

Herr Stumm holte weit aus. Er sprach von der Gründung der ›Leitstelle‹, zu einer Zeit, als noch niemand sonst daran gedacht habe, den notleidenden Professoren und Studenten in der Zone zu helfen, später sei dazu die Aufgabe gekommen, Material über die Entwicklung an den Universitäten der Sowjetzone zu beschaffen, um dem Westen klarzumachen, wie weit die Sowjetisierung der ostdeutschen Universitäten bereits fortgeschritten sei. Darüber hinaus seien die vielfältigen Aufgaben der ›Leitstelle‹ hinreichend bekannt: die Aufklärungsarbeit, die Sammelaktionen, die Prüfung und Unterstützung politischer Flüchtlinge und so weiter und so fort. Es schmerze ihn, zu hören, daß von Verantwortungslosigkeit gesprochen werde, da doch die Leistungen der ›Leitstelle‹ unbestreitbar seien. Die vielen Tausende dankbarer Kommilitonen aus Leipzig, Jena, Rostock und Halle würden es nur zu gerne bezeugen. Und es sei doch einleuchtend, wenn die ›Leitstelle‹ niemals alle Karten auf den Tisch legen könne, in dieser vertraulichen Arbeit für die Freiheit müsse vieles streng geheim behandelt werden. Und das sei nicht Schuld der ›Leitstelle‹, sondern eines Terrorsystems, das schon den Besitz eines wissenschaftlichen Buches unter Umständen mit Zuchthaus bestrafe, wenn es bei Kommilitonen entdeckt werde, die ohnehin schon wegen ihrer freiheitlichen Einstellung bekannt seien.

Ein früher in der Arbeit bewährter Kommilitone habe nun das in ihn gesetzte Vertrauen mißbraucht und sich zu ... Aktionen hinreißen lassen, die die Freiheit der Kommilitonen in der Sowjetzone gefährdeten, und dieser Mann, Breuer eben, sei von der NKWD verhaftet und mit einem Spitzelauftrag entlassen worden.

Er habe sich zwar der ›Leitstelle‹ – mit einiger Verzögerung – gestellt, trotz des Zuspruchs des Leiters und anderer Mitarbeiter der ›Leitstelle‹, die sich stundenlang freundschaftlich mit ihm unterhalten hätten, in dem Bemühen, dem Kommilitonen in seiner selbstverschuldeten Lage zu helfen, habe er aber eine ganze Reihe von Angaben, die er bei der NKWD gemacht, aus Furcht und schlechtem Gewissen nicht zuzugeben gewagt und so die rechtzeitige Warnung eines Teils der Betroffenen, eben der Kommilitonen in Jena, verhindert.

Er sei endlich, da er bis zuletzt hartnäckig geleugnet habe, der Westberliner Kriminalpolizei übergeben worden, während sich die ›Leitstelle‹ fieberhaft bemüht habe, die Kuriere in Leipzig und Jena zu warnen. In Jena leider vergeblich. Vielleicht sei es das Einfachste, Herrn Langer einmal vor einen ausgesuchten Kreis von Studentenvertretern zu laden, er werde sicherlich gern Rede und Antwort stehen.

»Glauben Sie immer noch, Herr Momber«, fragte Plautus, »daß es nötig sein wird, die Dinge im Konvent zu erörtern?«

»Um Gottes willen!« rief Herr Stumm und hob beide Hände.

»Das gefundene Fressen für die Ostpresse«, rief Fräulein Brummer.

»Wir müssen es unter uns ausmachen«, sagte Erich Misch, und auch Hirth, der Harald nicht ansah, nickte.

»Unter der Voraussetzung, daß Herr Langer hier Rede und Antwort steht«, sagte Harald, »verzichte ich auf meinen Antrag.«

Aber Herr Langer hatte keine Zeit, am darauffolgenden Sonnabend zur Hauptausschuß-Sitzung zu kommen. Das stand in dem Brief, den er an den Konventsvorstand geschrieben hatte und in dem er von seiner aufreibenden Tätigkeit berichtete, im übrigen habe Herr Stumm bereits alles geklärt, der Schuldige sei hinter Schloß und Riegel und sehe seiner Aburteilung entgegen. Fräulein Brummer und Herr Stamm und Herr Hohenstein konnten nicht verhindern, daß dieser Brief auf die meisten der Anwesenden einen ungünstigen Eindruck machte, und so kam man überein, an die Staatsanwaltschaft mit der Bitte heranzutreten, dem Konventsvorsitzenden, Herrn Plautus, Einblick in die Akten des Falles Breuer zu gewähren, um gegebenenfalls disziplinarische Schritte gegen Mitglieder der ›Leitstelle‹ einleiten zu können oder aber wenigstens diese undurchsichtige Angelegenheit zu klären.

»Wir müssen in aller Ruhe vorgehen«, sagte Erich Misch später in der Mensa, »denn ich kann dir eins sagen, vom Staatsanwalt erfahren wir natürlich gar nichts, so was gibt's gar nicht, er wird zu Plautus sagen, das wäre ein Eingriff in ein schwebendes Verfahren. Wir brauchen anderes Material, um an der Universität gegen die ›Leitstelle‹ vorgehen zu können.«

»Und wo sollen wir dieses Material hernehmen, wenn sie einen nicht in ihren Betrieb reinsehen lassen?« fragte Hirth.

»Warum«, sagte Harald, »behauptet Meier plötzlich, seine Vorwürfe gegen die Leitstelle beruhten auf einem Mißverständnis, und warum meint Langer neuerdings, die ›Freiheit‹ und Erwin Meier hätten mit der Angelegenheit Breuer nichts zu tun, nachdem sie sich ein paar Wochen lang gegenseitig bezichtigt haben. Es stinkt doch!«

»Aber erstens werden wir vom Staatsanwalt gar nichts erfahren, und zweitens haben sie leider recht, wenn sie meinen, wir dienten nur dem Osten, wenn wir einen Skandal machen.«

»Und wenn es dann immer so weitergeht«, sagte Harald, »wir dienen nur dem Osten, wir dienen nur dem Osten, wenn man mal seinen eigenen Stall auskehren will... Je länger es dauert, um so mehr Macht werden sie haben, die Schicks und die Langers, bis sie uns eines Tages den Hals zuschnüren.«

»Das Erschütternde daran ist«, sagte an diesem Abend der ASTA-Vorsitzende, Herr Julius Brandenburg, »daß so etwas in Berlin geschehen kann. Drüben in London war es ein gutes Gefühl zu wissen, daß man für unsere Studenten voll und ganz die Hand ins Feuer legen kann, aber daß sich nun auch in Berlin derartige Elemente zu Wort melden ...«

Fräulein Brummer, der Chef und Karl-Heinz Schick nickten, Fräulein Brummer sagte: »Du hast doch hoffentlich in Bonn etwas unternommen?«

»Natürlich, ich habe mit dem Vorsitzenden des ›Verbandes Deutscher Studentenschaften‹ das ganze Problem durchgesprochen. Er war ebenso entsetzt wie ich... ihr wißt, daß er gerade jetzt einen sehr schweren Stand hat gegenüber diesen Figuren, die am liebsten schon heute die offiziellen Beziehungen zu den sowjetischen Universitäten aufnehmen und sich mit kommunistischen Funktionären an einen Tisch setzen wollen. So schnell werden die Herrschaften weich, wenn die Kommunisten etwas von gesamtdeutschen Jugendgesprächen flüstern. Es ist überhaupt nicht zu sagen! Und natürlich paßt in dieses Bild das gefährliche Anwachsen neutralistischer Strömungen unter Studenten. Die Ohne-mich-Defaitisten haben Zulauf. Es muß erschütternd sein, sagte mir der Vorsitzende. Trotz aller Aufklärungsarbeit der Leitstelle ist das Bewußtsein von der Notwendigkeit eines Widerstandes gegen das Sowjet-Regime noch immer gering. Und bisher sagte er mir, hätte er sich immer auf uns Berliner verlassen können. Und ich habe ihm versichert, wir würden diesen Vorfall so schnell wie möglich bereinigen.«

»Ich würde mich gar nicht wundern, wenn es auch bei uns solche Schlafmützen gibt«, sagte Fräulein Brummer, »solche Vögel piepen überall, wirklich erschüttert bin ich nur, weil Erich Misch auch mitmacht. Über Mariannchen wundere ich mich schon lange nicht mehr.«

Jetzt blickte der Chef auf und blickte sie nacheinander an: »Also gut, wenn die Herren es unbedingt wünschen, trete ich zurück. Wenn sie meinen Kopf wollen, lasse ich die Kommilitonen im Osten im Stich, gut, es ist mir recht, dann komme ich endlich wieder zum Studieren.«

»Bernd, wenn du zurücktrittst«, sagte Schick, »schmeiße ich alles hin.«

»Das kommt gar nicht in Frage«, rief Brandenburg, »wir kapitulieren nicht vor ein paar Querulanten.«

»Diese Leute werden nie begreifen«, sagte Langer, »sie wissen nicht, daß ich nachts nicht mehr schlafen kann, weil wir nicht wachsam genug gewesen sind. Natürlich haben wir gesehen, daß Kurt nicht mehr der Alte war, aber wir dachten, wenn wir ihm noch eine Chance geben ... schließlich war er unser Freund ... wir haben ihm vertraut ...«

»Sie wollen uns abschießen«, sagte Schick, »weil sie nie begriffen haben, um was es geht. Was suchen sie eigentlich auf dieser Universität, sollen sie doch rüber in den Osten gehen.«

»Einen Rücktritt«, sagte Fräulein Brummer, »würde ich als Desertion ansehen. Ihr wißt, daß die Kameraden euch brauchen, daß sie besonders deine Arbeit brauchen, Bernd. Du hast die Leitstelle aufgebaut und hast sie zu dem gemacht, was sie heute ist: das Sinnbild des Zusammenhaltes zwischen uns und den Kommilitonen in der Zone.«

»Ich habe diesen Momber nur einmal gesehen«, sagte der Chef, »bei Erich Misch, es ist schon fast zwei Jahre her, ich weiß auch nicht, was ich ihm getan habe ...«

»Wir alle haben diesen Leuten was getan«, sagte Brandenburg, »weil wir gelegentlich Opfer von ihnen verlangen, weil wir sie daran erinnern, daß keiner von uns ruhig schlafen darf, solange Deutschland zerrissen ist und solange im Osten Menschen gequält und getötet werden.«

»Aber ich verstehe nicht ... daß Erich Misch ... ist man etwa ... größenwahnsinnig, wenn man nichts anderes mehr kennt als Arbeit? Erich müßte doch wissen, er kann uns doch jetzt nicht in den Rücken fallen!«

»Das Schlimmste ist«, sagte Brandenburg, »daß diese alten, sogenannten Antifaschisten nichts begreifen, sie denken heute noch in den überholten Begriffen von fünfundvierzig.«

»Natürlich, Julius«, sagte Fräulein Brummer, »aber im Grunde genommen ist er richtig, man muß nur mal mit ihm reden, gemeingefährlich sind nur Mariannchen und dieser... Momber.«

In diesem Augenblick trat Heinz Stumm ein und winkte fröhlich und schüttelte allen die Hand. »Was ist denn los mit euch?«

»Bernd trägt sich mit Rücktrittsgedanken«, sagte Brandenburg.

»Das kommt auf gar keinen Fall in Frage«, rief Stumm, »wir brauchen dich, ob das ein paar Stänker wahrhaben wollen oder nicht. Was ist denn in euch gefahren?«

»Es ist gut, daß du die ganze Sache auch für eine Stänkerei hältst; hast du mit Plautus gesprochen?« fragte Brandenburg.

»Ja, aber viel wichtiger, ich war vorhin bei Gerhard Elfert. Er hat mir versprochen, beim nächsten ›Universitätsfunk‹ eine Meldung zu bringen. Kurz und sachlich, daß sich ein Spitzel eingeschlichen hätte und daß der Kerl sitzt und daß die Kommilitonen beruhigt sein können, weil alles getan wird, um ihre Sicherheit zu gewährleisten, wenn sie mit der ›Leitstelle‹ Kontakt aufnehmen. Für den Fall, daß etwa schon Gerüchte kursieren.«

»Ausgezeichnet«, sagte Brandenburg, »und Plautus?«

»Plautus ist unserer Meinung, nur, als Konventsvorsitzender müsse er über den streitenden Parteien stehen.«

»Schlappschwanz«, rief Fräulein Brummer.

»Auf alle Fälle will er versuchen, Momber davon abzuhalten, vor den Konvent zu gehen. Zumal die Aufregung unter den Studenten nachläßt. Dieser Momber und Hirth haben versucht, die Philosophische Fakultät aufzuputschen, aber Hohenstein tut alles, was in seiner Kraft steht, um zu bremsen.«

»Wir leisten seit Jahren die Arbeit, und dann kommt einer daher«, sagte Fräulein Brummer. »Laß ihn ruhig vor den Konvent gehen. Zum Glück gibt es genug Leute, die die Bedeutung unserer Arbeit zu schätzen wissen.«

»Ich wiederhole«, sagte Bernd Langer mit fester Stimme und sah Brandenburg an, »meine Person ist unwichtig. Es geht um die Sache. Es geht darum, die Arbeit für die Kommilitonen im Osten fortzusetzen, aber wenn es diesem Kampfe nützt, werde ich zurücktreten.«

Karl-Heinz Schick blickte zu Boden, er schob seine Schuhe auf dem Teppich hin und her.

Brandenburg richtete sich in seinem Sessel auf. »Ich sage dir eins, Bernd. Du bist die Sache. Wenn du zurücktrittst, könnte bei einigen Leuten der Eindruck entstehen, als sei etwas nicht hundertprozentig in Ordnung. Aber wir müssen immer daran denken, daß es nicht um uns, sondern um die Kameraden geht. Sie sollen immer die Gewißheit haben, daß wir hundertprozentig für sie da sind. Sonst verlieren sie das Vertrauen. Und wenn wir ihr Vertrauen verscherzen, haben wir sie verraten. Du mußt bleiben.«

»Ich verstehe überhaupt nichts mehr«, sagte Stumm, »was redet ihr überhaupt. Es ist eine Panne passiert. Die Panne war nicht eure Schuld. Was passiert denn bei anderen, denkt mal an den ›Stoßtrupp‹ und an den ›Kampfverband der Jugend‹, mit was für Verlustquoten die rechnen. Natürlich, ich weiß, es fällt schwer, hier, in Sicherheit, zu arbeiten, ich würde auch lieber aktiv in die Zone gehen, wenn es irgendeinen Zweck hätte. Aber sie würden mich sofort festnehmen, und ich hätte gar nichts genützt. Hier, da wo wir stehen, brauchen sie uns. Man muß an der Stelle stehen können, an der man die nützlichste Arbeit leistet. Ihr habt einen Frontkoller. Ihr habt ein schlechtes Gewissen, daß ihr hier in Sicherheit sitzt, aber es kann nun mal nicht jeder an die Front, das geht nicht.«

Sie saßen mit gesenkten Köpfen da, und dann sahen sie auf und blickten einander reihum ernst und feierlich in die Augen.

Kämpfer war wieder da.

Er war mit seinem schwarzen *Opel Kapitän* am Vormittag aus Frankfurt gekommen und lud Herbert und Monika ein, am Abend mit ihm zusammen essen zu gehen.

Erst holte er Strittich ab und fuhr zu Monika Pape hinaus, auf deren Mutter er Eindruck zu machen schien. Er trug einen dunkelgrauen, zweireihigen Anzug von seriösem Schnitt und ausgezeichnetem Material und eine weinrote, schwarz getupfte Krawatte über einem blau und weiß gestreiften Hemd mit gestärktem Kragen. Sie hatten alle drei auf dem Vordersitz Platz, Monika saß in der Mitte. »Der *Kapitän* ist ein sehr schöner Wagen«, sagte sie versonnen, »der Volkswagen ist eben doch ein bißchen eng.«

»Ja«, sagte Kämpfer, »ich fahre ihn gern. Ich bin geschäftlich oft auf der Walze.«

Sie waren schon über die Wilmersdorfer Straße hinaus, als Monika sagte: »Herbert hat mir schon viel von Ihnen erzählt.«

Er blickte sie, trotz des scharfen Tempos, zwei Sekunden lang lächelnd an: »Hoffentlich nicht zu viel, gnädiges Fräulein, es täte mir sehr leid, wenn Sie nur Schlechtes von mir gehört hätten.«

»Aber nein, das Gegenteil«, sagte Monika, »ich habe Sie mir eigentlich anders vorgestellt.«

Die ›Blaue Grotte‹ war noch nicht übermäßig besetzt, zwei Ober bemühten sich um sie.

Kämpfer stellte das Menu zusammen und ließ Sekt kommen.

»Sie studieren auch, gnädiges Fräulein?« fragte Kämpfer, »dann können Sie mir vielleicht erklären, wozu ein Studium gut ist? Herbert hat schon ein paarmal versucht, es mir zu erklären, aber ich habe es nie begriffen. Sie kennen seine Art ... sich auszudrücken?«

»Es ist auch nicht so einfach«, sagte Monika und blickte Strittich an und wieder Kämpfer, nachdenklich, »wie soll man es erklären, und vor allem, es muß da etwas sein ..., es geht doch darum, ob man Freude am Forschen hat ...«

Strittich saß dabei und rauchte und blies die Schwaden über den Tisch. Kämpfer verharrte in seiner aufmerksamen, höflichen Haltung.

»Man muß doch lernen ... sehen Sie, es ist nicht so einfach, ein Gedicht zu lesen, ich dachte früher auch mal, aber es ist sehr schwierig.«

»Sie dürfen mich nicht überschätzen«, sagte Kämpfer, »aber ich habe seit jeher eine außerordentliche Hochachtung vor ... Wissenschaftlern gehabt. Herbert weiß das.«

»Laß dich doch nicht ärgern«, sagte Strittich, »er ist ein Banause.«

»Wieso denn«, fragte Monika und errötete, »ich finde, fotografieren ist doch auch interessant.«

»Ja, wissen Sie, ich fotografiere nur noch selten selbst, ich beschäftige jetzt zwei Kameraleute und mache den geschäftlichen Kram. Manchmal führe ich auch ein bißchen Regie ...«

»Das stelle ich mir gerade außerordentlich interessant vor.«

»Nein, gnädiges Fräulein«, Kämpfer trank den Rest aus seinem Glas und winkte dem Ober mit einer herrischen Geste, »außerdem läuft das Geschäft im Augenblick fast allein, ab und zu mache ich mich einmal auf den Weg, wie jetzt, um Kunden aufzusuchen ... aber der Anfang war gar nicht so interessant, wie Sie meinen. Sie wissen vielleicht, daß ich im Herbst achtundvierzig erst angefangen habe. Es war mehr ein Zufall. Ich habe mir eine Leica gekauft ... zuerst habe ich auf der Straße Passanten geknipst, ein hartes Brot, später habe ich mir dann mein Studio eingerichtet.«

»Aber Sie haben doch etwas erreicht, sich in zweieinhalb Jahren so hochzuarbeiten ... man braucht doch Initiative.«

»Wissen Sie, die Konjunktur in Westdeutschland ist in meiner Branche außerordentlich günstig, und wer weiß, vielleicht eröffne ich doch noch einmal eine Zweigstelle in Berlin, ich habe natürlich eine Reihe von Kunden hier. Ich kann aber natürlich nicht alle Aufträge erledigen, auch sind oft ... Spezialwünsche darunter, bis jetzt aber wollte Herbert nicht so recht heran.«

Er sah Herbert ausdruckslos an, und Herbert tastete mit dem Fuß unter dem Tisch, bis er Kämpfers Fuß traf, und stieß ihn mehrmals an. Kämpfer zog die Augenbrauen in die Höhe.

»Herbert kann doch sehr gut fotografieren«, sagte Monika.

»Ich weiß, gnädiges Fräulein, manchmal traut er sich zu wenig zu. Sie sollten ihm ruhig ein bißchen den Rücken stärken.«

»Das sage ich auch schon immer, er schreibt ja nicht einmal sein Buch zu Ende.«

»Ich finde es langweilig«, sagte Strittich, »fällt euch nichts anderes ein?«

»Ich finde es nicht langweilig, und wenn ich nach Frankfurt

komme, lasse ich mich bestimmt von Herrn Kämpfer fotografieren.«

Kämpfer verbeugte sich, während er sein Glas hob: »Ich würde gern eine kleine – Serie von Ihnen machen.« Er blickte Strittich von der Seite an, und Strittich trat jetzt heftiger gegen sein Schienbein.

»Dabei behauptet Herbert immer, ich hätte kein Gesicht zum Fotografieren, er behauptet immer, das sei gut, denn Frauen mit fotogenen Gesichtern sind dumm.«

»Wissen Sie«, sagte Kämpfer und fuhr mit der Hand durch die Luft, »wir setzen unseren Ehrgeiz darein, aus jedem Objekt an Wirkung herauszuholen, was nur herauszuholen ist. Unser Stolz ist es, den ganzen Menschen zu zeigen, nicht nur ein lächelndes Frätzchen. Aber ich bin sicher, daß Sie auch in der Totalen meinen Erwartungen entsprechen werden. Welche Stellung Sie bevorzugen, das hängt natürlich von Ihnen ab.«

Er griff in die Brusttasche und brachte eine Karte zum Vorschein, die er über den Tisch reichte. Auf dem schmalen weißen Karton stand in schlichten Lettern:

KÄMPFER
Fotostudio
Frankfurt/M. Telefon
Baumallee 25 45667

»Kommen Sie einmal vorbei«, sagte er und verbeugte sich wieder, »am besten rufen Sie mich vorher an.«

Er setzte sie an der Ecke Thüringer Allee ab und meinte, er wolle rasch noch tanken fahren, morgen früh habe er es sehr eilig, und er werde Herbert in fünf Minuten abholen.

»Vielen Dank für den bezaubernden Abend«, sagte er und klappte den Schlag zu.

»Warum bist du nicht auch so ...«, fragte Monika.

»Er ist tüchtig«, sagte Strittich, »es gibt tüchtige und weniger tüchtige Männer, und ich gehöre zu den weniger tüchtigen.«

»Und damit gibst du dich zufrieden?«

»Du wirst dich schon dran gewöhnen.«

»Das werde ich nicht.«

Er küßte sie flüchtig, obgleich er schmeckte, daß sie Sekt getrunken hatte. Ihre Schritte auf den Fliesen des Vorplatzes waren ein ärgerliches Stakkato.

Kämpfer wartete an der Ecke: »Hübsch ist sie sehr, aber ich dachte, du wärst inzwischen vernünftig geworden?«

»Ja, schon gut, jetzt freut sie sich drauf, daß du sie fotografierst.«

»Wir fahren in mein Hotel«, sagte Kämpfer, »da ist eine gemütliche Kneipe ... sie wollte sich doch so gerne fotografieren lassen. Und das bringt der Beruf so mit sich«, sagte Kämpfer und lachte, »verstehst du, das Mädchen hat eine hübsche Figur, und ich kann nun mal keine Frau mehr ansehen, ohne mir vorzustellen ... jeder Mensch hat seinen Tick. Du hast deine Backfische, und ich fotografiere Schweinereien an geile, alte Böcke, das ist mein Tick, und er hat mich wieder auf die Beine gebracht, was man von deinem Tick nicht behaupten kann.«

Kämpfer bremste plötzlich und tippte mit einem Finger an die Scheibe, »sieh einer an, das ›Gaudio‹, das alte Loch, komm, wir wollen mal sehen, ob's noch wie früher ist, wenn nicht, reden wir ein bißchen davon.«

»Ach was«, sagte Strittich laut, »fahr weiter, ich habe keine Lust, dauernd von früher zu reden.«

»Also doch«, griente Kämpfer, »habe ich doch recht gehabt.«

Er öffnete und schloß die Tür mit äußerster Behutsamkeit und bewegte sich nur auf Zehenspitzen und schaltete die Nachttischlampe nicht ein, als er sich auszog. Dann lag er da, auf dem Rücken ausgestreckt, und versuchte nachzudenken, aber flüsterte endlich: »Jutta«, kaum hörbar, »Jutta, schläfst du schon?«

Sie antwortete so überraschend, daß er erschrak: »Was ist, Harald?«

»Warum sagst du gar nichts, ich dachte, du schläfst schon?«

»Ich wußte nicht, ob du müde bist und schlafen willst.«

»Du weißt, daß ich mich freue, wenn du noch wach bist, ich wollte dich nur nicht erst wecken.«

»Du mußt schlafen«, flüsterte sie, aber schien auf einen Protest gewartet zu haben, er konnte hören, daß sie sich bewegte, und dann fragte sie: »Ist was?«

»Nein«, fröhlich, »wahrscheinlich können sie mir bald alle den Buckel runterrutschen.«

»Warum, hast du wieder Ärger gehabt?«

»Nein, heute mal nicht, heute war ich ganz erfolgreich, ausnahmsweise. Ich habe nie geahnt, daß es so befriedigend sein könnte, mit Erfolg zu intrigieren. Schick und seine Freunde haben sicher gedacht, sie könnten alles auf die lange Bank schieben, und sie haben nur erreicht, daß Erich Misch und Helmut Hirth jetzt bereit sind, etwas zu unternehmen. Marianne Latour war sowieso dafür.«

»Warst du heute wieder mit ihr zusammen?«

»Wir haben zu viert in der Mensa gegessen.«

Sie sagte nichts mehr, und er raunte nach einer Weile: »Jutta, ich weiß, was du denkst, aber es ist Unfug.«

»Du verstehst nicht, daß ich Angst vor ihr habe?«

»Nein, das verstehe ich nicht, weil du keinen Grund hast.«

»Wir sehen uns so selten, und manchmal essen wir nur einmal in der Woche zusammen Mittag. Ich gönne ihr nicht, daß sie öfter mit dir Mittag essen kann als ich, das ist alles ... aber sag lieber, warum etwas anders werden soll.«

»Weil ich erst noch zwei Sachen zu Ende bringen will, und dann will ich Ruhe haben.«

»Was denn?«

»Erstens die ›Leitstelle‹.«

»Ja, ich weiß, aber was noch?«

»Ja, noch etwas. Ein Mann in der Schule hat mich gestern abend schon danach gefragt. Ich habe es nur vergessen, dir zu sagen, aber heute kam er wieder damit. Es ist ein ›gesamtdeutsches Gespräch‹, wie sie es nennen. Die Initiative geht von der FDJ aus, vom Osten also, aber ein paar Vertreter der evangelischen Jugend haben die Einladung angenommen und haben auch andere Jugendverbände aufgefordert mitzumachen. Es kommen auch welche aus Westdeutschland, viele Gruppen haben sich natürlich geweigert, sich zu beteiligen. Sie sagen, das Ganze sei nur eine propagandistische Vorbereitung der kommunistischen Weltjugendfestspiele im Sommer. Aber die Gruppe, die dieser Mann aus der Schule vertritt – ich glaube, sie nennen sich ›Friedensjugend‹ –, will sich beteiligen. Und er hat mich jetzt gefragt, ob ich mitkommen würde. Er kenne meine politische Einstellung. Es sind Pazifisten. Das sei ich nicht, habe ich ihm gesagt, aber er glaubt, sie könnten mich trotzdem brauchen, ich sei doch früher in der FDJ gewesen und kenne ihre Taktik. Was sagst du?«

»Ist das im ... Ostsektor?«

»Ja.«

»Und du glaubst nicht, daß es gefährlich für dich ist?«

»Nein«, sagte Harald, »wieso?«

»Hast du mit Hirth darüber gesprochen?«

Er zögerte wieder: »Nein ... ich habe Angst davor, daß ich mich nicht einmal mehr Hirth gegenüber verständlich machen kann. Du weißt, daß ich Vertrauen zu ihm habe, aber ich fürchte, er würde mich allein lassen.«

»Du mußt wissen, ob es sich lohnt, hinzugehen, glaubst du, es hat viel Zweck?«

»Nein ... Jutta, überhaupt keinen Zweck, aber ich will es ein letztes Mal probieren.«

»Ja, dann mußt du hingehen, sonst wirst du dir später Vorwürfe machen.«

»Jutta ... warum verfallen sie immer auf mich, obgleich ich nie etwas ausgerichtet habe.«

»Du glaubst nur, daß du nichts ausrichtest.«

»Nein, das weiß ich«, sagte Harald. »Wenn ich wenigstens reden könnte. Wenn die Brummer im Konvent spricht, hören alle zu. Sie kann sagen, was sie will, sie kann eine halbe Stunde reden und gar nichts sagen, aber sie ist davon überzeugt, etwas zu sagen zu haben. Mir hört keiner zu. Ich möchte auch einmal davon überzeugt sein, die einzig richtige Sache zu vertreten, wie die Brummer.«

»Nein, Harald«, er konnte hören, daß sie lächelte, »es wäre schrecklich, wenn du wärst wie Fräulein Brummer ... aber wird es nicht schwer werden, gegen die ›Leitstelle‹?«

»Sie fühlen sich zu sicher. Plautus hat sich an die Staatsanwaltschaft gewandt, und sie haben ihm natürlich gesagt, daß niemand die Akten einsehen darf, ehe nicht die Gerichtsverhandlung gegen Breuer abgeschlossen ist –, und das kann Monate dauern – und sie wird natürlich unter Ausschluß der Öffentlichkeit stattfinden. Sie denken, wenn wir bis zur Verhandlung nichts machen können, werden wir uns beruhigen, aber ich habe heute etwas herausgefunden. Verstehst du«, sagte er angespannt, aber zufrieden, »wir haben einen Zeugen ausfindig gemacht, der gegen die ›Leitstelle‹ aussagen wird. Und es ist so gut wie sicher, daß die ›Leitstelle‹ die Verhaftungen in Jena und Leipzig auf dem Gewissen hat, und dieser Zeuge bricht ihnen den Hals.«

»Aber... Harald?«

»Ja?«

»Du mußt mich richtig verstehen, aber wenn Karl-Heinz... es könnte so aussehen, als würdest du etwa nur unseretwegen...«

»Ich habe schon daran gedacht. Er verdient einen Denkzettel; aber Langer ist verantwortlich für die ›Leitstelle‹, und er soll jetzt die Verantwortung übernehmen.«

»Ja«, sagte Jutta, »wenn du an die anderen denkst, die verhaftet worden sind.«

»Und einem wird die Schuld gegeben... Breuer«, sagte Harald, »ich weiß nicht, was Breuer angerichtet hat, aber er soll jetzt alles allein ausbaden. Ich bin gespannt auf Herrn Langers Gesicht... aber habe ich dir schon von Mulbower erzählt, nein?«

»Meinst du diesen Amerikaner, bei dem ihr euch früher immer getroffen habt?«

»Ja, er war lange in Amerika, jetzt ist er wieder hier. Er wollte uns alle einmal einladen, am nächsten Sonnabend. Natürlich mußt du auch mitkommen.«

Sie schwieg aber, und er sagte rasch: »Ja, Marianne Latour wird auch da sein, und du wirst sie kennenlernen, und alles ist dann aus der Welt geschafft.«

Sie schwieg aber, und er reckte seinen Arm aus dem Bett und flüsterte: »Jutta, gib mal deine Hand her.«

Er mußte seinen Arm ausstrecken, um wenigstens ihre Fingerspitzen erreichen zu können. »Damit hörst du auf, verstehst du?«

»Ja, ich höre damit auf.«

»Und jetzt versuche ich diese beiden Sachen, dann ist Schluß ... bis ich den nächsten Wutanfall habe.«

»Und du kommst manchmal eher nach Hause?«

»Oft.«

»Und du ißt nicht mehr andauernd mit Marianne Latour in der Mensa?«

»Auch nicht mehr«, sagte Harald, »und ich werde mich zu einem vorbildlichen Familienvater entwickeln. Es wird allerhöchste Zeit, daß ich mich um die Erziehung von Christoph kümmere.«

»Dazu brauche ich dich gar nicht.«

»Du verwöhnst ihn nur, und das nennst du dann Erziehung. Das wird jetzt anders.«

Aber sie blieb still, und er fragte: »Das glaubst du mir wohl nicht?«

Sie mußte nahe an die Bettkante gerückt sein, denn nun lag ihre Hand in seiner Hand, es waren nicht mehr nur die Fingerspitzen.

»Es wäre sehr schön«, flüsterte Jutta, »aber ich muß erst abwarten, ob es nicht ... zu schön ist.«

Dann war ihre Hand fort, und er bewegte seine Finger einen Augenblick im Leeren, und als ihre Hand nicht wiederkam, zog er seinen Arm unter die Bettdecke.

Dann hörte er, daß sie sich in ihrem Bett bewegte, und dann stand sie neben seinem Bett in dem schmalen Gang zwischen den beiden Betten und sagte halblaut: »Nun mach doch schon ein bißchen Platz.«

Das erste ›Gesamtdeutsche Gespräch der Jugend‹ begann am Freitagabend mit einer Eröffnungssitzung im Großen Sitzungssaal in dem Gebäude der Freien Deutschen Jugend in der Zimmerstraße (Ostsektor).

Die Wände waren mit schwarz-rot-goldenen Fahnen verkleidet, über dem Rednerpult hing ein Spruchband, blau, mit weißer Schrift: *Die Jugend in vorderster Front im Kampf für ein einiges Deutschland.*

Es waren weder Vertreter der sowjetischen Militärverwaltung noch Vertreter der ostdeutschen Regierung oder der politischen Parteien und Organisationen anwesend, sondern nur die Delegierten der Freien Deutschen Jugend und der eingeladenen Verbände.

Diese Tatsache unterstrich, wie er sagte, ein Funktionär der Freien Deutschen Jugend. Denn die Jugend wolle unter sich bleiben, erst am Sonntagabend, zur repräsentativen Schluß-Sitzung, werde man Gäste haben, und dann würden die Resolutionen, die inzwischen in kleineren Gruppen erarbeitet worden seien, verkündet werden.

Harald saß mit jenem Herrn Steinberg zusammen unter den hundertfünfzig Delegierten, inmitten der Vertreter der ›Friedensjugend‹, die, nach ihrem Gesichtsausdruck zu schließen, von der Bedeutung der Stunde durchdrungen schienen.

Indessen sprach der begrüßende Redner von *nationaler Front, Einheit, gerechtem Frieden, Friedenslager*, auch von *Kriegshetzern*, die deutsche Jugend müsse zusammenkommen und ihrem drängenden Wunsche nach der Wiedervereinigung des Vaterlandes und der Erfüllung der Friedenssehnsucht aller Völker Gehör verschaffen. Und das sei nur möglich, wenn Verbände und Organisationen ihre partikulären Interessen zurückstellten und sich zusammenschlössen zu einem machtvollen Block.

Ein Vertreter der evangelischen Jugend äußerte sich skeptischer und weniger leidenschaftlich. Auf praktische Vorschläge käme es an, die Jugend müsse den Anfang machen, die Vorurteile abzubauen, man sei zusammengekommen, um endlich miteinander, statt gegeneinander zu diskutieren.

Danach wurde die Sitzung auf Sonnabend früh vertagt.

Als er den Saal verließ, traf Harald auf Günther Patze. Er schien aufgeräumt und leutselig: »Harald! Schön, daß man sich endlich wiederfindet. Ewigkeiten ... was? Ich hörte schon, daß du kommen wolltest. Was gibt's sonst? Was macht ihr für Sachen auf eurer ... Universität in Dahlem?«

Harald ging auf seinen oberflächlichen Ton ein: »Hast du das hier organisiert?«

Patze stutzte, dann lächelte er wieder, nur seine Augen blickten nüchtern, schätzend: »Woher weißt du das?«

»Danke. Ich wollte nur wissen, ob Gerhard Elfert über euch so gut informiert ist, wie du über unsere Universität. – Falls es dich befriedigt: wir haben festgestellt, daß du der einzige bist, von uns allen, der es in der Politik zu was gebracht hat. Du bist auf dem besten Wege zum Politbüro, hört man?«

»Ja?« Patze hatte die Zähne entblößt, so herzlich schien er zu lächeln, »von Elfert?«

»Anders erfährt man leider nichts mehr voneinander. Wir haben uns neulich bei Mulbower getroffen – Erich, Marianne, Kliemann; nur du hast uns gefehlt – und Adam Nick«, und wieder versöhnlich, weil er bedauerte, daß sich der Dialog so erbittert ineinander verbiß: »Du hast gehört, daß Mulbower wieder in Berlin ist?«

»Ach nein«, es war nur noch böser Sarkasmus. Patzes Blick hielt starr etwas hinter Haralds Schulter fest: »Aber du bist für die ›Friedensjugend‹ hier, nicht?«

»Ja, aber wenn du alles weißt, weißt du sicher auch, daß ich nicht Mitglied bin. Sie haben mich mitgebracht ... ich weiß nicht, als Dolmetscher für Dialektik, vermutlich.«

»Vermutlich. In welcher Arbeitsgruppe?«

»Betriebsjugend.«

»Interessierst du dich wieder für Betriebsjugend, neuerdings?«

»Nein«, und er sagte es schroffer, als er beabsichtigt hatte, er freute sich nicht länger, daß er Patze begegnet war, er ertrug die Anmaßung nicht mehr, er verlor die Geduld: »Ich wollte mich nur vergewissern, ob ihr inzwischen Verstand angenommen habt. Ich fürchte leider, ihr lernt es nie.«

»Aber ... du? Schade – Harald.« Patze hielt den Kopf schräg, als lauschte er dem Namen nach, und schien noch etwas anhängen zu wollen, aber plötzlich wendete er sich auf dem Absatz um und ließ Harald stehen.

Die Sitzung der Arbeitsgruppe ›Betriebsjugend‹ begann um zehn Uhr. Zehn Uhr siebenunddreißig war für Harald Momber das ›gesamtdeutsche Gespräch der Jugend‹ zu Ende.

Sie kamen diesmal in einem kleineren Raum zusammen, etwa dreißig Leute. Später traten etwa zehn weitere Jugendliche ein, und der Vorsitzende der Arbeitsgruppe, der durch Zuruf gewählt worden war, erklärte, es handele sich um die FDJ-Betriebsgruppe des Glühlampenwerks Clara Zetkin aus Rummelsburg. Sie hätten gebeten, an den Sitzungen teilnehmen und auch die Resolutionen mit abstimmen zu dürfen, er glaube, daß man dem zustimmen könne.

Herr Steinberg hatte nichts einzuwenden. Harald hörte sich die Erklärung des Arbeitsgruppen-Vorsitzenden unbeteiligt an.

Einer der Delegierten, ein Mitglied der Freien Deutschen Jugend, hatte kaum sein Referat über die ›Betriebsjugend in Ost- und Westdeutschland‹ begonnen, als ein Mann eintrat, der eine Weile auf den Vorsitzenden einsprach, bis dieser den Vortrag unterbrach und bekanntgab, die anderen Gruppen hätten den Wunsch geäußert, schon jetzt, zu Beginn der Tagung, eine Protestadresse an die Bonner Regierung zu senden und gegen die geplante westdeutsche Remilitarisierung Stellung zu nehmen. Schließlich stehe die ganze Tagung unter dem Eindruck der schrecklichen Ereignisse in Westdeutschland.

Nun erhob sich Harald, fast widerwillig, weil es ihm lästig war, jetzt schon die Hoffnungslosigkeit seines Versuches eingestehen zu müssen, und sagte ruhig, während zwei andere Delegierte sich zu Wort meldeten: »Ich denke, wir sollten uns um die ›Betriebsjugend‹ kümmern, nicht um Protestnoten. Wollen wir allerdings das Verfahren wiederholen, das uns auf höchster Ebene bereits seit einiger Zeit vorgeführt wird, hätte ich eine ganze Reihe von Vorschlägen für Protestresolutionen.«

»Das Leben der ›Betriebsjugend‹ steht heute in Westdeutschland unter dem Gespenst der drohenden Remilitarisierung«, erklärte ein Jungarbeiter aus dem Glühlampenwerk Clara Zetkin mit lauter Stimme.

»Lassen Sie doch«, flüsterte Herr Steinberg, »wir machen jetzt mit, später können wir dann auch gegen Dinge in der Ostzone protestieren, stören Sie doch die Atmosphäre nicht.«

Aber Harald stand noch einmal auf und sagte ruhig, sicher glaube er, daß die ›Betriebsjugend‹ in Westdeutschland ebenso unter dem Schatten der Wiederaufrüstung lebe wie die ganze Welt, er sei aber nicht hergekommen, um Noten an die Besatzungsmächte zu verteilen, er protestiere dagegen, die Arbeit durch unnütze und demagogische Resolutionen zu stören.

Ein Jugendfreund aus dem Glühlampenwerk Clara Zetkin erklärte, Provokationen werde man sich nicht bieten lassen.

Harald wurde gefragt, für welche Organisation er spreche?

»Für die ›Friedensjugend‹«, sagte Harald, aber Herr Steinberg stand auf und erklärte, nein, Momber sei nur eine Art Gastdelegierter der ›Friedensjugend‹.

»So sei er also ... privat hier?« fragte der Vorsitzende.

»Ja«, sagte Harald, »ich gehe auch privat«, nicht etwa zornig, sondern verbindlich, höflich.

»Provokateur!« Die Betriebsgruppe Clara Zetkin wurde immer lebhafter.

Herr Steinberg schüttelte erregt den Kopf und bewegte die Lippen, er sah verärgert aus und meldete sich wieder zu Wort, aber Harald ging schon. Er schlug die Tür nicht mehr zu, das hatte er sich inzwischen abgewöhnt, er schloß die Tür vorsichtig und behutsam. Dann ging er den leeren Flur entlang, die leere Treppe hinunter.

Draußen roch es angenehm modrig und feucht nach Frühling. Sonnabend, noch nicht mal elf Uhr, dachte Harald.

Er leugnete nicht, daß er froh war, das hinter sich gebracht zu haben. Nein, er wunderte sich eigentlich wirklich nicht.

Das war Nummer eins. Blieb Nummer zwei.

Eigentlich war es sogar gut so. Harald ging aufmerksam, vermied es, auf die Rillen zwischen zweien der großen Pflasterplatten zu treten. Jetzt hatte er den Rücken frei.

Außerdem hatte er es so kommen sehen.

Was Jutta sagen würde, daß er so früh zum Mittagessen kam?

»Es ist gut, daß du schon kommst«, sagte sie an der Tür, »dann kann ich heute abend noch fahren. Götzes schreiben, daß Mutter Gelenkrheuma hat ... schlimm.«

Um fünf brachte er Jutta zum Bahnhof Friedrichstraße, um halb sieben war er bei Hirth.

Seine Braut war auch da, und Harald wollte wieder gehen,

aber Hirth hielt ihn fest: »Sie muß gleich in die Küche, Abendbrot machen, dann haben wir eine Weile Ruhe.«

Als er seine Geschichte vom ersten und einzigen ›gesamtdeutschen Gespräch der Jugend‹ heraus hatte, war ihm viel wohler, und er lachte noch eine Weile mit Hirth darüber, der ihn später die Treppe hinunter begleitete und ihm lange die Hand schüttelte, als er die Haustür aufgeschlossen hatte.

Dringlichkeitsanträge können erst nach Erledigung des Abschnittes A der Tagesordnung gestellt werden. Um diese Zeit aber war das Haus noch halb leer.

Und Helmut Hirth saß da und drehte sich liebevoll eine Zigarette. Anfangs war Hirth durchaus gegen eine Aktion gewesen, aber seit Trappmann aufgetaucht war – Hirth wendete sich um, hinten, unter den wenigen Zuschauern saß Trappmann, er hatte den Mund fest geschlossen und blickte starr geradeaus – und seit ihm die Unstimmigkeit der Daten aufgegangen war, machte es ihm Spaß, dabeizusein. Abgesehen davon, daß er diesem Schick eins auswischen konnte.

Daß Harald Herrn Schick schonen wollte, war ihm verständlich, nur hatte er, Hirth, keinen Anlaß, auf Schick Rücksicht zu nehmen. Diesen Fall würde er, Hirth, höchstpersönlich besorgen.

Hirth leckte die Zigarette an, strich mit dem Finger über den angefeuchteten Streifen und betrachtete sein Werk wohlgefällig. Vor ihm saß Harald und wartete wahrscheinlich ebenso dringend, daß Plautus zum Ende kam, wie er selbst. Harald hatte beide Hände in den Hosentaschen, wie immer, wenn er sehr gespannt war. Hirth lehnte sich nach vorn, hielt ihm die eben gedrehte Zigarette hin und reichte ihm Feuer.

Abschnitt A: Eingänge, Eingaben und Beschwerden.

Ein Schreiben an den Konventsvorstand: Sorgen Sie doch endlich dafür, daß die Fenster der Herren-Toilette im Erdgeschoß der Mensa mit einer Mattglasscheibe versehen werden.

»Ich denke«, sagte Herr Plautus, »Sie werden mir zustimmen, wenn ich dieses Schreiben weiterleite … zuständigkeitshalber an die Kuratorialverwaltung.« Fröhliches Gelächter. Herr Hohenstein gibt zu bedenken, daß eher der Bauausschuß des Senats zuständig sei.

Neben Hirth saßen Kapp und Goldmann, die beiden einzigen Philosophen, auf die man sich würde verlassen können. Drüben am Fenster hockte Erich Misch, vornübergebeugt auf seinem Stuhl, inmitten der sieben Mediziner, von denen er erklärt hatte, sie würden mit ihm durch dick und dünn gehen. Für die übrigen vier könne er nicht garantieren. Immerhin: Harald, Kapp, Goldmann und Erich mit seinen Medizinern und ich, und Marianne Latour.

Plautus war auch unruhig. Plautus hatte eben erst ihren Antrag gelesen und war nervös, wahrscheinlich überlegte er, ob er ihn nicht auf irgendeine Weise vertagen lassen konnte, dachte Hirth, aber... kann er eben nicht. Außerdem, wenn wir gewinnen, wird er für uns sein. Das war Plautus. Plautus würde abwarten, wie der Wind drehte.

Er hatte eine neue Zigarette fertig und rauchte auch und wandte sich um und sah Trappmann dasitzen. Es war ein ausgezeichnetes Gefühl, zu wissen, daß sie auf alles vorbereitet waren, und er verstand, was Harald gemeint hatte. Herr Schick, der nachlässig vorne am ASTA-Tisch saß, und Herr Stumm ahnten nichts.

Helmut blickte zum Fenster und sah Erich Misch an. Er hatte sich aufgerichtet und wandte nun den Kopf, Marianne Latour lächelte jetzt, und Helmut lächelte auch. Dann aber mußte er wieder Haralds Nacken ansehen, weil Plautus jetzt fertig war, und weil er den Zettel aufgenommen hatte, den Zettel, und jetzt setzte sich Hirth in Positur und dachte: Mann, Harald, bitte, bloß ruhig bleiben, es hätte keinen Zweck, jetzt, bloß nicht.

»Es ist mir ein Dringlichkeitsantrag vorgelegt worden, und zwar ein Dringlichkeitsantrag zur Beschlußfassung. Ich darf Ihnen den Antrag vorlesen.« Herr Plautus rückte sich zurecht und zögerte ein letztes Mal.

»Der Konvent möge beschließen«, und Hirth glaubte zu erkennen, daß es Plautus schwerfiel, weiterzulesen, »baldmöglichst einen Untersuchungsausschuß einzusetzen, der die Rolle zu prüfen hätte, die Mitarbeiter der ›Leitstelle für gesamtdeutsche studentische Angelegenheiten‹ im Verlaufe der Ereignisse gespielt haben, welche die Verhaftung mehrerer Studenten in Leipzig und Jena zur Folge hatten – einen Untersuchungsausschuß, der, falls sich ein Verschulden jener Studenten und Mitarbeiter der ›Leitstelle‹ erweisen sollte, geeignete Maßnahmen gegen die Betroffenen vorzuschlagen hätte, wie auch Maßnahmen, die eine Wiederholung ähnlicher Vorkommnisse zu verhindern geeignet sein könnten.«

Hirth saß kerzengerade auf seinem Stuhl und war zufrieden, denn endlich hatte alles Getuschel aufgehört. Er konnte die Gespräche hören, die andere, draußen am Büfett, führten.

»Zur Begründung der Dringlichkeit, Herr Momber, bitte«, sagte Plautus. Der ASTA-Sekretär stand auf und trat an die Tür. Er winkte stumm, und drei Abgeordnete traten eilig ein, sie hielten ihre Coca-Cola-Flaschen in den Händen. Herr Hohenstein war einer von ihnen. Er setzte sich neben Hirth und fragte: »Was ist denn los?«

Hirth nickte zum Katheder, Harald Momber stand dort oben, und Hirth blickte zu ihm hinauf. Es war immer noch besser so: sollte Momber zuerst reden. War er zu laut, waren Marianne und Erich noch da. Erich Mischs Stimme galt etwas im Konvent.

»Meine Damen und Herren«, sagte Harald, »ich will mich kurz fassen«, und Hirth sah, daß Schick und Stumm sich mit gefrorenem Lächeln ansahen und Brandenburg zum Katheder hinaufblickte. »Wir wissen alle seit Wochen, daß sich in der ›Leitstelle‹ Dinge ereignet haben, die dringend einer Aufklärung bedürfen. Einer unserer Kommilitonen sitzt im Gefängnis, er ist als Spitzel bezeichnet worden. Wie konnte es dazu kommen? Das haben wir alle uns oft gefragt, aber bisher haben wir schamhaft verschwiegen, daß wir ein Recht darauf haben, zu erfahren, was in der ›Leitstelle‹ vorgegangen ist.«

»Nicht schlecht«, hörte Hirth Goldmann an seiner Seite flüstern, »pathetisch, das wirkt hier«, auch Goldmann blickte Harald Momber an.

»Warum mehrere Kommilitonen mit mir der Meinung sind, daß einige Mitarbeiter der ›Leitstelle‹ keineswegs ihre Pflicht getan haben, wie sie vorgeben, hoffe ich Ihnen später eingehender schildern zu können.«

Hirth hörte halblaute Rufe: »Aufhören, Unverschämtheit«, Hirth drehte sich nach Trappmann um, der hatte die Arme vor der Brust gekreuzt.

»Wir legen darum Wert auf rascheste Erledigung des Antrages, weil nach unserer Überzeugung die Gefahr der Verdunkelung besteht, wenn eine Untersuchung etwa, wie beabsichtigt, bis zum Abschluß des Prozesses gegen den sogenannten Spitzel...«

Vorsicht, dachte Hirth, noch ehe das Gescharr laut wurde, ruhig, ruhig doch, er soll doch nicht jetzt schon alles verderben.

»... aufgeschoben werden sollte.«

Gelächter, ein Zwischenruf: »Der hat wohl zu viele Kriminalschmöker gelesen.« Herr Plautus schwang die Glocke.

»Darum darf ich Sie bitten, den Dringlichkeitsantrag zu unterstützen, damit wir ihn noch heute abend beraten können.«

Fertig, zum Glück, dachte Hirth; allerdings wurde auch gescharrt, aber Erich Misch pochte heftig auf den leeren Stuhl, der vor ihm stand, auch seine Mediziner machten Lärm. Harald setzte sich, und Helmut hatte das Bedürfnis, ihm auf die Schulter zu klopfen, aber er bewegte sich nicht, weil Plautus fragte: »Möchte jemand gegen die Dringlichkeit sprechen?«

Ein Mediziner meldete sich, Erich Misch drehte sich ärgerlich um. »Maschke«, flüsterte Goldmann, »einer von Langers Leuten.«

Maschke war schon beim Katheder, Schick schien ihm etwas zuflüstern zu wollen, besann sich aber, Heinz Stumm stand auf und ging hinaus. Jetzt ruft er Langer an, dachte Hirth zufrieden. In diesem Augenblick stand Marianne Latour auf, kam herüber, und dann stand Erich Misch auf und schlenderte heran. Harald Momber zündete sich eine Zigarette an, Hirth konnte sehen, daß seine Hände zitterten.

»Meine Damen und Herren«, rief Maschke, »ich finde es unerhört. Ich weiß, daß einige Leute schon seit einiger Zeit versuchen, die ›Leitstelle‹ zu ... verunglimpfen, was heißt hier Verdunkelungsgefahr, diese Beschimpfungen sind eine ... Frechheit.«

»Darf ich den Herrn Kommilitonen bitten, sich zu mäßigen«, sagte Herr Plautus.

»Ich finde es einfach unerhört, daß in diesem Hause eine Institution wie die ›Leitstelle‹ ungestraft beschimpft werden kann.«

Mach nur so weiter, dachte Hirth belustigt, Herr Plautus schwang die Glocke. »Ich empfinde das als eine Beleidigung unserer Kommilitonen«, rief Herr Maschke, »die sich ... solche Beschimpfungen gefallen lassen müssen. Ich bitte Sie, diesen Antrag abzulehnen.«

Beifallsklopfen, aber Erich Misch lächelte und scharrte laut, auch die sieben Mediziner scharrten und Goldmann und Kapp.

»Dieser Maschke, dieses saudumme Stück«, sagte Erich Misch leise, »sonst kommt er immer zu spät, ausgerechnet heute ist er mal pünktlich.«

Dann meldete sich Karl-Heinz Schick.

»Was will denn der noch?« flüsterte Erich Misch.

»Bitte, Herr Schick.«

Karl-Heinz Schick stand langsam auf, brachte gemächlich die drei Schritte zum Podium hinter sich, und stellte sich zurecht.

»Herr Präsident«, sagte Schick und verbeugte sich mit einer leichten Wendung zum Vorstandstisch, »meine Damen und Herren. Wie Sie sicher wissen, bin ich selbst ein Mitarbeiter der ›Leitstelle‹, und Sie dürfen mir glauben, daß ich von jenen Vorfällen, die hier zur Rede stehen, wohl mit am meisten erschüttert war, es war auch mein Vertrauen, das so schändlich mißbraucht worden ist.«

»Zur Dringlichkeit«, rief Erich Misch, wütend.

»Gerne, Herr Misch«, sagte Karl-Heinz Schick.

»Ich will es ganz kurz machen. Herr Momber hat behauptet, er wolle in diese Angelegenheit ... hineinleuchten, und ich will diesen Dringlichkeitsantrag gerne unterstützen ... weil wir selbst gespannt sind, was bei Herrn Mombers – Erleuchtung herauskommt.«

Schick trat ab, und Beifall prasselte. Hirth saß stumm, überrascht, wütend, jetzt war die Dringlichkeit so gut wie angenommen, aber Schick, dachte er ingrimmig, Schick hat die erste Runde gewonnen.

»Wart's nur ab«, flüsterte Marianne Latour vor sich hin, Harald drehte sich um, und Hirth wollte sein gequältes Lächeln nicht sehen, aber er lächelte zurück und nickte heftig mit dem Kopf, und Harald wandte endlich sein Gesicht wieder ab.

»Helmut«, flüsterte Erich Misch, »ich weiß nicht, was Schick vorhat, aber vielleicht ist es besser, wenn sich einer von uns um Trappmann kümmert, falls ihm dahinten warm unter der Mütze wird.«

»Gut«, sagte Hirth, »ich setze mich zu ihm nach hinten, gleich nach der Abstimmung.«

Der Dringlichkeitsantrag wurde gegen wenige Stimmen angenommen.

»Wir behandeln ihn dann nach den anderen Anträgen zur Beschlußfassung«, verkündete Plautus.

»Ich gehe nach hinten«, flüsterte Helmut Hirth. Er drehte sich um: »Was issen nu?« sagte er erschrocken.

Und Harald und Erich und Marianne fuhren herum.

Trappmann, ihr Zeuge, war nicht mehr da.

Der Hörsaal fünfhundertundvier, in dem gewöhnlich die Konventssitzungen stattfanden, hatte zwei Türen zum Flur. Eine vorn beim Podium, die zweite hinten, wo die Stühle standen, auf denen die Zuschauer Platz genommen hatten. Unter ihnen erkannte Harald nun auch Jonny Lemke und Thomas-Klaus Hammer. Sie saßen in der Nähe des Fensters.

Aber Trappmann war weg.

»Geh raus«, flüsterte er Hirth zu, »vielleicht ist er auf dem Flur.«

Hirth nickte, stand auf und ging rasch hinaus.

Herr Kapp lehnte sich nach vorn und schlug Harald auf die Schulter: »Ausgezeichnet, soweit, wenn es weiter so glattgeht...« Harald wandte sich um und versuchte zu lächeln, aber er wartete darauf, daß Hirth zurückkommen werde, er hatte keine Ruhe, Herrn Brandenburg zuzuhören, der eine ASTA-Vorlage vertrat.

Endlich war Hirth wieder da. Er setzte sich und flüsterte: »Er ist bloß pinkeln.«

»Ein bißchen lange pinkeln«, sagte Erich Misch, »und Stumm ist auch gerade draußen.«

»Ich habe Jonny Lemke gesagt, er soll ein Auge auf ihn haben, wenn Trappmann wiederkommt.«

Auch Fräulein Brummer war inzwischen eingetroffen. Sie winkte Hohenstein auf den Flur und kam bald darauf zurück, setzte sich zu Erich Misch und fragte: »Was macht ihr denn da für einen Mist?«

»Das wirst du schon sehen«, sagte Erich, freundlich lächelnd.

Danach ging Fräulein Brummer auch mit Karl-Heinz Schick zusammen auf den Flur und setzte sich endlich zu Herrn Brandenburg an den ASTA-Tisch.

Später stieß Hirth Harald in den Rücken, und Harald wandte sich um. Hinten, unter den Zuschauern, saß nun auch Bernd Langer.

»Um so besser«, flüsterte Harald, »dann können wir ihn nachher gleich selbst fragen.«

Es war zehn Uhr geworden, und der Konvent folgte unruhig einer ausführlichen Geschäftsordnungs- und Satzungsdebatte zwischen Herrn Hohenstein, Herrn Brandenburg, Fräulein Brummer, Herrn Misch, Herrn Plautus und mehreren Juristen. Jedesmal, wenn Hohenstein sprach, mit ernstem Gesicht und beschwörender Gestik, gewann die Debatte eine feierliche Note.

»Schluß der Debatte!« Aber Herr Hohenstein möchte dagegen sprechen: »Es ist dies nämlich eine Frage, die an den Grundlagen unserer Parlamentsarbeit rüttelt ...«

Es war bisher dennoch kein Abgeordneter fortgegangen. Einer hatte gehen wollen, war aber von Heinz Stumm zurückgehalten worden. Dann trat Stumm auf und erklärte, er wünsche Abstimmung darüber, ob die Öffentlichkeit vor dem Eintritt in die Behandlung des Dringlichkeitsantrages Momber ausgeschlossen werden solle. Er sei jedenfalls der Meinung, daß ein so schwerwiegendes Problem unmöglich in aller Öffentlichkeit verhandelt werden dürfe.

»Laß sie doch ruhig die Öffentlichkeit ausschließen«, flüsterte Misch, »sie sollen sich ruhig sicher fühlen, wir halten uns zurück. Ganz ruhig bleiben, Harald, ich gehe mal wieder rüber zu meinen Schäfchen.« Er stand auf, durchquerte den Raum und setzte sich beim Fenster nieder. Seine Mediziner rückten näher an ihn heran.

Der Antrag Stumm wurde abgestimmt und mit großer Mehrheit angenommen. Karl-Heinz Schick brachte einen Zusatzantrag ein, der besagte, daß Bernd Langer als unmittelbar Beteiligter im Raum bleiben dürfe. Auch dieser Antrag wurde angenommen.

Auf Herrn Plautus' Drängen begannen die Zuschauer, unter Protestrufen den Saal zu verlassen.

»Jetzt muß Trappmann auch raus«, flüsterte Harald. »Geh zu Jonny, er soll ihn im Auge behalten und Bescheid geben, wenn irgend etwas passiert.«

Hirth war gleich wieder zurück und setzte sich, geräuschvoll den Stuhl rückend. Harald drehte sich nach ihm um, und Hirth lächelte. Die Zuschauer waren alle gegangen. Bernd Langer saß allein.

Nun stand Stumm vom ASTA-Tisch auf, ging nach hinten und setzte sich neben Bernd Langer.

»Herr Momber, bitte«, sagte Plautus, »vielleicht lesen Sie den Antrag noch einmal vor, ehe Sie ihn begründen.«

Harald las den Antrag langsam vom Blatt ab, dann legte er den Bogen hin, damit niemand sah, daß seine Hände flatterten, er blickte nur selten auf, während er sprach, um Schick anzusehen oder Hirth oder Erich Misch oder Marianne.

»Ich darf Ihnen die Vorfälle des vergangenen Dezember ins Gedächtnis rufen«, sagte Harald, »jedenfalls soweit bruchstückhaft Nachrichten darüber zu uns gelangt sind. Es ist außerordentlich schwierig gewesen, von der ›Leitstelle‹ überhaupt etwas in Erfahrung zu bringen, da es sich die ›Leitstelle‹ anscheinend angelegen sein ließ, die Wahrheit zu ... verschleiern.« Gescharr, Fräulein Brummer natürlich, Herr Plautus schwang die Glocke.

»Ich hoffe, Ihnen das beweisen zu können. Sie haben inzwischen erfahren, daß ein Mitarbeiter der ›Leitstelle‹ seinerzeit der NKWD in die Hände gefallen und, nachdem er eine Reihe von Angaben über seine Freunde von ›Leitstelle‹ und ›Freiheit‹ hat machen müssen, mit einem Spitzelauftrag wieder nach West-Berlin entlassen worden ist. Er hat der ›Leitstelle‹ von diesem Vorfall nur unvollständig Mitteilung gemacht, heißt es. Immerhin meinte die ›Leitstelle‹, daß der Anlaß genüge, um die Kommilitonen in Leipzig und Jena, die von dem Verrat betroffen waren, sofort zu warnen. Diese Warnung sei, so hört man, bereits am folgenden Tage erfolgt. Die meisten der Kuriere in Leipzig hätten sich in Sicherheit bringen können, für Jena sei es offensichtlich zu spät gewesen, ein von der ›Leitstelle‹ nach Jena gesandter Warner sei mit den Kommilitonen zusammen verhaftet worden. Im Verlaufe der Aktion soll in Jena ein Student erschossen worden sein, die Zahl der Verhafteten beläuft sich auf etwa vierzehn.

Inzwischen ist der Spitzel, ein gewisser Kurt Breuer, Student der Philosophischen Fakultät, der Westberliner Kriminalpolizei übergeben worden.

Soweit der Tatbestand ... scheinbar«, er holte Atem und spürte, daß die Unruhe unter den Zuhörern wuchs. Harald sah Langer wieder allein inmitten leerer Stühle sitzen, Stumm hatte beim ASTA-Tisch Platz genommen, Hirth blickte zu Boden, auch Erich sah nicht mehr zum Rednerpult herauf.

»Es kommt uns heute nicht so sehr auf die grundsätzliche Erörterung der Tätigkeit von Organisationen wie der ›Leitstelle‹ an als auf die Tatsache, die Sie sich bitte vor Augen führen wollen: daß die Leitung der ›Leitstelle‹, die sich ausnahmslos aus Studenten unserer Universität zusammensetzt, es in diesem einen, allerdings schwerwiegenden Falle an der nötigen Sorgfalt, dem nötigen Verantwortungsbewußtsein hat fehlen lassen.

Und wir sind überzeugt, daß Sie, wenn wir den Nachweis für unsere Behauptung geliefert haben, einverstanden sein werden mit unserem Wunsche, ein Konventsausschuß möge das Verhältnis unserer Studentenvertretung zur ›Leitstelle‹ gründlich untersuchen. Es scheint uns erforderlich, daß gegen schuldige Studenten unserer Universität geeignete Schritte eingeleitet werden.«

Es gab Geschrei, wieder Fräulein Brummer, Herr Maschke; Plautus bimmelte. »Und wir werden diesen Beweis erbringen können, obwohl sich sowohl Herr Langer von der ›Leitstelle‹ wie Herr Erwin Meier, Chefredakteur der ›Freiheit‹, heute hinter der Behauptung verschanzen, sie dürften vor dem Prozeß gegen Kurt Breuer keine Aussage machen, auch nicht vor einem Konventsausschuß. Ich darf Ihnen einen Anhaltspunkt geben ...«

»Kommen Sie endlich zur Sache!«

»... indem ich Sie an die Tatsache erinnere, daß die ›Leitstelle‹ bekanntgegeben hat – und diese Bekanntmachung ist im ›Universitätsfunk‹ eines Westberliner Senders wiederholt worden –, sie habe noch an dem Tage, an dem ihr die ersten Mitteilungen von Breuer zugingen, Anstalten getroffen, die Kuriere in Leipzig und Jena zu warnen. Schon am nächsten Morgen, heißt es, seien die beiden Warner abgefahren, einer nach Leipzig, einer nach Jena. Da man von der ›Leitstelle‹ ein Datum überhaupt nicht erfahren kann, muß man den zeitlichen Hergang der Ereignisse rekonstruieren, und das ist nicht sehr schwierig, denn es ist, nach Aussagen von Jenenser Kommilitonen, so gut wie sicher, daß die Verhaftungen in Jena am sechzehnten Dezember stattgefunden haben müssen. Das heißt also, den Ausführungen der ›Leitstelle‹ zufolge, daß die Warnaktion frühestens und spätestens am sechzehnten Dezember unternommen worden sein kann, da ja jener Warner nach Jena in die Verhaftungswelle hineingeriet.«

In diesem Augenblick stand Stumm vom ASTA-Tisch auf und ging hinaus, und Harald beobachtete, daß Hirth und Misch ihm aufmerksam nachblickten.

»Das heißt aber weiter«, sagte Harald, er fürchtete, er könnte den Faden verloren haben, und stockte und fuhr rasch fort, »daß die ›Leitstelle‹, nach ihren eigenen Ausführungen, am Tag vor dem sechzehnten, also am fünfzehnten, zum ersten Mal von der Tatsache des Spitzels Breuer Kenntnis gehabt haben konnte. Also – nach der Version der ›Leitstelle‹: am fünfzehnten erfuhr sie von dem Spitzel, am sechzehnten warnte sie Leipzig und Jena, in Jena kam die Warnung zu spät.«

»Kommen Sie lieber zur Sache«, rief Fräulein Brummer.

»Das gehört zur Sache«, sagte Harald ruhiger, weil er spürte, daß die meisten nun aufmerksam zuhörten, »wir sind imstande, Ihnen nachzuweisen, daß die ›Leitstelle‹ schon vor dem fünfzehnten Dezember Kenntnis von einem Spitzel gehabt haben muß, da Erwin Meier, der Chefredakteur der ›Freiheit‹, verschiedenen Kurieren aus Leipzig und Jena, die zu der Zeit gerade nach Berlin gekommen waren, bereits am zehnten Dezember verbot, noch einmal in die Zone zurückzufahren, unter Hinweis auf eine Warnung der ›Leitstelle‹, unter den Kurieren müsse sich ein

Spitzel befinden. Ich wiederhole: am zehnten Dezember hatte die ›Leitstelle‹ Erwin Meier bereits Mitteilung gemacht von der Existenz eines Spitzels, und am sechzehnten sind – nach Darstellung der ›Leitstelle‹ – die beiden Warner losgeschickt worden. Dazwischen liegen sechs Tage«, sagte Harald und spürte, daß es still geworden war, spürte zufrieden, daß sich das Blatt gewendet hatte, daß er zum ersten Mal den Konvent in Spannung hielt. Er konnte sehen, daß sich Maschke ratlos nach Langer umdrehte, aber Langer ihn nicht beachtete. Und dann rief jemand, und es schien Stumm gewesen zu sein: »Das ist eine Lüge!«

Es gab Unruhe, Gescharr, Gezisch, und Erich Misch rief: »Das werden Sie schon sehen.« Fräulein Brummer sprach auf Erich Misch ein, und Harald schwankte: sie hatten den Zeugen als letzten Trumpf ausspielen wollen, aber die Stimmung war gespannt, vielleicht war es richtiger, sofort nachzustoßen, und Harald sagte: »Herr Stumm behauptet, es sei eine Lüge, aber wir sind imstande, einen Zeugen für unsere Behauptung beizubringen, einen Zeugen, der bereit ist, vor Ihnen auszusagen, daß er am zehnten Dezember von Leipzig nach Berlin gekommen ist und am zehnten Dezember von Erwin Meier aufgefordert wurde, nicht wieder nach Leipzig zurückzufahren, sondern in Berlin zu bleiben. Und wenn Sie diesen Zeugen gehört haben, dann werden Sie mit uns der Meinung sein, daß eine Untersuchung der Vorfälle dringend notwendig scheint.«

Der Beifall überwog, er hatte weitersprechen wollen, aber hielt es für geraten, hier abzubrechen. Er ging zu seinem Platz zurück, setzte sich und flüsterte Hirth zu: »War's große Scheiße?«

»Nein, die Stimmung ist gut, es war richtig.«

»Sollen wir Trappmann selbst fragen?«

»Vielleicht ist es besser, wenn Plautus anfängt«, flüsterte Hirth.

Fräulein Brummer verbat sich im Namen der verdächtigten Kommilitonen energisch alle Vorwürfe; eine Zeugenvernehmung vor dem Konvent sei ein Unding, da sie einen Eingriff in das schwebende Verfahren gegen Breuer bedeute.

Das gab auch Herr Hohenstein zu bedenken.

Schick meldete sich nicht zu Wort, und auch Herr Stumm schwieg.

Aber die Stimmung war für den Zeugen.

»Jetzt haben wir sie«, flüsterte Goldmann hinter Haralds Rücken.

Vierunddreißig gegen sechzehn Stimmen für eine Befragung des Zeugen, bei zwei Enthaltungen.

»Holen Sie doch bitte den Zeugen herein ... Herr Hirth, vielleicht«, sagte Plautus.

Helmut Hirth stand auf und ging auf den Flur, nach einer Weile kam er mit Trappmann zurück.

Trappmann hatte eine Art, sich sehr beflissen zu verbeugen.

»Wollen Sie bitte, Herr...«

»Trappmann.«

»Herr Trappmann, wollen Sie bitte, hier, hinter das Katheder kommen«, sagte Plautus, »Sie wissen natürlich, daß wir Sie in gar keiner Weise zwingen können, vor dem Konvent auszusagen ... aber es wurde gesagt, Sie seien bereit, auszusagen, und Sie werden sich der Verantwortung, die Sie damit übernommen haben, bewußt sein, denn es sind hier Vorwürfe erhoben worden ... die einer Klärung bedürfen. Es wurde gesagt, Sie seien Kurier für die ›Freiheit‹ gewesen, Herr Trappmann, stimmt das?«

»Ja«, sagte Trappmann, »ich war Kurier für die ›Freiheit‹!«

Er stand nun hinter dem Katheder, schien es aber nicht zu wagen, das Holz zu berühren, denn er hielt seine Hände auf dem Rücken. Einmal, zweimal blickte er hinunter zu Karl-Heinz Schick, der am ASTA-Tisch saß, dann starrte er wieder das Katheder an.

»Sie dürfen sicher sein«, sagte Plautus mit gütiger Stimme, »daß wir alles, was Sie uns hier erzählen, vertraulich behandeln werden. Wir sind hier unter uns. Sind Sie Student der ›Freien Universität‹?«

»Ich bin jetzt zugelassen worden, für das nächste Semester.«

»Also, Anfang vergangenen Winters waren Sie noch in Leipzig?«

»Ja.«

»Hatten Sie auch mit der ›Leitstelle‹ zu tun?«

»Ich kannte natürlich die ›Leitstelle‹, jeder Student in der Zone kennt die ›Leitstelle‹! ...«

»Nur Herr Momber nicht«, rief Fräulein Brummer. Glocke, Plautus.

»... wenn ich herkam, bin ich manchmal hingegangen, ich kenne Herrn ...«, Trappmann nickte zu Schick hinunter, »aber ich hatte nicht direkt mit der ›Leitstelle‹ zu tun.«

»Also ausschließlich für die ›Freiheit‹ haben Sie gearbeitet?«

»Ja, für die ›Freiheit‹.«

»Nun erzählen Sie mal«, fragte Plautus und lehnte sich in seinen Stuhl zurück, »wie war denn das mit Ihrer Arbeit?«

»Zur Geschäftsordnung«, rief Erich Misch, »ich bitte die Befragung straffer zu handhaben.«

»Ich danke für Ihren Hinweis«, sagte Plautus, »aber ich denke, Herr Misch, Sie gehören auch zu denen, die es vorhin als dringendes Anliegen bezeichnet haben, Licht in diese Angelegenheit zu bringen, und Sie müssen mir schon gestatten, daß ich so gründlich verfahre, wie ich es für richtig halte.« Beifall.

Erich stand auf und kam wieder zu Harald herüber, auch Hirth reckte seinen Kopf vor, er flüsterte: »Fällt euch was auf?«

»Trappmann?« fragte Erich.

»Hoffentlich war er vorhin wirklich bloß pinkeln«, sagte Harald.

»Also, Herr Trappmann, Sie wissen, daß es uns in diesem Hause nur um die Aufdeckung der Wahrheit zu tun ist ... sagen Sie, Herr Trappmann, kamen Sie oft nach Berlin?«

»Ein-, zweimal im Monat.«

»Und sind Sie auch im Dezember nach Berlin gekommen?«

»Ja.«

»Lagen Ihre Besuche immer auf einem bestimmten Datum ... ich meine, kamen Sie regelmäßig an bestimmten Tagen des Monats nach Berlin?«

»Nein, das wäre doch aufgefallen. Wir haben uns immer abgewechselt.« Ein Schimmer der Erinnerung an seine gefährliche Arbeit war in Trappmanns Gesicht, der ganze Trappmann schien sich zu spannen, war nicht mehr die mittelgroße, schäbige Figur, die sächsisch sprach, »wir haben uns immer abgewechselt«, sagte er stolz.

»Also da kamen Sie im Dezember nach Berlin«, fragte Plautus, »wann war das ungefähr, wissen Sie das noch?«

Trappmann blickte über die Abgeordneten hinweg.

»Ich meine, wann sind Sie im Dezember nach Berlin gekommen?« fragte Plautus, und dann war es still. Sie alle konnten das Geklirr der Gläser auf dem Flur hören und die Stimmen der beiden Kellnerinnen am Büfett.

Trappmann zögerte, und es blieb still im Raum, und Trappmann blickte Harald nicht an, er blickte Schick nicht an, und sein Gesicht hatte einen verdrossenen Ausdruck, als wollte er von der Angelegenheit nichts mehr wissen.

Aber Plautus fragte ungeduldig: »Ungefähr?«

»Wir hätten selber fragen sollen«, zischte Helmut Hirth.

»Ja«, sagte Trappmann mit gesenktem Kopf, »ich weiß auch nicht mehr, es wird den … zwölften, fünfzehnten rum gewesen sein.«

Die Spannung zersprang in nervöses Gelächter, Fräulein Brummer rief. »Schluß mit der Komödie!«

»Also, Herr Trappmann«, sagte Herr Plautus begütigend, »Sie werden sich doch erinnern können, wann Sie nach Berlin gekommen sind, es war doch diesmal ein ganz besonderer Besuch.«

»Aber ich … ich kam doch so oft nach Berlin«, und während Harald noch fand, daß sich Plautus viel zu rasch von Trappmann abwandte und sich zu eilig dem Konvent zuwandte und sagte: »Wenn es so steht … meines Erachtens … vielleicht will noch jemand von Ihnen …«, hatte Marianne Latour schon ihren Arm gehoben, und Plautus nickte: »Bitte sehr, Fräulein Latour.«

Marianne hielt sich an der Lehne des Stuhls, der vor ihr stand.

»Herr Trappmann, Sie brauchen sich doch nicht einschüchtern zu lassen.« Unruhe, Gelächter. »Denken Sie doch noch einmal nach, haben Sie nicht mir und einem anderen Kommilitonen …«

»Namen nennen«, rief Fräulein Brummer.

»Haben Sie uns nicht vor drei Wochen, in der Mensa erklärt, daß Sie genau wußten, Sie seien am zehnten nach Berlin gekommen? Haben Sie mir nicht vor vierzehn Tagen, am Donnerstagvormittag, zum zweiten Mal bestätigt, daß Sie am zehnten Dezember nach Berlin gekommen sind? Können Sie sich wirklich nicht daran erinnern, daß Sie mir am vergangenen Mittwoch zum dritten Mal versicherten, Sie könnten beschwören, daß es der zehnte Dezember war, an dem Herr Meier Sie warnte, in die Zone zurückzufahren?«

Herr Plautus hielt die Hand an der Glocke und blickte Trappmann an, es blieb aber still, und er setzte die Glocke ab. Harald beobachtete, daß die Hände auf Trappmanns Rücken sich miteinander stritten, die Hand aber, welche hinter dem Rücken verborgen bleiben wollte, die Oberhand behielt. »Ich habe ... ich weiß ... beschwören wollte ich gar nichts ... Sie haben mich nur immer gefragt ... ich habe bloß gesagt, es könnte auch am zehnten gewesen sein.«

Fräulein Brummer lachte, und Helmut Hirth rückte seinen Stuhl etwas vor, er saß nun neben Harald. Trappmann wich noch immer allen Blicken aus, und Harald konnte Helmut Hirths raschen Atem hören.

Mariannes Stimme war noch leiser, aber schärfer, ungeduldiger: »Wagen Sie wirklich mir ins Gesicht zu sagen, Sie könnten sich heute nicht mehr daran erinnern, was Sie mir vor drei Wochen, vor zwei Wochen und am letzten Mittwoch erzählt haben?«

»Ich habe es nie gesagt«, rief Trappmann, »nie ... wie Sie es jetzt sagen.«

Lärm, Gescharr, Gelächter, Herr Plautus bimmelte heftig. »Darf ich um Ruhe bitten!« Marianne stand unschlüssig und blickte sich nach Harald um. Erich Misch sagte laut: »Jetzt habt ihr's, er war bestimmt nicht pinkeln«, und hob den Arm, aber Schick war ihm zuvorgekommen.

»Darf ich den Zeugen noch etwas fragen«, rief er, er schien erregt, aber sprach wie eingelernt, »Sie werden sofort sehen, meine Damen und Herren, warum ich vorhin die Annahme dieses Dringlichkeitsantrages empfohlen habe. Ich habe Ihnen gesagt, daß die ›Leitstelle‹ kein Licht zu scheuen habe, denn es wird sich am Fall dieses Zeugen und der ganzen ... hergeholten Beweisführung Herrn Mombers erweisen, daß es nicht etwa Sorge um die Kommilitonen im Osten war, die einige Abgeordnete bewogen hat ...«

Gebimmel, Zwischenrufe. »Herr Schick«, sagte Plautus milde, »darf ich Sie bitten, sich zu mäßigen.«

Schick verbeugte sich rasch in Richtung zum Vorstand und wandte sich an den Zeugen: »Herr Trappmann, vielleicht erzählen Sie mal, wie es zu diesem ... Gespräch in der Mensa gekommen ist.«

Und Trappmann zögerte wieder, er druckste: »Ich saß da mit einem Freund ... und wir sprachen grade über die Sache in Jena, und da sagte ich ...«

»Sie können alles sagen, Herr Trappmann, was haben Sie da gesagt?«

»Also ... ich sagte ... ich glaube, daß die ›Leitstelle‹ ... die Leute auf dem Gewissen hat ... ich war so wütend, weil ein Freund von mir auch mit hochgegangen war ... und weil ...«

»Natürlich«, sagte Schick ernst, »wir verstehen das, wenn man erregt ist, wenn ein Freund von einem Spitzel verraten worden ist, dann stellt man Überlegungen an, und wir nehmen Ihnen nicht übel, wenn Sie in Ihrer ... Erregung auch die ›Leitstelle‹ verantwortlich gemacht haben, man überlegt nicht lange, wenn man ... erregt ist.«

»Ja«, erleichtert, »ja, so ...«

Erich Misch meldete sich, Herr Plautus schien ihn nicht zu beachten.

»Und wie ging es dann weiter, Herr Trappmann?«

»Zur Geschäftsordnung!« rief Erich Misch, »ich verbitte mir diese Zeugenbeeinflussung.«

»Sie haben später noch Gelegenheit, den Zeugen zu fragen, Herr Misch«, sagte Plautus, »und ich mache Sie darauf aufmerksam, daß wir hier nicht in einem Gerichtssaal sind, sondern daß wir ... freundschaftlich, wie immer, nach dem wahren Sachverhalt suchen wollen.«

»Also, Herr Trappmann, erzählen Sie doch mal, wie war das da?«

»Da sprachen mich zwei ... Kommilitonen an, die auch an unserem Tisch saßen ... das war, als mein Freund weg war.«

»Sie kannten die beiden Kommilitonen nicht?«

»Nein ... sie sagten, daß sie ganz meiner Meinung sind, und man müßte was gegen die ›Leitstelle‹ unternehmen. Und sie haben mich gefragt, ob ich wirklich glaube, daß die ›Leitstelle‹ schuld gehabt hat.«

»Ja, und?«

»Ich habe dann gesagt, ich hätte so was von Meier munkeln gehört, und Meier tat so ... als wäre was ... faul, und da habe ich ...«

»Herr Trappmann, sagen Sie uns, wir verstehen Sie doch ...«

»Das ist doch eine abgekartete Sache«, rief Goldmann hinter Haralds Rücken.

»Ich verbitte mir das, Herr Vorsitzender«, rief Schick.

»Herr Goldmann«, sagte Plautus freundlich, »wir wollen doch abwarten, was diese ... Befragung ergibt.«

»Also, was war da nun?« fragte Schick ungeduldiger.

»Sie haben mich gefragt, ob ich nicht am zehnten nach Berlin gekommen bin, am zehnten Dezember.«

»Das ist eine unverschämte Lüge«, rief Marianne Latour, Plautus bimmelte. »Auf einmal!« schrie jemand von hinten.

»Aha«, fragte Schick, »... sie haben Ihnen also auf den Kopf zugesagt, daß Sie am zehnten nach Berlin gekommen sind?«

»Ich protestiere«, rief Marianne Latour, »der Zeuge muß beeinflußt worden sein.« Gelächter. Fräulein Brummer rief etwas, aber es war bei dem Lärm nicht zu verstehen.

»Ich glaube nicht, daß Sie ein Recht haben, den Zeugen plötzlich abzulehnen«, sagte Plautus, »aber, Herr Schick, wollen Sie sich bitte etwas kürzer fassen?«

Herr Schick verbeugte sich wieder, er strich sich das Haar glatt: »Gerne, Herr Trappmann, Sie haben ja gehört, wir sollen uns ein bißchen kürzer fassen. Sie waren also bereit, gegen die ›Leitstelle‹ auszusagen, aber wollten sich nicht darauf versteifen, daß es unbedingt der zehnte gewesen sein mußte, und Sie haben sich dann nach einer Woche wieder mit den ... Kommilitonen getroffen?«

»Ja.«

»Und es war wieder die Rede vom zehnten, bis Sie beinahe selbst daran geglaubt haben, was?«

Herr Plautus: »Herr Schick, bitte unterstellen Sie nichts, gar nichts, beschränken Sie sich auf Fragen!«

»Würden Sie mir bitte nur noch sagen, wer außer Fräulein Latour noch dabei war ... ist der Kommilitone zufällig hier?«

»Was soll denn das«, rief Harald, »ich war's.«

»Herzlichen Dank, Herr Momber«, rief Schick in den anschwellenden Lärm hinein.

Helmut Hirth saß vornübergelehnt. Erich Misch sagte laut: »Dieser Trappmann, diese feige Flasche, diese trübe Flasche.«

Trappmann sah nur noch Schick an.

»Und Sie waren bereit, gegen die ›Leitstelle‹ auszusagen, daß Sie um den zwölften herum nach Berlin gekommen seien, stimmt das?«

Trappmann nickte.

»Und Herr Trappmann«, rief Karl-Heinz Schick nun zum Auditorium hinunter, »ist auch heute noch bereit, gegen die ›Leitstelle‹ auszusagen, er ist bereit, seine Angaben auch vor Gericht zu machen, aber Herrn Trappmann ist erst heute etwas anderes klargeworden. Er hat nämlich heute zwei Zeitungsartikel gelesen, die ich Ihnen, meine Damen und Herren, nicht vorenthalten will. Ich erinnere Sie daran, daß Herr Momber vorhin erklärt hat, es müsse Licht in diese dunkle Angelegenheit gebracht werden, jawohl, ich bin ganz seiner Meinung.« Er griff zum ASTA-Tisch, und Heinz Stumm reichte ihm zwei Zeitungen. »Es ist zwar nicht Gepflogenheit in diesem Hause, sowjetdeutsche Zeitungsartikel vorzulesen, aber Sie werden mir das nachsehen, wenn Sie von dem Inhalt dieser Artikel Kenntnis genommen haben. Sie werden dann wissen, daß dieser Angriff auf die ›Leitstelle‹ ein wohlvorbereiteter Plan gewesen ist, ausgeführt von Leuten, die sehr wohl wissen mußten, was sie taten.« Er sprach ohne Pause, überstürzte sich fast.

»Der eine Artikel findet sich im *Neuen Deutschland*, dem Zentralorgan der Sozialistischen Einheitspartei, der andere in der *Jungen Welt*, der Tageszeitung der Freien Deutschen Jugend, und Herr Trappmann, das darf ich Ihnen in seinem Namen versichern, hat nach der Lektüre dieser beiden Artikel die Lust verloren, für Leute dieses Schlages auszusagen, er wird jedem anderen Gremium zur Verfügung stehen. Der Artikel im *Neuen Deutschland* erschien am vorletzten Sonntag unter der Überschrift: *Gesamtdeutsche Jugend an einem Tisch.*«

»Zur Geschäftsordnung!« rief Helmut Hirth, »das gehört nicht zur Sache.«

»Woher wissen Sie das?« fragte Schick lächelnd.

Herr Plautus: »Herr Schick, darf ich Sie fragen, ob die Verlesung dieser Zeitungsartikel in unmittelbarem Zusammenhang mit der Zeugenbefragung steht?«

»Aber selbstverständlich, ich betonte ja schon ...«

»Das ist unglaublich«, Erich Misch sprang auf.

»Ich bitte um Ruhe«, sagte Plautus, »Herr Schick, fahren Sie fort.«

Schick las mit erhobener Stimme, schrill, sehr rasch, und endlich herrschte wieder Ruhe. »Vom Freitag, dem neunzehnten, bis Sonntag, den einundzwanzigsten April, fand im Sitzungssaal des Zentralrates der Freien Deutschen Jugend ein erstes ›Gesamtdeutsches Gespräch der Jugend‹ statt. Trotz der ohnmächtigen Bemühungen des Spaltermagistrats und der Bluthunde, die der faschistische Bundesgrenzschutz an der Zonengrenze gegen die jungen Friedenskämpfer losgelassen hatte, gelang es auch mehreren Vertretern des friedliebenden Teils der Westberliner und westdeutschen Jugend, an diesem Treffen teilzunehmen. Die versammelten Delegierten beschlossen mehrere Resolutionen, unter denen ein Appell an die deutsche Jugend, die verbrecherischen Bonner Remilitarisierungspläne zu vereiteln, an vorderster Stelle stand, und so weiter und so weiter«, sagte Schick. »Ich kann Ihnen dieses Gewäsch ersparen, aber weiter unten wird es wieder interessant: Neben anderen Westberliner Jugendvertretern beteiligte sich an dem Gespräch auch ein Konventsabgeordneter der ›Freien Universität Berlin‹, der unseren Korrespondenten dringend bat, seinen Namen nicht zu nennen, da er sonst Repressalien durch die amerikanischen Brotgeber dieser Universität ausgesetzt sei. Dieser Jugendfreund hat es dennoch gewagt, sich an dem Treffen zu beteiligen.«

»Hört, hört!« Lärm, Geschrei, Gebimmel.

»Zur Geschäftsordnung!« rief Hirth.

»Namen nennen, weiterlesen, weiter!«

»Der Artikel in der *Jungen Welt* ist länger und noch aufschlußreicher. Sie können beide Artikel gerne einsehen, hier sind alle Resolutionen wörtlich abgedruckt, außerdem heißt es, die Bonner Kriegshetzer müßten davongejagt und die Westberliner... Terrororganisationen sollten aufgelöst werden... Terrororganisationen, die den friedlichen Aufbau in der Deutschen Demokratischen Republik sabotierten. Ich will Sie mit diesem Geschmier nicht belästigen... aber auch hier heißt es, daß ein Studentenvertreter der ›Freien Universität‹, und zwar ein gewisser H. M., sich an dem Treffen beteiligt habe.«

Pfuirufe.

»Darf ich Sie fragen, Herr Momber«, rief Schick, »da Sie der einzige ›H. M.‹ in diesem Hause sind, ob Sie damit gemeint sein könnten?«

Es war mit einem Schlage still geworden, so still, wie es noch nie still gewesen war, während einer Konventssitzung, und es war nun ohnehin alles verloren, und Harald sagte laut: »Ja, – allerdings...«, aber was er noch sagen wollte, ging unter in Geschrei, Pfui, Scharren, gellendem Lärm, Pfui Teufel, und die meisten Abgeordneten sprangen auf.

Trappmann stand noch immer, vergessen, hinter dem Katheder, und Trappmanns Gesicht sah aus wie das eines gescholtenen Kindes.

Und Harald sah, daß Hirth, sein Gesicht kalkweiß, die Stirn in Falten gelegt hatte, er hielt seine offene Tabakschachtel im Schoß, aber bewegte die Hände nicht.

Erich Misch saß vornübergebeugt und lächelte, offen und freundlich, den Fußboden an.

Schick stand mit ernstem Gesicht neben dem Katheder und hielt die Zeitungen wie zum Schlage erhoben, und Herr Plautus scharrte jetzt auch mit, er dachte nicht an die Glocke, Harald konnte seine Beine unter dem Vorstandstisch sehen, und die beiden Schriftführer scharrten auch. Die ›Ältesten‹ scharrten, und am ASTA-Tisch hämmerten sie mit leeren Coca-Cola-Flaschen auf die Tischplatte.

Und dann stand Marianne Latour auf, nahm ihre Aktentasche

an sich, ihren Mantel, der über einem Stuhl lag, und ging an Harald vorbei, ohne ihn anzusehen. Und ging hinaus.

Harald saß da und wußte, daß er bleiben mußte, daß er nicht auch einfach verschwinden durfte, aber das Geschrei hörte und hörte nicht auf.

Da hob Harald seinen Arm, und es war schwer, den Arm überhaupt in die Höhe zu bringen, aber als er seinen Arm hochgehoben hatte, schien der Lärm noch anzuschwellen. Und dann fingen sie hinten und dann drüben am Fenster an zu schreien, und dann waren sie im Takt, in einem hackenden Rhythmus, sie schrien: »Raus Raus Raus Raus Raus Raus Raus Raus Raus Raus Raus Raus Raus Raus Raus Raus.« Da nahm Harald seinen Arm herunter, aber sie hörten nicht auf zu schreien. Da legte Harald eine Hand auf Helmuts Schulter, aber Helmut sah ihn nicht an.

Da stand Harald Momber auf und ging auch fort.

Er saß in der Küche und las Juttas Eilbrief, als das Telefon schrillte.

Es dauerte eine Zeit, bis sein Bewußtsein von dem Geräusch Kenntnis genommen hatte, und er stand erst auf, als ihm klargeworden war, daß seine Mutter aufwachen mußte, wenn er nicht zum Telefon ging, obgleich er hoffte, daß das Klingeln endlich von selbst aufhören würde. Aber es klingelte wieder, und es war Hirth.

»Du warst doch noch nicht im Bett?«

»Nein, ich bin eben erst nach Hause gekommen.«

»Ich wollte dich auf alle Fälle anrufen, damit du Bescheid weißt ...«

»Ja.«

»Ich hätte nie gedacht, daß Schick auf so was kommen würde ...«

»Ja.«

»Wir haben uns auch ziemlich dämlich angestellt ... wie konnte Marianne aufhören, Trappmann zu fragen ... gerade an der Stelle?«

»Ich hatte keine Gelegenheit, Marianne zu fragen«, sagte Harald, »warum sie aufgehört hat, und ich werde es wohl auch nicht erfahren, denn vermutlich wird sie wieder ein halbes Jahr lang nicht mehr mit mir sprechen.«

Hirth lachte auf, und dann war seine Stimme weit fort: »Sie hätte am wenigsten Grund dazu ... wir waren uns alle viel zu sicher, außerdem konnten wir nicht ahnen, daß Trappmann so eine trübe Tasse ist ... aber vielleicht hättest du trotzdem nicht weggehen sollen ... Marianne schon gar nicht.«

»Sie wollten mich doch nicht mehr reden lassen«, sagte Harald, »es hatte doch keinen Zweck mehr.«

»Sicher hätte es nichts geholfen«, sagte Hirth rasch, »denn ich habe dann erklärt, daß du an diesem Treffen überhaupt nicht teilgenommen hast. Es hat nichts genützt.«

»Na also«, sagte Harald geduldig.

»Es hatte keinen Zweck mehr ... sie waren wild, sie waren ... vor allem, weil Marianne auch gegangen war.«

»Und die ›Leitstelle‹ ist rehabilitiert?«

»Von der ›Leitstelle‹ war nachher keine Rede mehr.«

»Ich gratuliere«, sagte Harald.

»Sie haben nur noch über dich gesprochen ... und Marianne Latour ... und es hieß später, Marianne hätte nichts gewußt, du seiest schuld. Erich und ich, wir haben alles versucht ... aber sie waren nicht mehr zu halten ... ich sage es dir bloß ... damit du es nicht von einem anderen erfährst.«

»Was war denn noch?« fragte Harald trocken, seine Hand vermochte den Hörer nicht mehr festzuhalten, und er stützte den Ellbogen auf den Tisch.

»Gleich nachdem du weg warst, hat Schick einen Mißtrauensantrag gestellt.«

»Das war doch klar«, sagte Harald, »ich wäre sowieso zurückgetreten.«

»Ja ... ja, aber dann hat die Brummer verlangt, daß der Konvent ein Disziplinarverfahren gegen dich beantragen soll ... wegen ... Schädigung des Ansehens der Universität. Du kannst dir denken, was sie vorgebracht hat.«

»Natürlich«, sagte Harald, und er stützte sich sehr fest auf die Tischplatte und preßte den Hörer an die Schulter, er wollte nicht, daß seine Stimme anders als unbeteiligt klang.

»Erich ... und ich, wir haben immer wieder geredet und geredet ... wir dachten ... wenn wir nur lange genug reden, gehen vielleicht welche nach Hause, und der Konvent wird beschlußunfähig, aber sie sind alle geblieben, und sie haben uns mundtot gemacht. Du hättest hören sollen, was die Brummer verzapft hat ... du wärst schon immer ein unsicherer Kantonist gewesen, drüben auf der Humboldt-Universität und hier ... erst recht. Hast du kapiert: du bist politisch zwielichtig, hast du's endlich kapiert?« Er schien lauthals in den Hörer zu lachen.

»Und?«

»Erich hat wie ein Stier gebrüllt ... aber es hat nichts genützt ... es wird sicher nicht schlimm, sie machen dir ein Disziplinarverfahren, aber was kannst du kriegen ... höchstens eine Verwarnung, und was heißt das schon ...«

»Sie können mich auch relegieren ... wenn sie wollen.«

»Aber das ist doch ...«, sagte Hirth eifrig, »das wäre lächerlich, sie würden sich lächerlich machen ...«

»So ... ja ...«, sagte Harald, aber er wußte nicht mehr, was er sagte.

Und Hirth, zögernd, dann rasch: »Wenn diese Scheiße mit dem ... gesamtdeutschen Gespräch nicht gewesen wäre, sag mal, mußte das sein?«

»Ich weiß schon, was du denkst«, aber er war nicht gereizt, er hatte keine Lust mehr, zu streiten, »es ist auch nicht zu ändern.«

»Harald, du darfst es auf keinen Fall tragisch nehmen ... paß mal auf, wir werden Herrn Schick schon noch beikommen.«

»Das werden wir nicht«, sagte Harald, »sie sollen mich am Arsch lecken.«

»Harald«, drängte Hirth, »es wäre Unfug, jetzt den Kopf hängen zu lassen, dieser Tage unterhalten wir uns ausführlich mit Erich. Er war zuerst bloß wütend, weil wir ihm nichts von deinem FDJ-Treffen erzählt haben, er war so erschrocken, sagt er, daß ihm nichts mehr einfiel ...«

»Ja, ja, es ist gut, Helmut, wirklich«, Harald wollte fertig werden, »wenn du Erich triffst, bestell ihm einen schönen Gruß.«

»Er ist hier, er will dich sprechen, mach's gut, Harald.«

Erich Mischs Stimme war laut, fröhlich, unerschütterlich. »Na, du gesamtdeutscher Fritze«, rief Erich, »paß mal auf, wir werden Langer, Schick und Co. schon noch auf die Schnauze schlagen, jetzt bin ich erst in Fahrt gekommen.«

»Hör doch schon auf«, sagte Harald, »ich weiß schon, du hältst mich jetzt auch für einen Idioten, mir soll's gleich sein.«

»Das könnte dir so passen, du hast es uns eingebrockt, jetzt willst du dich drücken.«

»Macht, was ihr wollt, aber wenn du schon mal da bist, kannst du mir sagen, wo ich ein Mittel für meine Schwiegermutter herkriege, warte mal, ich muß erst Juttas Brief holen.«

Er legte den Hörer behutsam hin und holte den Brief aus der Küche.

»Ich habe dir erzählt, daß Jutta in Dresden ist, zuerst hatte meine Schwiegermutter bloß Gelenkrheuma.«

»Bloß ist gut«, sagte Erich.

»Ich wußte nicht, daß es Komplikationen geben könnte, jetzt schreibt Jutta von ... Herzaffektionen, und ich soll so schnell wie möglich ... Corticosteron schicken. Weißt du, wie man das kriegt, einfach in der Apotheke?«

»Vielleicht kann ich was machen«, sagte Erich, »bist du morgen früh zu Hause?«

»Ja, dann bleibe ich hier.«

»Ich rufe dich an, schlaf dich erst mal aus, und dann sprechen wir über alles.«

»Merk dir Cor ... ti ... co ... ste ... ron.«

»Ja, ja, schlaf gut.«

Danach saß Harald noch eine Weile in der Küche und las den Brief noch einmal: ›Mein lieber Harald! Ich schreibe Dir nur schnell ...‹

Das Schlafzimmer war kalt und leer und unwirklich.

Vielleicht, wenn Jutta dagewesen wäre, wäre alles nicht ganz so schlimm gewesen.

Als Professor Rother nach seiner Vorlesung vom Podium trat, entdeckte er Helmut Hirth auf einer der vordersten Bänke und bat ihn, für einen Augenblick in sein Zimmer zu kommen. Dort schob er Helmut einen Sessel hin, bot ihm eine Zigarette an und ging selbst ruhelos auf und ab. »Erzählen Sie mal«, sagte er, »Sie waren doch dabei, Herr Hohenstein erzählte mir heute früh ... er war wohl auch einer von denen, die gebremst haben.«

»Ob Herr Hohenstein gebremst hat, weiß ich ... nicht mehr, und außerdem – um Mißverständnisse zu vermeiden – ich fand es auch nicht sehr klug von Momber, zu diesem gesamtdeutschen Gespräch zu gehen, und wenn ich es vorher gewußt hätte, hätte ich ihm abgeraten, aber ...«

»Keine Frage«, sagte Rother, »darüber brauchen wir kein Wort zu verlieren, und das weiß wohl auch Momber, ich weiß doch auch, wie Momber steht, das weiß ich seit langem, aber schließlich ... wenn diese Brummer wirklich ... sie soll gesagt haben, Momber sei Opportunist ... sehen Sie, wenn das so weitergeht ... Herr Hirth, Sie kennen mich immerhin, aber wenn das Schule macht ... Momber ein Opportunist ... dann ... was ist denn Demokratie ... Wagnis, jawohl ... Wagnis geistiger Freiheit, verstehen Sie, wenn das ...«

Es klopfte, und Professor Lempel trat ein, er war im Mantel: »Ich wollte Sie fragen, ob Sie mit zum Essen kommen wollen?«

»Gleich, ich muß dann noch zum Dekan, wir sprechen gerade über Momber, kommen Sie doch herein, ich bin gleich soweit.«

»Über Momber, ja, ein starkes Stück«, sagte Lempel.

»Ein Skandal«, rief Rother.

»Ausgerechnet in unserem Institut«, sagte Lempel, »erst dieser Dutzend mit seinen Nazigeschichten, und jetzt auch noch das.«

»Ich bitte Sie, lieber Kollege Lempel, Momber war einer von denen, die mitgeholfen haben, uns endlich von diesem Burschen, diesem Dutzend, zu befreien, jetzt wird er mir nichts, dir nichts abgeschossen.«

Lempel lächelte flüchtig. »Immerhin hat er wohl selbst vorher versucht, andere Kommilitonen ... abzuschießen, wie Sie da sagen, und dann die Geschichte mit dem Osten! Sprechen Sie doch einmal mit dem Kollegen Freuendorff, den wir endlich, endlich aus Leipzig hierhergeholt haben, er hat schließlich lange genug ausgehalten, und immerhin haben wir dieser ›Leitstelle‹ zu verdanken, daß wir ausgezeichnet Verbindung mit ihm aufrechterhalten konnten, als seine Korrespondenz längst überwacht war, und wenn ein so besonnener Mann wie der Kollege Freuendorff zu dem Urteil kommt, es hätte keinen Zweck mehr, sich mit den Kommunisten noch auf ein Gespräch einzulassen, dann dürfen wir doch wohl dieselbe Einsicht von einem ... Studenten unserer Universität verlangen.«

»Aber lieber Lempel«, Rother ging noch immer auf und ab, »ich kenne Momber nun wirklich schon eine lange Zeit, wir sind sozusagen die Berliner Veteranen, jawohl, Momber auch, und wir haben uns beide mit ziemlichen Schwierigkeiten herumschlagen müssen, und außerdem war Momber von den Nazis bereits zum Tode verurteilt worden, und Momber war einer der wenigen ... der ganz wenigen Studenten, die sich damals, drüben, in meinem Seminar vorgewagt haben, die damals schon den Kommunisten durchaus gewachsen ... dialektisch durchaus gewachsen waren. Wir haben damals in meinem Seminar manchen harten Strauß mit den Kommunisten ausgefochten ... und nun soll er ... zum Mitläufer gemacht werden, zum Agenten ... das ist doch, lieber Lempel ... dann sind wir übermorgen dran, weil wir diese ... Vereinfachung nicht mitmachen. Und der Kollege Freuendorff in allen Ehren, gewiß, er muß Schweres durchgemacht haben, aber wenn er verlangt, die freie Wissenschaft müsse ... militanter werden, lieber Lempel!«

Er versuchte seine halbgerauchte Zigarette mit ungehaltenen Stößen im Aschbecher auszudrücken, aber sie glimmte weiter. Er fuhr sich mit beiden Händen durchs Haar: »Hören Sie doch einmal, was ... Hirth erzählt ...«

Lempel blickte Hirth mit seinen hellen Augen an: »Was sagen denn die Studenten dazu?«

»Man hat Momber keine Gelegenheit gegeben, sich zu verteidigen, man hat ihn niedergeschrien.«

»Immerhin, ich bitte Sie, er liefert dem Osten diese Handhabe ... ich verstehe die Leute nicht mehr, Herr Hirth, wozu studiert er dann Geschichte, schließlich genügt nicht nur guter Wille auf einer Seite, dieser gute Wille ist doch ein Traum, gefährlich obendrein, das dürfte doch für uns in Berlin schon gar keine Frage mehr sein.«

»Aber lieber Lempel, verstehen Sie denn nicht ... wenn mir die Hände gebunden sind, dann versuche ich doch natürlich auch mit ... gebundenen Händen etwas zu tun, alle Reden, die über die ... Wiedervereinigung gehalten werden, alles, was wir darüber sagen, es kann doch gar nicht weniger töricht und weniger fruchtlos sein als das, was Herr Momber vergeblich versucht hat ... wenn man beobachten muß, wie überall in Deutschland wieder Starre und Unbeweglichkeit die Oberhand gewinnen ... ja, Kollege Lempel, wie wüten Sie denn, wenn es auf unserem akademischen Felde geschieht?«

An einem mit schmutzigem Geschirr vollgestellten Tisch in der überfüllten Mensa versuchte Professor Rother später auch den Kollegen Basler für den Fall des Geschichtsstudenten Harald Momber zu interessieren, und Professor Basler nickte ein paarmal geistesabwesend.

Nach dem Essen suchte Rother den Dekan, Professor Kiesinger, auf, und Professor Kiesinger gab vor, auch schon davon gehört zu haben. »Wir müssen natürlich die Untersuchung abwarten ... Sie wissen, warum ich Sie hergebeten habe, diese leidige Prüfungsordnung macht mir schwer zu schaffen.«

Als er den Dekan verlassen hatte, ging Professor Rother lange Zeit durch die Straßen in der Umgebung der Universität. Die Studenten, die ihm entgegenkamen, lachten verhohlen über ihn, weil er laut mit sich selbst sprach und gestikulierte. Er erwiderte auch ihre Grüße nicht.

Erst später merkte Rother, daß er viel Zeit versäumt hatte, und machte sich eiligen Schrittes auf zum Seminar.

Er erschien zwanzig Minuten zu spät und in Schweiß gebadet im Übungsraum, setzte sich und fing an zu sprechen. Über das Problem des deutschen Weges, vom Wagnis, von der deutschen Aufgabe, Mitte zu sein, von den Umwegen und dem Unmaß deutschen Geistes und dem Gerüst des deutschen Wiederaufbaus, das bereits errichtet sei, aber nun brachliege, da die Ruine daneben, die alte, vermoderte Ruine, von neuem restauriert werde. Lauter Dinge, die wirklich in keinem Zusammenhang standen mit Hume und Locke, um die es in dieser Seminarstunde hatte gehen sollen. Und nach einer halben Stunde wußte der Referent dieses Nachmittags, daß er heute bestimmt nicht mehr drankommen würde, denn Rother sprach in einem fort, er hatte den Blick an die Wand geheftet und saß zusammengesunken auf seinem Stuhl, während sich die Studenten anlächelten und sich bequem zurücklehnten.

Das würden zwei ruhige, runde Stunden.

Rother, das gute, alte Haus.

Am nächsten Tag rief Erich Misch zum dritten Mal bei Harald an und sagte, er könne sich das Mittel nun abholen, und Harald fuhr am frühen Nachmittag zum Westendkrankenhaus, und auf dem Heimweg, als der Zug am Bahnsteig Reichskanzlerplatz entlangrollte, sah er Strittich draußen stehen. Strittich hatte ihn auch erkannt und winkte. »Da sind Sie endlich«, sagte er fröhlich, »ich warte schon seit einiger Zeit darauf, daß ich Sie treffe.«

»Wollten Sie mich nicht während der Ferien anrufen?«

Strittich hob beide Schultern und ließ sie wieder fallen: »Sie wissen doch, daß ich nicht eine so erfreuliche Stellung habe wie Sie.«

»Waren Sie wieder im Grunewald?«

»Diesmal habe ich es bei 'ner Kohlenhandlung versucht.«

»Und Ihre Verzweiflung an der Wissenschaft?«

Aber Harald war nicht mehr bei der Sache. Er war froh gewesen, als Strittich einstieg, aber die Erleichterung, mit jemandem sprechen zu können, war längst verflogen.

»Wann hören Sie endlich mit Ihren schamlosen Übertreibungen auf«, sagte Strittich, »ich verzweifle manchmal an ein paar Professoren und einer ganzen Menge Studenten ... außerdem, was wollen Sie denn, ich habe gerade ein Referat abgeschlossen. ›Die Natur bei Stifter‹, wie finden Sie das?«

»Doch nicht für den eigenen Gebrauch?«

»Woher wissen Sie das, oder denken Sie, ich bin nicht der Mann für ... Stifter?«

»Nein, weil Sie Reichskanzlerplatz eingestiegen sind, wohnt nicht Fräulein Pape am Reichskanzlerplatz?«

Strittich lachte stumm, mit gesenktem Kopf, »schade«, sagte er, »Sophie-Charlotte-Platz, ich muß hier raus. Sieht man Sie jetzt ein bißchen häufiger?«

»Es wird mir nichts anderes übrigbleiben«, sagte Harald.

Strittich stand auf, hielt sich aber noch am Handgriff fest und beugte sich tief zu Harald hinunter, »natürlich weiß ich, daß Sie jeder darauf ansprechen wird, darum wollte ich nichts sagen, obgleich ich gerne viel sagen würde. Aber ich würde mich freuen, davon profitieren zu können, falls Sie jetzt ein bißchen mehr Zeit hätten. Ich bin Ihnen noch ziemlich viel schuldig. Außerdem ... brauchen Sie keinen Trost, Sie haben was geschafft, ich noch nie.«

»Schon gut, machen Sie es nicht so feierlich, und hören Sie in Zukunft auf, mich zu beneiden.«

Der Zug hielt, Strittich drehte sich um und sagte rasch: »Wir werden sehen, wer recht behält.«

Er lachte und gestikulierte, als er draußen am Fenster vorbeiging.

Zu Hause fand Harald ein Telegramm von Jutta, daß sich der Zustand verschlimmert habe und er umgehend das Verlangte senden möge.

Er versorgte Christoph, auf den er lange und ernsthaft einredete. Er versicherte ihm, daß er auch sehr traurig sei, weil die Mutter nicht da war, aber sie würde bald wiederkommen.

Er fuhr noch einmal zum Zoo, erkundigte sich eingehend bei der Auskunft und ging zur Post. Er telegrafierte: EINTREFFE MORGEN SIEBTEN DRESDEN ACHTZEHN UHR ZWEIUNDDREISSIG ALLES ALLES GUTE HARALD.

Dann schlenderte er vom Zoo gemächlich zum U-Bahnhof Wittenbergplatz und fuhr von dort nach Krumme Lanke zum Unterricht.

Wenn er erst am Bahnhof Sonnenallee und im amerikanischen Sektor war, hatte Gerhard Völker gehofft, würde ihm wohler sein.

Endlich ruckte der Zug in Treptow an und fuhr ab, und zwei Minuten später hielt er in Sonnenallee. Das war der amerikanische Sektor. Und Menschen stiegen ein, und Menschen stiegen aus, und er mußte an sich halten, um nicht die Gesichter anzustarren. Und besser war nichts. Die Furcht, es könnte ihn jemand erkennen, hatte Völker immer noch, und wenn er im amerikanischen Sektor erkannt wurde, konnte das unangenehme Folgen haben. Völker hielt eine Zeitung vor sein Gesicht, obgleich seine Arme zu schmerzen begannen. Tempelhof und dann Papestraße und endlich Schöneberg.

Als er die Treppe zur Wannseebahn hinunterging, schlug er seinen Mantelkragen hoch. Der Zug nach Wannsee fuhr sechsunddreißig, das las er im Fahrplan. Jetzt war es halb elf, und spätestens um drei, halb vier mußte er wieder in der Unterkunft sein. Um vier mußte er seine Mühle klar haben, um Oberrat Geschke nach Cottbus zu fahren.

Er beobachtete die Gesichter im Abteil weniger verstohlen. Feuerbachstraße stieg Völker aus.

Die Schaufenster, an denen er vorüberkam, waren natürlich voller Sachen, die es bei ihnen nicht gab, aber Gerhard Völker wußte, woher dieser ganze Schwindel stammte, mit dem die Westberliner Werktätigen korrumpiert wurden, bis sie ihre zweihunderttausend arbeitslosen Genossen vergaßen. Für ein paar Ami-Zigaretten vergaßen sie sogar ihr Klassenbewußtsein.

Aber weil er fast zwei Jahre lang nicht mehr im Westen gewesen war, wurde ihm abenteuerlich zumute, zumal er sich nun sicherer fühlte, weil niemand von ihm Kenntnis zu nehmen schien.

Erst als er vor dem Haus stand, in dem Harald wohnte, fragte er sich ein letztes Mal, ob es richtig war, was er sich vorgenommen hatte. Schließlich, wenn Harald so absackte, war er selbst schuld. Aber bei Harald war es trotzdem anders als bei allen anderen. Darum war Gerhard Völker hier.

Er stieg drei Treppen hoch und suchte vergeblich nach dem Türschild. Dann stieg er zum vierten Stock hinauf, und natürlich war auch im vierten Stock kein Türschild Momber, und Völker stieg alle Treppen wieder hinunter und klingelte beim Portier. Ob die Mombers verzogen seien?

»Seit vorigem Sommer«, die feiste Frau stemmte ihre Arme in die Seiten, »wat wonnse denn?«

»Wissen Sie, wohin?«

»Momentmah«, sagte sie und verschwand schaukelnd hinter

einem verblichenen Vorhang. Eine Tür klappte, und Völker fürchtete, er sei längst vergessen worden, als er wieder die Stimme hörte, hinter dem Vorhang: »Olmützer acht.«

»Ist das weit, oder kann ich laufen?«

Die Portierfrau tauchte wieder auf. »De erste rechts rum un denn die dritte wieda links.«

Er knöpfte seinen Mantel auf, als er ging, und fing trotzdem an zu schwitzen, es war schon zu warm für seinen Mantel.

Völker holte mehrmals tief Atem, ehe er klingelte, aber als die Tür aufging, war es Frau Momber, und Gerhard spürte, daß er rot wurde, als sie ihn nicht erkannte. Er wußte nicht, was er vorbringen sollte, aber endlich streckte sie beide Hände aus: »Aber sind Sie nicht Herr... Völker? Kommen Sie doch herein, bitte... wir sprechen oft von Ihnen und dem alten Kreis... kommen Sie, ziehen Sie doch den schweren Mantel aus.« Und dann saß er da, und Frau Momber, die er nicht anzusehen wagte, bot ihm Zigaretten an.

»Ja«, sagte sie, »Sie haben aber Glück, daß Sie wenigstens mich antreffen, ich habe mir Urlaub geben lassen für ein paar Tage, weil Harald zu seiner Frau gefahren ist, und jemand muß doch auf das Kind aufpassen.«

»Ja... verheiratet ist er auch...?«

»Ja, seit einem Jahr, noch nicht mal... was machen Sie jetzt, Herr Völker?«

»Ich bin... Fahrer.«

»Aber nicht... hier?«

»Nein«, er fingerte mit der Zigarette, »drüben.«

»Es ist aber ein Jammer, daß Harald nicht da ist... Heute früh ist er weg... Und vor ein paar Tagen war Herr Hammer hier.«

»Thomas-Klaus«, sagte Völker, »wie geht's ihm denn?«

»Er sah recht wohl aus... wie immer«, sie lachte herzlich, »er ist oft mit Harald zusammen, er studiert auch Geschichte. Wenn er das geahnt hätte, dann wäre er doch nicht so früh fortgegangen, denn er wollte nur noch zu einem Freund, vielleicht auch zur Universität, aber er hat seinen Koffer gleich mitgenommen, heute mittag fährt er zu seiner Frau nach Dresden.«

»Wohin?« fragte Völker laut, er saß steif auf dem Stuhl.

»Nach Dresden ... wieso?«

Auf einmal schien er nicht mehr still sitzen zu können: »Ja ... das ist ja, gerade heute wollte ich ... sonst hätte ich ihn mitnehmen können, ich muß auch zufällig nach Dresden heute nachmittag. Und vorher ... zu was für einem Freund ist er denn?«

»Ich weiß es nicht genau, entweder zu Herrn Hirth oder zu Herrn Strittich, er sagt nur Herbert oder Helmut, ich bringe sie immer durcheinander, aber ... Herr Strittich, soviel ich weiß, hat Telefon, vielleicht rufen Sie mal an, oder Sie erreichen ihn auch bei Herrn Hirth, wenn Sie es versuchen wollen, er würde sich sicher sehr freuen ... haben Sie Ihren Wagen hier?«

»Nein, nicht hier ... aber können Sie mir vielleicht die Adressen aufschreiben ... und auch die Telefonnummer?«

»Gerne«, sie stand auf, und Völker trat ans Fenster, er fing an, zwischen Fenster und Stuhl hin und her zu gehen.

»Aber behalten Sie doch nur Platz, Herr Völker«, sagte sie, als sie zurückkam. Er blickte ihr über die Schulter, als sie bedächtig die Namen und Adressen aufschrieb.

Für eine Sekunde überlegte Völker, ob es nicht vielleicht besser wäre, seiner Mutter etwas zu sagen, aber er schlug sich den Gedanken aus dem Kopf.

»Sie können gleich von hier aus telefonieren.«

»Vielen Dank, ich gehe ... lieber gleich zu Hirth.«

»Wie Sie wollen ... es wäre schade, wenn Sie ihn nicht erreichen, aber vielleicht ist er bei Hirth ... ja, Hirth wird es wohl sein, und sonst kommen Sie doch in vierzehn Tagen, dann ist er bestimmt zurück, am besten vormittags ... er würde sich bestimmt sehr freuen.«

»Vielen Dank«, sagte Völker, »bloß eins vielleicht«, er betastete mit seinen Fingern die Lippen, »wenn er inzwischen noch mal kommen sollte ... ich meine, ich rufe bestimmt bis so was halb eins noch mal an, daß er unbedingt auf mich wartet ... unbedingt, ich meine, es wäre doch viel ... billiger, mit mir zu fahren ...«

»Gerne, Herr Völker.«

Er lief schon die Treppe hinunter, und jetzt war es ihm egal, ob sie ihm nachsah oder nicht. Er blickte rechts und links die Straße hinunter und ging den Weg zum Bahnhof Feuerbachstraße zurück und sah endlich eine Telefonzelle. Aber er mußte warten. Drei Leute vor ihm führten jeder ein ausführliches Gespräch, und als er die Tür sorgfältig hinter sich schloß, warteten schon wieder zwei darauf, daß er fertig würde.

Das Wählen dauerte ihm viel zu lange, und endlich meldete sich eine Frauenstimme.

»Kann ich vielleicht Herrn Helmut Strittich sprechen?«

»Wen bitte, meinen Sie Herbert?«

»Ja«, sagte Völker, »natürlich meine ich Herbert Strittich.«

»Er ist nicht zu Hause.«

»War vielleicht Herr Momber da?«

»Wer? ... Davon weiß ich nichts.«

»Wissen Sie, wo ich Herrn ... Strittich erreichen kann?«

»Ja, ich weiß nicht, wer ist denn dort?«

»Es ist sehr dringend.«

»Ja, dann versuchen Sie es doch bei den Papes, er wollte sich mit Fräulein Pape treffen. Warten Sie, ich suche Ihnen die Nummer.«

Der Hörer wurde niedergelegt, und Völker flüsterte zusammenhanglose Gedanken in die Leitung und fingerte seinen Bleistift aus der Rocktasche. Der Bleistift blieb am Rockfutter hängen, und er riß ihn los und suchte nach Papier, aber er hatte nichts in der Tasche und riß einen schmalen Streifen vom Rand einer Seite des Telefonbuches, und dann fiel ihm ein, daß er ja auch Frau Mombers Zettel hatte, aber die Stimme meldete sich schon wieder: »Pape ... siebenundneunzig ... dreiunddreißig ... einsundsechzig ...«

Völker hängte auf. Er griff in die Tasche, aber er hatte nur noch eine Zehnpfennigmünze bei sich. Es waren lauter Ostgroschen und ein Zehnmarkschein West. Die Tür wurde geöffnet, und ein Herr blickte herein: »Sind Sie noch nicht fertig?« fragte er streng.

»Können Sie mir vielleicht ... zwei Groschen ... ich meine, wechseln ... ich habe bloß noch zehn Mark West.«

»Gehen Sie doch in einen Laden, dort wird Ihnen sicher gewechselt.«

Gerhard blickte sich suchend um, links und rechts waren nur Mietskasernen, keine Läden, aber da vorne. Die Bäckerei. Er rannte schon.

Monika machte sich mit einem Ruck von ihm los und strich sich das Haar zurecht, blickte ihn fragend an, und Herbert nickte.

»Ja?«

Es klopfte wieder.

»Ja, was ist denn?« rief Monika ungehalten.

»Das Telefon, Fräulein Monika«, sagte das Mädchen vor der Tür.

»Ich habe keine Zeit.«

»Ein Herr möchte Sie sprechen.«

»Ich komme gleich.«

Sie trat vor den Spiegel und betastete ihre Frisur, prüfte die Linien des Lippenstiftes und zog sich das Kleid zurecht. War es etwa wieder der Doktor, der sie in der ›Klause‹ angesprochen hatte, dachte Monika auf dem Weg zum Eßzimmer, oder etwa dieser Mensch aus dem Tennisklub, immerhin, ganz gut, daß Herbert einmal merkte, daß sie nicht von ihm abhing.

»Hier Monika Pape?«

»Ist Herbert Strittich zufällig bei Ihnen?« fragte eine Männerstimme, die sie nicht kannte, eine ziemlich gewöhnliche Männerstimme.

»Ich weiß nicht«, sagte Monika, trotz ihrer Verblüffung, »wieso?«

»Es ist dringend«, sagte der Mann, »er soll bei Ihnen sein ... es geht um Harald Momber ... wenn Sie ihm das sagen.«

»So, ich glaube aber nicht, daß er noch da ist, wer ist denn dort?«

»Es ist sehr dringend«, sagte der Mann.

Unverschämtheit. Monika legte den Hörer auf den Tisch und blieb im Sessel sitzen. Ausgerechnet heute. Natürlich, immer, wenn sie sich auf etwas freute, kam Harald dazwischen. Sie nahm entschlossen den Hörer wieder auf.

»Hallo?«

»Ja ... ja?«

»Es tut mir sehr leid, aber Herr Strittich ist gerade weg.«

Der Mann murmelte etwas vor sich hin, und plötzlich sagte er, wieder so unverschämt: »Es ist aber wichtig ... es handelt sich um Harald, Harald Momber!«

»Das habe ich begriffen«, sagte Monika. »Wiedersehen.«

Sie legte rasch auf. Woher hatte dieser Mensch überhaupt ihre Nummer? Natürlich von Harald. Das war eine Frechheit, einfach Leuten ihre Nummer zu geben.

Herbert blickte aus dem Fenster. Sie ging zu ihm und legte ihre Arme um seine Schultern: »Es war nur ein alter Bekannter.«

»So ... ein Bekannter.«

Sie ließ ihre Arme sinken und sagte: »Das glaubst du mir wohl nicht?«

»Wie käme ich dazu?« fragte er, ohne sich umzudrehen.

»Warum verdirbst du mir jetzt alles«, murrte sie gekränkt.

»Dann fahren wir eben nicht, und ich bringe den Wagen gleich wieder zur Garage, dann sparen wir was. Schade ... es ist so schönes Wetter heute.« Er wandte sich langsam um und lächelte spöttisch.

»Was soll das nun wieder«, rief Monika. Sie stampfte mit einem Fuß auf und blickte ihn aus verschwommenen Augen zornig an.

Nun war es dreiviertel zwölf, und Gerhard Völker wehrte sich nicht mehr gegen den Ingrimm, der in ihm aufstieg. Daß Harald Momber neuerdings für das *Berliner Echo* schnüffelte, als Agent herüberkam und Tagungen zu stören versuchte, das war ein bißchen viel auf einmal. Bei jedem anderen hätte es Gerhard Völker verstanden, bei Harald nicht.

Bei Harald Momber noch nicht.

Und jetzt stand er da und mußte irgendwie nach Kreuzberg. Er lachte böse vor sich hin. Harald hatte sich verkauft, und darum mußte er, Gerhard, jetzt von Steglitz nach Kreuzberg. Irgendwie. Und warum mußte Harald ausgerechnet heute nach Dresden fahren. Nach Dresden. Hatte wohl auch in Dresden irgendwelche Schweinereien vor. Von Rechts wegen mußte man ihn fahren lassen. Sollte er fahren. Das hatte er davon. Ausgerechnet Harald.

Genügte es vielleicht nicht, daß er, Gerhard, überhaupt in den amerikanischen Sektor gekommen war? Nein, er mußte ausgerechnet nach Dresden fahren. Nach Dresden. Aber dann hatte Gerhard einen unerhörten Gedanken.

Denn der Gedanke, mit einer Taxe zu fahren, hatte für Völker etwas Unerhörtes. Er war in den letzten Jahren viele Wagen gefahren, alte *Horch* und *Maybach* und *Mercedes* und funkelnagelneue *BMW*, aber er war in seinem ganzen Leben noch nie mit einer Taxe gefahren.

Und jetzt würde er eine Taxe nehmen, weil Harald übergelaufen war und weil er jetzt zu diesem Hirth mußte. Er hatte noch fast zehn Mark West in der Tasche, davon hatte er seiner Mutter Schokolade mitbringen wollen. Halbbitter. Wenn er schon hier war. Aber der Gedanke an die Schokolade war ihm endgültig verleidet. Er wollte nichts mehr mit diesem Dreckzeug zu tun haben. Ihre Schokolade stank, die Apfelsinen stanken. Er würde lieber seine zehn Mark West wegschmeißen als dieses amerikanische Zeug kaufen. Schließlich konnte er sich auch drüben Schokolade kaufen, die stank nicht.

Er griff in die rechte Manteltasche und suchte nach dem Zettel mit den Adressen, den ihm Frau Momber gegeben hatte. Er suchte in der anderen Manteltasche. Dann suchte er in den Hosentaschen und noch einmal in den Manteltaschen. Und im Jackett. Und blieb stehen. Der Zettel war weg.

Er rannte zur Telefonzelle zurück, die Zelle war besetzt, aber Völker riß die Tür auf. Eine ältere Frau blickte ihn zornig an, sie legte eine Hand über die Sprechmuschel: »Was fällt Ihnen denn ein?«

Aber Völker kümmerte sich nicht darum, er hob das Telefonbuch hoch und suchte auf dem Fußboden. Der Zettel war nicht da.

Die Frau schloß krachend die Tür der Telefonzelle. Völker ging langsam den Weg zur Bäckerei, den er vorhin gerannt war, schräg über den Fahrdamm. Es war windstill, und wenn er den Zettel unterwegs verloren hatte, mußte er noch auf der Straße liegen.

Die Bäckerei war voller Menschen. Er drängte sich durch und fragte die Verkäuferin, ob sie einen Zettel gesehen hätte.

»Einen Zettel?«

»Ja, mit Adressen.« Die Leute traten auseinander, blickten auf den Fußboden, die Verkäuferin suchte auf dem Ladentisch.

»Vielen Dank«, murmelte Völker, »es macht nichts, danke.«

Er ging zurück und suchte noch einmal die Straße ab: Fahrscheine, Fetzen von Zeitungspapier, eine Seite aus einem Schulheft. Jetzt war Gerhard Völker entschlossen, seine Finger davon zu lassen. Harald und Strittich und, wie hieß er... Hirth. Also würde er nicht mit der Taxe fahren. Das bedauerte er beinahe, weil es eine Idee gewesen wäre, mit der Taxe ausgerechnet durch den amerikanischen Sektor zu gondeln. Also war nichts mehr zu machen. Nur noch Frau Momber anrufen, später.

Schließlich war Harald selber schuld. Und er, Gerhard, hatte schon mehr getan als gut gewesen wäre. Viel mehr. Viel zuviel.

Sollte er also nach Dresden fahren, aus. Seine Sache.

Aber weil er sich diesen Harald, diesen abgerutschten, korrumpierten Harald noch nicht vorzustellen vermochte, weil er, wenn er Harald dachte, trotz allem, was er im Fahndungsblatt gelesen und was er gehört hatte, als er daraufhin anrief, um sich hundertprozentig bestätigen zu lassen, was er gelesen hatte und doch nicht glauben wollte, nicht für möglich halten konnte, weil er trotzdem immer nur den Harald von früher vor Augen hatte, kam ihm doch noch ein Einfall. Der erwärmte ihn und tat ihm wohl.

Das würde die ganze Sache wenigstens lohnen, dachte Völker, wenn schon keine Taxe, dann würde er anrufen, und sie würden Mund und Nase aufsperren. Schade, daß er ihre Gesichter nicht sehen konnte. Und Haralds Mutter hatte gesagt, daß Harald auch zur Universität gehen wollte, ehe er abfuhr. Vielleicht würde er auch zu denen gehen. Also.

Die Zelle war leer. Er klappte das Telefonbuch auf und fuhr mit dem Zeigefinger die Spalten entlang, und endlich hatte er gefunden, was er suchte. Es waren noch andere Nummern unter der ersten Nummer, aber die erste konnte nicht falsch sein. Völker drehte sich um und blickte durch die Drahtglasscheiben, ob jemand draußen stand. Es war niemand da, aber er zog die Tür zu und hielt den Türknopf fest, während es im Hörer in Abständen tutete. Und endlich meldete sich jemand: »›Freie Universität‹, guten Tag.«

»Guten Tag«, sagte Völker, aber nun, da er sie an der Leitung hatte, war es sehr schwierig, »... geben Sie mir mal diese ... Stelle für ... gesamtdeutsche Angelegenheiten.«

»Meinen Sie das Referat für gesamtdeutsche Fragen oder die ›Leitstelle für gesamtdeutsche studentische Angelegenheiten‹?«

»Ja«, sagte Völker erleichtert, »die ... ›Leitstelle‹.«

»Da müssen Sie eine andere Nummer wählen, notieren Sie bitte«, und Gerhard Völker schrieb zufrieden die Nummer auf. Dann blickte er wieder durch die Drahtglasscheiben, aber es war immer noch niemand da.

»Ja, hallo?«

»Ist da die ›Leitstelle für... gesamtdeutsche Angelegenheiten‹?« fragte Völker und dachte, schöner Name ist das dafür.

»Ja, was wünschen Sie denn?«

»Geben Sie mir mal einen ... Funktionär, der Bescheid weiß.«

»Wen bitte?« Pause. »Wer spricht überhaupt?«

»Geben Sie mir jemand, ich habe keine Zeit.«

»Wer spricht dort, bitte?«

»Das kann ich Ihnen nicht sagen, verstehen Sie mich so schwer!«

»Ich versuche mal, ob Herr ›Franz‹ zu erreichen ist«, sagte die Mädchenstimme zögernd, »einen Moment.« Es zischelte und knackte in der Leitung.

›Franz‹ war im inneren Betrieb der Leitstelle der Deckname für Karl-Heinz Schick. Und Karl-Heinz Schick zog die Augenbrauen hoch, als er auf die Erklärung der Sekretärin lauschte. »So«, sagte er endlich, »na, dann stellen Sie diesen Burschen doch mal durch.«

»Hier ›Franz‹«, sagte Schick, zurückgelehnt in den Sessel vor dem Schreibtisch des Chefs, er hielt einen Bleistift zwischen Mittel- und Zeigefinger und klopfte leicht auf die Schreibtischkante.

»Kennen Sie Momber«, fragte die Männerstimme im Hörer, »Harald Momber?«

Schick richtete sich mit einem Ruck auf: »Soll das ein Witz sein?«

»Kennen Sie ihn, das konnte ich mir denken«, der Mann schien aufzulachen. »Sie sind doch für so was zuständig.«

»Was wollen Sie von mir?«

»Herr Momber will heute nach Dresden fahren«, sagte die Stimme, »heute mittag, und er wollte vorher noch mal zur Universität kommen. Und wenn Sie nicht wollen, daß Ihnen Ihr lieber Harald Momber heute nachmittag in Dresden oder auf der Heimfahrt verlorengeht, dann sehen Sie gefälligst zu, daß Sie ihn noch irgendwo erwischen, kapiert? Und sagen Sie ihm, er soll in Zukunft seine Schnüffeleien und seine Reisen sein lassen.«

»Was ist los ... Sie wollen mich wohl hochnehmen, was? Wer ist dort?«

»Ich habe auch keine Zeit mehr«, sagte der Mann, »tun Sie lieber, was ich Ihnen sage, ich denke, dafür sind Sie da, daß Sie Ihre Schäfchen zusammenhalten.« Er lachte wieder, es klirrte im Hörer. »Sie können Harald 'nen schönen Gruß von mir bestellen, daß er sich in Zukunft gefälligst vor Patze in acht nehmen soll.«

»Wer denn ... Patze ...?«

»Richten Sie lieber alles aus, und er soll seine dreckige Nase gefälligst nicht mehr in unsere Angelegenheiten stecken.«

»Woher ...«, rief Schick, »hallo ... woher wissen Sie denn das?«

Und Gerhard Völker, in seiner Telefonzelle, deren Tür er noch immer fest zuhielt, obgleich draußen noch immer niemand wartete, überlegte eine Sekunde lang, ob er sagen sollte: »Ich weiß es, weil ich vom Staatssicherheitsdienst bin, und wir wissen mehr, als du glaubst«, aber er schlug sich den Gedanken aus dem Kopf, es war irrsinnig genug, überhaupt herzukommen und bei ihnen anzurufen, aber es war zu schön, mit ihnen zu telefonieren, mit diesen Strolchen einfach zu telefonieren, und etwas ging mit ihm durch, und er sagte laut: »Sag deinem sauberen Freund, Harald Momber, er soll seine Finger von solchen Sachen lassen und soll in seinem schönen fetten Westen bleiben, und wenn er nicht klug wird, erwischen wir ihn eines Tages doch, das kannst du ihm bestellen, und dich, mein Freundchen, erwischen wir eines Tages sowieso, dich und euch alle«, aber er riß den Hörer vom Ohr und die Sprechmuschel vom Mund und legte den Hörer auf.

Da stand er in der Telefonzelle, und dann ging die Angst über ihn weg, als ihm einfiel, daß diese Strolche vielleicht über die Post ... das Überfallkommando ... und er stieß die Tür auf und ging schnellen Schrittes fort.

Aber Schick dachte nicht an die Post oder das Überfallkommando, Schick lauschte noch immer in den Hörer. Zuerst war Schick überzeugt gewesen, das sei eingefädelt, um Momber zu rehabilitieren, aber jetzt glaubte er es nicht mehr. Nur ... was hatte das alles miteinander zu tun? Patze ... Dresden ... Momber ... Etwa Patze vom Zentralrat?

Schick schnellte nach vorn, er drückte einen kleinen, weißen Knopf, mehrmals, heftig, und ein Mädchen trat ein: »Stenogramm?«

»Ach was«, sagte Schick, »Sie rufen sofort das Historische Seminar an und den ASTA ... und die Philosophische Fakultät, das Dekanat und im Immatrikulationsbüro ... überall ... alle anrufen ... sie sollen es in den Hörsälen ausrufen ... in der Mensa ... rufen Sie die Mensa an ... überall anrufen. Momber soll ausgerufen werden, Momber. Momber, Momber möchte sofort hier anrufen, wenn er gefunden wird. Sofort ... schnell ... machen Sie doch schon!«

Schick saß hinter dem breiten Schreibtisch mit dem Telefon, den Akten, den Stapeln von Zeitungen und Broschüren, der Reihe von Bleistiften, dem Klingelknopf, saß da, offenen Mundes, und starrte die Wand an. Das habe ich nicht gewußt, dachte Schick. Jutta.

Jutta. Ganz bestimmt nicht.

Zehn Minuten nach zwölf rief Gerhard Völker bei Mombers Mutter an. »Nein ... er ist nicht wiedergekommen, das ist schade, er hätte sich sehr gefreut mit Ihnen ...«

»Ja, vielen Dank«, sagte Völker, es war ohnehin schlimm genug, daß Frau Momber ihn kannte. Wenn er bloß nicht noch da angerufen hätte.

Aber weil Gerhard Völker ein Mensch war, der etwas, das er einmal angefangen hatte, auch zu Ende führte, fuhr er zum Bahnhof Friedrichstraße.

Er war heilfroh, als er unbehelligt am S-Bahnhof Potsdamer Platz anlangte und wußte, daß er die Sektorengrenze wieder hinter sich gebracht hatte, daß er wieder zu Hause war, und daß er wieder aufatmen konnte.

Als er am Bahnhof Friedrichstraße ankam, war es dreiviertel eins. Er postierte sich im Gang unter den Fernbahnsteigen, hinter einem Pfeiler. Von dort aus hatte er einen ausgezeichneten Blick über alle Leute, die an den beiden Knipsern vorbei mußten. Es kamen auch viele Volkspolizisten, aber es war kein Bekannter darunter.

Und ehe ihm einfiel, daß es noch eine zweite Sperre, am anderen Ende des Bahnsteiges, gab, war es schon nach eins, und dieser Zug nach Dresden – der einzige bis acht Uhr abends – würde ein Uhr zweiundzwanzig abfahren.

Gerhard Völker kaufte sich eine Bahnsteigkarte. Die Halle war erfüllt von dem Geroll der ein- und ausfahrenden S-Bahnzüge, den Stimmen und Rufen, dem Gezisch der Lokomotive, die eben angekuppelt wurde. Es würde ihm nichts übrigbleiben, als durch den ganzen Zug zu laufen.

Und dann rief ihn jemand an, und er kannte die Stimme: »Gerhard, alte Pflaume, was machst du denn hier?«

Jawohl, es war Molkenthien, mit dem Gerhard fast ein Jahr lang auf einer Stube gelegen hatte, ehe er von der kasernierten Vopo zum SSD abkommandiert worden war. Molkenthien trug Uniform. Er war aber erst Hauptwachtmeister und schien sich zu freuen.

»Was denn, wieder Zivil?« fragte er neugierig.

»Sie haben mich entlassen«, sagte Gerhard, »... Lunge«, er klopfte sich auf die Brust.

»Junge, Junge«, Molkenthien machte ein erschrecktes Gesicht, eine Mischung von Ekel und Mitleid, »fährst du auch mit dem Zug?«

»Nein«, sagte Völker, »nicht mit dem.«

»Komm, dann gehen wir einen zischen, wir haben noch zehn Minuten Zeit.«

»Nein ... ich suche jemand in diesem Zug.«

»Soho, immer noch die alten Sachen, was?« Molkenthien

schmatzte mit den Lippen, »denn komme ich mit; wenn du dich verabschiedet hast, wird sie einsam sein, und denn bin ich da.«

»Geh du dein Bier trinken.«

»Seit wann hast du vor mir Angst, wirst du vielleicht alt?«

Gerhard Völker blickte die Reihe der Wagen entlang, Menschen, Uniformen, Gepäck, ein Mann karrte Zeitungen vorüber, Dampfgezisch bei der Lokomotive. »Wisten Stäbchen?« fragte Molkenthien, er hielt Völker die Schachtel hin.

»Neenee, höre mal, geh du ruhig dein Bier trinken«.

»Das denkst du dir so, denkst, du kannst allein abstauben, wah? Komm, ich halt mich ein bißchen abseits und seh sie mir von weitem an.«

Er blinzelte Gerhard an, und Gerhard machte kehrt, ging den Bahnsteig hinunter, aber Molkenthien folgte ihm wirklich. »Ich bin doch gespannt, was du dir aufgegabelt hast, wie issen das, schwer in Zivil?« Er würde Molkenthien nicht loswerden, solange Molkenthien ein Abenteuer roch.

»Na ja«, sagte er und blieb stehen, »weißte, lohnt sich auch nicht mehr, ich werd mal lieber gehn.«

Er streckte seine Hand aus, aber Molkenthien blickte ihn verdutzt an: »Dann könn wir doch noch 'n Bier zischen gehn.«

Aber Gerhard wartete nicht länger, er schlug Molkenthien auf die Schulter und ging.

Er blieb oben bei der Treppe stehen und beobachtete Molkenthien, der gemächlich bis zum Ende des Zuges spazierte und endlich einstieg. Auf der dem Zuge abgewandten Seite pirschte sich Völker an das Häuschen des Aufsichtsbeamten heran. Es saß nur ein junger Bursche darin.

»Tach, sagen Sie mal ...«, Gerhard tat vertraulich, »... könnten Sie vielleicht mal 'ne Lautsprecheransage durchgeben?«

»Was?« fragte der Mann verständnislos.

»Ein Freund von mir will mit dem Zug fahren, nach Dresden, und jetzt ist sein Vater gestorben, und ich bin schnell hergerannt, und jetzt fährt er doch gleich ab.«

»Ja ... da müssen Sie schon mal den Aufsichtsbeamten fragen, gehn Sie doch selbst durch den Zug ... Lautsprecher«, er schüttelte den Kopf. »Was meinen Sie, wo Sie hier sind?«

»Was soll'n das heißen«, fragte Gerhard laut, sein eingelerntes Mißtrauen schnappte ein, so einer bist du also, Freundchen, der Kerl wollte wohl damit sagen, daß es im Westen besser aussah.

»Wo ist der Aufsichtsbeamte?« fragte er grob.

»Auf'm Bahnsteig.«

Gerhard bewegte sich vorsichtig, außer Sicht des vorletzten Wagens, in dem Molkenthien saß, und sah endlich den Mann mit der roten Mütze, er sprach mit einem Bahnpolizisten.

»Sagen Sie mal«, fragte Gerhard, »können Sie nicht mal durch Ihren Lautsprecher einen Namen ausrufen lassen?«

Der Mann mit der roten Mütze sah Völker verwundert an und wandte sich wieder dem Bahnpolizisten zu. Ihr dämlichen Pißköppe ihr, dachte Völker erbittert, wenn ich meinen Dienstausweis hier hätte, würde ich euch Beine machen.

»Entschuldigung, könnten Sie mal einen Namen ausrufen lassen?«

»Was ist...«, er bewegte den Kopf, der nicht sicher auf dem Hals zu sitzen schien, wackelnd hin und her, »ham Sie mit'm Betriebsvorsteher gesprochen?«

»Der Zug fährt doch gleich.«

»Um was geht's denn?« fragte der Bahnpolizist.

»Ein Freund von mir«, sagte Gerhard, verdammt noch mal, es hörten schon viel zu viele Leute zu, »sein Vater ist vorhin plötzlich gestorben, und jetzt soll er in Berlin bleiben.«

»Das geht nich«, sagte der Aufsichtsbeamte, »den Lautsprecher... brauchen wir jetzt.«

Er ging langsam weiter, und Gerhard folgte ihm, aber er wußte nicht, was er noch vorbringen konnte, und Gerhard dachte daran, daß sein Ausweis jetzt Wunderdinge verrichten würde, aber ausgerechnet heute hatte er ihn zu Hause gelassen. Natürlich, weil er im amerikanischen Sektor gewesen war.

»Mann«, sagte er wütend, aber der Aufsichtsbeamte kümmerte sich nicht mehr um ihn, er war in sein Häuschen getreten und machte sich am Mikrophon zu schaffen, als müsse er beweisen, daß die Lautsprecheranlage bereits dienstlich gebraucht werde.

Der Bahnpolizist stand auch noch da und sah Gerhard Völker an, und dann war die schlappe Stimme, vielmal verstärkt, dröhnend über allen Geleisen des Bahnhofes, bis hinüber zur S-Bahn: »Achtung Bahnsteig drei Gleis sieben. Zum Schnellzug nach Dresden«, unerträglich langsam, »über Zossen, Doberlug-Kirchhain, Elsterwerda, Grogenhain, bitte Türen schließen und zurücktreten von der Bahnsteigkante.«

»Wenn er zufällig am Fenster steht«, sagte der Bahnpolizist, »könnten Sie rufen, er soll am Ostbahnhof aussteigen.«

Und jetzt war doch alles egal, und seine Enttäuschung, seine hilflose, angestaute Wut entluden sich in einem Stoß gegen Harald. Na, bitte sehr, dachte er, das hastu jetzt davon, warum sackstu auch so ab, das hastu jetzt davon.

Der Aufsichtsbeamte schlurfte nun am Zug entlang, und Gerhard folgte ihm. Er mußte sich vorne aufstellen und alle Wagen vorbeilassen, aber jetzt kam auch der Bahnpolizist, baute sich breitbeinig neben ihm auf, die Hände auf dem Rücken, wippte in den Knien. Die Abteile, sah Gerhard, lagen nach der anderen Seite zu, und wenn Harald nicht auf dem Gang stand, und heraussah, und wenn er nicht noch Zeit hatte, ihm was zuzurufen, war's aus.

Fahrt schon ab, verflucht noch mal.

Der Aufsichtsbeamte hatte die Pfeife zwischen die Lippen genommen, und die Lokomotive ließ einen scharfen Dampfstrahl ab. Und Gerhard stand neben der Lokomotive, betäubt von dem Lärm, und sah, wie die hohen Räder sich bewegten, wie sie sich zwei-, dreimal rasend schnell drehten, ohne die Spur zu fassen, und endlich mahlend, schlurrend, anzogen. Der Tender, der Postwagen. Der erste Personenwagen, Gesichter, Hände, Arme, Uniformen, Gesichter, Taschentücher, nichts.

Der zweite Wagen, nichts.

Der dritte, vierte, fünfte Wagen, Gesichter, Hände, Taschentücher, Gewinke, nichts.

Der sechste Wagen und der siebente, das ist der vorletzte, die Wagen rollen rascher. Molkenthien hängte sich weit aus dem Fenster, er hatte beide Hände als Sprachrohr vor dem Mund, obgleich Gerhard nahe an der Bahnsteigkante stand: »Na, hast'se noch gefunden?« Brüllendes Gelächter, aber Gerhard sah ihn nicht an, er reckte sich nach dem letzten Wagen, nichts.

Da sprach ihn der Bahnpolizist an, mit dienstlichem Gesicht: »So ist das mit Ihrem kranken Freund ... dafür wollten Sie den Lautsprecher haben? Merken Sie sich eines: unsere Betriebseinrichtungen werden für die Erfüllung des Fünfjahresplanes gebraucht.«

Er machte kehrt, ging mit kurzen, festen Schritten davon und schwenkte seine Arme tüchtig im Takt.

Wenn ich meinen Ausweis da hätte, dachte Völker sprachlos, erbittert, du Pißkopp, du, dann würden dir die Knie schlackern.

Dreizehn Minuten später erreichte der D-Zug einundsechzig den Ostbahnhof (früher Schlesischer Bahnhof). Und auf dem Bahnsteig drei stand Harald Momber und sah die Lokomotive herankommen und endlich langsam vorüberrollen, und den mit weißen Buchstaben bemalten Tender – ALLE KRAFT ZUR ERFÜLLUNG DES FÜNFJAHRESPLANES – und den Postwagen und die Personenwagen.

Harald hatte sich Zeit gelassen. Morgens hatte er Helmut Hirth aus dem Bett geholt, und Helmut hatte ihnen Frühstück gemacht und hatte ihn später zur Straßenbahnhaltestelle begleitet. Harald war zum Bahnhof Zoo gefahren, hatte sich eine Fahrkarte gekauft und sich in einer Wechselstube Ostgeld eingetauscht. Dann war er zum Bahnhof Friedrichstraße gefahren, wo er viel zu früh eintraf, denn der Zug nach Dresden wurde, wie ihm ein Bahnbeamter erklärte, frühestens zwanzig Minuten vor Abfahrt eingesetzt.

So war Harald zu einer Buchhandlung in der Nähe des Bahnhofs gegangen, um sich umzusehen und vielleicht auch, falls er etwas fand, Lektüre für die Reise zu kaufen. Er stieß auf einen schmalen Band Majakowskij, der aber nur die ›150 Millionen‹ enthielt, und wenn schon, dann wollte er die gesammelte Ausgabe der Gedichte haben. Der Buchhändler bemühte sich, rief gleich bei seinem Hauptlager an und meinte, ja, er würde das Buch gerne besorgen, es würde höchstens einen Tag dauern.

Dann sei es leider zu spät, sagte Harald, er müsse nach Dresden.

Das träfe sich gut, vorausgesetzt, daß er Interesse an dem Buch habe, denn das Hauptlager befinde sich unmittelbar beim Ostbahnhof, und er könne in den Zug nach Dresden auch dort einsteigen, zumal er sicher wisse, daß dieser Mittagszug niemals stark besetzt sei. So dringend wünschte sich Harald den Majakowskij nicht, aber er hatte noch viel Zeit. Also fuhr er zum Ostbahnhof, holte das Buch ab und überlegte, ob er nicht doch nach Friedrichstraße zurückfahren sollte, entschied sich aber für ein Mittagessen im HO-Restaurant am Bahnhof. Später hielt es ihn in der muffigen Atmosphäre des Lokals nicht mehr, und er setzte sich auf dem Bahnsteig drei auf eine Bank, bis sein Zug angesagt wurde.

Er war tatsächlich nicht stark besetzt. Harald fand ein Abteil, in dem nur drei Leute saßen.

»Guten Tag«, sagte er, aber sie antworteten nicht. Am Fenster, einander gegenüber, saßen ein junger Bursche in der Uniform der Volkspolizei und ein Mädchen mit der blauen Bluse der Freien Deutschen Jugend. Er hatte den Band Majakowskij neben sich auf die Bank gelegt, und das Mädchen verdrehte den Kopf, um den Titel des Buches zu lesen. Dann sah sie Harald forschend an und wieder das Buch, endlich schien sie befriedigt.

Harald gegenüber saß ein unscheinbarer Mann. Allerdings war die Schäbigkeit seiner Kleidung auffallend, und als er gleich darauf ein paar lose, in Silberpapier gewickelte Zigaretten aus der Tasche zog, wußte Harald, daß es ein Westberliner sein mußte, der sich zu tarnen versuchte. Der Mann nahm bald eine Zeitung heraus, ein *Neues Deutschland*, und schlug die Zeitung so weit auseinander, daß sein Kopf dahinter verschwand.

Als der Zug anfuhr, trat noch ein Mann ins Abteil. Er war breit und behäbig, von mittlerer Größe, trug sein Haar kurz geschnitten, sein Gesicht glänzte von Schweiß. Er trug einen dicken Wintermantel und verbreitete säuerlichen Geruch. Er setzte sich, Harald schräg gegenüber, zwischen das Mädchen und den Mann mit der Zeitung.

Der Zug passierte eben den Betriebsbahnhof Rummelsburg, als im Abteil eine klirrende Mädchenstimme ertönte. Alle sahen auf, der Mann ließ seine Zeitung sinken, und das Mädchen schlug ihrem Freund aufgeregt auf den Arm: »Prima, der Zugfunk.«

»Guten Tag, liebe Reisende«, sagte die helle Stimme, »hier meldet sich der Zugfunk und heißt Sie im Zuge der Freien Deutschen Jugend *Freundschaft* herzlich willkommen. Wir wollen Sie mit Musik und Nachrichten unterhalten, um Ihnen die Reisezeit zu verkürzen. Der Jugendzug *Freundschaft* wird nur von Mitgliedern der Freien Deutschen Jugend gefahren und gewartet. Er steht an führender Stelle der Deutschen Reichsbahn bei der Erfüllung des Fünfjahresplanes. Im Monat April hat der Jugendzug *Freundschaft* seine Norm mit einhundertsiebenundvierzig Prozent übererfüllt. Für den Monat Mai hat sich die Besatzung in einer Selbstverpflichtung die Übererfüllung der Norm um zweihundert Prozent als Ziel gesetzt. Wir wünschen Ihnen eine gute Reise.«

Darauf folgte ein Marschlied, von Kinderstimmen gesungen.

»Zweihundert Prozent«, sagte das Mädchen am Fenster, »da haben sie sich was vorgenommen.«

Der Mann, der zuletzt eingestiegen war, trug noch immer seinen Mantel, aber schlug ihn nun auf und entblößte einen Rockaufschlag voller Abzeichen. Er lehnte sich nach vorn und stützte die Hände auf seine gespreizten Knie. »Können Sie mir sagen, wann wir in Dresden sind?« Der Mann neben ihm ließ die Zeitung sinken und glubschte ihn unfreundlich an. Nach einer Weile schüttelte er den Kopf: »Ich will bloß bis Elsterwerda.«

»Gegen halb sieben«, sagte Harald.

»Verliern wir bei der Kontrolle viel Zeit, oder ist auf dieser Strecke gar keine Kontrolle? Ich brauche nämlich Anschluß«, sagte der Mann mit den Abzeichen und blickte sich im Abteil um.

»Ich weiß nicht«, sagte Harald.

»'türlich ist Kontrolle«, sagte das Mädchen.

»Ich brauche nämlich Anschluß«, sagte der Mann nachdrücklich, er kam nur schwer gegen die Musik im Lautsprecher an, »ich bin nämlich grade zurück von einer Gewerkschaftskonferenz und muß Anschluß haben in Dresden.«

Er erhob sich und fingerte am Lautsprecher, der auf Haralds Seite unterhalb des Gepäcknetzes angebracht war. »Lassen Sie doch an«, sagte das Mädchen, »gleich kommen Pionierlieder.«

Der Mann mit den vielen Abzeichen zögerte, blickte das Mädchen an und setzte sich wieder.

Die beiden am Fenster wandten sich wieder ihrer Unterhaltung zu. Das Mädchen sprach von Vorlesungen, und dann fiel der Name eines Professors, den Harald von früher her kannte. Das Mädchen studierte an der Humboldt-Universität.

Dann sprach sie von Aufbauschichten und Ferienlagerbrigaden. Humboldt-Universität.

»Fahren Sie auch nach Dresden?« fragte der Mann mit den vielen Abzeichen.

»Ja«, sagte Harald.

»Dienstlich?«

»Nein«, sagte Harald, und das Mädchen warf ihm einen forschenden Blick zu. »Ich will mal wieder zu meiner Frau«, sagte der Mann, »ich hab sie bald zehn Wochen nicht gesehen. Ich hatte einen Unfall.«

Das Wort Unfall beeindruckte. Die beiden am Fenster blickten den Mann aufmerksamer an, auch der getarnte Westberliner hob lauschend den Kopf. Hinter der Zeitung.

»Mir ist ein Gesteinsbrocken ins Kreuz gefallen, ich bin Bergmann«, sagte der Mann, er nickte mehrmals, sprach bedeutungsvoll das eine Wort »Wirbelsäule« und nickte wieder.

»Ich hab in Johanngeorgenstadt gelegen, im Wismut-Krankenhaus.«

Die Mädchenstimme im Lautsprecher meldete sich wieder: »Der Jugendzug *Freundschaft* fährt in wenigen Minuten über die Thomas-Adler-Brücke. Diese Brücke ist von einer FDJ-Reparaturbrigade des Bahnwerks Rummelsburg in dreihundertvierundsechzigprozentiger Normübererfüllung überholt worden. Die Rummelsburger Jugendfreunde haben die Brücke auf den Namen Thomas Adler getauft, weil am Tage der Fertigstellung der westdeutsche Friedenskämpfer Thomas Adler bei einer Demonstration der Jugend gegen die verbrecherische Bonner Spalterpolitik von reaktionärer Polizei und faschistischem Mob in München niedergeschlagen und von einem Ausnahmegericht zu Kerker verurteilt worden ist.«

Danach sangen Kinderstimmen wieder ein Lied: ›Planaktivist

unser Vorbild im Kampf für den Plan, weil der Plan unser besseres Leben schafft ...‹ Das Mädchen am Fenster summte mit.

»Im Wismut-Krankenhaus«, sagte der Mann mit den vielen Abzeichen, »ein riesiger Kasten und alles ganz neu, alles neu gemacht, erst jetzt. Und als ich nach fünf Wochen aufstehen konnte, jeden Tag Kino oder Konzert oder Kulturveranstaltungen: Alles im Krankenhaus, und von überall aus der ganzen De De Err kamen Künstler. Und dann haben sie mich auf einen Lehrgang geschickt und dann auf eine Konferenz. Jetzt mach ich noch 'ne Woche Urlaub.«

»Im Westen gibt es für die Werktätigen solche modernen Krankenhäuser nicht«, sagte das Mädchen, »dort können sich nur die Kapitalisten so was leisten.«

Sie blickte Harald an, und er wußte nicht, ob sie provozieren wollte, aber er schwieg.

Der Zug fuhr durch lichten Kiefernwald, und Harald konnte die auf- und niederschwappenden Telegrafendrähte sehen und den sandigen, trockenen Waldboden, und, wo der Waldrand von der Strecke zurückwich, auch eine milchige, verschwommene Sonne.

Hoffentlich hatte Jutta nicht eine solche Gesellschaft gehabt. Jutta hatte Angst vor derartigen Mädchen. Aber er hörte zu, als sie wieder auf ihren Freund einsprach, der recht einsilbig zu sein schien. Ihre Gruppe habe den ersten Preis gewonnen beim Wettbewerb um die beste Wandzeitung über die Bedeutung der Weltjugendfestspiele in Berlin.

Ja, das hätten sie auch gemacht, sagte der Polizist endlich, ihre Einheit würde an dem großen Vorbeimarsch teilnehmen.

Sie freue sich schon, er auch?

»Es wird eine tolle Sache.«

»Wir müssen unsere ganze Kraft zusammennehmen, meine jungen Freunde«, rief die Mädchenstimme im Lautsprecher, »um der kapitalistischen Kriegshetzerclique jede Möglichkeit zu nehmen, unseren friedlichen Wiederaufbau, das friedliche Leben in unserer De De Err zu stören. Und zu dieser Aufgabe ist gerade die Jugend in erster Linie berufen. Das ist meine Parole für die Weltjugendfestspiele in Berlin, sagte unser Ministerpräsident Otto Grotewohl beim Empfang einer Delegation der Freien Deutschen Jugend, die dem Ministerpräsidenten über die Fortschritte der Vorbereitungsarbeit für die Weltjugendfestspiele im Landesverband Sachsen Bericht erstattete.«

Wieder ein Lied: ›Strecken Kriegshetzer auch ihre Krallen nach uns aus, züngelt Kriegstod schon am Horizont, Jugend marschiert für den Frieden nur hinaus, Kampf für den Plan ist uns're Front.‹

Der Schaffner war ein blutjunger Bursche. Er trug ein blaues Hemd unter der Eisenbahnerjacke. »Freundschaft«, sagte er, und das Mädchen und der Volkspolizist antworteten laut: »Freundschaft!« Der getarnte Westberliner ließ die Zeitung sinken und blickte vor sich hin.

»Seid ihr pünktlich, Jugendfreund?« fragte das Mädchen.

»Was meinst du, wir liegen im Wettbewerb mit dem Gegenzug Weltjugendfestspiele, die woll'n ihre Norm auch auf zweihundert Prozent bringen, na, wir kriegen sie schon. Freundschaft«, sagte er und ging weiter.

Danach versuchte Harald im Majakowskij zu lesen, aber die Musik und das Gespräch der beiden am Fenster lenkten ihn ab. Der Mann mit den Abzeichen war inzwischen trotz des Geplärrs eingenickt.

Harald dachte an die Humboldt-Universität und Adam Nick und die FDJ, ohne blaue Blusen, ohne Abzeichen. Aber nicht einmal die Erinnerung war noch etwas wert, Ernst Weilert, Völker, Kolbe.

Die Mädchenstimme klirrte wieder: »Der Jugendzug Freundschaft erreicht in wenigen Minuten die Kontrollstelle Zossen. Wir bitten alle Reisenden, ihr Gepäck bereitzuhalten, um unseren Sicherheitsorganen die Kontrolle zu erleichtern.«

Harald dachte daran, was ihm Erich Misch gesagt hatte: daß er sich in acht nehmen müsse, weil sie bei Medikamenten mißtrauisch waren, und er griff in die Tasche und fühlte Juttas Telegramm. Zur Not.

Aber es half nichts. Es war nicht nur die Furcht, sie könnten ihm das Corticosteron wegnehmen, er mußte sich räuspern, die Handflächen waren feucht, und er wußte, daß er vor diesen jungen Lümmeln, vor diesem Mädchen und ihrem blonden, bäuerischen, pausbäckigen Freund, daß er vor der blechernen Lautsprecherstimme Angst hatte.

Angst hatte, und er trotz der Zigarette, die er sich anzündete, zu spüren meinte, daß seine Knie anfingen zu zittern.

Der Zug verlangsamte seine Fahrt merklich und hielt mit einem sanften Ruck. Da der Lautsprecher verstummt war, konnte Harald Stimmengemurmel aus den anliegenden Abteilen hören. Dann herrschte für einen Augenblick Ruhe, und der Wind summte und raschelte an den Flanken der Wagen. Der Zug fuhr noch einmal an und rückte wenige hundert Meter vor. Er blieb endgültig stehen neben einer Reihe flacher Baracken, über denen rote und blaue und schwarzrotgoldene Fahnen flatterten. Auf dem Schotter zwischen den Geleisen standen Gruppen von Volkspolizisten. Junge Burschen mit gebräunten Gesichtern, in dunkelblauen Uniformen. Sie hatten ihre zerdrückten Mützen verwegen aufgesetzt, und ein Teil von ihnen trug Karabiner über der Schulter. Eine unverständliche Stimme quäkte draußen aus einem Lautsprecher, während das entfernte Stimmengewirr von neuem begann. Türen im Zuge klappten.

Das Mädchen zog das Fenster herunter und lehnte sich weit hinaus. »Freundschaft«, rief sie, und die Stimme eines unsichtbaren Mannes antwortete: »Freundschaft!«

Die Lautsprecherstimme sprach immer noch, aber der Wind trug sie fort. Soviel war zu verstehen, daß niemand den Zug verlassen dürfe.

Ein Polizist öffnete die Tür des Abteils und verlangte die Ausweise zu sehen.

»Freundschaft«, sagte das Mädchen, der Mann antwortete. Er prüfte alle Ausweise eingehend. Zuerst den des Volkspolizisten, dann den des Mädchens, den Ausweis des Mannes mit den Abzeichen, und auch der Mann Harald gegenüber, der Westberliner mit der Zeitung, holte seinen Ausweis aus der Brusttasche. Eine Westberliner Kennkarte. Als der Polizist die Karte in der Hand hielt, blickte der Mann so wütend, als habe ihn Harald bei einer obszönen Handlung ertappt.

Der Polizist roch nach Lederzeug, schlechter Schuhwichse,

Schweiß, nach grobem Tuch. Gleich darauf traten zwei andere ein. Sie sahen genauso aus. Selbstbewußt, gesund, schmuddelig, und verbreiteten den gleichen Geruch.

Sie wollten wissen, wem der schwere Koffer am Fenster gehörte. »Mir«, sagte der Polizist, der im Abteil saß.

Der Mann tippte Haralds Koffer an: »Machen Sie doch mal auf.«

Harald stand auf, sein Zorn war stumpf, weil er voraussah, was sich nun abspielen würde.

Der Mann schob Juttas Kleider und die Wäsche, die obenauf lagen, beiseite und stieß auf den grauen Karton.

»Was is'n da drin?« Sein Kollege blickte ihm über die Schulter.

»Medikamente.«

»Wo brauchen Sie denn Medikamente für?«

»Meine Schwiegermutter ist schwer krank.«

»Ist das Westzeug?«

»Ja.«

»Machen Sie mal auf.« Es war schwierig, die Pappschachtel zu öffnen, seine Finger bewegten sich nur unwillig, er hatte kein Gefühl mehr in den Fingern.

Der Polizist nahm eine der Ampullen heraus, hielt sie gegen das Licht, er versuchte auch die Aufschrift zu entziffern. »Das brauchen Sie für Ihre Schwiegermutter?«

»Ja.«

»Na, da kommen Sie mal mit.«

Der Mann wartete geduldig auf dem Gang, bis Harald den Koffer geschlossen hatte, und ging vor ihm her bis zum Ausgang, dort wies er mit seinem Arm auf eine Baracke, zu der schon von allen Wagen her Leute Gepäck schleppten. »Da gehen Sie mal rein«, sagte der Polizist.

Harald kletterte die Stufen hinunter und reihte sich in die Schlange ein. Links und rechts neben der Tür stand je einer der jungen Burschen mit umgehängtem Karabiner.

Die Leute verhielten sich ruhig, nur eine alte Frau schimpfte vor sich hin, bis einer der beiden Polizisten an der Tür sagte: »Na, Muttchen, nu mach mal nicht mehr so wild, in dei'm Alter.«

Ein paar Leute lachten beflissen, und die Frau schwieg.

Ein flacher, kahler Raum. Nackte Birnen unter der Decke. Ein breiter Packtisch zog sich längs der einen Wand hin, an welcher Bilder kommunistischer Führer hingen und rote Fahnen und ein breites Spruchband: DER FÜNFJAHRESPLAN SCHAFFT UNSEREN MENSCHEN BESSERE LEBENSBEDINGUNGEN, DAS HEISST EINEN HÖHEREN LEBENSSTANDARD, DAS HEISST EIN BESSERES LEBEN.

Hinter dem Packtisch standen fünf oder sechs Polizisten und durchsuchten das Gepäck. Sie warfen Butter, Schokolade, Konservenbüchsen, Dosen hinter sich in mehrere Holzkisten. Sie verrichteten die Tätigkeit stumm, ohne auf Widerspruch zu achten.

Harald stellte seinen Koffer auf den Packtisch, und einer der Burschen schlenderte heran. Er sah gleich den Karton, als Harald den Koffer geöffnet hatte, und zog ihn hoch.

»Es sind Medikamente«, sagte Harald, »für meine Schwiegermutter, sie ist schwer krank.«

»Wollen Sie damit etwa sagen, daß es in der De De Err keine Arzneimittel gibt?« fragte der Mann, ohne seine Stimme zu heben.

»Das Mittel gibt es auch in Westdeutschland noch nicht lange«, sagte Harald.

»Und jetzt sollen die Menschen der Deutschen Demokratischen Republik als Versuchskaninchen herhalten, was?«

»Wenn meine Schwiegermutter das Mittel nicht bekommt, wird sie vermutlich sterben«, sagte Harald.

Der Mann sah Harald spöttisch an: »Sie scheinen sehr an Ihrer Schwiegermutter zu hängen.« Er ließ den Karton los. »Gehen Sie mal da rüber, durch die Tür da.«

Harald schloß den Koffer und ging auf die angegebene Tür zu. Er trat ein, ohne anzuklopfen.

Es war ein kleiner Büroraum, ein Schreibtisch stand da, an der Wand hing eine Landkarte DEUTSCHE DEMOKRATISCHE REPUBLIK. Zwei Polizisten standen am Fenster und blickten zum Zug hinaus.

Einer von ihnen drehte sich um, er trug Offiziersschulterstücke: »Können Sie nicht anklopfen?«

»Ich bitte um Entschuldigung«, sagte Harald. Es war ihm nun gleichgültig. Er verteidigte nur noch das Corticosteron, und er würde alles sagen, was sie hören wollten.

»Es ist mir schnurzegal, um was Sie mich bitten«, sagte der Mann, »ich habe Sie gefragt, ob Sie nicht anklopfen können.« Er trug Stiefelhosen und Schaftstiefel und klatschte mit einem hölzernen Lineal an die weichen Schäfte.

»Offensichtlich nicht, nein«, sagte Harald.

»Was wollen Sie hier?« fragte der Mann mit den Schulterstücken, während der andere vom Fenster aus zuhörte. Der Offizier setzte sich hinter den Schreibtisch.

»Ich habe Medikamente, und man hat mich hierhergeschickt.«

»Und was soll ich mit den Medikamenten?« Er trug keine Mütze, aber mußte vor kurzem noch eine Mütze aufgehabt haben, denn das dunkle, wellige Haar lag noch fest an den Kopf gepreßt. Über die Stirn zog sich noch der rote Druckstreifen des Mützenbandes.

»Es sind Medikamente, die nach Dresden müssen, weil meine Schwiegermutter schwer krank ist.«

»So, Ihre Schwiegermutter ist schwer krank, dann zeigen Sie mal her.« Er bog das Lineal, indem er es flach vor sich hinhielt und beide Daumen von unten dagegendrückte, daß Harald glaubte, es werde zerbrechen. Er wollte den Koffer auf den Schreibtisch stellen, aber der Mann zog seine Brauen zusammen: »Sie sind hier nicht in Amerika, bei uns legt man die Beine nicht auf den Tisch.«

Harald bückte sich, und er erinnerte sich an das Gefühl der Demütigung; er spürte, daß ihm das Blut ins Gesicht schoß, als er sich bückte und den Koffer auf dem Fußboden öffnete. Er holte den Karton heraus und stellte ihn auf den Schreibtisch.

»Ihren Ausweis«, sagte der andere und schnippte mit seinen Fingern. Er reichte den Ausweis, nachdem er ihn lange genug betrachtet hatte, seinen Vorgesetzten weiter. Der hatte inzwischen den Karton geöffnet, indem er mit dem Lineal unter den Deckel gefahren war.

Jetzt ließ er den Deckel zufallen und tippte mit dem Lineal auf den Ausweis: »Sie sind also Student?«

»Ja.«

»Und verheiratet sind Sie auch?«

»Ja.«

»Wovon leben Sie denn?«

»Ich bin Lehrer an einer Abendschule.«

»Ich denke, Sie sind Student?« fragte er, scheinbar erstaunt.

»Ja.«

Er richtete sich auf: »Also, sind Sie nun Student oder Lehrer – wissen Sie nicht, was Sie sind?«

»Student«, sagte Harald. Er dachte nur noch an den grauen Karton, der auf dem Schreibtisch stand. Seine Arme hingen nutzlos herab. Sie waren ihm im Wege, lästig, unbrauchbar.

»Ich denke, in Kulturländern studiert man erst, und dann wird man Lehrer, oder nicht?«

»Das ist Ansichtssache«, sagte Harald.

»So, das ist Ansichtssache, hast du verstanden, Hans?« Der andere Mann lachte herzlich. »Wo studieren Sie denn?«

Und Harald stand da, seine Hände wurden immer schwerer, sie belasteten seine Schultern, und seine Brust blähte sich, aber er blickte auf die graue Schachtel hinunter. »Auf der ... Universität in Dahlem«, sagte Harald, und das Blut schoß ihm wieder ins Gesicht, und diesmal war es Scham.

Der Offizier lächelte mit geöffneten Lippen und spielte mit seiner Zungenspitze zwischen den Zähnen. »So, auf der Universität in Dahlem, warum sagen Sie nicht gleich ›Freie Universität‹?« Er spitzte die Lippen und wartete auf eine Antwort, und als Harald nichts sagte, sagte er leise: »Machen Sie, daß Sie rauskommen, sonst versäumen Sie den Zug.«

»Und die Medizin?«

»Machen Sie hin.«

»Dann habe ich keine Eile«, sagte Harald, und die Luft schien aus seiner Brust entwichen, »dann kann ich gleich nach Berlin zurückfahren, ohne das Mittel brauche ich nicht erst nach Dresden zu fahren.«

»Sie wollen Ihre kranke Schwiegermutter nicht besuchen?« Er lehnte sich zurück und ließ auch den Lehnstuhl hintenüberkippen, er balancierte nur noch auf zwei Stuhlbeinen. Harald antwortete nicht, vielleicht lächelte er sogar, er glaubte, daß er lächelte oder wenigstens griente, aber er hatte wieder Gleichgewicht, und seine Hände waren wieder an ihrem Platz und beweglich, wenigstens konnte er die rechte Hand in die Tasche stecken.

Es verging Zeit. Das war Harald bewußt, und es geschah auch etwas, zumindest draußen, vor den Fenstern klappten die Türen, pfiff die Lokomotive einmal, zweimal, und er stand immer noch vor dem Schreibtisch und sah die Schachtel an, während viel stumme Zeit verging.

Der Offizier ließ sich und den Stuhl endlich wieder nach vorn kippen und nahm das Lineal auf. »Hans«, sagte er zu dem anderen, ohne den Blick von Harald zu wenden, »schreib dir mal seinen Namen auf. Und Sie kommen mir nicht noch mal mit Medikamenten für Ihre Schwiegermutter oder Ihre Urgroßmutter, sonst behalten wir Sie erst mal hier, verstanden?«

Harald antwortete nicht, und der Mann schrie gell: »Verstanden, happich gefragt!«

»Ja«, sagte Harald.

Der Mann notierte etwas auf einem Zettel und gab Harald den Ausweis zurück. Der Offizier öffnete noch einmal mit seinem Lineal die Schachtel und zog sie zu sich heran. Er nahm eine Ampulle heraus und legte sie auf den Schreibtisch. »Das werden wir ja sehen«, sagte er.

Harald bückte sich wieder, er mußte sich tief bücken, während die anderen von oben zusahen. Er schloß den Koffer und ging zur Tür.

»Sie könnten wenigstens danke schön sagen.«

Harald wandte sich langsam um, und im letzten Augenblick dachte er an Jutta, aber es war trotzdem schwer, jetzt an Jutta zu denken, und dann brachte er seine Zähne dennoch auseinander. »Vielen Dank«, sagte er, weil er an Jutta dachte und an die Schachtel, und dann schloß er die Tür.

Die Baracke war nun leer, die jungen Burschen lehnten in der Tür und sahen zum Zug hin, und sie blickten Harald nach. Auch der öde Platz zwischen den Baracken und den Geleisen war leer. Nur vor dem Wagen, in dem sich Haralds Abteil befand, stand eine Gruppe Volkspolizisten und unterhielt sich lachend mit dem Mädchen und ihrem Freund, die sich aus dem Fenster lehnten. Als Harald näher kam, brach die Unterhaltung ab. Sie starrten ihn an, bis er eingestiegen war.

Als er ins Abteil trat, pfiff die Lokomotive.

Der Mann gegenüber las schon wieder in seiner Zeitung, und der Mann mit den Abzeichen musterte Harald neugierig.

»Haben Sie die Medizin behalten?« fragte er.

»Ja.«

Er nickte befriedigt, das Mädchen am Fenster, das immer noch ihr Gesäß ins Abteil reckte, drehte sich um und musterte Harald verächtlich.

Nun meldete sich der Zugfunk wieder: »Liebe Reisende. Die Kontrolle hat sich leider verzögert, aber wir weisen noch einmal darauf hin, daß es nicht nur immer noch unbedachte Menschen gibt, sondern auch Saboteure, die den Wiederaufbau der Deutschen Demokratischen Republik stören, indem sie Handelsgüter und Waren in die De De Err einschleppen, um sie hier zu verschieben. Schiebern und anderen Schädlingen aber muß in unserer De De Err das Handwerk gelegt werden. Wir unterhalten Sie weiterhin mit Musik.«

Das Mädchen hatte das Fenster hochgeschoben und sah Harald an.

Aber Harald hatte alle Scham und Erbitterung vergessen, er fühlte sich erschlafft und beinahe dankbar. Er griff in die Tasche und holte seine Zigaretten heraus. Jetzt hatte er das Corticosteron, und das war die Hauptsache. Er hielt dem Volkspolizisten am Fenster die Zigaretten hin. Der Mann sah überrascht auf und zögerte, dann nahm er eine Zigarette. Das Mädchen warf ihrem Freund einen strafenden Blick zu.

»Sind ganz gut«, sagte der Volkspolizist nach ein paar Zügen leutselig. Harald hielt auch dem Mann mit den Abzeichen die Schachtel hin und dem getarnten Westberliner. Der schüttelte den Kopf, aber der Mann mit den Abzeichen zündete sich zufrieden eine an.

»Die junge Dame raucht nicht?« Harald beugte sich vor, der Polizist lachte, aber sie blickte beleidigt aus dem Fenster.

»Was fehlt denn Ihrer Schwiegermutter?« fragte der Mann mit den Abzeichen.

»Gelenkrheuma«, sagte Harald, »aber jetzt hatte sie schwere Herzanfälle.«

Der Mann schüttelte bedenklich den Kopf, auch der Polizist machte erstaunte Augen. »Hoffentlich kommen Sie zurecht«, sagte er. Nur das Mädchen schien es, nach allem, was vorgefallen war, für unter ihrer Würde zu halten, von der Krankheit seiner Schwiegermutter Kenntnis zu nehmen. Sie hatte den Ellbogen auf die Armlehne gestützt, ihr Kinn in die Hand gebettet und brütete vor sich hin.

Harald hatte aber seine Zigarette noch nicht zu Ende geraucht, und der Zug hatte die Anhäufung ziegelroter Häuser, unordentlicher Gärten, holperiger Straßen, verblichener Plakatfresken längst vergessener Berliner Zeitungen eben hinter sich gelassen, als die Zufriedenheit und das Wohlwollen und die atemlose Dankbarkeit geschwunden waren: Das Mädchen, der Volkspolizist, der Mann mit den Abzeichen und der Westberliner hinter seiner Zeitung waren wieder fremd und nicht mehr ergötzlich. Harald stand auf und trat auf den Gang hinaus. Er schloß die Tür und schloß sich und alle Fragen aus dem Abteil aus.

Hätte er bekennen müssen? Wer wollte sein Bekenntnis noch, hier, irgendwer, irgendwo?

Jetzt hast du das Corticosteron, und das ist wichtiger als alles andere, wichtiger als dein Bekenntnis.

Ich komme von der ›Freien Universität‹, nehmen Sie mir das Corticosteron weg, ich ducke mich nicht vor euch.

Du konntest nicht wissen, ob sie es dir weggenommen hätten. Vielleicht gerade nicht.

Aber wenn, dann hätten sie dir das einzige weggenommen, das im Augenblick Bedeutung für dich hat.

Jutta, dachte Harald. An Jutta denken, verschob die Perspektive: Bekenntnis! Laßt mich doch endlich in Ruhe.

Er hielt sich am Fenstergriff fest und blickte hinaus: aufgebrochene Felder, Weite, Sand, der Waldrand am Horizont wie ein Sägeblatt. Der Himmel auseinandergerissen, Fladen violetter Himmelsfetzen stoben durch helles Blau. Aber den Farben an der Erde gab das Sonnenlicht einen tröstlichen Glanz, machte selbst die schmutzigen Felder auf traurige Weise ansehnlich. Der Zug hatte wieder Fahrt gewonnen. Die Wagen schaukelten hin und her. Er stand, vornübergeneigt, und wandte die Fragen doch wieder von innen nach außen, und von außen nach innen.

Der Offizier hat gesehen, daß ich Angst hatte, und es machte ihm großen Spaß, das auszukosten.

Das hatte Harald schon oft erlebt, bloß wieder vergessen. Aber damals hätte ich fast bestanden? Da war ich achtzehn und neunzehn. Jetzt bin ich fünfundzwanzig. Damals hatte ich noch nichts mitgemacht, trotz allem. Damals wußte ich noch nicht, wie es sein kann, wenn man sich betrachtet, während sie es mit einem machen. Aber dennoch, dennoch, dennoch, die Scham blieb, ob er sich noch trauen durfte. Ob er sich noch auf sich selbst verlassen konnte.

Oder war das immer noch zuviel verlangt? Ist das etwa immer noch viel zuviel verlangt?

Neunzehnhundertsechsunddreißig, als er eben sieben Jahre alt geworden war, verlor Georg Peukert seinen Vater, einen Lehrer an der 12. Volksschule in Berlin-Grünau. Seine Mutter war eine unnachgiebige strenge Frau und eine gläubige Sektiererin.

»Mutter muß schwer arbeiten«, sagte sie, wenn sie abends nach Hause kam, aber sie verriet ihm nie, woher sie kam. Ihr Haar war immer strähnig, sie hatte scharfe Falten um die Mundwinkel und ein spitzes Etwas am Hals, das sich rasch auf und nieder bewegte, wenn sie ärgerlich war. Das strähnige Haar, ihr Adamsapfel und ein stockiger Geruch nach schlechter Waschseife, so erinnerte sich Georg Peukert an seine Mutter.

Oft brachte sie ihm bunte Bilder mit, die er sich anschauen sollte: ein dünner Mann mit einem weißen Nachthemd, der einen Bart hatte und ein gelbes Licht rings um den Kopf.

Das ist Unser Heiland.

Sonntagvormittags schickte ihn seine Mutter zum Kindergottesdienst ihrer Gemeinde, aber manchmal ging Georg einfach nicht, er streunte durch den Grunow-Park und sah den

Schwänen zu und den Enten und den weißgekleideten Kindermädchen, die Kinderwagen vor sich herschoben.

Wochentags mußte Georg manchmal von Haus zu Haus gehen und Zeitschriften verteilen, die Mutter ihm aufpackte. Aber als ihn einmal ein ›Bruder‹ aus der Gemeinde dabei überraschte, wie er am Rinnstein saß und eine Zeitung nach der anderen in den Gully runterrutschen ließ, prügelte ihn seine Mutter durch. Und drohte ihm, daß der liebe Gott alles mit angesehen hätte.

Aber der Teufel hatte Sahnebonbons und saß auch hinter der Kasse im Kino, in das Georg gerne einmal gegangen wäre.

»Ich bete trotzdem für dich«, sagte seine Mutter, und sie wollte ihn dennoch auf die Oberschule schicken.

Mit vier anderen Ausgestoßenen in der Klasse versuchte er eine Clique zu bilden, die zusammenhielt gegen die Übermächtigen, die mit den neuen Fahrrädern, aber seine Kumpane erlagen den Verlockungen: den Bonbons, den neuen Fußbällen, die nur die anderen hatten.

Georg verkaufte sich nicht. Dann blieb er eben allein.

Aber wenn die anderen so viele waren, half der liebe Gott niemals. Und seiner Mutter half er auch nicht, obgleich sie immerzu sagte, er hilft wunderbar.

Davon hatte Georg noch nie was gemerkt.

Georg war nicht für den Krieg, weil seine Klassenkameraden alle dafür waren, weil ihre großen Brüder und Väter Offiziere waren und weil sie im Laufe der Zeit französische Orden und englische Stahlhelme und polnische Offiziersdolche in die Schule mitbrachten. Und die stundenlangen Gebete, die seine Mutter, vor ihrem Bett kniend, murmelte, machten ihm angst vor dem Krieg.

Und weil es nicht sein Krieg war, fand er es richtig, daß der Vater von Egon Holthausen fiel. Und der Vater von Gude und der Bruder von Haubert und der Bruder von Bein.

Anfang vierundvierzig wurde Georgs Mutter verhaftet. Er erfuhr erst nach dem Krieg, daß sie inzwischen im englischen Nachrichtendienst gehört hatte, daß nicht etwa Stalin, sondern Hitler der Antichrist war, und das hatte sie in ihrer Gemeinde verbreitet. Ein halbes Jahr später, erfuhr er nach dem Kriege, war sie hingerichtet worden.

Georg wurde in ein Heim nach Frankfurt an der Oder gegeben, aber es dauerte nicht lange, und er mußte mit anderen Jungen Panzergräben und Schützenlöcher ausheben, und dann kam er zum Volkssturm und kriegte ein Gewehr, und als die russischen Soldaten kamen, hob Peukert die Hände hoch. Es war nicht sein Krieg, und die Russen waren nicht seine Feinde.

Allerdings nahmen sie darauf keine Rücksicht, sondern steckten ihn in ein Gefangenenlager. Er war gerade sechzehn, aber rascher, rücksichtsloser, wendiger als die meisten Alten und hatte immer zu essen.

Beim Antifaschistischen Lager-Aktiv lernte er die objektive Wahrheit. Und in der objektiven Wahrheit hatten der Teufel und der liebe Gott keinen Platz mehr. Man mußte lernen, lesen, diskutieren, dann zerflatterte der magische Plunder.

Kein Wunder, daß der liebe Gott seiner Mutter nie geholfen hatte, wenn es ihn gar nicht gab.

Neunzehnhundertsiebenundvierzig kam Georg Peukert nach Deutschland zurück und besuchte eine Funktionärsschule der Freien Deutschen Jugend.

Es gibt keinen lieben Gott. Es gibt die fortschrittlichen Kräfte in der Geschichte. Es gibt keinen Teufel, aber es gibt die fortschrittshemmenden Kräfte in der Geschichte.

Und die fortschrittshemmenden Kräfte versuchen mit aller Macht, den Fortschritt zu sabotieren. Der Fortschritt muß sich schützen.

Georg meldete sich zur Volkspolizei.

Auf dem ersten Führer-Lehrgang zeichnet sich Georg Peukert aus durch glänzende Kenntnisse der marxistischen Theorie, durch festes Auftreten gegenüber allen schwankenden Elementen in den eigenen Reihen, Objektivisten und Trotzkisten, und durch rücksichtslose Selbstkritik.

Daß er sich früher trotz seines Hasses gegen die besitzende Klasse von der besitzenden Klasse habe blenden lassen. Daß er erst nach dem Studium des Marxismus-Leninismus-Stalinismus gelernt habe, die Klassengegensätze bewußt zu sehen und den Kampf gegen die fortschrittshemmende Klasse bewußt zu führen. Daß sich jeder Kämpfer für den Fortschritt von allen bürgerlichen Rückständen befreien müsse, um den Kampf für das Proletariat als fortschrittlichster Klasse aktiv führen zu können.

Mit neunzehn Jahren wird er Kommissar (Leutnant), sein erstes Kommando sieht ihn in Marienborn, an der Zonengrenzkontrolle. Und dort kann er beobachten, was er theoretisch gelernt hat.

Da kommen die Spießer aus Westdeutschland, Gesindel, das sich vom Marshall-Plan aushalten läßt. Geschmeiß, das sich für ein bißchen sattes Leben mit Haut und Haaren dem kapitalistischen System verkauft hat. Aber sie haben Angst. Ihre Stunde hat schon geschlagen. Der VOPO-Kommissar Georg Peukert verkörpert die Macht des Weltfriedenslagers. Es reicht von Marienborn bis zum Bering-Meer.

An der Zonengrenze in Thüringen übernimmt er sein erstes selbständiges Kommando. Innerhalb zweier Monate vervierfacht sich in Peukerts Abschnitt die Zahl der ergriffenen illegalen Grenzgänger. »Wir werden diesen westdeutschen Schiebern das Wiederkommen verleiden. Dreimal anrufen. Dann wird scharf geschossen.«

In Peukerts Abschnitt gibt es den ersten Toten an der Grenze.

Peukert wird auf einen Sonderlehrgang abgestellt, und nach drei Tagen hat er einen gemeinen Versöhnler und Agenten entlarvt. Peukert besteht die Abschlußprüfung mit der höchsten Note und wird dem Wachkommando des Staatspräsidenten der Deutschen Demokratischen Republik zugeteilt. Er muß sich beim Genossen Wilhelm Pieck melden, der ihm väterlich eine Hand auf die Schulter legt.

Man ist aufmerksam geworden auf Peukert. Er ist einundzwanzig und wird dem Staatssicherheitsdienst überwiesen. Als Polizeirat (Hauptmann) kommt er nach Karlshorst.

Die Leute, mit denen er jetzt zu tun hat, sind gefährliche Verbrecher. Das sind Leute, die auf die De De Err losgelassen werden, um den friedlichen Wiederaufbau zu unterminieren. Das sind Leute, die mithelfen wollen, daß die Faschisten, die Schlotbarone, die amerikanischen Kriegshetzer und Dollarimperialisten mit ihren geschminkten Mätressen wieder in ganz Deutschland herumlaufen. Sie wollen die De De Err vernichten. Das wird man ihnen abgewöhnen. Wenn einer nicht reden will, übernimmt Peukert den Fall.

Aber auf einer Betriebsfeier läßt er sich auf ein Techtelmechtel mit der Frau eines Vorgesetzten ein. Er wird zum Oberkommissar (Oberleutnant) degradiert – einem Rang, den er übersprungen hatte – und wieder an die Front versetzt.

Die Front: das ist die Kontrollstelle Zossen. An der wichtigen Bahnstrecke von Berlin nach Dresden und Chemnitz. Dort schleusen die kapitalistischen Verbrecher am liebsten ihre Helfershelfer ein.

Die Leute unter Peukerts Kommando haben nichts zu lachen. »Wer die marxistische Theorie nicht beherrscht, wird niemals ein brauchbarer Kämpfer des Leninismus-Stalinismus werden. Unser schlimmster Feind ist mangelnde Wachsamkeit.«

Seit Peukert in Zossen ist, schnellen auch hier die Zahlen hoch. Um Zentner: Butter, Zeitungen, Kaffee, Büchsen, Schokolade; seine kostbarste Beute aber sind sieben Männer und eine Frau, deren Namen in der Fahndungsliste standen. Lumpengesindel.

Peukert liest selbst immer sofort die wöchentlichen Nachträge zum Fahndungsbuch, sobald sie der Kurier aus Karlshorst gebracht hat.

Am Dienstag, dem siebenten Mai neunzehnhunderteinundfünfzig, stieß Peukert auf folgende Eintragung:

Momber, Harald, 1925 Berlin-Steglitz, Student.

Und am Ende der Zeile das Zeichen, ein Kreis, ein liegendes Kreuz darin.

»So«, sagte Peukert und las die Zeile noch einmal. Dann setzte er sich zurecht und betrachtete das Lineal, die Zentimetereinteilung und die Tintenflecke. »Hans, hast du den Zettel noch da?«

»Welchen Zettel?« fragte Hauptwachtmeister Patzek.

»Vorhin, den du aufgeschrieben hast mit seiner Arznei.«

»Ich habe ihn nicht aufgeschrieben, das war doch nur Bluff, weißt du doch‹

»Ja«, Peukert lächelte zufrieden, er brauchte den Zettel nicht, »wie hieß er noch?«

»Ich glaube, was mit M...«

Und Peukert brauchte sich den Nachtrag nicht noch einmal anzusehen, er kniff ein Auge zusammen: »War's vielleicht Momber, Harald Momber?«

Und Patzek lauschend, den Namen abhörend: »Ja... kann sein.«

»So«, sagte Peukert, er lachte vor sich hin, stumm, es war ein stilles, vergnügtes Lachen, er gluckste ein bißchen, dann stand er auf und trat an die Landkarte, dann sah er auf seine Armbanduhr. »Ruf mal durch«, sagte der Oberkommissar Peukert zum Hauptwachtmeister Patzek, »sie sollen mir mal Winkel geben, in Doberlug-Kirchhain.«

Und während sich Patzek am Schreibtisch niederließ und mit der Zentrale sprach, ging Peukert im Zimmer auf und ab und schlug sich mit dem Lineal vergnügt an den Stiefel. Das wäre der neunte innerhalb von zwei Monaten. Seit ich hier bin. Jetzt habe ich den Laden in Schwung gebracht, das kann jetzt auch ein anderer weitermachen, und das werden sie hoffentlich auch in Karlshorst begreifen.

»Patzek«, sagte er, »ich glaube, ich bleibe nicht mehr lange hier.«

Patzek, den Hörer am Ohr, lauschend, nickte geistesabwesend.

Und dieses Bürschchen, dachte Peukert... Momber, natürlich Momber, und Jahrgang fünfundzwanzig konnte auch stimmen. Na warte mal, wir sprechen uns noch.

Aber am Schreibtisch, auf der äußersten Kante seines Lehnstuhles hockend, die Ellbogen auf die Tischplatte gestützt, war Peukert wieder ruhig, sachlich, dienstlich.

»Winkel«, sagte er, »ich habe eben den Nachtrag gekriegt.«

Und Oberkommissar Winkel am anderen Ende der Leitung, in seinem Dienstzimmer in der Baracke, nahe beim Bahnhof Doberlug-Kirchhain, wußte, welchen Nachtrag Peukert meinte. Peukert kriegte ihn natürlich schon einen Tag vorher. Nach Doberlug kam er frühestens Mittwoch morgen.

Winkel war größer und breiter als Peukert, aber mit einer

Neigung zur Korpulenz, ungesunder Hautfarbe und schütterem, aschblondem Haar, das ihm über der Stirn anfing auszugehen. Winkel, der das Koppel ablegte, sobald er sich niedersetzte, weil es ihn zu sehr zwängte und drückte, blickte seinen Stellvertreter, den Kommissar Dessin, an, und dessen Augen schienen zu fragen: Was will denn Peukert schon wieder?

Aber obgleich Oberkommissar Winkel Peukert auch nicht leiden konnte, gab er Dessins Blick nicht zurück. Denn Peukert war ein gefährlicher Hund, und man konnte nie wissen.

»Ich sehe zufällig, daß mir vorhin ein fetter Brocken durchgerutscht ist«, schnarrte Peukerts Stimme, »ja ... Agent. Der Nachtrag ist eben erst durchgekommen. Ich werde Krach schlagen, daß es wieder mal zu spät war, sonst hätten wir jetzt keine Scherereien.«

»Name?« fragte Winkel und dachte, ja du, du mit deinen Beziehungen, schlag mal Krach, damit du wieder gut auffällst, damit du bald wieder da bist, wo du hergekommen bist.

»Momber«, sagte Peukert. Er buchstabierte den Namen, den Vornamen. »Du brauchst ihn bloß aus dem De einundsechzig rausholen lassen.«

Winkel sah auf seine Uhr, ja, er hatte noch gut zwanzig Minuten Zeit.

»Alles klah?«

»Ja«, sagte Winkel, »ich gebe dir Bescheid, wenn was ist.«

»Ich schick gleich noch einen Wagen runter, ich möchte das Gesicht noch mal sehen.«

»Ja«, sagte Winkel und legte den Hörer auf.

Und während Peukert in Zossen gutgelaunt auf und ab ging, sich vor die Karte stellte und mit seinem Lineal mehrmals auf den schwarzen Kreis Doberlug-Kirchhain schlug und wieder zum Schreibtisch ging, die Ampulle aufnahm, die er diesem Momber abgenommen hatte, währenddessen saß Oberkommissar Winkel in Doberlug noch immer auf seinem Stuhl und starrte das Telefon an. Erstens freute sich Winkel nie sehr, wenn er eines von diesen armen Schweinen – das durfte er auf keinen Fall laut denken – festzunehmen hatte, und zweitens konnte Winkel diesen Karrierehengst Peukert nicht ausstehen.

Der Mann konnte natürlich unterwegs abgesprungen sein, dachte Winkel, das war zumindest nicht unmöglich, es gab ein paar Baustellen, wo der Zug langsam fahren mußte. Und wenn Peukert etwa schon in Karlshorst anrief und meldete, daß er wieder einen erwischt hatte: Er, immer nur er, Peukert. Und wenn der Mann unterwegs abgesprungen war! Wenn, wenn, aber immerhin war es möglich, zwischen Zossen und Doberlug, dachte Winkel. Wenn, wenn, aber in diesem Falle würde sich Herr Polizeirat Peukert in spe in die Nesseln gesetzt haben, und daß der Nachtrag so spät gekommen war, würde ihm auch nichts mehr nützen. Aber ich kann mich dabei noch viel mehr in die Nesseln setzen, dachte Winkel, der viel größer und breiter war als Peukert, aber der sein Koppel abschnallen mußte, wenn er sich setzte, weil es ihn zu sehr zwängte und drückte.

»Wir müssen den De einundsechzig durchkämmen«, sagte Winkel, »es muß einer drunter sein, dessen Nase Peukert nicht gefallen hat. Außerdem soll er im Nachtrag stehen. Weil Herr Peukert seinen Nachtrag natürlich direkt aus Karlshorst kriegt und wir erst vierundzwanzig Stunden später. Nimm alles, was wir hier am Bahnhof zu stehen haben, und ruf die Wache in der Stadt an, damit's schneller geht. Momber heißt er, hier steht alles. Mach, was du denkst.« Er reichte Dessin den Zettel, auf dem er alle Angaben über Harald Momber vermerkt hatte.

»Vielleicht spielt Peukert auch bloß verrückt«, sagte Dessin, verdrossen, »wie neulich.«

Winkel erwog den Gedanken, Dessin auf die Möglichkeiten aufmerksam zu machen, die sich aus den Bauarbeiten am Kilometer siebenundneunzig und am Kilometer hundertneunundzwanzig ergeben konnten, anzudeuten, daß Dessin, ehe er eine Durchsuchung des Zuges begann, diese Möglichkeiten ins Auge fassen mußte, ja, die Wahrscheinlichkeit, daß ein so gefährlicher Mann unterwegs abgesprungen sein dürfte, aber Winkel wußte nicht, ob Dessin nicht längst mit Peukert unter einer Decke steckte. Und wenn nicht, sollte Dessin machen, Dessin kannte die Bauabschnitte an der Strecke ebenso gut wie er, Winkel, selbst. »Mach, was du für richtig hältst«, sagte er, ohne Dessin anzusehen.

Dessin ging ins Nebenzimmer, und Winkel hörte ihn dort telefonieren. Winkel blickte wieder den Telefonapparat an. Peukert, dieser Hund, vielleicht genügte das jetzt, um ihn wieder nach Karlshorst verschwinden zu lassen. Dann hätte das wenigstens noch sein Gutes.

Er hörte, wie Dessin hinausging, und später hörte er die Lastwagen kommen und sah auf und blickte aus dem Fenster. Die Mannschaften sprangen von den drei Lkw's, und Dessin wies nun die Männer ein.

Jetzt stand Winkel auf und trat ans Fenster. Er sah dem Trupp nach, der zum Bahnhof abrückte. Winkel hatte keinen günstigen Blick über das Bahngelände. Er übersah nur einen Teil der Bahnsteige. Er blickte mehrmals auf seine Uhr. Jetzt hatte der De einundsechzig schon zwölf Minuten Verspätung.

Weil Peukert natürlich wieder besonders gründlich kontrolliert hatte, dachte Winkel. Und zündete sich eine Zigarette an, weil er in diesem Augenblick das entfernte Geräusch hörte. Denn das war so ziemlich das einzige, was er in diesem verdammten Jahr in diesem Nest gelernt hatte, das entfernte Geräusch der ankommenden Züge zu unterscheiden: Güterzüge zu unterscheiden von Personenzügen und den paar Schnellzügen. Und das war ein Schnellzug.

Und dann rollte schütternd der De einundsechzig heran, und das Gestampf machte die Fensterscheiben klirren, hinter denen Winkel stand. Winkel, der aus Hamburg (britische Zone, Bundesrepublik Deutschland) stammte, wo er Bankangestellter gewesen war und wo er sich jetzt nicht mehr sehen lassen durfte, weil er auch nicht so ohne weiteres Oberkommissar der Volkspolizei (sowjetische Zone, Deutsche Demokratische Republik) geworden war.

Dann kreischte der ganze lange Zug und kam zum Stehen. Winkel konnte die letzten Wagen sehen und die Leute, die aus dem Zug stiegen. Und er konnte den entfernten Hall des Lautsprechers hören, ohne daß er die Stimme verstand. Oberkommissar Winkel, der ganz gern wieder nach Hamburg-Ohlsdorf zurückgegangen wäre, wo er früher gelebt hatte, kaute an der Unterlippe, und wie er da am Fenster stand, wirkte seine Figur sehr plump und schwammig, die Schultern hingen herab. Zuviel Innendienst. Und Winkel wußte, daß der Mann weder bei Kilometer siebenundneunzig noch bei Kilometer einhundertneunundzwanzig abgesprungen war, aber er wünschte es so sehr. Winkel wünschte, wünschte diesem ganz großen Scheißkerl Peukert, daß seine Leute jetzt in diesem Scheißzug, dem De einundsechzig, keinen Agenten, keinen Momber, keinen Westberliner, niemanden, keine Maus, nichts, finden würden.

Aber er war wirklich nicht abgesprungen, und Kommissar Dessin hatte seine Leute an den Tunnelausgängen postiert und auf allen Bahnsteigen, an der Sperre, und es standen welche vorn, wo die Lokomotive hielt, und hinten beim Packwagen, damit er nicht über die Geleise entkommen konnte. Und es blieben immer noch genug Polizisten übrig, daß auf jeden der sieben Personenwagen sechs von ihnen entfielen.

So wurde Harald Momber verhaftet.

Als der Zug in den Bahnhof einlief, hatte er noch gelesen, dann hatte er die Lautsprecherstimme gehört, aber weil der Kommissar Dessin die Kontrolle in der größtmöglichen Eile durchführte, um eine weitere Verspätung des Jugendzuges ›Freundschaft‹ zu vermeiden, hatte Harald keine Zeit mehr, über die Ursache seines Unbehagens nachzudenken.

Der Zug hatte kaum gehalten, als ein Polizist im Abteil erschien und um die Ausweise bat. Das Mädchen am Fenster hatte ihren Ausweis vorgekramt und ihr Freund, der Volkspolizist, auch und der Mann mit den Abzeichen am Rockaufschlag, aber der Kontrolleur hatte abgewinkt. Aber er hatte sich die Kennkarte des Westberliners genau angesehen, und er sah Haralds Ausweis genau an, reichte ihn zurück, aber zog ihn mit einem Ruck wieder an sich und betrachtete ihn von neuem. Drehte und wendete ihn und betrachtete ihn noch mal. Dann wandte er sich zum Flur und rief einen Kameraden herbei, gab ihm den Ausweis, und der prüfte ihn gründlich, während Harald nicht aufsah, alle anderen im Abteil ihn aber beobachteten – was Harald spürte, ohne aufzusehen. Dann blickten ihn auch die beiden Polizisten an, verwundert, neugierig, und einer sagte sächsisch: »Na, da gommen Sie mal mit.«

Harald stand auf und folgte ihm auf den Flur, aber der Mann sagte – »Nähm Sie ruhich Ihr Zeuchs mit.« Und Harald nahm den Mantel vom Haken und steckte den Majakowskij in eine Manteltasche und zog den Koffer vom Gepäcknetz und sagte: »Auf Wiedersehen«, obgleich er wußte, daß es töricht war, weil sie doch nicht antworten würden. Sie antworteten nicht. Es ging den Flur entlang. Ein Abteil, noch eines, ein drittes, viertes.

Harald kletterte zum Bahnsteig hinunter, und einer der beiden Polizisten ergriff leicht seinen Arm und führte ihn am Zug entlang.

Aus allen Wagen sprangen Polizisten auf den Bahnsteig, aus den Fenstern blickten Gesichter. Das nahm Harald wahr. Jetzt fand er sich einem Polizeioffizier gegenüber, der ihn aufmerksam betrachtete. Der Polizist gab jenem Offizier Haralds Ausweis und sagte: »Hier ist er.« Und der Offizier nickte, während er in den Ausweis blickte.

»Bringt ihn zum Stützpunktleiter, ich komme gleich.« Und ohne Harald anzusehen: »Machen Sie keine Dummheiten, Mann.«

Dann wandte er sich einem anderen Polizisten zu und erteilte einen Befehl, dessen Bedeutung Harald nicht verstand, obgleich er genau zuhörte, und obgleich der Befehl klar und eindeutig schien.

Immer mehr Polizisten standen nun auf dem Bahnsteig, sie bildeten eine dichte Gasse und starrten Harald an, aber keiner sagte was.

Sie waren noch nicht am Ende des Bahnsteigs, als der Zug, wie von einer unsichtbaren Gewalt angezogen, lautlos davonrollte und endlich aus Haralds Gesichtskreis verschwand. Denn Harald blickte nur noch geradeaus, und vor ihm lagen Geleise, Güterschuppen, ein Stellwerk, der Zug, mit dem er gekommen war, war fort, weg.

Es ging ein paar Steinstufen hinunter und über Schotter hinweg. Dicht an der Böschung des Bahndammes entlang lief ein schmaler Pfad. Ein Polizist ging jetzt vor Harald und einer hinter ihm, und Harald konnte sehen, daß der Mann vor ihm seine Stiefelabsätze erneuern lassen mußte. Harald blickte zu Boden, er zog seine Schultern herunter, obgleich der Koffer gar nicht mehr schwer schien.

Oberkommissar Winkel stand noch immer am Fenster seines Büros und sah die Gruppe herankommen, sah auch Dessin, der, vom Bahnhof her, der Gruppe schnellen Schrittes folgte.

Jetzt hatten die drei den sandigen Platz vor der Baracke erreicht, und Dessin holte sie ein. Er ging neben ihnen her. Da setzte sich Winkel an seinen Schreibtisch.

Zuerst trat Dessin ein, hinter ihm der Mann und endlich die beiden Polizisten, die an der Tür stehenblieben und grüßten.

Dessin reichte dem Oberkommissar den Ausweis, und Winkel studierte ihn. Vorne, hinten, die beiden Innenseiten. Weil er, solange er den Ausweis studierte, noch nicht den Kopf zu heben brauchte. Weil er schon vom Fenster aus gesehen hatte, daß dieser Mann einer von denen war, die vielleicht Peukert Spaß machten, ihm aber nicht. Ihm ganz und gar nicht.

Der war weder aufsässig noch frech. Der stand einfach da und war blaß und schien zu wissen, was ihm jetzt blühte. Und das bißchen Grinsen, das saß ihm nur im Gesicht, weil ihm nicht wohl war, was Winkel nachempfinden konnte. Er sah Winkel an, als Winkel den Kopf hob, aber er sah Winkel nicht an, um Winkel anzusehen, sondern weil Winkels Gesicht sich da zufällig in seiner Blickrichtung befand. So sah es aus.

»Was haben Sie im Koffer?« fragte Winkel.

»Kleider«, sagte Harald Momber, »und etwas Medizin, Corticosteron, ein Herzmittel für meine Schwiegermutter in Dresden. Sie ist schwer krank.«

Und Winkel zweifelte nicht daran, daß der Mann die Wahrheit sagte, er zweifelte nicht mal dienstlich. Darum wollte Winkel nichts mehr damit zu tun haben, er sagte: »Bringt ihn zum Rathaus, da könnt ihr sein Gepäck durchsehen.«

Die beiden Polizisten schienen zu zögern, und Winkel winkte mit der Hand, winkte sie hinaus, rasch hinaus. Der Mann nahm seinen Koffer, und einer der Polizisten hielt die Tür auf, beide folgten ihm, und Winkel hatte das Bedürfnis, Dessin zu sagen, daß dieser Momber wieder so ein Fall war, der ihm zum Kotzen war, aber er sagte nur: »Dessin, Peukert wollte heute abend einen

Wagen schicken, um den Mann zu holen. Das kommt nicht in Frage. Er bleibt hier. Morgen früh werden wir sehen. Steht er im Nachtrag, gut, steht er nicht drin, lassen wir ihn laufen, dann soll sich Peukert auf den Kopf stellen.« Das sagte Winkel, ohne Dessin anzusehen, und obgleich Winkel einen Kopf größer war als Peukert und wesentlich breiter, war es trotzdem ziemlich mutig von ihm, das gesagt zu haben, weil er immer noch nicht wußte, ob Dessin nicht schon lange mit Peukert unter einer Decke steckte.

»Jawohl«, sagte Dessin, machte kehrt und ging.

Es war ein kahler Sandplatz zu überqueren, achtzig Meter breit, und Harald dachte achtzig Meter weit viel nach. Daß das eine vorbereitete Verhaftung war, und warum, und was geschehen sein konnte, und wie er es hätte verhindern können, und was sie mit ihm anfangen würden, und ob er etwas falsch gemacht hatte, und was er überhaupt jemals richtig gemacht hatte. Aber es kam immer ein anderer Gedanke dazwischen. Daß Jutta heute abend von Coschütz nach Dresden fahren würde, daß sie am Bahnhof warten würde, auf das Corticosteron und auf ihn auch. Auf das Corticosteron.

Und das Corticosteron und Jutta kamen immer dazwischen. Und dann waren die achtzig Meter zu Ende. Da stand, vor einem baufälligen Schuppen, ein *BMW*. Der Fahrer stieg aus, als sie kamen, und salutierte. Der Offizier brauchte nichts anzuordnen. Einer der Polizisten stieg zuerst ein, auf den Rücksitz. Der zweite Polizist legte Harald eine Hand auf den Rücken. Die Hand stieß nicht und schob nicht, aber die Hand drängte Harald unwiderstehlich ins Auto, und alles ging stumm vor sich. Dann stieg der zweite Polizist ein, und es war eng auf dem Rücksitz, zu dritt. Harald hatte seinen Koffer auf die Knie gelegt und den Mantel auf den Koffer. Der Chauffeur rannte um den Kühler herum und riß für den Offizier die Tür auf. Der Leutnant stieg ein, der Chauffeur klappte den Schlag zu und rannte zurück.

»Zur Rathauswache«, sagte der Offizier, und Harald betrachtete seine Ohrmuschel und die Spitzen blonden Haars, die unter dem Mützenrand hervorsahen, und den ausrasierten Nacken über dem dunkelblauen Uniformkragen.

Es war, als seien seine Kiefer zusammengebacken, dann streichelte etwas seinen Rücken, und es war wie Schüttelfrost, aber seine Zähne hielten zusammen.

Er klammerte sich an seinem Koffer fest, während ihm nun alles sonnenklar war, alles klar, natürlich, trotzdem, alles klar. Das Klare wirbelte in seinem Kopf, und es war alles trotzdem klar, klar, alles klar, trotzdem klar, auch warum es so klar war, und trotzdem.

Und dann versuchte Harald auszurechnen, wie lange es eigentlich her war. Wie lange war es bloß her, seit damals, wie lange, ja, wie lange, aber er kriegte die Jahreszahlen nicht zusammen, und wenn er ein Jahr hatte, war es nur die Ankunftszeit in Dresden, und Jutta würde trotzdem dastehen, und wenn er die Jahreszahl hatte, kam er nicht drauf, daß er bloß zu subtrahieren brauchte. Und dann hatte er wieder vergessen, daß wir jetzt einundfünfzig hatten.

Aber wie lange es her war, darauf kam er nicht. Und außerdem gab es viel zu beobachten. Er konnte zwischen dem Kopf des Offiziers und dem Kopf des Fahrers auf die Straße hinaussehen. Am Bahnhofsvorplatz standen ein paar Polizisten und grüßten den vorüberfahrenden Wagen. Der Offizier beugte sich nach links, zum Fahrer hinüber, und legte seine Hand an den Mützenschirm.

Dann bogen sie scharf rechts ab, zur Stadt hin.

Das Sommersemester einundfünfzig endete an der ›Freien Universität Berlin‹ am siebenten August.

Am zweiten Oktober desselben Jahres heiratete Monika Herrn Dr. rer. pol. Hubertus Hagenauer.

Sie hatte Hubertus erst im Juli auf einem Sommernachtsball des ›Vereins Berliner Großkaufleute e.V.‹ kennengelernt, aber die Tatsache, daß sie so bald heiratete, hatte auf gar keinen Fall auch nur irgend etwas mit Herbert Strittich zu tun, wie Monika Renate Ullrich erklärte. Denn selbst bis zu diesem letzten Tag und dieser unglaublichen Ungezogenheit hätte sie nie daran gedacht, Herbert etwa … »du weißt schon, dafür war er doch viel zu … unausgeglichen«.

Sie heiratete Hubertus nur, weil sie sich mit ihm so wundervoll verstand, und weil er sich auch so sehr nach einem Menschen sehnte, der ganz für ihn … aufging.

Auch Mutti fand, daß Herbert viel zu … verschroben für sie gewesen sei.

Wenn er wenigstens das Buch geschrieben hätte, von dem er immerzu sprach. Mit Hubertus hatte sie gleich auf jenem Sommernachtsball ein interessantes Gespräch über alle Fragen.

Hubertus hatte an diesem Abend auch gesagt, er fände Berlin schrecklich vermasst, und man spüre den roten Hauch, der mit der Zeit eben auch nach West-Berlin herüberwehe.

»Ja«, hatte Monika gefunden, »auch die Studenten sind hier alle so fanatisch, alle haben nur die Politik im Kopf statt des Studiums.«

Hubertus hatte in Münster studiert. Dort war es etwas kleinstädtisch, gewiß, dafür herrschte ein viel netteres, wirkliches Studentenleben. Selbstverständlich gehörte er noch immer einer Korporation an, der Burschenschaft ›Omnipotentia‹, und hatte Mensuren geschlagen. Der Schmiß auf der Stirn stand Hubertus ausgezeichnet, und was Herbert immerzu gegen die Korporationen gesagt hatte, waren ja nur Ressentiments gewesen. Und daß die Korporationen in Berlin nicht zugelassen wurden, das bewies ja den Haß auf die guten Traditionen.

In Westdeutschland war das eben ganz anders, nach allem, was Hubertus erzählte. Sie verstand sich mit ihm eben einfach wunderbar, und wenn sie ihn heiratete, so hatte das wirklich mit Herbert gar nichts, nicht das geringste, zu tun.

Er hörte immer aufmerksam zu, wenn sie von Dichtung sprach, und wollte nicht immer alles besser wissen.

Wie Herbert.

Und ehe er abfuhr, hielt er schon um Monikas Hand an.

Mutti meinte zwar, das komme etwas plötzlich, und ob er nicht noch ein wenig warten wolle. Aber er sollte doch Anfang Oktober schon die Zweigstelle seiner Firma in Hamburg übernehmen, und dann müsse er doch wissen, um was für eine Wohnung er sich rechtzeitig zu kümmern hätte. Er dachte immer gleich an alles, während Herbert doch nur immer im … luftleeren Raum gelebt hatte.

Ende August führte er sie bei seinen Eltern ein, die bei Hannover ein großes Gut besaßen. Und Hubertus lehrte Monika reiten.

Die Trauung fand in der Dorfkirche statt, die früher auch einmal zu dem Gut gehört hatte.

Es war eine richtige kleine Dorfkirche. (Die Hochzeitsfeier, nachher, im ersten Hotel von Hannover, hatte Vati natürlich arrangiert.)

Und alle waren lieb zu ihr.

Die Dorfkirche war innen sehr schlicht, ganz in Weiß gehalten, und der Pfarrer war ein alter Kriegskamerad von Hubertus.

Aber als Monika ihr ›Ja‹ gesprochen hatte, mußte sie doch ein bißchen weinen.

Dann schritt sie am Arm ihres Mannes über einen roten Kokosläufer zum Ausgang.

Auf den Stufen der Kirche standen, sechs auf jeder Seite, die aktiven Bundesbrüder ihres Mannes in vollem Wichs und hielten ihre Schläger in die Höhe, und Monika schritt durch ihr Spalier hindurch.

Viele Menschen aus dem Dorf waren gekommen und winkten. Da stand die Kutsche, und zwei Kusinen ihres Mannes streuten Blumen.

Und die Sonne schien sehr hell und blitzte und blinkte auf den erhobenen Schlägern.

Es war ein erhabenes Bild.

Martin Kessel

Herrn Brechers Fiasko

Roman

Mit einem Nachwort des Autors

564 Seiten. Gebunden.

ISBN 3-89561-025-9

»Ein ganz großes Buch und eine seltene Kostbarkeit in der deutschen Literatur.«

Hans Erich Nossack

»Wenn ein Meisterwerk zunächst daran ersichtlich ist, daß es seine eigene Art der Lektüre wie ein eigenständiges Recht einfordert, dann ist dieser Berlin-Roman unbestreitbar eines: ein hochgemuter Anspruch auf luxuriöse Lesezeit, ein verschwenderisches Feuerwerk an Sottisen, das auf die unermüdliche Wahrnehmung der Spannkraft vertraut, ein Gedankenwirbel, der jeden, der auf feste Positionen setzt, ins Unterirdische und in den Taumel zieht. Auf eine Art Nervensäge, die den eiligen Konsumenten abweist und auf den uneingeschränkten Leser zielt.«

Wilfried F. Schoeller

Süddeutsche Zeitung

»Große Präzision und Kunst. Kessels Meisterwerk.«

Frankfurter Allgemeine Zeitung

Schöffling & Co.

Martin Kessel

Lydia Faude

Roman

Mit einem Nachwort von Wilfried F. Schoeller

544 Seiten. Gebunden.

ISBN 3-89561-026-7

Lydia Faude ist der zweite große Roman Martin Kessels, ein enzyklopädisch-satirisches Bild, eine Berliner Skandalchronik, die Charakterkomödie einer rettungslosen Illusionistin. Es geht um die Traum-Fluchten einer von vornherein Gescheiterten, um einen ebenso geistreichen wie schnoddrigen, amüsanten wie bissigen Riesensermon über eine Frau, die sich als unauflösliches ›Gemisch von Lampenfieber, Generalprobe und Premiere‹ auffaßt.

»Der enorm stilsichere Fabulierer Martin Kessel entwirft ein Szenario von hinreißender Geschwätzigkeit, in der die Protagonisten mit großer Geste und glühendem Welterneuerungspathos schwadronieren. Triefend von Spott werden Frauenträume ins Groteske verzerrt.«

Wolf Peter Schnetz

Nürnberger Nachrichten

»Die Konzeption des Romans wird man vortrefflich nennen müssen.«

Rudolf Hartung

Süddeutsche Zeitung

Schöffling & Co.

Martin Kessel

Die Schwester des Don Quijote

Ein intimer Roman

Mit einem Nachwort von Lothar Müller

224 Seiten. Gebunden.

ISBN 3-89561-027-5

Ein Kabinettstück aus dem Berlin der dreißiger Jahre über die Liebe, das Leben und die Vergeblichkeit von Leidenschaft. Martin Kessel findet in diesem Roman zu einem neuen, meisterhaften Ton. In geradezu fontanescher Erzählweise führt er den Leser in den Kosmos der Saskia Skorell ein, in dem die Figuren unrettbar voneinander abhängen und sich bedingen. Der Untertitel ist nicht nur Koketterie, sondern zugleich auch Programm dieser brillant erzählten Liebesgeschichte.

»So pointiert wie in dieser mit dem Rücken zur Zeit geschriebenen Geschichte hat Martin Kessel nie wieder erzählt.«

Lothar Müller

Süddeutsche Zeitung

»Vielleicht ist noch nie so konsequent über das Gespenst der Liebe durch ihre reine Selbstbespiegelung in Bild und Abbild geschrieben worden. Zum Weinen schön!«

Wolf Peter Schnetz

Nürnberger Nachrichten

Schöffling & Co.

Rudolf Lorenzen
Alles andere als ein Held
Roman
624 Seiten. Gebunden.
ISBN 3-89561-145-X

»Ich bin gar nicht sicher, ob *Alles andere als ein Held* nicht der beste Roman irgendeines heute lebenden deutschschreibenden Autors ist.«
Sebastian Haffner

»Wie es wirklich war als Jahrgang 1922, wenn man unter Hitler aufwuchs, dann in den Krieg und später ins Wirtschaftswunder geriet, das erfuhr man damals aus zwei Büchern: *Die Blechtrommel* von Günter Grass und *Alles andere als ein Held* von Rudolf Lorenzen.«
Eberhard Schade
Süddeutsche Zeitung

»Daß es Rudolf Lorenzen gelang, diesem Stehaufmännchen trotz seiner geringen Fallhöhe eine gewisse tragische Größe auf den Leib zu schreiben, daß dieser Roman mehr als vierzig Jahre nach seiner Erstveröffentlichung kein bißchen verstaubt wirkt, grenzt an ein kleines Wunder. Es gilt einen außergewöhnlichen Erzähler zu entdecken.«
Ulrich Klenner
Bayerischer Rundfunk

Schöffling & Co.

Paul Kornfeld

Blanche oder Das Atelier im Garten

Roman

672 Seiten. Gebunden.

ISBN 3-89561-161-1

»Die deutsche Literatur ist um einen großen Roman aus den dreißiger Jahren reicher, einen Roman, der was seinen literarischen Rang, seine literarische Qualität anlangt, Vergleiche mit Robert Musil, Thomas Mann, Döblin oder Heinrich Mann nicht zu scheuen braucht.«

Hellmuth Karasek

Tagesspiegel

»Das Buch, ich bin sicher, wird endgültig in seiner Bedeutung erkannt werden, und Blanche wird sich zu jenen gesellen, die wir lieben, zu Theodor Fontanes Effi, zu Robert Musils Agathe, zu Joseph Roths Mendel, zu Thomas Manns Hanno - und und und.«

Peter Härtling

Süddeutsche Zeitung

»Es ist ein brillant geschriebenes Buch mit einer beeindruckenden Intensität. Wir sind von dem Roman begeistert!«

Marcel Reich-Ranicki im *Literarischen Quartett*